BTEC

BTEC Cenedlaethol
Chwaraeon

Llyfr Myfyrwyr 2

Dale Forsdyke

Dr Adam Gledhill

Amy Gledhill

Chris Lydon

Chris Manley

Alex Sergison

Richard Taylor

atebol

Y fersiwn Saesneg

© Pearson Education Limited, 80 Strand, Llundain WC2R 0RL

Gellir gweld copïau o'r manylebau swyddogol ar gyfer holl gymwysterau Pearson ar eu gwefan: qualifications.pearson.com

© Testun Pearson Education Limited 2017

Mae Dale Forsdyke, Adam Gledhill, Amy Gledhill, Katherine Howard, Chris Lydon, Chris Manley, Alex Sergison a Richard Taylor wedi datgan eu hawl o dan Ddeddf Hawlfreintiau, Dyluniadau a Phatentau 1988 i gael eu cydnabod fel awduron y llyfr hwn.

Cyhoeddwyd gyntaf yn 2017

© Cedwir pob hawl

Y fersiwn Cymraeg

Hawlfraint y cyhoeddiad Cymraeg © Atebol Cyfyngedig 2020

Cyhoeddwyd yn Gymraeg gan Atebol Cyfyngedig, Adeiladau'r Fagwyr, Llanfihangel Genau'r Glyn, Aberystwyth, Ceredigion SY24 5AQ

Cedwir pob hawl. Ni chaniateir atgynhyrchu unrhyw ran o'r cyhoeddiad hwn na'i throsglwyddo ar unrhyw ffurf neu mewn unrhyw fodd, electronig neu fecanyddol, gan gynnwys llungopïo, recordio neu drwy gyfrwng unrhyw system storio ac adfer, heb ganiatâd ysgrifenedig y cyhoeddwr neu drwy gysylltu â'r Copyright Licensing Agency, 5th Floor, Shackelton House, 4 Battle Bridge Lane Llundain SE1 2HX neu www.cla.co.uk

Cyfieithwyd gan Mari Lisa
Golygwyd gan Eirian Jones a Ffion Eluned Owen
Dyluniwyd gan Owain Hammonds
Arbenigwyr pwnc: Sioned Parry a Huw Jenkins

Ariennir yn Rhannol gan **Lywodraeth Cymru** / Part Funded by **Welsh Government**

CYMRAEG **Byd Addysg In Education**

Ariennir yn rhannol gan Lywodraeth Cymru fel rhan o'i rhaglen gomisiynu adnoddau addysgu a dysgu Cymraeg a dwyieithog

Data Catalogio Llyfrgelloedd Prydain ar gyfer Llyfrau sydd wedi'u Cyhoeddi
Mae cofnod catalog ar gyfer y llyfr hwn ar gael o'r Llyfrgell Brydeinig

ISBN 978-1-913245-20-7

www.atebol-siop.com

Cydnabyddiaethau

Hoffai'r awduron a'r cyhoeddwr ddiolch i'r unigolion a'r sefydliadau a ganlyn am ganiatâd i atgynhyrchu ffotograffau:

(Allwedd: b-gwaelod; c-canol; l-chwith; r-dde; t-top)

123RF.com: andresr 97bl, Marcin Ciesielski 8cl, Rostislav Sedláček 295tr, Wavebreak Media Ltd 392tl; **Alamy Stock Photo:** ableimages 122br, Action Plus Sports Images 353bl, Adolphe Pierre-Louis / Albuquerque Journal / ZUMA Press Inc 176br, Bill Cheyrou 69tr, Chronicle 370br, Corey Jenkins / Cultura RM 251bl, Dave & Les Jacobs / Blend Images 6br, Dominic Steinmann 54bl, Gato Desaparecido 173, Ffotograffiaeth Henry Westheim 378cl, Hero Images Inc. 73cr, 309br, Holger Weitzel / imageBROKER 1, stoc Ian Francis 286br, Image Source 360br, JIM YOUNG / REUTERS 332c, John Cyfryngau Chwaraeon Gwyrdd / Cal 376cl, Delweddau Sudd 12cr, Laszlo Szirtesi 367, Luiz Souza 284tr, Miso Lisanin / Xinhua 347br, NIGEL RODDIS / REUTERS 303bc, REUTERS 89, 199, 219tl, ROBERT GALBRAITH / REUTERS 350br, Split Seconds 31 263, Wavebreak Media Ltd 236, Wavebreakmedia Ltd PH85 165br; **Alex Sergison:** 41bl; **DJO UK Ltd:** 216tr, 299; **Cymdeithas Syndrom Down:** 310cl; **Fotolia.com:** Andrey Popov 316t, antgor 103cl, AntonioDiaz 76br, 100tc, 126br, DragonImages 68br, icsnaps 61tr, Lee Torrens 148br, Lorelyn Medina

88tl, luckybusiness 154, 164bl, 171tr, lunamarina 119, michaeljung 151tr, Paul Hakimata 335tr, pressmaster 132tr, Rido 184tl, 198tl, Syda Productions 159tr, 329tr, WavebreakMediaMicro 36tl, 68cr, 87tr, 117tr, 118tl, 197tr, zeremskimilan 110c; **Getty Images:** Bloomberg 113, Eric Thayer / Sports Illustrated 333c, FABRICE COFFRINI / AFP 42cl, Fuse / Corbis 106, Jeff J Mitchell 43c, Julian Finney - FIFA 272tl, Jupiter Images / Stockbyte 391tr, Media for Medical / UIG 223tl, Scot Barbour 288tl, Stephen McCarthy / SPORTSFILE 221bl, Stockbyte 152tl, sturti / E+ 247bl, Visionhaus / Gary Prior (Photo by Ben Radford / Corbis) 382tl; **Pearson Education Ltd:** Studio 8 252cl, Jon Barlow 320c, 365tr; **PhotoDisc:** 1999 63, Doug Menuez 262tl; Rex **Shutterstock:** Jed Leicester 278cr; **Shutterstock.com:** ComposedPix 130, Elina Manninen 157br, Maxisport 341, Monkey Business Images 35tr, 366tl, paul prescott 195tl, Robert Kneschke 96tl, Shahjehan 347tl, snowblurred 172tl, Thor Jorgan Udvang 261tr, vgstudio 233tr, wavebreakmedia 62tr, 187tl, 191cl, ZouZou 234tl; **Sport England:** 267cl

Llun clawr: © Rocksweeper/Shutterstock.com

Pob llun arall © Pearson Education

Hoffai'r awduron a'r cyhoeddwr ddiolch i'r unigolion a'r sefydliadau a ganlyn am ganiatâd i atgynhyrchu deunyddiau:

tt.278–9 Ailgyhoeddwyd gyda chaniatâd Chwaraeon Cymru. Am fwy o wybodaeth, gweler www.sport.wales/content-vault/key-publications/.

Gwefannau

Nid yw Atebol Cyfyngedig yn gyfrifol am gynnwys unrhyw wefannau rhyngrwyd allanol. Mae'n hanfodol i diwtoriaid edrych ar bob gwefan cyn ei defnyddio yn y dosbarth er mwyn sicrhau bod yr URL yn dal i fod yn gywir, yn berthnasol ac yn briodol. Awgrymwn fod tiwtoriaid yn rhoi nod tudalen ar wefannau defnyddiol ac yn ystyried galluogi myfyrwyr i'w cyrchu trwy fewnrwyd yr ysgol/coleg.

Nodiadau gan y cyhoeddwr

1.

Er mwyn sicrhau bod yr adnodd hwn yn cynnig cefnogaeth o ansawdd uchel ar gyfer y cymhwyster cysylltiedig, mae wedi bod trwy broses adolygu gan y corff dyfarnu. Mae'r broses hon yn cadarnhau bod yr adnodd hwn yn ymdrin yn llawn â chynnwys addysgu a dysgu'r fanyleb neu ran o'r fanyleb yr anelir ati. Mae hefyd yn cadarnhau ei fod yn dangos cydbwysedd priodol rhwng datblygu sgiliau pwnc, gwybodaeth a dealltwriaeth, yn ogystal â pharatoi ar gyfer asesu.

Nid yw'r ardystiad yn cynnwys unrhyw ganllawiau ar weithgareddau neu brosesau asesu (e.e. cwestiynau ymarfer neu gyngor ar sut i ateb cwestiynau asesu) a gynhwysir yn yr adnodd ac nid yw'n rhagnodi unrhyw ddull penodol o addysgu neu ddull o gyflwyno cwrs cysylltiedig.

Er bod y cyhoeddwyr wedi gwneud pob ymdrech i sicrhau bod y cyngor ar y cymhwyster a'i asesiad yn gywir, y fanyleb swyddogol a'r deunyddiau canllaw asesu cysylltiedig yw'r unig ffynhonnell awdurdodol o wybodaeth a dylid cyfeirio atynt bob amser i gael arweiniad pendant.

Nid yw arholwyr Pearson wedi cyfrannu at unrhyw adrannau yn yr adnodd hwn sy'n ymwneud â phapurau arholiad y mae ganddynt gyfrifoldeb amdanynt.

Ni fydd arholwyr yn defnyddio adnoddau ardystiedig fel ffynhonnell o ddeunydd ar gyfer unrhyw asesiad a osodir gan Pearson.

Nid yw ardystio adnodd yn golygu bod angen yr adnodd i gyflawni'r cymhwyster Pearson hwn, ac nid yw'n golygu ychwaith mai hwn yw'r unig ddeunydd addas sydd ar gael i gefnogi'r cymhwyster, a bydd unrhyw restrau adnoddau a gynhyrchir gan y corff dyfarnu yn cynnwys hwn ac adnoddau priodol eraill.

2.

Mae gan Pearson ac Atebol brosesau golygyddol cadarn, gan gynnwys gwirio atebion a ffeithiau, i sicrhau cywirdeb a chynnwys yn y cyhoeddiad hwn, a gwneir pob ymdrech i sicrhau bod y cyhoeddiad hwn yn rhydd o wallau. Fodd bynnag, pobl ydym ninnau hefyd, ac weithiau mae gwallau yn digwydd. Nid ydym yn Atebol yn atebol am unrhyw gamddealltwriaeth sy'n deillio o ganlyniad i wallau yn y cyhoeddiad hwn, ond ein blaenoriaeth ni yw sicrhau bod y cynnwys yn gywir. Os byddwch chi'n gweld gwall, cysylltwch â Pearson (resourcescorrections@pearson.com) a/neu Atebol (atebol@atebol.com) fel y gallwn sicrhau ei fod yn cael ei gywiro.

Cynnwys

Sut i ddefnyddio'r llyfr hwn

Croeso i'ch cwrs BTEC Cenedlaethol mewn Chwaraeon!

Mae'r BTEC Cenedlaethol mewn Chwaraeon yn un o'r cyrsiau BTEC mwyaf poblogaidd. Mae'n gymhwyster galwedigaethol a fydd yn helpu i'ch paratoi ar gyfer ystod enfawr o yrfaoedd. Efallai eich bod chi'n ystyried gyrfa fel perfformiwr chwaraeon elitaidd neu fel hyfforddwr. Ar hyn o bryd, mae tua 1.2 miliwn o hyfforddwyr ym Mhrydain. Efallai eich bod yn ystyried ymuno â'r diwydiant iechyd a ffitrwydd fel gweithiwr ymarfer corff proffesiynol. Mae'r swydd hon yn gofyn i chi oruchwylio a chyfarwyddo pobl sy'n cymryd rhan mewn dosbarthiadau ymarfer corff neu sesiynau hyfforddi.

Mae ymchwil yn dangos cysylltiad clir rhwng ffordd o fyw egnïol ac iechyd da. O ganlyniad, mae'r diwydiant iechyd a ffitrwydd wedi tyfu'n sylweddol yn ystod y deng mlynedd diwethaf, ac mae'n debyg y bydd yn parhau i dyfu. Mae galw am weithwyr proffesiynol ymarfer corff ac mae cyfleoedd da i gael gwaith. Cewch wybod am rai ohonyn nhw yn y llyfr hwn.

Sut mae'ch BTEC wedi'i strwythuro

Rhennir eich BTEC Cenedlaethol yn **unedau gorfodol** (y rhai y mae'n rhaid i chi eu gwneud) ac **unedau dewisol** (y rhai y gallwch chi ddewis eu gwneud).

Bydd nifer yr unedau gorfodol a dewisol yn amrywio yn dibynnu ar y math o BTEC Cenedlaethol rydych chi'n ei wneud. Mae'r llyfr yn cefnogi unedau gorfodol ac unedau dewisol poblogaidd i'ch galluogi i gwblhau'r canlynol:

▶ Diploma

▶ Diploma mewn Gwasanaethau Ffitrwydd

▶ Diploma Estynedig

Dylai'r llyfr hwn gael ei ddefnyddio ar y cyd â Llyfr Myfyrwyr 1 ar gyfer BTEC Cenedlaethol mewn Chwaraeon, sy'n cwmpasu'r unedau gorfodol a dewisol sy'n weddill ar gyfer y cymwysterau hyn.

Eich profiad dysgu

Efallai nad ydych chi'n sylweddoli hynny ond rydych chi bob amser yn dysgu. Mae eich addysg a'r profiadau mewn bywyd yn siapio'ch syniadau a'ch ffordd o feddwl yn gyson, yn ogystal â'r modd rydych chi'n edrych ar y byd o'ch cwmpas ac yn ymwneud ag ef.

Chi yw'r person sydd bennaf gyfrifol am eich profiad dysgu eich hun, felly mae'n rhaid i chi ddeall yr hyn rydych chi'n ei ddysgu, pam rydych chi'n ei ddysgu, a pham ei fod yn bwysig i'ch cwrs ac i'ch datblygiad personol. Meddyliwch am eich dysgu fel taith ag iddi bedair rhan.

Rhan 1	Rhan 2	Rhan 3	Rhan 4
Rydych chi'n cael eich cyflwyno i bwnc neu gysyniad a byddwch yn dechrau datblygu ymwybyddiaeth o'r hyn sy'n ofynnol i'w ddysgu.	Rydych chi'n archwilio'r pwnc neu'r cysyniad drwy wahanol ddulliau (e.e. ymchwil, cwestiynu, dadansoddi, meddwl yn ddwfn, gwerthuso beirniadol) ac yn ffurfio'ch dealltwriaeth eich hun.	Rydych chi'n cymhwyso'ch gwybodaeth a'ch sgiliau i dasg sydd wedi'i llunio i brofi'ch dealltwriaeth.	Rydych chi'n myfyrio ar eich dysgu, yn gwerthuso'ch ymdrechion, yn nodi'r bylchau yn eich gwybodaeth ac yn chwilio am ffyrdd o wella.

Yn ystod pob cam, byddwch yn defnyddio gwahanol strategaethau dysgu i gael y wybodaeth a'r sgiliau craidd sydd eu hangen arnoch. Ysgrifennwyd y llyfr myfyriwr hwn gan ddefnyddio egwyddorion, strategaethau ac offer dysgu tebyg. Mae wedi'i gynllunio i gefnogi'ch taith ddysgu, i roi rheolaeth i chi dros eich dysgu eich hun, ac i'ch arfogi â'r wybodaeth, y ddealltwriaeth a'r offer sydd eu hangen arnoch i fod yn llwyddiannus yn eich astudiaethau neu'ch gyrfa yn y dyfodol.

Nodweddion y llyfr hwn

Mae'r llyfr myfyrwyr hwn yn cynnwys llawer o wahanol nodweddion. Eu diben yw eich helpu chi i ddysgu am bynciau allweddol mewn gwahanol ffyrdd a'u deall o sawl safbwynt. Gyda'i gilydd, mae'r nodweddion hyn:

▶ yn esbonio beth yw pwrpas eich dysgu

▶ yn eich helpu i adeiladu ar eich gwybodaeth

▶ yn eich helpu i ddeall sut i lwyddo yn eich asesiad

▶ yn eich helpu i fyfyrio ar eich dysgu a'i werthuso

▶ yn eich helpu i wneud y cysylltiad rhwng eich dysgu â'r gweithle.

Mae gan bob nodwedd unigol bwrpas penodol, er mwyn cefnogi strategaethau dysgu pwysig. Er enghraifft, bydd rhai nodweddion:

▶ yn eich annog i gwestiynu rhagdybiaethau am yr hyn rydych chi'n ei ddysgu

▶ yn eich helpu i feddwl y tu hwnt i'r hyn rydych chi'n darllen amdano

▶ yn eich helpu i wneud cysylltiadau rhwng gwahanol feysydd o'ch dysgu ac ar draws unedau

▶ yn gwneud cymariaethau rhwng eich dysgu eich hun ac amgylcheddau gweithio byd go iawn

▶ yn eich helpu i ddatblygu rhai o'r sgiliau pwysig y bydd eu hangen arnoch chi ar gyfer y gweithle, gan gynnwys gwaith tîm, cyfathrebu effeithiol a datrys problemau.

Nodweddion sy'n egluro beth yw pwrpas eich dysgu

Dod i adnabod eich uned

Mae'r adran hon yn cyflwyno'r uned ac yn egluro sut y cewch eich asesu. Mae'n rhoi trosolwg o'r hyn fydd yn cael ei drafod a bydd yn eich helpu i ddeall pam eich bod yn gwneud y pethau y gofynnir ichi eu gwneud yn yr uned hon.

Dechrau arni

Mae'r adran hon wedi'i chynllunio i'ch annog chi i feddwl am yr uned a'r hyn sydd ynddi. Bydd y nodwedd hon hefyd yn eich helpu i ganfod beth rydych chi eisoes yn ei wybod am rai o'r pynciau yn yr uned a gweithredu fel man cychwyn ar gyfer deall y sgiliau a'r wybodaeth y bydd angen i chi eu datblygu i gwblhau'r uned.

Nodweddion sy'n eich helpu i adeiladu ar eich gwybodaeth

Ymchwil

Mae hyn yn gofyn ichi ymchwilio i bwnc yn fanylach. Bydd y nodweddion hyn yn eich helpu i ehangu eich dealltwriaeth o bwnc a datblygu eich sgiliau ymchwil ac ymchwilio. Bydd hyn oll yn amhrisiadwy ar gyfer eich cynnydd yn y dyfodol, yn broffesiynol ac yn academaidd.

Enghraifft ar waith

Mae enghreifftiau ar waith yn dangos y broses y mae'n rhaid i chi ei dilyn i ddatrys problem, fel hafaliad mathemateg neu wyddoniaeth, neu'r broses ar gyfer ysgrifennu llythyr neu femo. Bydd yr enghreifftiau hyn hefyd yn eich helpu i ddatblygu eich dealltwriaeth a'ch sgiliau rhifedd a llythrennedd.

Damcaniaeth ar waith

Yn y nodwedd hon gofynnir i chi ystyried y modd y mae pwnc neu gysyniad o'r uned yn gweithio yn y gweithle neu mewn diwydiant. Bydd hyn yn eich helpu i ddeall perthnasedd eich dysgu cyfredol a'r ffyrdd y gallai effeithio ar yrfa yn y sector o'ch dewis yn y dyfodol.

Trafodaeth

Mae'r nodweddion trafod yn eich annog i siarad â myfyrwyr eraill am bwnc, gan weithio gyda'ch gilydd i gynyddu eich dealltwriaeth ohono ac i ddeall safbwyntiau pobl eraill am fater. Bydd y nodweddion hyn hefyd yn helpu i adeiladu eich sgiliau gwaith tîm, a fydd yn amhrisiadwy yn eich gyrfa broffesiynol ac academaidd yn y dyfodol.

Awgrym diogelwch

Mae'r awgrymiadau hyn yn rhoi cyngor am iechyd a diogelwch wrth weithio ar yr uned. Byddant yn helpu i adeiladu eich gwybodaeth am yr arferion gorau yn y gweithle, yn ogystal â sicrhau eich bod yn cadw'n ddiogel.

Termau allweddol

Darperir diffiniadau cryno a syml ar gyfer geiriau, ymadroddion a chysyniadau allweddol, gan roi cipolwg clir i chi o'r syniadau allweddol ym mhob uned. Mae termau allweddol yn cael eu dangos mewn **print trwm** yn y mynegai.

Cysylltiad

Mae'r nodweddion hyn yn dangos unrhyw gysylltiad rhwng unedau neu o fewn yr un uned, gan eich helpu i nodi gwybodaeth rydych chi wedi'i dysgu mewn man arall a fydd yn eich helpu i gyflawni gofynion yr uned. Cofiwch, er bod eich BTEC Cenedlaethol yn cynnwys sawl uned, mae yna themâu cyffredin sy'n cael eu harchwilio o wahanol safbwyntiau ar draws eich cwrs cyfan.

Deunydd darllen ac adnoddau pellach

Mae'r nodwedd hon yn rhestru adnoddau eraill – fel llyfrau, cyfnodolion, erthyglau neu wefannau – y gallwch eu defnyddio er mwyn ehangu eich gwybodaeth am gynnwys yr uned. Mae hwn yn gyfle da i chi gymryd cyfrifoldeb am eich dysgu eich hun, a pharatoi ar gyfer tasgau ymchwil y gallai fod angen i chi eu cwblhau yn academaidd neu'n broffesiynol.

Nodweddion sy'n gysylltiedig â'ch asesiad

Mae'ch cwrs yn cynnwys unedau gorfodol a dewisol. Mae dau fath gwahanol o uned orfodol:

▶ uned sy'n cael ei hasesu'n allanol

▶ uned sy'n cael ei hasesu'n fewnol.

Mae'r nodweddion sy'n eich helpu chi i baratoi ar gyfer yr asesiadau wedi'u nodi isod. Ond yn gyntaf, beth yw'r gwahaniaeth rhwng y ddau fath gwahanol hyn o uned?

Unedau sy'n cael eu hasesu'n allanol

Bydd yr unedau hyn yn gyfle i chi ddangos eich gwybodaeth a'ch dealltwriaeth, neu'ch sgiliau, mewn ffordd uniongyrchol. Ar gyfer yr unedau hyn byddwch yn cwblhau tasg, a osodwyd dan amodau sydd wedi'u rheoli. Gallai hyn fod ar ffurf arholiad neu gallai fod yn fath arall o dasg. Efallai y cewch gyfle i baratoi ymlaen llaw, i ymchwilio ac i wneud nodiadau am bwnc y gellir ei ddefnyddio wrth gwblhau'r asesiad.

Unedau sy'n cael eu hasesu'n fewnol

Bydd y rhan fwyaf o'ch unedau yn cael eu hasesu'n fewnol a byddant yn golygu eich bod yn cwblhau cyfres o aseiniadau, a fydd yn cael eu gosod a'u marcio gan eich tiwtor. Bydd yr aseiniadau y byddwch chi'n eu gwneud yn gyfle ichi arddangos eich dysgu mewn nifer o wahanol ffyrdd, o adroddiad ysgrifenedig a chyflwyniad i recordiad fideo a datganiadau arsylwi ohonoch chi'n cwblhau tasg ymarferol. Beth bynnag fo'r dull, bydd angen i chi sicrhau bod gennych dystiolaeth glir o'r hyn rydych wedi'i gyflawni a sut gwnaethoch chi hynny.

Ymarfer asesu

Mae'r nodweddion hyn yn gyfle i chi ymarfer rhai o'r sgiliau y bydd eu hangen arnoch yn ystod yr asesiad. Nid ydynt yn adlewyrchu'r tasgau asesu yn llwyr ond byddant yn eich helpu i baratoi ar eu cyfer.

Cynllunio – Gwneud – Adolygu

Fe welwch gyngor defnyddiol hefyd ar sut i gynllunio, cwblhau a gwerthuso'ch gwaith. Cynlluniwyd hyn i'ch annog chi i feddwl am y ffordd orau o gwblhau'ch gwaith ac i adeiladu'ch sgiliau a'ch profiad cyn gwneud yr asesiad go iawn. Bydd y cwestiynau hyn yn eich annog i feddwl am y ffordd rydych chi'n gweithio a pham mae tasgau penodol yn berthnasol.

Paratoi ar gyfer asesiad

Ar gyfer unedau sy'n cael eu hasesu'n fewnol, rhoddir astudiaeth achos o fyfyriwr ar gwrs BTEC Cenedlaethol, yn siarad am sut y gwnaethon nhw gynllunio a gwneud eu haseiniad a beth fydden nhw'n ei wneud yn wahanol pe bydden nhw'n ei wneud eto. Bydd yn rhoi cyngor i chi ar baratoi ar gyfer eich asesiadau mewnol, gan gynnwys pwyntiau i feddwl amdanyn nhw i chi eu hystyried ar gyfer eich datblygiad eich hun.

Paratoi ar gyfer asesiad

Bydd yr adran hon yn eich helpu i baratoi ar gyfer asesiad allanol. Mae'n rhoi cyngor ymarferol ar baratoi ar gyfer arholiadau neu dasg benodol. Mae'n darparu cyfres o atebion enghreifftiol ar gyfer y mathau o gwestiynau y bydd angen i chi eu hateb yn eich asesiad allanol, gan gynnwys arweiniad ar bwyntiau da'r atebion hynny a sut y gellid eu gwella.

Nodweddion i'ch helpu i fyfyrio ar eich dysgu

⏸ MUNUD I FEDDWL

Mae Munud i Feddwl yn ymddangos yn rheolaidd trwy'r llyfr ac yn gyfle i chi adolygu a myfyrio ar eich dysgu. Mae'r gallu i fyfyrio ar eich perfformiad eich hun yn sgìl allweddol y bydd angen i chi ei ddatblygu a'i ddefnyddio trwy gydol eich bywyd, a bydd yn hanfodol ni waeth beth yw'ch cynlluniau ar gyfer y dyfodol.

Awgrym
Ymestyn

Mae'r adrannau yma yn rhoi awgrymiadau i chi er mwyn helpu i gadarnhau eich gwybodaeth ac yn awgrymu meysydd eraill y gallwch edrych arnynt i ehangu'r wybodaeth honno.

Nodweddion sy'n cysylltu eich dysgu â'r gweithle

Astudiaeth achos

Bydd astudiaethau achos trwy'r llyfr yn rhoi'r cyfle i chi gymhwyso'r dysgu a'r wybodaeth o'r uned i sefyllfa o'r gweithle neu'r diwydiant. Mae'r astudiaethau achos yn cynnwys cwestiynau i'ch helpu chi i ystyried cyd-destun ehangach y pwnc. Dyma gyfle i weld sut mae cynnwys yr uned yn cael ei adlewyrchu yn y byd go iawn, a chyfle i chi ddod yn gyfarwydd â materion y gallech ddod ar eu traws mewn gweithle yn y byd go iawn.

BETH AM ▶ Y DYFODOL?

Astudiaeth achos arbennig yw hon ble mae rhywun sy'n gweithio yn y diwydiant yn siarad am y rôl maen nhw'n ei gyflawni a'r sgiliau sydd eu hangen arnyn nhw. Mae'r adran *Canolbwyntio eich sgiliau* yn awgrymu ffyrdd i chi ddatblygu'r sgiliau a'r profiadau cyflogadwyedd y bydd eu hangen arnoch i fod yn llwyddiannus mewn gyrfa yn y sector o'ch dewis chi. Mae hyn yn gyfle ardderchog i'ch helpu i nodi'r hyn y gallech ei wneud, fel rhan o'ch astudiaethau BTEC Cenedlaethol neu yn allgyrsiol, er mwyn meithrin eich sgiliau i fod yn fwy cyflogadwy.

Yr awduron

Dale Forsdyke

Mae gan Dale Forsdyke dros 12 mlynedd o brofiad addysgu ac mae'n uwch-ddarlithydd mewn Rheoli Anafiadau Chwaraeon ym Mhrifysgol York St John. Mae wedi ysgrifennu llyfrau testun ar therapi chwaraeon ac mae ei ymchwil wedi'i chyhoeddi mewn cyfnodolion a adolygir gan ymarferwyr a chymheiriaid. Ochr yn ochr ag addysgu, mae Dale hefyd yn therapydd sbotwyr (MSST) ac mae ganddo rôl Pennaeth Gwyddoniaeth a Meddygaeth mewn Clwb Talent Rhanbarthol Haen Un. Mae hefyd wedi gweithio ym mhêl-droed Merched yn yr Uwch Gynghrair (WSL) ac i Gymdeithas Bêl-droed Lloegr (FA).

Dr Adam Gledhill

Mae gan Adam 15 mlynedd o brofiad yn gweithio ym maes addysg bellach ac addysg uwch. Mae'n gweithio ym maes datblygu cymwysterau i Pearson ac mae'n gyd-awdur rhifynnau blaenorol o'r llyfr hwn. Cafodd ei PhD o Brifysgol Loughborough, lle cwblhaodd raglen astudio yn archwilio ffactorau seicogymdeithasol sy'n gysylltiedig â datblygu talent mewn chwaraewyr pêl-droed benywaidd ifanc y DU.

Mae gan Adam brofiad o ddarparu cymorth gwyddoniaeth chwaraeon rhyngddisgyblaethol i wahanol boblogaethau o athletwyr; o chwaraewyr pêl-droed rhyngwladol ieuenctid ac uwch, i athletwyr ieuenctid mewn ystod o chwaraeon. Ymhlith ei rolau ymgynghori, mae wedi gweithio fel Pennaeth Gwyddor Chwaraeon i dîm Uwch Gynghrair Merched FA ac fel Pennaeth Datblygu Seicogymdeithasol ar gyfer Canolfan Ragoriaeth Pêl-droed Merched Trwyddedig yr FA.

Amy Gledhill

Amy Gledhill yw arweinydd y cwrs Gwyddorau Chwaraeon ac Ymarfer Corff mewn coleg addysg bellach ac mae wedi bod yn addysgu cymwysterau BTEC Chwaraeon am chwe blynedd, ar ôl cwblhau MSc mewn Ffisioleg Chwaraeon ac Ymarfer Corff. Mae ganddi brofiad o weithio gydag ystod o athletwyr o bêl-droed i athletau trac a maes, gan gynnwys fel Pennaeth Gwyddor Chwaraeon ar gyfer Canolfan Ragoriaeth ranbarthol Pêl-droed Parlys yr Ymennydd.

Chris Lydon

Mae Chris wedi gweithio ym maes addysg bellach ac uwch ers ugain mlynedd fel uwch-ddarlithydd gwyddor chwaraeon sy'n arbenigo mewn anatomeg a ffisioleg a hyfforddiant ffitrwydd. Mae hefyd wedi gweithio fel gwiriwr safonau allanol i Pearson ac arholwr allanol i nifer o brifysgolion. Ar hyn o bryd mae'n cael ei gyflogi fel Pennaeth Cynorthwyol mewn coleg Addysg Bellach mawr ble mae'n gyfrifol am recriwtio a chefnogi staff a myfyrwyr. Mae Chris wedi ysgrifennu nifer o lyfrau yn ymwneud â chymwysterau BTEC Chwaraeon.

Chris Manley

Mae Chris yn rhannu ei amser rhwng rolau fel Tiwtor Addysg Ôl-raddedig ym Mhrifysgol Eglwys Grist Caergaint ac fel Uwch-ymarferydd mewn coleg Addysg Bellach. Mae Chris wedi bod yn hyfforddwr pêl-fasged, tiwtor a dyfarnwr y Gynghrair Genedlaethol a bu hefyd yn llwyddiannus wrth rasio canŵ slalom. Mae ganddo radd Meistr mewn Addysg a chymwysterau ôl-raddedig mewn cymdeithaseg chwaraeon, ac mae'n gweithio mewn amrywiaeth o rolau ar gyfer Pearson sy'n gysylltiedig â BTEC. Mae Chris wedi cyhoeddi ar gyfer BTEC ac ar gyfer gweithwyr proffesiynol sy'n astudio cymwysterau addysgu.

Alex Sergison

Mae Alex wedi gweithio yn y diwydiant chwaraeon ers dros 15 mlynedd ac mae'n arbenigo mewn addysg awyr agored. Mae wedi gweithredu fel ymgynghorydd ar gyfer nifer o fusnesau bach yn ogystal â rhedeg ei fusnes ei hun. Mae'n rheoli adran addysg awyr agored Coleg Weymouth, sydd wedi'i lleoli yn Portland. Yn ystod y saith mlynedd diwethaf, mae Alex wedi bod yn ysgrifennu cyrsiau a chanllawiau astudio i Pearson.

Richard Taylor

Mae Richard yn gyn-rwyfwr a hyfforddwr personol ac mae ganddo sawl blwyddyn o brofiad mewn addysgu rhaglenni chwaraeon addysg bellach, addysg uwch ac Addysg Gorfforol mewn ysgolion. Ar hyn o bryd, mae Richard yn diwtor i academi Clwb Pêl-droed Gillingham, ac mae wedi gweithio gyda nifer o glybiau pêl-droed proffesiynol, wedi ysgrifennu sawl rhaglen chwaraeon ar gyfer addysg uwch ac wedi cyfrannu at rifynnau blaenorol o'r llyfr hwn.

Dulliau Ymchwil ym maes Chwaraeon

9

Dod i adnabod eich uned

Asesiad

Byddwch yn cael eich asesu drwy gyfrwng cyfres o dasgau a fydd yn cael eu gosod gan eich tiwtor.

Mae arfer sy'n seiliedig ar dystiolaeth wedi dod yn llawer mwy cyffredin ym maes chwaraeon yn ystod y blynyddoedd diwethaf. Wrth weithio gyda chleientiaid, mae'n bwysig bod eich gwaith yn seiliedig ar dystiolaeth gadarn. Bydd hyn yn help i chi gyfiawnhau'ch gwaith: os ydych chi eisiau darparu gwasanaeth da rhaid i'r dystiolaeth sydd gennych chi fod yn dda hefyd. Felly, mae cael set dda o sgiliau a dealltwriaeth o ddulliau ymchwil yn bwysig i chi ddod yn ymarferydd effeithiol, ac i allu cynnig cefnogaeth o'r safon uchaf i'ch cleientiaid.

Bydd yr uned hon yn eich helpu i ddatblygu gwybodaeth a sgiliau y gallwch eu defnyddio i gasglu a dadansoddi data gydag ystod o gleientiaid. Yn ei dro, bydd hyn yn helpu eu perfformiad ym maes chwaraeon neu gyda'u hiechyd a'u lles yn gyffredinol. Byddwch yn dysgu beth y mae gweithio'n foesegol yn ei olygu a pham mae hyn yn ganolog i bopeth fyddwch chi'n ei wneud fel ymarferydd ym maes chwaraeon.

Pa un a ydych am symud ymlaen i waith cysylltiedig neu addysg uwch, bydd astudio'r uned hon yn eich rhoi ar y trywydd cywir i ddod yn ymarferydd galluog, sy'n gweithio ar sail tystiolaeth.

Sut y cewch eich asesu

Bydd yr uned hon yn cael ei hasesu'n fewnol drwy gyfrwng cyfres o dasgau a osodir gan eich tiwtor. Bydd cyfle hefyd i gael asesiadau ffurfiannol, lle byddwch yn cael adborth ar eich cynnydd, eich cryfderau a'r meysydd y gallech eu gwella.

Efallai y bydd eich tiwtor yn gofyn ichi wneud pethau fel:
▶ adroddiad ysgrifenedig ar bwysigrwydd ymchwil a'r ffactorau sy'n effeithio ar ansawdd yr ymchwil
▶ cyflwyniad am y gwahanol ddulliau o ymchwilio a sut i gymhwyso dulliau ymchwil.

Mae'r ymarferion asesu yn yr uned hon wedi'u cynllunio i'ch helpu chi i gael gwybodaeth, dealltwriaeth a sgiliau a fydd yn eich helpu i gwblhau eich tasgau. Y ffordd orau o ddysgu am ddulliau ymchwil yw mynd ati i ddefnyddio'r gwahanol gysyniadau a dulliau ymchwil mewn modd ymarferol.

Bydd y sgiliau y byddwch chi'n eu dysgu trwy gyfrwng yr uned hon hefyd o fudd uniongyrchol yn *Uned 11: Prosiect Ymchwil ym maes Chwaraeon* lle cewch gyfle i gynllunio a chyflawni eich prosiect ymchwil eich hun.

I lwyddo yn yr uned hon rhaid i chi sicrhau eich bod wedi darparu digon o dystiolaeth i gwmpasu'r holl feini prawf asesu a restrir yn y tabl gyferbyn.

Os ydych chi'n anelu at Deilyngdod neu Ragoriaeth, rhaid ichi allu dangos eich bod yn deall y cysyniadau a'r technegau mewn cyd-destunau sy'n seiliedig ar chwaraeon, ac yn gallu eu cymhwyso i'r cyd-destunau hynny.

Meini prawf asesu

Mae'r tabl hwn yn dangos yr hyn sy'n rhaid i chi ei wneud i **Lwyddo**, neu i gael **Teilyngdod** neu **Ragoriaeth**, a sut i ddod o hyd i weithgareddau i'ch helpu.

Llwyddo	Teilyngdod	Rhagoriaeth
Nod dysgu A Deall pwysigrwydd ymchwil mewn amgylcheddau chwaraeon		
A.P1 Trafod y gwahanol fathau o ymchwil mewn amgylchedd sy'n seiliedig ar chwaraeon. **Ymarfer asesu 9.1**	**A.M1** Dadansoddi sut y gellir defnyddio'r gwahanol fathau o ymchwil i lywio eich gwaith gyda chleientiaid mewn amgylchedd sy'n seiliedig ar chwaraeon. **Ymarfer asesu 9.1**	**A.D1** Gwerthuso pwysigrwydd ymchwil mewn amgylcheddau chwaraeon a materion allweddol sy'n cael effaith ar ansawdd a pha mor effeithiol yw'r ymchwil. **Ymarfer asesu 9.1**
A.P2 Trafod y pwysigrwydd o ddefnyddio ymchwil i lywio'ch gwaith gyda chleientiaid mewn amgylchedd sy'n seiliedig ar chwaraeon. **Ymarfer asesu 9.1**		
Nod dysgu B Archwilio materion allweddol sy'n effeithio ar effeithiolrwydd ac ansawdd ymchwil ym maes chwaraeon		
B.P3 Esbonio pwysigrwydd dilysrwydd, dibynadwyedd, cywirdeb a thrachywirdeb mewn ymchwil sy'n seiliedig ar chwaraeon. **Ymarfer asesu 9.1**	**B.M2** Dadansoddi'r berthynas rhwng dilysrwydd, dibynadwyedd, cywirdeb a thrachywirdeb, a'r gallu i gynnal ymchwil foesegol ym maes chwaraeon. **Ymarfer asesu 9.1**	**B.D2** Cyfiawnhau'r berthynas rhwng dilysrwydd, dibynadwyedd, cywirdeb a thrachywirdeb, a'r gallu i gynnal ymchwil foesegol ym maes chwaraeon. **Ymarfer asesu 9.1**
B.P4 Esbonio moeseg ymchwil a'i bwysigrwydd mewn ymchwil sy'n seiliedig ar chwaraeon. **Ymarfer asesu 9.1**		
Nod dysgu C Cymhwyso dulliau ymchwil priodol i broblem ymchwil ddethol ym maes chwaraeon		
C.P5 Nodi'r dulliau ymchwil priodol ar gyfer problem ymchwil sy'n seiliedig ar chwaraeon. **Ymarfer asesu 9.2**	**C.M3** Asesu'r dulliau ymchwil ar gyfer problem ymchwil sy'n seiliedig ar chwaraeon. **Ymarfer asesu 9.2**	**C.D3** Cyfiawnhau'r dewis o ddulliau ymchwil ar gyfer problem ymchwil benodol sy'n seiliedig ar chwaraeon. **Ymarfer asesu 9.2**
C.P6 Dangos sgiliau mewn dulliau ymchwil priodol i fynd i'r afael â phroblem ymchwil benodol. **Ymarfer asesu 9.2**		

Dechrau arni

Bob blwyddyn, mae timau chwaraeon yn gwario symiau enfawr o arian ar ddatblygu athletwyr a phrynu'r talent gorau sydd ar gael. Ar wahân i chwaraeon, mae'r llywodraeth ac amrywiol asiantaethau'r llywodraeth yn gwario symiau mawr o arian cyhoeddus ar fentrau iechyd i geisio gwella iechyd y genedl. Lluniwch fap meddwl am yr holl ffyrdd y gallai ymchwil helpu i ganfod sut orau i wario'r arian hwn.

Deall pwysigrwydd ymchwil mewn amgylcheddau chwaraeon

Cysylltiad

Mae cysylltiad rhwng yr uned hon ag *Uned 11: Prosiect Ymchwil ym maes Chwaraeon* gan ei bod yn eich cyflwyno i'r gwahanol fathau o ymchwil y gellid eu defnyddio fel rhan o brosiect.

Trafodaeth

Yn seiliedig ar y diffiniad o 'ddamcaniaeth' a roddir yn y blwch termau allweddol, beth, yn eich barn chi, yw prif agweddau ymchwil?

Termau allweddol

Damcaniaeth – y berthynas ragweladwy, brofadwy rhwng dau newidyn neu ragor, er enghraifft bydd hyfforddiant delweddu yn gwella perfformiad wrth chwarae pêl-fasged.

Rhesymeg – y rheswm am benderfyniad.

Achosiaeth – y berthynas rhwng achos ac effaith.

Nid yw 'ymchwil' yn golygu'r un peth i bawb. Mae rhai yn credu bod ymchwil yn golygu darllen am bwnc; mae eraill yn credu bod ymchwil yn golygu casglu a dadansoddi data newydd. Er bod y ddau syniad yn gywir, mae'n bwysig eich bod chi'n gyfarwydd â'r gwahanol fathau o ymchwil y gallwch eu defnyddio.

Mae yna ddiffiniadau gwahanol o 'ymchwil'. Dyma ddiffiniad sy'n cwmpasu llawer o'r gwahanol agweddau ar ymchwil: proses systematig o ddarganfod a hybu gwybodaeth, dealltwriaeth a sgiliau sy'n cael ei llywio trwy chwilio am atebion i gwestiynau, problemau neu **ddamcaniaethau** penodol.

Y gwahanol fathau o ymchwil

Mae pum prif fath o ymchwil: dulliau cynradd, eilaidd, meintiol, ansoddol a chymysg.

Ymchwil gynradd

Ystyr ymchwil gynradd yw casglu data gwreiddiol sy'n benodol i brosiect penodol. Er enghraifft, os ydych chi am ymchwilio i effeithiau tylino ar hyblygrwydd llinyn y gar (*hamstring*), fe allech chi fesur pa mor hyblyg ydyw cyn tylino ac ar ôl tylino, a chofnodi'r canlyniadau i weld a oes unrhyw wahaniaeth.

Ymchwil eilaidd

Ystyr ymchwil eilaidd yw defnyddio data sydd wedi'u cyhoeddi eisoes, er enghraifft mewn llyfrau, cyfnodolion, cyhoeddiadau'r llywodraeth, gwefannau a chyfryngau eraill. Mae ymchwil eilaidd yn cael ei defnyddio i ffurfio **rhesymeg** ar gyfer eich ymchwil ac i gefnogi canfyddiadau eich ymchwil neu i ddadlau yn eu herbyn.

Ymchwil meintiol

Mae ymchwil meintiol yn broses ffurfiol, wrthrychol a systematig lle defnyddir data rhifiadol i gael gwybodaeth. Mae'n cynnwys profi damcaniaeth neu geisio darganfod perthnasoedd. Yn gyffredinol, ymchwil yw hon i ddod i gasgliad (hynny yw, byddai gwyddonydd yn dechrau gyda damcaniaeth ac yna'n mynd ati i brofi'r ddamcaniaeth honno). Mae wedi'i chynllunio i sefydlu gwahaniaethau, perthnasoedd neu **achosiaeth**.

Oherwydd bod ymchwil meintiol yn dibynnu ar fesur a dadansoddi ystadegol, mae ei llwyddiant yn dibynnu'n aml ar gywirdeb a thrachywirdeb y data a gasglwyd. Mae'r math yma o ymchwil yn cael ei gwneud gan ddefnyddio samplau mawr, lle bo hynny'n bosibl, er mwyn helpu i osgoi data ffug a allai godi mewn samplau llai.

Fel enghraifft o ymchwil meintiol, gwnaeth Soligard et al. (2008) ymchwilio i ba mor effeithiol oedd rhaglen ystwytho i atal anafiadau mewn merched ifanc a oedd yn chwarae pêl-droed. Ar gyfer eu hymchwil, fe wnaethon nhw ddefnyddio 1,892 o ferched a oedd yn chwaraewyr pêl-droed, ac roedd ganddyn nhw grwpiau triniaeth a grwpiau rheoli. Fe wnaethon nhw ddarganfod bod y grŵp triniaeth yn cael llai o anafiadau na'r grŵp rheoli, ac mae'r rhaglen ystwytho gynhwysfawr hon bellach yn cael ei defnyddio'n helaeth ym maes pêl-droed menywod.

Ymchwil ansoddol

Ar y cyfan, mae ymchwil ansoddol yn **oddrychol** ac mae'n ymwneud â geiriau yn hytrach na rhifau. Mae'n edrych ar deimladau, barn ac emosiynau, ac mae'n ymwneud â cheisio egluro **pam** yn hytrach na **beth** neu **faint**. Mae'n tueddu i fod yn gymhwysol, sy'n golygu eich bod chi'n casglu data ac yna eu dadansoddi i greu esboniadau, modelau neu ddamcaniaethau. Ei nod yw egluro gwahaniaethau, perthnasoedd neu achosiaeth. Gall data ansoddol hefyd gynhyrchu data meintiol. Er enghraifft, efallai y byddwch chi'n cofnodi faint o bobl sy'n dweud eu bod yn hoffi chwaraeon oherwydd eu bod yn gallu bod gyda'u ffrindiau; efallai y byddwch chi am archwilio pam mae hyn yn wir.

Term allweddol

Goddrychol – yn seiliedig ar deimladau, credoau neu farn bersonol neu'n cael ei ddylanwadu gan y rhain.

Ymchwil dulliau cymysg

Mae ymchwil gymysg yn ddull sy'n mabwysiadu ac yn cyfuno egwyddorion a dulliau ansoddol a meintiol yn yr un astudiaeth.

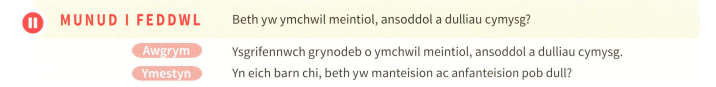

MUNUD I FEDDWL   Beth yw ymchwil meintiol, ansoddol a dulliau cymysg?

Awgrym   Ysgrifennwch grynodeb o ymchwil meintiol, ansoddol a dulliau cymysg.

Ymestyn   Yn eich barn chi, beth yw manteision ac anfanteision pob dull?

Pwysigrwydd ymchwil

Mae ymchwil yn bwysig i'r rheini sy'n gweithio ym maes chwaraeon oherwydd mae'n helpu pobl i gael y wybodaeth ddiweddaraf a datblygu syniadau newydd. Cyn ymchwilio, edrychwch i weld a oes rhywun arall eisoes wedi gwneud eich ymchwil arfaethedig ac, os oes, ceisiwch ganfod beth oedd eu canlyniadau.

Chwilio am ddogfennau

Y cam cyntaf wrth ddatblygu prosiect da sy'n seiliedig ar chwaraeon yw chwilio am ffynonellau priodol o wybodaeth a'u darllen. Ar y cam hwn, mae angen i chi edrych am unrhyw wahaniaethau barn neu unrhyw bynciau poblogaidd o fewn maes pwnc.

I ddod o hyd i ffynonellau o wybodaeth, gwnewch chwiliadau sylfaenol a chwiliadau uwch mewn peiriannau chwilio neu gronfeydd data cyfnodolion, defnyddwch eiriau allweddol a hidlwch y cyfnodolion. Er enghraifft, drwy fynd i www.google.com/advanced_search gallwch fod yn llawer mwy manwl gywir am y canlyniadau a gewch. Gallwch ychwanegu enw awdur a nodi ble rydych chi am i'r peiriant chwilio am eiriau penodol.

Dylech bob amser asesu dogfennau i weld pa mor ddilys a dibynadwy ydyn nhw, yn enwedig pan fyddwch wedi dod o hyd iddyn nhw ar y rhyngrwyd. Trafodir hyn yn fanylach yn nes ymlaen yn yr uned hon, gan ddechrau ar dudalen 7.

Defnyddio ymchwil i ddatblygu gwybodaeth a dealltwriaeth

Mae yna lawer o enghreifftiau o ymchwil i ddatblygu gwybodaeth a dealltwriaeth. Mae'r ddwy astudiaeth a ganlyn yn dangos sut y gallwch fireinio a datblygu gwybodaeth am bwnc trwy ymchwil, er budd cleientiaid.

► Yn gyntaf, cynhyrchodd Holt a Dunn (2004) theori sy'n gysylltiedig â datblygu talent ym maes pêl-droed elitaidd i bobl ifanc a oedd yn gallu proffwydo pa rinweddau a fyddai'n rhoi'r cyfle gorau i chwaraewyr gyrraedd lefel elitaidd. Fodd bynnag, gan fod y theori hon wedi'i seilio'n bennaf ar chwaraewyr a oedd wedi bod yn llwyddiannus yn eu gyrfa pêl-droed pan oedden nhw'n ifanc, nid oedd modd gwybod a oedd yr un rhinweddau gan chwaraewyr pêl-droed llai llwyddiannus.

► O ganlyniad, archwiliodd Holt a Mitchell (2006) brofiadau chwaraewyr ieuenctid ar lefel is a llunio theori ddiwygiedig. Fodd bynnag, roedd y ddwy astudiaeth hyn yn cael eu cyfyngu gan y ffaith nad oedd yn hysbys a oedd unrhyw un o'r chwaraewyr a astudiwyd wedi llwyddo i gael gyrfa broffesiynol lwyddiannus ac wedi cynnal yr yrfa honno.

Y defnydd o ymchwil

Pan fyddwch chi'n gweithio mewn galwedigaeth sy'n ymwneud â chwaraeon, dylech chi bob amser ddefnyddio ymchwil i gynllunio ac adolygu'ch gwaith. Dyma **arfer sy'n seiliedig ar dystiolaeth**. Nid yw hyn yn golygu bod yn rhaid i chi ddarllen erthygl ar ôl erthygl bob tro y byddwch chi'n cynllunio sesiwn gyda chleientiaid. Yn hytrach, fel gweithiwr proffesiynol, dylai bod gennych wybodaeth ymarferol dda o'r ymchwil yn eich maes ac yn gwybod sut i ddefnyddio'r ymchwil honno gyda'ch cleientiaid.

Mae hefyd yn golygu y dylech chi fynd ati'n rheolaidd i gael gwybodaeth am yr ymchwil ddiweddaraf. Er enghraifft, os ydych chi'n hyfforddwr cryfder a chyflyru neu'n therapydd chwaraeon sy'n gyfrifol am adferiad athletwyr ar ôl digwyddiad, dylech sicrhau eich bod chi'n gyfarwydd â'r gwahanol strategaethau adfer sydd ar gael i'r athletwyr hynny, yn ogystal â buddion ffisiolegol a seicolegol y strategaethau.

Yn y pen draw, nod ymchwil yw bod o fudd i gleientiaid, er enghraifft, drwy wella eu perfformiad chwaraeon trwy helpu hyfforddwyr chwaraeon a dadansoddwyr perfformiad i gael gwell dealltwriaeth, neu trwy ddatblygu dealltwriaeth i allu datblygu technoleg neu offer newydd i helpu perfformiad cleientiaid.

Pwysigrwydd arfer sy'n seiliedig ar dystiolaeth mewn amgylcheddau chwaraeon

Fel ymarferydd sy'n seiliedig ar chwaraeon, mae lles a diogelwch y bobl sy'n cymryd rhan yn flaenoriaeth bob amser. Mewn amgylcheddau ymchwil ac ymarfer, mae hyn yn golygu na ddylech roi gormod o straen ffisiolegol na seicolegol ar eich cleientiaid (er enghraifft, ddylech chi ddim gwneud unrhyw waith a allai gynyddu'n sylweddol y risg o anaf). Mae arfer sy'n seiliedig ar dystiolaeth yn bwysig yn y cyd-destun hwn, oherwydd bydd y dystiolaeth sydd ar gael yn eich helpu i aros o fewn y terfynau gweithio arferol ar gyfer cleientiaid, neu o fewn lefelau gwaith na fydd yn peri risg sylweddol uwch i les cleient.

▶ Dychmygwch mai chi yw'r hyfforddwr ioga yn y llun hwn. Pam fyddai arfer sy'n seiliedig ar dystiolaeth yn bwysig i chi?

 **MUNUD I FEDDWL**   Beth yw 'arfer sy'n seiliedig ar dystiolaeth'?

Awgrym   Caewch y llyfr hwn a diffiniwch arfer sy'n seiliedig ar dystiolaeth.

Ymestyn   Trafodwch pam mae arfer sy'n seiliedig ar dystiolaeth yn bwysig i bobl sy'n gweithio mewn meysydd sy'n gysylltiedig â chwaraeon.

Archwiliwch faterion allweddol sy'n effeithio ar effeithiolrwydd ac ansawdd ymchwil ym maes chwaraeon

Dilysrwydd, dibynadwyedd, cywirdeb a thrachywirdeb mewn ymchwil

Wrth wneud ymchwil, bydd angen i chi ystyried ei **dilysrwydd**, ei **dibynadwyedd**, ei chywirdeb a'i thrachywirdeb.

Dilysrwydd

Yr ystyriaeth bwysig gyntaf yw dilysrwydd. Gall y diffiniadau o ddilysrwydd amrywio yn ôl y cyd-destun.

▶ Os yw'ch ymchwil yn cynnwys **casglu** data, gellir diffinio 'dilysrwydd' fel hyn: ydych chi'n mesur yr hyn yr oeddech chi'n bwriadu ei fesur?

▶ Os yw'ch ymchwil yn cynnwys **dadansoddi** data, gellir diffinio 'dilysrwydd' fel hyn: pa mor gadarn yw'r dehongliad o ganlyniadau'r profion?

Mae dilysrwydd hefyd yn gysylltiedig â'r casgliadau yr ydych yn eu gwneud drwy waith ymchwil, hynny yw eich bod yn dod i gasgliad cywir o'r data rydych chi wedi'u casglu a'u dadansoddi.

Mathau o ddilysrwydd

Mae yna wahanol fathau o ddilysrwydd ond y ddau brif fath yw 'dilysrwydd mewnol' a 'dilysrwydd allanol'.

▶ **Dilysrwydd mewnol** – a ellir priodoli canlyniadau'r astudiaeth i'r gwahanol driniaethau yn yr astudiaeth? Mae hyn yn golygu, er mwyn i'ch ymchwil allu honni dilysrwydd mewnol, fod angen i chi sicrhau eich bod wedi rheoli popeth a allai effeithio ar ganlyniadau'r astudiaeth.

▶ **Dilysrwydd allanol** – a all canlyniadau'r astudiaeth gael eu cyffredinoli a'u cymhwyso i bobl neu sefyllfaoedd eraill?

Mae mathau eraill o ddilysrwydd hefyd, fel **dilysrwydd ecolegol** (sy'n ymwneud â'r graddau y gellir cymhwyso canlyniadau astudiaeth i'r byd go iawn) a **dilysrwydd ar yr wyneb** (sef a yw ymchwiliad yn mesur y newidyn perfformiad yn glir – er enghraifft, pam rydych chi'n meddwl bod rhai pobl wedi cwestiynu dilysrwydd ar yr wyneb ar gyfer y prawf eistedd ac ymestyn wrth fesur hyblygrwydd llinyn y gar?)

Cysylltiad

Mae cysylltiad rhwng y cynnwys hwn ag *Uned 11: Prosiect Ymchwil ym maes Chwaraeon* – pa bryd bynnag y byddwch yn casglu data mewn prosiect, mae angen i chi sicrhau eu bod yn ddilys ac yn ddibynadwy fel y gallwch wneud casgliadau ystyrlon.

Termau allweddol

Dilysrwydd (o ran casglu data) – pa un a ydych chi'n mesur yr hyn yr oeddech chi'n bwriadu ei fesur.

Dilysrwydd (o ran dadansoddi data) – pa mor gadarn yw'r dehongliad o ganlyniadau'r profion.

Dibynadwyedd – pa mor gyson yw mesur neu pa mor aml mae'n ailadrodd..

Astudiaeth achos

Ymchwil ddilys

Fel rhan o brosiect sy'n ymchwilio i effeithiau tylino'r corff ar hyblygrwydd llinyn y gar mewn athletwyr, mae therapydd tylino yn penderfynu defnyddio'r prawf eistedd ac ymestyn i fesur hyblygrwydd llinyn y gar mewn chwaraewyr rygbi. Wrth i'r therapydd drafod ei syniad â'r goruchwyliwr ymchwil, mae'n codi'r pwynt y gall cyflwr ar y cefn hefyd ddylanwadu ar y sgorau eistedd ac ymestyn. Mae'r goruchwyliwr hefyd yn gofyn pam, os mai'r nod yw mesur hyblygrwydd llinyn y gar mewn athletwyr, fod y therapydd tylino wedi dewis chwaraewyr rygbi yn unig ar gyfer yr ymchwil?

Gwiriwch eich gwybodaeth

1 Ystyriwch y ffordd yr oedd y therapydd tylino chwaraeon wedi cynllunio'r prosiect yn wreiddiol. Pa fathau o ddilysrwydd y byddai hynny'n effeithio arnyn nhw?

2 Sut fydden nhw wedi cael eu heffeithio?

3 Pe byddech chi'n cynnig cyngor i'r therapydd am newidiadau posib i'r prosiect, beth fyddai'r cyngor hwnnw a pham?

Dibynadwyedd

Mae dibynadwyedd yn cyfeirio at gysondeb mesur neu brawf neu ganlyniadau, neu pa mor aml y mae'r mesur neu'r prawf neu'r canlyniadau yn ailadrodd eu hunain. Mae'n bwysig cofio bod modd i rywbeth fod yn ddibynadwy heb iddo fod yn ddilys: fe allech chi ofyn y cwestiynau anghywir a chael yr un atebion anghywir yn gyson. Yn yr achos hwn, mae eich gwaith yn **ddibynadwy** (roedd yr atebion a gawsoch yn gyson ac yn cael eu hailadrodd), ond doedden nhw ddim yn **ddilys** (gan na wnaethoch chi gael gwybodaeth am y pwnc yr oeddech chi'n bwriadu ymchwilio iddo).

Mewn ymchwil meintiol (hynny yw, ymchwil sy'n edrych ar niferoedd, ystadegau neu ddata 'cyfrifadwy' arall), gellir sicrhau dibynadwyedd trwy fod un ymchwilydd yn cynnal yr un prawf ar yr un unigolyn ar sawl achlysur, ac yn cael yr un canlyniadau neu ganlyniadau tebyg. Fel arall, gellir cyflawni dibynadwyedd trwy fod gwahanol ymchwilwyr yn cynnal yr un prawf ar yr un unigolyn ac yn cael yr un canlyniadau neu ganlyniadau tebyg.

Mewn ymchwil ansoddol (hynny yw, ymchwil sy'n edrych ar ddata heblaw rhifau fel geiriau, delweddau neu ymddygiadau), mae dibynadwyedd yn ymwneud ag un ymchwilydd yn rhoi canlyniadau yn yr un categorïau ar wahanol achlysuron, neu wahanol ymchwilwyr yn gosod canlyniadau yn yr un categorïau neu gategorïau tebyg.

Mae yna rai ffactorau y dylech eu hystyried a all effeithio ar ddibynadwyedd. Gall camgymeriadau ddigwydd:

▶ os nad yw ymchwilwyr yn gwybod sut i ddefnyddio'r offer yn gywir
▶ os nad yw'r offer wedi'i gynnal a'i gadw'n ddigon da
▶ os dewisir y math anghywir o offer.

Mathau o ddibynadwyedd

Mae yna dri math o ddibynadwyedd.

▶ **Dibynadwyedd rhwng arsylwyr neu rhwng ymchwilwyr** – mae'r math yma yn ystyried a fyddai ymchwilwyr gwahanol yn yr un sefyllfa yn cael yr un canlyniadau (neu debyg). Gall dibynadwyedd rhwng arsylwyr fod yn broblem, er enghraifft wrth fesur cyfansoddiad y corff. Pan fydd pobl yn dysgu sut i ddefnyddio'r caliperau croen i asesu cyfansoddiad y corff, mae'n anodd mesur yn gywir o'r safleoedd cywir, sy'n golygu bod ymchwilwyr yn cael mesuriadau gwahanol. Pan fydd hyn yn digwydd, allwch chi ddim honni eich bod wedi cyflawni dibynadwyedd rhwng arsylwyr.

▶ **Dibynadwyedd profi ac ailbrofi** – mae hwn yn golygu gwneud yr un prawf ar wahanol adegau a chael yr un canlyniadau (neu debyg). Mae mesur curiad y galon yn enghraifft o broblem bosibl gyda'r math yma o brawf ym maes ymchwil chwaraeon neu ymarfer corff. Mae gwahanol ffactorau, fel tymheredd, amser o'r dydd, deiet, patrymau cysgu, lefelau gweithgaredd corfforol ac alcohol oll yn effeithio ar guriad y galon. Pe baech chi'n mesur curiad calon yr un person ar yr un adeg ond ar ddiwrnodau gwahanol, fe allech chi gael mesuriadau gwahanol.

▶ **Dibynadwyedd cysondeb mewnol** – sef a yw'r eitemau mewn arolwg neu holiadur i gyd yn mesur yr un peth. Er enghraifft, pe baech chi'n mesur pryder ym maes chwaraeon a bod gennych holiadur yn cynnwys saith eitem lle roedd yr holl gwestiynau'n mesur pryder yn briodol, byddai'r holiadur yn dda o ran dibynadwyedd cysondeb mewnol.

▶ Mesur cyfansoddiad y corff gan ddefnyddio caliperau ar y croen

⏸ **MUNUD I FEDDWL**   Beth yw'r gwahanol fathau o ddilysrwydd a dibynadwyedd?

Awgrym   Caewch y llyfr hwn yna rhestrwch a diffiniwch bob un o'r mathau o ddilysrwydd a dibynadwyedd.

Ymestyn   Esboniwch pam rydych chi'n meddwl ei bod hi'n bwysig ystyried dilysrwydd a dibynadwyedd ym maes ymchwil.

Cywirdeb a thrachywirdeb

Cywirdeb – pa mor agos yw'ch mesuriad chi i'r 'safon aur' neu'r hyn yr ydych chi yn bwriadu ei fesur. Dychmygwch eich bod chi'n asesu pwysau bocsiwr cyn gornest. Os yw'r bocsiwr mewn gwirionedd yn pwyso 100 kg a bod eich dyfais bwyso yn dangos ei fod yn pwyso 100.1 kg, fe allech chi ddweud bod hynny'n gywir. Ond os yw'r ddyfais yn dangos ei fod yn pwyso 103 kg, fe allech chi ddweud nad yw hyn yn gywir gan nad yw'n ddigon agos at bwysau ei gorff.

Does dim modd i bob mesuriad fod yn gwbl sicr. Mae graddfa'r sicrwydd yn ymwneud â **thrachywirdeb** y ddyfais a ddewiswyd i'w fesur. Mae trachywirdeb yn gysylltiedig â mireinio'r broses fesur. Mae'n ymwneud â pha mor fach yw'r gwahaniaeth y gall y ddyfais fesur ei ganfod. Mae cysylltiad agos rhwng trachywirdeb â pha mor aml y mae'r ailadrodd yn digwydd neu ba mor ddibynadwy ydyw.

Termau allweddol

Cywirdeb – pa mor agos y mae eich mesuriad i'r 'safon aur'.

Trachywirdeb – pa mor fach yw'r gwahaniaeth y gall dyfais fesur ei ganfod.

▶ **Ffigur 9.1:** Mae cywirdeb a thrachywirdeb yn gallu effeithio ar ddilysrwydd ymchwil a pha mor ddibynadwy ydyw.

Ffordd hawdd o fynd i'r afael â chywirdeb a thrachywirdeb yw meddwl am chwaraeon targed fel saethyddiaeth. Pe byddech chi'n taro'r canol ar y targed saethyddiaeth gyda phob un o'ch saethau, byddech chi'n dweud eich bod chi wedi bod yn gywir ac yn drachywir. Fodd bynnag, pe byddech chi wedi colli'r targed yn llwyr a'ch saethau wedi mynd i gyfeiriadau gwahanol, byddech chi'n dweud nad oeddech chi wedi bod yn gywir nac yn drachywir. Dangosir hyn yn Ffigur 9.1.

Effaith cywirdeb a thrachywirdeb ar ddilysrwydd a dibynadwyedd

Gall cywirdeb a thrachywirdeb effeithio ar ddilysrwydd a dibynadwyedd: os nad ydych chi'n dilyn y protocol perthnasol (hynny yw y ffordd o gynnal y data), mae'n debygol y bydd y data a gaiff eu casglu yn llai cywir ac yn llai trachywir. Os yw hyn yn wir, rydych yn llai tebygol o fesur yr hyn yr oeddech yn bwriadu ei fesur, gan leihau dilysrwydd y data a gasglwyd.

Yn yr un modd, os ydych chi'n llai cywir ac yn llai trachywir gyda'r broses o gasglu data, mae'n debygol y bydd rhywfaint o amrywiant yn y gwallau a wnewch. Yn yr achos hwn, byddwch yn cael gwahanol ganlyniadau, gan wneud eich data yn llai dibynadwy.

Moeseg ymchwil

Mae llawer o ddiffiniadau gwahanol o foeseg ymchwil. Un o'r rhai mwyaf cyffredin yw hwn: safonau ymddygiad sy'n gwahaniaethu rhwng ymddygiad derbyniol ac ymddygiad annerbyniol wrth gynnal gweithgareddau ymchwil. Dylech sicrhau bob amser eich bod yn cadw at god ymddygiad perthnasol, fel codau Cymdeithas Chwaraeon a Gwyddoraiu Ymarfer Prydain (BASES) neu Sports Coach UK.

Cod Ymddygiad BASES

Amlinellir y materion moesegol sy'n berthnasol i chi yng Nghod Ymddygiad BASES. Mae hwn yn rheoli sut rydych chi'n gweithio fel ymarferwyr ac ymchwilwyr, ac mae'n amlinellu safonau moesegol sy'n hanfodol ar gyfer gwaith ymchwil diogel ym maes gwyddorau chwaraeon ac ymarfer corff.

Cadarnhad moesegol

Wrth gynnal ymchwil, er mwyn sicrhau eich bod yn gweithio'n foesegol ac yn gyfreithiol, mae angen i chi gael cadarnhad am yr agweddau moesegol gan gorff priodol cyn i chi ddechrau. Os byddwch chi'n gwneud ymchwil fel rhan o'ch cwrs, eich tiwtor, neu **bwyllgor moeseg** y coleg neu'r ysgol, fydd yn rhoi'r cadarnhad ichi.

Caniatâd gwybodus

Ar ôl i chi gael cymeradwyaeth foesegol ar gyfer eich prosiect ymchwil, mae'n ofyniad moesegol a chyfreithiol i chi hefyd gael caniatâd gwybodus gan y bobl fydd yn cymryd rhan. Gallan nhw roi hwn ar lafar, ond mae'n fwy diogel i chi a'ch cyfranogwyr os byddwch chi'n cael y caniatâd yn ysgrifenedig. Mae ffurflen cydsyniad gwybodus yn cynnwys:

▶ disgrifiad o'r ymchwiliad
▶ manylion y weithdrefn i'w dilyn
▶ manylion unrhyw risgiau i'r cyfranogwr
▶ manylion am y manteision posibl o gymryd rhan yn yr ymchwil
▶ adran sy'n cynnig ateb unrhyw gwestiynau ac sy'n cadarnhau bod y rhain wedi'u hateb yn llawn
▶ nodyn yn egluro y gall y cyfranogwr dynnu'n ôl ar unrhyw adeg heb gael ei gosbi
▶ adran sy'n egluro y bydd unrhyw wybodaeth a fydd yn cael ei chasglu am y cyfranogwr yn aros yn gyfrinachol

---

Damcaniaeth ar waith

Ymchwiliwch i'r dull o fesur cyfansoddiad y corff gan ddefnyddio caliperau ar y croen.

Meddyliwch am y prif wallau y gellid eu gwneud wrth fesur cyfansoddiad y corff yn y modd hwn. Sut fyddai hyn yn effeithio ar gywirdeb, trachywirdeb, dilysrwydd a dibynadwyedd?

Term allweddol

Pwyllgor moeseg – panel sy'n edrych ar gynigion ymchwil ac yn penderfynu a ydyn nhw'n ddiogel ac yn foesegol.

▶ adran i chi, y cyfranogwr ac unrhyw unigolyn perthnasol arall (fel rhiant neu ofalwr) i roi llofnod a dyddiad.

Cyfrinachedd, diogelu data a chyfrifoldeb

Mae unrhyw ddata a gasglwch yn cael eu rheoli gan delerau Deddf Diogelu Data (1998). Dim ond gwybodaeth sy'n bwysig i'r astudiaeth rydych chi'n ei gwneud y gallwch chi ei datgelu. Ddylech chi ddim cynnwys unrhyw ddata yn eich prosiect ymchwil fyddai'n datgelu pwy yw'r cyfranogwyr. Dylai'r data y byddwch yn ei chasglu gael ei storio mewn lleoliad diogel (fel cabinet ffeilio dan glo neu gyfrifiadur wedi'i warchod gyda chyfrinair). Dim ond chi a'ch goruchwyliwr ymchwil ddylai allu cael mynediad at y data.

Cymhwysedd

Cymhwysedd – ystyr hwn yw eich bod chi'n gweithio o fewn eich setiau sgiliau penodol yn unig. Os nad oes gennych chi gymwysterau, profiad neu allu priodol mewn techneg benodol, ddylech chi ddim defnyddio'r dechneg honno yn ystod eich gwaith ymchwil heb oruchwyliaeth ddigonol. Hefyd, ddylech chi ddim dehongli canlyniadau mewn meysydd lle nad oes gennych ddigon o wybodaeth am y pwnc, oherwydd gallai hyn gamarwain cleientiaid ac ystumio canlyniadau eich astudiaeth. Gallai hefyd, o bosibl, gael effaith negyddol ar ddiogelwch a lles y cleientiaid os byddan nhw'n newid eu ffordd o fyw yn seiliedig ar eich dehongliadau.

Os gofynnir i chi weithio mewn maes lle nad ydych yn gymwys, **atgyfeiriwch** hyn i weithiwr proffesiynol priodol arall (er enghraifft, rhywun o fewn disgyblaeth wahanol mewn gwyddorau chwaraeon ac ymarfer corff, therapydd chwaraeon neu weithiwr proffesiynol ym maes meddygaeth chwaraeon).

Ymddygiad personol a phroffesiynol

Gweithio mewn dull proffesiynol yw conglfaen bod yn ymarferydd effeithiol. Yn ogystal â'r ffactorau a drafodwyd uchod, amlinellir isod rai o'r ystyriaethau allweddol yn y cyd-destun hwn.

▶ **Diogelwch y cyfranogwyr** – mae'n bwysig cofio hyn wrth wneud gwaith ymchwil. Rhaid i'r ymchwilydd arddel y safonau proffesiynol uchaf er mwyn peidio â pheryglu'r cyfranogwyr na hwy eu hunain. Mae hyn yn arbennig o bwysig os oes angen i gyfranogwyr ymdrechu mwy nag arfer yn ystod y gwaith ymchwil, gan anelu at begwn eithaf eu gallu. Dylai'r ymchwilydd drin yr holl gyfranogwyr yn gyfartal a gweithio o fewn eu maes cymhwysedd eu hunain yn unig.

▶ **Gweithredu gan roi sylw dyledus i gydraddoldeb a bod yn ddiduedd** – i warchod enw da'r gwyddorau chwaraeon ac ymarfer corff, rhaid i chi fod yn gwbl ddiduedd yn eich gweithredoedd a'ch arferion. Mae hyn yn golygu na allwch adael i ffactorau fel hil, oedran na rhyw effeithio ar eich gwaith gyda chleientiaid ac wrth ddehongli canlyniadau. Rhaid i chi beidio â manteisio ar berthnasoedd personol er budd personol. Rhaid i unrhyw benderfyniadau fod yn gwbl wrthrychol (yn seiliedig ar ffeithiau yn hytrach nag ar farn).

▶ **Ymateb i ymholiadau aelodau neu gleientiaid** – efallai y daw adeg pan fydd aelod uwch o BASES neu'ch cleient yn gofyn pam wnaethoch chi weithio mewn ffordd benodol. Fel ymarferydd, mae gennych gyfrifoldeb proffesiynol i ateb yr ymholiadau hyn mewn modd agored, gonest ac amserol.

Effaith materion moesegol mewn lleoliadau ymchwil

Prif rôl moeseg ymchwil yw sicrhau diogelwch a lles y rhai sy'n cymryd rhan yn yr ymchwil yn ogystal â'r ymchwilydd ei hun. Os nad ydych chi'n rhoi sylw i faterion moesegol, does dim modd ichi gynnig y mesurau diogelwch hyn.

Mae materion moesegol yn allweddol yn y broses ymchwil, ond maen nhw hefyd yn bwysig wrth helpu i gasglu a dadansoddi data o ansawdd uchel. Maen nhw'n eich galluogi chi i ymchwilio i nodau'r ymchwil yn y modd gorau posibl, gan arwain at yr ymchwil fwyaf defnyddiol i'r gynulleidfa ehangaf. Mae gweithio fel hyn hefyd yn debygol o leihau'r posibilrwydd y bydd rhagfarn yn yr ymchwil, gan wella hygrededd y gwyddorau chwaraeon ac ymarfer corff fel disgyblaeth broffesiynol.

Termau allweddol

Cymhwysedd – cael gwybodaeth, sgiliau a phrofiad o fewn maes penodol a chydnabod eich cyfyngiadau cysylltiedig.

Atgyfeirio – pan fyddwch chi'n cydnabod nad ydych yn gymwys i weithio gyda chleient penodol neu gynnal ymchwil mewn maes penodol gyda'r sgiliau sydd gennych, fe allech gysylltu â gweithiwr proffesiynol arall sy'n gymwys fel y gall ef neu hi wneud y gwaith hwnnw.

Ymchwil

Ymchwiliwch i safonau ymddygiad, perfformiad a moeseg Cymdeithas y Therapyddion Chwaraeon. Beth yw'r tebygrwydd a'r gwahaniaethau rhwng hyn a Chod Ymddygiad BASES?

 **MUNUD I FEDDWL**　Beth yw'r prif ystyriaethau moesegol wrth wneud ymchwil?

Awgrym　Meddyliwch am bwnc penodol yr hoffech chi ymchwilio iddo. Beth yw'r prif ystyriaethau moesegol sy'n gysylltiedig â'r prosiect hwn?

Ymestyn　Pam mae'r ystyriaethau moesegol hyn i'w cael a beth fyddai'r canlyniadau posibl o'u torri?

Ymarfer asesu 9.1

| A.P1 | A.P2 | A.M1 | A.D1 | B.P3 | B.P4 | B.M2 | B.D2 |

Rydych chi'n gwneud cais am interniaeth cryfder a chyflyru yng Nghlwb Talent Rhanbarthol y Gymdeithas Bêl-droed. Mae'r pennaeth gwyddoniaeth a meddygaeth yn frwd iawn dros arfer sy'n seiliedig ar dystiolaeth. Felly, fel rhan o'r broses ymgeisio, mae angen ichi ysgrifennu adroddiad sy'n archwilio pa mor bwysig yw ymchwil wrth weithio gyda chleientiaid ym maes pêl-droed ac sy'n cyfiawnhau'r ffactorau a all ddylanwadu ar effeithiolrwydd ymchwil.

Yn eich adroddiad, ystyriwch sut y gallwch ddefnyddio enghreifftiau sy'n benodol i bêl-droed i ddangos y gwaith (er enghraifft, pam bod arfer sy'n seiliedig ar dystiolaeth yn cael ei ddefnyddio ym maes pêl-droed; enghreifftiau o ddilysrwydd a dibynadwyedd sy'n benodol i bêl-droed).

Cynllunio
- Pe bawn i'n gwneud cais am yr interniaeth hon, pa enghreifftiau o faes pêl-droed y gallwn i eu cynnwys ar gyfer y gwahanol fathau o ymchwil?
- Beth maen nhw'n gofyn imi ei ddangos am ymchwil a'r ffactorau sy'n effeithio ar ansawdd ymchwil, a pham mae hyn yn bwysig?

Gwneud
- Ydw i wedi treulio rhywfaint o amser yn cynllunio sut rydw i'n mynd i gyflawni'r dasg, ac a ydw i wedi gofyn am farn pobl eraill?
- Ydw i wedi cofnodi unrhyw broblemau a gefais ac wedi chwilio am ffyrdd o'u datrys?

Adolygu
- Alla i egluro sut y gwnes i'r dasg a sut y gallwn ei gwneud mewn ffordd wahanol y tro nesaf?
- Alla i ddweud a wnes i fodloni meini prawf y dasg?

 ## C Cymhwyso dulliau ymchwil priodol i broblem ymchwil benodol mewn chwaraeon

Dyluniadau ar gyfer ymchwil meintiol

Fe fyddwch chi'n defnyddio nifer o wahanol ddyluniadau ymchwil o fewn y gwyddorau chwaraeon ac ymarfer corff. Dyluniad ymchwil yw strwythur cyffredinol eich ymchwil. Mae'r prif ddyluniadau meintiol yn arbrofol, yn drawstoriadol neu'n seiliedig ar arolwg, ac yn hydredol.

Dyluniad ar gyfer ymchwil arbrofol

Amcan ymchwil arbrofol yw archwilio'r effeithiau y mae rhywbeth yn eu cael ar rywbeth arall sy'n dibynnu arno. Er mwyn defnyddio'r dyluniad ymchwil hwn yn effeithiol, mae angen i chi ddeall y termau **newidyn annibynnol** a **newidyn dibynnol**. Mae'r newidyn annibynnol yn effeithio ar y newidyn dibynnol. Er enghraifft, efallai y bydd hyfforddwr athletau eisiau darganfod a yw ei hyfforddiant i wneud gwaelod y cefn yn fwy hyblyg yn gwella gallu athletwr i gyflawni naid uchel. Gan fod yr hyfforddwr eisiau darganfod a yw hyblygrwydd yn effeithio ar berfformiad, yn yr enghraifft hon:
- y newidyn annibynnol = hyblygrwydd
- y newidyn dibynnol = perfformiad naid uchel – h.y. mae'n dibynnu ar yr hyblygrwydd.

Yn y math hwn o ddyluniad, mae cael **grwpiau triniaeth** a **grwpiau rheoli** yn bwysig er mwyn ichi allu ynysu unrhyw effeithiau'r driniaeth – rhaid i chi fod yn hollol sicr mai'r newidyn annibynnol sy'n effeithio ar unrhyw newidiadau, nid rhywbeth arall. Mae angen i newidynnau eraill a allai 'ystumio' canlyniadau gael eu rheoli a'u lleihau cymaint â phosibl.

Termau allweddol

Newidyn annibynnol – newidyn nad yw ei amrywiad yn dibynnu ar amrywiad un arall.

Newidyn dibynnol – newidyn y mae ei amrywiad yn dibynnu ar amrywiad un arall.

Grŵp triniaeth – grŵp o gyfranogwyr sy'n cael triniaeth mewn ymchwiliad.

Grŵp rheoli – grŵp o gyfranogwyr sy'n rheoli arbrawf neu astudiaeth, er enghraifft pobl nad ydyn nhw'n cael triniaeth na 'thriniaeth ffug' (pan maen nhw'n credu eu bod yn cael triniaeth).

Dyluniad trawstoriadol neu ddyluniad sy'n seiliedig ar arolwg

Mae ymchwil drawstoriadol yn cynnwys defnyddio ystod o gyfranogwyr sydd â chefndiroedd, oedrannau a rhywedd gwahanol i'r boblogaeth gyffredinol. Er enghraifft, os ydych chi am edrych ar y rhai a ddewisir ar gyfer chwaraeon tîm neu chwaraeon unigol yn y DU, byddai ymchwil drawstoriadol yn ddefnyddiol. Byddai hyn yn gyfle ichi gael barn ystod o bobl o wahanol gefndiroedd.

Mae ymchwil drawstoriadol yn aml yn seiliedig ar holiaduron neu arolygon. Byddech yn anfon holiadur ar ffurf arolwg i'ch cyfranogwyr er mwyn iddyn nhw ddweud pa fath o chwaraeon sydd orau ganddyn nhw. Yna fe allech chi lunio ystadegau disgrifiadol ar gyfer canlyniadau'r astudiaeth (er enghraifft, mae'n well gan 73 y cant o ddynion chwaraeon tîm, mae'n well gan 20 y cant o ddynion chwaraeon unigol ac nid oes gan 7 y cant o ddynion unrhyw hoff chwaraeon).

Gall y math hwn o ymchwil ganfod tueddiadau neu berthnasoedd o fewn gwahanol grwpiau o bobl neu rhyngddyn nhw.

Dyluniad hydredol

Mae ymchwil hydredol yn cynnwys mesur yr un newidynnau dros gyfnod hir. Mae angen mwy o adnoddau ar gyfer hyn na mathau eraill o ymchwil, felly byddwch yn ofalus wrth ei ddefnyddio. Cymerir mesuriadau ar nifer o adegau dros gyfnod o wythnosau, misoedd neu hyd yn oed flynyddoedd, ac yna fe welwch sut a phryd y mae'r rhain yn newid.

Mae ymchwil hydredol yn ddefnyddiol os ydych chi am archwilio nodweddion datblygiadol grŵp o bobl. Er enghraifft, byddai'n opsiwn da pe byddech chi'n ymchwilio i ffactorau sy'n gysylltiedig â datblygu talent mewn mathau penodol o chwaraeon, oherwydd byddai'n gyfle ichi ganolbwyntio ar faterion datblygiadol dros gyfnod estynedig o amser.

Gellir defnyddio dyluniadau hydredol naill ai mewn ymchwil meintiol neu ymchwil ansoddol, ond mae'r ffordd y maen nhw'n cael eu defnyddio ychydig yn wahanol.

Dulliau o gasglu data meintiol

Casglu data mewn labordy

Mae casglu data mewn labordy yn cynnwys casglu data mewn amgylchedd lle mae'r holl amodau a'r **newidynnau allanol** posibl yn cael eu rheoli, fel eich bod ddim ond yn mesur y newidynnau y mae eich ymchwil yn canolbwyntio arnyn nhw.

Un fantais o gasglu data mewn labordy yw bod yno lefelau uchel o ddilysrwydd mewnol: gallwch reoli'ch holl newidynnau fel eich bod chi'n gwybod nad ydych chi'n mesur dim byd ond yr agwedd rydych chi'n bwriadu ei mesur, gan ei gwneud hi'n haws ynysu effeithiau'r driniaeth.

Un anfantais o gasglu data mewn labordy yw bod yno lefelau isel o 'ddilysrwydd ecolegol' oherwydd nad yw'r data'n cael eu casglu mewn amgylchedd sy'n adlewyrchu'r sefyllfa lle mae'r gweithgaredd yn cael ei wneud. Anfantais arall yw bod angen, fel rheol, defnyddio offer drud neu dechnegol i gasglu data, gan wneud hyn yn anodd os nad oes gennych lawer o adnoddau.

▶ Mae profion 'VO$_2$ macsimwm' yn enghraifft o gasglu data mewn labordy

Casglu data yn y maes

Mae data maes yn cael eu casglu mewn amgylchedd sy'n efelychu'r un y mae'r gamp yn cael ei chwarae ynddo. Un o brif gryfderau casglu data maes yw ei fod yn dynwared yr amgylchedd perfformio, felly gallwch hawlio dilysrwydd ecolegol pan fyddwch chi'n casglu data fel hyn.

Gall casglu data maes fod yn rhatach na chasglu data mewn labordy, ac felly gall fod o fewn cyrraedd pobl sydd â llai o adnoddau. Fodd bynnag, un o anfanteision hyn yw na allwch reoli pob un o'r newidynnau allanol, felly gall fod yn anodd ichi hawlio dilysrwydd mewnol.

Casglu data ar sail arolwg

Fe fyddwch chi'n defnyddio arolygon pan rydych chi am gasglu llawer iawn o ddata gan grwpiau mawr a phan nad yw'r data rydych chi am ei gasglu yn ddata manwl. Felly, mae arolygon fel arfer yn defnyddio **cwestiynau caëedig**. Os bydd angen i chi gael gwybodaeth fanylach, ni fyddai

Dulliau Ymchwil ym maes Chwaraeon

arolygon yn addas ar eu pennau eu hunain. Fodd bynnag, gallan nhw fod yn effeithiol pe bydden nhw'n cael eu defnyddio ochr yn ochr â dulliau ansoddol eraill o gasglu data (fel cyfweliadau). Yn yr un modd â dulliau eraill o gasglu data, mae manteision ac anfanteision i arolygon, a dangosir y rheini yn Nhabl 9.1.

▶ **Tabl 9.1:** Manteision ac anfanteision arolygon

Manteision	Anfanteision
Maen nhw'n hawdd i'w defnyddio os yw'r ffurflen wedi'i dylunio'n gywir.	Gall cwestiynau fod yn rhy gymhleth os yw'r ffurflen wedi'i dylunio'n anghywir.
Maen nhw'n gyfle i leihau tuedd o ran y cyfranogwyr.	Mae yna faterion rheoli (e.e. problemau posibl gyda rheoli'r gyfradd ddychwelyd; eglurder a deall cwestiynau).
Gall y cyfranogwr fod yn anhysbys.	Nid oes cyfle i ofyn cwestiynau treiddgar.
Mae'r data wedi'u strwythuro fel y gallwch ddadansoddi'r canlyniadau yn haws.	Mae posibilrwydd na fydd llawer yn ymateb.
Maen nhw fel arfer o fewn cyrraedd y rhan fwyaf o bobl.	

Pan fyddwch chi'n dechrau dylunio'ch arolwg, mae angen i chi feddwl yn ofalus am nifer o ffactorau.

▶ Ystyriwch yr hyn rydych chi am ei ddarganfod.
▶ Ystyriwch eich sampl (oherwydd bydd hyn yn effeithio ar sut rydych chi'n ysgrifennu'ch arolwg).
▶ Ystyriwch hyd eich arolwg a sut olwg fydd arno (oherwydd pan fyddwch chi'n ei ddylunio, rhaid i chi beidio â'i wneud yn rhy hir neu'n anodd ei ateb).
▶ Penderfynwch sut a phryd y byddwch chi'n dosbarthu'ch arolwg. Os byddwch yn ei ddosbarthu â llaw, arhoswch iddo gael ei gwblhau yn y fan a'r lle yn hytrach na mynd i ffwrdd a dod yn ôl yn nes ymlaen. Os penderfynwch ei ddosbarthu drwy'r post neu'r e-bost, mae llai o siawns y bydd yn cael ei ddychwelyd. Cofiwch gynnwys cyfeiriad dychwelyd, llythyr i egluro pam mae'ch holiadur yn cael ei anfon, ac amlen â stamp os oes modd.
▶ Ystyriwch y ffordd orau i ddadansoddi'r canlyniadau.

Os yw'ch arolwg yn edrych yn flêr ac yn amhroffesiynol, efallai y bydd pobl yn ei daflu, yn enwedig os ydyn nhw wedi'i gael drwy'r post neu ar-lein. Os yw'n edrych yn drefnus ac yn bwrpasol, mae gennych well siawns y bydd yn cael ei gwblhau. Gwnewch yn siŵr bod eich arolwg wedi'i ddylunio yn ôl eich cynulleidfa, er enghraifft ei wneud yn syml os mai plant ifanc fydd yn ei ddefnyddio.

Wrth ddylunio'ch arolwg, cofiwch y bydd yn llawer llai tebygol o gael ei lenwi os yw'n fwy na thudalen o hyd. Cadwch ef mor fyr â phosib gan ofalu ei fod yn cynnwys digon o wybodaeth i ateb eich cwestiwn neu eich cwestiynau ymchwil.

Ystyriwch bob amser pam rydych chi'n gofyn y cwestiwn – bydd hyn yn eich atal rhag cynnwys rhai diangen. Bydd ansawdd eich arolwg yn cynyddu wrth i'w ddilysrwydd gynyddu. Penderfynwch pa fformat fyddai fwyaf priodol ar gyfer y cwestiwn rydych chi am ei ofyn, h.y. ai 'cwestiwn caëedig' sy'n gwahodd ateb un gair, neu 'gwestiwn agored' (pwy? beth? ble? pryd? pam? sut?) sy'n gwahodd ymateb hirach.

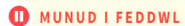

❚❚ MUNUD I FEDDWL   Rydych chi eisiau cael gwybodaeth am arferion y dysgwyr yn eich ysgol neu eich coleg o ran gweithgaredd corfforol. Pa ddull o gasglu data meintiol fyddech chi'n ei ddefnyddio?

Awgrym   Lluniwch restr o'r gwahanol ddulliau o gasglu data meintiol. Ar gyfer beth fyddech chi'n defnyddio pob dull a pha ddull fyddai fwyaf addas yn yr achos hwn?

Ymestyn   Rhowch gyfiawnhad dros y dull o gasglu data a ddewiswyd gennych, gan egluro sut y byddai'n eich helpu i ateb y cwestiwn.

Dulliau o ddadansoddi data meintiol

Mae dadansoddi data meintiol yn cynnwys defnyddio gwahanol ddulliau ystadegol at wahanol ddibenion i ateb eich cwestiynau ymchwil.

Ystadegau disgrifiadol

Yr ystadegau disgrifiadol mwyaf cyffredin yw cymedr, canolrif, modd a gwyriad safonol.

▶ **Cymedr** – y cyfartaledd neu'r 'mesur o'r duedd ganolog' sy'n cael ei gyfrifo drwy adio'r holl werthoedd a rhannu'r ateb â nifer y gwerthoedd. Er enghraifft, pe bai'r holl werthoedd yn gwneud 125 a bod wyth ohonyn nhw, y mesur o'r duedd ganolog fyddai 15.625.

▶ **Canolrif** – y gwerth canol mewn cyfres o rifau. Er enghraifft, pe bai'r gyfres yn cynnwys y rhifau 4, 6, 7, 10 ac 11, y rhif 7 fyddai'r canolrif oherwydd dyna'r rhif canol yn y gyfres.

▶ **Modd** – y gwerth sy'n digwydd amlaf. Er enghraifft, pe bai'r gwerthoedd yn 3, 4, 6, 6, 7 ac 8, y rhif 6 fyddai'r modd oherwydd ei fod yn digwydd ddwywaith.

▶ **Gwyriad safonol** – rhif sy'n dynodi faint mae pob un o'r gwerthoedd yn y dosbarthiad yn gwyro oddi wrth gymedr (neu ganol) y dosbarthiad. Os yw'r pwyntiau data i gyd yn agos at y cymedr, yna mae'r gwyriad safonol yn agos at sero. Os oes llawer o'r pwyntiau data ymhell o'r cymedr, yna mae'r gwyriad safonol ymhell o sero. Os yw'r holl werthoedd data yn gyfartal, yna mae'r gwyriad safonol yn sero. Dyma'r fformiwla ar gyfer cyfrifo gwyriad safonol (*sd*):

$$sd = \sqrt{\frac{\Sigma (X - M)^2}{n - 1}}$$

Lle mae:
- Σ = swm o
- X = sgôr unigolyn
- M = y cymedr
- n = nifer y cyfranogwyr

Dyma sut i gyfrifo gwyriad safonol:
1 Cyfrifwch y cymedr.
2 Tynnwch y cymedr o sgôr unigolyn ($X - M$).
3 Sgwariwch yr ateb ($X - M$)^2.
4 Cyfrifwch y sgorau sgwâr $\Sigma (X - M)^2$ ar gyfer pob un.
5 Rhannwch â nifer y cyfranogwyr minws 1 ($n - 1$).
6 Cymerwch ail isradd yr ateb.

Trefnu data

Mae yna wahanol ddulliau o drefnu eich data wrth ddadansoddi data meintiol, ac mae pob un ohonyn nhw yn fan cychwyn da ar gyfer y prosiect ymchwil priodol. Mae'r dulliau'n cynnwys amrediad, dosraniad trefn restrol, dosraniad amlder syml, a dosraniad amlder grŵp.

▶ **Amrediad** yw'r pellter mewn gwerth rhifiadol o'r gwerth uchaf i'r gwerth isaf a gasglwyd. Byddwch chi'n cyfrifo amrediad drwy dynnu'r gwerth isaf o'r gwerth uchaf. Er enghraifft, pe bai'r gwerth uchaf yn 15 a'r gwerth isaf yn 7, yr amrediad fyddai 8.

▶ **Dosraniad trefn restrol** yw gosod eich data mewn rhestr drefnus o'r isaf i'r uchaf mewn un golofn, gan sicrhau eich bod yn cynnwys yr holl sgorau. Defnyddir y dull hwn pan fydd nifer y cyfranogwyr yn llai na 20 neu'n hafal i 20 ($n \leq 20$).

▶ **Dosraniad amlder syml** – mae hwn yn cael ei ddefnyddio pan fydd nifer y cyfranogwyr yn fwy na 20 ($n > 20$) a phan fo'r amrediad yn llai na 20 neu'n hafal i 20 ($r \leq 20$). Byddwch chi'n defnyddio'r dull dosraniad amlder syml gyda thabl sydd â dwy golofn, un ar gyfer sgorau data crai (X) ac un ar gyfer sgorau amlder (f). Y golofn amlder yw'r nifer o weithiau y cyflawnwyd y sgôr benodol honno.

Enghraifft ar waith

Mae hyfforddwr pêl-fasged yn edrych ar nifer y tafliadau rhydd a gollir ym mhob gêm dros dymor. Mae ganddo 25 gêm i'w hasesu ($n > 20$) ac mae nifer yr ergydion a gollwyd fesul gêm yn amrywio o 1 i 7 ($r \leq 20$), felly mae'r dull dosraniad amlder syml yn addas. Nodir y data yn Nhabl 9.2.

▶ **Tabl 9.2:** Enghraifft o ddosraniad amlder syml

Nifer yr ergydion a gollwyd (X)	Amlder (f)
7	3
6	5
5	14
3	2
1	1
	$n = 25$

Dosraniad amlder grŵp

Mewn ymchwil meintiol, byddwch yn aml yn gweithio gydag ystodau o fwy na 21 ($r > 21$) a gyda mwy na 20 o gyfranogwyr ($n > 20$) – dyma pryd y gallwch chi ddefnyddio dosraniad amlder grŵp. Yn yr un modd â dosraniad amlder syml, mae dwy golofn i'r tabl (X ac f). Ond y tro hwn mae colofn X ar gyfer grwpiau o sgorau ac mae colofn f ar gyfer amlder.

Er mwyn cadw'ch data ar un ddalen o bapur, fel rheol mae gennych rhwng 10 ac 20 grŵp o sgorau; y rhif delfrydol yw 15. Mae angen i chi benderfynu ar **faint y cyfwng** ar gyfer pob grŵp, a gyfrifir gan ddefnyddio'r fformiwla i = amrediad ÷ 15.

> **Term allweddol**
>
> **Maint y cyfwng** – yr ystod o werthoedd y mae pob grŵp yn cynnwys.

Enghraifft ar waith

Mae hyfforddwr athletau yn edrych ar yr amseroedd a gofnodwyd (mewn eiliadau) gan athletwyr sydd am gynrychioli'r coleg yn y ras 5000 metr. Mae ganddi 30 o amseroedd i edrych arnyn nhw, sy'n amrywio o 900 eiliad i 1094 eiliad. Mae dosraniad amlder grŵp yn ddull addas oherwydd bod $r > 21$ a $n > 20$. Maint y cyfwng ar gyfer pob grŵp yw 13 eiliad ($r = 194$ eiliad; $194 \div 15 = 12.93$ eiliad, sydd wedi'i dalgrynnu i 13). Nodir y data yn Nhabl 9.3.

Er bod defnyddio dosraniad amlder grŵp yn ffordd ddefnyddiol o drefnu llawer iawn o ddata, mae peth gwybodaeth yn cael ei cholli. Ar ôl i'r sgorau gael eu rhoi mewn grwpiau, mae'n amhosibl gwybod beth yw'r gwerthoedd unigol. Er enghraifft, os edrychwch chi ar y rhes 1012–1025 eiliad yn Nhabl 9.3, cewch wybod bod wyth athletwr yn yr ystod honno, ond ni chewch wybod beth oedd eu hamseroedd unigol.

Cromliniau dosraniad

Mae cromliniau dosraniad yn eich helpu i ddeall sut mae eich data yn perthyn i'r gwerth cymedrig.

Cromliniau dosraniad normal

Mae dosraniad normal o ddata yn golygu bod y rhan fwyaf o'r enghreifftiau mewn set o ddata yn agos at y 'cyfartaledd', tra bod un neu ddau ar un pegwn neu'r llall. Mewn graff dosraniad normal (gweler Ffigur 9.2):

▶ dim ond un brig sydd i'r gromlin
▶ mae'r gromlin ar ffurf cloch
▶ mae'r cymedr (y cyfartaledd) yng nghanol y dosraniad ac mae'r dosraniad yn gymesur o amgylch y cymedr
▶ mae dwy 'gynffon' y dosraniad yn ymestyn yn amhendant a dydyn nhw byth yn cyffwrdd â'r echelin x
▶ mae siâp y dosraniad yn cael ei bennu gan y gwyriad cymedrig a'r gwyriad safonol.

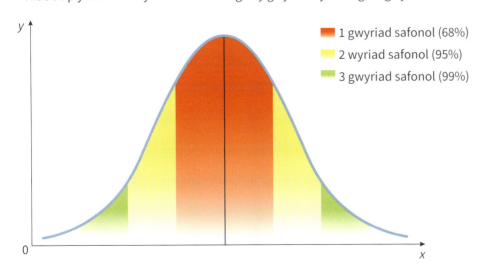

▶ **Ffigur 9.2:** Enghraifft o gromlin dosraniad normal

Dydy pob set ddata ddim yn cynhyrchu graff mor berffaith â'r un yn Ffigur 9.2. Mae'r gromlin mewn rhai graffiau yn gymharol wastad; bydd eraill yn fwy serth. Weithiau bydd y cymedr yn gogwyddo i un ochr neu'r llall. Fodd bynnag, bydd cromlin yr holl ddata mewn graff dosraniad normal yn edrych rywbeth yn debyg i siâp cloch. Yn gyffredinol, os ewch chi un gwyriad safonol i'r dde neu i'r chwith o'r cymedr (y darn

▶ **Tabl= 9.3:** Enghraifft o ddosraniad amlder grŵp

Amser (X)	Amlder (f)
1082–1094	1
1068–1081	1
1054–1067	1
1040–1053	1
1026–1039	5
1012–1025	8
998–1011	3
984–997	2
970–983	2
956–969	1
942–955	1
928–941	1
914–927	1
900–913	2
	$n = 30$

Dulliau Ymchwil ym maes Chwaraeon

coch ar y graff) byddwch yn cynnwys 68 y cant o'r sgorau yn y dosraniad. Mae dau wyriad safonol i ffwrdd o'r cymedr (y darnau coch a melyn) yn cyfrif am oddeutu 95 y cant o'r sgorau, ond mae tri gwyriad safonol (y darnau coch, melyn a gwyrdd) yn cyfrif am oddeutu 99 y cant o'r sgorau.

Mae gwyriad safonol yn dweud wrthych pa mor dynn y mae'r holl enghreifftiau amrywiol wedi'u clystyru o amgylch y cymedr mewn set o ddata. Pan fydd yr enghreifftiau yn glwstwr tyn gyda'i gilydd a'r gromlin siâp cloch yn serth, mae'r gwyriad safonol yn fach. Pan fydd yr enghreifftiau ymhellach oddi wrth ei gilydd, a'r gromlin siâp cloch yn wastad, mae hyn yn dweud wrthych fod gennych wyriad safonol cymharol fawr.

Cromlin sgiw bositif a chromlin sgiw negatif

Os yw siâp y gromlin yn anghymesur, nid yw eich data wedi'u dosrannu'n normal, a dywedir felly bod gan y gromlin sgiw bositif neu sgiw negatif.

▶ Mae sgiw bositif yn golygu bod cynffon hirach y gromlin yn pwyntio tuag at ben positif (uwch) y raddfa a bod y sgorau mewn clwstwr i'r chwith o'r canol.

▶ Mae sgiw negatif yn golygu bod cynffon hirach y gromlin yn pwyntio tuag at ben negatif (is) y raddfa a bod y sgorau mewn clwstwr i'r dde o'r canol.

Mae Ffigur 9.3(a) yn dangos enghraifft o gromlin sgiw bositif a Ffigur 9.3(b) yn dangos cromlin sgiw negatif.

Ystadegau casgliadol

Mae ystadegau casgliadol yn asesu perthnasoedd neu wahaniaethau rhwng setiau data. Er enghraifft, pe baech chi eisiau darganfod a yw ymestyn PNF yn gwneud llinyn y gar yn fwy hyblyg, fe allech chi ddefnyddio prawf casgliadol priodol i gael eich ateb. Mae dau grŵp o brofion casgliadol, sef profion parametrig a phrofion amharametrig (gweler Ffigur 9.4). Pwrpas cyffredinol ystadegau casgliadol yw profi eich 'rhagdybiaeth nwl' fel eich bod yn gallu ei derbyn neu ei gwrthod.

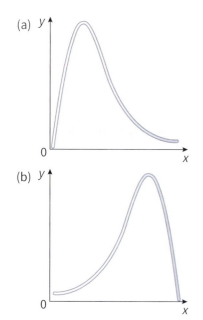

▶ **Ffigur 9.3:** Enghreifftiau o gromliniau sgiw (a) positif a (b) negatif

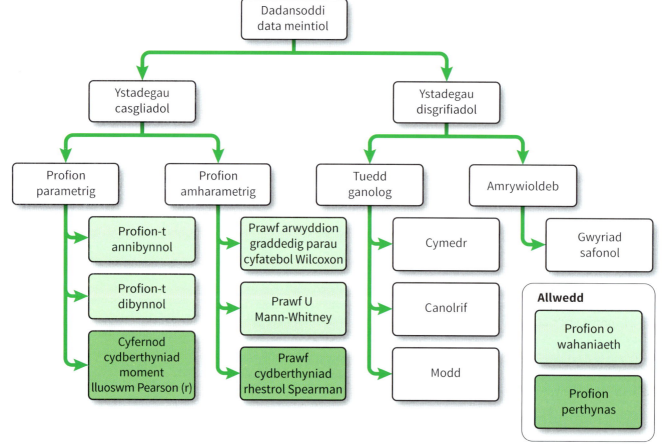

▶ **Ffigur 9.4:** Ystadegau casgliadol a disgrifiadol a ddefnyddir ym maes ymchwil chwaraeon

Dewis profion casgliadol priodol

Ffordd dda o ddewis eich prawf yw defnyddio coeden benderfynu fel yr un yn Ffigur 9.5. Os dilynwch y goeden benderfynu gan ddefnyddio'r wybodaeth sydd ar gael, fe ddewch chi o hyd i'r prawf y mae angen i chi ei ddefnyddio. Mae'r broses o ddefnyddio'r goeden benderfynu yn debyg i gynllunio taith ar fws neu drên – dilynwch y llinell a dewch o hyd i'r mannau aros i gyrraedd pen y daith.

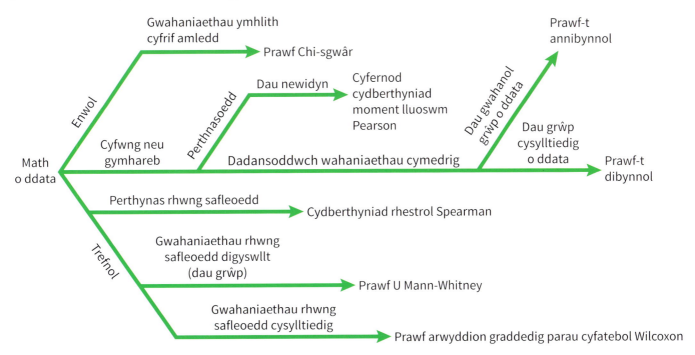

▶ **Ffigur 9.5:** Coeden benderfynu ym maes ystadegau

Er mwyn gallu defnyddio'r goeden benderfynu hon a dewis profion parametrig neu amharametrig yn briodol, mae angen i chi ddeall y mathau o ddata: data enwol, trefnol, cyfwng a chymarebol.

▶ Mae **profion parametrig** yn defnyddio **data cyfwng neu gymarebol** ac yn tybio bod y data'n dod o ddosraniad normal a bod ganddyn nhw'r un amrywiant.

▶ Mae **profion amharametrig** yn defnyddio **data trefnol** neu **enwol**.

Data enwol

Graddfa enwol yw'r un lle rydych chi'n rhoi cyfranogwyr mewn categorïau ac yn eu cyfrif. Er enghraifft, grwpio chwaraewyr pêl-fasged o dan enw eu tîm. Byddech chi'n grwpio'r chwaraewyr fel hyn i'w cyfrif, nid o reidrwydd i ddweud bod un grŵp yn well nag un arall.

Data trefnol

Mae data trefnol yn ddata sydd wedi'u rhestru nad yw'n rhoi unrhyw arwydd o'r gwahaniaeth rhwng lefelau. Mae'n caniatáu ichi ddweud pwy sydd orau ac ail orau, ond nid yw'n dweud wrthych beth yw'r gwahaniaeth rhwng y ddau.

Mae'r math hwn o ddata yn rhoi trefn restrol i'r ymchwilydd, ond nid yw'n rhoi union werth. Er enghraifft, ar ysgol badminton, rhoddir safle 1 i'r person ar y brig, dyfernir safle 2 i'r person sy'n ail iddo, dyfernir safle 3 i'r trydydd person, ac ati. Nid oes unrhyw beth sy'n dweud, fodd bynnag, fod y person ar frig yr ysgol dair gwaith cystal â'r person yn y trydydd safle ar yr ysgol.

Data cyfwng

Mae data cyfwng yn seiliedig ar raddfa sydd â chyfyngau mesur cyfartal a chyfyngau cyfartal rhwng pob sgôr. Er enghraifft, mewn graddfa sy'n sgorio sglefrwyr mae'r un gwahaniaeth rhwng sgôr o 5 a 5.5 ag sydd yna rhwng sgôr o 5.5 a 6.

Data cymarebol

Mae gan ddata cymarebol unedau mesur cyfartal a chyfrannol. Mae graddfeydd cymarebol yn amrywio o sero i fyny ac ni allan nhw fod â sgorau negyddol. Er enghraifft, os yw tîm rygbi yn sgorio 40 pwynt, mae'n werth dwywaith cymaint â'u gwrthwynebwyr sydd wedi sgorio 20 pwynt.

Sut i gynnal profion ystadegol casgliadol priodol

Mae'r adran hon yn cynnwys cyfarwyddiadau cam-wrth-gam, fformiwlâu a **thablau o werthoedd critigol** ar gyfer pob un o'r profion ystadegol a restrir ym manyleb eich uned. Er y bydd y rhain yn eich helpu i ddysgu sut i gynnal y profion â llaw, ni fyddan nhw'n dangos i chi sut i gwblhau'r profion gan ddefnyddio gwahanol becynnau TGCh (fel ystadegau Microsoft Excel® neu IBM SPSS®). Ar gyfer y rhaglenni hyn, dylech gyfeirio at y llawlyfr priodol ar gyfer defnyddwyr.

> **Term allweddol**
>
> **Tabl o werthoedd critigol** – tabl sy'n cymharu canlyniadau profion ystadegol i ddarganfod a ydyn nhw'n arwyddocaol ar lefel benodol.

Profion parametrig

Y profion-t mwyaf cyffredin yw'r prawf-t dibynnol (a elwir hefyd yn brawf-t samplau pâr) a'r prawf-t annibynnol. Pan fyddwch chi'n cwblhau'ch prawf-t ac eisiau gweld a yw'ch canlyniad yn arwyddocaol ai peidio, mae angen i chi wybod a ydych chi'n gwneud **prawf ungynffon** neu **brawf dwygynffon**.

Prawf-t dibynnol

Mae'r prawf-t dibynnol (samplau pâr) yn archwilio gwahaniaethau arwyddocaol rhwng dwy set o sgorau cysylltiedig; er enghraifft, a yw sgorau naid uchel cymedrig un grŵp yn wahanol wrth eu mesur cyn hyfforddiant ac ar ôl hyfforddiant (gweler yr enghraifft a ganlyn). Cyfrifir y prawf gan ddefnyddio'r fformiwla:

$$t = \frac{\Sigma D}{\sqrt{[n\Sigma D^2 - (\Sigma D)^2 \div (n-1)]}}$$

lle mae:

- D = y gwahaniaeth rhwng 'cyn' ac 'ar ôl'
- n = nifer y sgorau pâr
- Σ = swm.

Prawf ungynffon – prawf sy'n tybio y bydd un grŵp yn well na'r llall, neu o leiaf ddim gwaeth na'r llall. Er enghraifft, bydd merched yn well na bechgyn.

Prawf dwygynffon – prawf sy'n tybio y bydd gwahaniaeth rhwng y ddau grŵp, ond nid yw'n dweud pa un fydd yn well. Er enghraifft, bydd gwahaniaeth rhwng merched a bechgyn.

Gradd o ryddid – yn cael ei ddefnyddio fel ffactor cywiro ar gyfer gogwydd ac i gyfyngu ar effeithiau allanolion, ac yn seiliedig ar nifer y cyfranogwyr sydd gennych.

Dilynwch y camau isod i gyflawni'r prawf-t dibynnol.

1 Cyfrifwch eich gwerth t gan ddefnyddio'r fformiwla uchod.

2 Cyfrifwch eich **gradd o ryddid** (df) gan ddefnyddio'r fformiwla $df = n - 1$.

3 Cymharwch eich gwerth t â'r gwerthoedd critigol a ddangosir yn Nhabl 9.4. Dewch o hyd i'ch gwerth df (9 yn yr achos hwn), yna ewch ar draws i weld a yw'ch canlyniad yn fwy na'r rhif yn y golofn islaw'r lefel 0.05, neu'n hafal â'r rhif hwnnw. Os yw'r gwerth a gawsoch ar gyfer eich prawf-t yn hafal â neu'n fwy na'r rhif a ddangosir, mae eich canlyniadau'n arwyddocaol i'r lefel honno. Sylwch, os yw $df > 120$, defnyddiwch y rhes anfeidredd ar ddiwedd Tabl 9.4 (∞).

▶ **Tabl 9.4:** Gwerthoedd critigol *t*

Lefel o arwyddocâd ar gyfer prawf ungynffon						
	.10	.05	.025	.01	.005	.0005
Lefel o arwyddocâd ar gyfer prawf dwygynffon						
df	.20	.10	.05	.02	.01	.001
1	3.078	6.314	12.706	31.821	63.657	636.619
2	1.886	2.920	4.303	6.965	9.925	31.598
3	1.638	2.353	3.182	4.541	5.841	12.941
4	1.533	2.132	2.776	3.747	4.604	8.610
5	1.476	2.015	2.571	3.365	4.032	6.589
6	1.440	1.943	2.447	3.143	3.707	5.959
7	1.415	1.895	2.365	2.998	3.499	5.405
8	1.397	1.860	2.306	2.896	3.355	5.041
9	1.383	1.833	2.262	2.821	3.250	4.781
10	1.372	1.812	2.228	2.764	3.169	4.587
11	1.363	1.796	2.201	2.718	3.106	4.437
12	1.356	1.782	2.179	2.681	3.055	4.318
13	1.350	1.771	2.160	2.650	3.012	4.221
14	1.345	1.761	2.145	2.624	2.977	4.140
15	1.341	1.753	2.131	2.602	2.947	4.073
16	1.337	1.746	2.120	2.583	2.921	4.015
17	1.333	1.740	2.110	2.567	2.898	3.965
18	1.330	1.734	2.101	2.552	2.878	3.922
19	1.328	1.729	2.093	2.539	2.861	3.883
20	1.325	1.725	2.086	2.528	2.845	3.850
21	1.323	1.721	2.080	2.518	2.831	3.819
22	1.321	1.717	2.074	2.508	2.819	3.792
23	1.319	1.714	2.069	2.500	2.807	3.767
24	1.318	1.711	2.064	2.492	2.797	3.745
25	1.316	1.708	2.060	2.485	2.787	3.725
26	1.315	1.706	2.056	2.479	2.779	3.707
27	1.314	1.703	2.052	2.473	2.771	3.690
28	1.313	1.701	2.048	2.467	2.763	3.674
29	1.311	1.699	2.045	2.462	2.756	3.659
30	1.310	1.697	2.042	2.457	2.750	3.646
40	1.303	1.684	2.021	2.423	2.704	3.551
60	1.296	1.671	2.000	2.390	2.660	3.460
120	1.289	1.658	1.980	2.358	2.617	3.373
∞	1.282	1.645	1.960	2.326	2.576	3.291

Enghraifft ar waith

Prawf-t dibynnol

Dros gyfnod o 12 wythnos, bu ymchwiliad yn edrych ar effeithiau rhaglen hyfforddi plyometrig ar berfformiad naid uchel gan ddefnyddio prawf-t dibynnol. Cynhyrchodd yr ymchwiliad y data a ddangosir yn Nhabl 9.5.

$$t = \frac{43}{\sqrt{(2490 - 1849) \div 9}}$$

$$t = \frac{43}{\sqrt{641 \div 9}}$$

$$t = \frac{43}{\sqrt{71.22}}$$

$$t = \frac{43}{8.44}$$

$$t = 5.09$$

Fel y gwelwch, mae'r gwerth t a gyfrifwyd (5.09) yn fwy na gwerth critigol t (2.262) sy'n golygu bod y canlyniad yn arwyddocaol i'r lefel 0.05. Mae hyn yn golygu y gallwn ddweud bod gwahaniaeth arwyddocaol rhwng y sgorau naid uchel cyn hyfforddiant ac ar ôl hyfforddiant.

▶ **Tabl 9.5:** Effeithiau rhaglen hyfforddi plyometrig 12 wythnos ar berfformiad naid uchel

Cyfrannwr	Uchder (cm) cyn hyfforddiant	Uchder (cm) ar ôl hyfforddiant	D (ar ôl hyfforddiant minws cyn hyfforddiant)	D^2
1	176	179	3	9
2	169	172	3	9
3	171	175	4	16
4	173	177	4	16
5	164	166	2	4
6	170	171	1	1
7	161	168	7	49
8	159	169	10	100
9	163	166	3	9
10	170	176	6	36
$n = 10$			$D = 43$	$D^2 = 249$

Prawf-t annibynnol

Defnyddir y prawf-t annibynnol pan fydd gennych ddau grŵp ac yn ceisio darganfod a allwch ystyried bod sgorau cymedrig y ddau grŵp yn wahanol yn arwyddocaol.

Mae'n addas pan fo'r data rydych chi wedi'u casglu yn ddata cyfwng neu gymarebol, pan fydd eich grwpiau wedi'u haseinio ar hap, a phan fydd yr amrywiant (neu'r lledaeniad) yn y ddau grŵp yn gyfartal. Mae'n cael ei gyfrifo gan ddefnyddio'r fformiwla:

$$t = \frac{M_1 - M_2}{\sqrt{s_1^2/n_1 + s_2^2/n_2}}$$

Lle mae:

- ▶ M_1 = gwerth cymedrig grŵp 1
- ▶ M_2 = gwerth cymedrig grŵp 2
- ▶ s_1 = gwyriad safonol grŵp 1
- ▶ s_2 = gwyriad safonol grŵp 2
- ▶ n_1 = nifer y cyfranogwyr yng ngrŵp 1
- ▶ n_2 = nifer y cyfranogwyr yng ngrŵp 2

Enghraifft ar waith

Prawf-t annibynnol

Mae tîm ymchwil wedi cynhyrchu data rhedeg 12 munud Cooper (gweler Tabl 9.6). Yna fe wnaethon nhw ddefnyddio'r fformiwla prawf-t annibynnol i weld a oedd gwahaniaeth arwyddocaol rhwng y ddau grŵp.

Cyfrifwch y graddau o ryddid (df) gan ddefnyddio'r fformiwla: $df = n_1 + n_2 - 2$ ac yna cymharwch y gwerth t a gyfrifwyd i werthoedd critigol yn Nhabl 9.4.

Lle mae:

$s_1 = 238.3$ $M_1 = 3183.3$ $s_1^2 = 56786.89$ $n_1 = 10$

$s_2 = 94.6$ $M_2 = 2468.7$ $s_2^2 = 8949.16$ $n_2 = 10$

$$t = \frac{3183.3 - 2468.7}{\sqrt{(238.3)^2 \div 10 + (94.6)^2 \div 10}}$$

$$t = \frac{714.6}{\sqrt{(56786.89) \div 10 + (8949.16) \div 10}}$$

$$t = \frac{714.6}{\sqrt{5678.69 + 894.92}}$$

$$t = \frac{714.6}{\sqrt{6573.61}}$$

$$t = \frac{714.6}{81.08}$$

$$t = 8.81$$

Fel y gwelwch, mae'r gwerth t a gyfrifwyd (8.81) yn fwy na gwerth critigol t (1.734) sy'n golygu bod y canlyniad yn arwyddocaol i'r lefel 0.05. Mae hyn yn golygu y gallwn ddweud bod gwahaniaeth arwyddocaol rhwng data rhedeg 12 munud Cooper yn y ddau grŵp.

▶ **Tabl 9.6:** Data rhedeg 12 munud Cooper

Cyfrannwr	Grŵp 1 (rhediad 12 munud ar ôl hyfforddiant 70% VO_2 macsimwm)	Grŵp 2 (rhediad 12 munud ar ôl hyfforddiant 40% VO_2 macsimwm)
1	3200 m	2513 m
2	3600 m	2601 m
3	2894 m	2444 m
4	3001 m	2361 m
5	3187 m	2541 m
6	3651 m	2486 m
7	3109 m	2611 m
8	2997 m	2419 m
9	3056 m	2400 m
10	3138 m	2311 m
Cymedr	3183.3 m	2468.7 m
Gwyriad safonol	238.3	94.6

Cyfernod cydberthyniad moment lluoswm Pearson (r)

Cydberthyniad yw gwerth y berthynas rhwng dau newidyn neu ragor, a all fod yn bositif neu'n negatif. Mae pa un a yw'n bositif neu'n negatif yn dibynnu ar gyfeiriad y llinell pan fydd y canlyniadau'n cael eu plotio ar graff. Mae Ffigur 9.6 yn dangos

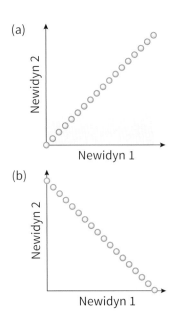

(a)

Newidyn 2 / Newidyn 1

(b)

Newidyn 2 / Newidyn 1

▶ **Ffigur 9.6:** Enghreifftiau o gydberthyniad positif a negatif perffaith

enghreifftiau o gydberthyniadau positif a negatif perffaith, ond anaml y cofnodir cydberthyniad o'r fath wrth ddadansoddi data.

Prawf parametig yw cyfernod cydberthyniad moment lluoswm Pearson. Mae'n addas pan fydd gennych ddata cyfwng neu gymarebol a'ch bod chi'n ceisio canfod perthynas rhwng dau newidyn. Mae'n brawf cysylltiad, sy'n golygu ei fod yn edrych a oes cysylltiad rhwng dau newidyn neu ragor.

Gellir defnyddio'r prawf mewn dwy ffordd:

▶ *naill ai* gallwch geisio darganfod perthynas rhwng dau newidyn

▶ *neu* gallwch geisio ragfynegi un sgôr o sgôr arall.

Mewn cydberthyniad syml sy'n ceisio darganfod perthynas rhwng dau newidyn, nid oes ots pa newidyn yw X a pha un yw Y. Fodd bynnag, os ydych chi'n ceisio rhagfynegi un sgôr o sgôr llall, yna X yw'r newidyn annibynnol a Y yw'r newidyn dibynnol.

Mae tri cham i ddefnyddio cydberthyniad moment lluoswm Pearson.

1   cael swm pob set o sgorau
2   sgwario a chael swm pob set o sgorau
3   lluosi pob pâr o sgorau a chael swm cronnus y cynhyrchion hynny.

Y fformiwla ar gyfer hyn yw:

$$r = \frac{n\Sigma XY - (\Sigma X)(\Sigma Y)}{[\sqrt{n\Sigma X^2 - (\Sigma X)^2}][\sqrt{n\Sigma Y^2 - (\Sigma Y)^2}]}$$

lle mae:

▶ n = nifer y sgorau pâr

▶ Σ = swm

▶ X = sgorau ar gyfer un newidyn

▶ Y = sgorau ar gyfer y newidyn arall

▶ $\Sigma (X)^2$ = swm y sgorau crai ar gyfer X, wedi'i sgwario

▶ $\Sigma (Y)^2$ = swm y sgorau crai ar gyfer Y, wedi'i sgwario

▶ ΣX^2 = swm yr holl sgorau X^2

▶ ΣY^2 = swm yr holl sgorau Y^2.

I ddehongli arwyddocâd eich gwerth r, dewiswch lefel eich arwyddocâd (cofiwch mai 0.05 yw hwn fel rheol mewn ymchwil chwaraeon) a darganfyddwch eich gradd o ryddid (df) ar gyfer eich prawf. Ar gyfer y prawf hwn, defnyddiwch y fformiwla $df = n - 2$ a chymharwch eich gwerth r â thabl 9.7 i ddarganfod a yw'ch canlyniadau'n arwyddocaol. Os yw'ch canlyniad yn hafal neu'n fwy na'r gwerth critigol yn y tabl, mae eich canlyniad yn arwyddocaol.

▶ **Tabl 9.7:** Gwerthoedd critigol cyfernod cydberthyniad moment lluoswm Pearson

Lefel o arwyddocâd ar gyfer prawf ungynffon					
df	.05	.025	.01	.005	.001
Lefel o arwyddocâd ar gyfer prawf dwygynffon					
df	**.10**	**.05**	**.02**	**.01**	**.001**
1	.9877	.9969	.9995	.9999	1.000
2	.9000	.9500	.9800	.9900	.9990
3	.8054	.8783	.9343	.9587	.9912
4	.7293	.8114	.8822	.9172	.9741
5	.6694	.7545	.8329	.8745	.9507
6	.6215	.7067	.7887	.8343	.9249
7	.5822	.6664	.7498	.7977	.8982
8	.5494	.6319	.7155	.7646	.8721
9	.5214	.6021	.6851	.7348	.8471

▶ **Tabl 9.7:** *Parhad...*

Lefel o arwyddocâd ar gyfer prawf dwygynffon				
10	.4973	.5760	.6581	.7079	.8233
11	.4762	.5529	.6339	.6835	.8010
12	.4575	.5324	.6120	.6614	.7800
13	.4409	.5139	.5923	.6411	.7603
14	.4259	.4973	.5742	.6226	.7420
15	.4124	.4821	.5577	.6055	.7246
16	.4000	.4683	.5425	.5897	.7084
17	.3887	.4555	.5285	.5751	.6932
18	.3783	.4438	.5155	.5614	.6787
19	.3687	.4329	.5034	.5487	.6652
20	.3598	.4227	.4921	.5368	.6524
25	.3233	.3809	.4451	.4869	.5974
30	.2960	.3494	.4093	.4487	.5541
35	.2746	.3246	.3810	.4182	.5189
40	.2573	.3044	.3578	.3932	.4896
45	.2428	.2875	.3384	.3721	.4648
50	.2306	.2732	.3218	.3541	.4433
60	.2108	.2500	.2948	.3248	.4078
70	.1954	.2319	.2737	.3017	.3799
80	.1829	.2172	.2565	.2830	.3568
90	.1726	.2050	.2422	.2673	.3375
100	.1638	.1946	.2301	.2540	.3211

Profion amharametrig

Os yw data yn amharamedrig, ni ellir defnyddio profion-t. Yn yr achos hwn, defnyddir prawf arwyddion graddedig parau cyfatebol Wilcoxon yn lle'r prawf-t dibynnol, a defnyddir prawf U Mann-Whitney yn lle'r prawf-t annibynnol. Mae pwrpas prawf cydberthyniad rhestrol Spearman yn debyg i gyfernod cydberthyniad moment lluoswm Pearson.

Prawf arwyddion graddedig parau cyfatebol Wilcoxon

Defnyddir prawf arwyddion graddedig parau cyfatebol Wilcoxon pan rydych chi'n ceisio darganfod a oes gwahaniaeth arwyddocaol rhwng dwy sgôr (neu 'amodau') a gymerir gan yr un cyfranogwr (neu gan gyfranogwyr cyfatebol). Fe'i defnyddir pan fydd y data yn drefnol (wedi'u graddio). I wneud y prawf, dilynwch y camau a ganlyn.

1 Diystyrwch unrhyw ganlyniadau ar gyfer cyfranogwyr a sgoriodd yr un peth yn y ddau amod, yna cyfrifwch nifer y sgorau pâr sydd ar ôl. Dyma'ch sgôr *n*.

2 Cyfrifwch y gwahaniaeth rhwng dwy sgôr pob cyfranogwr, gan roi arwyddion plws neu minws (*d*).

3 Rhestrwch y gwahaniaethau, gan roi 1 i'r safle lleiaf (gan anwybyddu arwyddion plws neu minws, h.y. mae +2 o'r un gwerth â –2). Pan fydd dwy sgôr yr un fath, rhoddir cymedr y ddwy radd i bob un ac anwybyddir y radd nesaf (er enghraifft, os yw dau gyfranogwr yn gydradd chweched, rhoddir gradd o 6.5 i'r ddau a rhoddir gradd 8 i'r nesaf).

4 Adiwch raddfeydd yr holl sgorau minws.

5 Adiwch raddfeydd yr holl sgorau plws.

6 Cymerwch y lleiaf o'r ddau ffigur a gyfrifir ym mhwyntiau 4 a 5 i gael eich gwerth *w*.

Myfyrio

Allwch chi feddwl am enghreifftiau pan fyddai profion cydberthyniad yn ddefnyddiol i chi, fel ymarferydd chwaraeon?

7   Edrychwch am eich gwerth *w* mewn tabl arwyddocâd. Os yw'n hafal i'r ffigur yn y golofn 0.05, neu'n llai nag ef, mae'r canlyniad yn arwyddocaol ar y lefel honno. Gellir gweld tabl arwyddocâd yn: **www.real-statistics.com/statistics-tables/wilcoxon-signed-ranks-table//**

▶ **Tabl 9.8:** Defnyddio prawf arwyddion graddedig parau cyfatebol Wilcoxon i asesu effaith hyfforddiant delweddu

Cyfrannwr pâr	Amod A (amseroedd rhedeg hyfforddiant cyn delweddu)	Amod B (amseroedd rhedeg hyfforddiant ôl-ddelweddu)	*d* (A minws B)	Gradd *d*	Gradd gwahaniaethau plws	Gradd gwahaniaethau minws
1	11.09	11.00				
2	11.23	11.25				
3	11.55	11.32				
4	11.46	11.36				
5	11.22	11.73				
6	11.13	11.43				
7	11.01	10.86				
8	10.93	10.55				
9	10.99	10.90				
10	11.39	11.10				
					Cyfanswm	Cyfanswm
						w =

Ymchwil

Mae rhywfaint o ddadansoddiad data yn cael ei wneud gan ddefnyddio pecynnau dadansoddi data, fel y Pecyn Ystadegol ar gyfer y Gwyddorau Cymdeithasol (SPSS). Gan ddefnyddio'r wefan **www.statisticssolutions.com** atebwch y canlynol.

1   Beth yw SPSS?
2   Pam mae pecynnau dadansoddi data electronig yn ddefnyddiol i ymarferwyr chwaraeon?
3   Sut ydych chi'n cwblhau prawf U Mann-Whitney?

Prawf U Mann-Whitney

Prawf U Mann-Whitney yw'r fersiwn amharametrig o'r prawf-t annibynnol. Fe fyddech chi'n defnyddio hwn os oes gennych ddata wedi'u graddio neu ddata heb eu dosbarthu'n normal. Rydych chi'n defnyddio'r gwerth 'U' i ddarganfod a yw un grŵp yn graddio'n sylweddol uwch na'r llall wrth gael ei fesur yn erbyn yr un newidyn (er enghraifft asesu'r sgorau o 180 a daflwyd gan chwaraewyr dartiau yn Sefydliad Dartiau Prydain o gymharu â'r Gorfforaeth Dartiau Proffesiynol).

Prawf cydberthyniad rhestrol Spearman

Mae pwrpas prawf cydberthyniad rhestrol Spearman yn debyg i gyfernod cydberthyniad moment lluoswm Pearson. Fodd bynnag, prawf amharametrig yw hwn a byddwch yn ei ddefnyddio pan fydd eich data yn drefnol (wedi'i raddio).

Dylid defnyddio'r prawf hwn pan fyddwch chi am ddod o hyd i berthynas rhwng dwy set o ddata trefnol (er enghraifft, goliau a sgoriwyd a'r safle terfynol yn y gynghrair pêl-droed, neu gywirdeb serfio a'r safle terfynol ar yr ysgol badminton, neu bellter gyrru golff a'r safle terfynol ar y bwrdd).

Y cam cyntaf yw graddio'ch data (goliau a sgoriwyd / cywirdeb serfio / pellter gyrru golff) o'r uchaf i'r isaf, gydag 1 yn uchaf. Ar ôl hyn, pennwch y gwahaniaeth rhwng eich data chi a'r safle yn y twrnamaint. Rhaid sgwario hyn ac yna cyfrifo'r swm. Y fformiwla a ddefnyddir ar gyfer y prawf yw:

$$r_s = \frac{6(\Sigma D^2)}{n(n^2 - 1)}$$

lle mae:

▶ *n* = nifer y parau wedi'u graddio
▶ *D* = y gwahaniaeth rhwng pob pâr
▶ ΣD^2 = swm y gwahaniaethau wedi'u sgwario rhwng y graddfeydd

I ddehongli arwyddocâd eich gwerth r_s, dewiswch lefel yr arwyddocâd (0.05) a chyfrifwch y radd o ryddid (*df*) ar gyfer eich prawf. Ar gyfer prawf cydberthyniad rhestrol Spearman, cyfrifir hyn gan ddefnyddio'r fformiwla *n* – 2. Cymharwch eich gwerth â'r tabl arwyddocâd yn Nhabl 9.9.

▶ **Tabl 9.9:** Tabl o werthoedd critigol ar gyfer cydberthyniad rhestrol Spearman

df	.10	.05	.01
5	0.90		
6	0.83	0.89	
7	0.71	0.79	0.93
8	0.64	0.74	0.88
9	0.60	0.68	0.83
10	0.56	0.656	0.79
11	0.52	0.61	0.77
12	0.50	0.59	0.75
13	0.47	0.56	0.71
14	0.46	0.54	0.69
15	0.44	0.52	0.66
16	0.42	0.51	0.64
17	0.41	0.49	0.62
18	0.40	0.48	0.61
19	0.39	0.46	0.60
20	0.38	0.45	0.58
21	0.37	0.44	0.56
22	0.36	0.43	0.55
23	0.35	0.42	0.54
24	0.34	0.41	0.53
25	0.34	0.40	0.52
26	0.33	0.39	0.51
27	0.32	0.38	0.50
28	0.32	0.38	0.49
29	0.31	0.37	0.48
∞	0.31	0.36	0.47

Ystadegau ystyrlon ymarferol

Defnyddir ystadegau casgliadol mewn ymchwil meintiol i dderbyn neu wrthod eich rhagdybiaeth nwl, ac felly eich rhagdybiaeth. Fodd bynnag, nid yw ystadegau casgliadol yn rhoi gwybodaeth i chi am arwyddocâd ymarferol eich canlyniadau, fel pa mor effeithiol y bu triniaeth. I wneud hyn, mae angen i chi ddefnyddio ystadegau ystyrlon ymarferol. Mae dau o'r dulliau mwyaf cyffredin yn edrych ar newid canrannol a maint effaith.

Newid canrannol

Mae cyfrifo newid canrannol yn rhoi ystadegyn syml i chi sy'n rhoi gwybodaeth sylfaenol am ba mor effeithiol y bu triniaeth neu ymyrraeth (fel pa mor fuddiol y bu dull hyfforddi penodol) mewn ffordd y gall y rhan fwyaf o bobl ei deall yn eithaf hawdd. Y fformiwla ar gyfer cyfrifo newid canrannol yw:

newid canrannol = $((X_2 - X_1) \div X_1) \times 100$

lle mae:
▶ X_1 = gwerthoedd cymedrig cyn y prawf
▶ X_2 = gwerthoedd cymedrig ar ôl y prawf.

> **Trafodaeth**
>
> Pe byddech chi'n hyfforddwr cryfder a chyflyru sy'n gweithio gyda chleientiaid bob dydd, pam fyddai ystadegau ystyrlon ymarferol yn ddefnyddiol i chi?

Maint yr effaith

Fel y mae ei enw'n awgrymu, rydych chi'n defnyddio'r cyfrifiad maint effaith i bennu pa mor effeithiol y bu triniaeth benodol, gyda'r prawf yn darparu canlyniad sy'n cyfateb i effaith o faint bach, cymedrol neu fawr. Mae gwerth o 0.2 i <0.5 yn cyfateb i effaith maint bach, gwerth o 0.5 i <0.8 yn cyfateb i effaith gymedrol, a gwerth o >0.8 yn cyfateb i effaith fawr. Po fwyaf yw maint yr effaith, y mwyaf effeithiol fu triniaeth. Y fformiwla ar gyfer maint effaith yw:

$$\text{maint effaith} = (X_1 - X_2)/SD_{\text{rheoli}}$$

lle mae:

▶ X_1 = grŵp triniaeth
▶ X_2 = grŵp rheoli
▶ SD_{rheoli} = gwyriad safonol y grŵp rheoli.

MUNUD I FEDDWL | Beth yw'r prif ystadegau ystyrlon ymarferol y gallwch eu defnyddio mewn ymchwil yn seiliedig ar chwaraeon?

Awgrym | Rhestrwch y prif ystadegau ystyrlon ymarferol a nodwch sut y byddech chi'n defnyddio pob un.

Ymestyn | Beth yw'r prif fanteision o ddefnyddio'r math yma o ystadegau, ar gyfer hyfforddwyr?

Dyluniadau ar gyfer ymchwil ansoddol

Mae pedwar prif fath o ddyluniad ymchwil ansoddol: astudiaethau achos, dyluniad hanesyddol / ôl-weithredol, damcaniaethau seiliedig a dylunio ethnograffig.

Astudiaethau achos

Ystyr ymchwil astudiaeth achos yw astudiaeth lle rydych chi'n ymchwilio i ffenomen benodol (er enghraifft unigolyn neu dîm) dros gyfnod hir o amser. Mae'n ystyried datblygiad y maes ymchwilio dros amser a'r amgylchedd y mae'r ymchwil yn digwydd ynddo. Gellir defnyddio astudiaethau achos lluosog hefyd, lle mae dau neu ragor o achosion yn cael eu harchwilio ar yr un pryd.

Er enghraifft, byddai astudiaeth achos yn addas i ymchwilio i effeithiau seicolegol anaf ar wahanol gyfnodau'r anaf ac adferiad. Mae'n caniatáu ichi ymchwilio i un person dros gyfnod o amser ac ar wahanol adegau trwy gydol cyfnodau'r anaf. Mae hyn yn golygu y gallwch ddod i gasgliadau sy'n ymwneud â'r unigolyn hwnnw ac awgrymu'r casgliadau hyn fel cyfarwyddiadau ar gyfer ymchwil yn y dyfodol ar raddfa fwy.

Dyluniad hanesyddol / ôl-weithredol

Nod ymchwil hanesyddol neu ôl-weithredol yw casglu a dadansoddi data sy'n ymwneud â digwyddiadau yn y gorffennol i geisio egluro sut neu pam y gwnaethon nhw ddigwydd. Er enghraifft, cynhaliodd Gledhill a Forsdyke (2015) gyfweliadau ôl-weithredol gyda menywod a arferai chwarae pêl-droed, ond a oedd bellach wedi ymddeol, i ymchwilio i rôl anaf yn eu penderfyniad i ymddeol.

Damcaniaeth seiliedig

Defnyddiwch ddamcaniaeth seiliedig pan fyddwch chi'n gobeithio llunio damcaniaeth o'r data y gallwch chi eu casglu a'u dadansoddi. Byddech chi fel arfer yn dangos eich damcaniaeth fel diagram. Er enghraifft, fe allech chi gyfweld â chyn chwaraewyr proffesiynol mewn camp benodol, a'r bobl sy'n ymwneud â'u datblygiad, a defnyddio'r wybodaeth a gasglwyd gennych i lunio damcaniaeth am y ffactorau sy'n cyfrannu at yrfa lwyddiannus yn y gamp honno.

Dyluniad ethnograffig

Nod dyluniad ethnograffig yw astudio grŵp neu ddiwylliant trwy ymdrwytho yn y grŵp hwnnw i gynnal arsylwadau. Er enghraifft, defnyddiodd Atkinson (2007) ddyluniad ethnograffig i astudio'r defnydd o atchwanegion (*supplements*) gan bobl a ddefnyddiai'r gampfa i geisio gwella eu gwrywdod.

Myfyrio

Meddyliwch am eich hoff bwnc ym maes chwaraeon. Allwch chi feddwl am ffordd y gellid defnyddio'r gwahanol ddyluniadau ansoddol i ymchwilio i'r pwnc?

Technegau casglu data ansoddol

Cyfweliadau

Gellir rhannu cyfweliadau yn gyfweliadau unigol a chyfweliadau grŵp. Mae tri phrif fath o gyfweliad unigol.

▶ **Cyfweliadau strwythuredig** – cynllun cyfweliad penodol rydych chi'n ei ddilyn heb newid, ni waeth beth ydy ymatebion y cyfranogwyr.

▶ **Cyfweliadau anstrwythuredig** – mae gan y math hwn o gyfweliad gwestiwn cychwynnol ac mae'r sgwrs wedyn yn parhau. Rhaid i chi fod yn fedrus wrth ganolbwyntio'ch sgwrs i gael llawer allan o'r math yma o gyfweliad.

▶ **Cyfweliadau lled-strwythuredig** – cyfweliad sy'n dilyn y cynllun gwreiddiol ond sy'n rhoi cyfle i ofyn **cwestiynau hybu** os codir pwnc o ddiddordeb. Mae hon yn dechneg dda gan ei bod yn caniatáu ichi gael gwybodaeth ddyfnach gan eich cyfranogwr trwy ofyn cwestiynau ychwanegol, yn ogystal â rhoi cyfle i'r cyfranogwr drafod pethau ymhellach.

> **Term allweddol**
>
> **Cwestiynau hybu** – cwestiynau a ddefnyddir i archwilio pwnc ymhellach pan fydd yn digwydd fel rhan o gyfweliad. Mae enghreifftiau o gwestiynau hybu yn cynnwys ymhelaethu, egluro ac annog i barhau.

Grwpiau ffocws

Mae grwpiau ffocws yn debyg i gyfweliadau unigol ond yn cynnwys mwy nag un cyfranogwr. Fel arfer mae rhwng chwech a deuddeg o gyfranogwyr a bydd yr ymchwilydd yn gweithredu fel hwylusydd i gynnal y drafodaeth yn hytrach na chyfwelydd. Yn y cyd-destun hwn, eich rôl fel yr ymchwilydd yw sicrhau bod y grŵp ffocws yn cadw at y pwnc ac nad yw'n crwydro.

Mae grwpiau ffocws yn fwy effeithiol os yw pawb yn ymuno â'r drafodaeth. Gallant ddarparu data o ansawdd gwell oherwydd bod y drafodaeth yn dyfnhau wrth i'r syniadau ddatblygu. Maent yn dda am ddod o hyd i safbwyntiau a syniadau.

Manteision ac anfanteision cyfweliadau

Nid oes un math o gyfweliad yn berffaith – dylid ei addasu i'r sefyllfa neu'r cyfranogwr. Defnyddir cyfweliadau mewn ymchwil ansoddol oherwydd eu bod yn ffordd ddefnyddiol i ymchwilwyr ddeall credoau, safbwyntiau ac emosiynau cyfranogwyr. Mae'r ymchwilydd yn cael cipolwg ar farn y cyfranogwr yn ei eiriau ei hun. Mae hyn yn rhoi gwell dealltwriaeth i'r ymchwilydd o'r ystyr y mae'r cyfranogwr yn ei roi i'w brofiadau.

▶ **Tabl 9.10:** Manteision ac anfanteision cyfweliadau

Manteision	Anfanteision
Gall cyfranogwyr fynegi eu barn yn eu geiriau eu hunain.	Mae angen mwy o adnoddau arnyn nhw ac maen nhw'n cymryd mwy o amser na defnyddio holiaduron.
Gall cyfranogwyr ddarparu gwybodaeth o'u persbectif eu hunain.	Maent yn tueddu i ddefnyddio meintiau sampl bach oherwydd eu bod yn cymryd llawer o amser.
Gall data annisgwyl ddod allan yn y cyfweliad.	Gall y cyfranogwr / cyfranogwyr fynd â'r cyfweliad i sawl cyfeiriad.
Gallwch asesu iaith y corff, tôn a thraw y llais, a chyflymder y lleferydd.	Mae dadansoddi'r data yn anoddach ac yn cymryd mwy o amser na defnyddio holiaduron.
Gallwch sefydlu perthynas â'r cyfranogwr /cyfranogwyr ac ymchwilio i grwpiau targed.	Mae ansawdd y data yn dibynnu ar ansawdd yr holi ac ansawdd yr ymatebion.

Cynnal cyfweliadau effeithiol

Defnyddir cyfweliadau mewn ymchwil ansoddol gan eu bod yn eich helpu i gael llawer o wybodaeth am bwnc yn gyflym. Ond dim ond os ydych wedi datblygu sgiliau cyfweld da y mae hyn yn gweithio. Mewn cyfweliadau, dim ond atebion i'r cwestiynau rydych chi'n eu gofyn y byddwch chi'n eu cael. Os gofynnwch y cwestiynau anghywir, chewch chi fyth wybod yr hyn rydych chi am ei wybod.

I gael y gorau o gyfweliad, sefydlwch ryw fath o berthynas â'ch cyfranogwr trwy osod naws y cyfweliad. Dechreuwch sgwrs gyfeillgar cyn cychwyn neu torrwch yr iâ gyda chwestiynau mwy cyffredinol ar y dechrau nad oes angen llawer o feddwl i'w hateb. Yna gallwch symud ymlaen i gwestiynau mwy penodol sy'n debygol o arwain at ymatebion manylach. Arweiniwch y sgwrs at eich problem ymchwil. Rhowch hwb ysgafn i'r cyfranogwr i roi enghreifftiau i chi o'r pethau y mae wedi'u profi, yn hytrach na rhoi enghreifftiau damcaniaethol.

Wrth gyfweld ym maes ymchwil, defnyddir techneg dri cham yn aml.

1 Bydd yr ymchwilydd yn gofyn y prif gwestiwn (er enghraifft, 'Beth sy'n eich cymell i...?'). Mae hyn yn cychwyn y sgwrs.
2 Wedyn bydd yr ymchwilydd yn gofyn cwestiynau hybu (er enghraifft, 'Allwch chi roi enghraifft benodol i mi o...?'). Mae hyn yn egluro neu'n dyfnhau dealltwriaeth neu wybodaeth.
3 Yn olaf, mae'r ymchwilydd yn gofyn cwestiwn dilynol (er enghraifft, 'Felly, a ydw i'n gywir i ddweud...?'). Mae hyn yn rhoi cyfle i'r ymchwilydd gadarnhau ei fod wedi deall yr hyn y mae'r cyfranogwr wedi'i ddweud a'i fod wedi'i ddeall yn y cyd-destun cywir.

Cofiwch fod gwrando mewn cyfweliad yr un mor bwysig â siarad. Mae cyfwelydd da yn gwybod pryd i gadw'n dawel a gwrando, a phryd i siarad. Peidiwch â thorri ar draws y cyfranogwr pan fydd yn siarad oherwydd gall hyn eu hatal rhag bod eisiau ateb rhagor o gwestiynau.

II MUNUD I FEDDWL

Mae chwaraewr wedi cael anaf, ac rydych chi eisiau deall ei brofiadau yn ymwneud â hynny a chael dealltwriaeth fanwl o'i ddisgwyliadau o ran ailddechrau cystadlu. Pa fath o gyfweliad fyddech chi'n ei ddefnyddio?

Awgrym Meddyliwch am bob math o gyfweliad yn ei dro ac ystyriwch a fyddai'n briodol yn yr achos hwn.

Ymestyn Esboniwch pam y byddech chi'n defnyddio'r math cyfweliad rydych chi wedi'i ddewis, a dywedwch pam na fyddech chi'n defnyddio'r opsiynau eraill sydd ar gael.

Arsylwadau

Mae arsylwadau yn ddulliau o gasglu data ansoddol sy'n digwydd mewn lleoliad naturiol. Maent yn caniatáu ichi arsylwi ar ymddygiadau nad yw'r cyfranogwr efallai yn gwybod ei fod yn eu harddangos, neu nad ydyn nhw yn eu datgelu yn ystod cyfweliad. O'r herwydd, gall arsylwadau ychwanegu dimensiwn gwahanol i'ch ymchwil.

Yn aml, mae data yn cael eu cofnodi mewn nodiadau maes, a gallant gael eu hysgrifennu â llaw neu eu teipio / recordio ar ffôn clyfar. Dylai nodiadau maes ddisgrifio'r gweithgaredd neu'r lleoliad rydych chi'n arsylwi arno (er enghraifft, ymddygiadau rydych chi wedi'u gweld a phryd) a dylent fod mor fanwl â phosib heb dreulio mwy o amser yn ysgrifennu nag arsylwi. Dylech fyfyrio ar eich meddyliau a'ch teimladau fel ymchwilydd yn ystod eich arsylwadau.

▶ **Tabl 9.11:** Manteision ac anfanteision arsylwadau

Manteision	Anfanteision
Gallan nhw fod 'yma, nawr' yn hytrach na bod yn ddibynnol ar y cof.	Gallai'r ymchwilydd gamddeall yr hyn y mae'n ei weld.
Gallan nhw ddigwydd mewn lleoliadau naturiol yn hytrach na lleoliadau ymchwil.	Gall fod yn anodd nodi a chofnodi'r math cywir o ddata.
Maen nhw'n caniatáu ar gyfer nodi ymddygiadau nad ydynt o bosibl yn amlwg i'r person ac efallai na chawsant eu darganfod mewn cyfweliadau.	Effaith Hawthorne: os yw'r person yn gwybod ei fod yn destun ymchwil, gall weithredu'n wahanol a gallai annilysu'r prosiect cyfan – rhaid i'r ymchwilydd fod yn ofalus iawn ynglŷn â sut mae'n ymwneud â phobl mewn ymchwil arsylwadol.
Maen nhw'n caniatáu ar gyfer nodi ymddygiadau nad yw'r person o bosibl am eu datgelu.	

Arsylwi fel cyfranogwr

Mae arsylwi fel cyfranogwr yn golygu eich bod chi'n cymryd rhan ymarferol yn y pwnc rydych chi'n ymchwilio iddo. Er enghraifft, pe byddech chi'n astudio cydlyniad tîm mewn rygbi, fe allech chi ymuno â thîm rygbi i arsylwi 'o'r tu mewn' ac ennill eich profiadau eich hun o gydlyniad, fel chwaraewr. Yna byddai data'n cael eu cofnodi ar ffurf nodiadau maes, lle byddwch chi'n cofnodi eich meddyliau, eich teimladau, eich barn, eich emosiynau a'ch profiadau. Mae'r dull hwn yn ddefnyddiol wrth geisio darganfod agweddau mwy **cynnil** ar ymddygiad grŵp nad yw'n hawdd eu gweld o'r tu allan.

Arsylwi heb fod yn gyfranogwr

Mae arsylwi heb fod yn gyfranogwr yn golygu eich bod chi'n arsylwi 'o'r tu allan'. Nid oes rhyngweithio â'r unigolion na'r gweithgaredd sy'n cael ei arsylwi. Er enghraifft, pe byddech chi am edrych ar anafiadau yn ystod gêm bêl-fasged, fe allech chi wylio faint o anafiadau a ddigwyddodd a pha fathau o anafiadau oedden nhw, a chofnodi'r niferoedd ar ddalen cofnodi data.

MUNUD I FEDDWL

Rydych chi am ymchwilio i gydlyniad tîm pêl-rwyd gan ddefnyddio arsylwadau. Felly, mae angen i chi baratoi cynnig ar gyfer y panel cymeradwyo. Pa fath o arsylwi fyddech chi'n ei ddefnyddio?

Awgrym   Lluniwch dabl sy'n cyferbynnu'r ddau fath o arsylwi.

Ymestyn   Trafodwch fanteision ac anfanteision pob math o arsylwi, ac yna nodwch pa ddull rydych chi wedi'i ddewis.

Dulliau o ddadansoddi data ansoddol

Dulliau priodol o ddadansoddi data

Mae dewis dull dadansoddi priodol ar gyfer eich data ansoddol yn agwedd bwysig ar y broses ymchwil. Tri dull cyffredin o ddadansoddi data ansoddol yw: dadansoddi cynnwys, codio a dadansoddi thematig.

Dadansoddi cynnwys

Mae dadansoddi cynnwys ansoddol yn derm ymbarél a ddefnyddir i ddisgrifio dulliau o ddadansoddi cyfathrebiadau ansoddol – megis cyfweliadau neu grwpiau ffocws – gyda ffocws penodol ar y cyd-destun y digwyddodd y cyfathrebu ynddo a chynnwys y cyfathrebu. Mae'n golygu eich bod chi'n edrych ar gynnwys y cyfweliad ac yn grwpio gwahanol ddata gyda'i gilydd o dan themâu, sydd wedyn yn cael eu mireinio a'u datblygu yn eich dadansoddiad terfynol o'r data.

Y gwahaniaethau allweddol rhwng hyn a dulliau eraill (fel codio a dadansoddi thematig) yw nad yw dadansoddi cynnwys yn anelu at ddatblygu damcaniaeth benodol yn yr un modd ag y mae codio yn ei wneud o fewn damcaniaeth seiliedig. Mae'n fwy hyblyg ei ddefnydd na dadansoddiad thematig.

Codio

Mae codio yn cynnwys trefnu data crai (brawddegau, ymadroddion neu eiriau o'ch holiaduron neu gyfweliadau) yn gategorïau. Rhaid i bob categori fod â phennawd dilys a **rheol ar gyfer y cynnwys**, sy'n helpu i benderfynu ym mha gategori i osod pob darn o ddata.

Er enghraifft, pe byddech chi'n ymchwilio i 'ffactorau sy'n effeithio ar ddatblygiad talent mewn pêl-droed', fe allech chi gael categori o'r enw 'pwysigrwydd cefnogaeth ddiriaethol gan rieni'. Gallai rheol ar gyfer y cynnwys fod yn 'ddatganiad a wneir sy'n cyfeirio at gefnogaeth bendant a roddir i chwaraewr gan riant (er enghraifft, prynu cit chwarae neu gludiant i gemau), sydd naill ai'n ddylanwad cadarnhaol neu'n negyddol ar ddatblygiad y chwaraewr'.

Cyn dechrau codio, dylech ddarllen ac ailddarllen y data a drawsgrifiwyd gennych i gael dealltwriaeth fanwl o'r data hynny. Mae'r broses yn dechrau gyda chodio agored, yn symud ymlaen i godio echelinol ac yn gorffen gyda chodio dethol.

▶ **Codio agored** – mae data'n cael ei ddadelfennu a'i archwilio. Eich nod yw nodi'r holl ddatganiadau allweddol yn y cyfweliadau sy'n ymwneud â nodau eich ymchwil a'ch problem ymchwil. Ar ôl nodi'r datganiadau allweddol, gallwch ddechrau rhoi'r pwyntiau allweddol mewn categorïau, ond rhaid rhoi pennawd addas i bob categori. Pan fyddwch chi'n dechrau trefnu'ch data yn gategorïau, rydych chi wedi dechrau'r broses godio.

Termau allweddol

Cynnil – gwahaniaeth bach iawn, nad yw'n amlwg, mewn dull neu ystyr.

Rheol ar gyfer y cynnwys – datganiad a ddefnyddir i ddiffinio pa ddata sydd wedi'u cynnwys mewn categori.

Ymchwil

Ymchwiliwch i'r dull dadansoddol o ddadansoddi cynnwys hierarchaidd. Beth yw'r camau, a pham rydych chi'n meddwl bod y math yma o ddadansoddi cynnwys yn boblogaidd gydag ymchwilwyr ansoddol?

▶ **Codio echelinol** – y cam nesaf yw rhoi'r data yn ôl at ei gilydd. Mae rhan o'r broses hon yn golygu ailddarllen y data rydych chi wedi'i gasglu fel y gallwch chi roi esboniadau trachywir am y maes sydd o ddiddordeb ichi. I wneud hyn, mae angen i chi fireinio'r categorïau y gwnaethoch chi ddechrau eu creu wrth godio agored. Yn ystod y cam hwn, efallai y byddwch chi'n datblygu categorïau newydd (ac felly codau newydd). Er mwyn gallu mireinio'ch codau ar hyn o bryd, gofynnwch ragor o gwestiynau am y categorïau (a'r codau) rydych chi wedi'u creu. Dyma rai cwestiynau i'w hystyried.

- Alla i roi rhai codau at ei gilydd o dan god mwy cyffredinol?
- Alla i roi codau mewn trefn benodol?
- Alla i nodi unrhyw berthnasoedd rhwng gwahanol godau?

▶ **Codio dethol** yw'r cam olaf. Mae'n golygu cwblhau eich categorïau (a'ch codau) fel y gallwch eu grwpio gyda'i gilydd. Pan fyddwch chi'n eu grwpio gyda'i gilydd, byddwch chi'n cynhyrchu gwahanol ddiagramau i ddangos sut mae'ch categorïau'n cysylltu â'i gilydd. Rhan allweddol hyn yw dewis prif gategori a fydd yn ffurfio canolbwynt eich diagram. Mae angen i chi hefyd chwilio am ddata sy'n gwrth-ddweud ymchwil flaenorol, yn hytrach na data sy'n ei chefnogi. Mae hyn yn eich helpu i wneud dadleuon gwell a dod i fwy o gasgliadau yn seiliedig ar eich data.

Dadansoddiad thematig

Techneg gyffredin o ddadansoddi data ansoddol a gyflwynwyd yn wreiddiol gan Braun a Clarke (2006) yw hon. Mae'n wahanol i ddulliau eraill o ddadansoddi data ansoddol am fod iddo chwe cham y byddwch yn symud drwyddynt i gyrraedd eich dadansoddiad terfynol. Mae'r broses hon yn ddefnyddiol i rai ymchwilwyr ansoddol amhrofiadol gan ei bod yn darparu fframwaith ar gyfer dadansoddi y mae modd ei ddilyn gan barhau i fod â'r hyblygrwydd a gynigir gan ddadansoddiad ansoddol.

Cam wrth gam: Dadansoddiad thematig

6 cham

1 Trochi – ymgyfarwyddwch â'ch data, er enghraifft drwy ddarllen trawsgrifiadau cyfweliad dro ar ôl tro fel eich bod chi'n ennill dealltwriaeth ddofn.

▼

2 Cynhyrchu codau cychwynnol – crewch godau ar draws y set ddata lawn a lluniwch restr ohonynt i gyd. Yna gallwch sicrhau eich bod wedi cynnwys yr holl ddata perthnasol o dan bob cod.

▼

3 Chwilio am themâu a'u nodi – meddyliwch yn fwy cyffredinol y tu hwnt i godau a symudwch ymlaen i themâu mwy cyffredinol. Nodwch godau sy'n berthnasol i'w gilydd, eu grwpio gyda'i gilydd yn thema, ac yna rhowch deitl gweithiol i'r thema. Ar y cam hwn, byddech fel arfer yn cynhyrchu map thematig – math o fap meddwl – sy'n dangos sut mae'r gwahanol godau'n cysylltu â'i gilydd i ffurfio thema benodol.

4 Mireinio themâu – meddyliwch yn feirniadol am y themâu y gwnaethoch eu cynhyrchu yng ngham 3, gan edrych, er enghraifft, ar unrhyw orgyffwrdd neu ailadrodd posib fel y gallwch gynhyrchu themâu sy'n cynrychioli'r data yn fwy cryno. Wrth wneud hyn, ystyriwch unrhyw ddata nad oedd yn rhan o unrhyw un o'r codau yng ngham 1 i weld a allwch ei ffitio i'ch themâu.

▼

5 Diffinio ac enwi themâu – ysgrifennwch ddiffiniad byr (dwy neu dair brawddeg ar y mwyaf) am gynnwys y thema a rhowch enw i'r thema sy'n cynrychioli'r cynnwys yn gywir. Dyma gyfle arall i sicrhau nad yw eich themâu yn rhy eang, oherwydd drwy ysgrifennu eich disgrifiad o'r thema, byddwch yn myfyrio ymhellach ar gynnwys pob thema.

▼

6 Ysgrifennwch yr adroddiad – ysgrifennwch eich adroddiad o'r dadansoddiad thematig. Dylech ddefnyddio dyfyniadau neu ddarnau o ddata sy'n dangos yn glir y themâu yn eich astudiaeth. Hyd yn oed ar y cam hwn, dylech fyfyrio ar eich dadansoddiad hyd yn hyn, er mwyn sicrhau ei fod yn cynrychioli'r data a gasglwyd gennych yn deg.

Camau'r broses o ddadansoddi data ansoddol

Yn gyffredinol, bydd ymchwil ansoddol yn mynd trwy dri cham, a gyflwynwyd yn wreiddiol gan Miles a Huberman (1994). Yn gyntaf, lleihau data; yn ail, arddangos data; ac yn drydydd, dod i gasgliadau a gwirio data.

> **Trafodaeth**
>
> Yn eich barn chi, beth yw manteision ac anfanteision defnyddio dadansoddiad thematig mewn ymchwil ansoddol?

Lleihau data

Lleihau data yw'r broses o gymryd yr holl ddata sydd gennych (er enghraifft, nodiadau maes o arsylwadau a thrawsgrifiadau cyfweliad) a threfnu'r data hwn yn ddarnau mwy hylaw. Gwneir hyn mewn gwahanol ffyrdd, a gall gynnwys unrhyw un o'r dulliau dadansoddi data ansoddol a drafodwyd yn yr adran flaenorol (dadansoddi cynnwys, codio neu ddadansoddi thematig).

Ar y cam hwn, efallai y cewch eich temtio i daflu rhywfaint o'ch data yn barhaol. Fodd bynnag, dylech osgoi gwneud hyn hyd nes bod eich prosiect wedi'i orffen a'ch bod yn sicr nad oes ei angen arnoch mwyach.

Arddangos data

Mae yna wahanol ffyrdd o arddangos eich data. Bydd y ffordd rydych chi'n ei arddangos yn effeithio ar y ddadl neu'r pwynt rydych chi'n ceisio'i wneud. Er enghraifft, defnyddir diagram Venn i ddangos rhyngweithio rhwng gwahanol agweddau ar y data, ond mae diagram cylch yn dangos perthynas gylchol.

Mae diagramu yn dechneg y gallwch ei defnyddio wrth ichi ddadansoddi data i'ch helpu chi i ddeall y perthnasoedd rhwng gwahanol agweddau ar eich data. Yn ogystal ag ar ddiwedd eich dadansoddiad o'r data bydd yn cynrychioli'r perthnasoedd hyn.

Mae **diagramau rhwydwaith** yn dangos perthnasoedd hierarchaidd rhwng gwahanol syniadau. Mae Ffigur 9.7 yn dangos bod nifer o fanteision i ddefnyddio delweddau (brig yr hierarchaeth neu rhan bwysicaf yr wybodaeth) a bod y manteision hyn yn cynnwys mwy o hunan-effeithiolrwydd, caffael sgiliau ac adfer yn sgil anafiadau.

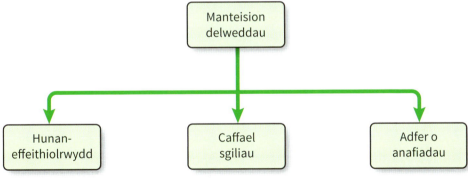

▶ **Ffigur 9.7:** Diagram rhwydwaith

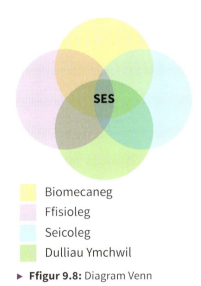

Biomecaneg
Ffisioleg
Seicoleg
Dulliau Ymchwil

▶ **Ffigur 9.8:** Diagram Venn

Mae **diagramau Venn** yn cynnwys dau neu ragor o gylchoedd sy'n gorgyffwrdd. Maen nhw'n dangos sut mae gwahanol bynciau yn ymwneud â'i gilydd. Yn yr enghraifft yn Ffigur 9.8, gallwch weld sut mae'r gwahanol ddisgyblaethau o fewn gwyddorau chwaraeon ac ymarfer corff (SES) yn rhyngweithio i ffurfio'r ddisgyblaeth gyffredinol.

Mae **diagram rheiddiol** (a elwir hefyd yn **ddiagram pry cop**) yn dangos perthynas lle mae pob eitem yn gysylltiedig ag eitem ganolog. Gellir meddwl am y diagram hwn fel siart â threfn syml sy'n cychwyn o'r canol yn hytrach na'r brig (gweler Ffigur 9.9).

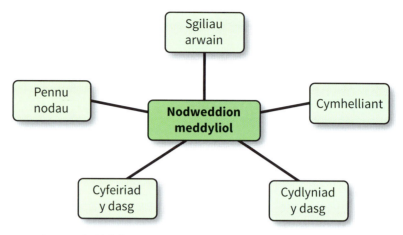

▶ **Ffigur 9.9:** Diagram rheiddiol

Mae **diagram cylch** yn dangos y camau mewn proses fel cylch parhaus. Dangosir y broses fel cylch, gyda thoriad ar bob cam, a saeth i ddangos cyfeiriad y broses. Yn yr enghraifft yn Ffigur 9.10, mae'r diagram yn dangos bod cydlyniad y tîm yn effeithio ar berfformiad y tîm, sydd, yn ei dro, yn effeithio fwy fyth ar gydlyniad, ac ati.

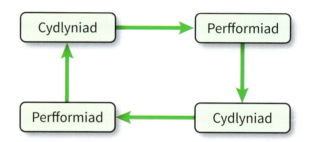

▶ **Ffigur 9.10:** Diagram cylch

> **Damcaniaeth ar waith**
>
> Ysgrifennwch pryd y byddech chi'n defnyddio pob un o'r diagramau sydd ar y dudalen hon a pham.

Dod i gasgliadau a gwirio data

Dylai eich dadansoddiad data ganiatáu ichi ddod i gasgliadau ystyrlon am eich data a gwirio'r casgliadau hynny. Gall gwneud hyn eich helpu i sicrhau bod eich ymchwil yn ddilys ac yn ddibynadwy. Dwy dechneg gyffredin a ddefnyddir i wneud hyn yw triongli a gwirio aelodau.

▶ Gall **triongli** gyfeirio at ddefnyddio gwahanol ddulliau o gasglu data yn yr un astudiaeth i wirio bod data tebyg yn cael ei gynhyrchu. Er enghraifft, fe allech chi ddefnyddio cyfweliadau a holiaduron neu fe allech chi ddefnyddio'r un cyfweliadau â gwahanol fathau o gyfranogwyr (fel athletwyr a hyfforddwyr). Fel arall, gall gyfeirio at ofyn i wahanol ymchwilwyr gasglu data a dod i gasgliadau yn annibynnol cyn gwirio eu canfyddiadau gyda'i gilydd.

▶ Yn ystod **gwirio aelodau**, rydych chi'n cwblhau'ch dadansoddiad o ddata ac yn dod i gasgliadau sy'n ymwneud â nodau'r astudiaeth. Yna byddwch chi'n dangos y dadansoddiad i'r cyfranogwyr a gymerodd ran yn yr ymchwil fel y gallan nhw wirio eich bod wedi deall ac wedi cyfleu popeth yn gywir. Os ydyn nhw'n cytuno â'ch dadansoddiad, gallwch chi ddweud bod y data'n ddilys.

MUNUD I FEDDWL

Lluniwch 'ganllaw syml' i ymchwil ansoddol sy'n egluro beth sy'n digwydd ar y gwahanol gamau.

Awgrym   Beth yw gwahanol gamau dadansoddi data ansoddol?

Ymestyn   Meddyliwch am brosiect ymchwil enghreifftiol ac eglurwch sut y byddech chi'n cymhwyso gwahanol gamau'r broses o ddadansoddi data ansoddol i'r prosiect hwn.

Ymarfer asesu 9.2

C.P5   C.P6   C.M3   C.D3

Newyddion gwych! Gan barhau o ymarfer asesu 9.1, rydych wedi cael cyfweliad ar gyfer yr interniaeth yn sgil eich llythyr cais. Yn y cyfweliad, mae angen i chi wneud cyflwyniad sy'n:

- cyflwyno'r tri phrif ddull o ymchwilio mewn chwaraeon fel y gall y clwb pêl-droed weld pa mor dda y byddwch chi'n gallu cymhwyso'r rhain os byddwch chi'n cynnal unrhyw ymchwil gyda'r chwaraewyr
- cyflwyno'r dulliau a'r canlyniadau o ymchwiliad bach a gynhaliwyd gennych, fel y gall y clwb weld eich gallu i ddewis dull ar gyfer pwnc yn gywir a'ch gallu i gyflwyno canlyniadau am bwnc yn briodol.

Dylech greu cyflwyniad PowerPoint ac unrhyw daflenni y gallwch eu defnyddio i'ch helpu chi gyda'ch cyflwyniad.

Cynllunio
- Beth yw prif rannau'r cyflwyniad sy'n ffurfio'r dasg gyfan?
- A oes angen eglurhad arna i am unrhyw beth? Ydw i'n gwybod sut i ddehongli canlyniadau fy mhrawf ystadegol?
- Yn fy marn i, pa agweddau ar y dasg fydd yn cymryd y mwyaf o amser / y lleiaf o amser?

Gwneud
- Alla i wneud cysylltiadau rhwng yr hyn yr wyf yn ei ddarllen / ymchwilio a'r dasg, a nodi'r wybodaeth bwysig?
- Alla i osod cerrig milltir a gwerthuso fy nghynnydd a'm llwyddiant ar yr adegau hyn?

Adolygu
- Alla i egluro beth oedd y dasg a sut y gwnes i fynd ati?
- Alla i egluro sut y byddwn i'n defnyddio'r math hwn o weithgaredd mewn bywyd gwaith neu mewn uned arall ar fy nghwrs, fel *Uned 11: Prosiect Ymchwil ym maes Chwaraeon*?
- Ydw i'n gwybod pa ddulliau ymchwil rwy'n hyderus gyda nhw (a pha rai nad ydw i'n hyderus gyda nhw) a sut y galla i wella hyn?

Deunydd darllen ac adnoddau pellach

Llyfrau

Gratton, C. a Jones, I. (2009) *Research Methods for Sport Studies*, 2il argraffiad, Rhydychen: Routledge.

Smith, M.F. (2010) *Research Methods in Sport*, Exeter: Learning Matters.

Sparkes, A.C. a Smith, B. (2014) *Qualitative Research Methods in Sport, Exercise and Health: From Process to Product*, Rhydychen: Routledge.

Thomas, J.R., Nelson, J.K., a Silverman, S.J. (2011) *Research Methods in Physical Activity*, 6ed argraffiad, Illinois: Human Kinetics.

Cyfnodolion

Gledhill, A. a Harwood, C. (2015) A holistic perspective on career development in UK female soccer players: A negative case analysis, *Psychology of Sport and Exercise*, 21: 65–77.

BETH AM ►► Y DYFODOL?

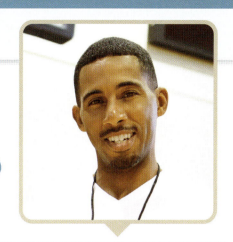

Mohammed Khan

Hyfforddwr cryfder a chyflyru

Rydw i wedi bod yn gweithio fel hyfforddwr cryfder a chyflyru ym maes pêl-fasged broffesiynol ers dwy flynedd. Yn ystod y cyfnod hwn, rydw i wedi cwrdd â llawer o wahanol athletwyr, ac wedi llunio rhaglenni hyfforddi unigol ar eu cyfer, naill ai at ddibenion eu perfformiad mewn chwaraeon neu i'w hadfer ar ôl anafiadau.

Ar ôl imi orffen fy BTEC Chwaraeon Lefel 3, euthum i brifysgol i wneud cwrs mewn Cyflyru ar gyfer Perfformiad. Yna fe wnes i gwblhau fy achrediad gan Gymdeithas Cryfder a Chyflyru'r DU. Roedd hyn yn ategu fy nghymwysterau presennol i hyfforddi pêl-fasged a'm profiad o chwarae felly rwy'n fodlon bod y wybodaeth benodol am y pwnc gen i, yn ogystal â dealltwriaeth o'r gamp. Mae hyn yn rhoi gwybodaeth gefndir gadarn imi pan fyddaf yn cynnal ymchwil.

Mae cael dealltwriaeth o'r gamp rydych chi'n gweithio ynddi yn hanfodol i weithio'n effeithiol fel hyfforddwr cryfder a chyflyru. Felly hefyd y gallu i ddatblygu a chynnal perthnasoedd gwaith effeithiol gyda gwahanol unigolion. Wrth wneud hynny, rydych chi'n fwy tebygol o allu dod i adnabod eich chwaraewyr, sy'n ddefnyddiol iawn o ran ceisio eu cael i gytuno i roi cynnig ar bethau fel dulliau hyfforddi newydd rydych chi wedi ymchwilio iddyn nhw.

Mae hefyd yn bwysig cadw i fyny â datblygiadau o ran ymchwilio i ddulliau cryfder a chyflyru newydd gan eu bod nhw'n datblygu o hyd. Os nad ydych chi'n gwybod beth yw'r dulliau gorau, allwch chi ddim cynnig gwasanaeth a chefnogaeth o'r ansawdd gorau i'ch cleientiaid. Mae hyn yn bwysig gan mai diogelwch a lles eich chwaraewyr yw eich prif gonsyrn bob amser pan rydych chi'n gweithio ym maes chwaraeon; mae hyd yn oed yn bwysicach na lefelau eu perfformiad. Felly mae eu cael i hyfforddi a pherfformio yn y ffordd y dylen nhw fod yn ei wneud yn fwy tebygol o olygu y byddan nhw'n aros yn ddiogel ac yn iach.

Canolbwyntio eich sgiliau

Cynnal ymchwil gydag athletwyr

Mae ymchwil yn bwysig ar gyfer datblygiad parhaus timau chwaraeon ac athletwyr gan ei bod yn helpu i ddatblygu gwybodaeth, dealltwriaeth a sgiliau. Dylech feddwl am y pwyntiau a ganlyn:

- Cyn cwblhau unrhyw ymchwil gyda chleient, gwnewch yn siŵr eich bod wedi cael eu caniatâd.
- Gwnewch yn siŵr eich bod yn rhoi taflen wybodaeth glir iddyn nhw, fel eu bod yn gwybod yn union beth mae angen iddyn nhw ei wneud.
- Gwnewch yn siŵr bod gennych ddyfnder da o wybodaeth, dealltwriaeth a sgiliau ar draws pob un o'r prif ddulliau o ymchwilio.
- Cofiwch, nid oes un dull gorau o ymchwilio, dim ond dulliau sydd fwyaf addas ar gyfer ateb cwestiynau ymchwil.

Paratoi ar gyfer asesiad

Mae Jessica yn gweithio tuag at BTEC Cenedlaethol mewn Chwaraeon. Rhoddwyd aseiniad iddi gyda'r teitl a ganlyn: 'Rôl ymchwil mewn chwaraeon: Pam bod hynny'n bwysig a pha ffactorau all effeithio arno?' ar gyfer nodau dysgu A a B. Roedd yn rhaid i'r adroddiad:

▶ ddeall pwysigrwydd ymchwil mewn amgylcheddau chwaraeon

▶ archwilio'r prif faterion sy'n cael effaith ar effeithiolrwydd ac ansawdd ymchwil mewn gwyddorau chwaraeon ac ymarfer corff.

Sut y dechreuais i

Yn gyntaf, penderfynais pa chwaraeon yr oeddwn am seilio fy adroddiad arnyn nhw. Dewisais gamp y mae gen i ddiddordeb ynddi oherwydd roeddwn i'n gwybod y byddai hynny'n rhoi hwb i mi a'm gwneud yn fwy parod i wneud darn da o waith.

Fe wnes i gasglu ynghyd fy holl nodiadau ar gyfer y nodau dysgu hyn a'u rhannu'n wahanol adrannau ar bwysigrwydd ymchwil a'r gwahanol ffactorau a all effeithio ar ansawdd ac effeithiolrwydd ymchwil.

Yn olaf, ysgrifennais gynllun ar gyfer fy aseiniad a oedd yn cynnwys penawdau allweddol yr oeddwn am eu cynnwys a map meddwl ar gyfer pob adran a oedd yn dangos yr hyn yr oeddwn am ei gynnwys. Dechreuodd y map meddwl gyda phob un o'r meysydd pwnc yn y canol a datblygodd tuag allan i'r hyn yr oeddwn i am ei ddweud am bob un o'r meysydd pwnc gan ychwanegu mwy o fanylion yn raddol.

Sut y des i â'r cyfan at ei gilydd

I ddechrau, ysgrifennais gyflwyniad byr a oedd yn amlinellu pwrpas y gwaith yr oeddwn yn ei wneud. Ar ôl hyn, rhennais fy aseiniad yn chwe is-adran wahanol:

▶ diffiniad o ymchwil, y cyfeiriais ato o ffynhonnell briodol

▶ trafodaeth o'r gwahanol fathau o ymchwil

▶ trafodaeth ar bwysigrwydd ymchwil i'r rheini sy'n gweithio ym myd chwaraeon ac i lywio'ch gwaith gyda chleientiaid. O fewn hyn, siaradais am bethau fel pwysigrwydd arfer sy'n seiliedig ar dystiolaeth

▶ rôl dilysrwydd, dibynadwyedd, cywirdeb a thrachywirdeb mewn ymchwil

▶ materion moesegol sy'n gysylltiedig ag ymchwil y maes gwyddor chwaraeon ac ymarfer corff

▶ casgliad.

Beth wnes i ei ddysgu o'r profiad

Mae yna lawer o wahanol bethau i feddwl amdanyn nhw wrth edrych ar sut mae ymchwil yn berthnasol mewn lleoliadau chwaraeon. Mae'n bwysig gwybod sut maen nhw'n gymwys mewn chwaraeon, nid dim ond beth ydyn nhw. Roedd hyn yn gwneud yr aseiniad ychydig yn anodd ar brydiau ond roedd defnyddio enghreifftiau yn fy aseiniad yn ei gwneud yn haws mynd i'r afael ag ef, gan fy mod yn siarad amdano mewn cyd-destun yr oeddwn yn ei ddeall.

Rwy'n credu fy mod i wedi treulio ychydig gormod o amser yn canolbwyntio ar ddiffinio geiriau allweddol fel dilysrwydd a dibynadwyedd, yn hytrach nag edrych yn fanwl ar y gwahanol fathau. Byddwn i'n edrych ar ddeall y gwahanol fathau yn fwy manwl gan fod gan bob un ohonyn nhw rolau gwahanol i'w chwarae ac mae edrych ar ddilysrwydd a dibynadwyedd yn gyffredinol ychydig yn rhy sylfaenol.

Pwyntiau i'w hystyried

▶ Ydych chi wedi cynllunio'ch aseiniad fel eich bod yn gwybod y byddwch yn gallu ei orffen erbyn y dyddiad cau?

▶ Oes gennych chi'r adnoddau a argymhellir yn ogystal â'ch nodiadau dosbarth i'ch helpu chi i ddarparu tystiolaeth a chyfeiriadau i gefnogi a datblygu'r dadleuon rydych chi'n bwriadu eu gwneud?

▶ A yw'ch aseiniad wedi'i ysgrifennu yn eich geiriau eich hun?

Trefnu Digwyddiad Chwaraeon 10

Dod i adnabod eich uned

Asesiad

Byddwch yn cael eich asesu drwy gyfrwng cyfres o aseiniadau a osodwyd gan eich tiwtor.

Mae trefnu digwyddiadau chwaraeon yn ddiwydiant byd-eang sy'n werth biliynau o bunnoedd bob blwyddyn. Mae digwyddiadau o ansawdd uchel yn hanfodol i chwaraeon ac yn ennyn diddordeb, gan godi eu proffil ac, yn y pen draw, cynyddu nifer y cyfranogwyr sy'n cymryd rhan yn y gamp. Ar y lefel uchaf un, gall digwyddiadau wella proffil gwlad a gweithredu fel catalydd ar gyfer llwyddiant yn y dyfodol. Yn yr uned hon, byddwch yn ymchwilio i amrywiaeth o ddigwyddiadau, yn cynnig eich digwyddiad eich hun hyd yn oed, ac yna'n cynllunio ac yn cyflwyno'ch digwyddiad. Wedi hynny, byddwch yn adolygu eich llwyddiannau a'r meysydd i'w gwella.

Sut y cewch eich asesu

Bydd yr uned hon yn cael ei hasesu'n fewnol drwy gyfrwng cyfres o dasgau a osodir gan eich tiwtor. Mae'r ymarferion yn yr uned hon wedi'u cynllunio i efelychu bywyd go iawn a rhoi profiad i chi a fydd yn datblygu eich sgiliau a'ch technegau eich hun, a bydd llawer ohonyn nhw'n sgiliau trosglwyddadwy. Er na fydd cwblhau'r tasgau hyn yn gwarantu gradd benodol i chi, byddan nhw'n caniatáu ichi ymarfer senarios a chael dealltwriaeth werthfawr o ddigwyddiadau a'r dulliau o'u trefnu.

I gael gradd Llwyddo mae disgwyl ichi gyflawni'r holl dasgau yn yr uned. Mae bod yn drefnus a gofalu eich bod yn cwblhau'r holl dasgau yn hanfodol i'ch llwyddiant.

Ar gyfer gradd Teilyngdod neu Ragoriaeth, bydd angen i chi wella eich perfformiad wrth gyflawni'r tasgau a sicrhau eich bod yn cyflawni mewn arddull sy'n bodloni meini prawf mwy heriol. Er enghraifft, wrth edrych ar ddigwyddiadau chwaraeon eraill, bydd trafodaeth sylfaenol yn eich galluogi i Lwyddo ond bydd gwerthusiad yn diwallu anghenion Rhagoriaeth.

Bydd y tasgau yn yr aseiniad a osodir gan eich tiwtor yn amrywiol ac yn caniatáu ichi ddefnyddio amrywiaeth o arddulliau i ddangos eich dealltwriaeth. Gallai'r rheini gynnwys:

► cynllunio cyflwyniad i gyfleu syniad am ddigwyddiad newydd i fwrdd o weithwyr proffesiynol y diwydiant

► trefnu digwyddiad i ysgolion lleol roi cynnig ar chwaraeon a gweithgareddau newydd

► cwblhau taflenni gwaith i adolygu'ch perfformiad wrth gynllunio a darparu digwyddiad chwaraeon.

Meini prawf asesu

Mae'r tabl hwn yn dangos yr hyn sy'n rhaid i chi ei wneud i **Lwyddo**, neu i gael **Teilyngdod** neu **Ragoriaeth**, a sut i ddod o hyd i weithgareddau i'ch helpu.

Llwyddo	Teilyngdod	Rhagoriaeth
Nod dysgu A Ymchwilio i'r modd y mae gwahanol fathau o ddigwyddiadau chwaraeon yn cael eu cynllunio a'u darparu		
A.P1 Trafod gwaith cynllunio, hyrwyddo a chyflwyno dau fath gwahanol o ddigwyddiad chwaraeon. **Ymarfer asesu 10.1**	**A.M1** Cymharu gwaith cynllunio, hyrwyddo a chyflwyno dau ddigwyddiad chwaraeon gwahanol. **Ymarfer asesu 10.1**	**A.D1** Gwerthuso'r cynnig dichonadwy a gynlluniwyd gennych ar gyfer digwyddiad chwaraeon i gyflawni nodau penodol i argymell gwelliannau. **Ymarfer asesu 10.1**
Nod dysgu B Datblygu cynnig ar gyfer digwyddiad chwaraeon i'w gymeradwyo ar gyfer gweithredu		
B.P2 Esbonio'r cynnig dichonadwy a gynlluniwyd gennych ar gyfer digwyddiad chwaraeon i gyflawni nodau penodol. **Ymarfer asesu 10.2**	**B.M2** Dadansoddi'r cynnig dichonadwy a gynlluniwyd gennych ar gyfer digwyddiad chwaraeon i gyflawni nodau penodol. **Ymarfer asesu 10.2**	**B.D2** Gwerthuso'r cynnig dichonadwy a gynlluniwyd gennych ar gyfer digwyddiad chwaraeon i gyflawni nodau penodol i argymell gwelliannau. **Ymarfer asesu 10.3**
Nod dysgu C Cynllunio, hyrwyddo a darparu digwyddiad chwaraeon		
C.P3 Cynllunio ar gyfer hyrwyddo a darparu digwyddiad chwaraeon, gan gyfrannu'n effeithiol at weithgareddau tîm. **Ymarfer asesu 10.3**	**C.M3** Rheoli penderfyniadau allweddol ar gyfer cynllunio a darparu gweithgareddau unigol a thîm i gwrdd â chanlyniadau a gynlluniwyd ar gyfer hyrwyddo a darparu digwyddiad chwaraeon. **Ymarfer asesu 10.3**	**CD.D3** Gwerthuso eich perfformiad eich hun wrth gynllunio, hyrwyddo a darparu digwyddiad chwaraeon, gan gyfiawnhau dewisiadau, cryfderau ac argymhellion ar gyfer ymarfer yn y dyfodol. **Ymarfer asesu 10.4**
C.P4 Cyflawni tasgau/gweithgareddau yn llawn, yn gywir ac yn ddiogel i gyflawni canlyniadau a gynlluniwyd ar gyfer hyrwyddo a darparu digwyddiad chwaraeon. **Ymarfer asesu 10.3**		
Nod dysgu D Adolygu'r gwaith o gynllunio, hyrwyddo a darparu digwyddiad chwaraeon a myfyrio ar eich perfformiad eich hun		
D.P5 Trafodwch pa mor effeithiol fu'r gwaith o gynllunio, hyrwyddo a darparu'r digwyddiad chwaraeon, gan egluro'r cryfderau a'r gwendidau a'r meysydd i'w datblygu. **Ymarfer asesu 10.4**	**D.M4** Dadansoddwch pa mor effeithiol fu'r gwaith o gynllunio, hyrwyddo a darparu'r digwyddiad chwaraeon, gan argymell meysydd i'w gwella ar eich cyfer chi'ch hun a digwyddiadau'r dyfodol. **Ymarfer asesu 10.4**	
D.P6 Esboniwch eich cyfraniad chi at y gwaith o gynllunio, hyrwyddo a darparu'r digwyddiad chwaraeon gan ddefnyddio logiau personol ac adborth gan eraill. **Ymarfer asesu 10.4**		

Dechrau arni

Mae digwyddiadau chwaraeon yn niferus ac amrywiol. Rhowch bum munud i chi'ch hun i enwi cymaint ag y gallwch. A oes unrhyw rai, yn eich barn chi, sy'n fwy llwyddiannus nag eraill? Rhowch gyfiawnhad am eich barn. Gall sefydlu digwyddiadau chwaraeon gymryd llawer iawn o amser ac egni. Beth, yn eich barn chi, yw'r prif heriau sy'n wynebu unrhyw un sy'n ceisio trefnu digwyddiad chwaraeon?

A Ymchwilio i'r modd y mae gwahanol fathau o ddigwyddiadau chwaraeon yn cael eu cynllunio a'u darparu

Cysylltiad

Gall yr uned hon gyd-fynd ag *Uned 4: Arweinyddiaeth Chwaraeon* os oes cyfle i gyfuno gwaith aseiniad trwy gynnal digwyddiad sy'n gofyn ichi arddangos sgiliau arwain.

Mae yna nifer o ffactorau y mae'n rhaid eu hystyried a'u rheoli wrth gynllunio a darparu digwyddiad chwaraeon. Ni waeth beth yw graddfa'r digwyddiad, bydd cyfyngiadau ar ei ddarparu. Gall y rhain ddod o lywodraeth leol neu genedlaethol, o weithio i gyllideb, o ddilyn canllawiau cyrff llywodraethu neu fodloni disgwyliadau'r gynulleidfa. Yn y pen draw, nid yw'n bosibl ystyried bod digwyddiad chwaraeon yn llwyddiannus onid yw'n diwallu pob galw y mae disgwyl iddo'u diwallu.

Gwahanol fathau o ddigwyddiadau chwaraeon

Mae deall pwrpas digwyddiad chwaraeon yn sylfaenol i sicrhau ei lwyddiant. Mae sawl math o ddigwyddiadau chwaraeon. Tasg gyntaf unrhyw drefnydd digwyddiadau yw dewis y math a'r fformat priodol ar gyfer y gynulleidfa neu i gyflawni nodau. Mae Tabl 10.1 yn dangos gwahanol fathau o ddigwyddiadau chwaraeon gyda disgrifiad byr o bob un.

▶ **Tabl 10.1:** Gwahanol fathau o ddigwyddiadau chwaraeon

Math o ddigwyddiad	Disgrifiad o'r digwyddiad
Twrnameintiau a chystadlaethau	Lle mae timau neu unigolion yn cystadlu i ddod o hyd i enillydd. Os oes nifer o dimau neu unigolion yn cystadlu, yn aml bydd cyfres o rowndiau yn rhan o'r twrnamaint. Mewn rhai twrnameintiau mae'r rhai sy'n colli yn cael eu bwrw allan ar unwaith, ond mewn eraill mae cyfranogwyr yn cael cyfle i gystadlu yn erbyn amrywiaeth o wrthwynebwyr mewn grwpiau, gyda'r gorau o bob grŵp yn symud ymlaen i'r cam nesaf.
Gwersylloedd hyfforddi	Lle gwahoddir unigolion neu dimau i ddod ynghyd i ddatblygu sgiliau a thechnegau. Mae'r rhain yn aml yn digwydd dros sawl diwrnod ac yn fwyaf tebygol o gael eu cynnal ar adegau heblaw'r tymor chwarae. Ar gyfer unigolion a thimau gyda chyllidebau mawr, gall y rhain gael eu cynnal dramor mewn lleoliadau sy'n cynyddu'r tebygolrwydd o amgylchiadau ffafriol a fydd yn arwain at fwy o gyfleoedd i hyfforddi.
Cyrsiau hyfforddi	Caniatáu i gyfranogwyr chwaraeon ddod at ei gilydd i drafod sgiliau penodol gyda hyfforddwr profiadol. Yn aml mae dyfarniadau sgiliau gan gyrff llywodraethu yn gysylltiedig â chyrsiau hyfforddi.
Cynadleddau	Lle mae arbenigwyr yn gwneud cyflwyniadau i gynulleidfa ar bwnc a ddewiswyd, gan ganiatáu amser i ryngweithio â'r gynulleidfa a rhoi adborth ar y pwnc dan sylw.
Digwyddiadau ymgyrchu	I hybu diddordeb mewn digwyddiad tîm, digwyddiadau unigolion neu ddigwyddiad mwy. Yn aml, y flaenoriaeth yw sicrhau'r sylw mwyaf posibl a chreu bwrlwm o amgylch y pwnc. Maent yn helpu i sicrhau bod noddwyr yn cael gwerth am arian, a bod timau ac unigolion yn cael y gefnogaeth sydd ei hangen arnyn nhw i fagu eu hyder i lwyddo.
Elusen a chodi arian	Wedi'i gynllunio i godi arian at elusen – yn niferus ac amrywiol. Gallant fod ar ffurf cystadleuaeth syml neu dwrnament, gorymdeithiau neu heriau. Mae digwyddiadau sy'n cael eu noddi, fel rasys 10k, yn enghreifftiau poblogaidd o hyn.
Ymgyrchoedd	Gall y rhain ddigwydd ar unrhyw fath o dir a defnyddio unrhyw fodd o gludiant. Fodd bynnag, mae pob ymgyrch yn gorfodi cyfranogwyr allan o'u hamgylchedd arferol ac mae iddynt bwrpas penodol fel dringo mynydd heriol, caiacio i lawr afon, neu chwilio am anifeiliaid prin yn yr anialwch.
Addysg awyr agored	Gallai fod ar ffurf cystadleuaeth, cwrs hyfforddi neu ymgyrch. Mae cymryd rhan mewn addysg awyr agored â buddion profedig ar gyfer datblygiad cymdeithasol a phersonol. Mae digwyddiadau adeiladu tîm ar gyfer cleientiaid corfforaethol yn fusnes mawr ac yn defnyddio profiadau awyr agored i ddatblygu sgiliau trosglwyddadwy fel cydweithredu a chyfathrebu.
Datblygiad cymdeithasol, personol neu gorfforol	Mae cymryd rhan mewn unrhyw chwaraeon yn fanteisiol i ddatblygiad cymdeithasol, personol a chorfforol. Mae'n bosibl teilwra digwyddiad i dynnu sylw at y manteision hyn a'u gwneud yn glir i gyfranogwyr gan ddefnyddio sesiynau myfyriol a sesiynau briffio sydd â ffocws ar dasgau.

Graddfa

Mae digwyddiadau'n cael eu cynnal ar bob lefel – o ddigwyddiadau llawr gwlad sy'n lleol iawn hyd at ddigwyddiadau byd-eang sy'n denu ymwelwyr o bob cwr o'r byd ac yn cael eu gwylio ar y teledu gan filiynau. Mae gan bob digwyddiad le yn llwyddiant chwaraeon a gwerth o ran gwneud pobl yn fwy egnïol. Mae Tabl 10.2 yn dangos enghreifftiau o wahanol raddfeydd o ddigwyddiadau.

▶ **Tabl 10.2:** Gwahanol raddfeydd o ddigwyddiadau chwaraeon

Math	Enghraifft
Lleol	• Diwrnod chwaraeon ysgol • Cynghrair pêl-droed 5 bob ochr
Rhanbarthol	• Digwyddiad traeth Ysgolion Dorset • Cynghrair Pêl-rwyd y De-orllewin
Cenedlaethol	• Uwch Gynghrair FA • Pencampwriaethau One Design N1SCO Padlfyrddio Prydain
Byd-eang	• Cwpan Rygbi'r Byd • Gemau Olympaidd

Gall digwyddiadau a allai ymddangos yn debyg ar yr olwg gyntaf fod ar raddfa wahanol iawn. Er enghraifft, gallai clybiau pêl-droed yr Uwch Gynghrair a chlybiau bechgyn lleol drefnu gwersylloedd hyfforddi ond maen nhw'n debygol o fod yn ddigwyddiadau gwahanol iawn. Efallai y bydd clwb yr Uwch Gynghrair yn teithio i Sbaen am wythnos, yn aros mewn gwesty moethus sydd â chyfleusterau hyfforddi, ac yn gorffen yr wythnos yn chwarae gêm gyfeillgar yn erbyn clwb ar y lefel uchaf o unrhyw le yn y byd. Ar y llaw arall, efallai y bydd y clwb pêl-droed bechgyn lleol yn mynd am benwythnos i rywle yn y DU, yn aros mewn hostel gyda phob chwaraewr yn talu am ei lety ei hun, ac yn gorffen y penwythnos trwy gymryd rhan mewn twrnamaint.

Astudiaeth achos

Pencampwriaethau Padlfyrddio wrth Sefyll Cenedlaethol N1SCO y DU

Camp cymharol ddiweddar yw padlfyrddio wrth sefyll (SUP) ac mae'n gyfnod cyffrous yn ei datblygiad. Wrth i fwy a mwy o bobl ddechrau cymryd rhan, mae mwy o gyfle i gynnal digwyddiadau o'i gwmpas. Un digwyddiad llwyddiannus iawn yw Pencampwriaethau Cenedlaethol N1SCO. Byrddau pwmpiadwy yw'r rhai N1SCO ac yn gyflwyniad hawdd ei ddefnyddio i fyd rasio SUP. Mae pawb yn rasio ar yr un math o fwrdd ac mae hynny'n gwneud y gystadleuaeth yn un deg. Yn ystod y digwyddiad, mae rasys ar gyfer dynion, menywod a phlant ar ffurf sbrint, pellter canol a phellter hir.

Mae byrddau N1SCO yn cael eu creu gan gwmni o'r enw Naish. Mae cynnal digwyddiadau yn un ffordd y mae Naish yn tynnu sylw at ei gynnyrch. Gall pobl nad oes ganddyn nhw SUP N1SCO ar ddiwrnod y ras, rentu un am ffi. Mae'r digwyddiad mor llwyddiannus ac mae cyfranogwyr yn cael cymaint o hwyl nes bod yr holl fyrddau a logwyd yn cael eu gwerthu i gyfranogwyr a rhagor o badlwyr yn berchen ar eu bwrdd cyntaf.

Mae trefnwyr y digwyddiad yn ffodus bod y ffocws ar ennyn sylw, ac nad oes pwysau i gynhyrchu elw o'r digwyddiad ei hun. Felly, mae'r holl gyllid yn mynd at sicrhau bod y digwyddiad o ansawdd uchel.

Mae'r digwyddiad bob amser yn cael ei gynnal ar draeth cyhoeddus. Mae hyn yn helpu i greu awyrgylch cadarnhaol o amgylch y digwyddiad ac yn sicrhau digon o wylwyr.

Gwiriwch eich gwybodaeth

1 Pa bethau rydych chi'n meddwl y gallai'r trefnwyr eu gwneud i gryfhau'r ddelwedd a'r awyrgylch yn y digwyddiad?

2 Pa ystyriaethau diogelwch fyddai'n cael eu gwneud yn syth ar gyfer y digwyddiad hwn?

3 Ydych chi'n meddwl bod unrhyw bartïon allanol y byddai trefnwyr y digwyddiad yn gorfod gweithio gyda nhw wrth drefnu digwyddiad fel hwn?

Cynllunio digwyddiadau chwaraeon

Ni waeth beth yw ei raddfa, mae yna nifer o ystyriaethau wrth drefnu digwyddiad. Yn dibynnu ar y math o ddigwyddiad, gall y ffactorau hyn fod yn fwy perthnasol neu'n llai perthnasol, ond mae'r mwyafrif yn dal yn gyffredin i bob digwyddiad.

Nodau ac amcanion

Mae deall nod cyffredinol y digwyddiad yn hollbwysig i gael yr holl ystyriaethau cynllunio eraill yn iawn. Efallai bod blaenoriaeth y digwyddiad yn un ariannol, neu sefydlu digwyddiad gwylwyr, neu benderfynu ar enillydd o blith nifer o gystadleuwyr. Beth bynnag yw'r nod, rhaid iddo barhau i fod y ffactor sy'n gyrru'r cynllunio a rhaid canolbwyntio ar hyn uwchlaw unrhyw beth arall (heblaw diogelwch) i sicrhau llwyddiant.

> **Ymchwil**
>
> Mewn grŵp bach o'ch dosbarth, o tua phedwar o bobl, ystyriwch ddigwyddiad sydd wedi'i gynnal yn lleol i chi. Yn eich barn chi, pa bethau y dylid meddwl amdanyn nhw wrth gynllunio'r digwyddiad hwn? Trafodwch hyn fel grŵp, gan gynnal ymchwil briodol yn ôl yr angen. Beth oedd yr amserlen ar gyfer cynllunio'r digwyddiad hwn?

Y broses gynnig

Mae llawer o ddigwyddiadau mawr yn cael eu cynnal yn rheolaidd ond maen nhw'n cael eu cynnal mewn gwahanol leoliadau bob tro. Yn aml iawn, y broses gynnig sy'n penderfynu ar y lleoliad. Bydd lleoliadau sydd â diddordeb yn creu dogfen ac weithiau'n cyflwyno eu syniadau i banel sy'n llywodraethu'r digwyddiad. Yna, bydd y panel yn penderfynu ar y lleoliad mwyaf addas yn seiliedig ar amrywiaeth o ffactorau a allai gynnwys cost darparu, cyfleusterau, y gallu i gynnal digwyddiad esmwyth, goblygiadau diogelwch neu'r potensial i wneud y mwyaf o'r cysylltiad â gwylwyr.

Mae'n debygol y bydd angen i hyd yn oed ddigwyddiadau llai ofyn am ganiatâd. Mae hyn yn arbennig o wir os yw'r digwyddiad yn cael ei gynnal ar dir cyhoeddus fel parc neu os byddai'n tarfu ar ddiwrnod arferol pobl oherwydd cynnydd mewn torfeydd neu sŵn ychwanegol.

Trefnu

Er mwyn sicrhau bod digwyddiad yn cael ei gynllunio a'i ddarparu'n llwyddiannus, mae trefnu yn hollbwysig. Mae'n hanfodol bod y bobl hynny sy'n ymwneud â'r digwyddiad yn cael rolau penodol ac yn deall beth yw eu dyletswyddau. Bydd angen cydlynu'r wybodaeth ddiweddaraf am yr hyn sydd wedi cael ei wneud, a rheoli unrhyw bryderon ynghylch cyrraedd targedau. Efallai mai un person fydd yn gwneud y penderfyniadau mewn digwyddiadau llai. Mae gan ddigwyddiadau eraill bwyllgor yn eu llywio i sicrhau eu bod yn aros ar y trywydd iawn.

Cyfyngiadau amser

Mae cwrdd â therfynau amser yn hanfodol er mwyn cadw digwyddiad ar y trywydd iawn. Yn amlwg, y prif ddyddiad fydd diwrnod cynnal y digwyddiad. Fodd bynnag, wrth gynllunio mae'n help i osod terfynau amser eraill yn y cyfnod cyn y digwyddiad. Gellir pennu dyddiadau cau ar gyfer nifer o dasgau allweddol y mae'n rhaid eu cyflawni i allu cynnal y digwyddiad ac i sicrhau bod popeth yn digwydd mewn da bryd ac nid ar y funud olaf.

Adnoddau ffisegol

Mae dod o hyd i leoliadau, cyfleusterau ac offer priodol yn flaenoriaeth yn gynnar yn y broses gynllunio. Os ydych chi'n disgwyl nifer fawr o gyfranogwyr neu wylwyr, efallai y bydd angen i chi ystyried seilwaith ychwanegol. Gall hyn gynnwys darparu mannau dros dro i fwyta ac yfed, a chyfleusterau toiled, neu gau ffyrdd a dargyfeirio traffig. Ar gyfer digwyddiadau mawr, fel Gemau Olympaidd, mae angen seilwaith enfawr i'r graddau bod ffyrdd a rheilffyrdd yn cael eu hadeiladu i helpu i reoli'r tyrfaoedd.

► Mae cynigion i gynnal digwyddiadau byd-eang yn cynnwys cyllidebau gwerth miliynau o bunnoedd ac yn cymryd blynyddoedd lawer i'w llunio

Efallai y bydd angen trefnu offer chwaraeon-benodol hefyd os yw'r digwyddiad yn cael ei gynnal mewn lleoliad lle nad yw'r gamp honno'n cael ei chwarae fel arfer.

Adnoddau ariannol

Ni waeth beth yw maint y digwyddiad, bydd cyllideb yn cael ei gosod a rhaid cadw ati. Dylid cyfrifo'r rhagamcanion gwariant ac incwm. Os oes angen, efallai y bydd yn rhaid sicrhau cyllid ychwanegol trwy fenthyciadau neu grantiau. Er enghraifft, efallai bod gan awdurdodau lleol arian i helpu mentrau sy'n hybu ffordd o fyw egnïol ymhlith y boblogaeth leol. Ar ben arall y raddfa, dim ond am fod cwmnïau byd-eang yn eu noddi trwy roi symiau mawr o arian iddyn nhw y mae modd cynnal ambell ddigwyddiad mawr.

Adnoddau dynol

Mae personél yn allweddol i unrhyw ddigwyddiad. Mae gan ddigwyddiadau mawr arbenigwyr sy'n cael eu talu'n dda i reoli amrywiol elfennau. Fodd bynnag, mae gan bron pob digwyddiad fintai o wirfoddolwyr sy'n barod i gynorthwyo gyda pharatoi a darparu. Mae dod o hyd i staff cyflogedig a gwirfoddolwyr weithiau'n cymryd llawer o amser a rhaid eu blaenoriaethu yn gynnar yn y broses gynllunio.

▶ Mae hyd yn oed ddigwyddiadau mawr fel Gemau Olympaidd Llundain 2012 yn dibynnu ar wirfoddolwyr.

Iechyd a diogelwch

Bydd y gweithdrefnau i gadw staff, gwylwyr a chyfranogwyr yn ddiogel yn benodol i bob digwyddiad. Bydd cynllun gweithredol yn cynnwys asesiadau risg, gweithdrefnau brys a chynllun rheoli digwyddiadau. Dylai cymorth cyntaf fod ar gael ac yn hawdd ei gyrraedd.

Rhaid cwrdd â gofynion deddfwriaethol megis Deddf Iechyd a Diogelwch yn y Gwaith 1974 a Rheoliadau Adrodd am Anafiadau, Clefydau a Digwyddiadau Peryglus (RIDDOR). Bydd angen asesiadau risg a chynlluniau gweithredol penodol ar gyfer pob digwyddiad mewn perthynas â hwy. Bydd hyd yn oed wahaniaethau rhwng digwyddiadau sydd, ar yr olwg gyntaf, yn eithaf tebyg, fel y nifer o ymwelwyr a ddisgwylir, yr amser o'r flwyddyn a rhagolygon y tywydd. Mae'r rhain oll yn bethau a allai effeithio ar y gwaith o gynnal y digwyddiad ac ar logisteg yn gyffredinol.

Os ydych chi'n trefnu digwyddiadau lle mae plant a / neu oedolion agored i niwed yn cymryd rhan, rhaid i chi hefyd sicrhau eu bod yn cael eu hamddiffyn rhag niwed.

Mae'n eithaf cyffredin i stadiwm gynnal digwyddiadau a ariennir ac a drefnir gan sefydliadau ar wahân. Bydd gan y stadiwm ei weithdrefnau gweithredu a'i gynlluniau gweithredu ei hun y bydd yn rhaid i'r sefydliadau ymgyfarwyddo â nhw a gweithio o'u cwmpas.

Diogelwch

Yn anffodus, po fwyaf ei faint a mwyaf llwyddiannus y mae digwyddiad, y mwyaf o ddiogelwch sy'n debygol o fod ei angen. Efallai y bydd digwyddiadau sydd wedi'u cyhoeddi'n dda ac sy'n boblogaidd yn fyd-eang yn dod yn dargedau ar gyfer terfysgwyr a phrotestiadau. Mae cael nifer fawr o bobl mewn un man, yn enwedig os oes alcohol ar gael yn rhwydd, yn cynyddu'r risg o ymddygiad gwrthgymdeithasol a hwliganiaeth.

Gall hyd yn oed ddigwyddiad lleol bach ddenu sylw digroeso, er enghraifft os yw lladron yn gweld nifer fawr o geir wedi'u parcio heb oruchwyliaeth a'r rheini efallai â phethau gwerthfawr ynddyn nhw.

Efallai y bydd gan ddigwyddiad ei bersonél diogelwch ei hun i reoli problemau posibl. Bydd trefnwyr hefyd yn debygol o weithio gydag awdurdodau lleol a heddluoedd i achub y blaen ar broblemau a rheoli unrhyw risgiau.

Rhanddeiliaid

Mae rhanddeiliaid yn cynnwys y cyfranogwyr a'r gwylwyr y mae'n rhaid eu denu i'r digwyddiad a'u cael i ymwneud â'r digwyddiad ei hun. Fodd bynnag, gall rhanddeiliaid hefyd gynnwys noddwyr sy'n darparu cymorth ariannol, ond sy'n disgwyl i'r digwyddiad roi sylw i'w brand yn gyfnewid am hynny, a chwmnïau cyfryngau sy'n darlledu'r digwyddiad i'w gwrandawyr neu i'w gwylwyr. Bydd gan noddwyr a chwmnïau cyfryngau eu hagenda eu hunain. Wrth drefnu digwyddiad, rhaid i chi ystyried yr amcanion hyn, yn ogystal â phrif amcan y digwyddiad.

Cynlluniau wrth gefn

Mae yna lawer o bethau a all fynd o chwith wrth gynllunio ar gyfer digwyddiad a'i ddarparu. Fel rhan o'r broses drefnu, rhaid i chi ofyn 'beth os' bydd gwahanol senarios yn digwydd: sut y bydd pobl yn ymdopi, a sut y gellir sicrhau bod y digwyddiad yn dal i fod yn llwyddiant?

Un senario gyffredin wrth gynllunio digwyddiad chwaraeon yw tywydd gwael. Os yw'r digwyddiad y tu allan, bydd gan ddigwyddiad wedi'i gynllunio'n dda gynllun wrth gefn cryf a allai gynnwys addasu'r ddarpariaeth neu hyd yn oed fynd â'r digwyddiad dan do. Ar y diwrnod, bydd disgwyliadau uchel gan y gwylwyr a'r cyfranogwyr. Bydd ystyried ymlaen llaw beth i'w wneud os na fydd pethau'n gweithio yn ôl y disgwyl yn sicrhau cyn lleied o darfu â phosibl, a bydd y digwyddiad yn fwy tebygol o lwyddo.

> **Trafodaeth**
>
> Dychmygwch eich bod yn trefnu ras draws gwlad 10 km at achos da. Gyda thridiau i fynd, mae'r rhagolygon yn ofnadwy gyda gwyntoedd cryfion a glaw trwm. Beth yw eich opsiynau? Pa gynllun wrth gefn a allai fod gennych?

Materion moesegol

Mae digwyddiad a drefnir mewn modd anfoesegol yn sicr o ddenu cyhoeddusrwydd negyddol ac effeithio ar gyfranogiad y rhai sy'n cymryd rhan – gan gynnwys gwylwyr a rhanddeiliaid eraill – a allai niweidio ei enw da o ganlyniad. Mae materion moesegol yn cynnwys y canlynol:

- **Cydraddoldeb ac amrywiaeth** – Ni waeth beth yw hil, crefydd, rhyw, gallu neu anabledd rhywun rhaid gwneud pob ymdrech i sicrhau eu bod yn gallu bod yn rhan o'r digwyddiad. Gall hyn olygu bod angen cyfleusterau toiled ychwanegol, ystyried bwydydd penodol, a darparu mynediad i bobl sy'n ei chael yn anodd symud. Mae yna lawer o ddigwyddiadau sy'n canolbwyntio ar bobl ag anableddau, fel pêl-fasged mewn cadeiriau olwyn. Ar gyfer digwyddiadau o'r fath, gall nifer y bobl anabl sy'n bresennol fod yn uwch ac felly bydd angen addasu a darparu cyfleusterau ac adnoddau. Efallai y bydd digwyddiadau eraill yn ceisio annog cyfranogiad gan grwpiau sydd heb gynrychiolaeth ddigonol, fel digwyddiadau pêl-droed i fenywod yn unig.
- **Amgylcheddol** – Mae lleihau'r ôl troed carbon, defnyddio deunyddiau wedi'u hailgylchu, atal gormod o wastraff ac osgoi difrod i'r amgylchedd cyfagos, oll yn bynciau llosg. Mae'n beth cadarnhaol iawn i ystyried yr holl bynciau hyn. Yn ogystal, gall digwyddiadau yr ystyrir eu bod yn mynd ar drywydd ystyriaeth amgylcheddol ddenu mwy fyth o gyfranogiad gan bartneriaid allweddol.
- **Masnach Deg** – Mae gan ddigwyddiadau mawr botensial penodol i roi pwysau ar bartneriaid bach i ddarparu gwasanaethau am lai na'u gwerth. Mae'n bwysig sicrhau masnach deg a bod y cyfranogiad yn gynaliadwy ac yn foesegol gadarn.

Hyrwyddo digwyddiad chwaraeon

Bydd hyd yn oed y digwyddiad gorau yn y byd yn drychineb os na ddaw neb iddo. Rhowch flaenoriaeth i hyrwyddo'r digwyddiad yn fuan yn y broses gynllunio er mwyn creu cyffro ac annog grwpiau ac unigolion penodol i gymryd rhan. Mae'r adran hon yn edrych ar gynllunio a gweithredu cynllun marchnata.

Nodau ac amcanion

Wrth hyrwyddo digwyddiad, mae angen i ni ddeall nodau ac amcanion yr hyn yr ydyn ni'n ceisio ei gyflawni. Mae deall pwy rydyn ni'n ceisio eu denu ac ar ba amser yn sylfaenol i greu cynllun hyrwyddo. Dyma rai o'r grwpiau a allai fod yn destun cynllun hyrwyddo:

- cyfranogwyr
- noddwyr
- gwylwyr
- cwmnïau cyfryngau.

II **MUNUD I FEDDWL**   Mae yna lawer o ystyriaethau wrth gynllunio digwyddiad. Faint ohonyn nhw allwch chi eu hysgrifennu?

Awgrym   Beth sydd angen i chi feddwl amdano wrth drefnu digwyddiad, fel parti? Rhestrwch gynifer o ystyriaethau ag y gallwch mewn dau funud.

Ymestyn   O'r ystyriaethau hyn, pa rai sydd bwysicaf yn eich barn chi a pham?

Efallai ein bod yn dymuno denu pob un o'r grwpiau hyn. Fodd bynnag, mae'n annhebygol y byddwn am wneud hyn i gyd ar yr un pryd – defnyddiwch wahanol dechnegau hyrwyddo i dargedu pob grŵp ar wahân.

Bydd blaenoriaethu pwy i'w dargedu a phryd i'w dargedu yn benodol i'r digwyddiad, ond dylai pob digwyddiad ymchwilio'n drwylwyr i'r farchnad i ddeall eu cystadleuaeth a sut mae eraill yn mynd i'r afael â hyrwyddo.

Y farchnad darged

Mae llawer o ddigwyddiadau yn rhai **arbenigol** (*niche*), yn enwedig y rhai sy'n darparu ar gyfer gweithgareddau nad ydyn nhw'n rhai prif ffrwd, er enghraifft hwylfyrddio neu ddringo creigiau. Yn yr achosion hyn, mae angen targedu'r marchnata i ddenu'r rhai sydd â diddordeb yn y gweithgareddau hyn. Bydd digwyddiadau sy'n fwy prif ffrwd, fel athletau, nofio neu bêl-droed, yn apelio at gynulleidfa llawer mwy amrywiol ac felly gall yr hyrwyddo fod â llai o ffocws.

Wrth drefnu digwyddiad, mae'n hawdd iawn bod yn rhy frwdfrydig a cholli golwg ar bwy yw'r brif farchnad. Mae hyn yn arbennig o wir wrth drefnu digwyddiad lleol: cymerwch ofal i sicrhau bod yr hyrwyddo yn canolbwyntio ar yr ardal leol (lle mae'r diddordeb yn debygol o fod). I'r gwrthwyneb, mae'n rhaid i ddigwyddiadau byd-eang, yn aml iawn, dargedu cynulleidfaoedd dramor, gyda gwahanol ystyriaethau o ran diwylliant ac iaith.

Cyllideb

Rhaid i'r gyllideb ar gyfer hyrwyddo ddangos gwerth am arian. Wrth bennu cyllideb, rhaid i drefnydd benderfynu a yw'n debygol o gael gwerth am yr arian hwnnw drwy ddenu cyfranogwyr neu wylwyr ychwanegol. Mae yna lawer o bethau yn bosibl gyda chyllideb gyfyngedig neu hyd yn oed ddim cyllideb. Gan fod y cyfryngau cymdeithasol, fel Facebook, Twitter ac Instagram, yn dod yn fwyfwy poblogaidd, mae modd creu ymgyrchoedd hyrwyddo llwyddiannus iawn heb unrhyw adnoddau ariannol heblaw personél i'w rheoli.

Ar ben arall y raddfa, bydd gan ddigwyddiadau rhyngwladol fel y Gemau Olympaidd a Chwpan y Byd gyllideb hyrwyddo sy'n werth miliynau o bunnoedd. Yn ogystal, mae'r cyfnod cyn digwyddiadau mor enfawr yn denu sylw'r newyddion ledled y byd, ar-lein, ar y teledu, radio ac mewn cylchgronau. Weithiau gall y sylw hwn ddod hyd yn oed pan nad oes ei eisiau, er enghraifft pan fydd digwyddiad yn gysylltiedig â newyddion drwg fel oedi yn ei amserlen baratoi. Efallai y bydd angen gweithredu wedyn i ladd y cyhoeddusrwydd negyddol drwy gyflwyno ymateb cadarnhaol.

Rôl noddwyr a phartneriaid

Efallai bod gan noddwyr a phartneriaid eraill agendâu ar wahân, ond mae ganddyn nhw ddiddordeb hefyd mewn sicrhau llwyddiant y digwyddiad yn y pen draw. Mae defnyddio noddwyr i ddenu'r sylfaen gleientiaid sy'n bodoli eisoes yn ddefnyddiol. Os yw cleient eisoes wedi pennu dull hyrwyddo, gallwch addasu a chynnwys y dull hyrwyddo hwnnw er mwyn cael rhagor o sylw.

Bydd partneriaid o'r cyfryngau sy'n hyrwyddo'r digwyddiad eisiau'r nifer fwyaf posibl o wrandawyr, gwylwyr neu ddarllenwyr a gallant fod yn fodlon cynorthwyo gyda'r gwaith hysbysebu yn y cyfnod cyn y digwyddiad.

Amrywiaeth o weithgareddau hyrwyddo

Mae'r prif ddulliau o ennyn diddordeb mewn digwyddiad yn cynnwys y canlynol:

▶ logo a brand cryf fel y cylchoedd Olympaidd
▶ gwerthu tocynnau ymlaen llaw i ddechrau hybu disgwyliadau
▶ darparu lletygarwch corfforaethol i ddenu cleientiaid enwog a chorfforaethol y gallai eu presenoldeb, yn ei dro, helpu i ddenu eraill
▶ trafod hawliau'r cyfryngau a sicrhau noddwyr a fydd, yn eu tro, eisiau hyrwyddo eu cysylltiad nhw a rhoi sylw i'r digwyddiad
▶ hysbysebu ar y cyfryngau cymdeithasol, radio, teledu a'r cyfryngau ysgrifenedig
▶ darparu nwyddau a chofroddion i'w dosbarthu ac a allai helpu i ddechrau hyrwyddo unrhyw ddigwyddiadau dilynol.

Trafodaeth

Rhannwch yn grwpiau bach. Ystyriwch weddill y dosbarth, eu diddordebau a pha fath o ddigwyddiad a allai apelio atyn nhw. Yn eich grwpiau, lluniwch gyflwyniad byr i'w roi i weddill eich dosbarth. Cofiwch eich bod chi'n ceisio gwerthu'r digwyddiad, felly canolbwyntiwch ar y rheswm pam fyddai pobl eisiau dod. Fel dosbarth cyfan ar ddiwedd y sesiwn, pleidleisiwch ar y cyflwyniad gorau.

Term allweddol

Arbenigol – digwyddiad neu gynnyrch sydd â chynulleidfa fach neu nifer fach o ddefnyddwyr arbenigol.

Ymchwil

Ystyriwch y tri math hyn o ddigwyddiad:
• cystadleuaeth sgrialu
• cystadleuaeth bowlio
• gêm bêl-droed yn yr Uwch Gynghrair.

Yn eich barn chi, pa mor amrywiol mae cynulleidfa'r digwyddiadau hyn yn debygol o fod? Ydych chi'n meddwl bod unrhyw un o'r digwyddiadau hyn yn fwy tebygol o ddenu gwylwyr o oedran penodol neu ryw penodol ac ati?

Yn dibynnu ar faint ac apêl y digwyddiad a'r cyllidebau cysylltiedig, gallai rhai neu'r cyfan o'r gweithgareddau hyn fod yn gyraeddadwy. Fodd bynnag, y cwestiwn allweddol y mae'n rhaid ei ofyn bob amser cyn cymryd rhan mewn gweithgaredd hyrwyddo yw: a fydd y gweithgaredd hwn yn fy helpu i gyflawni fy nodau ac amcanion?

Wrth lunio cynllun ar gyfer marchnata, gallai'r templed gwag yn Ffigur 10.1 fod yn ddefnyddiol.

MANYLION DIGWYDDIADAU	
Enw'r digwyddiad	Dyddiad y digwyddiad
Disgrifiad o'r digwyddiad	
Y prif bersonél sy'n trefnu	Cynulleidfa darged
MANYLION HYRWYDDO	
Cyllideb hyrwyddo	Adnoddau ychwanegol sydd ar gael ar gyfer hyrwyddo
Defnyddio cyfryngau cymdeithasol	Defnyddio llwyfannau ar-lein eraill
Defnyddio cyfnodolion, cylchgronau neu bapurau	Defnyddio teledu a radio
Defnyddio digwyddiadau ffisegol	Strategaethau hyrwyddo ychwanegol

▶ **Ffigur 10.1:** Enghraifft o dempled ar gyfer cynllun marchnata

⏸ MUNUD I FEDDWL

Nid yw digwyddiad ond cystal â'r ymdrechion hyrwyddo a wnaed. Allwch chi gofio'r ystyriaethau wrth hyrwyddo digwyddiad?

Awgrym — Caewch y llyfr a lluniwch ddiagram pry cop gyda chymaint o ystyriaethau ag y gallwch.

Ymestyn — Rhowch yr ystyriaethau yn nhrefn eu pwysigrwydd, gyda'r rhai pwysicaf yn gyntaf.

Ystyriaethau darparu

Mae adolygu digwyddiad yr un mor bwysig â chynllunio digwyddiad. Bydd hyn yn eich helpu chi wrth gynllunio digwyddiadau eraill yn y dyfodol.

Gellir defnyddio sawl ffactor i helpu i ddiffinio a yw digwyddiad wedi bod yn llwyddiant ai peidio. Gellir gofyn y cwestiynau canlynol.

▶ A gyflawnwyd nodau ac amcanion craidd y digwyddiad?

▶ A gafwyd y nifer disgwyliedig o gyfranogwyr a gwylwyr?

▶ A oedd ymateb y cyfryngau / y cyhoeddusrwydd yn ymwneud â'r digwyddiad yn gadarnhaol? A oedd y gweithgaredd hyrwyddo yn cefnogi nodau ac amcanion y digwyddiad yn effeithiol?

▶ A gadwyd at yr amserlenni?

▶ A oedd y lleoliad yn addas ar gyfer y dasg ac a oedd y cyfleusterau'n cwrdd â'r safon?

▶ A gynhaliwyd y digwyddiad o fewn y gyllideb? A gyrhaeddodd y digwyddiad yr elw targed?

▶ A edrychwyd ar y digwyddiad mewn goleuni positif ac a oes galw am ragor o ddigwyddiadau?

▶ A oedd unrhyw faterion iechyd a diogelwch?

▶ A oes **gwaddol** o'r digwyddiad?

> **Term allweddol**
>
> **Gwaddol** – effaith barhaol digwyddiad chwaraeon ar lefelau lleol, rhanbarthol a chenedlaethol.

Llundain 2012

Roedd y Gemau Olympaidd yn 2012 yn seiliedig ar yr addewid y byddai gwaddol i'r DU a'r byd. Er bod y rhan fwyaf o'r digwyddiadau wedi'u cynnal yn Llundain, cynhaliwyd y rasys hwylio a hwylfyrddio mewn bwrdeistref fach o'r enw Weymouth a Portland ar arfordir de Dorset.

Roedd Portland yn benodol yn ardal o amddifadedd cymdeithasol ac economaidd mawr. Yn 1996, roedd canolfan brysur y Llynges Frenhinol wedi cau yn yr ardal. Am flynyddoedd lawer, bu'r ardal yn wag ac effeithiodd ymadawiad personél y Llynges yn fawr ar lawer o fusnesau lleol, gan achosi i rai gau.

Maes o law, dechreuwyd ailddatblygu'r safle yn ganolfan hwylio a chwaraeon dŵr a allai ddarparu hyfforddiant i ddechreuwyr yn ogystal â digwyddiadau o'r radd flaenaf. Pan ddyfarnwyd Gemau Olympaidd 2012 i'r DU, roedd Academi Hwylio Genedlaethol Weymouth a Portland yn rhan o'r cais llwyddiannus.

Mae'r ganolfan bellach yn cynnal amrywiaeth o ddigwyddiadau mawr bob blwyddyn. Mae yno bedair canolfan chwaraeon dŵr sy'n arbenigo mewn gwahanol bethau. Mae'r ardal wedi denu nifer o fusnesau morol fel gwneuthurwyr hwyliau, peirianwyr morol a gwerthwyr cychod i gefnogi'r Academi ac mae marina newydd gerllaw. Enillwyd grant sylweddol fel rhan o'r gwaddol i helpu pobl leol i gymryd rhan mewn chwaraeon dŵr bob penwythnos yn ystod y gwanwyn a'r haf.

- A oedd unrhyw safleoedd eraill y tu allan i Lundain a gynhaliodd chwaraeon yn ystod y Gemau Olympaidd?
- A yw'r lleoliadau'n dal i fodoli ac yn darparu gweithgaredd y gellir ei ystyried yn waddol?
- Ydych chi'n credu bod y Gemau Olympaidd wedi darparu popeth yr addawodd ei wneud wrth hyrwyddo chwaraeon a chynhyrchu gwaddol cynaliadwy?

Ymarfer asesu 10.1   A.P1   A.M1   A.D1

Mae digwyddiadau'n cael eu cynnal bob dydd ac ar wahanol raddfeydd. Mae rhai yn lleol a rhai yn fyd-eang. Fodd bynnag, mae nodweddion allweddol i'w cael ym mhob digwyddiad.

Dychmygwch eich bod chi'n gweithio i'r cyngor yn eich tref leol. Mae'r uwch reolwyr wedi gofyn ichi werthuso sut mae dau ddigwyddiad chwaraeon ar wahân wedi cyfrannu at yr ardal leol, pa mor dda y cawson nhw eu cynllunio a'u hyrwyddo, ac a oes unrhyw beth y gall y cyngor ei wneud i hybu eu twf.

Dewiswch ddau ddigwyddiad. Ewch ati i baratoi a chyflwyno cyflwyniad sy'n trafod y broses gynllunio, hyrwyddo a chyflwyno'r digwyddiadau hyn, gan wneud cymariaethau rhwng y ddau. Gwerthuswch y ddau ddigwyddiad gan nodi llwyddiannau a meysydd i'w gwella y gallai'r cyngor helpu i'w cefnogi.

Gwnewch yn siŵr eich bod chi'n dewis dau ddigwyddiad sy'n cyferbynnu â'i gilydd, er enghraifft, elusen abseilio o adeilad lleol a thwrnamaint pêl-droed pump bob ochr.

Cynllunio

- Beth yw amcan y dasg hon? Beth sydd angen i mi ei wneud i'w chwblhau?
- A oes gen i ddwy enghraifft o ddigwyddiadau y galla i eu defnyddio yn fy ymarfer asesu? Cofiwch fod digwyddiadau'n amrywio a bod yna lawer o fathau gwahanol.

Gwneud

- Rydw i wedi gwneud digon o ymchwil i allu enwi dwy enghraifft dda.
- Mae gennyf adnoddau priodol ar waith i gyflawni'r gweithgaredd hwn.

Adolygu

- Galla i egluro pam yr es i'r afael â'r dasg hon fel y gwnes i.
- Galla i egluro sut y gallwn addasu fy null gweithredu y tro nesaf i wella fy nghanlyniad.

B Datblygu cynnig ar gyfer digwyddiad chwaraeon i'w gymeradwyo ar gyfer gweithredu

Er y byddem ni i gyd yn hoffi gweithio heb gyfyngiadau na disgwyliadau, mewn gwirionedd hyd yn oed wrth drefnu digwyddiadau byd-eang, rhaid cyrraedd targedau a chadw at ffiniau. Rhaid i ddigwyddiad fod yn **ddichonadwy** er mwyn llwyddo. Ar ryw adeg yn ystod y broses o gynllunio digwyddiad, mae'n debygol iawn y bydd yn rhaid i chi ddangos pa mor ddichonadwy yw'r digwyddiad i bartneriaid neu drydydd partïon sydd â diddordeb yn ei lwyddiant. Mewn rhai achosion, gall y broses o gael cymeradwyaeth ar gyfer cynnig gymryd blynyddoedd lawer.

Wrth ddylunio cynnig dichonadwy, byddai'n dda defnyddio'r penawdau canlynol fel fformat i sicrhau y gellir ateb unrhyw ymholiadau neu gwestiynau posibl a'ch bod wedi'u hystyried. Gellir cyflwyno'r cynnig fel dogfen ysgrifenedig neu gyflwyniad ffisegol, gyda'r cynigydd yn dod gerbron panel. Yn aml mae angen y ddau ddull, ac ar gyfer digwyddiadau mwy efallai y gwelwch fod angen nifer o gyflwyniadau yn ystod proses gynnig.

Termau allweddol

Dichonadwy – pan fydd cynllun, syniad neu ddull yn bosibl ac yn debygol o weithio.

Gwiriadau Gwasanaeth Datgelu a Gwahardd (DBS) – gwiriadau a wneir gan asiantaeth o'r llywodraeth i sicrhau nad oes gan rywun hanes a allai achosi risg i bobl ifanc neu oedolion agored i niwed.

Nodau ac amcanion

▶ Cynhwyswch nodau ac amcanion y digwyddiad yn eich cynnig. Cadwch nhw'n realistig ac yn gyraeddadwy.
▶ Cynhwyswch dargedau CAMPUS tymor byr a thymor hir (cyraeddadwy, wedi'i amseru, mesuradwy, penodol, uchelgeisiol ond synhwyrol).
▶ Cynhwyswch gerrig milltir allweddol.

Math o ddigwyddiad

▶ Byddwch yn realistig am yr hyn sy'n gyraeddadwy – peidiwch ag anelu'n rhy uchel. Mae'n well cynnal digwyddiad bach a llwyddiannus na methiant mawr. Efallai y bydd cyfle i gynnal y digwyddiad eto yn y dyfodol, ond ar raddfa fwy.
▶ Meddyliwch am amserlenni.

Y strwythur trefnu

▶ Gwnewch yn siŵr eich bod chi'n defnyddio'ch adnoddau dynol mor effeithlon â phosib. Gwnewch yn siŵr eich bod yn deall eich tîm a'ch cydweithwyr. Os oes ganddyn nhw sgiliau penodol fel marchnata neu gyllidebu, defnyddiwch y sgiliau hynny ac esboniwch pam.
▶ Peidiwch â cheisio gwneud gormod eich hun. Gwnewch yn siŵr eich bod yn dirprwyo cymaint o gyfrifoldeb â phosibl.
▶ Sylwch ar y rolau allweddol yn eich cynnig a phwy sy'n eu cyflawni.

Cyllideb realistig

▶ Ydych chi'n deall o ble mae'r gyllideb yn dod? Fydd yr arian yn dod gan noddwyr neu arianwyr ymlaen llaw?
▶ Os oes angen benthyciad, a fydd yr incwm o werthu tocynnau, gwerthu bwyd a diod neu nwyddau yn ddigon i dalu'r benthyciad yn ôl?
▶ Amlinellwch y ffynonellau cyllid a'r ffrydiau incwm yn eich cynnig.

Yr adnoddau sydd ar gael

▶ Gwnewch yn siŵr bod gennych yr holl adnoddau sydd eu hangen ar gyfer digwyddiad da. Ystyriwch y lleoliad, yr offer, y cyfleusterau ychwanegol a'r anghenion posibl o ran cludiant.
▶ Gwnewch y gorau allwch chi o fewn y gyllideb, a rhowch flaenoriaeth i'r pethau pwysicaf.

Ystyriaethau iechyd a diogelwch

▶ Rhaid cwblhau asesiadau risg penodol ymlaen llaw ochr yn ochr â chynlluniau gweithredu brys i ddangos dealltwriaeth drylwyr o ystyriaethau iechyd a diogelwch.

Cynllun hyrwyddo

▶ Mae strategaeth ar gyfer hyrwyddo'r digwyddiad ochr yn ochr â chostau manwl a'r incwm a ragwelir yn hollbwysig i sicrhau bod eich cynnig yn llwyddiannus.
▶ Dylai eich cynnig nodi pa weithgaredd hyrwyddo rydych chi'n bwriadu ei wneud a phryd. Gallai hyn gynnwys defnyddio'r cyfryngau lleol neu gyfryngau cymdeithasol, dosbarthu taflenni neu godi posteri.

Polisïau a chanllawiau sefydliadol a deddfwriaethol

▶ Bydd gan bob digwyddiad ofynion deddfwriaethol gwahanol. Bydd y rhain yn dibynnu ar leoliad a gweithgaredd.
▶ Rhaid bod yswiriant ar gyfer pob digwyddiad. Wrth gynnal digwyddiad sy'n gysylltiedig â gweithgaredd sefydledig, wedi'i lywodraethu'n dda, bydd cyngor clir gan y corff llywodraethu ynghylch cynnal ac yswirio'r digwyddiad.
▶ Os yw'r digwyddiad yn bwriadu denu pobl ifanc dan 18 oed, yna rhaid sicrhau bod **gwiriadau'r Gwasanaeth Datgelu a Gwahardd (DBS)** wedi'u cwblhau ar gyfer pawb sy'n staffio ac yn gweithio ar y digwyddiad (lle bo hynny'n briodol).

Cynlluniau wrth gefn

▶ Dylech fod â chynllun wrth gefn bob amser rhag ofn i bethau fynd o chwith, yn ystod y camau cynllunio yn ogystal â'r digwyddiad ei hun.
▶ Meddyliwch beth fyddai'n digwydd pe bai'r tywydd yn wael, pe byddai aelod o'r tîm yn sâl ac yn methu â bod yn bresennol, neu pe byddai mwy neu lai o gyfranogwyr yn cyrraedd. Sicrhewch fod gennych ymateb wedi'i ystyried yn glir ar gyfer pob senario a allai godi yn ystod eich digwyddiad.

Ystyriaethau moesegol

▶ Gwnewch yn siŵr bod eich digwyddiad yn hygyrch ac yn groesawgar i bawb. Efallai y bydd angen i chi ystyried y trefniadau mynediad ar gyfer pobl anabl.

Ⅱ MUNUD I FEDDWL   Mae'r cynigion wedi'u paratoi'n dda ac yn glir ac mae'r nodau a'r manteision yn amlwg. Beth yw'r manteision o gynnal digwyddiad y gallech eu defnyddio i gyfiawnhau cynnig?

Awgrym   Pa ystyriaethau allai fod anoddaf i'w hesbonio yn eich barn chi?

Ymestyn   A oes unrhyw beth y gallwch ei wneud i gael profiad yn y sgiliau sydd eu hangen i gynnig digwyddiad?

Ffurf y cynnig

Efallai y bydd gan ddigwyddiadau mawr gynigion helaeth iawn sydd wedi cael eu creu gan dîm o weithwyr proffesiynol medrus. Efallai y bydd y ffurflen llunio cynnig a ddangosir yn Ffigur 10.2 yn helpu i roi siâp i ddigwyddiad ar raddfa fach ar ffurf sylfaenol iawn.

CYNNIG AR GYFER DIGWYDDIAD	
Enw'r digwyddiad	Dyddiad y digwyddiad
Disgrifiad byr o nodau ac amcanion y digwyddiad	
Y strwythur trefnu 1 2 3 4	Lleoliad ar gyfer y digwyddiad
Yr offer sydd ei angen	Y staff ychwanegol (cyflogedig a gwirfoddolwyr) sydd eu hangen
Cynllun hyrwyddo	
Ystyriaethau iechyd a diogelwch (Darparwch yr asesiadau risg penodol ar wahân)	Cynlluniau wrth gefn
Ystyriaethau moesegol	Ystyriaethau cyfreithiol

▶ **Ffigur 10.2:** Enghraifft o ffurflen i lunio cynnig ar gyfer digwyddiad

Damcaniaeth ar waith

Meddyliwch am y digwyddiad lleol mwyaf diweddar y buoch chi ynddo. Ystyriwch pwy oedd yn cymryd rhan a phwy oedd yn gwylio. Ble cynhaliwyd y digwyddiad? Beth oedd yr amgylchiadau cyffredinol? Welsoch chi unrhyw ddamweiniau neu anafiadau yn ystod y digwyddiad? Sut yr ymdriniwyd â nhw?

Awgrym diogelwch

Edrychwch ar bolisïau a chanllawiau eich ysgol neu goleg ynglŷn â chynnal digwyddiadau.

Ymchwil

Dewiswch ddwy gamp adnabyddus wahanol. Pwy yw eu cyrff llywodraethu? A yw eu cyrff llywodraethu yn cynnig unrhyw gymorth i gynnal digwyddiad?

Rhaid i'r cynnig gynnwys neu fod yn gysylltiedig â dogfen sy'n rhoi manylion am ystyriaethau ariannol y digwyddiad. Dangosir enghraifft o hyn yn Ffigur 10.3.

ARIANNU'R DIGWYDDIAD				
	Wrth gynllunio	Yn ystod y digwyddiad	Yn ystod y cyfnod cwblhau	Cyfanswm
Gwariant				
Staff				
Lleoliad				
Offer				
Hyrwyddo a marchnata				
Cludiant				
Arlwyo				
Heb ei ragweld				
CYFANSWM				
Incwm				
Gwerthu tocynnau				
Nawdd				
Nwyddau				
Cyllid allanol				
CYFANSWM				
CYFANSWM TERFYNOL (Incwm – Gwariant)				

▶ **Ffigur 10.3:** Enghraifft o ystyriaethau ariannol ar gyfer cynnig

Cydlynydd digwyddiadau ar gyfer cynghrair criced ranbarthol

Mae Tom Landy yn gydlynydd digwyddiadau ar gyfer cynghrair criced ranbarthol. Bob blwyddyn, mae'r gynghrair yn cynnal twrnamaint elusennol ar benwythnos ym mis Gorffennaf. Mae'r digwyddiad yn denu dros 200 o gyfranogwyr a 300 o wylwyr. Mae'r elusen y maen nhw'n ei chefnogi yn adnabyddus ac yn boblogaidd.

Mae rheolwyr Tom wedi gosod y dasg iddo o gynyddu nifer y gwylwyr 20 y cant eleni. Y llynedd, fe wnaethon nhw roi £3,348 i'r elusen. Codwyd hyn trwy ffi'r cyfranogwyr, tocynnau gwylwyr, castell sboncio i blant a stondin hufen iâ. Eleni, maen nhw'n gobeithio codi dros £4,000.

Mae'r digwyddiad bob amser yn llawer o hwyl ac mae teuluoedd cyfan yn dod am y penwythnos. Hyd yn hyn mae'r tywydd bob amser wedi bod yn garedig ac yn boeth iawn. Mae gan Tom 6 mis i gynllunio a hyrwyddo'r twrnamaint.

Gwiriwch eich gwybodaeth

1 Yn eich barn chi, pa ystyriaethau iechyd a diogelwch y dylai Tom eu blaenoriaethu?

2 A oes unrhyw ystyriaethau cynllunio a allai fod yn bwysicach nag eraill?

3 Pa ffyrdd o gynhyrchu incwm ariannol pellach y gallech chi eu hawgrymu i Tom?

4 Sut ydych chi'n meddwl y dylai Tom hyrwyddo'r digwyddiad, gan gofio bod angen iddo wneud mwy o gyfraniad ariannol eleni?

Ymarfer asesu 10.2   **B.P2** **B.M2** **B.D2**

Rydych chi'n gydlynydd chwaraeon ar gyfer partneriaeth rhwng ysgolion cynradd lleol. Rydych wedi cael y dasg o gynllunio, hyrwyddo a chynnal digwyddiad chwaraeon sydd wedi'i gynllunio i gael plant i roi cynnig ar chwaraeon newydd a threulio mwy o amser yn yr awyr agored.

Mae'r bartneriaeth wedi pennu cyllideb o £4,500 i chi i ddod o hyd i leoliad, adnoddau ac unrhyw staff y gallai fod eu hangen arnoch. Dyma'r tro cyntaf i'r digwyddiad hwn gael ei gynnal ac mae pawb yn awyddus iawn iddo fod yn llwyddiannus.

Penderfynwyd eisoes i dargedu dysgwyr Blwyddyn 6 a hoffai cadeirydd y bartneriaeth weld o leiaf 100 o gyfranogwyr.

Lluniwch gynnig ar gyfer digwyddiad ysbrydoledig a hwyliog. Sicrhewch ei fod yn ymarferol ac yn realistig. Cyflwynwch eich cynnig i aelodau eraill eich dosbarth, gan esbonio pam ei fod yn ymarferol ac yn cwrdd â'r nodau a osodwyd.

Ar ôl y cyflwyniad, gwerthuswch gynnig y digwyddiad a gwnewch argymhellion ar gyfer ei wella at y dyfodol.

Cynllunio
- Pa ffiniau y mae'n rhaid i mi weithio o'u mewn?
- Ydw i'n deall yr hyn sy'n cael ei ofyn?

Gwneud
- Mae gen i ddealltwriaeth glir o'r hyn sydd angen i mi ei wneud a sut rydw i'n mynd i wneud hyn.
- Rydw i wedi ymchwilio i lawer o ddigwyddiadau a galla i ddefnyddio'r ymchwil hon i'm helpu i ddatblygu cynnig llwyddiannus.

Adolygu
- Galla i nodi'r hyn a wnes yn dda wrth gwblhau'r gweithgaredd hwn.
- Y tro nesaf mae yna nifer o bethau y gallwn eu gwneud yn well, ac rwy'n deall sut y gallwn eu rhoi ar waith.

C Cynllunio, hyrwyddo a darparu digwyddiad chwaraeon

Mae cynllunio a darparu digwyddiad yn dibynnu ar ddefnyddio sgiliau craidd yn nhîm y digwyddiad. Er ei bod yn debygol y bydd un person ar frig y tîm sy'n gyfrifol am gadw ffocws, mae'n bwysig bod pob person yn y tîm yn deall eu rôl a'u cyfrifoldebau a sut maen nhw'n cyfrannu at lwyddiant y digwyddiad yn y pen draw.

Rolau a chyfrifoldebau o fewn tîm y digwyddiad

Bydd union rolau a chyfrifoldebau'r unigolion o fewn tîm digwyddiad yn newid yn dibynnu ar raddfa, math a chyllideb y digwyddiad. Mewn llawer o ddigwyddiadau, fe welwch fod gan unigolion fwy nag un rôl. Fodd bynnag, dyma rai o'r prif rolau a'r cyfrifoldebau sy'n debygol o gael eu canfod ym mhob tîm digwyddiad.

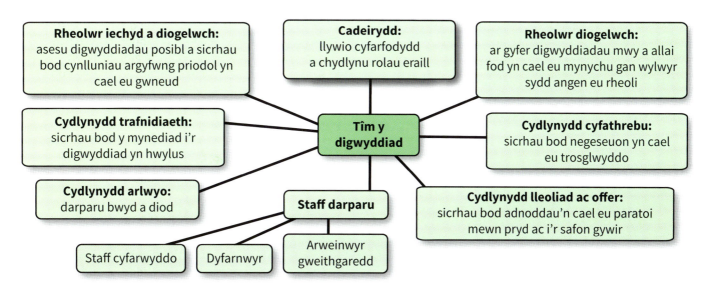

▶ **Ffigur 10.4:** Y prif rolau o fewn tîm digwyddiadau

Sgiliau sy'n gysylltiedig â chynllunio a darparu digwyddiadau

Gwaith tîm

Rhaid i bob aelod o'r tîm werthfawrogi rolau a chyfrifoldebau pobl eraill. Bydd rhai rolau'n brysurach nag eraill ar wahanol adegau. Dylai aelodau'r tîm fod yn barod i gynorthwyo lle bo angen. Yn hytrach na chanolbwyntio ar eu cyfraniad eu hunain yn unig, dylai aelodau'r tîm fod yn ymwybodol o sut maen nhw'n ffitio i mewn i'r sefydliad cyfan a chynnig cefnogaeth i eraill lle bynnag y bo modd.

Arweinyddiaeth

Efallai y bydd gan rai aelodau o'r tîm gyfrifoldebau arwain. Rhaid i'r bobl hyn sicrhau eu bod yn mabwysiadu arddull arwain briodol (a restrir isod) i ysgogi aelodau eraill yn ogystal â sicrhau eu bod yn cadw at y dasg. Dylai arweinydd da fod yn hawdd mynd ato, yn hyblyg, yn angerddol, yn egnïol ac yn arwain o'r tu blaen.

> ### Trafodaeth
>
> Mewn grwpiau bach, trafodwch y pum arddull arweinyddiaeth a restrir isod. Heb ddweud wrth weddill y grŵp, ysgrifennwch ar ddarn o bapur pa fath o arweinydd ydych chi, yn eich barn chi. Rhowch wyneb y papur i lawr. Gofynnwch i'r grŵp drafod eich arddull hebddoch chi a phleidleisio pa fath o arweinydd ydych chi, yn eu barn nhw. Cymharwch y canlyniadau ac yna dilynwch y broses ar gyfer rhywun arall yn y grŵp.

Arddulliau arweinyddiaeth

- **Unbenaethol** – mae arweinydd unbenaethol yn hoffi bod yr unig un sy'n gwneud penderfyniadau, mae'n pennu tasgau ac nid yw'n hoffi ystyried safbwyntiau gwrthwynebol. Mae'n canolbwyntio'n arbennig ar amcanion.
- **Democrataidd** – mae arweinydd democrataidd eisiau rhannu cyfrifoldebau a chydweithio wrth wneud penderfyniadau ac mae'n hyfforddwr gyda chonsyrn.
- **Laissez-faire** – mae arweinydd laissez-faire yn camu'n ôl ac mae ganddo ddull 'ymlaciol', gan roi'r pwyslais ar weddill y tîm i wneud penderfyniadau. Gall yr arddull hon arwain at y cynhyrchiant a'r gwelliant isaf o'i gymharu ag eraill.
- **Trawsnewidiol** – mae arweinydd trawsnewidiol yn defnyddio ysbrydoliaeth i annog eraill i wthio'u hunain ymhellach na'r hyn sy'n bosibl yn eu barn nhw.
- **Tadol** – mae arweinydd tadol yn mabwysiadu rôl o awdurdod llwyr ond yn deall y bobl y mae'n gyfrifol amdanyn nhw ac yn gofalu amdanyn nhw'n llwyr. Mae'n gweithredu gyda lefelau uchel o hunan-ddisgyblaeth, caredigrwydd ac uniondeb moesol wrth reoli aelodau'r grŵp.

Gwneud penderfyniadau

Ym mhob proses gynllunio, rhaid gwneud penderfyniadau. Gall rhai penderfyniadau fod yn gyflym ac yn gymhleth a dim ond un aelod sy'n gallu eu gwneud. Efallai y bydd eraill yn gofyn i ragor o'r tîm gyfrannu ac yn elwa o amser ychwanegol a dreulir yn sicrhau bod y llwybr cywir yn cael ei gymryd.

Cyfathrebu

Gall cyfathrebu wrth drefnu digwyddiadau fod yn rhywbeth hynod o anodd. Mae **cyfarfodydd rheolaidd** yn allweddol i gyfathrebu llwyddiannus a byddant yn helpu i sicrhau bod cynnydd yn cael ei wneud yn briodol a bod materion yn cael eu hamlygu'n gynnar fel y gellir mynd i'r afael â nhw'n effeithiol.

Dylai pob cyfarfod fod ag **agenda**. Dyma enghreifftiau o rai eitemau ar yr agenda:

- ▶ sicrhau lleoliad priodol i'r digwyddiad
- ▶ pennu dyddiad ar gyfer y digwyddiad
- ▶ penderfynu ar lefelau'r ffioedd ar gyfer gwerthu tocynnau.

Yn ddelfrydol, dylid sicrhau bod yr agendâu ar gael i'r tîm cyn diwrnod y cyfarfod. Bydd hyn yn rhoi cyfle iddyn nhw baratoi'n briodol ac ystyried unrhyw bwyntiau ar yr agenda. Fel rheol, y **cadeirydd** sy'n penderfynu ar yr agenda. Yn aml, bydd aelodau eraill o'r tîm yn cael cyfle i awgrymu pwyntiau agenda i'r cadeirydd eu trafod.

Yn ystod y cyfarfod, dylid cadw **cofnodion** i sicrhau bod gwybodaeth gywir yn cael ei chadw ac y gellir olrhain cynnydd rhwng cyfarfodydd. Yn aml, bydd cyfarfod sy'n cael ei gynnal yn dda yn dilyn y drefn a ganlyn a bydd y cofnodion yn adlewyrchu'r nodweddion isod.

> ### Termau allweddol
>
> **Agenda** – eitemau y mae angen eu trafod yn ystod cyfarfod.
>
> **Cadeirydd** – y person sydd â'r dasg o gadw ffocws cyfarfodydd a sicrhau bod holl eitemau'r agenda yn cael eu trafod.
>
> **Cofnodion** – nodiadau o'r cyfarfod.

- ▶ **Presenoldeb** – pwy oedd yn y cyfarfod.
- ▶ **Ymddiheuriadau** – pwy oedd yn methu bod yn bresennol.
- ▶ **Ailadrodd cofnodion y cyfarfod blaenorol** – er mwyn gallu gwirio cynnydd ac er mwyn i'r tîm adrodd ar unrhyw dasgau a bennwyd (os ydyn nhw wedi'u cwblhau). Os yw tasg heb ei chwblhau efallai y bydd angen ei hail-aseinio neu drafod datrysiad.
- ▶ **Trafodaethau eitemau'r agenda** – bydd hyn yn cynnwys trosolwg o'r eitemau ar yr agenda, pa un a oedd eitemau wedi'u cwblhau, pa un a oeddent wedi cael eu neilltuo i aelod o'r tîm, a'r amserlen ar gyfer eu cwblhau.
- ▶ **Unrhyw fater arall** – eitemau sydd wedi codi ar ôl gosod yr agenda ond sydd angen rhoi sylw iddyn nhw ar frys.

▶ **Dyddiad, amser a lleoliad y cyfarfod nesaf** – dylid cytuno ar y rhain i sicrhau bod nifer dda o dîm y digwyddiad yn gallu bod yn bresennol.

Trefnu

Mae rhai digwyddiadau yn fwy cymhleth nag eraill ac yn gofyn am fwy o waith trefnu. Fodd bynnag, mae'r gallu i weithio yn ôl amserlen, blaenoriaethu llwythi gwaith a chadw ffocws oll yn ffactorau pwysig wrth geisio cadw trefn.

Mae llunio **rhestr o bethau i'w gwneud** yn ffordd wych o gadw trefn ar y gweithgareddau. Yn Ffigur 10.5., mae enghraifft o benawdau syml ar gyfer rhestr o bethau i'w gwneud.

RHESTR O BETHAU I'W GWNEUD			
Tasg	Person a gafodd y dasg	Dyddiad i'w gwblhau	Dyddiad cwblhau

▶ **Ffigur 10.5:** Penawdau enghreifftiol ar gyfer rhestr o bethau i'w gwneud

Cadw at ffocws y digwyddiad

Wrth gynllunio digwyddiad, mae'n hawdd iawn colli ffocws. Dylai pob digwyddiad ganolbwyntio i ryw raddau ar y canlynol:

▶ cadw cyfranogwyr, gwylwyr a staff yn ddiogel
▶ cyrraedd targedau ariannol
▶ sicrhau ansawdd.

Dylai pob digwyddiad wneud diogelwch yn flaenoriaeth. Fodd bynnag, rhaid cydbwyso'r ddwy elfen arall yn ofalus ac yn briodol.

Ymwybyddiaeth o ddiogelwch

Cynhyrchu asesiadau risg a chynlluniau gweithredu brys yw'r cam cyntaf i atal digwyddiadau a damweiniau. Fodd bynnag, er mwyn cynhyrchu'r dogfennau hyn ac yn bwysicach fyth, ymateb i risgiau yn ystod y digwyddiad, rhaid i aelodau'r tîm ddeall y peryglon cysylltiedig.

Mae Tabl 10.3 yn dangos rhai enghreifftiau o sut y gall peryglon newid mewn amgylchiadau gwahanol ar gyfer gêm griced leol.

▶ **Tabl 10.3:** Peryglon posibl mewn gêm griced leol

Tymheredd yr aer	Os yw'n rhy boeth, gallai fod risg y bydd cyfranogwyr a gwylwyr yn cael eu llosgi gan yr haul, eu dadhydradu neu'n cael trawiad haul, felly mae angen darparu dŵr a chysgod. Os yw'n oer, gallent ddioddef o ostyngiad yn y tymheredd a byddai angen lloches.
Glaw	Bydd y glaswellt yn mynd yn llithrig os bu glaw cyn y gêm neu yn ystod y gêm. Efallai bod y tywydd yn braf ar y dydd, ond oherwydd y glaw rai dyddiau ynghynt, mae'r cae yn llithrig. Efallai y bydd angen archwilio'r cae oherwydd y tywydd gwlyb.
Nifer fawr o wylwyr	Pan fydd rhai tocynnau heb eu gwerthu a dim gatiau i atal pobl ychwanegol rhag cyrraedd, mae pryder bob amser mewn digwyddiadau lleol am dyrfaoedd annisgwyl. Os bydd ychwaneg o bobl yn cyrraedd, efallai y bydd angen trefniadau diogelwch wrth gefn neu ffensys yn barod i'w codi.

Ffocws ar gwsmeriaid

Mae pob digwyddiad yn darparu gwasanaeth i gwsmeriaid. Gall cwsmeriaid fod yn gyfranogwyr eu hunain neu'n wylwyr. Fodd bynnag, rhaid i aelodau'r tîm hyrwyddo gwerthoedd gwasanaeth da i gwsmeriaid bob amser er mwyn sicrhau eu bod yn cael profiad cadarnhaol ac yn awyddus i gymryd rhan mewn digwyddiadau yn y dyfodol.

Dylai aelodau'r tîm fod:

▶ yn broffesiynol
▶ yn brydlon
▶ yn hawdd i siarad â nhw ac yn gadarnhaol
▶ yn barod i ymateb i ddigwyddiadau.

Ydych chi'n teimlo bod gennych chi gryfderau mewn unrhyw feysydd penodol sydd eu hangen i weithio mewn tîm digwyddiadau?

Awgrym

Ymestyn

Pa rolau o fewn tîm digwyddiadau ydych chi'n teimlo y gallech chi eu gwneud orau?

Sut allech chi fynd ati i ddatblygu'r sgiliau nad ydyn nhw, efallai, mor gryf yn eich achos chi?

Cadw at y cynllun

Mae rhai digwyddiadau'n cymryd blynyddoedd i'w trefnu a'u paratoi. I fodloni gofynion y digwyddiad, mae'n hanfodol bod cynllun yn cael ei wneud a rhaid cadw at y cynllun.

Cofiwch, wrth i'ch cynllunio fynd rhagddo, efallai y bydd angen i chi addasu'ch cynllun, gan ei addasu i ystyried unrhyw sefyllfaoedd na wnaethoch chi eu rhagweld pan ddechreuoch chi. Efallai y bydd angen i chi lunio cynlluniau wrth gefn, nid dim ond ar gyfer yr hyn fyddech chi'n ei wneud pe byddai rhywbeth yn digwydd ar y diwrnod, ond hefyd pe byddai rhywbeth yn digwydd yn ystod y gwaith cynllunio ei hun. Er enghraifft, er y gallai fod gennych hoff leoliad ar gyfer y digwyddiad, efallai y bydd angen ichi hefyd feddwl am leoliad wrth gefn y gallwch ei ddefnyddio pe bai angen.

Er mai'r targed terfynol fydd cynnal y digwyddiad ei hun, dylid pennu targedau allweddol i gadw pethau ar y trywydd iawn. Wrth osod targed, cofiwch ddefnyddio cynllun CAMPUS.

▶ **Tabl 10.4:** Cynllunio CAMPUS

Cyraeddadwy	A yw popeth yn ei le i annog llwyddiant? Fel rheol bydd targedau angen adnoddau fel cefnogaeth, adnoddau neu amser.
Wedi'i **Amseru**	Bydd cael man cychwyn a man gorffen yn canolbwyntio ymdrechion.
Mesuradwy	Ni fydd targed yn gweithio oni bai bod ffordd glir o fesur llwyddiant.
Penodol	Bydd targedau manwl gywir yn annog perfformiad â ffocws.
Uchelgeisiol ond **Synhwyrol** (realistig)	Dylai'r targedau fod yn heriol. Ni wneir gwelliannau heb wthio'ch hun. Fodd bynnag, ar ben arall y raddfa, gall targed sydd wedi'i osod yn rhy uchel niweidio cymhelliant.

Mae yna sawl ffordd o lunio cynllun. Un dull clir a gweledol yw trwy ddefnyddio siart llif neu ddiagram. Mae siartiau llif yn arbennig o ddefnyddiol ar gyfer rhoi trosolwg. Yna gellir defnyddio rhestrau o bethau i'w gwneud i gyrraedd pob targed penodol.

Astudiaeth achos

Cynllunio digwyddiad beicio mynydd cenedlaethol

Mae Ffigur 10.7 isod yn enghraifft o siart llif sylfaenol ar gyfer cynllunio digwyddiad beicio mynydd cenedlaethol. Gallai'r digwyddiad ddenu cystadleuwyr ar lefel uchel a llawer o wylwyr. O'r siart llif hwn, bydd cynlluniau penodol iawn yn cael eu gwneud ac mae cadeirydd y digwyddiad yn ofalus i'w cadw'n GAMPUS.

1 A fyddech chi'n newid trefn unrhyw eitemau yn y siart llif hwn i'ch helpu i weithio yn ôl yr amserlen?

2 A oes unrhyw eitemau allweddol nad ydynt wedi'u cynnwys ond y dylid eu crybwyll?

3 Beth, yn eich barn chi, yw prif nod y digwyddiad? Beth fyddech chi'n ei flaenoriaethu wrth gynllunio ar gyfer y digwyddiad hwn?

Hyrwyddo

Mae hyrwyddo digwyddiad yn rhan bwysig o'r broses gynllunio oherwydd bod y rhai sy'n mynychu'r digwyddiad yn hanfodol ar gyfer ei lwyddiant. Bydd penderfynu ble i ganolbwyntio'r gwaith hyrwyddo yn dibynnu ar y digwyddiad ac o ble rydych chi'n disgwyl i'ch cwsmeriaid ddod. Er enghraifft, nid oes diben cynnal ymgyrch genedlaethol i hysbysebu cystadleuaeth bêl-droed leol.

Mae Ffigur 10.6 yn dangos rhai pethau i'w hystyried cyn cychwyn ymgyrch hyrwyddo. Mae Tabl 10.5 yn dangos enghreifftiau o rai dulliau i hyrwyddo digwyddiad.

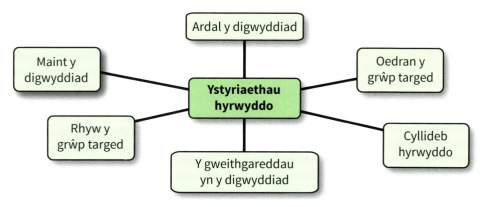

▶ **Ffigur 10.6:** Pethau i'w hystyried wrth hyrwyddo digwyddiad

▶ **Tabl 10.5:** Gwahanol ffyrdd o hyrwyddo digwyddiad

Dull hyrwyddo	Cadarnhaol	Negyddol
Cyfryngau cymdeithasol	• Potensial i'w weld gan lawer o bobl. • Gellir ei drefnu am ychydig neu ddim cost. • Gellir defnyddio amrywiaeth o fformatau cyflwyniadol gan gynnwys ysgrifenedig, ffotograffig a fideo.	• Rhaid ei dargedu i sicrhau ei fod yn cyrraedd y gynulleidfa iawn. • Gall gymryd llawer o amser i gadw'r momentwm ac ennyn diddordeb.
Cylchgronau a phapurau newydd	• Pan fydd cyhoeddiadau priodol yn cael eu dewis ar gyfer y sylfaen cleientiaid, gall hynny fod yn ddeniadol iawn. • Nid yw'n cymryd llawer o amser i'w reoli heblaw am ddylunio hysbysebion.	• Yn weddol ddrud. • Yn gallu bod â sylfaen gyfyngedig o gleientiaid ac unwaith y byddwch wedi ymrwymo, nid oes llawer o le i addasu'r ymgyrch.
Rhag-ddigwyddiadau	• Gall digwyddiadau bach ymlaen llaw fod yn dda iawn i roi blas o'r prif ddigwyddiad a chreu cyffro.	• Yn cymryd amser i'w trefnu. • Gall fod treuliau'n gysylltiedig â nhw.
Ar lafar	• Gwych ar gyfer digwyddiadau sefydledig neu pan mae eisoes gyffro am ddigwyddiad.	• Anodd cynhyrchu heb dechnegau hyrwyddo eraill i arwain y ffordd.
Gwerthiant wyneb yn wyneb	• Ffordd dda o fynegi angerdd ac egni. • Gall eich helpu i ddeall y farchnad darged a gellir ei addasu'n gyflym i'w wneud yn fwy effeithiol.	• Gall gymryd llawer o amser. • Rhaid ei redeg o leoliad a fydd yn denu marchnad darged y digwyddiad.
Defnyddio llysgennad neu noddwr	• Mae bod â chyswllt gyda llysgennad neu noddwr yn caniatáu digwyddiad i ddefnyddio eu diddordeb presennol a'u lluniau eu hunain.. • Gall llysgenhadon neu noddwyr cryf ennyn diddordeb gwirioneddol mewn digwyddiadau drwy eu cysylltiad nhw ag ef.	• Yn aml mae gan noddwyr eu hagenda eu hunain. • Os oes gan noddwr neu lysgennad gyhoeddusrwydd personol negyddol, gall hynny effeithio ar gyhoeddusrwydd y digwyddiad.

Ionawr
• Trefnu lleoliad a thrafod ffioedd
• Pennu cyllideb ddrafft
• Cysylltu â darpar noddwyr
• Cysylltu â phartneriaid posibl ar gyfer darparu

Chwefror
• Cynhyrchu asesiadau risg
• Ysgrifennu cynllun cyflawni drafft
• Dylunio logo a brandio
• Trefnu noddwyr

Mawrth
• Dechrau'r ymgyrch ar y cyfryngau cymdeithasol
• Trefnu partneriaid darparu
• Hysbysebu am wirfoddolwyr
• Archebu adnoddau darparu

Ebrill
• Cwblhau'r cynllun darparu
• Trefnu'r tîm cymorth cyntaf
• Cymeradwyo'r gofynion deddfwriaethol
• Cwblhau cynlluniau wrth gefn

Mai
• Hyfforddi gwirfoddolwyr
• Cynyddu'r presenoldeb ar y cyfryngau cymdeithasol
• Canolbwyntio'r gwaith hyrwyddo trwy gylchgronau, cyhoeddiadau ar-lein a'r cyfryngau darlledu
• Gwirio adnoddau a chyfarpar

Mehefin
• Sefydlu a darparu'r digwyddiad

▶ **Ffigur 10.7:** Siart llif ar gyfer trefnu digwyddiad beicio mynydd

Cynlluniau hyrwyddo wrth gefn

Rhaid i hyd yn oed yr arbenigwyr gorau ym maes hyrwyddo a marchnata fod yn barod i addasu ymgyrch wrth iddi ddatblygu. Efallai y byddwch chi'n canolbwyntio'r ymgyrch hyrwyddo ar un neu ddau o dechnegau, ond os yw'r rhain yn methu neu os nad ydyn nhw'n ennyn y diddordeb sydd ei angen arnoch chi, rhaid i chi fod yn barod i roi cynnig ar ddulliau eraill. Cynghorir chi bob amser i ganiatáu ar gyfer cyllideb ychwanegol rhag ofn na fydd y gwaith hyrwyddo yn mynd yn ei flaen cystal â'r disgwyl.

Yn y pen draw, y cyfranogwyr fydd yn cael eu denu i ddigwyddiad sy'n dangos a fu ymgyrch hyrwyddo yn llwyddiannus ai peidio. Ar gyfer digwyddiadau sy'n gwerthu tocynnau ymlaen llaw, mae arwydd cynnar a yw ymgyrch hyrwyddo yn gweithio. Os oes llai na'r disgwyl o docynnau yn cael eu gwerthu ymlaen llaw, bydd rhaid ichi naill ai neilltuo rhagor o adnoddau ar gyfer hyrwyddo neu ad-drefnu i dargedu'r grwpiau cywir.

▶ Os oes gennych ddigon o gyllideb, gallai digwyddiadau ychwanegol ymlaen llaw helpu i ennyn diddordeb.

▶ Gall gofyn i fusnesau a llysgenhadon helpu gyda'r gwaith hyrwyddo fod yn ffordd gosteffeithiol o hybu'r hyrwyddiad, yn enwedig os oes ganddynt fuddiant mewn sicrhau bod y digwyddiad yn llwyddiant.

▶ Mae creu fideos byrion gartref, a'u rhoi ar gyfryngau cymdeithasol yn ffordd dda o ddenu sylw gyda chyllideb fach.

▶ Yn y diwedd, po fwyaf o sylw a gaiff digwyddiad, y mwyaf tebygol ydyw o ddenu'r niferoedd targed. Efallai mai'r allwedd i hyn yw cynyddu presenoldeb y digwyddiad ar draws pob ffrwd yn y cyfryngau.

❚❚ MUNUD I FEDDWL   Meddyliwch am y gwahanol ffyrdd o hyrwyddo digwyddiad.

Awgrym   Caewch y llyfr ac ysgrifennwch restr o ffyrdd o hyrwyddo – dim ond tri munud sydd gennych.

Ymestyn   Rhowch sgôr allan o dri i bob techneg (un yw'r gorau) am fforddiadwyedd ac effeithiolrwydd.

Ymarfer asesu 10.3   `C.P3` `C.P4` `C.M3`

Dychmygwch eich bod yn gweithio mewn ysgol neu goleg mewn adran chwaraeon. Mae eich adran wedi cael y dasg o gynnal digwyddiad chwaraeon arbennig i geisio annog dysgwyr i fod yn fwy egnïol.

Gall y digwyddiad fod ar unrhyw ffurf ond rhaid ei gynllunio i ddigwydd o fewn prynhawn o weithgareddau cyfoethogi. Nid oes cyllideb ar gyfer y digwyddiad hwn. Fodd bynnag, gallwch ddefnyddio canolfan chwaraeon gynhwysfawr yr ysgol neu'r coleg. Mae gennych hefyd dîm o ddysgwyr chwaraeon sy'n awyddus i wirfoddoli i gynnal y digwyddiad i gael profiad defnyddiol.

Rhaid i'r digwyddiad fod yn gyffrous, yn hwyl ac, yn bwysicaf oll, rhaid iddo ysbrydoli cyfranogwyr i chwarae mwy o chwaraeon.

Fel rhan o dîm, ewch ati i gynllunio, hyrwyddo a darparu digwyddiad chwaraeon. Gwnewch yn siŵr eich bod chi'n arddangos yr holl sgiliau craidd sy'n ofynnol wrth weithio ar y digwyddiad. Rheolwch y penderfyniadau allweddol yn effeithiol fel bod y digwyddiad yn rhedeg yn esmwyth, yn ddiogel ac yn llwyddiant.

Cynllunio
- Beth yw pwrpas yr ymarfer asesu hwn?
- Pa gryfderau, yn fy marn i, sydd gen i ar gyfer y gweithgaredd hwn a beth allai fod yn fwy heriol i mi?

Gwneud
- Rwy'n gwybod beth sy'n rhaid i mi ei wneud i gyfrannu at y dasg hon.
- Rwy'n hyderus yn fy nhîm ac rydym yn cyfathrebu'n glir â'n gilydd.

Adolygu
- Gallaf nodi'r hyn a wnaethom yn dda fel tîm a sut y gallem wella yn y dyfodol.
- Gallaf egluro sut y gwnes i gyfrannu at y digwyddiad yn unigol a'r hyn rwy'n teimlo y gallai fod angen i mi ei ymarfer.

D Adolygu'r gwaith o gynllunio, hyrwyddo a darparu digwyddiad chwaraeon a myfyrio ar eich perfformiad eich hun

Mae adolygu'r gwaith o gynllunio, hyrwyddo a darparu digwyddiad yn rhan bwysig o'r broses. Mae llawer o ddigwyddiadau llwyddiannus yn cael eu hailadrodd. Mae deall eu cryfderau a'u gwendidau yn eich galluogi i addasu'r gwaith o gynllunio ar gyfer digwyddiadau yn y dyfodol ac i roi gwelliannau ar waith.

Wrth gynnal adolygiadau, dylid ystyried perfformiad cyffredinol y tîm, yn ogystal â'ch cyfraniad personol eich hun i'r digwyddiad.

Casglu adborth

Er mwyn adolygu perfformiad digwyddiad yn gywir, rhaid i chi gasglu adborth. Mae dau brif fath o adborth.

▶ **Ansoddol** – adborth yn seiliedig ar eiriau a barn. Er enghraifft, gall gwyliwr ddweud wrthych ei fod o'r farn bod y gystadleuaeth yn cael ei rhedeg yn dda iawn, ond bod y cyfleusterau arlwyo yn wael.

▶ **Meintiol** – adborth sy'n defnyddio data gwirioneddol i asesu perfformiad. Er enghraifft, pe bai digwyddiad wedi gosod targed o 220 o gyfranogwyr ond wedi denu 239 mewn gwirionedd, rydych chi'n gwybod ei fod wedi rhagori 8% ar y targed.

▶ Mae'r ddau fath o adborth yn werthfawr, ac er mwyn cynnal adolygiad trylwyr, dylid casglu'r ddau fath.

▶ Gellir casglu adborth ar wahanol gamau yn ystod digwyddiad. Yn naturiol, bydd llawer o adborth yn cael ei gasglu ar y diwedd, hynny yw, y data a'r safbwyntiau terfynol a fydd yn caniatáu i welliannau gael eu gwneud ar gyfer digwyddiadau yn y dyfodol. Gelwir hyn yn **adborth crynodol**.

▶ Pan gesglir adborth wrth drefnu digwyddiad neu wrth ei gynnal, fe'i gelwir yn **adborth ffurfiannol**. Mae'r math hwn o adborth yn ddefnyddiol i roi cyfle i drefnwyr ymateb i sylwadau, gan wneud newidiadau a gwelliannau lle bo hynny'n bosibl.

▶ Mae Tabl 10.6 yn dangos gwahanol ffyrdd o gasglu adborth.

▶ **Tabl 10.6:** Gwahanol ffyrdd o gasglu adborth

Dulliau adborth	Disgrifiad
Datganiadau gan dystion	Datganiad ysgrifenedig gan rywun a arsylwodd y digwyddiad yn trafod pethau cadarnhaol a meysydd i'w gwella.
Cyfweliadau	Gellir cynnal cyfweliadau dros y ffôn neu wyneb yn wyneb. Er mwyn rhoi ffocws iddynt mae'n syniad cael pwyntiau bwled yn rhestru'r wybodaeth y mae gennych ddiddordeb ynddi.
Holiaduron ac arolygon	Cyfres o gwestiynau â ffocws wedi'u cyflwyno ar ffurf ysgrifenedig ar bapur neu ar-lein. Efallai y bydd rhai holiaduron yn gofyn am ddatganiadau ysgrifenedig byr. Fodd bynnag, er mwyn annog pobl i'w cwblhau, mae'r mwyafrif yn defnyddio bocsys i'w ticio, sy'n caniatáu i bobl eu cwblhau'n gyflym. Fe'u cwblheir weithiau yn ystod, neu'n syth ar ôl, y sesiwn neu'r digwyddiad os oes amser. Anfonir llawer ohonynt trwy'r post neu e-bost pan fydd y digwyddiad wedi dod i ben.
Ffurflenni arsylwi	Gall unrhyw un lenwi ffurflen arsylwi. Fodd bynnag, maen nhw fwyaf defnyddiol pan fyddant wedi'u cwblhau gan arbenigwr yn y diwydiant. Llenwir ffurflenni arsylwi yn ystod y sesiwn i sicrhau eu bod yn gywir. Gan eu bod yn aml yn cael eu cwblhau gan arbenigwyr, maent yn tueddu i nodi meysydd cynnil i'w gwella neu nodweddion cadarnhaol y gellir eu hanwybyddu fel arall.
Cardiau sylwadau	Mae cardiau sylwadau yn ffordd dda o gasglu adborth yn ddienw. Fe'u cwblheir fel arfer yn y digwyddiad ac yna'u rhoi mewn bocs sylwadau. Yn aml nid yw cardiau sylwadau yn gofyn am fanylion personol, sy'n golygu y gall yr adborth fod yn fwy gonest.
Botymau boddhad	Er eu bod yn dal yn gymharol brin oherwydd y gost o'u sefydlu, mae botymau boddhad cyfrifiadurol yn caniatáu i bobl raddio eu boddhad â digwyddiad yn gyflym ac yn ddienw fel rhywbeth rhagorol, da, cyffredin neu wael. Maen nhw'n ffyrdd gwych o gael adborth cyflym gan nifer fawr o bobl.

Allwch chi esbonio'r gwahaniaeth rhwng adborth ansoddol ac adborth meintiol?

Awgrym

Pa fathau o adborth y daethoch chi ar eu traws?

Ymestyn

Pa dri math sydd fwyaf defnyddiol yn eich barn chi? Esboniwch pam rydych chi wedi dewis y mathau hyn.

Mae Ffigur 10.8 yn dangos enghraifft o holiadur byr a ddefnyddiwyd i gasglu adborth ar ôl gwersyll hyfforddi hoci.

FFURFLEN ADBORTH

Graddiwch y profiad a gawsoch yn y gwersyll hyfforddi hoci y penwythnos hwn drwy dicio'r cylch mwyaf perthnasol ac ychwanegu sylwadau.

	Ardderchog	Da	Gweddol	Gwael
Llety	○	○	○	○
Bwyd	○	○	○	○
Strwythur y gwersi	○	○	○	○
Proffesiynoldeb staff	○	○	○	○
Ansawdd adnoddau	○	○	○	○
Boddhad cyffredinol	○	○	○	○

Unrhyw sylwadau eraill

▶ **Ffigur 10.8:** Enghraifft o holiadur adborth

Wrth ddadansoddi adborth, rhaid i chi sicrhau eich bod yn cysylltu unrhyw adlewyrchiad â nodau ac amcanion gwreiddiol y digwyddiad.
▶ A gyrhaeddwyd y niferoedd targed o gyfranogwyr a gwylwyr?
▶ A gadwyd at yr amserlenni a'r dyddiadau targed?
▶ A oedd y lleoliad yn addas ar gyfer y dasg ac a oedd y cyfleusterau'n cwrdd â'r safon?
▶ A gynhaliwyd y digwyddiad o fewn y gyllideb?
▶ A gyrhaeddwyd y targed o ran elw'r digwyddiad?
▶ A edrychwyd ar y digwyddiad mewn goleuni positif ac a oes galw am ragor o ddigwyddiadau?
▶ A oedd unrhyw broblemau iechyd a diogelwch?
▶ A ddefnyddiwyd unrhyw gynlluniau wrth gefn neu addasiadau i'r cynllun?
▶ A oes gwaddol o'r digwyddiad?

Myfyrio ar eich perfformiad personol

Mae myfyrio ar eich perfformiad chi'ch hun ar ôl cynnal digwyddiad yn rhan bwysig o'r broses. Dyma sut rydych chi'n nodi'ch cryfderau (pethau y byddech chi'n eu hailadrodd y tro nesaf) a'ch gwendidau (pethau y byddech chi'n eu dileu, eu haddasu neu eu gwella).

Cyfrifoldebau

Mae'n debygol bod gennych rôl benodol wrth drefnu a chyflwyno'r digwyddiad, a dylech asesu eich perfformiad yn y rôl hon. Bydd gan bob rôl mewn digwyddiad ei chyfrifoldebau penodol ei hun. Mae'n bwysig eich bod yn deall eich rôl a'ch cyfrifoldebau, a beth yn union a ddisgwylir gennych chi. Dyma rai enghreifftiau o rolau nodweddiadol mewn digwyddiad.

▶ Dylai'r cadeirydd sicrhau bod pawb wedi'u cydlynu a bod y targedau'n cael eu cyrraedd.

▶ Dylai'r swyddog iechyd a diogelwch ysgrifennu asesiadau risg yn effeithiol a rheoli'r gwaith o gynllunio digwyddiadau.

▶ Dylai staff sy'n darparu gweithgareddau gynllunio a darparu gweithgareddau craidd i gyrraedd nodau ac amcanion y digwyddiad.

Mae'r holl rolau hyn yn wahanol. Fodd bynnag, maen nhw i gyd yn cynnwys sgiliau trosglwyddadwy fel gwaith tîm, hyblygrwydd a chyfathrebu.

Hefyd, mae nodau craidd gan ddigwyddiadau ac mae'n ddyletswydd ar bawb hyrwyddo a rheoli'r rheini. Dylech asesu pa mor dda y gwnaethoch hyn. Mae nodau craidd digwyddiad yn debygol o gynnwys:

▶ cynnal amgylchedd diogel

▶ cynnal amgylchedd moesegol

▶ hyrwyddo ystyriaeth amgylcheddol

▶ cadw at y gyllideb

▶ cynnal lefelau uchel o wasanaeth i gwsmeriaid

▶ defnyddio pob cyfle i hyrwyddo'r digwyddiad mewn goleuni positif.

Sgiliau

Mae llawer o'r sgiliau ar gyfer unigolyn sy'n gysylltiedig â darparu digwyddiad yn llwyddiannus yn sgiliau trosglwyddadwy. Mae sgiliau trosglwyddadwy craidd yn cynnwys:

▶ gwaith tîm

▶ cyfathrebu

▶ y gallu i addasu

▶ egni

▶ pendantrwydd

▶ cymhelliant

▶ gwneud penderfyniadau

▶ arweinyddiaeth lle bo hynny'n briodol.

Gellir, a dylid, defnyddio'r holl sgiliau hyn a mwy yn eich bywyd bob dydd; fodd bynnag, maen nhw'n hanfodol wrth drefnu digwyddiadau. Mae'n bwysig eich bod chi'n gwybod pa sgiliau y gallai fod disgwyl i chi eu dangos yn eich rôl yn ystod y digwyddiad.

Asesu eich perfformiad personol

▶ Mae'n hanfodol eich bod chi'n deall y cysylltiad rhwng y gwahanol rolau mewn rheoli digwyddiadau a'u sgiliau cysylltiedig. Wrth fyfyrio ar eich perfformiad eich hun, gallai fod yn werth defnyddio'r cwestiynau canlynol i strwythuro'ch meddwl.

▶ **Beth oedd eich rôl yn y digwyddiad?** Ystyriwch eich prif swyddogaeth ac unrhyw ddyletswyddau craidd ychwanegol a oedd yn angenrheidiol ar gyfer llwyddiant y digwyddiad.

▶ **Sut wnaethoch chi berfformio ar sail y 'disgrifiad swydd' ar gyfer y rôl honno?** Pa sgiliau a oedd yn gysylltiedig â'ch swyddogaethau yn nhîm y digwyddiad ac a wnaethoch chi eu harddangos? Dadansoddwch eich meddyliau personol yn ogystal ag adborth gan gyfranogwyr a chyfoedion i'ch helpu chi i nodi cryfderau a gwendidau.

▶ **Sut alla i wella fy mherfformiad ar gyfer digwyddiadau yn y dyfodol?** Ar ôl i chi nodi meysydd i'w gwella neu wendidau, ystyriwch sut y gallech chi wella eich perfformiad eich hun y tro nesaf. Gallech wneud hyn drwy gael profiad ychwanegol drwy wirfoddoli neu weithio mewn digwyddiadau eraill, cysgodi staff digwyddiadau profiadol neu drwy gael rhagor o hyfforddiant.

> **Damcaniaeth ar waith**
>
> Cael profiad yw'r ffordd orau o ddatblygu'r sgiliau sydd eu hangen ar gyfer gweithio yn y diwydiant digwyddiadau. Ceisiwch ddod o hyd i ddigwyddiad i wirfoddoli ynddo. Beth am gysgodi rhywun sy'n gweithio yno? Beth yw eu rôl a'u cyfrifoldebau? A oedd yn rhaid iddyn nhw wneud unrhyw beth na fyddech chi efallai wedi'i ddisgwyl fel rhan o'r broses? Yn eich barn chi, pa sgiliau craidd yr oedd eu hangen arnyn nhw i gyflawni'r rôl hon?

Wrth asesu ein perfformiad ein hunain, mae dadansoddiad **SWOT** yn ddefnyddiol iawn. Dadansoddiad SWOT yw dogfen ysgrifenedig a ddylai ddechrau gyda chrynodeb byr o'r hyn yr oeddech am ei gyflawni ac yna paragraff o dan y penawdau canlynol.

- ▶ **Cryfderau** – Dylai elfennau cadarnhaol ein perfformiad yn ein rôl gael eu cydnabod fel y gallent gael eu defnyddio eto yn y dyfodol.
- ▶ **Gwendidau** – Ni waeth pa mor fach, dylid tynnu sylw at feysydd i'w gwella fel y gellir eu dileu o berfformiadau'r dyfodol.
- ▶ **Cyfleoedd** – Mae newid yn rhan bwysig o'r broses arweinyddiaeth. Dylid nodi a mynd ar drywydd cyfleoedd i ddysgu technegau newydd, datblygu adnoddau neu sgiliau ymarfer.
- ▶ **Bygythiadau** – Mae'r elfennau a allai atal llwyddiant yn amrywiol. Gallan nhw fod yn gyfyngiadau amser neu fynediad at adnoddau priodol. Fodd bynnag, dylid eu nodi fel y gellir dod o hyd i atebion lle bynnag y bo modd.

 **MUNUD I FEDDWL**

Mae adolygu digwyddiad yn ymarfer pwysig ar gyfer nodi cryfderau a meysydd i'w gwella ar gyfer y dyfodol.

Awgrym

Rhestrwch bum ffordd o gasglu gwybodaeth am farn cyfranogwyr a neu wylwyr am ddigwyddiad.

Ymestyn

Pa nodau craidd digwyddiad ddylech chi eu defnyddio i farnu perfformiad personol?

Ymarfer asesu 10.4

D.P5 **D.P6** **D.M4** **CD.D3**

Yn ystod yr ymarfer asesu diwethaf, cawsoch y dasg o gynllunio, hyrwyddo a darparu digwyddiad chwaraeon ar gyfer ysgol neu goleg.

Dadansoddwch pa mor llwyddiannus oedd y digwyddiad hwn a pha gryfderau oedd ganddo, yn ogystal â pha feysydd yr oedd angen eu gwella. Gwnewch yn siŵr eich bod chi'n edrych ar berfformiad y tîm a'ch perfformiad personol yn y dadansoddiad.

Gwerthuswch eich meddyliau, gan gyfiawnhau'r cryfderau a amlygwyd a'r meysydd i'w gwella.

Cynllunio
- Wnes i sicrhau fy mod wedi cwblhau'r dasg flaenorol?
- Ydw i'n deall sut i gasglu adborth i helpu fy ngwerthusiad?

Gwneud
- Rydw i wedi nodi'r ffordd fwyaf effeithiol o gasglu adborth.
- Mae gen i ystod o adborth i fy helpu yn ogystal â fy meddyliau ac arsylwadau fy hun.

Adolygu
- Gallaf egluro pam bod y dasg hon yn rhan bwysig o'm datblygiad.
- Gallaf egluro sut y byddwn yn mynd i'r afael â'r dasg hon yn wahanol y tro nesaf.

Deunydd darllen ac adnoddau pellach

Capell, Laura (2013) *Event Management for Dummies*, Chichester: John Wiley & Sons.

Masterman, Guy (2009) *Strategic Sports Event Management*, Llundain: Routledge.

Supovitz, Frank a Goldwater, Robert (2013) *The Sports Event Management and Marketing Playbook 2nd Edition*, John Wiley & Sons.

BETH AM ▶▶ Y DYFODOL?

Gary Peterson

Cadeirydd twrnamaint pêl-foli elusennol

Mae'r elusen rydw i'n gweithio iddi wedi bod yn cynnal digwyddiad codi arian bob blwyddyn ers 12 mlynedd. Bob blwyddyn mae'n mynd yn fwy o faint ac yn fwy poblogaidd. Rydyn ni'n gwahodd busnesau lleol i ymuno â thimau ar gyfer y twrnamaint a chodi ffi am gymryd rhan. Y llynedd, roedd gennym 36 tîm yn cystadlu ac eleni hoffem gael dros 40.

Mae gennym nifer o noddwyr lleol sy'n helpu i ariannu'r logisteg ac yn cynorthwyo gyda hysbysebu'r digwyddiad. Yn ystod y digwyddiad, mae gennym fandiau yn chwarae, barbeciw a digon o luniaeth i wylwyr a chyfranogwyr eu prynu. Rydyn ni wedi gweithio'n galed iawn i sicrhau bod awyrgylch gwych yn ein twrnamaint. Mae llawer o dimau'n dod yn ôl bob blwyddyn ac mae'n uchafbwynt go iawn yn ein calendr lleol.

Fy rôl i o ddydd i ddydd ar gyfer yr elusen yw pennaeth marchnata ac felly mae rheoli'r digwyddiad pêl-foli yn rhywbeth y mae'n rhaid i mi ei ffitio o amgylch fy ymrwymiadau eraill. Doedd gen i ddim profiad rheoli digwyddiadau chwaraeon mewn gwirionedd cyn i ni ddechrau'r prosiect hwn felly rydw i wedi gorfod dysgu'n gyflym. Yn ffodus, rydw i wedi chwarae digon o chwaraeon yn fy mywyd ac wedi rheoli ffeiriau ac arwerthiannau elusennol yn fy rôl flaenorol. Rydw i wedi ennill llawer o sgiliau trosglwyddadwy wrth reoli ein twrnamaint, fel gwaith tîm, cyfathrebu a chymhelliant.

Canolbwyntio eich sgiliau

Blaenoriaethu diogelwch

Wrth gynnal digwyddiad chwaraeon, mae yna lawer o bethau a all fynd o chwith a llawer o ffyrdd y gallai pobl gael eu hanafu.

- Pa ddogfennau y mae'n rhaid eu creu i helpu i reoli diogelwch
- Beth yw ffyrdd cyffredin y gallai cyfranogwyr mewn chwaraeon gael eu hanafu
- Wrth weithio ar ddigwyddiad prysur, beth allech chi ei wneud i helpu i reoli pobl a sut maen nhw'n symud o amgylch safle'r digwyddiad
- Pe bai digwyddiad difrifol, beth fyddai'r blaenoriaethau ar gyfer staff digwyddiadau?

Sicrhau llwyddiant

Os nad oes unrhyw un yn mynychu digwyddiad neu os nad oes unrhyw un yn cael amser da, yna bydd y digwyddiad yn fethiant llwyr.

- Pa offer sydd ar gael y gallwch eu defnyddio i hyrwyddo digwyddiadau yn effeithiol ac yn rhad?
- Sut fyddech chi'n sicrhau eich bod chi'n creu awyrgylch cadarnhaol a chyffrous mewn digwyddiad?
- Pa sgiliau craidd y byddech chi'n disgwyl i aelodau'r tîm sy'n gweithio gyda chi ar ddigwyddiad feddu arnyn nhw i helpu i drefnu digwyddiad llwyddiannus?

Paratoi ar gyfer asesiad

Mae Andre yn gweithio tuag at Ddiploma Estynedig BTEC Cenedlaethol mewn Chwaraeon. Mae wedi bod yn edrych ymlaen at yr uned digwyddiadau chwaraeon gan ei fod yn gwybod bod digon o gyfle i ymarfer sgiliau go iawn ac i weithio mewn tîm.

Mae Andre wedi cael brîff yr aseiniad ar gyfer nod dysgu C. Mae ei diwtor wedi gofyn iddo ddenu plant o ysgolion cynradd lleol i fynychu ei goleg ar gyfer digwyddiad unwaith ac am byth ymhen mis. Rhaid iddo ef a phedwar aelod arall o'i ddosbarth gynllunio a darparu digwyddiad ar gyfer hyd at 65 o blant rhwng 8 a 10 oed. Nod y digwyddiad yw annog gwaith tîm ymhlith y plant. Bydd y digwyddiad yn para tair awr ac mae'r coleg yn gallu darparu ystod eang o offer chwaraeon.

Mae Andre yn trafod ei brofiadau isod.

Sut y dechreuais i

Roedd gweithio ar brosiect fel rhan o dîm yn heriol ar unwaith. Roedd gan bob un ohonom syniadau gwahanol ac roedd yn anodd gwneud unrhyw benderfyniadau. Yn y pen draw fe benderfynon ni ethol cadeirydd i oruchwylio pethau a sicrhau bod pawb yn cael cyfle i siarad. Yn y diwedd, roedd gennym dri syniad da ac felly fe wnaethon ni bleidleisio i benderfynu pa un oedd y gorau.

Gwnaethom ystyried ein digwyddiad a phenderfynu pa dasgau yr oedd angen eu gwneud. Fe wnaethon ni geisio dyrannu'r tasgau yn gyfartal fel bod gan bob un ohonom ni dipyn o waith i'w wneud. Ysgrifennodd pob un ohonom restr o bethau i'w gwneud a rhoi amserlenni penodol ar gyfer cwblhau pob tasg. Fe wnaethon ni benderfynu cyfarfod dair gwaith yr wythnos i wirio sut roedden ni i gyd yn dod ymlaen a sicrhau nad oedd angen i ni addasu ein cynllun.

Sut y des i â'r cyfan at ei gilydd

Fe wnaethon ni drefnu cyfarfodydd i fynd i weld athrawon yn yr ysgolion cynradd lleol. Molly yw'r gorau ohonom ni am wneud cyflwyniadau ac felly gwnaethom bleidleisio iddi hi siarad â'r athrawon. Er mwyn rhoi blas iddynt o'n digwyddiad, gwnaethom gynnal heriau tîm byr iawn ar gyfer eu dosbarthiadau. Gwnaethom gadw'r heriau'n fyr iawn a gwneud yn siŵr ein bod yn rhoi llawer o egni iddynt. Yn y diwedd, llwyddwyd i gael tair ysgol i anfon dysgwyr i'n digwyddiad.

Oherwydd yr adeg o'r flwyddyn, fe wnaethon ni benderfynu cynnal y digwyddiad y tu mewn, felly fe wnaethon ni archebu neuadd chwaraeon y coleg. Roedden ni am gadw'r digwyddiad mor egnïol a chyflym â phosib ac felly fe benderfynon ni gynnal cylchdro o bedwar gweithgaredd. Roedd hyn hefyd yn caniatáu inni rannu'r grwpiau yn ôl gallu.

Beth wnes i ei ddysgu o'r profiad

Gadawsom lawer o'r gwaith paratoi tan y diwrnod cyn y digwyddiad. Nid oedd rhai o'r offer yr oeddem wedi meddwl ei ddefnyddio ar gael ac roedd yn rhaid i ni feddwl am gynllun wrth gefn yn y fan a'r lle. Pe byddem wedi ystyried ein hadnoddau yn llawer cynharach yn y broses, ni fyddem wedi cael panig munud olaf o'r fath.

O fewn ein tîm bach, roedd dau ohonom yn llawer mwy uchel ein cloch na'r lleill. Ein syniadau ni a luniodd y digwyddiad mewn gwirionedd. Er ein bod yn wirioneddol falch o'r canlyniad a'r adborth, rwy'n credu y gallem fod wedi treulio mwy o amser yn gwrando ar weddill y grŵp. Roedd ganddyn nhw rai syniadau da ond wnaethon ni mo'u clywed nes ein bod wedi mynd yn rhy bell yn y broses i wneud newidiadau mawr.

Pwyntiau i'w hystyried

- ▶ Oes gennych chi gynllun clir ac a ydych yn siŵr eich bod wedi asesu'r holl opsiynau a bod eich cynllun yn cwrdd â nodau'r digwyddiad?
- ▶ A yw pawb yn eich tîm yn gwybod beth yw eu rolau? A yw'r llwyth gwaith wedi'i ddosbarthu'n gyfartal?
- ▶ Oes gennych chi nodiadau ac esboniadau clir yn dyst i'ch penderfyniadau?

Hunangyflogaeth yn y Diwydiant Chwaraeon 12

Dod i adnabod eich uned

Yn y diwydiant chwaraeon mae yna lawer o gyfleoedd i weithwyr proffesiynol fod yn hunangyflogedig. Gallant naill ai redeg eu busnes eu hunain neu ddarparu gwasanaethau i fusnesau eraill ar sail contract tymor byr. Mae yna lawer o fanteision i fod yn hunangyflogedig, gan gynnwys rheoli eich nodau eich hun a bod ag amserlen hyblyg. Fodd bynnag, mae yna lawer o ystyriaethau a rhwystrau y mae'n rhaid meddwl amdanynt a'u deall.

Sut y cewch eich asesu

Mae'r uned hon wedi'i rhannu'n dri nod dysgu clir. Bydd eich tiwtor yn gosod ystod o aseiniadau i roi cyfle i chi gyflawni'r nodau dysgu hyn ar raddau Llwyddo, Teilyngdod a Rhagoriaeth. Mae'n bwysig eich bod yn cwblhau'r holl aseiniadau i lwyddo yn yr uned. Ni fydd cwblhau pob tasg yn gwarantu'r radd uchaf i chi.

I dderbyn gradd Llwyddo rhaid i chi sicrhau eich bod yn cwblhau pob aseiniad i'r lefel ofynnol ac yn ymgorffori'r holl wybodaeth yn unol â chyfarwyddyd eich tiwtor.

Os ydych chi'n gobeithio ennill gradd Teilyngdod neu Ragoriaeth, dylech hefyd sicrhau eich bod chi'n cyflwyno'r wybodaeth yn eich aseiniad yn yr arddull sy'n ofynnol gan y maen prawf asesu perthnasol. Er enghraifft, gallai'r meini prawf Teilyngdod ofyn i chi asesu, a'r meini prawf Rhagoriaeth ofyn i chi werthuso.

Bydd yr aseiniadau a osodir gan eich tiwtor yn amrywiol ac wedi'u cynllunio i'ch galluogi i amrywio eich dull a gwneud ichi feddwl. Gallai aseiniadau gynnwys:
- ► paratoi cyflwyniad PowerPoint® i egluro a gwerthuso gofynion cyfreithiol, gofynion ariannol ac ystyriaethau cychwynnol eraill o ddod yn hunangyflogedig yn y diwydiant chwaraeon
- ► cyflwyno flog ar ymchwil i syniadau amrywiol ar gyfer cychwyn busnes bach a dod yn hunangyflogedig
- ► llunio cynllun busnes ysgrifenedig a gwerthuso ei gynnwys a'ch ymchwil wreiddiol.

Meini prawf asesu

Mae'r tabl hwn yn dangos yr hyn sy'n rhaid i chi ei wneud i **Lwyddo**, neu i gael **Teilyngdod** neu **Ragoriaeth**, a sut i ddod o hyd i weithgareddau i'ch helpu.

Llwyddo	Teilyngdod	Rhagoriaeth

Nod dysgu A Ymchwilio i hunangyflogaeth yn y diwydiant chwaraeon a'r materion cyfreithiol o ddod yn hunangyflogedig i ddiogelu'r busnes a'r unigolyn

Llwyddo	Teilyngdod	Rhagoriaeth
A.P1 Esbonio'r mathau o hunangyflogaeth sy'n briodol i unigolyn yn y diwydiant chwaraeon. **Ymarfer asesu 12.1**	**A.M1** Asesu'r gwahanol rolau hunangyflogedig ar gael i unigolion yn y diwydiant chwaraeon. **Ymarfer asesu 12.1**	**A.D1** Gwerthuso effaith gofynion cyfreithiol, ariannu'r busnes ac ystyriaethau cychwyn busnes ar wahanol rolau hunangyflogedig sydd ar gael i unigolion yn y diwydiant chwaraeon. **Ymarfer asesu 12.1**
A.P2 Esbonio'r dylanwadau cyfreithiol ar unigolyn hunangyflogedig yn y diwydiant chwaraeon. **Ymarfer asesu 12.1**	**A.M2** Asesu pwysigrwydd y gofynion cyfreithiol, ariannu'r busnes ac ystyriaethau cychwyn busnes ar unigolion hunangyflogedig yn y diwydiant chwaraeon. **Ymarfer asesu 12.1**	
A.P3 Esbonio sut mae ariannu'r busnes ac ystyriaethau cychwyn busnes yn effeithio ar unigolion hunangyflogedig yn y diwydiant chwaraeon. **Ymarfer asesu 12.1**		

Nod dysgu B Ymchwilio i'r farchnad i gynhyrchu syniadau busnes

Llwyddo	Teilyngdod	Rhagoriaeth
B.P4 Ymchwil i gynhyrchu syniadau ar gyfer cychwyn busnes. **Ymarfer asesu 12.2**	**B.M3** Asesu canlyniadau'r ymchwil i'r farchnad yn ymwneud â chychwyn busnes realistig yn y diwydiant chwaraeon. **Ymarfer asesu 12.2**	**B.D2** Gwerthuso ansawdd yr ymchwil a chanlyniadau ymchwil i'r farchnad, gan ddod i gasgliadau dilys am gyfleoedd busnes yn y diwydiant chwaraeon. **Ymarfer asesu 12.2**

Nod dysgu C Datblygu cynllun busnes i ennill buddsoddiad a / neu gontractau

Llwyddo	Teilyngdod	Rhagoriaeth
C.P5 Llunio cynllun busnes sylfaenol, gan ddefnyddio templed priodol ar gyfer gwasanaeth yn y diwydiant chwaraeon. **Ymarfer asesu 12.3**	**C.M4** Llunio cynllun busnes manwl ar gyfer gwasanaeth yn y diwydiant chwaraeon. **Ymarfer asesu 12.3**	**C.D3** Gwerthuso cynnwys cynllun busnes proffesiynol a strategol ar gyfer gwasanaeth yn y diwydiant chwaraeon, gan argymell gwelliannau i'r cynllun. **Ymarfer asesu 12.3**
C.P6 Adolygu cynnwys eich cynllun busnes eich hun ar gyfer gwasanaeth yn y diwydiant chwaraeon. **Ymarfer asesu 12.3**	**C.M5** Asesu cynnwys eich cynllun busnes eich hun ar gyfer gwasanaeth yn y diwydiant chwaraeon. **Ymarfer asesu 12.3**	

Dechrau arni

Mae sefydlu eich busnes eich hun a dod yn hunangyflogedig yn syniad cyffrous. Lluniwch ddiagram pry cop cyflym gyda chymaint o enghreifftiau o bobl hunangyflogedig yn y diwydiant chwaraeon ag y gallwch. Mae mynd yn hunangyflogedig yn golygu bod yn ddewr, ac yn benderfynol, ond gall y manteision fod yn wych. Beth yn eich barn chi sy'n denu pobl i fod yn hunangyflogedig? Pa bryderon a allai fod gennych ynglŷn â sefydlu eich busnes eich hun?

A Ymchwilio i hunangyflogaeth yn y diwydiant chwaraeon a'r materion cyfreithiol o ddod yn hunangyflogedig i ddiogelu'r busnes a'r unigolyn

Mae'r diwydiant chwaraeon yn enfawr ac yn werth biliynau o bunnoedd ledled y byd bob blwyddyn. Wrth i'r diwydiant barhau i dyfu, mae'r cyfleoedd i entrepreneuriaid a gweithwyr proffesiynol ffitrwydd yn cynyddu'n sylweddol, a bydd llawer o'r bobl hyn yn gweithio'n hunangyflogedig.

Gyda'r diwydiant chwaraeon mor amrywiol, mae'r potensial i arbenigwyr ddod o hyd i gyfleoedd bron yn ddi-ben-draw. Wrth ystyried y diwydiant chwaraeon, peidiwch â chyfyngu'ch meddwl yn unig i rolau confensiynol hyfforddwyr: meddyliwch am yr holl wasanaethau sy'n cefnogi busnesau chwaraeon, fel y rhai a ddangosir yn Nhabl 12.1.

I lawer o unigolion, mae'r posibilrwydd o redeg eu busnes eu hunain a rheoli eu hunain yn syniad sy'n apelio'n fawr. Pan fyddwch chi'n dibynnu arnoch chi'ch hun, mae buddsoddi yn eich hyfforddiant a'ch datblygiad eich hun yn ystyriaeth bwysig. Mae hyn yn arbennig o wir ar gyfer busnesau bach lle mai'r prif swyddogaeth yw darparu gwasanaeth corfforol fel cyfarwyddyd chwaraeon, darparu hyfforddiant mewn cryfder a chyflyru neu dylino chwaraeon. Dylech fod â'r wybodaeth ddiweddaraf am dueddiadau a thechnegau newydd, sicrhau bod eich cymwysterau personol yn ddilys ac yn gyfredol, a defnyddio unrhyw gyfle i gael rhagor o brofiad i ehangu eich sylfaen sgiliau. Gall hyn gynnwys neilltuo arian bob blwyddyn i ariannu hyfforddiant a datblygiad, a all fod yn anodd ei wneud pan fydd eich busnes newydd ddechrau.

> **Trafodaeth**
>
> Ystyriwch y rolau a restrir isod gyda gweddill eich dosbarth. Fel grŵp, allwch chi gynnig unrhyw rolau posibl eraill? Yn unigol, dewiswch rôl sy'n apelio fwyaf atoch chi.

▶ **Tabl 12.1:** Rolau hunangyflogedig yn y diwydiant chwaraeon

Rôl	Disgrifiad
Hyfforddwr	Ymarferydd sy'n gweithio gyda chyfranogwyr i ddatblygu sgiliau sydd eisoes yn bodoli er mwyn gwella perfformiad
Hyfforddwr ffitrwydd	Ymarferydd sy'n cyflwyno sgiliau a thechnegau newydd, fel arfer mewn amgylchedd ymarferol
Therapydd chwaraeon	Rhywun sy'n defnyddio amrywiaeth o arferion i atal anafiadau neu i adsefydlu pobl sydd wedi cael anaf
Rheolwr	Rhywun sy'n goruchwylio perfformiad grŵp neu unigolyn yn ei gyfanrwydd ac yn gyfrifol am gymhelliant a disgyblaeth. Yn aml mae gan yr unigolyn hwn ddyletswyddau nad ydyn nhw'n amlwg, fel trefnu logisteg (e.e. trefnu teithio) a rheoli cyllidebau.
Swyddog busnes a gwerthiant	Rhywun sy'n mynd ati i werthu cynnyrch neu wasanaeth ac yn rheoli'r busnes sy'n cefnogi'r cynnyrch neu'r gwasanaeth hwnnw
Swyddog marchnata a chysylltiadau cyhoeddus	Rhywun sy'n hyrwyddo ac yn hysbysebu cynnyrch neu wasanaeth. Byddant yn gyfrifol am sicrhau bod y cynnyrch neu wasanaeth yn cael ei weld yn gadarnhaol ac yn cael y sylw sydd ei angen iddo fod yn llwyddiannus
Cynghorydd iechyd a diogelwch	Unigolyn sy'n dylunio ac yn rheoli gweithdrefnau i sicrhau bod digwyddiadau a damweiniau yn cael eu hatal lle bo hynny'n bosibl ac yn sicrhau bod prosesau ar waith, pe bai damwain yn digwydd, i reoli'r sefyllfa'n effeithiol
Ymgynghorydd	Unrhyw un sy'n darparu gwasanaeth allanol i gwmni neu fusnes sy'n cynnig cefnogaeth a chyngor ar sut i wella systemau a pherfformiad

Mathau o hunangyflogaeth

Mae sawl math o gyflogaeth ar gael ym mhob diwydiant, gan gynnwys y diwydiant chwaraeon; disgrifir y rhai mwyaf cyffredin isod. Mae gan bob un ohonynt fuddion a manteision gwahanol.

▶ **Llawn amser** – rôl sy'n gallu cynhyrchu gwaith i gyfiawnhau cyflogaeth ar draws blwyddyn lawn a llenwi wythnos waith, gan gynhyrchu cyflog digonol.

▶ **Rhan-amser** – rôl nad yw'n llenwi wythnos waith gonfensiynol. Gall hyn fod o ddewis, hynny yw mae'n cael ei gyfuno â swydd arall, neu mae'n cynhyrchu incwm digonol i ganiatáu i'r person weithio'n rhan-amser yn unig. Gall hefyd fod o reidrwydd; efallai nad yw'r busnes yn cynhyrchu digon o waith ar gyfer cyflogaeth amser llawn neu efallai nad oes ond angen staff penodol ar adegau penodol neu ar gyfer rhai tasgau.

▶ **Tymhorol** – gall busnesau sy'n darparu gwasanaethau yn yr awyr agored fod yn dymhorol iawn. Mae hyn yn golygu mai dim ond pan fydd yr amodau cyffredinol yn iawn y byddant yn gweithio. Gallai hyn arwain at fod pobl yn gweithio'n hirach ac yn galetach am gyfnodau penodol o'r flwyddyn i gynhyrchu incwm fel eu bod yn gallu goroesi yn ystod cyfnodau tawelach. Er enghraifft, mae hyfforddwr syrffio yn debygol o fod yn brysur yn ystod yr haf ond ychydig iawn o waith fydd ganddo yn ystod misoedd oerach y flwyddyn.

▶ **Oriau hyblyg** – dyma pryd mae rhywun hunangyflogedig yn gallu dewis pryd y mae'n gweithio i gyd-fynd ag ymrwymiadau personol neu ymrwymiadau gwaith eraill. I lawer o bobl hunangyflogedig sy'n berchen ar fusnesau bach, mae'r angen i weithio'n hyblyg yn hanfodol i sicrhau ei fod yn rhedeg yn effeithlon. Efallai y bydd angen i berson hunangyflogedig sy'n darparu dosbarthiadau unwaith ac am byth i sefydliad fel canolfan hamdden fod yn hyblyg ynghylch pan fyddant yn gweithio.

▶ **Masnachfraint** – mae brandiau sefydledig yn aml yn cynnig cyfleoedd i bobl eraill gymryd 'masnachfraint' yn eu busnes. Dyma pryd mae person yn prynu trwydded i redeg busnes o dan yr enw brand a'r strwythur sydd eisoes wedi'i sefydlu gan berson arall. Gall masnachfreintiau fod yn ffyrdd da o dyfu brand heb i'r perchennog gwreiddiol orfod buddsoddi symiau ychwanegol o gyllid neu amser gormodol. Mae'r manwerthwr chwaraeon, Intersport, yn enghraifft o hyn.

▶ **Ymgynghorydd** – ymgynghorydd yw rhywun sydd â gwybodaeth fanwl am bwnc mater sy'n berthnasol i ddiwydiant ac sydd fel arfer â phrofiad a chymwysterau i ategu'r wybodaeth honno. Am ffi, maent yn cynnig cyngor i fusnesau sefydledig a newydd neu i sefydliadau eraill i'w helpu i fod yn fwy effeithlon ac i weithredu ar sail yr arferion gorau.

▶ **Gwirfoddolwr** – bydd gwirfoddolwr yn rhoi ei amser a'i sgiliau am ddim. Gallai hyn fod am resymau anhunanol yn unig neu er mwyn ennill profiad gwerthfawr. Yn amlach na pheidio, mae gwirfoddolwyr yn gysylltiedig â chlybiau ac elusennau.

Strwythurau perchen busnes

Mae tri phrif strwythur busnes y mae pobl hunangyflogedig fel arfer yn eu defnyddio i fod yn berchen ar eu busnes eu hunain:

▶ **Unig fasnachwr** – pan mai chi fel unigolyn sy'n llwyr gyfrifol am y busnes. Hyd yn oed os oes gweithwyr eraill yn y busnes, y perchennog sy'n atebol am lwyddiant neu fethiant y busnes. Mae dyledion neu elw'r busnes yn uniongyrchol gysylltiedig â chyllid personol y perchennog, felly os yw'r busnes yn methu, gallai'r person sy'n ei redeg hefyd gael ei lusgo i anawsterau ariannol personol.

▶ **Cwmni cyfyngedig** – pan mae sefydliad cyfreithiol yn cael ei sefydlu i redeg eich cwmni. Mae'r cyllid personol a'r cyllid busnes ar wahân ac nid yw'r naill yn atebol am y llall. Mae'r elw'n eiddo i'r cwmni ond gellir ei rannu rhwng cyfranddalwyr trwy ddifidendau blynyddol.

▶ **Partneriaethau** – pan fydd y cyfrifoldeb a'r atebolrwydd yn cael ei rannu'n bersonol rhwng partneriaid, pob un â buddiant yn y busnes. Mae dau fath o bartneriaeth:

- **partneriaeth fusnes** – lle mae'r ddau bartner yn gyfrifol yn unigol am y busnes, a lle mae'r atebolrwydd am lwyddiant neu fethiant y busnes ar ysgwyddau'r perchnogion fel ei gilydd
- **partneriaeth atebolrwydd cyfyngedig** – sy'n debycach i gwmni cyfyngedig lle mae'r bartneriaeth yn endid cyfreithiol ar wahân i'w pherchnogion.

Bydd y math gorau o strwythur i'w ddewis yn dibynnu ar eich amgylchiadau unigol eich hun. Ond yn aml bydd rhywun sy'n cychwyn mewn hunangyflogaeth yn gwneud hynny fel unig fasnachwr neu mewn partneriaeth fusnes oherwydd bod llai o ofynion cyfreithiol gan y strwythurau hyn. Efallai y byddan nhw'n dewis ymrwymo i bartneriaeth atebolrwydd cyfyngedig neu ffurfio cwmni cyfyngedig wrth i'r busnes dyfu gydag amser.

⏸ MUNUD I FEDDWL

Disgrifiwch y gwahanol ffyrdd o strwythuro busnes.

Awgrym
Rhestrwch a disgrifiwch y tri strwythur busnes yn gryno.

Ymestyn
Esboniwch pa strwythur a allai fod fwyaf poblogaidd a rhowch gyfiawnhad dros eich dewis.

Mae'r astudiaethau achos canlynol yn enghreifftiau o fusnesau bach. Er bod llawer o debygrwydd rhwng y tri, cawson nhw eu sefydlu yn wreiddiol o dan strwythurau busnes gwahanol. Dewiswyd pob strwythur am resymau sy'n gysylltiedig â dyheadau'r perchnogion ynghylch sut y gallai'r busnes dyfu a sut maen nhw am reoli eu busnes.

Astudiaeth achos

Unig fasnachwr

Hyfforddwr cylchedau (*circuit trainer*) yw Rob, ac mae wedi cofrestru fel unig fasnachwr. Mae'n darparu dosbarthiadau ar gyfer naw canolfan chwaraeon yn yr ardal leol. Mae wrth ei fodd â'r hyn y mae'n ei wneud, yr amrywiaeth o gleientiaid y mae'n eu cyfarfod a'r ffaith ei fod yn symud rhwng canolfannau ac yn cael profiad o amrywiaeth eang o weithleoedd.

Mae enw da i'w ddosbarthiadau ac mae galw am ei sesiynau. Weithiau mae'n anodd trefnu amserlen yn y gwahanol ganolfannau sy'n bodloni pawb. Yn y bore a'r nos y mae brysuraf, ac ar yr adegau hyn y mae'r galw mwyaf am ei wasanaethau; mae'r canolfannau weithiau'n cystadlu â'i gilydd er mwyn ei gael i weithio iddyn nhw.

Cymerodd bron 12 mis i'w fusnes ddod yn ariannol hyfyw (*viable*) heb iddo orfod gweithio'n rhan-amser yn rhywle arall. Fodd bynnag, gan fod yr holl adnoddau'n cael eu darparu gan y canolfannau y mae'n gweithio ynddyn nhw, roedd y gwariant cychwynnol yn fach iawn heblaw am yswiriant a marchnata. Y galw mwyaf arno oedd ei amser a'r gwaith o sefydlu cysylltiadau a dangos ansawdd ei waith.

Cwmni cyfyngedig

Mae gan Jess gwmni bach cyfyngedig sy'n cynnal sesiynau dringo a chaiacio i dwristiaid yn ystod y gwanwyn a'r haf.

Mae ganddi rhwng 5 a 7 mis i gynhyrchu digon o incwm am y flwyddyn gyfan. O fewn y misoedd hyn mae'n rhaid iddi weithio oriau hir a gall fynd wythnosau heb wyliau. Y fantais iddi hi, fodd bynnag, yw gweithio yn yr awyr agored yn darparu gweithgareddau y mae'n eu mwynhau. Yna, yn ystod y gaeaf, gall fanteisio ar gyfnod estynedig o wyliau i deithio.

Llwyddodd i sicrhau benthyciad cychwynnol ar gyfer ei busnes ac ni fydd yn llwyddo i dalu'r benthyciad yn ôl am bum mlynedd arall Fodd bynnag, mae ei busnes yn sefydlog yn ariannol ac mae ganddi sicrwydd o wybod nad yw'n atebol yn ariannol am ei lwyddiant na'i fethiant.

Mae Jess yn cael isafswm cyflog o'i busnes bob blwyddyn. Mae'n derbyn gweddill ei hincwm trwy ddifidendau o elw'r cwmni. Mae hyn yn golygu bod ei hincwm personol yn amrywio o flwyddyn i flwyddyn yn dibynnu ar lwyddiant y cwmni.

Partneriaeth

Mae gan Brad, Saanvi a Steff bartneriaeth fusnes sy'n darparu gwasanaethau maetheg chwaraeon ar gyfer campfeydd yng ngogledd-ddwyrain Lloegr. I ddechrau, ariannwyd y busnes yn gyfartal gan y tri o'u pocedi eu hunain. Roedd hyn yn risg i'w cyllid personol ac achosodd gryn dipyn o straen iddyn nhw.

Maen nhw'n darparu prydau bwyd ac atchwanegiadau wedi'u teilwra i anghenion unigol. Mae'r campfeydd y maen nhw yn darparu iddynt yn cymryd cyfran o'r elw ac felly mae ganddyn nhw fuddiant mewn hybu gwerthiant.

Mae'r defnydd o gynlluniau prydau bwyd ac atchwanegiadau yn amrywio ac mae ffasiwn yn dylanwadu'n drwm arnnyn nhw. Felly mae angen iddyn nhw addasu eu cynhyrchion yn rheolaidd i ateb y galw gan ddefnyddwyr.

Mae cael tri pherson yn gweithio gyda'i gilydd yn y tîm, pob un â rhan yn ei lwyddiant, yn golygu bod ystod eang o sgiliau rhwng pawb. Mae hefyd yn golygu bod y cyfrifoldeb yn cael ei rannu a bod pob un ohonyn nhw'n gallu gweithio'n fwy hyblyg gan fod ganddyn nhw gefnogaeth ei gilydd.

Gwiriwch eich gwybodaeth

Gallai llawer o fusnesau fod wedi cael eu sefydlu naill ai fel unig fasnachwyr, cwmnïau cyfyngedig neu bartneriaethau busnes. Ystyriwch yr astudiaethau achos uchod.

1 Beth yn eich barn chi yw tair prif fantais pob strwythur? Meddyliwch sut mae pob strwythur yn cael ei ariannu a phwy sy'n atebol.

2 Yn eich barn chi, pa resymau sy'n dylanwadu ar ddewis unigolion i sefydlu busnes fel unig fasnachwyr, partneriaethau neu gwmnïau cyfyngedig?

Sgiliau personol sy'n gysylltiedig â hunangyflogaeth

Nid yw bod yn hunangyflogedig yn addas i bawb. Rhaid wrth waith caled a dyfalbarhad i fod yn llwyddiannus mewn busnes. Mae yna heriau i'w goresgyn byth a hefyd, ond gall y buddion sy'n gysylltiedig â llwyddiant gynnwys gwell ffordd o fyw a mwy o arian. Gweler isod rai o'r sgiliau sy'n gysylltiedig â rhedeg busnes hunangyflogedig yn llwyddiannus.

> **Myfyrio**
>
> Ystyriwch y sgiliau sydd gennych chi. Pa sgiliau sydd gennych chi a allai eich helpu pe byddech chi'n dod yn hunangyflogedig? A oes unrhyw sgiliau y gallai fod angen ichi eu gwella neu eu hymarfer?

Cymhelliant

Pan ydych chi'n hunangyflogedig does dim dianc rhag y ffaith mai chi sy'n gyfrifol am eich incwm a'ch llwyddiant eich hun. Gall yr ymdrech sy'n ofynnol i yrru'r busnes yn ei flaen fod yn sylweddol, yn enwedig yn y camau cynnar o sefydlu busnes. Mae bod â lefelau uchel o gymhelliant yn hanfodol i sicrhau eich bod yn cynnal y momentwm ac yn gwneud y gwaith sy'n ofynnol i gynhyrchu a chynnal busnes. Rhaid i bobl sydd eisiau dod yn hunangyflogedig sicrhau eu bod yn cael eu cymell gan y rhesymau cywir a deall nad tasg hawdd yw sefydlu busnes.

Bod yn gadarnhaol

Mae'r gallu i fod yn gadarnhaol hyd yn oed pan fydd pethau'n anodd yn sgìl hanfodol. Bydd bod yn gadarnhaol yn rhoi hyder i'r rhai o'ch cwmpas – pa un a ydyn nhw'n bartneriaid, cyllidwyr, cyflenwyr neu'n gleientiaid – bod gennych chi'r egni i lwyddo.

Y tro nesaf y byddwch chi'n wynebu sefyllfa sy'n heriol, yn annifyr, yn ddiflas neu'n rhwystredig, meddyliwch am fod yn gadarnhaol. Defnyddiwch y cyfle i ymarfer dangos arwyddion o fod yn gadarnhaol fel gwên neu iaith gorfforol agored. Hyd yn oed os nad ydych chi'n teimlo felly, ceisiwch edrych yn hapus ac yn llawn cymhelliant.

1 Pa mor llwyddiannus oeddech chi? A oedd unrhyw un yn eich gwylio ac, os felly, ydych chi'n credu bod eich agwedd gadarnhaol wedi effeithio arnyn nhw?

2 Sut oedd yn gwneud ichi deimlo? A wnaeth eich galluogi chi, hyd yn oed, i deimlo'n fwy cadarnhaol?

Cyfathrebu

Mae cyfathrebu yn flaenoriaeth i unrhyw fusnes felly mae'n rhaid i bobl hunangyflogedig fod â sgiliau cyfathrebu da. Gall cyfathrebu ddigwydd wyneb yn wyneb, dros y ffôn, mewn llythyr neu e-bost. Gall fod ar ffurf cyflwyniadau neu hysbysebion. Ni waeth beth sy'n digwydd, rhaid cael parhad yn y cyfathrebu a rhaid cyfleu a chynnal neges glir.

Mae cyfathrebu da hefyd yn cynnwys gwrando ar farn pobl eraill gyda pharch a dealltwriaeth. Gall hyn fod yn berthnasol i siarad â'ch cleientiaid neu siarad â thrydydd partïon yr ydych yn mynd atyn nhw am gyngor.

Disgyblaeth

Pan nad oes ond chi'ch hun i fod yn atebol iddo, mae'n rhy hawdd, i rai pobl, dorri corneli, gohirio gwneud pethau neu osgoi rhai tasgau yn llwyr. Mae bod yn gyfrifol am eich busnes eich hun yn golygu efallai y bydd yn rhaid i chi, weithiau, wneud tasgau nad ydych chi am eu gwneud, felly mae'n hollbwysig bod gennych y ddisgyblaeth i gadw safonau a chyrraedd targedau.

Arweinyddiaeth

Hyd yn oed ar gyfer y busnes lleiaf (unig fasnachwr nad yw'n cyflogi neb arall), mae'n debygol iawn y bydd yn rhaid gweithio gyda thrydydd partïon ar ryw adeg. Gallai hyn fod er mwyn cynorthwyo gyda'r gwaith o reoli'r busnes, gan ddefnyddio cyfrifwyr, cyfreithwyr neu arbenigwyr marchnata, neu gallai olygu gweithio gyda phobl eraill a anfonir atoch gan eich cleientiaid eich hun. Bydd gallu arwain eraill i gyflawni amcan yn cynnwys egni, ffocws a phenderfyniad, ac mae pob un o'r rhain yn elfennau allweddol o arweinyddiaeth.

Bod yn agored i gyngor

Mae'r gallu i wrando a derbyn cyngor yn bwysig iawn, yn enwedig i'r rhai sy'n newydd i'r fenter o redeg eu busnes eu hunain. Mae yna lawer o bobl fusnes brofiadol iawn a allai gynnig cefnogaeth, naill ai'n achlysurol neu trwy gynlluniau wedi'u trefnu. Yn y pen draw, rhaid i chi fel yr unigolyn hunangyflogedig wneud eich penderfyniadau eich hun, ond efallai y bydd ystyried syniadau a safbwyntiau pobl eraill o fudd ichi.

Ar ryw adeg, rydych yn debygol o gyflogi arbenigwr allanol fel cyfrifydd neu frocer yswiriant. Cofiwch fod y bobl hyn yn weithwyr proffesiynol ac yn aml iawn byddan nhw'n gallu eich cynghori ar y ffordd orau i symud ymlaen.

Uniondeb

O fewn busnes mae yna lawer o gyfleoedd i dorri corneli ac o bosibl ymddwyn yn ddiegwyddor. Er bod yn rhaid gwneud penderfyniadau caled weithiau pan fyddwch chi'n hunangyflogedig, mae'n bwysig cynnal eich uniondeb.

Mae'n debygol y bydd eich busnes yn cystadlu ag o leiaf un sefydliad arall. Er mwyn denu busnes cleient, fe allech chi gael eich temtio i niweidio enw da'r gystadleuaeth, eu tanseilio â phrisiau anghynaliadwy neu ddefnyddio marchnata ymosodol sydd wedi'i gynllunio'n benodol i gleientiaid y gystadleuaeth ei weld. Efallai y bydd hyn yn rhoi hwb dros dro i chi, ond ni fydd yn helpu enw da eich cwmni am fod yn onest.

Mae ymfalchïo yn eich busnes fel arfer yn dod o ganolbwyntio ar adeiladu eich enw da eich hun a chreu gwasanaeth neu gynnyrch y mae cleientiaid a chwsmeriaid eisiau ei brynu am ei gryfderau ei hun.

Hunanymwybyddiaeth

Mae gwybod eich terfynau eich hun yn sgil bwysig. Efallai y bydd darpar gleient yn cysylltu â chi yn gofyn am rywbeth nad yw o fewn eich maes arbenigedd, neu efallai eich bod eisoes bron â chyrraedd eich capasiti. Os na allwch gynnig gwasanaeth i gleient neu gwsmer, yn hytrach nag ymddiheuro a'u gwrthod, ystyriwch ble arall y gall gael y gwasanaeth hwnnw. Gallai hwn fod yn fusnes arall sy'n agos at eich busnes chi. Trwy gyfeirio'r cleient at rywle lle gall gael yr hyn y mae ei angen, rydych chi, nid yn unig yn ateb ei ofynion ac yn ei gadw'n hapus, ond rydych hefyd yn meithrin perthynas â busnes arall a allai wneud ffafr debyg â chi rywdro.

Trefnu a chynllunio

Mae bod yn hunangyflogedig a bod yn berchen ar eich busnes eich hun yn golygu eich bod gwbl gyfrifol am eich llwyddiant neu eich methiant eich hun yn ogystal â llwyddiant neu fethiant y busnes. Ar adegau efallai y bydd angen i chi wneud llawer o wahanol dasgau yr un pryd, cwrdd â therfynau amser, a pharhau i edrych ymlaen. Mae bod yn drefnus iawn yn bwysig i unrhyw berson hunangyflogedig.

Er mwyn helpu i gadw trefn, mae'n hanfodol bod â chynllun clir y gallwch gadw ato. Er bod angen addasu cynlluniau wrth i chi symud ymlaen weithiau, mae bod ag amserlen yn help i orffen tasgau a chwrdd â therfynau amser. Mae dilyn cynllun clir yn help i gynnal momentwm da a chadw ffocws.

Rheoli amser

Un peth yw bod â chynllun, mater arall yw cadw ato. Rhaid i chi reoli'ch amser yn effeithiol a blaenoriaethu tasgau er mwyn cadw at eich cynllun a'ch amserlen.

Llythrennedd a rhifedd

Mae sgiliau llythrennedd a rhifedd yn hanfodol ar gyfer llwyddo mewn busnes. Mae rhagamcanu'r ffrydiau refeniw, cofnodi treuliau ac incwm ynghyd â phennu taliadau gwasanaeth oll yn dibynnu ar sgiliau rhifedd da. I wneud tasgau syml fel ysgrifennu e-bost, dylunio pamffled neu ddarllen llythyr, mae angen sgiliau llythrennedd. Weithiau mae sgiliau rhifedd a llythrennedd yn cael eu tanbrisio gan y rhai sy'n bwriadu bod yn hunangyflogedig a gall hyn eu dal yn ôl rhag bod yn fwy llwyddiannus.

Sgiliau sy'n berthnasol i rolau enghreifftiol

Hyfforddwr ioga

Mae Natalie wedi bod yn hyfforddwr ioga hunangyflogedig ers pum mlynedd. Mae hi'n ddigon ffodus i allu treulio ei hafau yn y DU yn addysgu ioga yn ei thref enedigol i drigolion a phobl ar eu gwyliau, a'i gaeafau yn yr India yn addysgu mewn gwersyll hyfforddwyr arbenigol. Mae hi o'r farn bod ei busnes hunangyflogedig wedi rhoi cyfle iddi ddatblygu'r union ffordd o fyw y mae hi ei eisiau. Gweler isod rai o'r prif sgiliau sydd bwysicaf iddi, yn ei barn hi.

▶ **Cymhelliant** i yrru ei breuddwydion ymlaen a pheidio â gadael i rwystrau neu siomedigaethau effeithio arnyn nhw.

▶ **Bod yn agored i gyngor** gan berchnogion busnesau bach eraill. Ychydig o brofiad busnes oedd ganddi i ddechrau ac felly roedd y cyngor a gafodd gan eraill yn amhrisiadwy.

▶ **Gallu i drefnu** gan fod ei hamserlen yn aml yn brysur a hithau'n symud rhwng dosbarthiadau a sesiynau preifat. Mae'n gorfod gofalu ei bod yn rhoi cyfrif am amser teithio wrth gynllunio sesiynau ac yn cadw at amserlen y gellir ei rheoli.

▶ **Uniondeb** gan y bu cyfleoedd o dro i dro i aberthu ansawdd yn enw elw. Mae hi eisiau cynnal cynnyrch y mae'n falch ohono ac felly fe wnaeth hi wrthod unrhyw gyfleoedd nad oedd yn asio â'i gwerthoedd moesol.

Rheolwr stiwdio

Mae gan Justin stiwdio lle bu'n cynnal dosbarthiadau ffitrwydd ers bron i dair blynedd. Yn y cyfnod hwnnw mae ei fusnes bach wedi tyfu'n gyflym ac erbyn hyn mae ganddo weinyddwr yn gweithio iddo ddeuddydd a hanner yr wythnos a gweithwyr proffesiynol ffitrwydd eraill yn rhentu lle ganddo. Bu'n broses galed i sefydlu ei fusnes ac nid oedd erioed wedi rhagweld rhentu lle i hyfforddwyr eraill. Fodd bynnag, mae wedi addasu ei gynlluniau ac erbyn hyn mae ganddo fusnes sy'n gwneud yn dda ac mae'n awyddus i ehangu yn y dyfodol. Dyma'r sgiliau sydd wedi bod fwyaf defnyddiol iddo, yn ei farn ef.

▶ Mae bod yn **gadarnhaol** wedi bod yn bwysig iawn. Bu heriau mawr ar hyd y ffordd a rhai siomedigaethau. Mae'r gallu i ddal ati ac i barhau'n gadarnhaol wedi ei gario.

▶ Mae **rhifedd a llythrennedd** wedi bod yn amhrisiadwy. Doedd y rhain ddim yn flaenoriaeth iddo yn y coleg. Fodd bynnag, cyn gynted ag y sylweddolodd e pa mor

berthnasol oedden nhw i'w lwyddiant, fe gofrestrodd mewn dosbarthiadau nos i wella'i sgiliau.

▶ Mae'r **arweinyddiaeth** i gadw ffocws y stiwdio wedi bod yn anodd. Er mai dim ond rhentu lle ganddo y mae'r hyfforddwyr eraill, mae wedi bod yn bwysig i enw da'r stiwdio gyfan.

▶ Mae **cynllunio** amserlenni a strategaethau i ddenu rhagor o fusnes wedi dod yn rhan fawr o'i rôl. Mae bod yn drefnus ac yn drylwyr wedi bod yn bwysig yn y broses gynllunio.

Hyfforddwr syrffio

Dechreuodd Naomi Ysgol Syrffio 'Water Born' yn 2007. Cyn hynny, roedd hi'n rheoli siop manwerthu lwyddiannus ar ran rhywun arall. Roedd y swydd yn y siop yn brofiad gwych ac wedi ei helpu i ddysgu am logisteg rhedeg busnes. Yn y pen draw, penderfynodd ei bod eisiau gyrfa a oedd yn caniatáu iddi dreulio mwy o amser yn yr awyr agored yn gwneud yr hyn roedd hi'n ei fwynhau. Daeth cyfle i gael trwydded tymor hir i redeg ysgol syrffio o draeth yn y de-orllewin ac achubodd ar y cyfle ar unwaith. Wrth weithio ym maes manwerthu, fe wnaeth hi ddatblygu nifer o sgiliau sydd wedi bod o help gwirioneddol yn ei busnes ei hun.

▶ Mae **rheoli amser** yn bwysig iawn. Mae holl sesiynau'r ysgol syrffio yn dibynnu ar y llanw ac felly mae'n rhaid cadw at amseroedd cychwyn. Weithiau mae mwy nag un grŵp y dydd ac felly mae'n rhaid i grwpiau orffen mewn pryd er mwyn peidio ag achosi oedi i'r grŵp arall.

▶ Mae **hunanymwybyddiaeth** yn bwysig pan fydd y traeth yn brysur, ac mae'n rhaid rheoli ei grwpiau syrffio yn dda er mwyn peidio â tharfu ar nofwyr.

▶ Mae bod yn **gadarnhaol** yn hanfodol bob dydd. Mae'n cael llawer o archebion munud olaf pan fydd pobl ar y traeth yn gweld ei gwersi ac eisiau ymuno. Er mwyn annog y broses hon, mae Naomi yn sicrhau ei bod yn edrych yn gadarnhaol trwy'r dydd bob dydd, hyd yn oed pan fydd wedi blino. Mae hi'n gwybod y bydd cleientiaid eisiau ymuno pan fydd hi'n edrych fel ei bod hi'n cael hwyl.

▶ Mae **cymhelliant** yn arbennig o bwysig yn ystod y tymor brig. Mae ei busnes yn dymhorol iawn ac, o'r herwydd, mae'n rhaid iddi weithio'n galed yn ystod misoedd yr haf i sicrhau bod ei llif arian yn ddigon cryf i oroesi'r gaeaf.

Gofynion y sector a hyfforddiant arbenigol

Yn y diwydiant chwaraeon mae yna sawl sector sy'n arbenigo mewn gwahanol weithgareddau ac yn cefnogi'r diwydiant cyfan. Mewn llawer o'r rolau hyn, bydd angen i'r bobl sy'n gweithio ynddyn nhw feddu ar sgiliau penodol i fodloni gofynion eu swydd. Yn y rhan fwyaf o achosion, os oes gennych chi ddiddordeb mewn gweithio yn y swyddi hyn, bydd angen i chi fod wedi gwneud rhywfaint o hyfforddiant arbenigol i'ch helpu chi ddatblygu'r sgiliau hyn. Mae'n ofynnol i lawer o weithwyr proffesiynol fod â chymwysterau yn dystiolaeth eu bod wedi cael hyfforddiant arbenigol. Mae angen yr hyfforddiant hwn i sicrhau bod safonau'n cael eu cynnal a hefyd bod gwasanaethau'n cael eu darparu'n ddiogel.

Mae Tabl 12.2 yn dangos enghreifftiau o rolau hunangyflogedig a'r cymwysterau sydd eu hangen i'w cyflawni. Enghreifftiau yw'r cymwysterau hyn ac efallai mai dim ond un opsiwn o blith llawer ydyn nhw i allu dangos tystiolaeth o gymhwysedd.

▶ **Tabl 12.2:** Cymwysterau ar gyfer gwahanol rolau hunangyflogedig

Rôl	Enghreifftiau o gymwysterau perthnasol
Hyfforddwr bordhwylio	Tystysgrif hyfforddwr bordhwylio y Gymdeithas Hwylio Frenhinol
Athro ioga	Tystysgrif hyfforddi athrawon 200 awr Yoga Alliance UK
Ffisio chwaraeon	Gradd gymeradwy mewn ffisiotherapi neu adsefydlu chwaraeon
Hyfforddwr personol	Diploma Lefel 3 mewn Hyfforddiant Personol
Maethegydd chwaraeon	Gradd gymeradwy mewn maetheg chwaraeon

❚❚ MUNUD I FEDDWL   Pa sgiliau sy'n gysylltiedig â bod yn hunangyflogedig?

Awgrym   Ceisiwch gofio cymaint o sgiliau perthnasol ag y gallwch a lluniwch ddiagram pry cop.

Ymestyn   A oes unrhyw sgiliau ychwanegol nad ydyn nhw'n cael eu trafod yma a allai fod yn ddefnyddiol i rywun sy'n hunangyflogedig?

Gofynion cyfreithiol

Mae'r diwydiant chwaraeon wedi'i reoleiddio'n dda. Diben hyn yw cadw cleientiaid yn ddiogel a sicrhau bod safonau'n uchel yn y diwydiant. Mae'r gofynion yn amrywio o sector i sector yn y diwydiant, ond mae yna hefyd lawer o ddeddfau a darnau o ddeddfwriaeth sy'n gymwys i bob un.

Yswiriant

Mae angen yswiriant ar bob busnes, ond bydd math a maint yr yswiriant hwnnw'n amrywio yn dibynnu ar arbenigedd y busnes (fel yswiriant atebolrwydd hyfforddwr ffitrwydd) a'i faint. Mae Tabl 12.3 yn dangos yr elfennau mewn busnes y dylid eu hyswirio.

▶ **Tabl 12.3:** Yswiriant i'r hunangyflogedig

Asedau fel adeiladau a chyfarpar	Os yw busnes yn ddigon ffodus i fod yn berchen ar ei adeilad ei hun a'i offer drud, mae'n gwneud synnwyr yswirio'r asedau hyn. Os bydd tân neu ladrad, gallai yswiriant fod yn ddewis rhwng parhau â'r busnes neu beidio.
Yswiriant personol ar gyfer pobl hunangyflogedig	I lawer o bobl hunangyflogedig yn y diwydiant chwaraeon, heb eu gallu i weithio fyddan nhw ddim yn cael incwm. Os bydd damwain bersonol yn achosi anaf, mae'n bosibl na fyddan nhw'n gallu parhau i weithio. Mae bod ag yswiriant i gael sicrwydd ariannol yn beth synhwyrol i'w wneud.
Cleientiaid a thrydydd partïon – indemniad personol	Rhaid i bob busnes yswirio rhag anaf i gleientiaid a thrydydd partïon sy'n dod i gysylltiad â'r busnes. Gelwir yr yswiriant hwn yn yswiriant busnes a bydd yn amrywio'n fawr rhwng gwahanol fusnesau yn dibynnu ar eu maint ac arbenigedd. Er enghraifft, mae yswiriant indemniad proffesiynol yn eich diogelu pe byddech chi'n gwneud camgymeriad wrth roi cyngor i'ch cleient. Mae yswiriant atebolrwydd cyhoeddus yn eich diogelu os bydd cleient yn anafu ei hun yn eich adeilad.
Gweithwyr	Cyn gynted ag y bydd busnes yn cyflogi gweithiwr, rhaid i'r busnes hwnnw gael yswiriant cyflogwr. Diben hyn yw amddiffyn y busnes a'i weithwyr rhag anaf yn y gweithle a allai eu hatal rhag gweithio.

Cyrff proffesiynol, cyrff llywodraethu a chymdeithasau

Mae gan y gwahanol sectorau yn y diwydiant chwaraeon wahanol gyrff proffesiynol, cyrff llywodraethu a chymdeithasau y mae modd – ac weithiau'n orfodol – ymuno â nhw.

Mae **cyrff proffesiynol** (cyfeirir at y rhain weithiau fel 'cymdeithasau') yn canolbwyntio ar ddatblygu diddordebau gweithwyr proffesiynol unigol yn y gamp

dan sylw. Gallai hyn gynnwys cynnig datblygiad a hyfforddiant proffesiynol parhaus neu ddarparu cyngor ar weithio o fewn y diwydiant, sydd oll yn bethau pwysig i bobl hunangyflogedig. Ymhlith yr enghreifftiau mae:
▶ y Sefydliad Siartredig ar gyfer Rheoli Chwaraeon a Gweithgaredd Corfforol
▶ Cymdeithas Chwaraeon a Gwyddor Ymarfer Prydain (BASES)
▶ y Gymdeithas Addysg Gorfforol.

Mae **cyrff llywodraethu** yn canolbwyntio ar gamp benodol yn ei chyfanrwydd ac yn tueddu i flaenoriaethu cynyddu cyfranogiad a sicrhau llwyddiant ym maes chwaraeon. Efallai y byddant yn mynnu bod hyfforddwr sy'n gweithredu yn ei faes yn gymwys i safon benodol er mwyn helpu i sicrhau bod safonau'n cael eu cynnal a'u gwella. Ymhlith yr enghreifftiau mae:
▶ Undeb Rygbi Cymru
▶ y Gymdeithas Hwylio Frenhinol (hwylio, bordhwylio, cychod pŵer)
▶ Bwrdd Criced Cymru a Lloegr.

Yn aml mae llawer iawn o orgyffwrdd rhwng cyrff proffesiynol a chyrff llywodraethu, ac weithiau bydd cyrff llywodraethu yn benodol yn cwmpasu rôl cymdeithas yn eu sefydliad eu hunain.

Gweithio gyda phlant

Ar gyfer unrhyw fusnes neu berson a allai fod yn gweithio gyda phlant a phobl ifanc, mae gofynion llym o ran gwiriadau i sicrhau eu bod yn addas ar gyfer y rolau hyn. Gelwir y gwiriadau hyn yn wiriadau'r Gwasanaeth Datgelu a Gwahardd (DBS). Pan fyddwch yn cael eich contractio gan gwmni sy'n gofyn am y gwiriadau hyn, dylai'r cwmni sicrhau eu bod yn cael eu gwneud cyn i'ch cyflogaeth ddechrau. Fodd bynnag, pan fyddwch yn hunangyflogedig, efallai y bydd yn rhaid i chi eu gwneud eich hun i sicrhau bod y gofynion cyfreithiol yn cael eu bodloni. Bellach mae'n bosibl cael gwiriad DBS 'cludadwy' fel na fydd yn rhaid i chi fynd trwy'r broses fwy nag unwaith os ydych chi'n gweithio'n hunangyflogedig ar eich liwt eich hun gyda mwy nag un cyflogwr.

Ymchwil

Mae rhai chwaraeon yn ei gwneud yn ofynnol i hyfforddwyr feddu ar gymwysterau a luniwyd gan y corff llywodraethu. A allwch chi enwi'r corff llywodraethu sy'n gyfrifol am y chwaraeon canlynol: pêl-droed, caiacio a gymnasteg? Pa gymwysterau sy'n ofynnol gan y cyrff hyn cyn i chi gael eich cydnabod fel hyfforddwr?

▶ Mae gweithio gyda phlant yn dod â chyfrifoldebau ychwanegol i hyfforddwyr hunangyflogedig

Damcaniaeth ar waith

Fel grŵp, rhestrwch gymaint o chwaraeon ag y gallwch yr ydych chi wedi rhoi cynnig arnyn nhw. Mae'n ddigon posibl y bydd nifer fawr ohonyn nhw. Ystyriwch chwaraeon llai adnabyddus fel *croquet* a pharagleidio.

1 Edrychwch ar y rhestr a graddiwch bob camp yn ôl a yw'n *debygol iawn, yn lled debygol* neu'n *annhebygol* bydd cysylltiad â phobl ifanc yn y chwaraeon hynny.
2 Ystyriwch pa chwaraeon y mae pobl ifanc yn fwyaf tebygol o gymryd rhan ynddyn nhw.
3 Ystyriwch ofynion y chwaraeon hynny. A yw'n cynnwys cyswllt corfforol rhwng cyfranogwyr? A oes angen newid i ddillad neu offer arbenigol? A yw'n cael ei ystyried yn risg uwch fel gweithgaredd?
4 Ar gyfer pob camp a gafodd y radd *tebygol iawn* yng ngham 1, ewch ati fel grŵp i awgrymu ffordd synhwyrol o leihau'r risg y gallai oedolion ei hachosi i bobl ifanc.

Y prif ddeddfau a deddfwriaeth

Mae'r deddfau a'r ddeddfwriaeth sy'n gymwys i hunangyflogaeth a rhedeg busnes yn y diwydiant chwaraeon yn niferus ac amrywiol. Yn Nhabl 12.4 mae rhestr o'r eitemau pwysicaf o ddeddfwriaeth i unrhyw un sy'n gweithio drostynt eu hunain neu'n rhedeg busnes. Dylech fod yn ymwybodol o'ch holl gyfrifoldebau o dan y Deddfau hyn cyn i chi gychwyn eich busnes eich hun. Gellir cael arweiniad a chymorth gan yr Awdurdod Iechyd a Diogelwch, eich Siambr Fasnach leol neu'ch cyngor lleol.

Deddf	Dyddiad cyflwyno	Disgrifiad
Deddf Plant a Theuluoedd	2014	Cyflwynwyd hon i helpu awdurdodau lleol a sefydliadau eraill gyrchu a gweithredu gweithdrefnau lle mae eu hangen i amddiffyn lles plant. Mae'r Ddeddf yn ei gwneud hi'n bosibl i unrhyw un sydd â phryderon am les plentyn roi gwybod am ei gonsyrn, gan sbarduno'r ymyrraeth briodol. Dylai fod gan bob busnes sy'n gweithio gyda phlant weithdrefn ar waith lle gall pryderon gael eu riportio i berson enwebedig a chymryd camau addas i ymateb i hynny.
Deddf Iechyd a diogelwch yn y Gwaith	1974	Mae'r Awdurdod Iechyd a Diogelwch (HSE) yn gweithio ochr yn ochr ag awdurdodau lleol, ac mae'n gyfrifol am orfodi iechyd a diogelwch yn y gweithle. Mae iechyd a diogelwch yn berthnasol i weithwyr ac i gleientiaid. Mae'r Ddeddf yn nodi'n glir y safonau a ddisgwylir yn y gweithle yn ogystal â'r gweithdrefnau y dylid eu dilyn i sicrhau bod iechyd a diogelwch yn cael ei gynnal. Mae hefyd yn cynghori beth i'w wneud wrth riportio damwain neu ddigwyddiad.
Rheoliadau Iechyd a Diogelwch (Cymorth Cyntaf)	1981	Os bydd damwain sy'n achosi anaf i weithiwr neu gleient, mae gan fusnes gyfrifoldeb clir i weinyddu'r cymorth cyntaf priodol. Maint y sefydliad a'r amgylchedd y mae'n gweithredu ynddo fydd yn pennu maint yr adnoddau cymorth cyntaf a ddylai fod ar gael. Mae'r rheoliadau hyn yn nodi y dylai cyflogwr gynnal asesiad manwl i sefydlu pa lefel o gymorth cyntaf sy'n ofynnol.
Deddfau Gwahaniaethu ar sail Anabledd	1995 a 2005	Lluniwyd y rhain i sicrhau bod pawb – ni waeth beth fo'u gallu neu eu hanabledd – yn cael eu hamddiffyn rhag gwahaniaethu. Dylai rhywun gael ei recriwtio am ei allu i gyflawni'r swydd. Dylid rhoi cyfle cyfartal i berson ag anableddau gael gafael ar adnoddau a gwasanaethau. Yn ôl y gyfraith, rhaid darparu unrhyw gymorth rhesymol sy'n ofynnol i alluogi pobl anabl i gael mynediad at gyflogaeth neu wasanaethau.
Deddf Gwahaniaethu ar sail Rhyw	1975	Mae'r Ddeddf hon yn nodi'n glir y dylid recriwtio pobl ar gyfer cyflogaeth am eu gallu ac na ddylid gwahaniaethu yn eu herbyn oherwydd eu rhyw.
Deddf Cydraddoldeb	2010	Dyma'r Ddeddf ddiweddaraf ac mae'n mynd peth o'r ffordd tuag at gyfuno'r holl Ddeddfau blaenorol sy'n ymwneud â gwahaniaethu yn un darn symlach o ddeddfwriaeth.

⏸ MUNUD I FEDDWL Beth yw'r ddeddfwriaeth allweddol sy'n ymwneud â bod yn hunangyflogedig yn y diwydiant chwaraeon?

Awgrym O'r cof, enwch dair Deddf neu reol sy'n berthnasol i fod yn hunangyflogedig.

Ymestyn Disgrifiwch bob Deddf ac esboniwch pam ei bod yn berthnasol.

Contractau

Contract yw cytundeb rhwng dau barti neu ragor lle mae eitem o werth, naill ai cynnyrch neu wasanaeth, yn cael ei chyfnewid, fel arfer am dâl ond weithiau yn gyfnewid am gynnyrch neu wasanaeth arall. Bydd contract hefyd yn nodi'r amodau cyflogaeth a chyfrifoldebau a dyletswyddau'r gweithiwr (er enghraifft oriau gwaith ac unrhyw gyfrifoldebau penodol, megis rheoli tîm).

Gallai enghreifftiau o gontractau fod rhwng:
▶ cyflogwr a chyflogai – contract cyflogaeth (er enghraifft, rhwng perchennog busnes bach a rhywun y mae'n ei gyflogi)
▶ hyfforddwr personol a chleient – contract ar gyfer gwasanaethau (i'r cleient gael hyfforddiant)
▶ perchennog busnes bach a pherchennog eiddo – contract ar gyfer adeilad (i'r perchennog busnes gael lle i seilio ei fusnes)
▶ athro ioga a chanolfan chwaraeon – contract ar gyfer defnyddio cyfleusterau (i'r athro ioga logi lle yn y ganolfan chwaraeon).

Dylai contract gynnwys elfennau sylfaenol i sicrhau ei fod yn deg i bob parti ac yn hawdd ei ddehongli. Mae'r cwestiynau canlynol yn ganllawiau defnyddiol wrth ystyried creu contract:
▶ Contract rhwng pwy yw e?
▶ Rhwng pa ddyddiadau y bydd y contract mewn grym? A oes dyddiad dechrau a gorffen?

► Pa wasanaeth neu gynnyrch sydd i'w ddarparu? Beth fydd y taliad a phryd y dylid ei wneud?
► Beth yw cyfrifoldebau'r naill barti neu'r llall i sicrhau bod y contract yn cael ei gyflawni?
► Pa amgylchiadau a allai arwain at derfynu'r contract?
► A oes trydydd parti wedi bod yn dyst i'r contract?

Mae'n bwysig nodi y gall contract fod ar lafar neu'n ysgrifenedig. Oni bai eich bod yn gyfarwydd iawn â'r ail barti, peth doeth fel arfer yw sicrhau bod dogfen ysgrifenedig yn cael ei llunio a'i llofnodi gan y ddau ohonoch (ac efallai tyst) gan ei bod yn haws cyfeirio at hyn fel tystiolaeth os bydd anghydfod yn nes ymlaen.

Mae contract yn **rhwymol mewn cyfraith** ac wedi'i gynllunio i amddiffyn y cyflenwr a'r cleient.

> ### Damcaniaeth ar waith
>
> Rydych chi'n trafod gyda chanolfan chwaraeon ynghylch cynnig hyfforddiant campfa preifat i'w chleientiaid. Mae gennych gymwysterau da mewn cryfder a chyflyru ym maes chwaraeon ac mae gennych enw da. Mae gennych lawer o gleientiaid eich hun yr ydych chi'n eu gweld yn rheolaidd. Fel rheol, rydych chi'n codi £32 yr awr am hyfforddiant un i un, ond rydych yn sylweddoli y bydd y ganolfan chwaraeon hefyd eisiau gwneud elw o'r gwasanaeth a bydd hefyd yn helpu i farchnata'ch gwaith.
>
> Ystyriwch y cwestiynau allweddol yn y prif destun y dylech eu gofyn wrth greu contract sydd o fudd i'r ddwy ochr. Lluniwch nodiadau drafft ar gyfer contract rhyngoch chi a'r ganolfan.

Cyllid

Mae sicrhau digon o gyllid i gychwyn busnes newydd ac yna sicrhau digon o **lif arian** i'w gadw i fynd ymhlith yr agweddau mwyaf heriol o fod yn berchen ar eich busnes eich hun. Yn dibynnu ar faint y busnes a'r hyn y mae'n ei ddarparu, gall lefelau'r cyllid sy'n ofynnol amrywio'n fawr. Mae tystiolaeth bod nifer fawr o fusnesau newydd yn methu yn ystod eu blwyddyn gyntaf. Yn aml, mae hyn oherwydd prinder cyllid cychwynnol a rhagamcanion rhy optimistaidd o'r incwm cychwynnol. Felly mae'n hanfodol bwysig bod yn realistig, gan ofalu eich bod yn sicrhau cyllid ac yn llwyddo i gadw'ch busnes i fynd.

> **Termau allweddol**
>
> **Rhwymol mewn cyfraith** – rhwymedigaeth, yn ôl y gyfraith, i bartïon gyflawni eu hochr hwy o gytundeb a rhoi amddiffyniad i bob parti.
>
> **Llif arian** – swm yr arian sy'n llifo i mewn ac allan o fusnes neu sefydliad.

> **Ymchwil**
>
> Weithiau gall grantiau fod ar gael gan sefydliadau lleol sydd am gefnogi arloesedd a menter busnes. A oes unrhyw fentrau yn eich ardal lle y gallech gael cyllid i helpu i sefydlu busnes?

Cyfleoedd cyllido

Mae yna nifer o gyfleoedd i gael cymorth ariannol i gychwyn busnes newydd neu i roi chwistrelliad o arian i un sy'n bodoli eisoes. Mae ambell enghraifft yn Nhabl 12.5.

► **Tabl 12.5:** Ffynonellau cyllid ar gyfer busnesau bach

Benthyciadau i fusnesau bach	Bydd llawer o fanciau yn rhoi benthyg i fusnesau. Fodd bynnag, yn union fel pe baent yn benthyca i unigolion preifat, mae angen iddynt wneud hynny gan wybod y bydd eu harian yn cael ei dalu'n ôl ar ryw adeg. Mae sicrhau arian gan fanc yn dibynnu ar gynllun cryf a rhagamcanion realistig o incwm a gwariant. Po fwyaf diogel y benthyciad, y gorau fydd telerau'r benthyciad.
Buddsoddwyr preifat	Weithiau efallai y byddwch chi'n ddigon ffodus i ddod o hyd i fuddsoddwr preifat sydd â ffydd ynoch chi ac sydd eisiau cefnogi eich syniadau busnes. Gallai hynny fod yn aelod o'r teulu neu ffrind. Fel arall, gallai fod yn rhywun cwbl wahanol. Yn dibynnu ar yr unigolyn, efallai yr hoffent weld eu buddsoddiad yn cael ei dalu'n ôl gyda llog neu fel arall yn cymryd cyfran o'r busnes fel eu bod hefyd yn rhannu peth o'r elw.
Cyllido torfol	Mae nifer o lwyfannau cyllido torfol ar-lein y gall unigolion gyflwyno syniad a gall buddsoddwyr sydd â diddordeb chwistrellu arian parod i'r busnes ar gyfer cael gwahanol raddau o enillion. Mae'r llwyfannau hyn yn cynnwys GoFundMe a Kickstarter.
Grantiau cychwyn busnes	Er mwyn ysgogi busnes newydd ac annog entrepreneuriaid, mae'r llywodraeth a sefydliadau eraill weithiau'n cynnig grantiau cychwyn busnes i gefnogi'ch camau cyntaf. Er enghraifft, mae Ymddiriedolaeth y Tywysog yn cynnig cymorth ariannol i bobl ifanc sy'n awyddus i ddechrau busnesau bach.

Ystyriaethau

Wrth edrych ar y cyllid y mae busnes yn dibynnu arno, mae'n bwysig deall pa ystyriaethau sy'n berthnasol i'ch darlun chi o wariant. Gallai hyn gynnwys:

- ▶ cyflog personol – beth fyddwch chi'n ei dalu i chi'ch hun o'r busnes?
- ▶ cyflogau gweithwyr (os oes rhai)
- ▶ costau adeiladau a chyfleusterau
- ▶ **adnoddau cyfalaf**
- ▶ **nwyddau traul**
- ▶ costau cludo.

Cofrestru busnes gyda Chyllid a Thollau EM

Pa un a ydych yn dewis gweithio fel unig fasnachwr neu fel cwmni cyfyngedig, bydd angen i chi gysylltu â Chyllid a Thollau Ei Mawrhydi (asiantaeth y llywodraeth sy'n gyfrifol am gasglu trethi) i roi gwybod iddi.

Os ydych wedi dewis sefydlu cwmni cyfyngedig, rhaid i chi gofrestru'r cwmni gyda Chyllid a Thollau EM. Er mwyn gwneud hyn, mae angen i chi gysylltu â nhw i sicrhau bod y canlynol gennych:

- ▶ enw a chyfeiriad i'r cwmni
- ▶ o leiaf un cyfarwyddwr
- ▶ o leiaf un cyfranddaliwr
- ▶ sefydlu'r cwmni i dalu treth gorfforaeth (y dreth y mae busnesau yn ei thalu ar yr elw a wnânt).

Bydd cofrestru'r cwmni yn gywir yn caniatáu i Gyllid a Thollau EM hawlio trethi a'u cael gennych. Gall methu â chofrestru cwmni achosi dirwyon trwm ac erlyniadau.

Os penderfynwch weithredu fel unig fasnachwr, mae angen i chi hefyd roi gwybod i Gyllid a Thollau EM eich bod yn mynd yn hunangyflogedig. Mae hyn yn golygu yr anfonir ffurflen dreth flynyddol atoch y bydd angen i chi ei llenwi, yn hytrach na bod eich cyflogwr yn tynnu treth yn awtomatig.

Ffurflenni treth

Mae'n rhaid i'r mwyafrif o fusnesau a phob person hunangyflogedig gyflwyno ffurflen dreth unwaith y flwyddyn. Dyma lle maen nhw'n cyfrifo cyfanswm eu gwariant a'u hincwm am y flwyddyn ac yn darparu ffigur cywir ar gyfer eu helw. Gallai hyn fod yn ffigur cadarnhaol neu negyddol (colled). Yn dibynnu ar beth yw'r ffigur hwn, bydd swm y dreth sy'n ddyledus yn cael ei chyfrifo gan Gyllid a Thollau EM. Bydd angen i unigolion sydd naill ai'n unig fasnachwr neu'n ennill incwm o gwmni cyfyngedig dalu cyfraniadau **Yswiriant Gwladol**.

Bydd y mwyafrif o fusnesau yn cyfrifo eu ffigurau ariannol eu hunain gan ddangos elw neu golled. Mae yna lawer iawn o ymddiriedaeth ynghlwm â chyflwyno'r ffigur hwnnw i Gyllid a Thollau EM ac efallai y bydd rhai busnesau'n cael eu temtio i ffugio cyfrifon er mwyn osgoi treth. Os yw Cyllid a Thollau EM yn amau hynny, bydd yn cynnal archwiliad o gyfrifon y busnes. Os cewch eich dal yn ffugio cyfrifon, mae'r cosbau'n uchel.

Am y rheswm hwn, mae'n bwysig iawn bod holl gyfrifon busnes yn cael eu diweddaru. Dylai'r holl wariant ac incwm gael eu cofnodi ar daenlen neu raglen feddalwedd gyfrifyddu arall, a rhaid cadw derbynebau, anfonebau a ffurflenni banc i ddangos tystiolaeth o gyfrifon y cwmni. Mae llawer o bobl hunangyflogedig a busnesau bach yn llogi cyfrifydd trydydd parti i'w helpu i gadw trefn ar eu cofnodion ariannol ac i gyflwyno eu ffurflen dreth.

> **Termau allweddol**
>
> **Adnoddau cyfalaf** – adnoddau a allai golli gwerth gydag amser ond sydd â rhywfaint o werth, fel peiriant rhwyfo neu raciau cyrcydu (*squat racks*).
>
> **Nwyddau traul** – adnoddau nad oes disgwyl iddyn nhw bara'n hir, fel beiros a phapur neu gynhyrchion glanhau.
>
> **Yswiriant Gwladol** – cyfraniad o incwm person tuag at fudd-daliadau a ddosberthir yn wladol, a allai gynnwys pensiwn y wladwriaeth, lwfans mamolaeth a budd-daliadau profedigaeth.

Adeiladau

Wrth ddewis adeilad, mae'n bwysig ystyried eich anghenion busnes. Efallai y bydd busnes wedi'i ariannu'n dda mewn sefyllfa i brynu adeilad, ond efallai y bydd angen i eraill brydlesu neu rentu lle. Efallai y bydd yn haws dod o hyd i gleientiaid wrth ddefnyddio lle mewn canolfan sefydledig ar gyfer chwaraeon. Gallai hyn fod yn swyddfa neu stiwdio, neu efallai fynediad at gyfleusterau chwaraeon poblogaidd fel campfa neu bwll.

Efallai na fydd yn ymddangos bod gan rai busnesau chwaraeon, fel y rhai sy'n darparu hyfforddiant ffitrwydd mewn parc lleol, unrhyw ofynion o ran adeiladau – ond mae'n ddigon posibl y bydd yn rhaid iddynt dalu'r Cyngor lleol am gael mynediad i'r parc.

▶ Mae cael yr adeilad priodol yn gam pwysig i unrhyw fusnes bach newydd

Dylai'r tri chwestiwn canlynol eich helpu i wneud penderfyniad ar ddewis adeilad.

1. Beth yw fy nghyllideb?
2. Faint o le sydd ei angen arnaf a beth yw pwrpas y lle hwnnw?
3. Pa mor hir rydw i'n rhagweld y bydd angen y lle arna i?

Cadwyni cyflenwi

Mae angen i bob busnes brynu adnoddau o ryw fath. Gallai'r rhain fod yn unrhyw beth o offer campfa i ddeunydd

Hunangyflogaeth yn y Diwydiant Chwaraeon

ysgrifennu neu wisgoedd. Pan ddechreuwn brynu cynhyrchion gan gyflenwyr eraill rydyn ni'n dod yn rhan o gadwyn gyflenwi.

Wrth ddewis ble i ddod o hyd i nwyddau, gallwch edrych ar gyflenwyr yn lleol, yn genedlaethol neu hyd yn oed yn rhyngwladol, gan gynnwys ar-lein. Gallai fod cryfderau a gwendidau mewn unrhyw gyflenwr a mater i chi fel perchennog busnes yw penderfynu pa un sy'n gweddu orau i'ch anghenion.

Mae prynu'n lleol yn aml yn dda pan mae'n bwysig gallu gwirio cynhyrchion yn bersonol ac rydych chi'n awyddus i gwrdd â chyflenwyr wyneb yn wyneb. Fodd bynnag, gall cynhyrchion lleol fod yn ddrutach, a gallai cyfyngu eich hun i gyflenwyr lleol olygu eich bod yn cyfyngu ar eich opsiynau.

Mae prynu gan gyflenwyr ymhellach i ffwrdd yn golygu y bydd angen i chi gyfathrebu â nhw dros y ffôn ac e-bost, ond efallai y gallwch ddod o hyd i brisiau rhatach ac yn sicr bydd gennych fwy o amrywiaeth a dewis. Os ydych chi'n prynu'n rhyngwladol, mae'n debygol y bydd trethi mewnforio yn cael eu hychwanegu.

Dyma ragor o bethau y dylech eu hystyried cyn prynu:
▶ Gosodwch gyllideb a pheidiwch â gorwario.
▶ Mae 'amseroedd arwain' ar gyfer pob cyflenwad (pa mor hir fydd hi cyn y gallwch ei gael) – pryd fydd y cynnyrch ar gael ac a fydd yn cyrraedd cyn y bydd ei angen arnoch? Beth fyddai'r effaith pe bai oedi cyn anfon y cynnyrch?
▶ Ar gyfer offer arbenigol, pa mor hawdd yw'r atgyweiriadau ac a fyddwch chi'n gallu dod o hyd i rannau newydd yn hawdd?
▶ Ydych chi'n gallu cynhyrchu **trosoledd** (*leverage*) trwy brynu mewn swmp?

> **Term allweddol**
>
> **Trosoledd** – pan fyddwch chi'n gallu cynnig rhywbeth i'ch galluogi i annog cyflenwr i roi pris gwell. Gallech chi fod yn prynu mewn swmp neu'n rhoi sylw amlwg i'r brand.

Ymarfer asesu 12.1   A.P1   A.P2   A.P3   A.M1   A.M2   A.D1

Rydych chi wedi cael eich recriwtio gan elusen leol fel ymgynghorydd i roi cymorth i bobl sy'n ystyried cychwyn busnes newydd a dod yn hunangyflogedig, gan gynnig cyngor a chefnogaeth iddyn nhw wrth ddechrau arni.

Un o'ch tasgau cyntaf yw llunio taflenni i'w rhoi iddyn nhw i'w helpu i ddeall rhai opsiynau yn ogystal â'r heriau sy'n gysylltiedig â bod yn hunangyflogedig.

Lluniwch daflen sy'n egluro ac yn gwerthuso:
• y gwahanol fathau o hunangyflogaeth sydd ar gael a rolau a allai fod yn briodol yn y diwydiant chwaraeon
• yr ystyriaethau cyfreithiol sy'n berthnasol i berson hunangyflogedig yn y diwydiant chwaraeon
• yr ystyriaethau ariannol sy'n berthnasol i berson hunangyflogedig yn y diwydiant chwaraeon.

Cynllunio
• Ydw i'n deall y dasg yn drylwyr?
• Ydw i wedi casglu digon o wybodaeth gefndir o fy nosbarthiadau a'm gwaith ymchwil i fusnesau chwaraeon lleol er mwyn imi allu cyflawni'r dasg hon?

Gwneud
• Ydw i'n gwybod sut rydw i'n mynd i strwythuro'r wybodaeth sy'n ofynnol ar gyfer y dasg hon?
• Ydw i'n gallu ysgrifennu rhestr glir o bwyntiau y mae'n rhaid eu cynnwys yn y dasg hon?

Adolygu
• Alla i gyfiawnhau pam y gwnes i'r dasg hon yn y modd hwn a sut mae wedi fy helpu i gael rhagor o wybodaeth am hunangyflogaeth?
• Pe bawn i'n gwneud y dasg hon eto, gallwn awgrymu sut y byddwn yn gwella fy ngwaith.

 # Ymchwilio i'r farchnad i gynhyrchu syniadau busnes

Ymchwilio i'r farchnad

Mae deall pwy yw'ch cleientiaid a beth allai eich marchnad bosibl fod yn agwedd hollbwysig ar redeg busnes llwyddiannus. Yn gyntaf oll, mae angen i chi ddeall at bwy rydych chi'n anelu'ch busnes ac mae hyn yn golygu deall eich cleientiaid. Mae'r mathau o gleientiaid y mae busnesau chwaraeon yn anelu atyn nhw'n amrywio'n aruthrol. Mae'r canlynol yn rhai cwestiynau y dylech eu gofyn i chi'ch hun wrth benderfynu pwy i'w dargedu a ble mae'ch marchnad mewn gwirionedd.
▶ Ydych chi'n anelu at unigolion preifat, grwpiau neu fusnesau eraill?
▶ A yw oedran yn ystyriaeth?

Term allweddol

Prisbwynt – pris manwerthu cynnyrch neu wasanaeth, a ddewiswyd i gystadlu â phrisiau cynhyrchion tebyg eraill. Gall y prisbwynt newid yn dibynnu ar y galw cyfredol a'r gystadleuaeth.

▶ A yw gallu yn ystyriaeth, hynny yw, ydych chi'n anelu at ddechreuwyr neu bobl sydd eisoes yn cymryd rhan mewn gweithgareddau?

▶ A yw **prisbwynt** (*price point*) eich cynnyrch yn cyfyngu ar nifer y bobl a allai ei fforddio?

Ymchwilio i ddefnyddwyr

Mae sicrhau bod eich cynnyrch yn iawn ac y gellir ei werthu yn golygu dod i gysylltiad â'ch marchnad a chasglu adborth. Mae'n arferol i'r ymchwil hon i ddefnyddwyr gael ei gwneud cyn lansio cynnyrch. Fodd bynnag, mae anghenion defnyddwyr yn newid ac, o'r herwydd, mae'n arfer da sicrhau eich bod yn cael y wybodaeth ddiweddaraf am eu hoff bethau a'u cas bethau. Mae Tabl 12.6 yn disgrifio rhai ffyrdd o ymchwilio i ddefnyddwyr.

▶ **Tabl 12.6:** Dulliau o ymchwilio i ddefnyddwyr

Holiaduron ac arolygon	Gellir anfon holiaduron trwy'r post, eu hanfon dros yr e-bost neu eu rhannu dros y cyfryngau cymdeithasol. Pan gânt eu gwneud yn dda, gallant gyrraedd cynulleidfa fawr a chasglu data defnyddiol. Yn aml, er mwyn annog pobl i lenwi holiaduron, bydd cwmnïau yn cynnig cymhellion fel eich cynnwys mewn raffl fawr.	**Ymchwil gynradd** Mae'r math hon o ymchwil yn cael ei chynnal yn benodol gan fusnes neu ar gyfer busnes. Mae'n bosibl ei chynllunio'n benodol i sicrhau bod y wybodaeth ofynnol yn cael ei chasglu. Gall fod yn adweithiol i gasglu gwybodaeth ychwanegol pe bai'r cyfle yn codi.
Cyfweliadau a grwpiau ffocws	Mae cwrdd â darpar gleientiaid wyneb yn wyneb yn caniatáu i rywun sy'n gwneud ymchwil i ddefnyddwyr achub ar bob cyfle i gasglu gwybodaeth. Mae'n bosibl cael sgyrsiau gonest ac addasu cwestiynau yn ystod y broses er mwyn cael gwell dealltwriaeth o feddyliau defnyddwyr.	
Arsylwi	Yn aml, gall fod yn weddol syml gweld beth mae defnyddwyr yn ei hoffi ac yn ei gasáu. Mae hyn yn arbennig o berthnasol wrth edrych ar wasanaethau cyflenwi ymarferol fel hyfforddiant personol neu ddosbarthiadau. Dull gwych yw cymryd rhan mewn sesiynau tebyg i'ch un chi ond sy'n cael ei gyflwyno gan eraill, a sylwi ar y cryfderau a'r gwendidau.	
Ffynonellau cyhoeddedig	Mae llawer o drydydd partïon sy'n casglu gwybodaeth am arferion defnyddwyr ac yna'n cyhoeddi'r data hyn. Gall hyn fod ar-lein, neu mewn cyfnodolion, cylchgronau neu bapurau. Enghraifft o hyn fyddai adolygiad o'r niferoedd sy'n cymryd rhan mewn amrywiol ddosbarthiadau ledled y wlad.	**Ymchwil eilaidd** Ymchwil generig yw hon gan drydydd parti sy'n casglu gwybodaeth ddefnyddiol ond nad yw efallai'n benodol i'r cwmni.

Tueddiadau mewn chwaraeon

Mae tueddiadau ym maes chwaraeon yn ffynhonnell arall o ymchwil eilaidd. Mae chwaraeon yn ddiwydiant sy'n cael ei ddylanwadu'n fawr gan dueddiadau: gall yr hyn y mae pobl yn ei ystyried yn dda a'r hyn y mae pobl eisiau cymryd rhan ynddo ddilyn ffasiwn y dydd. Er enghraifft, ar ôl Gemau Olympaidd 2012 a llwyddiant y DU yn y digwyddiadau beicio, honnodd Halfords, y darparwr beiciau mwyaf yn y DU, iddo weld cynnydd o 15 y cant yn nifer y beiciau a werthodd.

Mae llawer o gyrff llywodraethu yn cyhoeddi data am gyfranogiad a gall hyn fod yn ffynhonnell dda o ymchwil eilaidd pan fyddwch chi'n cynnal eich ymchwil i ddefnyddwyr. Allwch chi weld maes lle mae cyfranogiad ar fin ffynnu a lleoli eich busnes i elwa o hyn?

Mae Tabl 12.7 yn dangos rhai o'r pethau a all effeithio ar y farchnad a blaenoriaethau defnyddwyr, ac a all ysgogi gwahanol dueddiadau.

▶ **Tabl 12.7:** Tueddiadau mewn chwaraeon

Delwedd	Mae delwedd yn ymwneud â ffasiwn a sut rydyn ni am edrych a gweithredu. Mae'r cyfryngau yn chwarae rhan fawr o ran cyfleu delweddau y bydd llawer yn anelu atyn nhw. Gall lluniau o athletwyr a modelau proffesiynol mewn cylchgronau, ar y teledu neu ar y rhyngrwyd ddylanwadu arnon ni fel defnyddwyr. Maen nhw'n effeithio ar y ffordd rydyn ni'n gwisgo, ein maeth a'n hymarfer wrth i ni ddyheu am ddod yn debyg i'r bobl hynny yn y delweddau.
Iechyd a lles	Mae'r pwysigrwydd o gadw'n iach yn y newyddion yn rheolaidd. Wrth inni ddysgu mwy am fanteision ffordd iach o fyw rydyn ni'n dod yn fwy agored i fusnesau sy'n cynnig ffyrdd i ni wella ein hiechyd a'n lles.
Ardystiadau	Pan fydd sêr y byd chwaraeon yn gwisgo brandiau, a'r sêr hynny'n arwyr inni, rydyn ni'n cael ein denu at y cynhyrchion hynny mewn ymgais i ddod yn debyg iddyn nhw.

▶ **Tabl 12.7:** *Parhad*

Cyllid	Mae ansawdd tybiedig cynnyrch yn cael ei ddylanwadu'n fawr gan ei gost. Nid yw cynnyrch sydd yn costio mwy bob amser yn gynnyrch o well ansawdd. Fodd bynnag, gall y pris uwch wneud i'r cynnyrch ymddangos yn fwy uchelgeisiol ac felly'n fwy dymunol. Ar ben arall y raddfa, mae cynhyrchion ar bwynt pris is yn fwy cyraeddadwy ac felly'n haws i ystod ehangach o bobl eu prynu.
Digwyddiadau	Cyn ac yn ystod digwyddiadau, ac ar ôl iddyn nhw orffen, mae llawer mwy o gyhoeddusrwydd yn cael ei roi iddyn nhw. Bydd y chwaraeon sy'n rhan o'r digwyddiadau hyn yn cael mwy o sylw yn y cyfryngau ac felly bydd mwy o ddefnyddwyr yn debygol o gael eu denu atyn nhw.
Llwyddiant	Mae athletwr llwyddiannus yn gwneud i gamp ymddangos yn fwy cyraeddadwy. Mae llwyddiant mewn camp ar lefel uchel yn dod â sylw yn y cyfryngau i'r gamp honno ac unwaith eto mae defnyddwyr yn fwy tebygol o gael eu denu ati.

⏸ **MUNUD I FEDDWL** Esboniwch pam mae'r diwydiant chwaraeon yn esblygu'n barhaus ac yn ymateb i dueddiadau'r farchnad.

Awgrym Mae gennych ddau funud i gofio cymaint o ffactorau sy'n dylanwadu ar dueddiadau'r farchnad ag y gallwch chi. Lluniwch restr yn eich llyfr nodiadau.

Ymestyn Trefnwch eich rhestr yn ôl pa ffactorau rydych chi'n credu allai gael yr effaith fwyaf neu leiaf ar sut mae defnyddwyr yn ymateb i'r farchnad.

Fel grŵp, trafodwch pa dueddiadau sy'n debygol o effeithio fwyaf arnoch chi. Allwch chi roi unrhyw enghreifftiau o adegau pan rydych chi wedi cael eich denu at gynnyrch neu wasanaeth oherwydd tueddiadau yn y farchnad?

Marchnadoedd lleol, cenedlaethol a rhyngwladol

Mae'r byd yn mynd yn llai bob blwyddyn. Wrth i wledydd sy'n datblygu gael rhyngrwyd cyflym a mynediad i'r we, mae wedi dod yn bosibl rhedeg busnes sy'n cynnig gwasanaeth gwirioneddol ryngwladol. Mae cwmpas busnes bellach yn dibynnu mwy ar greadigrwydd ei berchennog yn hytrach na chyfyngiadau teithio a chyrhaeddiad. Gall hyd yn oed cynhyrchion fel cyngor ynghylch maeth neu ddosbarthiadau ymarfer corff gael eu cyflwyno dros y rhyngrwyd. Mae hyn yn golygu bod gan berchnogion busnes y potensial i weld eu cynulleidfa yn parhau i dyfu. Mae'n dod yn fwyfwy pwysig deall ble mae eu marchnad a sut orau i'w thargedu.

Os ydych chi'n gwerthu cynnyrch ffisegol fel offer neu ddillad chwaraeon, mae eich cyrhaeddiad bron yn ddiderfyn. Fodd bynnag, wrth chwilio am gwsmeriaid sydd ymhellach i ffwrdd, mae angen i chi ystyried treuliau ychwanegol fel darparu a dyletswyddau mewnforio ac allforio.

Yn realistig, bydd yna wasanaethau bob amser yn y diwydiant chwaraeon sy'n cael eu darparu orau wyneb yn wyneb ac mae llawer o berchnogion busnes yn dewis ymgysylltu â chynulleidfa y gallant gwrdd â hi a meithrin perthynas â hi yn hytrach nag un ar-lein.

Wrth ystyried o ble mae'ch cynulleidfa'n debygol o ddod, mae yna rai pwyntiau y dylid eu hystyried.

▶ A fydd eich cynulleidfa yn dod atoch chi neu a fydd angen i chi fynd atyn nhw? Mae rhai pobl hunangyflogedig yn cyfuno'r ddau, fel therapyddion tylino a all logi lle mewn clinig ond hefyd yn ymweld â'r cartref.

▶ Os byddan nhw'n dod atoch chi, pa mor bell fyddan nhw'n teithio? Ydych chi'n darparu gwasanaeth a allai fod â chyrhaeddiad eang ac y bydd pobl yn teithio iddo, fel llethr sgïo sych neu wal ddringo? A yw'ch cynnyrch yn fwy prif ffrwd, fel campfa, gyda chyrhaeddiad mwy cyfyngedig?

▶ Os yw'ch cleientiaid yn gofyn i chi fynd atyn nhw (er enghraifft, i gyflwyno sesiynau un i un fel ioga neu dylino chwaraeon), pa mor bell rydych chi'n barod i deithio a pha mor bell sy'n realistig cyn i'r treuliau fod yn drech na'r incwm?

▶ Beth yw eich **dalgylch**? Ydych chi mewn ardal sydd â niferoedd uchel o ddarpar gleientiaid fel dinas neu mewn ardal lle mae cleientiaid wedi'u gwasgaru'n deneuach? A fydd hyn yn effeithio ar ba mor bell y mae cleientiaid yn barod i deithio ar gyfer eich cynnyrch?

> **Term allweddol**
>
> **Dalgylch** – yr ardal y daw eich cleientiaid ohoni.

Dewiswch wasanaeth neu gynnyrch rydych chi'n angerddol amdano. Ystyriwch y gynulleidfa a'r cleientiaid tebygol ar gyfer y gwasanaeth neu'r cynnyrch hwn. Pa mor hen ydyn nhw? Ydyn nhw'n ddynion neu'n ferched? Beth yw eu diddordebau? Oes ganddyn nhw incwm i'w wario?

Ystyriwch eich dalgylch lleol. A fyddai'ch gwasanaeth neu'ch cynnyrch yn denu llawer o ddarpar gwsmeriaid yn y dalgylch hwn?

Term allweddol

Arloesol – cyflwyno syniadau newydd a meddwl yn greadigol.

Ymchwilio i strategaethau ar gyfer twf

Mae ymchwilio i'r farchnad yn bwysig nid yn unig pan rydych chi'n awyddus i gychwyn busnes: mae hefyd yn bwysig pan rydych chi'n bwriadu ehangu. Gallwch fod â syniad gwych ar gyfer ehangu, ond oni bai eich bod yn gwneud y mathau o ymchwil i'r farchnad a amlinellir yn Nhabl 12.6, byddwch yn camu i'r tywyllwch ac yn peryglu dyfodol eich busnes. Ni waeth pa mor dda yw'ch syniad busnes, yn eich barn chi, dylech bob amser gynnal ymchwil priodol i'r farchnad cyn ei lansio.

Cynhyrchu syniadau busnes

Mae'n anarferol iawn i fusnes ddod o hyd i gynnyrch sy'n hollol newydd ac **arloesol**. Fodd bynnag, pan fydd rhywun yn gwneud hynny, gall olygu llwyddiant sydyn a thwf cyflym. Mae'r rhan fwyaf o fusnesau yn cymryd cynnyrch sydd eisoes ar gael ac yn ei ailfodelu yn eu harddull eu hunain, yn ddelfrydol wrth wneud gwelliannau arloesol.

Wrth chwilio am syniad newydd i gychwyn busnes neu ehangu un sy'n bodoli eisoes, mae nifer o feysydd i'w hystyried a allai fod o gymorth ichi i wneud penderfyniad. Bydd ymchwilio i'r farchnad i bob un o'r meysydd hyn yn eich helpu i ddatblygu ac adeiladu eich syniad busnes eich hun, ac adeiladu achos busnes argyhoeddiadol a fydd yn eich helpu i ddenu buddsoddiad i gychwyn neu ehangu eich busnes.

Bylchau a chyfleoedd

Mae dau fath o fylchau yn y farchnad y gall busnes newydd neu berson hunangyflogedig fanteisio arnyn nhw.

1. Efallai y gallwch chi gymryd syniad busnes da sydd wedi'i weithredu yn rhywle arall a'i atgynhyrchu'n lleol lle nad yw ar gael ar hyn o bryd.
2. Efallai y gallwch ganfod cynhyrchion neu wasanaethau cwbl newydd nad ydyn nhw'n cael eu cynnig ar hyn o bryd gan unrhyw un arall.

Pan fydd syniadau'n dda, nid yw'r bylchau yn aros yn wag am hir oherwydd bydd perchnogion busnes yn symud yn gyflym i gau'r bwlch.

Astudiaeth achos

Mae CrossFit yn frand sy'n dod yn gyfystyr â ffitrwydd ac ymarfer corff eithafol. Bellach mae'n frand byd-eang gyda chystadlaethau rhyngwladol, ei nwyddau ei hun a miloedd o gampfeydd cysylltiedig ledled y byd, i gyd o dan y slogan 'Forging Elite Fitness'.

Mae'n cynnig sesiynau dwysedd uchel yn seiliedig ar wahanol symudiadau sy'n deillio o gymnasteg, codi pwysau, rhedeg a rhwyfo. Yn ôl ei neges farchnata: 'Po fwyaf o waith rydych chi'n ei wneud mewn byr dro, neu po fwyaf yr allbwn pŵer, y mwyaf dwys yw'r ymdrech. Trwy ddefnyddio dull amrywiol cyson o hyfforddi, mae symudiadau swyddogaethol a dwysedd yn arwain at enillion dramatig mewn ffitrwydd.'

Canfu CrossFit fwlch yn y farchnad a thrwy strategaeth glyfar iawn mae wedi tyfu ar gyflymder rhyfeddol. Mae ei strategaeth yn cynnwys:

- cyflwyno dyhead clir y dylai pobl wella eu hunain yn gorfforol
- campfeydd cysylltiedig sy'n ceisio darparu amgylcheddau sy'n canolbwyntio'n fawr ar dîm ac yn annog cyfranogwyr ar ddau ben y raddfa

- darparu elfen gystadleuol lle gall unigolion mewn campfa weld sut maen nhw'n cymharu nid yn unig â'i gilydd, ond hefyd â champfeydd eraill ledled y byd
- cynnig lefelau graddedig o gyfranogiad i unigolion ar draws ystod eang o alluoedd
- delwedd syml iawn sy'n arddangos ei werthoedd ei hun a'r rhai y mae ei aelodau'n dod yn rhan ohonyn nhw.

Gwiriwch eich gwybodaeth

1. Beth yw eu logo a beth mae'n gwneud i chi feddwl amdano?
2. Os yn bosibl, cymerwch ran mewn sesiwn yn y gampfa neu gysgodi hyfforddwr. Pa fath o amgylchedd y mae'r gampfa a'i staff yn ei hyrwyddo?
3. Allwch chi ddod o hyd i unrhyw fusnesau lleol nad ydyn nhw'n gysylltiedig â CrossFit ond sydd yn amlwg wedi mabwysiadu egwyddorion CrossFit ac yn eu defnyddio i ennyn diddordeb?

Cystadleuwyr

Gallwch ddysgu llawer gan eich cystadleuwyr. Gall deall cryfderau cystadleuydd eich helpu i ddysgu beth sydd angen i chi ei wneud i ailadrodd ei lwyddiant. Yn yr un modd, gall deall ei wendidau eich helpu i ddysgu beth allech chi ei wneud yn wahanol i ddenu ei gleientiaid.

Er mwyn i fusnes lwyddo rhaid iddo fod â siawns o gystadlu. Bydd asesu pa mor dda y mae busnes yn cael ei reoli a'i ariannu yn eich helpu i benderfynu a oes gennych unrhyw siawns o gystadlu ag ef ac, yn y pen draw, a allai'ch prosiect weithio.

Rhwystrau mynediad

Mae gwneud cynnyrch yn fwy hygyrch yn un o'r ffyrdd mwyaf cyffredin o gymryd cynnyrch sy'n bodoli eisoes a'i ailadrodd yn fwy llwyddiannus. Gallai hyn fod trwy atal yr angen am deithio trwy ddefnyddio gwasanaethau ar-lein neu ddod â'r cynnyrch at y defnyddiwr. Gallai hefyd fod trwy wneud tasg yn haws i'w chyflawni, megis lleihau pwysau darn o offer, a/neu wneud y cynnyrch yn hygyrch i gynulleidfa eang. Trwy oresgyn unrhyw rwystrau i fynediad sydd gan gwsmeriaid, gallwch chi dyfu'r farchnad a denu cwsmeriaid i'ch busnes sydd eisiau'r cynnyrch neu'r gwasanaeth ond nad oeddent yn gallu cael mynediad ato o'r blaen.

Strategaethau prisio

Trwy ddod o hyd i effeithlonrwydd wrth gyflenwi cynnyrch efallai y gallwch leihau'r costau cysylltiedig a chynnig y cynnyrch am bris is. Enghraifft o hyn fyddai rhedeg campfa finimalaidd fawr. Mae cynnig dull 'dim ffrils' ar raddfa fwy yn rhoi cyfle i gynnal niferoedd uwch mewn amgylchedd sydd â chostau rhedeg is. Bydd cynnig dewis arall am gost is yn denu cwsmeriaid sy'n cael eu digalonni gan gost cynhyrchion neu wasanaethau eich cystadleuwyr.

 **MUNUD I FEDDWL** | Lluniwch grynodeb o'r pwyntiau a wnaed ynglŷn â nodi bylchau a chyfleoedd heb gymorth y llyfr hwn.

Awgrym | Rhaid wrth allu creadigol i gynhyrchu syniadau busnes ac mae'n golygu gweld cyfle.

Ymestyn | Allwch chi awgrymu unrhyw strategaethau i'ch helpu chi i nodi cyfle?

Ymarfer asesu 12.2 **B.P4** **B.M3** **B.D2**

Rydych wedi penderfynu cychwyn busnes newydd yn y diwydiant chwaraeon lleol. Cynhaliwch ymchwil fanwl am ddarpar gleientiaid, cystadleuwyr a thueddiadau, a cheisiwch nodi bwlch yn y farchnad leol.

Cyflwynwch eich ymchwil mewn dogfen ysgrifenedig yn asesu'r canlyniadau ac yn gwerthuso'r ymchwil. Dewch i gasgliadau dilys am y cyfleoedd a welwyd gennych.

Cynllunio
- Pa mor hyderus ydw i yn fy ngalluoedd fy hun i gyflawni'r dasg hon?
- A oes unrhyw feysydd sy'n ymwneud â chynlluniau busnes y credaf y byddaf yn cael anhawster â hwy?

Gwneud
- Rwy'n gwybod beth rwy'n ei wneud a beth rydw i eisiau ei gyflawni.
- Byddaf yn adnabod pryd rydw i wedi mynd o'i le ac addasu fy meddwl/dull i gael fy hun yn ôl ar y trywydd iawn.

Adolygu
- Alla i egluro beth oedd y dasg a sut y gwnes i fynd ati?
- Alla i egluro sut y byddwn yn mynd at elfennau anodd y dasg yn wahanol y tro nesaf (h.y. beth fyddwn i'n ei wneud yn wahanol)?

 ## Datblygu cynllun busnes i ennill buddsoddiad a/neu gontractau

Ysgrifennu cynlluniau busnes

Ar ôl nodi cyfle neu fwlch yn y farchnad, fel rheol bydd angen i fusnes naill ai ddenu buddsoddiad neu ennill contract. Wrth ddenu buddsoddiad – pa un a yw'n dod o fanc, buddsoddwyr preifat neu mewn unrhyw fodd arall, mae'n debygol y bydd angen cynllun busnes strwythuredig a chlir. Mae Ffigur 12.1 yn dangos sut mae cynllun busnes cryf yn gweithio.

Wrth ysgrifennu cynlluniau busnes y pethau allweddol y mae'n rhaid i chi eu gwneud yn glir yw:
- sut y byddwch yn manteisio ar gyfleoedd busnes
- sut y byddwch yn targedu grwpiau penodol o gwsmeriaid ac yn nodi gofynion darpar gwsmeriaid
- lefelau cost ac elw eich busnes.

Bydd angen i chi hefyd gofio'r materion yn ymwneud â chyfraith cyflogaeth a chofrestru gyda Chyllid a Thollau EM y gwnaethom edrych arnynt wrth ddysgu nod A ar dudalen 76.

Natur busnes

Mae disgrifio'n union beth yw'r busnes a'i dargedau yn agweddau hanfodol ar hyrwyddo syniad i fuddsoddwyr. Mae prif sectorau'r diwydiant chwaraeon yn cynnwys:
- maeth
- therapi
- cyfarpar
- dillad ac esgidiau
- rhentu cyfleusterau a chanolfannau
- hyfforddiant a chyfarwyddyd
- datblygu ffitrwydd.

Cefnogir y prif sectorau hyn gan sectorau mwy cyffredinol fel busnesau marchnata, cyllid, y gyfraith ac adnoddau dynol.

Pa un a ydych chi'n hyrwyddo brand o ddillad, dosbarth ffitrwydd neu therapi adsefydlu, mae'n debygol, o fewn unrhyw sector, y bydd angen mawr am werthu'r cynnyrch. Mae hyn yn arbennig o berthnasol o'r adeg pan fydd busnes yn cychwyn gyntaf tan y pwynt lle gall argymhellion a sôn ar lafar wneud llawer o'r gwaith hyrwyddo i chi. Dylai deall ble mae busnes yn ffitio i'r diwydiant chwaraeon a sut y gallai sectorau eraill ddylanwadu arno, ei wasanaethu neu gael cefnogaeth ganddo fod yn dasg gyntaf cynllun busnes.

Cofiwch mai un o'r pethau a all ddenu cwsmeriaid i'ch busnes yw'r gwerth ychwanegol y gallwch ei gynnig ar ben y gwasanaeth. Er enghraifft, efallai y byddwch chi'n rhedeg eich gwasanaeth ar fwy o ddiwrnodau yn y flwyddyn na'ch cystadleuwyr, neu ar adegau mwy hyblyg. Neu efallai eich bod chi'n fwy symudol ac yn gallu ymweld â chwsmeriaid. Bydd unrhyw werth ychwanegol y gallwch ei gynnwys yn y gwasanaeth neu'r cynnyrch rydych chi'n ei gynnig yn helpu i ddod o hyd i fwy o gwsmeriaid – ac yn helpu i werthu rhagor.

Diagram llif (Ffigur 12.1)

Disgrifiwch natur y busnes a'r cyfleoedd cysylltiedig

↓

Disgrifiwch strwythur y busnes

↓

Lluniwch ragamcan realistig o dwf, incwm a gwariant y busnes

↓

Esboniwch y strategaeth ar gyfer cyflawni'r twf hwn

↓

Disgrifiwch y buddsoddiad a'r gefnogaeth sydd ei hangen

↓

Rhowch grynodeb o'r cynllun a hyrwyddwch y cyfle

▶ **Ffigur 12.1:** Strwythur ar gyfer cynllun busnes

Patrymau tymhorol

Mae patrymau tymhorol yn duedd arferol mewn llawer o fusnesau chwaraeon, ac os yw hyn yn wir yn eich achos chi, dylech nodi hynny yn y cynllun busnes. Os yw busnes yn dibynnu ar gamp benodol, yn enwedig pan gaiff y gamp honno ei gwneud y tu allan, mae'n debygol y bydd patrymau tymhorol; efallai mai dim ond ar rai adegau o'r flwyddyn y bydd yn realistig darparu rhai chwaraeon, fel sgïo yn y gaeaf neu gaiacio yn ystod yr haf. Yn aml, mae gostyngiad yn nifer y bobl sy'n defnyddio campfeydd yn ystod misoedd yr haf pan fydd aelodau'n dewis ymarfer yn yr awyr agored, a chynnydd yn ystod y gaeaf pan fydd y tywydd yn wael a'r dyddiau'n fyrrach.

Gall busnesau sy'n gwybod y gallan nhw ddisgwyl patrymau tymhorol ymateb i hynny. Gellir cynllunio rhagamcanion ariannol i ddangos patrymau ac efallai y bydd cyfle i gyflogi staff ychwanegol yn ystod cyfnodau prysur, yn ogystal â lleihau gorbenion eraill fel costau cyfleusterau ac adnoddau yn ystod tymhorau llai prysur.

Strwythur busnes

Mae strwythur busnesau yn amrywio'n sylweddol. Mae yna lawer o ffactorau amrywiol a fydd yn cael dylanwad ar y strwythur cychwynnol a sut mae busnes yn esblygu yn y dyfodol. Rhaid i'r strwythur fod yn gysylltiedig â gwir bwrpas y busnes, yr hyn y mae'n ceisio ei gyflawni a beth yw ei brif weithgaredd. Mewn unrhyw achos, dylid esbonio'r strwythur a ddewiswyd yn y cynllun busnes. Rhaid i'r adnoddau sy'n cael eu diffinio yn y strwythur busnes fod yn briodol ac wedi'u cysylltu'n uniongyrchol â chyflawni'r nodau hyn.

Staffio

Bydd nifer y staff sy'n ofynnol gan fusnes yn dibynnu'n llwyr ar yr hyn y mae'n ceisio ei gyflawni. Mewn unrhyw fusnes mae yna nifer o swyddogaethau allweddol y mae angen mynd i'r afael â nhw, fel:
- marchnata a chysylltiadau personol
- iechyd a diogelwch
- adnoddau dynol
- cyllid
- darparu gwasanaethau.

Mae'n bwysig bod busnes newydd yn realistig ynglŷn â faint o staff sydd eu hangen a beth y gall ei fforddio. Mewn byd delfrydol, gallai busnes gyflogi arbenigwyr yn yr holl feysydd hyn. Mewn gwirionedd, efallai mai dim ond ychydig o aelodau staff sydd gan fusnesau bach a rhaid iddynt allu cyflawni nifer o swyddogaethau o fewn y cwmni.

Ar gyfer busnesau mwy, weithiau mae diagram llif yn ddefnyddiol i ddangos y cadwyni rheoli a chyfrifoldeb. Yn Ffigur 12.2 mae strwythur sylfaenol ar gyfer canolfan ffitrwydd sydd â champfa a phwll.

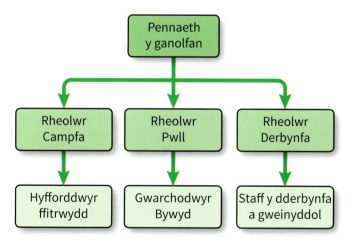

▶ **Ffigur 12.2:** Siart sefydliad

▶ Efallai y bydd angen i bobl sydd mewn busnes ar eu pennau eu hunain ddatblygu'r gallu i reoli'r holl swyddogaethau hyn. Cynghorir unrhyw berchennog busnes sy'n gweithredu ar ei ben ei hun i gyflogi arbenigwyr o'r tu allan i'r busnes i gynorthwyo gyda thasgau allweddol neu o leiaf gynnig cyngor. Mae'n bosibl trefnu hyn trwy gontractio cwmnïau arbenigol neu ymgynghorwyr.

Dylai'r cynllun busnes hefyd nodi pa swyddi fydd yn llawn amser neu'n rhan-amser, pa rai a fydd yn dymhorol a pha rai a allai gael eu cyflawni gan wirfoddolwyr.

Adnoddau

Gall adnoddau fod yn unrhyw beth sydd ei angen ar fusnes i lwyddo. Bydd oes benodol i'r adnoddau a dylai'r cynllun busnes fod yn glir ar y ffaith hon. Gellir gosod adnoddau o dan y penawdau cyffredinol:

▶ **Gweinyddiaeth a swyddfa** – gallai adnoddau gynnwys gliniaduron, ffonau, beiros a phapur, a chysylltiad â'r rhyngrwyd.

▶ **Trafnidiaeth** – gallai gynnwys ceir, bysiau mini a chostau cysylltiedig fel tanwydd ac yswiriant.

▶ **Trwyddedu a gofynion cyfreithiol** – gallai gynnwys yswiriant a chymwysterau.

▶ **Offer** – gallai gynnwys offer technegol, offer cymorth cyntaf ac adnoddau addysgu neu werthu.

▶ **Gwisg** – naill ai i hyrwyddo brand neu fel diogelwch personol.

Lleoliad a chyfleusterau

Mae'n eithaf posibl i fusnes bach gael ei redeg o gartref perchennog heb fod angen unrhyw gyfleusterau ychwanegol. Ar gyfer busnesau sydd angen cyfleusterau a lleoliad ffisegol, mae'n bwysig eich bod yn realistig ynghylch eich anghenion presennol a'ch anghenion yn y dyfodol. Wrth ddewis lleoliad a chyfleuster a chyfiawnhau eich dewis yn eich cynllun busnes, bydd y cwestiynau syml hyn yn eich helpu i lunio barn wybodus.

▶ Faint o le sydd ei angen arnoch chi?

▶ Pa fath o le sydd ei angen arnoch (er enghraifft, yn yr awyr agored, stiwdio, ystafell driniaeth)?

▶ Beth yw'ch cyllideb?

▶ Pa mor bwysig yw lleoliad i ddenu a chadw cleientiaid?

Cyllid

Mae rhagamcanu incwm a gwariant yn un o dasgau anoddaf unrhyw berchennog busnes, ond mae'n rhan hanfodol o gynllun busnes. Rhaid rhoi cyfrif am wariant ar yr holl ystyriaethau uchod. O'r gwaith ymchwil i'r farchnad, rhaid i chi farnu pa mor dda y mae'r busnes yn mynd i berfformio a pha mor gyflym y mae cleientiaid yn debygol o ddod yn rhan ohono.

Wrth ystyried cyllid, rhaid i chi ystyried:

▶ pa gostau cychwynnol y byddwch yn eu hysgwyddo

▶ pa mor hir y bydd hi cyn i chi sicrhau unrhyw incwm

▶ a fydd yr incwm cychwynnol yn ddigonol i dalu'r costau rhedeg ac os na, pa mor hir y bydd hyn yn ei gymryd

▶ pa mor hir y bydd hi cyn y gallwch ad-dalu buddsoddiadau cychwynnol.

Mae incwm (neu 'drosiant') a gwariant fel arfer yn cael eu rhagamcanu mewn taenlen debyg i'r un yn Ffigur 12.3. Mae hon yn fersiwn syml iawn. Mewn gwirionedd, mae'n debygol y byddai llawer mwy o engreifftiau o incwm a gwariant. Mae'n debygol hefyd y byddai angen gwneud rhagamcanion dros gyfnod o flynyddoedd i sicrhau bod popeth wedi'i ystyried.

Mae angen i'r buddsoddiad cychwynnol nid yn unig dalu am wariant ar gostau sefydlu ond hefyd dalu costau rhedeg nes bod y busnes yn gallu talu ei gostau rhedeg ei hun. Gallai hyn gymryd cryn amser. Un o'r rhesymau mwyaf cyffredin i fusnes fethu yw tanamcangyfrif pa mor hir y bydd yn ei gymryd cyn y gall dalu ei gostau ei hun ac **adennill costau** (*break even*).

INCWM A GWARIANT													
	Ion	Chwe	Maw	Ebr	Mai	Meh	Gorff	Awst	Medi	Hyd	Tach	Rhag	Cyfanswm
Incwm													
Nwyddau													
Hyfforddiant un i un													
Dosbarthiadau grŵp													
Aelodaeth fisol													
Cyfanswm													
Treuliau													
Adeiladau													
Ffioedd proffesiynol													
Staff													
Offer													
Cynnal a Chadw													
Marchnata													
Cyflenwadau swyddfa													
Gwasanaethau a chyfleustodau													
Benthyciad ar gyfer costau cychwynnol													
Yswiriant													
Cyfanswm													
Elw neu golled													

▶ **Ffigur 12.3:** Taenlen enghreifftiol ar gyfer cyfrifo incwm a gwariant

Er mwyn argyhoeddi buddsoddwyr y bydd eu harian yn cael ei wario'n dda, mae'n hanfodol bod y modd y caiff benthyciad ei wario yn glir ac yn gyfiawn.

Cynllun wrth gefn

Mae'n anodd iawn gwneud amcanestyniad ariannol sy'n gwbl gywir. Efallai y byddwch chi'n lwcus ac yn cael elw uwch na'r disgwyl. Mae'n fwy tebygol y byddwch yn mynd i gostau annisgwyl. Gwnewch yn siŵr eich bod yn ystyried y senario waethaf bob tro wrth greu amcanestyniad ariannol. Gwnewch yn siŵr bod digon o arian i dalu costau annisgwyl a thalu costau rhedeg am gyfnod estynedig.

Strategaeth ar gyfer denu cleientiaid

Bydd y mwyafrif o fusnesau, oni bai eu bod yn ddigon ffodus i fod yn hollol arloesol a gwreiddiol, yn aml yn ceisio nodi **pwynt gwerthu unigryw (USP)**. Bydd yr USP hwn yn ychwanegu gwerth ac apêl neu'n chwalu rhwystrau a allai atal cleient rhag ymgysylltu â chynnyrch, a gallai ddeillio o'r canlynol:

▶ lleihau costau a darparu gwell gwerth am arian i gleientiaid
▶ lleihau'r gymhareb o staff i gleientiaid fel bod gwasanaeth gwell yn cael ei gynnig o'i gymharu â chystadleuwyr
▶ gwella effeithlonrwydd (hynny yw 'sicrhau canlyniadau'n gyflymach')
▶ cynnig cymhellion fel diwrnodau ychwanegol am ddim neu nwyddau
▶ sy'n hyrwyddo ffordd o fyw i anelu ato ac sy'n apelio at gleientiaid
▶ lleihau'r anghenion teithio drwy ddefnyddio'r rhyngrwyd neu ddod â'r gwasanaeth i'r cleient
▶ cynnig gwell ansawdd.

Crynodeb

Rydym yn anghofio weithiau mai'r prif reswm dros gynllun busnes, yn aml iawn, yw cyflwyno cysyniad neu syniad. Mae crynodeb y cynllun busnes yn rhoi cyfle i 'werthu' y busnes i sicrhau cefnogaeth neu fuddsoddiad. Dyma'r amser i egluro mewn gwirionedd pam y gallai buddsoddwr fod eisiau cymryd rhan.

Damcaniaeth ar waith

Dychmygwch fod gennych gyfle i gychwyn busnes bach fel hyfforddwr personol. Mae gennych fuddsoddiad preifat gwerth £15,000 y mae'n rhaid ei dalu'n ôl yn ddi-log dros gyfnod o bum mlynedd. Mae angen i chi sicrhau bod gennych yr holl yswiriant, cymwysterau a thrwyddedau, prynu adnoddau, cael lleoliad neu gyfleusterau, talu costau gweinyddol a datblygu adnoddau marchnata.

1 Gwnewch ymchwil go iawn i gyfleoedd lleol i'ch galluogi i gostio'r busnes hwn.

2 Lluniwch amcanestyniad ariannol ar gyfer y flwyddyn gyntaf. Byddwch yn realistig ynghylch incwm a gwariant.

Ar ôl cwblhau'r amcanestyniad, gwnewch asesiad i weld a ydych chi'n teimlo y gallai'r busnes hwn fod yn gynaliadwy.

Term allweddol

Pwynt gwerthu unigryw (USP) – rhywbeth sy'n gwneud busnes neu ei gynnyrch yn wahanol i unrhyw beth arall. Gellir ei ddefnyddio fel rheswm dros annog darpar gleientiaid i brynu cynnyrch neu wasanaeth penodol yn hytrach na rhai cystadleuydd.

Astudiaeth achos

Cwmni bach yw 'Outdoor and Fit' a ddechreuwyd yn 2013 yng Nghaerdydd. Yn anffodus, methodd y busnes ar ôl dwy flynedd a bu'n rhaid iddo gau ei ddrysau. Roedd Tris, y perchennog, yn amlwg yn siomedig iawn. Roedd y busnes, i bob golwg, yn brysur ac roedd y pris a godai am ei ddosbarthiadau yn debyg i unrhyw grŵp neu ganolfan ffitrwydd arall. Ar ôl ymchwilio, sylweddolodd Tris fod ei wariant ychydig yn rhy uchel i alluogi i'r cwmni adennill costau. Gellid categoreiddio ei dreuliau o dan y penawdau canlynol.

- Staff – roedd Tris yn talu cyflog sylfaenol iddo'i hun o'r cwmni ac yn cyflogi gweinyddwr 2.5 diwrnod yr wythnos i ymateb i negeseuon e-bost a chymryd archebion.
- Cyfleusterau – y cysyniad wrth wraidd Outdoor and Fit oedd darparu hyfforddiant cylchedau mewn amryw o leoliadau awyr agored gan gynnwys parciau, coedwigoedd ac ar y traeth. Felly, nid oedd angen lleoliad ar gyfer y dosbarthiadau. Serch hynny, roedd gan y busnes swyddfa ar brydles yng Nghaerdydd.
- Adnoddau – roedd Tris yn cadw adnoddau'r swyddfa i'r lleiafswm. Ar gyfer ei ddosbarthiadau go iawn, roedd ganddo ddetholiad bach o offer gan gynnwys bandiau gwrthiant, matiau ymarfer corff a chlychau tegell (*kettlebells*). Roedd y rhain yn cael eu defnyddio'n rheolaidd.

- Yswiriant a chymwysterau – roedd Tris eisoes wedi cymhwyso fel gweithiwr ffitrwydd proffesiynol cyn dechrau'r busnes. Fodd bynnag, bu'n rhaid iddo sicrhau bod ei gymhwyster cymorth cyntaf yn cael ei adnewyddu bob tair blynedd. Roedd yr yswiriant ar gyfer y busnes yn orfodol ac yn cael ei dalu bob mis.
- Cludiant – gan fod angen i Tris fynd i wahanol leoliadau i ddarparu ei ddosbarthiadau, roedd angen car arno. Prynodd Toyota Hilux newydd trwy'r cwmni i sicrhau ei fod yn edrych yn broffesiynol ac yn gallu cario'r offer yr oedd ei angen arno.
- Marchnata – adeiladwyd y wefan gan ffrind iddo am bris gostyngol. Roedd gan Tris hefyd daflenni a ddosbarthwyd o amgylch canolfannau chwaraeon a chyllideb ar gyfer hysbysebu lleol.

Gwiriwch eich gwybodaeth

1 Ym mha ffyrdd y llwyddodd Tris i arbed arian a lleihau gwariant?
2 A ydych chi'n credu bod ffordd y gallai neu y dylai Tris fod wedi arbed arian yn y busnes newydd?
3 Mewn gwirionedd, a ydych chi'n credu y gallai hwn fod wedi bod yn syniad busnes llwyddiannus?

Ymarfer asesu 12.3

C.P5 | C.P6 | C.M4 | C.M5 | C.D3

Meddyliwch yn ôl am y cyfle lleol a nodwyd gennych yn ymarfer asesu 12.2. Nawr mae angen i chi ddylunio cynllun busnes a fydd yn egluro'ch meddyliau'n glir ac yn fanwl, rhagamcanu cyllid a hyrwyddo'ch syniadau i fuddsoddwr neu gefnogwr.

Pan fyddwch wedi cwblhau'r cynllun, mae angen i chi ei adolygu, gan werthuso'r cryfderau a'r meysydd i'w gwella. Rhowch argymhellion ar gyfer gwelliannau y gallech eu gwneud yn y dyfodol.

Ar ôl cwblhau eich cynllun busnes, ac i baratoi ar gyfer y posibilrwydd o'i gyflwyno i reolwr banc i sicrhau arian, lluniwch gyflwyniad PowerPoint® a thaflenni cysylltiedig.

Cynllunio
- Ydw i'n hyderus am fy syniadau a sut i'w darlunio mewn cynllun busnes?
- Ydw i'n deall yr holl ystyriaethau wrth wneud amcanestyniadau busnes?

Gwneud
- Ydw i'n gwybod sut i ddylunio fy nghynllun ac a ydw i'n hyderus y bydd yn glir?
- Alla i ystyried cryfderau a meysydd i'w gwella a gwneud argymhellion pe bawn yn ail-ysgrifennu fy nghynllun?

Adolygu
- Alla i egluro beth oedd y dasg a chyfiawnhau sut y gwnes i fynd ati?
- Alla i egluro sut y gallwn ddysgu o'r dasg hon a defnyddio'r hyn yr wyf wedi'i ddysgu ar gyfer tasgau yn y dyfodol?

Deunydd darllen ac adnoddau pellach

Barrow, C. (2011), *Starting and Running a Business All-in-One for Dummies*, John Wiley and Sons.

Morton, C. (2013), A *One Person Business: How to Start a Small Business*, Little Brown.

The Prince's Trust (2010), *Make it Happen: The Prince's Trust Guide to Starting Your Own Business*, John Wiley and Sons.

BETH AM ▶▶Y DYFODOL?

Seb Christy

Hyfforddwr nofio hunangyflogedig

Does gen i ddim syniad faint o waith oedd yn gysylltiedig â sefydlu fy musnes. Am y 18 mis cyntaf, doedd yr incwm ddim yn ddigon i dalu fy nhreuliau byw sylfaenol felly roedd yn rhaid i mi gael swydd ran-amser mewn canolfan chwaraeon i ennill arian ychwanegol.

Mae edrych yn ôl ar y profiad nawr, bum mlynedd yn ddiweddarach, ac ystyried fy sefyllfa bresennol yn rhoi cryn foddhad imi. Erbyn hyn, rydw i'n hollol hunangynhaliol. Mae fy musnes wedi ad-dalu pob ceiniog o'r benthyciad cychwynnol a ddefnyddiwyd i'w ariannu. Rwy'n gwneud cyflog da, ond yn bwysicach fyth, rwy'n gallu dewis fy nyfodol fy hun. Rwy'n gweithio yn ôl fy amserlen fy hun ac yn trefnu cleientiaid i gyd-fynd â'm ffordd o fyw fy hun.

Rwy'n gwybod fy mod i wedi bod yn lwcus. Mae gen i ffrindiau y mae eu busnesau cychwynnol wedi methu yn y flwyddyn gyntaf. Fodd bynnag, rwy'n gwybod hefyd mai fy ngwaith caled a'm dyfalbarhad fu'n gyfrifol am lwyddiant fy musnes.

Canolbwyntio eich sgiliau

Nodi cyfle

Nid yw busnes ond cystal â'r syniad sy'n ganolog iddo. Mae yna lawer o ffactorau sy'n penderfynu a allai syniad fod yn fusnes hyfyw. Dyma rai awgrymiadau ar gyfer nodi a phenderfynu a allai busnes weithio.

- Ystyriwch y gystadleuaeth. A yw'r farchnad yn llawn busnesau tebyg neu a oes digon o le i'ch un chi ddod o hyd i gleientiaid?
- Gofalwch eich bod yn deall pwy yw eich marchnad darged. Gwnewch ddigon o ymchwil i ddod i'w hadnabod a deall yr hyn maen nhw ei eisiau.
- Gwnewch i'ch cynnyrch sefyll allan. Dewch o hyd i bwynt gwerthu unigryw a defnyddiwch hwn i ddenu cleientiaid i'ch cynnyrch.
- Dewiswch fusnes y gallwch chi deimlo'n frwdfrydig ac yn angerddol amdano. Mae dechrau ac yna rhedeg busnes yn waith caled. Oni bai eich bod yn llawn cymhelliant, mae'n debygol y byddwch yn methu.

Cynlluniwch eich cyllid

- Sicrhewch eich bod yn cyfrif am bob gwariant posibl a gwnewch yn siŵr bob amser bod gennych gynllun wrth gefn.
- Edrychwch ymlaen. Po bellaf ymlaen y gallwch chi adeiladu eich cynllun, y gorau fydd y ddealltwriaeth fydd gennych chi o'r hyn sydd ei angen i chi ei wneud i sicrhau llwyddiant.
- Defnyddiwch arbenigwyr. Yn enwedig yn y flwyddyn gyntaf a thra eich bod chi'n dysgu, efallai y byddai'n syniad da defnyddio cyfrifydd i'ch helpu i gadw golwg ar gyllid.
- Er mwyn sicrhau benthyciadau a grantiau mae angen i chi werthu'r syniad. Gwnewch yn siŵr eich bod yn credu mewn unrhyw gynllun rydych chi'n ei wneud a sicrhau ei fod yn realistig.

Paratoi ar gyfer asesiad

Mae Keako yn ei ail flwyddyn yn astudio BTEC Chwaraeon Lefel 3. Mae'n gobeithio bod yn berchen ar ei fusnes ei hun rhyw ddydd ac felly roedd ganddo ddiddordeb mawr yn yr uned hon. Yn flaenorol treuliodd beth amser yn ymchwilio i amrywiol gyfleoedd yn y diwydiant chwaraeon i ddod yn hunangyflogedig a rhedeg ei fusnes ei hun. Ar gyfer nod dysgu C, gofynnwyd iddo fel rhan o'i aseiniad:

► ysgrifennu cynllun busnes sy'n realistig ac sy'n cwmpasu'r holl ystyriaethau allweddol o gychwyn busnes.

► gwerthuso ei gynnwys gan awgrymu gwelliannau ar gyfer y dyfodol.

Sut y dechreuais i

Yn ystod fy nghwrs rydw i wedi cael cyfle i gwrdd ag ystod eang o bobl yn y diwydiant chwaraeon. Mae llawer ohonyn nhw'n berchen ar eu busnes eu hunain ac rydw i wedi bachu ar bob cyfle i'w holi am y profiad. Cynigiodd rhai o'r bobl hyn roi cyngor imi pe bawn i'n ystyried sefydlu fy musnes fy hun. Er mwyn fy helpu gyda'r dasg hon, cysylltais â nhw ac roedden nhw'n barod iawn gyda'u hawgrymiadau.

Ar ôl i mi gael cysyniad busnes cadarn, treuliais beth amser yn meddwl am y ffordd orau o strwythuro'r wybodaeth mewn cynllun busnes. Rydw i wedi sylweddoli, gan fod pob busnes yn wahanol, fod pob cynllun hefyd yn wahanol.

Roeddwn i eisiau i'm cynllun fod mor gywir â phosib ac felly treuliais lawer iawn o amser yn ymchwilio i gostau, adnoddau a chyfleusterau. Roeddwn i eisiau bod mor realistig â phosib ac felly fe wnes i arbedion lle bynnag y gallwn i.

Sut y des i â'r cyfan at ei gilydd

Fe wnes i sicrhau bod fy nghynllun yn hawdd ei lywio trwy ddefnyddio tudalen gynnwys. Defnyddiais rai delweddau hefyd i wneud fy syniadau yn fwy gweledol. Cofiais mai un o'r prif resymau dros gynllun busnes yw gwerthu syniad. Ceisiais sicrhau bod fy mrwdfrydedd a fy nghred yn fy syniadau yn amlwg yn fy nghynllun. Fe wnes i rai pethau i sicrhau bod y cynllun yn drylwyr ac yn fanwl.

► Creu siart llif o staff ac yna rhoddais ddisgrifiad swydd byr o bob rôl i sicrhau bod yr holl dasgau sy'n ofynnol yn y busnes yn cael eu cynnwys.

► Ar ôl cwblhau'r rhagamcanion ariannol ar gyfer blwyddyn 1, fe wnes i eu dangos hefyd ar gyfer blynyddoedd 2 a 3. Rwy'n sylweddoli nad yw llawer o fusnesau yn gwneud arian yn eu blwyddyn gyntaf felly roedd yn bwysig dangos pryd roeddwn i'n meddwl y byddai fy musnes i'n gwneud arian.

► Ceisiais fod yn realistig ynghylch adnoddau a staff. Weithiau, byddwn yn cyfaddawdu ac yn lleihau'r gwariant i sicrhau bod y costau mor isel â phosib. Ar yr un pryd ceisiais ddangos sut y gellid cadw'r ansawdd yn uchel.

Beth wnes i ei ddysgu o'r profiad

Roeddwn i bob amser yn deall y gallai adeiladu eich busnes eich hun fod yn her. Rydw i nawr yn gwybod pa mor anodd ydyw mewn gwirionedd. Rwy'n dal yn benderfynol o fod yn berchen ar fy musnes fy hun rhyw ddiwrnod. I wneud hyn yn realiti gallaf weld y bydd angen i mi weithio'n galed. Rwy'n ceisio cael adborth gan fy nhiwtoriaid ac arbenigwyr yn y gweithle yr wyf yn cwrdd â nhw.

Mae nifer o bethau sydd wedi cael eu dangos i mi weithio arnyn nhw ac rydw i'n mynd i ddefnyddio gweddill fy nghwrs i wneud gwelliannau. Mae mathemateg a Saesneg (a Chymraeg) yn bwysig iawn i unrhyw berchennog busnes. Mae gallu rheoli ffigurau, defnyddio taenlenni a chyfleu meddyliau a chynlluniau yn ysgrifenedig yn hanfodol. Alla i ddim gadael i anhawster fy arafu. Mae angen i mi ddysgu bod yn llawn cymhelliant hyd yn oed wrth wynebu tasg anodd neu rwystr. Mae datblygu sgiliau trefnu yn hollbwysig hefyd, oherwydd bydd yn rhaid i mi, rhyw ddydd, reoli fy amserlen fy hun yn ogystal ag amserlen fy staff.

Pwyntiau i'w hystyried

► Ydych chi'n gwybod pryd mae'r dyddiadau cyflwyno ar gyfer eich aseiniadau a sut orau rydych chi'n mynd i ddefnyddio'ch amser i gyflawni'r tasgau?

► Ydych chi wedi defnyddio pob cyfle i ymchwilio a chael profiad o'r amrywiol sectorau yn y diwydiant chwaraeon?

► Ydych chi'n deall yr holl nodweddion sy'n effeithio ar berson hunangyflogedig a pherchennog busnes?

Cyfarwyddo Ymarferion yn y Gampfa 13

Dod i adnabod eich uned

Asesiad

Mae'r uned hon yn cael ei hasesu'n fewnol gan ddefnyddio cyfres o aseiniadau a osodir gan eich tiwtor.

Mae pobl yn fwy ymwybodol o ffitrwydd nag erioed, gan arwain at dwf sylweddol mewn campfeydd ledled y wlad. Mae angen hyfforddwyr ar y campfeydd hyn i helpu pobl i ddefnyddio offer yn ddiogel, i weithio gydag unigolion a chynllunio rhaglenni ymarfer corff, a hefyd i ysgogi a chefnogi defnyddwyr.

Yn yr uned hon, byddwch yn archwilio'r gwahanol fathau o ymarferion, gan gynnwys y rhai sy'n defnyddio cyfarpar cardiofasgwlaidd a gwrthiant, a sut y gellir gwneud pob un o'r ymarferion hyn yn ddiogel gyda'r dechneg gywir. Byddwch hefyd yn ymchwilio i sut i gynllunio a chyfarwyddo sesiwn ymarfer corff yn y gampfa, gan ystyried anghenion cleientiaid a sut y gellir addasu'r sesiynau hyn i ddiwallu gwahanol anghenion.

Yn olaf, byddwch yn archwilio gwahanol ddulliau ar gyfer casglu adborth ar berfformiad, er mwyn ichi nodi'ch cryfderau a'r meysydd y mae angen eu gwella.

Sut y cewch eich asesu

Bydd yr uned hon yn cael ei hasesu'n fewnol drwy gyfrwng cyfres o dasgau a osodir gan eich tiwtor. Trwy gydol yr uned hon, fe welwch ymarferion asesu defnyddiol a fydd yn eich helpu i weithio tuag at eich asesiadau terfynol. Ni fydd cwblhau pob un o'r rhain yn golygu, o reidrwydd, eich bod yn llwyddo i gael gradd derfynol, ond bydd pob un ohonynt yn eich helpu trwy wneud ymchwil neu waith paratoi perthnasol y gallwch ei ddefnyddio tuag at eich asesiadau terfynol.

Er mwyn sicrhau eich bod yn gwneud yr holl dasgau yn eich aseiniadau, mae'n bwysig eich bod yn cwmpasu'r holl feini prawf ar gyfer Llwyddo. Gwnewch yn siŵr eich bod chi'n gwirio pob un ohonyn nhw cyn i chi gyflwyno'ch gwaith i'ch tiwtor.

Os ydych chi'n gobeithio cael Teilyngdod neu Ragoriaeth, rhaid i chi ystyried sut rydych chi'n cyflwyno'r wybodaeth yn eich aseiniad a sicrhau eich bod chi'n ymestyn eich ymatebion neu'ch atebion. Er enghraifft, er mwyn cael Teilyngdod rhaid i chi egluro'ch cryfderau a'ch gwendidau wrth ddarparu sesiwn ymarfer corff yn y gampfa, gan gynnig argymhellion i wella'ch perfformiad. Er mwyn cael Rhagoriaeth, rhaid ichi fynd ymhellach trwy gyfiawnhau eich dewisiadau o ymarferion wedi'u haddasu ac ymarferion amgen, cryfderau'r sesiwn ac argymhellion i wella'ch perfformiad. Mae'n bwysig eich bod chi'n cynllunio'ch asesiadau ac yn sicrhau eich bod yn cynnwys yr holl feini prawf sy'n ofynnol ar gyfer y radd.

Bydd yr aseiniad a osodir gan eich tiwtor yn cynnwys nifer o dasgau sydd wedi'u cynllunio i fodloni'r meini prawf yn y tabl. Mae hyn yn debygol o gynnwys aseiniad ysgrifenedig ond gall hefyd gynnwys gweithgareddau fel:

▶ paratoi cleientiaid gwahanol ar gyfer sesiwn ymarfer corff ddiogel yn y gampfa.

▶ cynllunio a chynnal sesiwn ddiogel yn y gampfa ar gyfer dau gleient gwahanol, gan esbonio'r gwahanol ddulliau o hyfforddi.

▶ gwerthuso ac adolygu eich perfformiad eich hun wrth oruchwylio sesiwn yn y gampfa.

Meini prawf asesu

Mae'r tabl hwn yn dangos yr hyn sy'n rhaid i chi ei wneud i **Lwyddo**, neu i gael **Teilyngdod** neu **Ragoriaeth**, a sut i ddod o hyd i weithgareddau i'ch helpu.

Llwyddo	Teilyngdod	Rhagoriaeth

Nod dysgu A Archwilio'r prosesau o asesu cleientiaid cyn iddyn nhw gymryd rhan mewn ymarferion yn y gampfa

Llwyddo	Teilyngdod	Rhagoriaeth
A.P1 Sgrinio cleientiaid ar gyfer dau gleient cyferbyniol. **Ymarfer asesu 13.1**	**A.M1** Perfformio sgrinio effeithiol gan ddefnyddio dulliau sy'n briodol i anghenion dau gleient cyferbyniol. **Ymarfer asesu 13.1**	**A.D1** Gwerthuso canlyniadau sgrinio dau gleient gwahanol, gan gyfiawnhau awgrymiadau ar gyfer symud ymlaen i ymarfer yn ddiogel. **Ymarfer asesu 13.1**
A.P2 Dehongli canlyniadau sgrinio dau gleient gwahanol. **Ymarfer asesu 13.1**	**A.M2** Darparu argymhellion ar gyfer cleientiaid penodol ar ffactorau sy'n effeithio ar eu gallu i wneud ymarfer corff yn ddiogel. **Ymarfer asesu 13.1**	
A.P3 Esbonio ffactorau a all effeithio ar allu dau gleient gwahanol i wneud ymarfer corff yn ddiogel. **Ymarfer asesu 13.1**		

Nod dysgu B Archwilio gwahanol fathau o ymarferion ar gyfer ymarfer corff yn y gampfa

Llwyddo	Teilyngdod	Rhagoriaeth
B.P4 Esbonio gwahanol ddulliau cardiofasgwlaidd hyfforddiant dygnwch a hyfforddiant gwrthiant. **Ymarfer asesu 13.2**	**B.M3** Cymharu a chyferbynnu gwahanol ddulliau o hyfforddiant cardiofasgwlaidd a gwrthiant, cyfiawnhau defnyddio pob un ar gyfer gwahanol gleient cyferbyniol. **Ymarfer asesu 13.2**	**B.D2** Gwerthuso eich perfformiad eich hun wrth gynllunio a darparu sesiwn ymarfer corff yn y gampfa i gleientiaid penodol, gan gyfiawnhau'r dewisiadau o ymarferion wedi'u haddasu ac ymarferion amgen, y sesiwn, cryfderau ac argymhellion ar gyfer hunan-wella. **Ymarfer asesu 13.2**

Nod dysgu C Cynllunio a chyfarwyddo ymarfer corff yn y gampfa ar gyfer cleientiaid unigol

Llwyddo	Teilyngdod	Rhagoriaeth
C.P5 Paratoi cynllun diogel ac effeithiol ar gyfer sesiwn ymarfer corff yn y gampfa. **Ymarfer asesu 13.3**	**C.M4** Paratoi cynllun ymarfer corff cynhwysfawr yn y gampfa sy'n dangos addasiadau o bob ymarfer ar gyfer gwahanol gleientiaid. **Ymarfer asesu 13.3**	**C.D3** Gwerthuso'r effeithiau o asesu cleientiaid a'r dewis o ymarfer ar gynllunio a chyfarwyddo ymarfer corff diogel ac effeithiol yn y gampfa. **Ymarfer asesu 13.3**
C.P6 Cyflwyno sesiwn ymarfer corff diogel ac effeithiol yn y gampfa sy'n cynnwys cyflawni ymarferion cardiofasgwlaidd a gwrthiant diogel ac effeithiol yn y gampfa. **Ymarfer asesu 13.3**	**C.M5** Cyfathrebu'n effeithiol â chleientiaid wrth gyflwyno sesiwn ymarfer corff yn y gampfa sy'n cynnig ymarferion amgen ac ymarferion wedi'u haddasu ar gyfer gwahanol gleientiaid penodol. **Ymarfer asesu 13.3**	
C.P7 Adolygu eich perfformiad eich hun wrth ddarparu sesiwn ymarfer corff yn y gampfa, gan nodi cryfderau a meysydd i'w gwella. **Ymarfer asesu 13.3**	**C.M6** Adolygu eich perfformiad eich hun wrth ddarparu sesiwn ymarfer corff yn y gampfa, gan egluro cryfderau a darparu argymhellion ar hunan-wella. **Ymarfer asesu 13.3**	

Dechrau arni

Gall gweithio mewn campfa fod yn yrfa heriol ond gwerth chweil. Byddwch yn gweithio gydag ystod o gleientiaid, pob un â'u nodau ffitrwydd personol eu hunain. Ysgrifennwch restr o'r hyn rydych chi'n meddwl yw'r prif elfennau o lunio sesiwn campfa a pha sgiliau sydd eu hangen i arwain sesiwn. Meddyliwch am eich sgiliau presennol eich hun a rhestrwch eich cryfderau yn ogystal â'r meysydd y byddai angen i chi wella arnyn nhw i arwain sesiwn yn llwyddiannus.

 A Archwilio'r prosesau o asesu cleientiaid cyn iddyn nhw gymryd rhan mewn ymarferion yn y gampfa

Cyn i chi ganiatáu i'ch cleient wneud unrhyw ymarfer corff, ac fel rhan o lunio rhaglen hyfforddi, rhaid i chi gael darlun o'u hanes o ran ymarfer, gan gynnwys unrhyw broblemau yn ymwneud ag iechyd neu salwch diweddar. Mae iechyd a diogelwch y cleient cyn, yn ystod ac ar ôl sesiwn hyfforddi o'r pwys mwyaf. Cyn i unrhyw sesiwn ymarfer corff gychwyn, rhaid i chi fod yn sicr bod eich cleient yn gallu cwblhau'r sesiwn neu'r rhaglen yn ddiogel.

Sgrinio cleientiaid

Cyn iddo gymryd rhan mewn unrhyw sesiwn ymarfer corff, mae'n hanfodol eich bod yn asesu faint o weithgaredd y mae'r cleient yn ei wneud ar hyn o bryd, yn ogystal â'i iechyd ac unrhyw gyflyrau meddygol neu anafiadau. Dylai pob cleient gwblhau sesiwn sgrinio. Ymdriniwyd â'r rhain yn fanwl yn Uned 2 ond gallant gynnwys:

▶ cyfweliadau byr, anffurfiol
▶ holiaduron cyn ymarfer fel Holiadur Parodrwydd i wneud Gweithgaredd Corfforol (PAR-Q) a holiadur ffordd o fyw
▶ arsylwi.

Os ydych yn ansicr ynghylch unrhyw ymateb a roddir fel rhan o holiadur cyn-ymarfer, neu gyfweliad, ni ddylech ganiatáu i'r cleient gwblhau sesiwn ymarfer corff nes eich bod yn fodlon eich bod wedi datrys y mater. Cofiwch mai iechyd a diogelwch eich cleient yw eich prif gonsyrn.

Rhaid i chi hefyd gael caniatâd gwybodus y cleient cyn i'r sesiwn ymarfer gychwyn – trafodwyd hyn hefyd yn Uned 2.

Gwrtharwyddion

Rhaid i chi fod yn ymwybodol o **wrtharwyddion** (*contraindications*) cleientiaid cyn iddyn nhw ddechrau ar unrhyw raglen ymarfer corff. Bydd eich cyfweliad neu'r holiaduron yn sicrhau eich bod yn gwybod am unrhyw gyflyrau sy'n debygol o effeithio ar allu eich cleient i hyfforddi'n ddiogel. Rhai enghreifftiau cyffredin o wrtharwyddion yw asthma, beichiogrwydd, clefyd y galon, diabetes a llawdriniaethau neu anafiadau diweddar.

Os oes gennych unrhyw bryderon ynghylch iechyd y cleient neu os oes unrhyw wrtharwyddion, dylech gyfeirio'r cleient at arbenigwr meddygol proffesiynol fel ei feddyg teulu.

Cysylltiad

Ymdrinnir â sgrinio cleientiaid a chael caniatâd gwybodus yn *Uned 2: Hyfforddi a Rhaglennu Ffitrwydd ar gyfer Iechyd, Chwaraeon a Lles.*

Term allweddol

Gwrtharwydd – cyflwr neu ffactor corfforol neu feddyliol sy'n cynyddu'r risg o gymryd rhan mewn gweithgaredd.

⏸ **MUNUD I FEDDWL**   Ydych chi'n deall y pwysigrwydd o sgrinio cleientiaid?

> Awgrym   Ysgrifennwch restr o'r gwahanol ddulliau y gellir eu defnyddio i sgrinio cleient cyn ymarfer corff a manteision pob un o'r rhain.

> Ymestyn   Ystyriwch a oes unrhyw anfanteision i bob un o'r dulliau hyn a pham y gallai defnyddio cyfuniad o ddulliau fod yn fuddiol.

Ffactorau sy'n effeithio ar wneud ymarfer corff yn ddiogel

Mae gan bob unigolyn wahanol anghenion, galluoedd, nodau, sgiliau, priodoleddau corfforol, ffyrdd o fyw, hanesion meddygol a hoff bethau wrth ymarfer. Felly dylid llunio rhaglen hyfforddi yn benodol ar gyfer pob unigolyn. Dylai eich disgwyliadau fod yn benodol i'r gwahanol unigolion.

Bydd yr holiadur cyn-ymarfer a'r cyfweliad yn caniatáu ichi bennu lefel y gweithgaredd y gall y cleient ei wneud ar hyn o bryd. Mae hyn yn bwysig ac yn eich galluogi i osod ymarferion sy'n rhoi dilyniant digonol i'r cleient. Peidiwch byth â gosod ymarferion sy'n rhy anodd i'r cleient, oherwydd gall hyn fod yn beryglus ac achosi anghysur neu anaf. Rhaid i bob cleient fod yn gyffyrddus â'i raglen ymarfer corff.

Dwysedd ymarfer corff

Dwysedd ymarfer corff yw lefel yr ymdrech sy'n ofynnol i wneud sesiwn ymarfer corff – hynny yw, pa mor anodd yw'r ymarferion. Gellir ei fesur mewn nifer o ffyrdd ar gyfer amrywiaeth o ymarferion. Weithiau cyfeirir at ddwysedd fel **gorlwytho**. Er mwyn i unrhyw welliannau gael eu gwneud, rhaid i chi wthio'r corff y tu hwnt i'r hyn y mae wedi arfer ag ef. Os na chyflawnir gorlwytho, y gorau y gall person ei ddisgwyl yw cynnal ei lefel bresennol o ffitrwydd.

Canran o gyfradd curiad y galon uchaf

Mae dwysedd ymarfer corff yn aml yn cael ei fesur fel canran o'ch cyfradd curiad y galon uchaf (MHR – *maximum heart rate*), ac mae offer fel monitor cyfradd curiad y galon yn werthfawr wrth fesur dwysedd ymarfer corff. Yn gyffredin, mae ymarferion yn anelu at ddwysedd isel, canolig neu uchel:

▶ **dwysedd isel** – hyfforddiant ar hyd at 70 y cant o MHR – a ddefnyddir i wella ffitrwydd cyffredinol
▶ **dwysedd canolig** – hyfforddiant ar hyd at 80 y cant o MHR – a ddefnyddir i wella trothwy aerobig neu ddygnwch
▶ **dwysedd uchel** – hyfforddiant ar hyd at 90 y cant o MHR – a ddefnyddir i wella cryfder neu drothwy anaerobig.

Parthau hyfforddi ar gyfer iechyd a ffitrwydd cardiofasgwlaidd

Gall parthau hyfforddi bennu lefel y dwysedd rydych chi'n gweithio arno. Mae hyn yn arbennig o bwysig ar gyfer hyfforddiant neu ymarfer cardiofasgwlaidd. Mae parthau hyfforddi cyfradd curiad y galon yn cael eu cyfrif trwy ystyried eich MHR a chyfradd curiad y galon pan fyddwch chi'n gorffwys (RHR – *resting heart rate*). Ffordd syml o weithio allan eich MHR yw tynnu eich oedran mewn blynyddoedd allan o 220:

MHR = 220 – oed.

Gellir mesur eich RHR trwy gymryd eich pwls wrth orffwys, yn ddelfrydol cyn unrhyw fath o symud neu ymarfer corff. Oherwydd ei bod yn anodd ymarfer a mesur cyfradd curiad eich calon â llaw, mae monitor cyfradd curiad y galon yn ddefnyddiol iawn.

Dull arall o bennu parthau hyfforddi cyfradd curiad y galon yw fformiwla Karvonen. Mae fformiwla Karvonen yn caniatáu ichi bennu pa mor gyflym y dylai eich calon fod yn curo pan fyddwch yn un o'r parthau hyfforddi cyfradd curiad y galon (a ddangosir yn Nhabl 13.1):

cyfradd curiad y galon a ddymunir (HR) = RHR + [(MHR – RHR) × % dwysedd]

> **Term allweddol**
>
> **Gorlwytho** – gweithio systemau'r corff y tu hwnt i'r lefel y maen nhw'n arfer gweithio arni, sy'n hanfodol ar gyfer cael buddion o'r hyfforddiant.

> **Cysylltiad**
>
> Trafodwyd y systemau egni aerobig ac anaerobig yn *Uned 1: Anatomeg a Ffisioleg.*

Tabl 13.1: Y pedwar prif barth hyfforddi

Parth	Canran yr MHR	Hyfforddiant
Ffitrwydd	60–70%	Yn datblygu dygnwch sylfaenol a gallu aerobig – dylid cwblhau pob rhediad adfer hawdd ac araf ar uchafswm o 70% MHR.
Aerobig	70–80%	Yn datblygu eich system gardiofasgwlaidd – mae gallu'r corff i gludo ocsigen i'r cyhyrau gweithiol a charbon deuocsid i ffwrdd ohonyn nhw yn cael ei ddatblygu a'i wella; wrth i ffitrwydd wella, bydd yn bosibl rhedeg hyd at 75% MHR a chael y manteision o losgi braster a gwell capasiti aerobig.
Anaerobig	80–90%	Dwysedd uchel – ni all eich corff ddefnyddio ocsigen yn ddigon cyflym i gynhyrchu egni felly mae'n dibynnu ar egni y gellir ei ddefnyddio heb ocsigen, sef glycogen, sy'n cael ei storio yn y cyhyrau. Dim ond am gyfnod byr y gellir defnyddio hwn - bydd asid lactig yn crynhoi ac yn achosi blinder yn gyflym iawn.
Llinell goch	90–100%	Y lefel uchaf o ymarfer corff – dim ond am gyfnod byr y mae'r hyfforddiant yn bosibl; mae'n effeithiol o ran hyfforddi ffibrau'r cyhyrau hynny sy'n symud yn gyflym ac yn helpu i ddatblygu cyflymder. Mae'r parth hwn wedi'i gadw ar gyfer rhedeg ysbeidiol (*interval*) – dim ond ar gyfer pobl ffit iawn.

Astudiaeth achos

Athletwr gwrywaidd 18 oed yw Otis gyda RHR o 70 curiad y funud (bpm) a MHR o 202 bpm. Felly:

- ar gyfer dwysedd 65%: 70 + [(202 − 70) × 0.65] = 156 bpm
- ar gyfer dwysedd 75%: 70 + [(202 − 70) × 0.75] = 169 bpm
- ar gyfer dwysedd 85%: 70 + [(202 − 70) × 0.85] = 182 bpm.

Gwiriwch eich gwybodaeth

1 Sut allai Otis sicrhau ei fod yn hyfforddi ar y dwysedd a ddewiswyd?
2 Ar ba ddwysedd y dylai Otis hyfforddi i wella ei ffitrwydd aerobig?
3 Cyfrifwch y gyfradd curiad calon y dylech chi eich hun anelu ati ar gyfer dwysedd o 65%, 75% ac 85%.

Trafodaeth

Defnyddir cyfradd curiad y galon yn aml i fesur pa mor galed y bydd rhywun yn ymarfer. Trafodwch pam mae mesur cyfradd curiad y galon yn bwysig wrth gyfarwyddo ymarfer corff yn y gampfa a sut y bydd dealltwriaeth o barthau hyfforddi o gymorth wrth wneud rhaglen ymarfer corff.

Ymchwil

Ymchwiliwch i'r raddfa RPE, y categorïau o ddwysedd ymarfer corff a sut maen nhw'n gysylltiedig â chyfraddau curiad y galon. Sut ydych chi'n meddwl y gellid defnyddio'r raddfa RPE i gynllunio rhaglenni ymarfer corff yn y gampfa?

Term allweddol

Cynenedigol – yn ystod beichiogrwydd (o adeg y beichiogi hyd at adeg yr enedigaeth).

Graddfa'r Ymdrech Ganfyddedig (RPE)

Graddfa o 6 i 20 yw Graddfa'r Ymdrech Ganfyddedig (RPE – *rating of perceived exertion*), sy'n adlewyrchu cyfraddau curiad y galon sy'n amrywio o 60 i 200 curiad y funud. Mae'r cyfranogwyr yn graddio faint o ymdrech maen nhw'n ei gwneud trwy roi rhif ar y raddfa hon. Er enghraifft, os ydych chi'n gwneud ymarfer corff a'ch bod chi'n rhoi sgôr o 13 ('yn weddol galed'), mae hyn yn rhoi cyfradd curiad y galon – yn fras – sydd gyfwerth â 130 curiad y funud.

Ffactorau sy'n effeithio ar gymryd rhan yn ddiogel

Wrth gynllunio rhaglen ymarfer corff, rhaid i chi ystyried anghenion penodol eich gwahanol gleientiaid. Gellir rhannu cleientiaid yn wahanol gategorïau yn dibynnu ar eu hoedran, eu cyflwr a'u gallu corfforol. Disgrifir rhai o'r grwpiau cyffredin isod.

Pobl ifanc 14–16 oed

Mae ymarfer corff i blant yn bwysig iawn gan ei fod yn llesol i'w hiechyd drwy wella eu system gardiofasgwlaidd a chyfrannu at gyhyrau ac esgyrn cryfach. Fodd bynnag, dylid bod yn ofalus wrth ystyried y mathau o hyfforddiant. Er enghraifft, mae esgyrn person ifanc 14-16 oed yn dal i dyfu felly dylid osgoi codi pwysau trwm gan fod y risg o anaf yn uchel. Fodd bynnag, byddai hyfforddiant cryfder cymedrol yn fuddiol a byddai'n cael ei ystyried yn risg isel.

Merched cynenedigol

Mae'r cyfnod **cynenedigol** yn cynnwys menywod o'r adeg pan fyddan nhw'n beichiogi hyd at yr adeg y byddan nhw'n rhoi genedigaeth. Mae ymarfer corff yn ystod beichiogrwydd yn helpu menywod i barhau'n iach ac i sicrhau bod eu pwysau o fewn ystod ddiogel. Mewn astudiaethau diweddar, cyfeiriwyd at nifer o fanteision ymarfer corff yn ystod beichiogrwydd, gan gynnwys:

- llai o boen cefn
- gwella llesiant i'r ddarpar fam a'r ffetws
- gwell patrymau cysgu
- gwell ffurf i'r cyhyrau yn rhan uchaf y corff a'r abdomen.

Po orau yw'r system gardiofasgwlaidd, y mwyaf o stamina fydd gan fenyw. Mae ymarfer corff yn helpu problemau cylchrediad y gwaed fel blinder a gwythiennau chwyddedig. Mae cylchrediad da o waed yn rhoi mwy o ocsigen a maetholion i'r babi oherwydd bod y fam a'r babi yn cael eu cysylltu gan y brych. Mae ymarfer corff yn lleihau'r siawns o waedlifau, clymau chwithig a rhwymedd.

Mae ymarfer corff cymedrol sy'n gwneud i ferched beichiog deimlo ychydig allan o wynt yn dda, yn enwedig os yw'r corff eisoes wedi arfer gwneud ymarfer corff. Mae bod yn ffit yn baratoad rhagorol ar gyfer yr ymdrech gorfforol sydd ei hangen yn ystod y cyfnod esgor. Fodd bynnag, dylid cymryd gofal yn ystod ymarfer corff, ac osgoi ymarferion sy'n cynnwys y rhan o'r corff o gwmpas yr abdomen. Er enghraifft, ar ôl 16 wythnos o feichiogrwydd, ceisiwch osgoi ymarferion sy'n golygu bod y cleient yn gorwedd ar eu bol, oherwydd gallai hyn roi gormod o bwysau ar yr abdomen. Yn ystod beichiogrwydd, dylid osgoi ymarferion gwrthiant oddi uchod hefyd oherwydd gall hyn gynyddu crymedd rhan isaf yr asgwrn cefn isaf ac achosi hyper**lordosis**.

Menywod ôl-enedigol

Mae **ôl-enedigol** yn cyfeirio at y cyfnod ar ôl rhoi genedigaeth. Mae rhai menywod yn cael trafferth cael eu bol yn ôl i'w faint gwreiddiol ar ôl cael babi a gall rhai ymarferion helpu. Mae'r manteision o wneud ymarfer corff ar ôl rhoi genedigaeth yn cynnwys:

▶ iachâd cyflymach ac adferiad o'r broses eni
▶ dychwelyd yn gynt i siâp y fenyw cyn iddi feichiogi
▶ cynnydd yn y lefelau egni i ymdopi â gofynion bod yn fam
▶ llai o debygolrwydd o straen ac iselder.

Mae ymarferion ôl-enedigol yn helpu i adennill siâp, ond bydd y gewynnau a'r cymalau yn dal i fod yn feddal o leiaf dri mis ar ôl genedigaeth, felly dylid osgoi gweithgareddau egnïol ac effaith uchel. Yn ystod beichiogrwydd, bydd pwysau'r babi wedi newid craidd disgyrchiant y fam. Mae hyn, ynghyd ag effeithiau meddalu'r hormon *relaxin* ar ei gewynnau, yn gallu arwain at ystum gwael. Gall ymarfer corff gryfhau'r abdomen a chyhyrau'r cefn, gan wella ystum a lleihau'r siawns o boen cefn wrth gario'r babi newydd-anedig.

Termau allweddol

Lordosis – cyflwr yn rhan isaf y cefn isaf lle mae asgwrn y cefn yn crymu'n ormodol.

Ôl-enedigol – y cyfnod o amser ar ôl geni babi.

Osteoporosis – cyflwr sy'n gwanhau esgyrn oherwydd colli calsiwm wedi'i storio, sy'n gwneud esgyrn yn fregus ac yn frau ac yn fwy tebygol o dorri.

Ymchwil

Mewn grŵp bach, ymchwiliwch i'r gwahanol fathau o ymarferion y gellir eu gwneud yn ddiogel gan fenyw feichiog. Ystyriwch wahanol gyfnodau (neu 'drimisoedd') y beichiogrwydd a sut y gellid llunio ymarferion i ganiatáu i ymarfer corff i barhau.

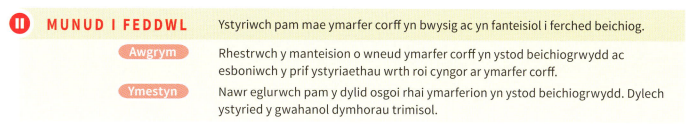

⏸ MUNUD I FEDDWL Ystyriwch pam mae ymarfer corff yn bwysig ac yn fanteisiol i ferched beichiog.

Awgrym Rhestrwch y manteision o wneud ymarfer corff yn ystod beichiogrwydd ac esboniwch y prif ystyriaethau wrth roi cyngor ar ymarfer corff.

Ymestyn Nawr eglurwch pam y dylid osgoi rhai ymarferion yn ystod beichiogrwydd. Dylech ystyried y gwahanol dymhorau trimisol.

Pobl hŷn (50+)

Diffinnir oedolion hŷn fel pobl sy'n 50 oed neu'n hŷn. Nid yw unigolion yn heneiddio yn yr un ffordd, felly gall y grŵp hwn fod ag amrywiaeth eang o anghenion ymarfer corff. Mae'r ystod o weithgareddau yn helaeth, ond felly hefyd yr ystod o gyflyrau meddygol posibl, lefelau gallu a diddordebau cleientiaid.

Mae pedwar math o ymarfer corff sy'n allweddol i gadw'n iach ac yn annibynnol: ymarferion cryfder, cydbwysedd, ymestyn a dygnwch. Dylid ystyried y canlynol.

▶ Defnyddiwch gyfnod cynhesu hirach a mwy graddol gan fod pobl hŷn yn cymryd mwy o amser i gynhesu gan nad yw system gylchrediad y gwaed mor effeithlon yn eu hachos nhw. Dylai'r cyfnod oeri hefyd fod yn hirach a chael ei wneud yn raddol fel rhan o'r cyfnod adfer. (Mae rhagor o wybodaeth am gynhesu ac oeri ar dudalennau 104–5.)

▶ Dylid osgoi ymarferion effaith uchel fel rhedeg a neidio, yn enwedig lle cafwyd diagnosis o **osteoporosis**. Mae gan bobl hŷn esgyrn llai trwchus sy'n golygu bod mwy o bosibilrwydd y bydd eu hesgyrn yn torri wrth wneud ymarferion effaith uchel. Mae ymarfer corff sy'n cynnwys cydbwysedd hefyd â risg o dor-esgyrn – fel yn y glun a'r pelfis – os bydd y cleient yn colli ei gydbwysedd. Dylai help fod wrth law i atal pobl rhag syrthio.

▶ Dylai ymarferion ymgorffori symudiadau cyffredinol bob dydd i gynorthwyo symudedd gan gynnwys:
• ochrgamu – i gynyddu cryfder coesau a chluniau, a chydbwysedd

- eistedd, a chodi a mynd i lawr
- codi'r ysgwyddau – i gryfhau cefn, ymestyn cyhyrau'r frest, a gwella ystum
- codi ar flaenau traed, codi sodlau a choesau – i wella cryfder y fferau ar gyfer cydbwysedd
- ymarferion cydbwysedd gyda llygaid ynghau – i wella ystum, cydbwysedd ac ystod symudiadau.

Cyfeirio at weithwyr proffesiynol eraill

Os bydd unrhyw gleient, ond yn enwedig un mewn grŵp penodol fel y rhai a drafodir uchod, yn tynnu sylw at wrtharwydd fel colli swyddogaeth ffisiolegol neu seicolegol yn ystod ymarfer corff, dylech eu cyfeirio ar unwaith at weithiwr proffesiynol meddygol, fel meddyg teulu. Dylai unrhyw symptomau clefyd a allai fod yn ddifrifol neu bryder iechyd a ddaw i'r amlwg yn ystod y broses sgrinio hefyd gael eu cyfeirio at weithiwr proffesiynol meddygol.

Os yw'ch cleient yn ateb 'ie' o leiaf unwaith fel rhan o'r broses PAR-Q neu os oes gennych unrhyw bryderon ynghylch lles cleient sy'n cychwyn ar raglen ymarfer corff, dylech ohirio'r sesiwn dros dro. Cofiwch ei bod yn well bod eich cleient yn iach ac yn gallu gwneud yr ymarfer corff.

► Mae cleientiaid dros 50 oed yn enghraifft o grŵp a allai fod angen ymarferion wedi'u haddasu

---

Ymarfer asesu 13.1   A.P1   A.P2   A.P3   A.M1   A.M2   A.D1

Mae athro Addysg Gorfforol wedi cysylltu â chi sy'n dymuno cychwyn dosbarth ar ôl ysgol mewn campfa i staff. Ar gyfer hyn, gofynnwyd i chi sgrinio o leiaf dau aelod o staff cyn ymarfer: mae un yn egnïol ac yn gwneud ymarfer corff yn rheolaidd, ond nid yw'r llall wedi gwneud unrhyw ymarfer corff yn ystod y blynyddoedd diwethaf.

Cyn i'r sgrinio ddigwydd, hoffai'r athrawon wybod beth mae'n ei olygu. Paratowch amlinelliad ar eu cyfer sy'n esbonio'r camau sgrinio y byddwch chi'n eu cymryd. Yn seiliedig ar eu proffiliau, eglurwch yr argymhellion posibl y gallech eu gwneud ar ôl y sgrinio. Dylech hefyd egluro'r ffactorau a all effeithio ar gyfranogiad diogel pob un o'r aelodau hyn o staff a hefyd gyfiawnhau'ch awgrymiadau i'w helpu i symud ymlaen i ymarfer yn ddiogel.

Cynllunio
- Byddaf yn ystyried beth yw'r gwahaniaethau yn y ddau gleient a ddewiswyd.
- Byddaf yn dylunio ac yn defnyddio gwaith papur cyn-ymarfer sy'n casglu'r wybodaeth berthnasol ac angenrheidiol.

Gwneud
- Byddaf yn ymarfer fy sgiliau cyfathrebu ac yn gofyn i'm cyfoedion roi cyngor i mi ar sut y gallaf wella.
- Byddaf yn barod i roi adborth i'r cleientiaid ac yn gallu rhoi argymhellion priodol.

Adolygu
- Gallaf egluro beth oedd y dasg a sut y gwnes i fynd ati.
- Pan fydda i wedi myfyrio ar fy ngwaith fy hun a'r adborth gan eraill, byddaf yn gwneud unrhyw newidiadau angenrheidiol i'm holiadur cyn ymarfer.

B Archwilio gwahanol fathau o ymarferion ar gyfer ymarfer corff yn y gampfa

Wrth ddylunio unrhyw raglen hyfforddi, rhaid i chi ystyried y ffactorau a fydd yn ei gwneud yn ddiogel ac yn effeithiol. Gelwir y rhain yn egwyddorion FITT, a dylech eu dilyn wrth ddyfeisio unrhyw raglen ffitrwydd neu hyfforddiant. Mae FITT yn cyfeirio at y ffactorau canlynol.

► **Amlder** (*frequency*) – pa mor aml y bydd y cleient yn hyfforddi? Bydd yr amser sydd ar gael yn cael ei gyfyngu gan ffordd o fyw ac ymrwymiadau unigolyn.

► **Dwysedd** (*intensity*) – pa mor anodd fydd pob ymarfer corff? Dylai hyn ymgorffori'r egwyddor 'gorlwytho'.

► **Amser** (*time*) – pa mor hir fydd pob ymarfer a sesiwn? A siarad yn gyffredinol, gellir perfformio ymarferion dwysedd uwch am gyfnod byr, tra gellir cynnal lefelau dwysedd is neu gymedrol am gyfnod hirach.

► **Math** (*type*) – pa fathau o ymarferion fydd yn cael eu cynnwys? Dylai eich rhaglen hyfforddi fod â'r ymarferion priodol i gyflawni nodau penodol y cleient. Dylech ystyried cryfder, hyblygrwydd, dygnwch cyhyrol a dygnwch aerobig.

Mathau o gyfarpar ymarfer corff yn y gampfa

Pan fyddwch chi'n mynd i gampfa, byddwch chi'n siŵr o sylwi ar y gwahanol fathau o gyfarpar y gellir eu defnyddio fel rhan o raglen hyfforddi. Gellir rhoi'r rhain mewn tri chategori eang: peiriannau cardiofasgwlaidd, pwysau rhydd a pheiriannau gwrthiant.

Peiriannau cardiofasgwlaidd

Weithiau cyfeirir at beiriannau cardiofasgwlaidd fel peiriannau cardio ac maen nhw'n cael eu defnyddio ar gyfer gwella a chynnal eich system gardiofasgwlaidd. Mae'r peiriannau wedi'u cynllunio i efelychu ymarferion cyffredin i gynyddu cyfraddau'r galon a resbiradaeth. Gellir eu defnyddio hefyd wrth gynhesu neu oeri.

▶ Mae gan **felinau traed** lawer o nodweddion y gellir eu haddasu i newid dwysedd yr ymarfer, gan gynnwys, er enghraifft, addasu cyflymder neu raddau'r goledd. Mae melinau traed yn addas ar gyfer cleientiaid sydd wedi arfer rhedeg, neu sy'n mwynhau rhedeg.

▶ Mae gan **feiciau sefydlog** nodweddion y gellir eu haddasu sy'n effeithio ar ddwysedd yr ymarfer, fel newidiadau mewn gwrthiant, gan ei gwneud yn haws neu'n anoddach troi'r pedalau. Mae beicio yn ymarfer effaith isel felly mae'n ddewis da i gleientiaid sy'n dioddef o gyflyrau ar y cymalau'r neu esgyrn neu a allai fod yn adfer o anaf ysgerbydol.

▶ Defnyddir **peiriannau rhwyfo dan do** i efelychu'r dull o rwyfo a defnyddio'r un cyhyrau. Gall yr ymarfer effaith isel hwn helpu i adeiladu a thynhau'r cyhyrau, cryfhau swyddogaeth gardiofasgwlaidd a chynyddu stamina. Mae'r peiriannau rhwyfo yn arbennig o effeithiol ar gyfer cleientiaid hŷn oherwydd nad ydyn nhw'n rhoi unrhyw straen ar y cefn na'r cymalau.

▶ Mae melinau traed yn beiriant cardiofasgwlaidd sy'n gyffredin mewn campfeydd

Pwysau rhydd

Y pwysau rhydd mwyaf cyffredin yw dymbelau a barbwysau. Y rheswm y'u gelwir yn bwysau rhydd yw nad oes pinnau, ceblau na phwlïau i arwain eu symudiad ac maen nhw'n dibynnu'n llwyr ar eich cyhyrau i symud.

▶ Mae **barbwysau** fel arfer yn 1.2m i 2m o hyd ac mae ganddyn nhw bwysau y gellir eu symud bob pen. Mae'r pwysau sydd bob pen i'r bar yn darparu gwrthiant tra bod y ddwy fraich yn cael eu defnyddio i godi'r bar. Mae modd tynnu ac ychwanegu'r pwysau hyn fel arfer er mwyn gallu rhoi llwyth gwahanol ar y bar. Maen nhw'n cael eu rhoi yn eu lle gyda choler.

▶ Barbwysau byr y gellir eu dal mewn un llaw yw **dymbelau**. Fel rheol mae ganddyn nhw bwysau sefydlog ar bob pen. Bydd gwahanol ddymbelau a chanddyn nhw bwysau gwahanol yn cael eu defnyddio yn dibynnu ar nodau ac anghenion y cleient. Mae dymbelau yn eich galluogi i gryfhau dwy ochr eich corff yn gyfartal yn ogystal â chaniatáu i chi wneud rhai ymarferion (fel codi pwysau yn syth o'ch blaen) na ellir eu gwneud gyda barbwysau.

▶ Mae **meinciau** yn blatfform i wneud ymarferion sy'n ymwneud â phwysau. Mae dau brif fath o fainc:
  • mainc wastad – yn gyfochrog â'r ddaear, yn ddelfrydol ar gyfer amrywiaeth eang o ymarferion pwysau rhydd sylfaenol.
  • mainc ar oledd – gellir ei chodi ar ongl, gan ganiatáu i wahanol ystumiau'r corff gael eu defnyddio a thrwy hynny helpu i hyfforddi gwahanol gyhyrau.

Peiriannau gwrthiant

Mae peiriannau gwrthiant yn cyfuno pwysau â phwlïau a cheblau, gan gynnig ystod eang o ymarferion i lawer o wahanol grwpiau o gyhyrau. Oherwydd bod peiriannau gwrthiant yn defnyddio ceblau a phwlïau, nid oes angen i berson arall gefnogi neu wylio cleient yn ystod yr ymarfer. Maent hefyd yn eich galluogi i wneud rhai ymarferion na allwch eu gwneud gyda barbwysau, fel cyrliad coes, tyniad ochrol ac estyn coesau.

Gyda pheiriannau gwrthiant sefydlog gall unigolion newid y llwyth yn seiliedig ar eu rhaglen hyfforddi. Mae gwrthiant amrywiol yn amrywio o 0–100 kg ar y mwyafrif o beiriannau, gan ganiatáu i'r rhaglen gynnwys gorlwytho a dilyniant. Mae'r peiriannau hyn yn ddrud, gan eu gwneud yn anymarferol i'w defnyddio gartref. Ar y llaw arall, maen nhw'n fwy diogel i'w defnyddio na phwysau rhydd, a gall hyfforddwyr newydd eu defnyddio i ddysgu gwahanol batrymau symud gan y gall unigolyn newid yr ystod symud mewn cymal penodol trwy addasu gosodiadau'r peiriant.

⏸ **MUNUD I FEDDWL** Ydych chi'n deall gwahanol ddefnyddiau cyfarpar cardiofasgwlaidd, peiriannau gwrthiant a phwysau rhydd?

Awgrym Disgrifiwch y cyfarpar a ddefnyddir i hyfforddi dygnwch aerobig, cryfder cyhyrol a dygnwch cyhyrol.

Ymestyn Esboniwch fanteision ac anfanteision defnyddio pwysau rhydd yn hytrach na pheiriannau gwrthiant.

Mathau o ymarferion

Gall rhaglen hyfforddi gynnwys amrywiaeth o wahanol ymarferion yn dibynnu ar nodau'r cleient. Amlinellir yr ymarferion hyn yn y tablau canlynol.

Ymarferion cardiofasgwlaidd

Mae yna sawl ymarfer cardiofasgwlaidd gwahanol yn ogystal â gwahanol fathau o gyfarpar a fydd yn helpu i wella'r system gardiofasgwlaidd, fel y dangosir yn Nhabl 13.2.

▶ **Tabl 13.2:** Ymarferion cardiofasgwlaidd

Cyfarpar	Disgrifiad o'r ymarfer
Beicio unionsyth	• Gellir ei ddefnyddio fel rhan o hyfforddiant aerobig ynghyd â gwella dygnwch cyhyrau a phŵer. • Yn rhoi llai o straen ar y cymalau ac wedi'i gynllunio i gynnal ystum wrth ymarfer.
Beicio gorweddog	• Fe'i defnyddir i hyfforddi'r system aerobig; y prif wahaniaeth rhwng hwn a beicio unionsyth yw lleoliad y corff. • Mae'n caniatáu i'r defnyddiwr feicio mewn ystum gorweddog; yn arbennig o dda os yw'r cleient yn dioddef o boen yng ngwaelod y cefn. • Hefyd yn dda i'r rhai sy'n newydd i feicio gan eu bod yn tueddu i fod yn fwy cyffordus na beiciau unionsyth.
Melin draed	• Gellir ei ddefnyddio fel rhan o sesiwn cynhesu neu oeri yn ogystal ag ar gyfer hyfforddiant aerobig ac anaerobig. • Er mwyn hyfforddi ar ddwysedd uchel, gellir cynyddu cyflymder neu wneud y goledd yn fwy serth, neu'r ddau. • Mae gan felinau traed modern amrywiaeth o raglenni y gellir eu defnyddio fel rhan o raglen hyfforddi ysbeidiol.
Stepiwr	• Mae'n darparu ymarfer cardiofasgwlaidd aerobig effaith isel sy'n targedu cyhyrau'r coesau a'r ffolen. • Fe'i defnyddir i efelychu'r weithred o ddringo grisiau neu staer; gall hefyd dargedu cyhyrau craidd yn eich abdomen a gwaelod eich cefn.
Peiriant rhwyfo	• Peiriannau effaith isel a ddefnyddir fel rhan o gynhesu ac oeri yn ogystal â gwella dygnwch aerobig a chyhyrol. • Gellir ei ddefnyddio i hyfforddi'n anaerobig trwy gynyddu cyflymder y weithred rwyfo a'r gwrthiant ar y gadwyn pwli.
Hyfforddwr eliptigol	• Math o groes-ymarfer effaith isel a ddefnyddir i efelychu dringo staer heb roi gormod o bwysau ar y cymalau. • Yn gweithio rhan uchaf y corff trwy ddefnyddio handlenni symudol a'r corff isaf trwy blatiau troed symudol. • Mae ganddo wrthiant addasadwy i weithio ar wahanol ddwysedd, ac ystod o raglenni y gellir eu defnyddio i amrywio'r sesiwn ymarfer corff.
Croes-ymarfer	• Peiriant effaith isel arall tebyg i hyfforddwr eliptig. • Caiff ei ddefnyddio i efelychu cerdded neu redeg heb achosi gormod o straen ar y cymalau. • Yn hyfforddi rhannau uchaf ac isaf y corff ac mae'n beiriant hyfforddi cardiofasgwlaidd cyffredin.

Ymarferion peiriant gwrthiant sefydlog

Mae peiriannau gwrthiant sefydlog yn cynnig ystod eang o opsiynau hyfforddi i gyflawni gwahanol ddulliau a nodau hyfforddi (fel y dangosir yn Nhablau 13.3 i 13.5). Gallwch ddefnyddio nifer o'r dulliau hyfforddi sy'n gwella cryfder cyhyrol i wella dygnwch cyhyrol hefyd trwy wneud yr hyfforddiant yn wahanol. Er enghraifft, gallwch newid y pwysau, nifer yr ailadroddiadau a nifer y setiau.

Ymarferion ar gyfer rhan uchaf y corff

▶ **Tabl 13.3:** Ymarferion ar beiriant gwrthiant sefydlog ar gyfer rhan uchaf y corff

Math o ymarfer	Y prif gyhyrau a ddefnyddir	Techneg
Gwasg frest ar eich eistedd (*seated chest press*)	Pectoralau Deltoidau	• Addaswch uchder y sedd fel bod yr handlenni ar lefel y frest pan fyddwch chi'n eistedd. • Daliwch yr handlenni gan sicrhau bod llinell syth o'r llaw ar draws i'r arddwrn i osgoi anafu'r arddwrn. • Gwthiwch tuag allan, gan sythu'r breichiau (peidiwch â chloi'r penelinoedd) a chadw'r cefn a'r ysgwyddau mewn cysylltiad â'r pad. • Dychwelwch yn araf tuag at y man cychwyn ac ailadroddwch.
Gwasg fainc (*bench press*)	Pectoralau Y cyhyrau triphen	• Gorweddwch ar eich cefn ar y fainc gyda'r traed yn fflat ar y llawr. • Gafaelwch yn yr handlenni gyda'r penelinoedd wedi'u plygu a'r cledrau'n wynebu'r traed. Ni ddylai'r penelinoedd fod yn is na gwaelod y fainc. • Gwthiwch yn uniongyrchol tuag i fyny i sythu'r penelinoedd. • Gostyngwch yr handlenni yn ôl i lawr yn araf, gan stopio pan fydd y penelinoedd yn lefel â'ch cefn ac ailadroddwch.

► **Tabl 13.3:** *Parhad*

Cyfarwyddo Ymarferion yn y Gampfa

Math o ymarfer	Y prif gyhyrau a ddefnyddir	Techneg
Pec dec	Pectoralau	• Eisteddwch ar y peiriant gyda'ch cefn yn fflat ar y pad sedd a chydiwch yn yr handlenni gan gadw eich penelinoedd ar ongl sgwâr. • Gwthiwch yr handlenni at ei gilydd yn araf wrth i chi wasgu'ch brest yn y canol. Anadlwch allan yn ystod y rhan hon o'r symudiad a daliwch am eiliad. • Dychwelwch yn ôl i'r man cychwyn yn araf wrth i chi anadlu i mewn nes bod cyhyrau'ch brest wedi'u hymestyn yn llawn.
Rhwyfo ar eich eistedd	Trapesiws Rhomboidau Latissimus dorsi	• Eisteddwch ar y sedd gyda'ch traed yn fflat ar y llawr. Dylech blygu'ch pengliniau a chadw'ch cefn yn syth. • Estynnwch am yr handlenni; dylai'r breichiau fod yn syth. • Cadwch yr ysgwyddau yn ôl ar yr ymarfer hwn a chadwch linell syth rhwng cefn y llaw a'r arddwrn. • Cadwch y frest yn erbyn pad y frest a thynnwch yn ôl, gan blygu'r penelinoedd (a ddylai deithio yn ôl ar eu hunion).
Gwasg ysgwyddau (*shoulder press*)	Deltoidau Pectoralau Y cyhyrau triphen Trapesiws	• Eisteddwch ar y sedd gyda'r cefn a'r gwddf wedi'u cynnal gan y gefnell (*back rest*). Dylai'r handlenni fod yn lefel â'ch ysgwyddau cyn i chi ddechrau. • Daliwch bob handlen gyda'r cledrau'n wynebu ymlaen a'r penelinoedd wedi'u plygu. • Gwthiwch yr handlenni yn syth i fyny uwchben eich pen, ond peidiwch â chloi'r penelinoedd. • Gostyngwch y pwysau yn araf, dan reolaeth, nes bod eich dwylo bron â chyffwrdd â'ch ysgwyddau fel nad yw'r pwysau rydych chi'n eu symud yn cyffwrdd â'r gweddill.
Tyniad lawr ochrol (o flaen y frest) (*lateral pulldown*)	Latissimus dorsi Rhomboidau	• Yn sefyll, daliwch y bar yn llydan (yn ehangach na lled yr ysgwydd), gyda cledrau'r dwylo yn wynebu ymlaen. • Eisteddwch i lawr wrth ddal y bar. • Tynnwch y bar i lawr i uchder y frest. Pwyswch yn ôl ar eich cluniau ychydig wrth i chi wneud hynny. • Ewch â'r bar dan reolaeth yn ôl i'r man cychwyn ac ailadrodd yr ymarfer. • Pan fyddwch wedi gorffen eich set, sefwch gan adael i'r bar symud yr holl ffordd i fyny i'w safle gorffwys.
Tyniad i fyny â chymorth (*assisted pull-up*)	Latissimus dorsi Y cyhyrau deuben	• Ewch ar y peiriant fel bod rhan uchaf eich crimogau ar y pad gyda'r pengliniau wedi'u plygu. • Cydiwch yn y bar uwchben gyda gafael llydan a thynnwch eich hun i fyny nes bod eich gên uwchben y bar. • Gollyngwch eich hun yn ôl i lawr yn araf.
Gwthiad i lawr â'r cyhyrau triphen (pwli uchel) (*triceps pushdown*)	Y cyhyrau triphen	• Gan sefyll gyda'r torso yn syth a gogwydd bach iawn ymlaen, dewch â rhan uchaf eich breichiau yn agos at eich corff ac yn berpendicwlar i'r llawr. Dylai eich penelinoedd fod yn pwyntio i fyny tuag at y pwli wrth iddyn nhw ddal y bar. • Gan ddefnyddio'r cyhyrau triphen, dewch â'r bar i lawr nes ei fod yn cyffwrdd â blaen eich cluniau gyda'r breichiau wedi'u ymestyn yn llawn ac yn berpendicwlar i'r llawr. Dylai rhan uchaf y breichiau aros yn llonydd yn dynn wrth eich corff; dim ond eich penelinoedd ddylai symud. • Ar ôl dal am eiliad yn y safle penodol, ewch â'r bar yn araf i fyny i'r man cychwyn. Ailadroddwch am y nifer o weithiau a argymhellir.
Gwasg cyhyrau triphen (*triceps press*)	Y cyhyrau triphen Deltoidau	• Sefwch â'ch coesau bob ochr i bad y sedd. • Rhowch eich cledrau ar du allan yr handlenni, yn wynebu tuag i mewn, a chydiwch yn yr handlen. • Gwthiwch yr handlenni i lawr fel y gallwch eistedd ar y sedd a phwyso ymlaen fel bod eich stumog yn gorffwys ar y pad blaen. • Sythwch eich breichiau gan geisio gwthio'r handlenni tuag at y llawr. Cadwch eich penelinoedd yn agos at eich corff. • Yn araf, gadewch i'r dolenni godi i fyny nes bod eich dwylo o dan eich ceseiliau. Ailadroddwch.
Cyrliadau breichiau (pwli isel)	Y cyhyrau deuben	• Cysylltwch far wrth bwli isel a sefwch yn wynebu'r peiriant tua 30 cm i ffwrdd. • Cydiwch yn y bar gyda gafael niwtral (cledrau i mewn) a sefwch yn syth gan gadw bwa naturiol y cefn, a chadw'ch corff yn llonydd. Rhowch eich penelinoedd yn dynn wrth eich ochr a cadwch nhw yno. • Gan ddefnyddio'ch cyhyrau deuben, tynnwch eich breichiau i fyny nes bod eich cyhyrau deuben yn cyffwrdd â'ch penelinoedd. • Yn araf, dechreuwch fynd â'r pwysau yn ôl i'w safle gwreiddiol.
Cyrliadau breichiau ar eich eistedd	Y cyhyrau deuben	• Eisteddwch ar y sedd gyda'ch pengliniau wedi'u plygu, eich traed yn fflat ar y llawr a'ch brest yn erbyn y pad. • Rhowch eich breichiau dros ran onglog y fainc fel bod cefnau rhan uchaf eich breichiau yn gorffwys ar y pad. • Gafaelwch yn yr handlenni gyda'r cledrau yn wynebu i fyny, a phlygwch eich penelinoedd i dynnu'r handlenni tuag at eich gên. Peidiwch â phlygu'ch garddwrn, rhag ichi achosi anaf iddo. • Dychwelwch yr handlenni yn ôl yn araf tuag at y man cychwyn, heb adael i'r penelinoedd sythu'n llawn. Gwnewch yr ymarfer eto.

▶ Ymarfer yw'r 'pec dec' ar gyfer rhan uchaf y corff gan ddefnyddio peiriant gwrthiant sefydlog

Ymarferion ar gyfer rhan isaf y corff

▶ **Tabl 13.4:** Ymarferion ar beiriant gwrthiant sefydlog ar gyfer rhan isaf y corff

Math o ymarfer	Y prif gyhyrau a ddefnyddir	Techneg
Gwasg coesau (*leg press*)	Cwadriceps Gluteus maximus Llinynnau'r garrau	• Gosodwch eich hun ar y sedd gyda'ch traed led clun ar wahân ar y platfform. • Yn y safle cychwyn, dylai'ch pen-glin fod oddeutu 90 gradd (ongl sgwâr). • Gwthiwch â'ch coesau i sythu'r pengliniau (naill ai bydd y sedd yn symud tuag yn ôl neu bydd y platfform yn symud ymlaen). Peidiwch â chloi'r pengliniau – gadewch blyg bach ynddyn nhw. • Plygwch eich pengliniau yn ôl yn araf tuag at y man cychwyn, ond peidiwch â gadael i'r pwysau yn y pentwr gyffwrdd.
Ymestyniad y ben-glin wrth eistedd	Cwadriceps	• Eisteddwch ar y sedd fel bod eich cefn yn fflat yn erbyn y gefnell a bod pad y sedd yn cynnal eich clun gyfan. Gosodwch y rholer ar du blaen rhan isaf eich crimog. • Sythwch y pengliniau i godi'r rholer nes bod eich pengliniau bron yn syth.
Cyrliad y goes wrth orwedd	Llinynnau'r garrau	• Gosodwch y rholer (neu'r pad) fel ei fod ar groth eich coes pan fyddwch chi'n gorwedd. • Gorweddwch wyneb i lawr, gyda'r pengliniau'n syth. • Cadwch eich pelfis i lawr yn erbyn y fainc wrth i chi blygu'ch pen-glin. • Pan fydd rhan isaf eich coes yn berpendicwlar (ar ongl sgwâr) i'r llawr, stopiwch a dychwelwch i'r safle cychwyn.
Cyrliad y goes wrth eistedd	Llinynnau'r garrau	• Rhowch gefn rhan isaf eich coes ar ben y lifer (ychydig fodfeddi o dan grothau'ch coesau) a rhowch y pad glin yn erbyn eich cluniau, ychydig uwchben y pengliniau. • Cydiwch yn yr handlenni ar ochr y peiriant, pwyntiwch fysedd eich traed a gofalwch bod eich coesau yn hollol syth o'ch blaen. • Tynnwch lifer y peiriant cyn belled ag y bo modd i gefn eich cluniau trwy estyn wrth eich pengliniau. Cadwch eich corff yn llonydd bob amser. Daliwch y safle am eiliad.
Alldyniad wrth eistedd	Gluteus medius Gluteus minimus	• Gosodwch eich hun yn y peiriant, gyda'ch coesau gyda'i gilydd, wedi'u cynnal gan du allan eich clun. • Eisteddwch â'ch cefn yn erbyn y gefnell, gan sicrhau bod asgwrn eich cefn yn grwm. • Gwthiwch tuag allan i wahanu'ch coesau hyd y gellwch. • Yn araf, gadewch i'ch coesau ddychwelyd i'r canol.
Atyniad wrth eistedd	Adductor magnus Adductor longus Adductor brevis	• Gosodwch eich hun yn y peiriant, gyda'ch coesau ar wahân, wedi'u cynnal ar y tu mewn. • Eisteddwch yn ôl yn erbyn y gefnell, gan sicrhau bod rhan isaf eich cefn yn grwm. • Gwasgwch eich coesau at ei gilydd. • Yna, yn araf, gadewch iddyn nhw symud ar wahân, dan reolaeth lawn, ond dim ond i'r lefel rydych chi'n gyffyrddus â hi.

Ymarferion abdomen a chefn

▶ **Tabl 13.5:** Ymarferion ar beiriant gwrthiant sefydlog ar gyfer yr abdomen a'r cefn

Math o ymarfer	Y prif gyhyrau a ddefnyddir	Techneg
Peiriant abdomenol	Rectus abdominis	• Gosodwch eich hun yn y peiriant yn ddiogel gyda'ch traed o dan y padiau cynnal. Dylai'r rhain orffwys ar eich crimogau. • Pwyswch ymlaen yn araf ac yn llyfn gan ddefnyddio cyhyrau eich abdomen. • Dychwelwch yn araf i'r man cychwyn ac ailadroddwch.
Peiriant rhan isaf y cefn	Erector spinae	• Eisteddwch yn y sedd gyda'ch pen-ôl yng nghefn y sedd. • Gosodwch y rholer fel ei fod yn erbyn llafn eich ysgwydd. • Gofalwch fod rhan isaf y cefn yn grwm, yr ysgwyddau yn ôl, a'r frest yn uchel trwy gydol yr ymarfer. • Gwthiwch yn ôl o safle unionsyth, i ymestyn y cefn yn llorweddol. Dychwelwch yn araf i safle unionsyth, gan reoli'r symudiad drwyddo draw.

Damcaniaeth ar waith

Er mwyn helpu i ddeall yr amrywiaeth o wahanol ymarferion y gellir eu defnyddio fel rhan o raglen ymarfer corff, mae'n werth ymarfer gyda ffrind. Mabwysiadwch rôl hyfforddwr personol a chynhaliwch sesiwn gynefino sy'n dangos sut i ddefnyddio amrywiaeth o beiriannau ac ymarferion.

1 Ystyriwch sut y byddwch yn dangos ac yn egluro pob ymarfer corff yn ogystal â'r cyhyrau sy'n cael eu targedu.
2 Ystyriwch beth yw eich cryfderau wrth ddangos yr ymarferion.
3 Nawr trafodwch â'ch ffrind pa bethau y mae angen eu datblygu ymhellach fel rhan o'r broses gynefino hon.

Ymarferion pwysau corff

Mae ymarferion pwysau corff ond yn defnyddio màs a disgyrchiant y corff i greu gwrthiant. Nid yw'r ymarferion yn Nhabl 13.6 yn defnyddio unrhyw bwysau ychwanegol i greu gwrthiant.

▶ **Tabl 13.6:** Ymarferion pwysau corff

Math o ymarfer	Y prif gyhyrau a ddefnyddir	Techneg
Cyffwrdd bar â'r ên	Latissimus dorsi Y cyhyrau deuben	• Cydiwch mewn bar uwchben gyda gafael llydan. • Tynnwch eich hun i fyny nes bod eich gên uwchben y bar ac yna gostyngwch eich hun yn ôl i lawr yn araf.
Gwasg fyrfraich (*press-up*)	Pectoralau Y cyhyrau triphen Deltoidau	• Ewch ar eich pedwar gyda'r dwylo ychydig yn lletach na lled yr ysgwydd. • Sythwch eich coesau y tu ôl i chi fel bod eich pwysau yn cael ei ddosbarthu rhwng eich dwylo a bysedd eich traed. • Plygwch y penelinoedd tuag allan i ostwng eich brest tuag at y llawr. • Gwthiwch yn ôl i fyny i'r man cychwyn.
Rhagwthion (*lunges*)	Cwadriceps Llinynnau'r garrau Gluteus maximus Gastrocnemius Soleus	• Cymerwch gam bras ymlaen ag un troed. Gofalwch fod eich traed mewn un llinell ac yn pwyntio yn syth ymlaen. • Cadwch eich cefn yn unionsyth wrth i chi blygu'n araf a gostwng eich pen-glin cefn tuag at y llawr, gan godi eich sawdl oddi ar y llawr. • Ar yr un pryd plygwch eich pen-glin blaen, gan sicrhau nad yw'n mynd heibio bysedd eich traed. • Peidiwch â gadael i ben-glin y goes gefn gyffwrdd â'r llawr cyn dychwelyd i'r man cychwyn.
Cyrcydiad (*squat*)	Cwadriceps Llinynnau'r garrau Gluteus maximus Gastrocnemius Soleus	• Sefwch gyda'ch traed led ysgwydd ar wahân a bysedd eich traed yn pwyntio'n syth ymlaen. • Cadwch eich cefn yn syth wrth i chi gychwyn symud o'ch cluniau. • Gwthiwch eich pen-ôl allan a'r tu ôl i chi a phlygwch eich pengliniau. • Peidiwch â gadael i'ch pengliniau symud o flaen bysedd eich traed. • Peidiwch â chyrcydu mwy na 90 gradd (ongl sgwâr) ar eich pen-glin. • Dechreuwch gyda chyrcydau bach a chynyddwch yn raddol.
Cyrliad abdomenol	Rectus abdominus	• Gorweddwch ar eich cefn gyda'ch pengliniau wedi'u plygu. Rhowch eich dwylo ar eich cluniau. • Codwch eich pen, eich gwddf a'ch ysgwyddau oddi ar y llawr a llithrwch eich dwylo i fyny, tuag at eich pengliniau. • Ceisiwch gadw'r un bwlch rhwng eich gên a'ch brest rhag osgoi straen i'ch gwddf. • Dychwelwch yn araf i'r man cychwyn.
Planc	Rectus abdominus Erector spinae	• Gorweddwch ar eich blaen a gosodwch eich penelinoedd a'ch cledrau'n fflat ar y llawr. • Codwch eich brest, stumog a'ch coesau oddi ar y llawr a chynhaliwch eich cydbwysedd drwy ddefnyddio eich penelinoedd a bysedd eich traed. • Cadwch linell syth o'ch ysgwyddau, ar draws eich cefn i'ch traed. • Daliwch am hyd at 60 eiliad.
Codiad cefn wyneb i lawr (*prone back raise*)	Erector spinae	• Gorweddwch ar eich blaen gyda'ch breichiau wedi'u plygu a'ch bysedd ar eich arleisiau. • Codwch eich brest a'ch stumog yn araf oddi ar y llawr, gan gadw'ch cluniau a'ch coesau yn llonydd. • Daliwch am 2-3 eiliad cyn gostwng rhan uchaf eich corff yn ôl i'r llawr yn araf. • Dim ond rhan isaf eich cefn ddylai ysgogi'r symudiadau.

Ymarferion pwysau rhydd

Mae dymbelau a barbwysau yn caniatáu i unigolyn gael gwrthiant cyson yn ystod **gweithredu dynamig**. Mae pwysau rhydd yn cynyddu cryfder yn y tymor byr, ac yn cynyddu ystod y symudiadau. Mae modd canolbwyntio ar rai symudiadau neu grwpiau o gyhyrau, a gall helpu i hyfforddi cydbwysedd a chydsymud.

Term allweddol

Gweithredu dynamig – unrhyw weithredu sy'n cynnwys symud, fel cyrliad braich.

Fel peiriannau gwrthiant sefydlog, defnyddir pwysau rhydd i wella cryfder y cyhyrau a gellir defnyddio'r ddau i gael canlyniadau da. Fodd bynnag, mae mwy o siawns o anaf wrth ddefnyddio pwysau rhydd. Am resymau diogelwch wrth ddefnyddio pwysau mwy, mae angen cynorthwywyr (neu 'sbotwyr') i oruchwylio (neu 'sbotio') unigolyn.

Dymbelau

Gellir gwneud nifer o wahanol ymarferion gan ddefnyddio dymbelau, fel y dangosir yn Nhabl 13.7.

▶ **Tabl 13.7:** Ymarferion gyda dymbelau

Math o ymarfer	Y prif gyhyrau a ddefnyddir	Techneg
Codiad blaen	Deltoidau	• Sefwch a'ch coesau ar led, a'ch pengliniau wedi'u plygu ychydig. • Daliwch ddymbel ym mhob llaw gyda'ch breichiau yn syth wrth eich ochrau a'ch cledrau'n wynebu y tu ôl i chi. • Codwch eich breichiau allan o'ch blaen, nes bod eich dwylo ar lefel yr ysgwydd. • Dychwelwch eich breichiau yn ôl i'r man cychwyn, gan gadw rheolaeth drwyddi draw. • Gofalwch nad ydych chi'n crymu'ch cefn wrth geisio codi'r pwysau.
Rhwyfo ag un fraich	Latissimus dorsi Rhomboidau Y cyhyrau deuben Trapesiws	• Rhowch un pen-glin a'r un llaw ar fainc gyda'ch troed arall ar y llawr a dymbel yn eich llaw arall. • Pwyswch ymlaen fel bod eich asgwrn cefn yn syth ac yn gyfochrog â'r llawr. • Tynnwch y dymbel i fyny, tuag at eich brest. • Peidiwch â gadael i'ch cefn droi'n ormodol, na gadael i'ch ysgwyddau godi. • Gostyngwch y dymbel yn ôl i'r man cychwyn o dan reolaeth.
Tynnu drosodd â braich wedi'i phlygu	Pectoralau Latissimus dorsi	• Gorweddwch ar eich cefn ar fainc gyda'ch traed ar y llawr. • Daliwch ddymbel ym mhob llaw, gyda'ch cledrau yn wynebu'i gilydd a'ch breichiau yn syth uwchben eich brest. • Gostyngwch y dymbel drosodd a thu ôl i'ch pen, gyda phlyg bach yn eich penelin. • Cadwch eich abdomenau yn dynn drwyddi draw rhag i'ch cefn grymu. • Gostyngwch cyn belled ag sy'n gyffyrddus i chi ac yna gwnewch y symudiad y ffordd arall.
Gwasg ysgwyddau	Deltoidau Y cyhyrau triphen	• Gosodwch fainc gyda'r gefnell i fyny ac eisteddwch ar bad y sedd, gan bwyso'ch cefn yn erbyn y gefnell. • Daliwch ddymbel ym mhob llaw ar uchder eich ysgwydd. • Gwthiwch yn uniongyrchol tuag i fyny nes bod eich penelinoedd bron yn hollol syth. • Dychwelwch yn araf i'r man cychwyn.
Codiad ochrol (*lateral raise*)	Deltoidau Trapesiws	• Sefwch a'ch coesau ar led, a'ch pengliniau wedi'u plygu ychydig. • Daliwch ddymbel ym mhob llaw gyda'ch breichiau yn syth wrth eich ochrau a'ch cledrau'n wynebu tuag i mewn. • Codwch eich breichiau allan i'r ochrau, gan gadw plyg bach yn eich penelin hyd nes bod eich dwylo yn cyrraedd lefel eich ysgwyddau. • Dychwelwch eich breichiau yn ôl i'r man cychwyn, gan gadw rheolaeth drwyddi draw.
Fflei	Pectoralau Deltoidau	• Gorweddwch ar fainc fflat gyda dymbel ym mhob llaw yn gorffwys ar ben eich cluniau. Bydd cledrau eich dwylo yn wynebu ei gilydd. • Codwch y dymbelau un ar y tro fel y gallwch eu dal o'ch blaen ar led eich ysgwyddau gyda chledrau eich dwylo yn wynebu ei gilydd. • Gostyngwch eich breichiau allan ar y ddwy ochr mewn bwa llydan nes eich bod chi'n teimlo'ch brest yn tynnu. Anadlwch i mewn wrth i chi wneud y rhan hon o'r symudiad. Dylai eich breichiau aros yn llonydd drwyddi draw gyda'r symudiad yng nghymal yr ysgwydd yn unig. • Dychwelwch eich breichiau yn ôl i'r man cychwyn wrth i chi wasgu cyhyrau eich brest ac anadlu allan.
Fflei ar orwedd	Pectoralau Deltoidau	• Gorweddwch ar eich cefn ar fainc gyda'ch traed ar y llawr. • Daliwch ddymbel ym mhob llaw, gyda'r cledrau'n wynebu'i gilydd, uwchben eich brest. • Cadwch blyg bach yn y penelinoedd trwy gydol yr ymarfer. • Estynnwch eich breichiau ar wahân, gan arwain gyda'r penelinoedd, nes eu bod ychydig yn is na lefel eich ysgwyddau. Cadwch reolaeth drwyddi draw, yn enwedig yn ystod y cam gostwng. • Dychwelwch i'r man cychwyn.
Gwasg cyhyrau triphen ag un fraich	Y cyhyrau triphen	• Rhowch un llaw a'r un pen-glin ar fainc a phwyswch drosodd fel bod eich cefn yn fflat. • Daliwch ddymbel yn eich llaw rydd a'i ddal gyda rhan uchaf eich braich yn llorweddol wrth ymyl rhan uchaf eich corff, eich penelin wedi'i blygu i ongl sgwâr a'ch cledr yn wynebu i mewn. • Sythwch eich penelin allan y tu ôl i chi, gan sicrhau bod rhan uchaf eich braich yn aros yn ei hunfan. • Dychwelwch yn araf i'r man cychwyn.

▶ **Tabl 13.7:** *Parhad*

Math o ymarfer	Y prif gyhyrau a ddefnyddir	Techneg
Cyrliad cyhyryn deuben	Y cyhyrau deuben	• Sefwch gyda'ch traed led ysgwydd ar wahân, eich pengliniau wedi'u plygu ychydig a'ch cefn yn syth. • Daliwch ddymbel ym mhob llaw, gyda'ch cledrau yn wynebu ymlaen a'ch penelinoedd yn syth. • Plygwch eich penelinoedd i godi'r dymbelau o'ch cluniau, i fyny tuag at eich ysgwyddau. • Peidiwch â siglo'r pwysau na chrymu eich cefn i helpu i godi'r pwysau. • Dychwelwch y pwysau yn araf i'r man cychwyn.
Rhagwthion	Cwadriceps	• Daliwch ddymbel ym mhob llaw. Cymerwch gam bras ymlaen ag un troed. • Gofalwch fod eich traed mewn un llinell ac yn pwyntio yn syth ymlaen. • Cadwch eich cefn yn unionsyth wrth i chi blygu'n araf a gostwng eich pen-glin cefn tuag at y llawr, gan godi eich sawdl oddi ar y llawr. • Ar yr un pryd plygwch eich pen-glin blaen, gan sicrhau nad yw'n mynd heibio bysedd eich traed. • Peidiwch â gadael i ben-glin y goes gefn gyffwrdd â'r llawr cyn dychwelyd i'r man cychwyn.
Codi pwysau marw (*dead lift*)	Gluteus maximus Erector spinae Llinynnau'r garrau	• Sefwch gyda'ch traed led ysgwydd ar wahân, gyda'r bar ychydig fodfeddi o flaen eich crimogau. • Ewch i lawr ar eich cwrcwd, gan gadw'ch cefn yn syth, ond gan bwyso ymlaen o'ch cluniau. • Gafaelwch yn y bar gyda'ch cledrau'n wynebu tuag yn ôl, y tu allan i bob pen-glin. • Cyn i chi ddechrau codi, gofalwch fod rhan isaf eich cefn wedi'i grymu a'ch bod yn dal eich brest i fyny yn uchel ac yn edrych yn syth ymlaen. • Cadwch eich breichiau'n syth wrth i chi wthio i fyny gan ddefnyddio'ch coesau.
Cyrcydiad	Cwadriceps/ llinynnau'r garrau	• Sefwch gyda'ch traed led ysgwydd ar wahân. Daw'r pwysau i lawr trwy'ch sodlau. • Gyrrwch eich cluniau yn ôl yn ystod rhan gyntaf y symudiad. • Peidiwch â gadael i'ch pengliniau ddod ymhellach ymlaen na bysedd eich traed. • Wynebwch ymlaen ac ychydig i fyny. • Ceisiwch anelu at fod eich pengliniau ar 90 gradd gyda thop eich cwadriceps yn gyfochrog â'r llawr.

▶ Ymarfer gyda phwysau rhydd, sef dymbelau, yw ochr-godi

Barbwysau

Mae'r ystod o ymarferion y gellir eu gwneud gan ddefnyddio barbwysau yn cynnwys y rhai a ddangosir yn Nhabl 13.8.

▶ **Tabl 13.8:** Ymarferion gyda barbwysau

Math o ymarfer	Y prif gyhyrau a ddefnyddir	Techneg
Rhesi unionsyth	Trapesiws Deltoidau Y cyhyrau deuben	• Sefwch gyda'ch traed led ysgwydd ar wahân, a'ch pengliniau wedi'u plygu ychydig. • Cydiwch yn y bar ger y canol, gyda'ch dwylo'n agosach na lled eich ysgwydd a'ch cledrau yn eich wynebu. Tynnwch y bar i fyny tuag at eich gên. • Dychwelwch yn araf i'r man cychwyn.
Gwasg fainc	Pectoralis major Deltoidau Y cyhyrau triphen	• Gorweddwch ar eich cefn ar fainc gyda'ch traed ar y llawr. • Gafaelwch y bar tua 2 droedfedd (60 cm) ar wahân (neu mewn man cyfforddus, yn lletach na lled eich ysgwydd) gyda'ch breichiau yn syth uwchben eich brest. • Yn araf ac o dan reolaeth, gostyngwch y bar i lawr i lefel eich brest. • Gwthiwch y bar yn ôl i fyny, nes bod eich penelinoedd yn syth. Cadwch ran isaf eich cefn mewn cysylltiad â'r fainc bob amser, gan gadw bwa naturiol eich cefn drwyddi draw.

Math o ymarfer	Y prif gyhyrau a ddefnyddir	Techneg
Gwasg cyhyrau triphen ar wastad cefn (*supine triceps press*)	Y cyhyrau triphen	• Gorweddwch ar fainc ar eich cefn yn dal barbwysau, gyda'r dwylo tua lled eich pen ar wahân. • Dechreuwch gyda'r breichiau wedi'u hymestyn ar lefel y frest, gyda'r dwylo'n pwyntio at y nenfwd. • Cadwch rannau uchaf eich breichiau yn llonydd wrth i chi blygu'ch penelinoedd, gan ostwng y bar tuag at eich pen. Pan fydd y bar yn cyrraedd cwpl o fodfeddi (tua 5 cm) uwchben eich talcen, dychwelwch i'r man cychwyn.
Cyrliad cyhyryn deuben	Y cyhyrau deuben	• Sefwch gyda'ch traed led ysgwydd ar wahân, eich penliniau wedi'u plygu ychydig a'ch cefn yn syth. • Daliwch ddymbel ym mhob llaw, gyda'ch cledrau yn wynebu ymlaen a'ch penelinoedd yn syth. • Plygwch eich penelinoedd i godi'r dymbelau o'ch cluniau, i fyny tuag at eich ysgwyddau. Peidiwch â siglo'r pwysau na chrymu eich cefn i helpu i godi'r pwysau. • Dychwelwch y pwysau yn araf i'r man cychwyn.
Rhagwth	Cwadriceps	• Cadwch eich asgwrn cefn yn niwtral, gan ofalu bod eich pengliniau yn un llinell â bysedd eich traed. Bydd pen-glin y goes gefn yn cyffwrdd ychydig â'r ddaear. • Gyrrwch eich penelin ymlaen i gadw'r bar yn sefydlog. Gyrrwch eich sawdl i mewn ar y ffordd yn ôl i fyny.
Codi pwysau marw	Gluteus maximus Erector spinae Llinynnau'r garrau	• Sefwch gyda'ch traed led ysgwydd ar wahân, gyda'r bar ychydig fodfeddi (tua 5 cm) o flaen eich crimogau. • Ewch i lawr ar eich cwrcwd, gan gadw'ch cefn yn syth, ond gan bwyso ymlaen o'ch cluniau. • Gafaelwch yn y bar gyda'ch cledrau'n wynebu tuag yn ôl, y tu allan i bob pen-glin. • Cyn i chi ddechrau codi, gofalwch fod rhan isaf eich cefn wedi'i grymu a'ch bod yn dal eich brest i fyny yn uchel ac yn edrych yn syth ymlaen. • Cadwch eich breichiau'n syth wrth i chi wthio i fyny gan ddefnyddio'ch coesau. Peidiwch â thynnu gan ddefnyddio'ch breichiau na'ch cefn.
Cyrcydiad	Cwadriceps	• Daliwch y barbwysau ar draws blaen eich ysgwyddau, gyda'ch penelinoedd wedi'u plygu fel bod eich dwylo yn dal y bar gyda'ch cledrau yn wynebu i fyny. • Cadwch eich corff yn unionsyth a dylai rhan isaf eich cefn fod yn grwm. • Plygwch eich pengliniau a'ch cluniau, gan gadw'ch sodlau ar y llawr. Peidiwch â gadael i'ch pengliniau symud ymlaen heibio bysedd eich traed. • Ewch i lawr mor isel ag y byddwch yn gyffyrddus, hyd at y pwynt lle mae'r glun yn gyfochrog â'r llawr. Sythwch eich coesau yn ôl i'r man cychwyn.

Myfyrio

Ystyriwch bob prif grŵp o gyhyrau a nodwch ymarfer y gellir ei ddefnyddio i'w hyfforddi. Ceisiwch gofio'r prif dechnegau a ddefnyddir yn ogystal ag unrhyw bwyntiau iechyd a diogelwch. Gweithiwch gyda ffrind i ymarfer y technegau hyn ac ystyriwch sut y byddwch chi'n egluro'r hyn rydych chi'n ei wneud wrth ichi ddangos y technegau.

MUNUD I FEDDWL

Ydych chi'n deall gwahanol gyhyrau'r corff, eu lleoliad a sut y gellir hyfforddi pob un yn benodol?

Awgrym

Nodwch ymarfer y gellir ei ddefnyddio i hyfforddi pob prif grŵp o gyhyrau. Ystyriwch amrywiadau ar yr ymarferion hyn.

Ymestyn

Wrth gynllunio sesiwn, bydd angen i chi ystyried y drefn rydych chi'n gwneud pob ymarfer. Gan ddefnyddio'r ymarfer a nodwyd gennych, eglurwch pryd y dylid ei wneud fel rhan o raglen hyfforddi.

Gwneud ymarferion yn ddiogel

Mae yna nifer o bethau hanfodol y mae'n rhaid i chi gofio eu cynnwys pan fyddwch chi'n cyflwyno unrhyw sesiwn ymarfer corff yn y gampfa fel bod eich cleientiaid yn gwneud yr ymarferion yn ddiogel.

Sesiwn gynhesu

Dylid cynhesu cyn cymryd rhan mewn ymarfer corff. Yn gyffredinol mae'n cynnwys cynnydd graddol yn nwysedd y gweithgaredd corfforol. Dylai unrhyw gynhesu fod yn benodol i'r gweithgaredd sy'n ei ddilyn. Felly dylai baratoi'r cyhyrau sydd i'w defnyddio a sbarduno'r systemau egni sydd eu hangen ar gyfer y gweithgaredd hwnnw. Argymhellir ymestyn y cyhyrau actif hefyd ar ôl cynhesu.

Mae cynhesu wedi'i gynllunio yn bwysig er mwyn osgoi anaf. Mae iddo dair prif swyddogaeth:

► cynyddu curiad y galon – er mwyn pwmpio rhagor o waed o amgylch y corff i'r cyhyrau sy'n gweithio, gan gynhyrchu mwy o egni drwy ddefnyddio ocsigen a chynyddu tymheredd y corff/cyhyrau.

► codi tymheredd y corff – gwella elastigedd y cyhyrau sy'n gweithio, gan wneud anaf yn llai tebygol

► paratoi prif gymalau'r corff ar gyfer gwaith – gyda symudiadau a ddylai fod yn benodol i'r gamp neu'r ymarfer.

Mewn amgylchedd campfa, mae cynhesu yn aml yn cynnwys y felin droed, beic sefydlog neu beiriant rhwyfo.

Sesiynau oeri

Mae oeri yn dychwelyd y corff i'w gyflwr cyn ymarfer. Mae iddo dri phrif amcan:

► dychwelyd curiad y galon yn ôl i normal

► helpu i gael gwared ar unrhyw gynhyrchion gwastraff a allai fod wedi cronni yn ystod yr ymarfer

► dychwelyd y cyhyrau i'w cyflwr gwreiddiol (neu eu hyd os ydynt wedi'u hymestyn).

Mae'r sesiwn oeri yn cadw'r gyfradd fetabolaidd yn uchel a'r capilarïau ar led i alluogi ocsigen i ffrydio trwy feinwe'r cyhyrau, gan helpu i gael gwared ar wastraff asid lactig a gafodd ei greu gan yr ymarfer. Dylai hyn atal y gwaed rhag aros yn y gwythiennau, a all achosi pendro os bydd yr ymarfer yn cael ei atal yn rhy gyflym. Gall oeri hefyd leihau effaith **poen oediog yn y cyhyrau** (neu DOMS – *delayed-onset muscle soreness*). Mae hwn yn gallu digwydd ar ôl ymarfer corff egnïol nad yw'r corff wedi arfer ag ef.

Dylai rhan olaf yr oeri gynnwys ymestyn i hwyluso a gwella hyblygrwydd, gan y bydd y cyhyrau'n gynnes iawn bryd hynny.

> **Term allweddol**
>
> **Poen oediog yn y cyhyrau** – poen neu anghysur sy'n aml yn cychwyn 24–72 awr ar ôl ymarfer.

⏸ MUNUD I FEDDWL   Pam mae cynhesu ac oeri yn rhan mor bwysig o raglen ymarfer corff?

Awgrym   Disgrifiwch bwrpas cynhesu mewn perthynas â newidiadau ffisiolegol i'r corff.

Ymestyn   Pa wahanol ymarferion y gellir eu defnyddio fel rhan o gynhesu a pham? Sut y gellid addasu'r rhain ar gyfer gwahanol gleientiaid?

Astudiaeth achos

Yn ddiweddar, penodwyd Elizabeth yn hyfforddwr cynorthwyol yng nghampfa clwb iechyd lleol. Fel rhan o'i dyletswyddau mae disgwyl iddi weithio gydag ystod o wahanol gleientiaid a'u cefnogi gyda'u rhaglenni hyfforddi. Mae rheolwr campfa'r clwb wedi gofyn iddi baratoi taflen wybodaeth ar gyfer y cleientiaid ar ymarfer yn ddiogel yn y gampfa.

Gwiriwch eich gwybodaeth

1 Pam mae diogelwch y cleientiaid mor bwysig?

2 Beth ddylai Elizabeth ei gynnwys o ran defnyddio offer y gampfa?

3 Sut all Elizabeth sicrhau bod cleientiaid yn defnyddio'r dechneg gywir? Pam mae hyn yn bwysig?

Alinio'r corff yn ddiogel wrth ymarfer

Mae datblygu 'sefydlogrwydd craidd' yn ffenomen eithaf newydd yn y byd ffitrwydd. Yn y bôn, ei nod yw datblygu cydbwysedd trwy'r systemau ysgerbydol a chyhyrol. Mae aliniad y corff yn targedu ystumiau a chydbwysedd i helpu i sicrhau bod y corff yn parhau i allu perfformio'n effeithlon. Mae sefydlogrwydd craidd yn cyflawni hyn trwy dynnu sylw at y craidd (yr abdomen a rhan isaf y cefn) fel y fframwaith i greu sylfaen gadarn ar gyfer gwneud gweithgareddau. Dylech wybod am y manteision o ddatblygu'r sylfaen hon, nid yn unig yn y craidd, ond trwy'r corff hefyd.

Mae alinio'r corff hefyd yn creu cydbwysedd rhwng y grwpiau o gyhyrau. Er enghraifft, mae'r cwadriceps yn gallu cynhyrchu pŵer sylweddol ond ddylen nhw ddim bod yn rhy bwerus i'r cyhyrau sydd gyferbyn - llinynnau'r garrau - ymdopi â nhw; os digwydd hynny mae un o linynnau'r garrau yn debygol o gael ei niweidio.

Dewisiadau amgen i ymarferion a allai fod yn niweidiol

Mae ymchwil wedi dangos bod rhai ymarferion yn wrthgynhyrchiol ac y gallant wneud mwy o ddrwg nag o les. O'r herwydd, rhaid osgoi'r ymarferion hyn a dod o hyd i ddewisiadau amgen. Mae enghreifftiau o ymarferion y mae'n rhaid eu hosgoi yn cynnwys:

- rholiau gwddf llawn – defnyddiwyd y rhain yn y gorffennol fel rhan o sesiwn gynhesu ond gallant gywasgu'r fertebra yn y gwddf a all niweidio'r nerfau
- eistedd-i-fyny gyda'r dwylo y tu ôl i'r gwddf – gall roi gormod o straen ar gyhyrau'r gwddf, yn enwedig os defnyddir techneg herciog.

Ffactorau iechyd ac amgylcheddol

Rhaid cynnal asesiadau risg cyn cychwyn sesiwn, gyda'r holl offer a'r amgylchedd yn cael eu hadolygu a'u gwirio. Ymhlith y ffactorau i'w hystyried mae'r canlynol.

- **Cyfarpar** – rhaid iddo fod yn addas at y diben a chynnwys y dillad sydd i'w gwisgo. Dylid gwirio'r cyfarpar am ansawdd a chyflwr, ac a yw wedi'i gynnal a'i gadw'n briodol.
- **Lleoliad** – mae hyn yn cynnwys y lle sydd ar gael, pa un a yw wedi'i gynllunio ar gyfer y gweithgaredd a ddewiswyd, pa mor hawdd yw cyrraedd yr allanfeydd brys, sŵn/acwsteg (er enghraifft, a oes llawer o eco, gan wneud cyfarwyddiadau'n anodd eu clywed?) a hygyrchedd ac addasrwydd i bobl ag anghenion penodol, megis defnyddwyr cadeiriau olwyn.
- **Addasrwydd cyfranogwyr** – os ydych chi wedi cynllunio'n dda, bydd eich sesiwn wedi'i hadeiladu o amgylch anghenion y bobl rydych chi'n gweithio gyda nhw. Wrth gynllunio'ch sesiynau, ystyriwch ffactorau fel:
  - oedran a phrofiad cyfranogwyr
  - nifer y cyfranogwyr
  - pa mor dda rydych chi'n adnabod y grŵp a pha mor dda maen nhw yn eich adnabod chi
  - unrhyw ofynion dysgu penodol neu broblemau ymddygiad.

Datblygu cydsymudiad y cleientiaid

Ychydig o brofiad o ymarfer corff neu fod mewn amgylchedd campfa fydd gan rai o'ch cleientiaid. Felly, rhaid i chi ystyried y technegau a ddefnyddir i wneud ymarfer. Dylai unrhyw ymarferion a argymhellir i chi eu defnyddio gael eu dangos yn glir a dylech roi cyfle i gleientiaid ddatblygu eu technegau symud ac ymarfer corff yn raddol fel eu bod yn datblygu eu sgiliau cydsymud a'u hyder.

Mewn amgylchedd campfa, gallai cleientiaid wneud gwaith pwysau ar beiriannau gwrthsefyll sefydlog i ddechrau nes eu bod yn gyfarwydd â'r symudiadau sy'n ofynnol. Yna gallen nhw wneud yr ymarferion gan ddefnyddio pwysau rhydd.

Dwysedd

Er mwyn sicrhau unrhyw fuddion, rhaid i gleientiaid ymarfer ar lefel uwch na'u lefelau arferol. Gellir addasu'r mwyafrif o ymarferion i'w gwneud yn fwy dwys neu lai dwys. Er enghraifft, yn achos ymarferion pwysau bydd cynnydd yn y llwyth pwysau yn cynyddu'r dwysedd. Bydd y gorlwytho hwn yn helpu fel rhan o raglen gryfder. Yn yr enghraifft hon, trwy ostwng y llwyth pwysau ond defnyddio mwy o ailadroddiadau, bydd y rhaglen hyfforddi yn canolbwyntio ar ddygnwch y cyhyrau.

Mae dwysedd yr ymarfer yn arbennig o bwysig pan fydd ymarfer corff cardiofasgwlaidd yn targedu gwahanol barthau hyfforddi – cyfeiriwch yn ôl at dudalennau 93–4.

Effaith

Yn fras, mae dau gategori o ymarferion: effaith uchel ac effaith isel.

- Mae **ymarferion effaith uchel** yn rhoi pwysau ar y corff, yn enwedig ar esgyrn a chymalau, er enghraifft rhedeg. Mae astudiaethau'n awgrymu y gall y swm cywir o ymarferion effaith uchel gynyddu dwysedd esgyrn ond gall gormod roi straen mawr ar y corff ac achosi anaf i esgyrn a chymalau. Dylai eich cleientiaid osgoi ymarferion effaith uchel os ydyn nhw wedi cael problemau â'r cymalau yn y gorffennol, os oes ganddyn nhw osteoporosis neu os ydyn nhw ym misoedd olaf eu beichiogrwydd.
- Gall **ymarferion effaith isel** fel cerdded ar felin draed neu ddefnyddio peiriant rhwyfo neu groes-ymarfer roi llawer llai o bwysau ar y corff ac maen nhw'n addas ar gyfer cleientiaid a ddylai osgoi'r ymarferion effaith uchel.

► Weithiau mae gwasg fyrfraich yn erbyn wal yn addasiad defnyddiol i gyfranogwyr hŷn

Ymarferion amgen ar gyfer cleientiaid penodol

Gellir addasu llawer o ymarferion fel eu bod yn addas at ofynion cleientiaid penodol. Er enghraifft, bydd gwasg fyrfraich yn erbyn wal (*wall press-up*) yn fwy addas ar gyfer oedolion hŷn yn enwedig os nad ydyn nhw'n arbennig o ffit. Ar gyfer menywod beichiog, dylai ymarferion effaith isel fel nofio neu gerdded ar felin draed fod yn rhan o raglen hyfforddi.

 MUNUD I FEDDWL   Ydych chi'n deall sut y gall yr amgylchedd effeithio ar ddarparu sesiwn campfa yn ddiogel?

Awgrym   Ystyriwch ble mae'r sesiwn yn cael ei chynnal. Pam ddylai'r cyfleuster a'r cyfarpar gael eu gwirio cyn i sesiwn ddechrau?

Ymestyn   Nawr, ystyriwch y gwiriadau penodol y mae'n rhaid i chi eu gwneud cyn i unrhyw sesiwn ddechrau. Beth ddylech chi ei wneud os nad ydych chi'n fodlon bod y cyfleuster neu'r cyfarpar yn addas?

Ymarfer asesu 13.2   **B.P4** **B.M3** **B.D2**

Fel rhan o'r gwaith ar gyfer y clwb campfa ar ôl ysgol y cyfeiriwyd ato yng ngweithgaredd asesu 13.1, mae angen ichi nawr baratoi taflen yn esbonio'r gwahanol ddulliau o ddygnwch cardiofasgwlaidd a hyfforddiant gwrthiant. Dylai eich taflen roi gwybodaeth am y gwahanol ymarferion y gellir eu gwneud yn ogystal â'r gwahanol fathau o gyfarpar i gyflawni'r ymarferion hyn.

Ar ôl egluro'r gwahanol ddulliau hyfforddi a'r gwahanol ymarferion, dylai eich taflen gymharu a chyferbynnu'r gwahanol ddulliau hyfforddi, gan dynnu sylw at fanteision pob un. I'ch helpu chi, ystyriwch y ddau aelod o staff y buoch chi'n eu cynorthwyo o'r blaen a rhowch gyfiawnhad dros y gwahanol ddulliau hyfforddi ar gyfer pob un.

Cynllunio
- Pa mor hyderus ydw i'n teimlo yn fy nealltwriaeth o'r gwahanol ddulliau hyfforddi? Ydw i'n gyfarwydd â hyfforddiant cardiofasgwlaidd a hyfforddiant gwrthiant?
- Bydda i'n ymarfer defnyddio'r gwahanol fathau o gyfarpar campfa fel fy mod yn gyfarwydd â'r prif gyhyrau a ddefnyddir.

Gwneud
- Galla i esbonio'r gwahanol ddulliau o hyfforddiant cardiofasgwlaidd a hyfforddiant gwrthiant.
- Galla i gyfiawnhau gwahanol ddulliau hyfforddi ar gyfer gwahanol fathau o gleientiaid.

Adolygu
- Galla i egluro sut y byddwn yn mynd at elfennau anodd y dasg yn wahanol y tro nesaf.
- Pan fydda i wedi myfyrio ar fy ngwaith fy hun ac unrhyw adborth gan eraill, bydda i'n gwneud unrhyw newidiadau angenrheidiol i'm taflen.

 Cynllunio a chyfarwyddo ymarfer corff yn y gampfa ar gyfer cleientiaid unigol

Nodau ac amcanion y rhaglen

Mae sawl nod ac amcan allweddol y mae'n rhaid i chi eu cynnwys wrth ddechrau cynllunio'ch rhaglenni.

▶ **Defnyddio gwybodaeth gan gleientiaid i gytuno ar amcanion** – un o'r problemau mwyaf i unrhyw un sy'n ceisio gwella eu ffitrwydd yw eu bod yn aml yn gwneud y math anghywir o hyfforddiant neu fod ganddyn nhw raglen sydd heb ei strwythuro'n iawn. O'r herwydd bydd yr unigolyn yn colli cymhelliant ac ni fydd yn cael braidd ddim manteision o'r hyfforddiant. Mae casglu gwybodaeth briodol am eich cleient, fel ei nodau, ei ffordd o fyw, ei hanes meddygol a'i hanes o ran gweithgaredd corfforol, yn golygu y byddwch chi'n gallu llunio rhaglen fwy effeithiol ar ei gyfer.

▶ **Cytuno nodau gyda chleientiaid** – rhaid i'r rhaglen fod yn hyblyg ond hefyd rhaid iddi allu bodloni nodau ac anghenion personol eich cleient. Mae gan bob unigolyn uchelgeisiau a dyheadau gwahanol – a photensial gwahanol i ddatblygu – a dylai eich rhaglen adlewyrchu'r rhain. Dylid rhannu nodau'r cleient yn rhai tymor byr (hyd at fis), tymor canolig (un i dri mis) a hirdymor (tri mis i flwyddyn). Wrth ddylunio'r rhaglen, gosodwch nodau sydd yn rhai CAMPUS (cyraeddadwy, wedi'i amseru,

Ymchwil

Cewch ragor o wybodaeth am bwysigrwydd iechyd a diogelwch mewn amgylchedd campfa trwy fynd i wefan y Gofrestr o Weithwyr Proffesiynol Ymarfer Corff (www.exerciseregister.org).

mesuradwy, penodol, uchelgeisiol ond synhwyrol). Dylai'r nodau hefyd adlewyrchu arfer da yn y diwydiant cyfarwyddiadau campfa a'ch lefelau cymhwysedd eich hun.

▶ **Gofyn am gyngor gan weithwyr proffesiynol eraill** – diogelwch a lles eich cleient yw eich prif gonsyrn chi. Os nad ydych, ar unrhyw adeg, yn gyffyrddus neu'n hyderus gydag unrhyw wybodaeth y mae eich cleient wedi'i rhannu â chi, a'ch bod yn teimlo y byddai'n well iddo beidio â gwneud rhaglen ymarfer corff, yna mae'n rhaid i chi ddweud hynny. Cofiwch ei bod yn well gofyn am arweiniad proffesiynol gan arbenigwr meddygol os byddwch chi'n teimlo bod unrhyw risg. Dylech hefyd eu cyfeirio at hyfforddwr sydd â chymwysterau mwy priodol os yw amcanion y cleient y tu hwnt i lefel eich cymhwysedd chi.

⏸ MUNUD I FEDDWL — Pam ei bod yn bwysig cynnwys y cleient wrth lunio rhaglen hyfforddi?

Awgrym — A allwch chi egluro beth yw nodau CAMPUS?

Ymestyn — Sut y gellid defnyddio egwyddorion CAMPUS fel rhan o raglen hyfforddi a pham eu bod yn bwysig ar gyfer gosod nodau?

Cynllunio sesiynau ymarfer corff yn y gampfa

Nodi ymarferion priodol

Mae unrhyw raglen ffitrwydd yn seiliedig ar 'egwyddorion hyfforddiant' – mae dilyn y rhain yn arwain at yr enillion mwyaf trwy hyfforddiant. Gellir cofio egwyddorion hyfforddiant gan ddefnyddio'r acronym SPORTI, sy'n dynodi'r canlynol:

▶ *Specificity* – Penodol – cynllunio'ch rhaglen hyfforddi o amgylch anghenion y cleient (fel targedu grwpiau penodol o gyhyrau) ac anghenion unigol eich cleient. Er enghraifft, os ydych chi'n ceisio gwella ffitrwydd cardiofasgwlaidd eich cleient yna ni fyddai rhaglen hyfforddi sy'n cynnwys pwysau trwm yn gymwys.

▶ *Progression* – Dilyniant – y newidiadau i gorff y cleient dros gyfnod y rhaglen hyfforddi, sy'n caniatáu i'ch cleient weld cynnydd cyson.

▶ *Overload* – Gorlwytho – ymarfer ychydig y tu allan i lefel weithredu arferol neu 'barth cysur' eich cleient i ysgogi datblygiad – mae'n agwedd hanfodol ar gael budd drwy hyfforddi.

▶ *Reversibility/recovery* – Gwrthdroi/adfer – bydd unrhyw enillion ffitrwydd a wnaed trwy hyfforddiant yn cael eu gwrthdroi os bydd y cleient yn rhoi'r gorau i hyfforddi – bydd yn colli eu haddasiadau ffitrwydd.

▶ *Tedium* – Diflastod – os byddwch chi'n defnyddio'r un sesiynau hyfforddi dros gyfnod o amser, mae'r cleient yn debygol o ddiflasu, felly mae'n well defnyddio amrywiaeth o ddulliau hyfforddi i leddfu unrhyw ddiflastod.

▶ *Individual differences* – Gwahaniaethau unigol – mae hyn yn cyfeirio at y ffaith bod pawb yn wahanol felly rhaid i gynlluniau hyfforddi ystyried y gwahaniaethau unigol hyn.

Yn ogystal ag egwyddorion SPORTI, mae angen i chi hefyd ystyried egwyddorion FITT (amlder, dwysedd, amser a math), un o'r setiau pwysicaf o egwyddorion wrth gynllunio sesiynau unigol a rhaglenni hyfforddiant llawn (gweler tudalen 96).

Dilyniant priodol o ymarferion

Mae strwythur yn bwysig iawn os yw'r cleient am fwynhau'r ymarfer corff ac osgoi anaf. Yn gyffredinol, bydd sesiwn yn dilyn y drefn hon: cynhesu, prif weithgaredd, oeri.

Wrth ddefnyddio hyfforddiant gwrthiant, mae'n bwysig bod cyhyrau cyfatebol yn cael eu hyfforddi'n gyfartal. Mae cyhyrau'n helpu i sefydlogi cymal, felly os yw un yn gryfach na'r llall, gall hyn achosi ansefydlogrwydd ac anaf i'r cymal. Gall hefyd achosi problemau hirdymor gydag ystum a gall effeithio ar berfformiad chwaraeon. Y prif barau o gyhyrau yw:

▶ y pectoralau a'r trapesiws
▶ y cyhyrau deupen a thriphen
▶ latissimus dorsi a'r deltoidau
▶ yr abdominalau a'r erector spinae
▶ y cwadriceps a llinyn y gar.

Dim ond un cymal y bydd ymarfer syml yn canolbwyntio arno (er enghraifft, cyrliad braich), ond bydd ymarfer anoddach yn cynnwys dau gymal neu ragor (er enghraifft, gwasg frest). Bydd angen mwy o ffocws ar yr ymarferion anoddach, felly dylid eu gwneud yn gynnar yn y sesiwn cyn dechrau blino. Yn yr un modd, dylech chi hyfforddi'r cyhyrau mawr yn gyntaf. Mae'r rhain yn cynnwys:

▶ y trapesiws
▶ latissimus dorsi
▶ y pectoralau
▶ y cwadriceps
▶ llinyn y gar
▶ y gluteus maximus.

Y prif reswm dros ymarfer y cyhyrau hyn yn gyntaf yw mai'r rhain sydd angen yr ymdrech fwyaf, felly dylid eu hymarfer cyn iddyn nhw ddechrau blino. Mae'r cyhyrau llai yn helpu'r cyhyrau mwy i weithio, felly dylen nhw aros yn gymharol ffres wrth ymarfer.

Gwnewch ymarfer ar gyhyrau'r abdomen yn olaf. Mae'r abdomen a chyhyrau rhan isaf y cefn yn cynnal prif graidd y corff. Dylai'r rhain beidio â blino er mwyn osgoi anaf i'r cefn ac er mwyn gallu cynnal yr ystum cywir.

Amseriadau priodol pob ymarfer i sicrhau dilyniant

Fel y gwelsom gydag egwyddorion SPORTI, i raglen hyfforddi fod yn effeithiol, rhaid dilyn egwyddorion **dilyniant** a **gorlwytho**. Dilyniant a gorlwytho yw pan fydd y corff yn addasu i hyfforddiant, gan ganiatáu i'r hyfforddiant ddod yn galetach yn raddol (gan gynyddu'r lefelau gorlwytho). Heb y lefelau cywir o orlwytho a dilyniant, bydd eich enillion hyfforddi yn dechrau lefelu neu 'wastatáu'.

Byddwch yn ofalus wrth gynllunio dilyniant, oherwydd gall perfformiadau gwael ddeillio o ddim digon o ddilyniant neu raglen hyfforddi sy'n gorlwytho'r system. Yn ogystal â pherfformiad gwael, gall gorlwytho gormodol arwain at anaf neu salwch trwy orhyfforddi.

Os yw'ch cleient yn cymryd hoe o hyfforddiant neu os nad yw'n hyfforddi'n ddigon aml, yna bydd ei lefelau ffitrwydd yn gwrthdroi neu'n **atchwelyd** (regress). Mae hyn yn golygu y byddan nhw'n mynd yn ôl yn araf i'r hyn oedden nhw cyn dechrau ar y rhaglen hyfforddi.

Wrth hyfforddi, ystyriwch hyd pob ymarfer yn ogystal â chyfanswm hyd y sesiwn. Bydd cynyddu amser yn cynyddu dilyniant a gorlwytho, ond mae'n bwysig ystyried cyfle i adfer rhwng ymarferion a sesiynau. Cofiwch bob amser i adael digon o amser i adfer rhwng setiau i ganiatáu'r corff i atgyweirio ac adnewyddu ei feinweoedd ac i osgoi blinder, a all arwain at berfformiad is ac anaf.

Dewis y cyfarpar priodol

Wrth gynllunio sesiwn ymarfer corff, rhaid i chi wirio pa gyfarpar fydd gan y cleient fel y gallwch argymell ymarferion priodol. Sicrhewch eich bod yn gyfarwydd â'r holl gyfarpar i'w ddefnyddio a sut mae'n gweithio. Mae'n werth ymarfer defnyddio'r cyfarpar, yn enwedig

peiriannau cardiofasgwlaidd fel melinau traed a fydd ag ystod eang o wahanol raglenni a swyddogaethau.

> **Damcaniaeth ar waith**
>
> Mae rheolwr tîm pêl-rwyd lleol wedi cysylltu â chi. Mae'n awyddus i gynllunio rhaglen ffitrwydd cyn y tymor a fydd yn cynnwys hyfforddiant cardiofasgwlaidd, cryfder a hyblygrwydd. Mae gennych fynediad at gyfarpar campfa sylfaenol gan gynnwys barbwysau, rhaffau sgipio, dymbelau a melin draed. Pa ymarferion allech chi eu defnyddio i dargedu'r elfennau o ffitrwydd a amlinellwyd? Cofiwch y gall rhai ymarferion ddefnyddio pwysau'r corff i wneud gwelliannau.

Elfennau sesiwn ymarfer corff yn y gampfa

Fel arfer, bydd sesiwn hyfforddi yn dilyn y drefn hon: cynhesu, prif weithgaredd, oeri.

Mae nifer yr ymarferion yn ystod pob cam o sesiwn hyfforddi yn dibynnu ar y nodau hyfforddi. Yn gyffredinol mae angen i chi sicrhau nad oes gormod o ymarferion oherwydd gallai hyn arwain at anaf. Os ydych chi'n defnyddio mwy nag un ymarfer ar gyfer rhan o'r corff neu grŵp o gyhyrau, gwnewch yn siŵr eich bod chi'n gwneud y rhain am yn ail ag ymarferion ar gyfer rhannau eraill neu gyhyrau eraill.

Yn dibynnu ar lefelau ffitrwydd eich cleient efallai y bydd yn rhaid i chi addasu'r amser rydych chi'n ei roi i bob elfen o'r rhaglen. Er enghraifft, efallai yr hoffech chi roi mwy o amser i gynhesu dwysedd isel ar gyfer cleient sydd â lefelau ffitrwydd isel. Wrth i'ch cleient ddod yn ei flaen, dylech adolygu faint o amser rydych chi'n ei neilltuo i bob elfen i sicrhau bod y gorlwytho'n cael ei gynnal a bod cynnydd yn cael ei wneud.

Sesiwn gynhesu

Gall y cynhesu gynnwys amrywiaeth o ymarferion. Gellir categoreiddio'r rhain fel naill ai cyflymu'r pwls neu ymestyniadau.

Cyflymu'r pwls

Ymarfer cardiofasgwlaidd syml yw cyflymu pwls sy'n codi cyfradd curiad y galon yn barod ar gyfer gwneud rhagor o ymarfer corff. Dylai gynyddu'n raddol mewn dwysedd ac fel rheol mae'n para 5–10 munud gan adael cyfradd curiad y galon yn agos at y lefel a ddisgwylir yn ystod y prif weithgaredd. Mae ymarferion cyflymu pwls cyffredin yn y gampfa yn cynnwys rhedeg ar felin draed, beicio llonydd a'r peiriant rhwyfo.

Ymestyniadau

Defnyddir ymestyniadau fel rhan o gynhesu i wella symudedd y cymalau. Mae ymestyn yn cymell y corff i gynhyrchu mwy o hylif yn y cymalau synofaidd, yn barod ar gyfer ymarfer corff. Bydd y cymalau yn cynhesu sy'n caniatáu iddyn nhw symud drwy'r ystod lawn. Dylai ymestyn ddechrau gyda symudiadau bach ac yna symud ymlaen i symudiadau mwy a llawnach. Y prif gymalau y dylid eu hwyluso gan ymestyniadau yw'r ysgwyddau, penelinoedd, asgwrn y cefn, cluniau, pengliniau a'r fferau. Gall ymestyn fod naill ai'n sefydlog neu'n ddynamig, fel a ganlyn.

▶ Mae **ymestyn sefydlog** yn ymestyn y cyhyrau tra bod y corff yn gorffwys. Mae'n defnyddio amrywiol dechnegau sy'n ymestyn cyhyr yn raddol hyd at ychydig o anghysur, ac ar y pwynt hwnnw mae'r ystum yn cael ei ddal am gyfnod o 10–30 eiliad. Yn ystod y cyfnod dal hwn – neu'n union wedi hynny – gall cyfranogwyr deimlo ychydig o anghysur neu deimlad cynnes yn y cyhyrau. Mae ymestyn sefydlog yn ymwneud â derbynyddion tensiwn arbenigol yn y cyhyrau. Pan gaiff ei wneud yn iawn, mae ymestyn sefydlog yn lleihau ychydig ar sensitifrwydd y derbynyddion tensiwn hyn, sy'n caniatáu i'r cyhyr ymlacio a chael ei ymestyn fwy fyth.

▶ Mae **ymestyn dynamig** yn golygu symud cyhyrau trwy eu hystod lawn o symudiadau mewn dull rheoledig. Mae'n cadw curiad y galon yn uchel ac yn gwneud y cyhyrau'n barod ar gyfer rhagor o ymarfer. Mae'n hybu math o hyblygrwydd sy'n fuddiol mewn chwaraeon gan ddefnyddio momentwm i geisio gwthio'r cyhyr i ystod estynedig o symudiadau (heb fynd y tu hwnt i'r gallu i ymestyn yn sefydlog).

▶ Mae ymestyn yn rhan bwysig o raglen campfa ac ni ddylid ei anwybyddu

Y brif elfen

Gall y brif elfen mewn sesiwn ganolbwyntio ar ystod o wahanol feysydd.

▶ **Dygnwch cardiofasgwlaidd** – elfen gorfforol o ffitrwydd, a elwir hefyd yn ddygnwch stamina neu gardioresbiradol. Mae'n ymwneud â gallu'r systemau cardiofasgwlaidd a resbiradol i roi ocsigen i'r cyhyrau i gynnal yr ymarfer. Mae sawl digwyddiad yn dibynnu bron yn gyfan gwbl ar ddygnwch aerobig, fel rhedeg marathon, nofio pellter hir a beicio. Dygnwch aerobig yw'r sail i ffitrwydd ar gyfer y mwyafrif o chwaraeon ac mae llai o ddygnwch aerobig, o bosibl oherwydd anaf tymor hir, yn arwain at ostyngiad yn yr elfennau ffitrwydd eraill fel dygnwch cyhyrol a pherfformiad gwael mewn rhai chwaraeon.

▶ **Cryfder cyhyrol** – elfen gorfforol o ffitrwydd. Mae cryfder yn ymwneud â gallu cyhyr neu grŵp o gyhyrau i roi'r grym mwyaf posibl mewn un cywasgiad. Mae angen cryfder yn y mwyafrif o chwaraeon, i raddau amrywiol. Mae hyfforddiant cryfder fel arfer yn ailadrodd isel gyda llwythau uchel iawn.

▶ **Dygnwch cyhyrol** – elfen gorfforol o ffitrwydd. Mae angen dygnwch cyhyrol pan fo cyhyr neu grŵp o gyhyrau penodol yn gwneud cyfangiadau dro ar ôl tro dros gyfnod sylweddol (dros nifer o funudau o bosibl). Ymhlith yr enghreifftiau mae:
  • paffiwr yn glanio pwniad dro ar ôl tro
  • gwasg fyrfraich neu eisteddiad yn barhaus
  • sbrint 400 metr mewn athletau.

Gellir defnyddio nifer o'r dulliau hyfforddi a ddefnyddir i wella cryfder cyhyrol hefyd i wella dygnwch cyhyrol trwy wneud yr hyfforddiant yn wahanol, er enghraifft lleihau'r pwysau ond cynyddu nifer yr ailadroddiadau a/neu nifer y setiau. Ymhlith y dulliau hyfforddi cyffredin a ddefnyddir i wella cryfder cyhyrol a dygnwch cyhyrol mae:

- peiriannau gwrthiant
- pwysau rhydd
- hyfforddi gyda phêl ymarfer
- hyfforddiant cylchol
- hyfforddiant sefydlogrwydd craidd.

Sesiynau oeri

Bydd ymestyn fel rhan o sesiwn oeri yn caniatáu i'r cyhyrau ddychwelyd i'w hyd gweithio arferol. Mae ymestyniadau datblygiadol yn cynnwys ymestyn a dal y cyhyr gweithio am oddeutu 10 eiliad nes ei fod yn ymlacio. Yn dilyn hyn, dylid ymestyn y cyhyr eto ond ar lefel uwch, a'i ddal eto am 10 eiliad. Dylai'r broses hon gael ei hailadrodd tair gwaith.

Bydd defnyddio ymestyn fel rhan o sesiwn oeri yn gwella hyblygrwydd oherwydd bydd y cyhyrau'n gynnes ac yn fwy ystwyth. Mae hyn yn golygu y byddant yn gallu ymestyn y tu hwnt i'w hyd arferol a chynyddu ystod y symudiad yn y cymal.

 MUNUD I FEDDWL Mae oeri yn aml yn cael ei anwybyddu fel rhan o raglen hyfforddi oherwydd mae'r cleientiaid yn teimlo'n flinedig ar ôl eu hymarfer. Disgrifiwch pam mae sesiynau oeri yn bwysig a rhestrwch y newidiadau sy'n digwydd i'r corff yn ystod y broses oeri.

Awgrym Ystyriwch y gwahanol fathau o ymarferion y gellir eu defnyddio fel rhan o sesiwn oeri.

Ymestyn Sut y gellir addasu neu newid gwahanol ymarferion oeri ar gyfer gwahanol fathau o gleientiaid?

Paratoi cyn ymarfer yn y gampfa

Cyn i chi ddechrau unrhyw raglen ymarfer corff, mae'n hanfodol eich bod chi'n rhoi ystyriaeth lawn i iechyd a diogelwch. Cyn i'r sesiwn gychwyn, gwiriwch y cyfarpar sydd i'w ddefnyddio a'r cyfleuster, fel a ganlyn.

▶ Gwiriwch y cyfarpar am ddifrod cyn ac ar ôl sesiwn, a sicrhau bod unrhyw gyfarpar sydd wedi'i ddifrodi naill ai'n cael ei atgyweirio neu ei ailosod cyn y sesiwn nesaf. Peidiwch byth â defnyddio cyfarpar sydd wedi'i ddifrodi oherwydd gallai hyn fod yn beryglus i chi a'ch cleient. Storiwch yr holl gyfarpar yn gywir, ac mewn ffordd sy'n eich helpu chi i sefydlu'r sesiwn nesaf yn gyflym ac yn ddiogel. Cadwch gofnodion o unrhyw waith cynnal a chadw i sicrhau bod atgyweiriadau'n cael eu gwneud neu fod y cyfarpar wedi cael ei newid.

▶ Archwiliwch yr ardal rydych chi'n bwriadu ei defnyddio i sicrhau ei bod yn addas, gan gynnwys gwirio am beryglon, fel risgiau llithro. Os ydych chi'n hyfforddi gyda grŵp o bobl, gwnewch yn siŵr bod y lle yn ddigon mawr i'r grŵp fel bod gan bobl ddigon o le ac y gallant wneud yr ymarferion yn hwylus.

▶ Wrth i chi ymarfer, mae tymheredd y corff yn cynyddu a byddwch chi'n dechrau chwysu i ryddhau gwres. Os yw'r amgylchedd rydych chi'n hyfforddi ynddo yn rhy boeth, yna mae'n anoddach i'r corff gael gwared â'r gwres ac mae'r risg o ddadhydradu yn cynyddu. Felly, mae'n bwysig gofalu bod yr amgylchedd ar dymheredd addas i atal gorboethi. Bydd awyru da yn darparu awyr 'ffres' i gynorthwyo'r hyfforddiant ac atal gorboethi.

Paratoi cleientiaid ar gyfer ymarfer corff yn y gampfa

Cyn y gall cleientiaid ddechrau rhaglen ymarfer corff yn y gampfa, rhaid i chi eu paratoi fel eu bod yn barod i ymgymryd ag unrhyw ymarfer corff a bennwyd.

▶ **Croesawch y cleientiaid** – cofiwch y bydd rhai o'ch cleientiaid yn ansicr neu'n nerfus am wneud sesiwn gampfa, felly rhaid i chi fod yn gyfeillgar ac yn galonogol. Gofalwch eich bod yn cyfathrebu'n glir ac yn caniatáu amser i benderfynu ar y ffordd orau i bobl ddysgu (ydyn nhw'n ymateb orau i gyfarwyddyd llafar neu weledol?) ac felly sut y byddan nhw'n gallu ailadrodd symudiadau a allai fod yn newydd iddyn nhw ac yn gymhleth.

▶ **Gwiriwch allu a chyflyrau meddygol** – drwy gasglu gwybodaeth briodol am eich cleient, fel nodau, gwybodaeth am ffordd o fyw, hanes meddygol a'u hanes o ran gweithgaredd corfforol, byddwch yn gallu creu rhaglen fwy effeithiol i'ch cleient. Fel rhan o hyn gallwch hefyd sefydlu nodau ymarfer penodol y cleient. Bydd hyn yn helpu gyda chymhelliant cleientiaid yn ogystal â sicrhau nad yw'ch rhaglen yn peryglu iechyd y cleient.

▶ **Rhoi gwybod i'r cleient am ofynion, pwrpas a gwerth y sesiwn** – ystyriwch bob ymarfer wedi'i gynllunio ac eglurwch ei ofynion corfforol a thechnegol i'r cleient. Dylent gael gwybod:
  • beth a ddisgwylir ganddyn nhw a sut i wneud yr ymarferion
  • materion iechyd a diogelwch
  • unrhyw weithgareddau amrywiol ar gyfer gwahanol gyfranogwyr
  • lefelau o allu neu ffactorau a allai effeithio ar anafiadau presennol/blaenorol.

▶ **Cadarnhau neu adolygu'r cynlluniau gyda'r cleient** – cadarnhewch y nodau y cytunwyd arnyn nhw'n wreiddiol a defnyddiwch adolygiadau rheolaidd i'w helpu i barhau i fod yn llawn cymhelliant ac i anelu at y targed.

▶ **Dangoswch unrhyw symudiadau penodol** – dangoswch ac eglurwch bob ymarfer yn glir, gan roi cyfle i'r cleient ymarfer defnyddio'r cyfarpar wrth i chi ei oruchwylio. Peidiwch â siarad gormod wrth ichi ddangos yr ymarfer, gan roi cyfle i'ch cleintiaid sylwi ar y symudiadau heb neges lafar a allai dynnu eu sylw. Rhowch amser iddyn nhw eich holi ar ôl ichi ddangos yr ymarfer.

▶ **Rhoi gwybod i gleientiaid am unrhyw weithdrefnau brys** – rhaid i chi fod yn gyfarwydd â gweithdrefnau brys y cyfleuster a'u cyfleu i'r cleient. Gallai argyfyngau gynnwys gadael yr adeilad mewn achos o dân, rhybuddion bom a sefyllfaoedd lle cafwyd anafiadau neu lle mae angen cymorth cyntaf. Mae'n arfer da i ofalu bod pawb sy'n gysylltiedig â gwahanol weithgareddau yn gwybod am y gweithdrefnau i'w dilyn.

Astudiaeth achos

Mae Maureen yn 60 oed, ac nid yw wedi gwneud ymarfer corff ers sawl blwyddyn. Mae hi'n gymharol egnïol ac yn mwynhau cerdded a garddio, ac mae'n aelod o gynghrair bowlio deg, gan gystadlu'n wythnosol. Pan oedd hi'n iau, roedd Maureen yn aelod o glwb pêl-rwyd lleol ac mae'n dal i fwynhau gwylio yn ei hamser hamdden. Mae hefyd wedi cymhwyso fel dyfarnwr pêl-rwyd er nad yw hi wedi dyfarnu ar gêm ers blwyddyn o leiaf. Nid oes ganddi unrhyw broblemau penodol yn ymwneud ag iechyd fel salwch neu anaf.

Mae ei meddyg teulu wedi dweud wrth Maureen y dylai ddechrau ar raglen o ymarfer corff sy'n cynnal iechyd a ffitrwydd cyffredinol.

Gwiriwch eich gwybodaeth

1 Gan ddefnyddio'r wybodaeth uchod, pa ymarferion fyddech chi'n cynghori Maureen i'w gwneud?

2 Pa ddwysedd ddylai hi weithio arno a sut fyddech chi'n mesur a rheoli hyn?

3 Ysgrifennwch restr o ymarferion y gallai Maureen eu gwneud ar ei phen ei hun.

Cyfarwyddo ymarferion yn y Gampfa

Ar ôl i chi ddylunio'ch sesiwn, gyda chynhesu effeithiol, prif elfennau a sesiwn oeri, mae yna nifer o arferion gorau y gallwch eu dilyn i roi'r gwasanaeth gorau posibl i'ch cleientiaid.

Esbonio a dangos pob ymarfer

Er mwyn dangos sesiwn yn effeithiol, mae'r acronym IDEA yn cynrychioli dilyniant naturiol sy'n addas ar gyfer dosbarthiadau ymarfer corff, sesiynau campfa, sesiynau hyfforddi neu hyfforddiant personol un i un. Mae IDEA yn sefyll am gyflwyno, arddangos, esbonio a chymhwyso (*introduction, demonstration, explanation and application*).

▶ **Cyflwyno** – yr ymarfer, ei bwrpas, ei fanteision a'i dechneg sylfaenol.

▶ **Arddangos** – peidiwch â siarad gormod wrth ichi ddangos yr ymarfer, gan roi cyfle i'ch cleintiaid sylwi ar y symudiadau heb neges lafar a allai dynnu eu sylw.

▶ **Esbonio** – hanfodion yr ymarfer; soniwch am ddau neu dri o bwyntiau sy'n gysylltiedig â thechneg ond ceisiwch osgoi rhoi gormod o wybodaeth.

▶ **Cymhwyso** – rhoi cyfle i gyfranogwyr ymarfer y symudiadau a mesur pa un a oes unrhyw broblemau posibl neu feysydd i'w gwella; mae'n hanfodol bod y dechneg yn gywir, felly mae hwn yn gam allweddol yn y cyflwyniad i sesiwn.

Cyfathrebu priodol

Mae cyfathrebu'n hanfodol ar gyfer datblygu perthnasoedd a rhyngweithio. Yr allwedd i gyfathrebu da yw darparu faint o wybodaeth y gall y derbynnydd ei defnyddio'n effeithiol, yn hytrach na'r swm yr hoffech ei rhoi. Dylai eich neges gael ei chyfleu mewn llais clir heb unrhyw jargon. Mae defnyddio termau jargon a bratiaith yn beth cyffredin, ond yn aml gallant achosi dryswch.

Sicrhewch fod y wybodaeth rydych chi'n ei darparu yn rhoi digon o arweiniad i unigolion gymryd rhan yn ddiogel a sefydlu techneg dda. Gellir cyflwyno rhagor o wybodaeth dros amser ar ôl i'r egwyddorion sylfaenol gael eu meistroli.

Newid eich lleoliad wrth arsylwi cleientiaid

Wrth arwain sesiwn ymarfer corff, byddwch yn gallu mesur lefelau'r profiad a photensial trwy wylio yn unig. Yn ystod y sesiwn, gwnewch yn siŵr nad ydych chi'n sefyll yn eich unfan. Dylech symud o amgylch y cleient fel y gallwch chi weld ei dechneg o wahanol onglau.

Monitro diogelwch a dwysedd pob ymarfer

Wrth weithio gyda chleient, rhaid i chi fonitro dwysedd y sesiwn i sicrhau ei bod mor effeithiol â phosibl a gofalu nad yw eich cleient mewn unrhyw berygl. Mae dulliau cyffredin o fonitro dwysedd yn cynnwys y canlynol.

▶ **Arsylwi** – sawl gwaith rydych chi wedi bod yn hyfforddi ac wedi blino ac yn goch eich wyneb? Dyma un o'r pethau y gallwch chi edrych amdano wrth arsylwi pobl yn hyfforddi. Mae arsylwi pobl yn ffordd oddrychol o fonitro cynnydd, ond gall fod yn ddefnyddiol iawn. Wrth arsylwi pobl, edrychwch am newidiadau mewn techneg ymarfer corff, lliw croen a phatrymau anadlu, a chwysu'n ormodol.

▶ **Y prawf siarad** – meddyliwch amdanoch chi'n ymarfer a gymaint anoddach oedd siarad wrth i'r ymarfer fynd rhagddo. Mae Coleg Meddygaeth Chwaraeon America yn nodi, os ydych chi'n gallu cynnal sgwrs ar yr un pryd ag anadlu'n rhythmig wrth ymarfer, mae'n debyg eich bod chi'n gweithio ar lefel dderbyniol ar gyfer hyfforddiant cardiofasgwlaidd.

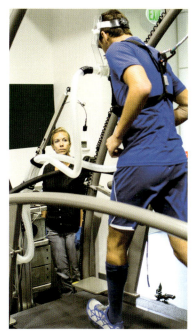

▶ Gellir defnyddio arsylwi i helpu i fonitro diogelwch a dwysedd ymarfer corff

Rhoi cyfarwyddiadau ac adborth clir

I sicrhau bod eich cleient yn hyfforddi'n gywir ac i sicrhau ei ddiogelwch, rhaid i chi roi cyfarwyddiadau clir. Ceisiwch osgoi iaith dechnegol oherwydd gallai hyn beri dryswch i gleient sy'n anghyfarwydd ag amgylchedd campfa. Mae angen amseru unrhyw gyfarwyddiadau yn briodol fel y gall cleient weithredu arnyn nhw, neu gywiro eu techneg i osgoi anaf neu ymdrech ofer. Dylech hefyd roi adborth clir gan y bydd hyn nid yn unig yn sicrhau eu bod yn hyfforddi'n gywir ond hefyd yn eu cymell a'u hannog.

Cynnydd ac atchweliad

Dylid adolygu rhaglen ffitrwydd yn rheolaidd i sicrhau bod cynnydd yn cael ei wneud yn unol â nodau ac anghenion y cleient. Dylech gefnogi'ch cleient i werthuso ei gynnydd i sicrhau nad yw unrhyw ymarferion rhagnodedig yn rhy hawdd neu'n rhy anodd. Bydd eu holi ar ôl y sesiwn yn eich helpu chi a'ch cleient i adolygu eu cynnydd. Os yw'ch cleient yn teimlo bod y rhaglen yn rhy anodd, dylid gwneud addasiadau sy'n caniatáu atchweliad rheoledig.

Adborth ar ddiwedd sesiwn

Ar ddiwedd sesiwn, dylech ganiatáu digon o amser i'ch cleient adfer a myfyrio ar y sesiwn.

Ar ôl i'r sesiwn gael ei chwblhau (gan gynnwys y sesiwn oeri – gweler tudalennau 105–6), mae gennych gyfle i ofyn i gleientiaid sut maen nhw'n teimlo. Dylai hyn gynnwys sut roedden nhw'n teimlo yn ystod pob ymarfer, sut maen nhw'n teimlo am y rhaglen gyfan ac a oes unrhyw nodau ychwanegol yr hoffen nhw anelu atynt. Dylech hefyd ganiatáu amser i'ch cleient ofyn unrhyw gwestiynau i chi am eu rhaglen, eu nodau neu eu cynnydd. Bydd hyn yn caniatáu ichi fireinio rhaglen hyfforddi'r cleient.

Mae'r amser hwn yn bwysig gan ei fod yn rhoi adborth gwerthfawr i chi ar gyfer eich gwerthusiad personol eich hun.

Wrth i'ch cleient ddod yn fwy hyderus a chymwys, efallai yr hoffai hyfforddi heb eich cefnogaeth uniongyrchol. Felly, dylech barhau i ddarparu adborth rheolaidd ar gynnydd gan gynnwys techneg gywir a phwyntiau diogelwch penodol fel y gallant barhau heb oruchwyliaeth uniongyrchol. Cofiwch, dylai unrhyw adborth fod yn glir, ac yn rhydd o jargon neu iaith dechnegol, a dylech gadarnhau bob amser bod y cleient wedi deall.

> **Damcaniaeth ar waith**
>
> Er mwyn helpu gydag adborth mae'n ddefnyddiol ymarfer gyda ffrind. Dychmygwch eich bod yn hyfforddwr ffitrwydd a lluniwch sesiwn ymarfer corff yn y gampfa. Dylech wneud holiadur cyn yr ymarfer a chyfarwyddo'ch ffrind ar yr ymarferion rydych chi wedi'u hargymell. Yn ystod y sesiwn dylech annog ac ysgogi eich ffrind.
>
> 1 Ar ôl y sesiwn, dylech fyfyrio ar eich perfformiad eich hun. Beth oedd eich cryfderau a beth fyddech chi'n ei newid y tro nesaf?
>
> 2 Nawr trafodwch â'ch ffrind y rhannau hynny o'ch perfformiad yr oedd yn credu eu bod yn dda a'r rhannau y gallech chi eu gwella. Ystyriwch sut y byddech chi'n gwella'r meysydd hyn.

Gadael yr ystafell ar ôl sesiwn

Ar ôl i'ch sesiwn hyfforddi orffen, rhaid i chi ofalu bod yr ystafell a'r cyfarpar rydych chi wedi'u defnyddio yn cael eu storio'n gywir ac yn barod ar gyfer y person neu'r sesiwn nesaf. Cyn storio unrhyw gyfarpar, edrychwch i weld a oes unrhyw ddifrod, a yw'n lân a chwiliwch am unrhyw arwydd o draul. Rhowch wybod bob amser am unrhyw gyfarpar sydd wedi torri.

 **MUNUD I FEDDWL** Mae cyfathrebu yn sgil bwysig a fydd yn sail i'ch gwaith gyda chleientiaid. Disgrifiwch y gwahanol fathau o gyfathrebu.

Awgrym Esboniwch ystyr cyfathrebu 'geiriol' a 'di-eiriau'.

Ymestyn Nawr, ystyriwch sut y gellir defnyddio'r gwahanol fathau hyn o gyfathrebu yn effeithiol i ysgogi eich cleient.

Adolygu eich perfformiad eich hun

I barhau i ddatblygu, mae hefyd yn bwysig eich bod yn adolygu eich perfformiad eich hun. Bydd bod yn agored ac yn onest â chi'ch hun ac ystyried eich cryfderau a'ch meysydd i'w gwella yn eich helpu chi i ddod yn well wrth gyfarwyddo. Dylech dreulio amser yn ystyried agweddau ar eich perfformiad personol y credwch y gallech eu gwella. Gallai'r rhain gynnwys eich sgiliau cyfathrebu neu ysgogi eich hun, eich gwybodaeth am ymarfer corff, neu'ch gwybodaeth am anatomeg a ffisioleg.

Cofiwch efallai y bydd yn rhaid i chi addasu eich dull a'ch sgiliau hyfforddi ar gyfer pob unigolyn – efallai na fydd yr hyn sy'n gweithio i un cleient yn gweithio i gleient arall.

Gwerthuso sut mae ymarferion yn diwallu anghenion cleientiaid

Trwy adolygu eich perfformiad, gallwch nodi a yw'r gweithgareddau a ddewiswyd gennych yn addas at y diben. Mae hyn yn golygu sicrhau bod yr ymarferion yn mynd i'r afael â nodau tymor byr a thymor hir y cleient.

▶ **Olrhain cynnydd** – bod â thargedau clir sy'n fesuradwy, fel bod modd olrhain unrhyw gynnydd. Os nad yw agwedd benodol ar y rhaglen yn effeithiol, yna gellir gwneud newidiadau ac addasu'r sesiwn.

▶ **Addasu'r sesiwn** – adolygwch y sesiwn yn rheolaidd. Os nad yw nodau'r cleient yn cael eu diwallu, mae'n bwysig bod y sesiwn yn cael ei haddasu. Dylai addasiadau o'r fath ystyried anghenion y cleient, a gallant ystyried a yw cleient wedi colli cymhelliant. Bydd addasiadau hefyd yn caniatáu amrywiaeth, a all hybu mwynhad y cleient.

▶ **Addasu gweithgareddau** – gellir addasu gweithgareddau i ystyried ffactorau fel anaf, salwch, newidiadau annisgwyl i hyd sesiynau a cholli cymhelliant. Dylid trafod addasiadau yn llawn gyda chleientiaid fel eu bod yn gwybod beth i'w ddisgwyl yn y dyfodol.

Y berthynas â'r cleientiaid

Cymerwch amser i adolygu'ch perthynas gyda'r cleient. Pa mor effeithiol ac ysgogol ydyw? Pa mor dda y mae eich steil cyfarwyddo yn cyd-fynd ag anghenion y cleient?

Un rheswm cyffredin pam mae pobl yn rhoi'r gorau i raglenni ymarfer corff a hyfforddiant yw colli cymhelliant. Gall hyn gael ei achosi gan brofiad gwael blaenorol, diffyg mwynhad, neu fethiant i gyflawni nodau ac amcanion. Felly, mae'n rhaid i chi ysgogi eich cleient, yn enwedig pan fydd pethau'n mynd yn anodd. Bydd ysgogi yn cynnwys anogaeth lafar yn ogystal ag ystyried iaith eich corff eich hun.

Rhaid i chi fod yn bositif bob amser i sicrhau eich bod yn gwthio'r cleient i weithio mor galed ag sy'n rhesymol i gyflawni ei nodau yn ddiogel. Yn yr un modd, ewch ati i feithrin perthynas â'ch cleientiaid – bydd bod yn gyfeillgar ac yn agored gyda chleientiaid yn eich helpu i greu rhaglenni hyfforddi effeithiol. Bydd bod yn onest a pharchus hefyd yn cynnal cymhelliant y cleientiaid. Dylai cleientiaid deimlo y gallant drafod eu rhaglenni gyda chi, a theimlo'n gyffyrddus wrth geisio cyflawni eu targedau.

> **Trafodaeth**
>
> Mae adeiladu perthynas gadarnhaol ac ymddiriedaeth gyda chleient yn rhan hanfodol o gyfarwyddo ymarfer corff yn y gampfa. Bydd perthynas o'r fath yn caniatáu ichi roi anogaeth ac ysgogi'r cleient, yn enwedig pan fydd wedi blino neu'n ei chael hi'n anodd. Gyda phartner, ystyriwch sut y byddwch yn meithrin perthynas broffesiynol â'ch cleientiaid.
>
> • Ystyriwch yr hyn sydd ei angen i gefnogi ac annog cleientiaid.
> • Ystyriwch eich cryfderau a'ch meysydd i'w datblygu wrth gyfathrebu â phobl.
> • Ystyriwch iaith lafar a di-eiriau. Pam mae'r rhain yn bwysig?

Ffyrdd o wella ymarfer personol

Mae yna lawer o wahanol ffyrdd o adolygu eich ymarfer personol. Dylid deall a defnyddio pob dull os ydych am wella'ch sesiynau yn y dyfodol. Dechreuwch gyda arfarniad gan gyfoedion a dosbarthu holiaduron i'ch cleientiaid.

▶ **Gwerthuso gan gyfoedion** – gallwch gael gwybodaeth gan eich cyfoedion am eich perfformiad. Gall y gwerthusiad hwn fod ar ffurf cyfweliadau neu holiaduron. Mae arsylwadau cyfoedion yn ddefnyddiol oherwydd eu bod yn tynnu sylw at gryfderau a gwendidau perfformiad ac yn rhoi gwybodaeth werthfawr am sut i wella.

▶ **Holiaduron** – gellir rhoi'r rhain i gleientiaid ar ôl i'r sesiynau orffen. Unwaith eto, gellir cael gwybodaeth werthfawr am yr hyn yr oeddent yn ei fwynhau neu ddim yn ei hoffi. Yna gellir defnyddio'r wybodaeth hon mewn sesiynau yn y dyfodol. Dyma enghreifftiau o gwestiynau y gellir eu gofyn.

   • Wnaeth y sesiwn fodloni'ch amcanion gwreiddiol?
   • Wnaethoch chi fwynhau'r sesiwn, ac os naddo, pam?
   • Oeddech chi'n teimlo'n ddiogel trwy gydol y sesiwn?
   • Ym mha ffyrdd yr hoffech chi weld sesiynau'r dyfodol yn datblygu?

Dylech bob amser ofyn cwestiynau i chi'ch hun ar ôl pob sesiwn, a rhaid i chi ateb y rhain yn onest, hyd yn oed os yw'r atebion yn debygol o ddangos gwendidau yn eich perfformiad. Mae hunanarfarnu yn offeryn pwysig gan ei fod yn golygu y bydd sesiynau yn y dyfodol yn ddiogel ac yn effeithiol, a bydd cleientiaid yn parhau i fod yn llawn cymhelliant ac yn gwneud cynnydd tuag at y targed. Bydd hunanarfarnu hefyd yn eich helpu i nodi unrhyw anghenion hyfforddi yn y dyfodol i ddiweddaru'ch sgiliau.

Mae'n bwysig bod hyfforddwyr campfa yn parhau â'u datblygiad proffesiynol i sicrhau bod eu harferion a'u dulliau hyfforddi yn gyfredol ac yn cydymffurfio â gofynion y diwydiant. Pan fyddwch chi'n gweithio mewn campfa dylech chi ddiweddaru'ch sgiliau yn rheolaidd, gan gynnwys gwneud hyfforddiant cymorth cyntaf yn rheolaidd. Mae sefydliadau fel yr YMCA yn cynnig ystod o gyrsiau datblygiad proffesiynol parhaus (DPP).

> **Cysylltiad**
>
> Trafodir DPP yn fanylach yn *Uned 3: Datblygiad Proffesiynol yn y Diwydiant Chwaraeon*.

Gwerth ymarfer myfyriol

Ymarfer myfyriol yw'r broses lle rydych chi'n stopio a meddwl am eich perfformiad a'ch ymarfer, a'i gysylltu â sut y gallwch chi wella yn y dyfodol. Gellir defnyddio gwahanol ddulliau fel:

▶ cadw dyddiadur neu gyfnodolyn ar ôl pob sesiwn
▶ trafod y sesiwn gyda chydweithwyr a gofyn iddyn nhw sut rydych chi'n perfformio (a elwir yn 'adolygiad gan gyfoedion')
▶ trafod eich dulliau gyda'ch cleientiaid a gofyn am adborth adeiladol.

Gwerth ymarfer myfyriol yw ei fod yn gwneud ichi werthuso'ch ymarfer a'ch gwybodaeth gyfredol, ac yn helpu i gynhyrchu ffyrdd newydd o weithio a syniadau. Gall hyn eich helpu i addasu eich ymddygiad, eich gweithredoedd a'ch dulliau, a gwella'ch perfformiad.

Ymarfer asesu 13.3

C.P5 | C.P6 | C.P7 | C.M4 | C.M5 | C.M6 | C.D3

Ar ôl gweithio gyda'r ddau aelod o staff i ganfod eu nodau hyfforddi penodol, rhaid i chi nawr baratoi sesiwn ymarfer corff diogel ac effeithiol yn y gampfa ar gyfer pob un o'r 'cleientiaid' hyn. Dylech gynllunio sesiwn gynefino lawn sy'n dangos ac yn esbonio'r gwahanol ddulliau hyfforddi a chyfarpar y gellir eu defnyddio. Dylech gyfleu pwrpas pob ymarfer yn glir i'ch dau gleient cyferbyniol.

Pan fyddwch wedi cwblhau eich sesiwn cyfarwyddo yn y gampfa, ysgrifennwch adroddiad byr ar eich perfformiad eich hun. Gwerthuswch eich cryfderau a'ch meysydd i'w gwella, a gwnewch argymhellion pellach ar hunan-welliant. Dylech hefyd gyfiawnhau pam eich bod wedi dewis pob ymarfer ac unrhyw ymarferion amgen a argymhellwyd gennych.

Cynllunio
- Pa mor hyderus ydw i wrth gynnal sesiwn gynefino yn y gampfa?
- Alla i baratoi rhestr wirio o'r gwahanol gyhyrau a'r ymarferion y gellir eu defnyddio i'w hyfforddi?

Gwneud
- Ydw i wedi dangos fy sgiliau cyfathrebu ac wedi gofyn i'm cyfoedion roi cyngor i mi ar sut y galla i wella?
- Ydw i'n barod i gyfiawnhau pam fy mod i wedi dewis ymarferion penodol i'm cleientiaid?

Adolygu
- Gallaf egluro beth oedd y dasg a sut y gwnes i fynd ati.
- Pan fydda i wedi myfyrio ar fy ngwaith fy hun a'r adborth gan eraill, byddaf yn gwneud unrhyw newidiadau angenrheidiol i'r sesiwn yn y gampfa.

Deunydd darllen ac adnoddau pellach

Coulson, M. (2013) *The Fitness Instructor's Handbook: A Complete Guide to Health and Fitness,* Llundain: Bloomsbury.

Crossley, J. (2012) *Personal Training: Theory and Practice,* Llundain: Routledge.

Delavier, F. (2010) *Strength Training Anatomy (Sports Anatomy),* Illinois: Human Kinetics.

Gwefannau

www.brianmac.co.uk – Brian Mac Sports coach: ystod eang o wybodaeth yn ymwneud â ffitrwydd a hyfforddiant.

www.pponline.co.uk – Peak Performance: cylchlythyr cynghorol am ddim sy'n trafod cryfder a ffitrwydd.

www.teachpe.com – Teach PE: amrywiaeth o adnoddau i gefnogi dysgwyr gyda phob agwedd ar addysg gorfforol gan gynnwys iechyd a ffitrwydd.

BETH AM ▶▶Y DYFODOL?

Joe Langdon

Hyfforddwr campfa

Rwy'n gweithio fel hyfforddwr mewn campfa leol sy'n cael ei rhedeg gan y cyngor. Rwy'n gyfrifol am ddylunio rhaglenni ffitrwydd personol ar gyfer ystod o gleientiaid sy'n defnyddio'r gampfa, yn ogystal â chyfarwyddo pobl ar sut i ddefnyddio cyfarpar y gampfa yn ddiogel.

Wrth gwrdd â chleientiaid am y tro cyntaf, rwy'n sgrinio cleientiaid yn drwyadl. Rwy'n gofyn ystod o gwestiynau yn dibynnu ar hanes y cleient o ran ymarfer corff ac iechyd. Mae'r wybodaeth hon yn fy helpu i ddatblygu rhaglen hyfforddi sy'n ystyried eu nodau penodol. Yna byddaf yn dangos sut i ddefnyddio'r gwahanol ddarnau o gyfarpar campfa, gan esbonio'r gwahanol fathau o ymarferion a'u manteision.

Mae fy swydd hefyd yn cynnwys goruchwylio cleientiaid yn ofalus a darparu cefnogaeth trwy gydol sesiwn ymarfer corff. Ar unrhyw ddiwrnod, mae'n eithaf arferol i mi fod yn gweithio gyda chleientiaid sy'n amrywio o bobl ordew sydd angen arweiniad ar ddechrau eu rhaglenni ymarfer corff fel y gallant golli pwysau, hyd at hyfforddwyr pwysau profiadol sydd eisiau rhywun yno i'w gwylio, neu i wylio eu techneg.

Mae'r swydd yn werth chweil. Yn eithaf aml, rydw i'n cael cyfle i weld pobl yn datblygu eu harferion hyfforddi dros gyfnod hir ac mae'n dda gweld fy mod i wedi eu helpu i symud ymlaen.

Canolbwyntio eich sgiliau

Gweithio fel hyfforddwr campfa

Mae hyfforddwyr campfa yn gweithio gydag amrywiaeth eang o bobl, pob un â gwahanol lefelau o ffitrwydd a nodau personol. I fod yn llwyddiannus, bydd angen i chi gefnogi a chyfarwyddo cleientiaid yn barhaus yn ystod yr ymarfer. Bydd angen i chi feddu ar ddealltwriaeth drylwyr o iechyd a diogelwch, gallu adnabod y prif grwpiau o gyhyrau yn ogystal â'r ystod eang o ymarferion y gellir eu defnyddio fel rhan o raglen iechyd a ffitrwydd. Bydd angen i chi hefyd allu rhoi adborth clir a chefnogol.

- Cadwch mewn cof bob amser y gwahanol resymau pam y gallai pobl fod eisiau ymgymryd â rhaglen hyfforddiant yn y gampfa, a deall y rhesymau pam efallai na fydd pobl yn gallu ymarfer corff a pha addasiadau y gellir eu gwneud ar gyfer eu hanghenion nhw.
- Fel rhan o'ch datblygiad parhaus, ewch ati i ymarfer defnyddio gwahanol fathau o gyfarpar campfa eich hun yn rheolaidd fel eich bod yn gyfarwydd â'u swyddogaethau, ac ymarfer y technegau y byddwch yn eu cyfarwyddo.
- Ewch ati i ymarfer eich sgiliau cyfathrebu yn rheolaidd ac ystyried sut y gallwch chi ysgogi pobl trwy eich ymddygiad eich hun.

Paratoi ar gyfer asesiad

Mae Nancy yn gweithio tuag at Ddiploma Estynedig BTEC Cenedlaethol mewn Chwaraeon a Datblygu Gweithgaredd Corfforol. Ar gyfer nod dysgu C, cafodd aseiniad gyda'r teitl 'Cynllunio a chyfarwyddo sesiwn ymarfer corff yn y gampfa ar gyfer dau gleient gwahanol'. Roedd yr asesiad yn cynnwys:

- ▶ paratoi sesiwn ddiogel wedi'i seilio ar ymarferion yn y gampfa
- ▶ cyflwyno sesiwn sy'n cynnwys ymarferion cardiofasgwlaidd a gwrthiant yn y gampfa
- ▶ adolygu ei pherfformiad ei hun wrth gyflwyno'r sesiwn.

Mae Nancy yn esbonio sut aeth ati i wneud yr aseiniad.

Sut y dechreuais i

Yn gyntaf, casglais fy holl nodiadau ar y pwnc hwn a'u rhoi mewn ffolder. Penderfynais rannu fy ngwaith yn dair rhan: nodau ac amcanion sesiwn ymarfer corff yn y gampfa, elfennau sesiwn ymarfer corff yn y gampfa, a gwerthuso ac adolygu sesiynau ymarfer corff.

- ▶ Yn gyntaf, ymchwiliais i'r wybodaeth y byddwn ei hangen gan gleientiaid cyn cynllunio sesiwn. Roedd hyn yn cynnwys nodau ac amcanion y cytunwyd arnyn nhw yn ogystal â nodau ar gyfer y rhaglen.
- ▶ Yna ymchwiliais i brif elfennau sesiwn yn y gampfa gan gynnwys cynhesu, hyfforddiant cardiofasgwlaidd a chryfder, ac oeri, gan gynnwys y gwahanol ymarferion y gellir eu gwneud ar gyfer pob un ohonyn nhw.
- ▶ Yn olaf, ystyriais sut roeddwn i'n mynd i gyfarwyddo pob agwedd ar y rhaglen a pha fathau o gyfathrebu y gallwn eu defnyddio.

Ar ôl nodi'r gwahanol fathau o ymarferion y gellir eu cynnwys mewn rhaglen, es i ati i ymarfer sut i'w cyfarwyddo. Defnyddiais ystod o bobl i'm helpu i ymarfer y cyfarwyddiadau a'r arddangosiadau a gofynnais am eu hadborth ar sut roeddwn wedi perfformio.

Ar ôl imi gwblhau'r arfer, adolygais fy mherfformiad fy hun a chymryd sylw o'r adborth gan y bobl a oedd wedi fy helpu.

Sut y des i â'r cyfan at ei gilydd

Pan roeddwn i'n teimlo'n hyderus sut i gynllunio a chyfarwyddo rhaglen hyfforddi yn y gampfa, fe wnes i ddewis dau gleient addas i'w cynefino a'u cyfarwyddo. Defnyddiais ffurflen a baratowyd ymlaen llaw i nodi a chofnodi nodau unigol y cleientiaid.

Ar ôl y sesiwn, cofnodais yr ymarferion roeddwn i wedi'u hargymell fel crynodeb byr fel bod y cleientiaid yn gallu parhau â'u hyfforddiant. Rhoddais sylw arbennig i sut roedd y crynodeb yn edrych a cheisiais sicrhau ei fod yn hawdd ei ddarllen a'i fod yn edrych yn broffesiynol, gan edrych yn ofalus am wallau sillafu.

Beth wnes i ei ddysgu o'r profiad

Fe wnes i fwynhau'r profiad yn fawr er i mi sylweddoli ei bod yn anodd cofio'r gwahanol ymarferion ar gyfer pob un o'r prif gyhyrau ac yn cymryd llawer o ymarfer. Fe wnaeth y profiad hefyd fy helpu i sylweddoli bod gan wahanol bobl wahanol anghenion a nodau hyfforddi, a gwnaeth i mi ystyried sut y gellir addasu ymarferion i ddarparu ar gyfer y bobl hyn. Fe wnaeth i mi hefyd ystyried y technegau y galla i eu defnyddio i gyfarwyddo, annog ac ysgogi gwahanol gleientiaid.

Pwyntiau i'w hystyried

- ▶ Ydych chi wedi ymarfer eich sgiliau hyfforddi yn y gampfa? Ydych chi'n gallu dewis yr ymarfer priodol ar gyfer pob grŵp o gyhyrau yn ogystal â ffitrwydd cardiofasgwlaidd?
- ▶ Ystyriwch yr elfennau cynhesu yn ogystal ag oeri a sicrhewch fod y rhain yn cael eu cynnwys yn eich rhaglen.
- ▶ Ydych chi wedi ysgrifennu eich adroddiad cryno yn eich geiriau eich hun ac a ydych wedi rhoi argymhellion clir? Ydych chi'n gallu cyfiawnhau unrhyw argymhellion rydych chi wedi'u gwneud?

Ymarferion a Gweithgaredd Corfforol ar sail Cylchedau

14

Dod i adnabod eich uned

Asesiad

Byddwch yn cael eich asesu drwy gyfrwng cyfres o aseiniadau a osodwyd gan eich tiwtor.

Mae ymarferion a gweithgaredd corfforol ar sail cylchedau (*circuit-based*) yn ddull poblogaidd o ymarfer corff a gynigir gan lawer o ddarparwyr ffitrwydd. I fod yn hyfforddwr llwyddiannus, mae angen i chi wybod sut i sefydlu perthnasoedd gwaith effeithiol gyda gwahanol gyfranogwyr. Mae angen hyn i ddatblygu eich enw da fel hyfforddwr ac i gadw cyfranogwyr.

Bydd y mathau o sesiynau ymarfer ar sail cylchedau rydych chi'n eu cyflwyno yn wahanol yn dibynnu ar y grŵp o gyfranogwyr. Felly, mae angen i chi allu cynllunio ar eu cyfer ac addasu sesiynau i sicrhau eu bod yn diwallu anghenion yr holl gyfranogwyr.

Sut y cewch eich asesu

Bydd yr uned hon yn cael ei hasesu'n fewnol drwy gyfrwng cyfres o dasgau a osodir gan eich tiwtor. Trwy gydol yr uned hon, fe welwch ymarferion asesu defnyddiol a fydd yn eich helpu i weithio tuag at eich asesiad. Ni fydd cwblhau'r ymarferion hyn yn golygu eich bod wedi cyflawni gradd benodol, ond byddwch wedi gwneud ymchwil neu waith paratoi defnyddiol a fydd yn berthnasol pan ddaw adeg eich aseiniad terfynol.

Er mwyn i chi gyflawni'r tasgau yn eich aseiniad, mae'n bwysig gwirio eich bod wedi cwrdd â'r holl feini prawf ar gyfer Llwyddo. Gallwch wneud hyn wrth i chi weithio'ch ffordd trwy'r aseiniad.

Os ydych chi'n gobeithio cael gradd Teilyngdod neu Ragoriaeth, dylech hefyd sicrhau eich bod chi'n cyflwyno'r wybodaeth yn eich aseiniad yn yr arddull sy'n ofynnol gan y maen prawf asesu perthnasol. Er enghraifft, gallai'r maen prawf Teilyngdod ofyn i chi ddadansoddi, a'r maen prawf Rhagoriaeth ofyn i chi werthuso a chyfiawnhau.

Bydd yr aseiniad a osodir gan eich tiwtor yn cynnwys nifer o dasgau sydd wedi'u cynllunio i fodloni'r meini prawf yn y tabl. Mae hyn yn debygol o gynnwys aseiniadau ysgrifenedig ac ymarferol a gall hefyd gynnwys gweithgareddau fel:
▶ llunio cynlluniau sesiwn ar gyfer sesiynau hyfforddiant cylchol (*circuit training*)
▶ paratoi cyflwyniad sy'n trafod ffyrdd o gyflwyno delwedd gadarnhaol wrth gyfarwyddo
▶ arddangos ystod o sgiliau cyfathrebu effeithiol yn ystod aseiniad ymarferol.

Meini prawf asesu

Mae'r tabl hwn yn dangos yr hyn sy'n rhaid i chi ei wneud i **Lwyddo**, neu i gael **Teilyngdod** neu **Ragoriaeth**, a sut i ddod o hyd i weithgareddau i'ch helpu.

Llwyddo	Teilyngdod	Rhagoriaeth
Nod dysgu A Archwilio sut i sefydlu a chynnal perthynas waith effeithiol â chyfranogwyr		
A.P1 Esbonio pam ei bod yn bwysig i hyfforddwr ymarfer corff gyflwyno hunanddelwedd gadarnhaol wrth weithio gyda chyfranogwyr. **Ymarfer asesu 14.1**	**A.M1** Dadansoddi'r dulliau y gall hyfforddwr ymarfer corff eu defnyddio i gyfleu hunanddelwedd gadarnhaol wrth weithio gyda chyfranogwyr. **Ymarfer asesu 14.1**	**A.D1** Gwerthuso'r dulliau y gall hyfforddwr ymarfer corff eu defnyddio i sefydlu a chynnal perthynas waith effeithiol gyda chyfranogwyr. **Ymarfer asesu 14.1**
Nod dysgu B Ymchwilio i ffyrdd y gall hyfforddwr ymarfer corff gefnogi gwahanol gyfranogwyr wrth ymarfer a gwneud gweithgaredd corfforol		
B.P2 Trafod dulliau effeithiol o ddarparu gwasanaeth i gwsmeriaid sy'n ymateb i'w anghenion **Ymarfer asesu 14.2**	**B.M2** Dadansoddi'r dulliau sy'n ofynnol i ddarparu gwasanaeth effeithio i gwsmeriaid i oresgyn rhwystrau i ymarfer a gweithgaredd corfforol, gan roi argymhellion ar sut y gellir cefnogi cwsmeriaid i gadw at raglen ymarfer. **Ymarfer asesu 14.2**	**B.D2** Cyfiawnhau'r argymhellion ar ddarparu gwasanaeth effeithiol i gwsmeriaid a sut i gefnogi cyfranogwyr i gadw at raglen ymarfer. **Ymarfer asesu 14.2**
B.P3 Trafod dulliau sy'n cael eu defnyddio i oresgyn rhwystrau i ymarfer corff a gweithgarwch corfforol. **Ymarfer asesu 14.2**		
Nod dysgu C Cynllunio ar gyfer sesiwn o ymarfer ar sail cylchedau i grŵp, sy'n ddiogel ac yn effeithiol.		
C.P4 Paratoi cynllun hyfforddiant cylchol sy'n ddiogel ac yn effeithiol ar gyfer gwahanol gyfranogwyr. **Ymarfer asesu 14.3**	**C.M3** Paratoi cynllun cynhwysfawr ar gyfer sesiwn hyfforddiant cylchol sy'n esbonio pam mae pob ymarfer yn briodol ar gyfer pob elfen ac anghenion gwahanol gyfranogwyr. **Ymarfer asesu 14.3**	**CD.D3** Gwerthuso eich perfformiad eich hun wrth gynllunio, cyflwyno a chefnogi ystod o gyfranogwyr mewn sesiwn gylchedau, gan gyfiawnhau dewisiadau, cryfderau ac argymhellion ar gyfer ymarfer yn y dyfodol. **Ymarfer asesu 14.3**
Nod dysgu D Cynnal sesiwn ymarfer ar sail cylchedau i grŵp		**CD.D4** Gwerthuso'r berthynas rhwng cynnal perthnasoedd cwsmeriaid, cefnogi cyfranogwyr ac effeithiolrwydd sesiynau hyfforddiant cylchol mewn grŵp. **Ymarfer asesu 14.3**
D.P5 Cyflwyno sesiwn ymarfer corff yn ddiogel ac effeithiol. **Ymarfer asesu 14.3**	**D.M4** Arddangos sgiliau cyfathrebu a chymell effeithiol, gan ystyried anghenion gwahanol gyfranogwyr wrth gyflwyno sesiwn ymarfer corff mewn grŵp. **Ymarfer asesu 14.3**	
D.P6 Adolygwch eich perfformiad eich hun wrth ddarparu sesiwn hyfforddiant cylchol, gan nodi cryfderau a meysydd i'w gwella. **Ymarfer asesu 14.3**	**D.M5** Adolygwch eich perfformiad eich hun wrth gynllunio a darparu sesiwn hyfforddiant cylchol, gan egluro cryfderau a rhoi argymhellion ar hunanwella. **Ymarfer asesu 14.3**	

Dechrau arni

Mae ymarfer mewn grŵp yn ddull poblogaidd iawn o wneud gweithgaredd corfforol. I fod yn hyfforddwr ymarfer corff llwyddiannus mewn grŵp mae angen i chi feddu ar ystod o sgiliau cynllunio ac ymarferol. Ysgrifennwch restr o'r holl sgiliau sy'n ofynnol yn eich barn chi i ddod yn hyfforddwr ymarfer corff effeithiol ar gyfer grwpiau, yna, mewn grŵp bach, trafodwch y sgiliau rydych chi wedi'u nodi.

A Archwilio sut i sefydlu a chynnal perthynas waith effeithiol gyda chyfranogwyr

Cyflwyno delwedd gadarnhaol a phroffesiynol

Fel hyfforddwr ymarfer corff, mae disgwyl i chi fod yn esiampl i'ch cyfranogwyr, felly mae'n bwysig cyflwyno delwedd gadarnhaol a phroffesiynol. Lle bynnag rydych chi'n gweithio, mae'n bwysig eich bod chi'n cyflwyno delwedd broffesiynol o'r sefydliad a'ch bod chi'n gweithio o fewn eu polisïau. Gall hyn olygu gwisgo iwnifform, hyrwyddo gweithgareddau eraill y mae'r clwb yn eu cynnig, a dilyn eu gweithdrefnau iechyd a diogelwch. Mae hefyd yn bwysig eich bod chi'n cyflwyno delwedd gadarnhaol ohonoch chi'ch hun.

▶ Gall delwedd gadarnhaol helpu i ennyn parch a hyder eich cyfranogwyr. Mae angen i gyfranogwyr fod yn hyderus yn eich proffesiynoldeb a theimlo eich bod yn gwneud popeth o fewn eich gallu i sicrhau eu bod yn cael y lefel uchaf o wasanaeth yn ystod y sesiynau ymarfer corff.

▶ Gall cyflwyno delwedd gadarnhaol a phroffesiynol yn llwyddiannus arwain at gyfranogwyr yn canmol eich sesiynau ac yn annog eraill i fynychu'r sesiwn. Bydd hyn yn eich helpu i gynnal a chynyddu eich sylfaen cyfranogwyr.

▶ Dylai anghenion y cyfranogwyr fod yn flaenoriaeth ichi bob amser. Mae'r cyfranogwyr yn talu am y gwasanaeth, felly byddant yn disgwyl i sesiynau gael eu cynllunio a'u paratoi ymlaen llaw. Mae angen i'ch cynlluniau ystyried gwahanol anghenion y bobl yn y sesiwn. Dylech fod yn galonogol drwyddi draw, gan roi 100 y cant o'ch sylw i'r holl gyfranogwyr cyn, yn ystod, ac ar ôl y sesiwn.

▶ Ni ddylai pob sesiwn oddef unrhyw **wahaniaethu** o gwbl, naill ai gennych chi'ch hun nac eraill. Dylai unrhyw un sy'n gwahaniaethu yn erbyn rhywun arall gael ei ddiarddel o'r sesiwn, a'i riportio i reolwr y clwb.

▶ Gall dosbarth ymarfer corff gynnwys pobl o amrywiaeth eang o gefndiroedd

> **Damcaniaeth ar waith**
>
> Edrychwch ar y llun o sesiwn ymarfer corff a thrafodwch y gwahanol nodweddion sydd gan bob un o'r cyfranogwyr. Pam ei bod yn bwysig sicrhau bod pawb yn eich sesiwn yn cael cyfle i gymryd rhan ni waeth beth fo'u nodweddion?

Ffyrdd o gyflwyno delwedd gadarnhaol

Dillad ac esgidiau priodol

> **Trafodaeth**
>
> Trafodwch mewn grwpiau bach y math o ddillad ac esgidiau rydych chi'n meddwl sy'n briodol i'w gwisgo fel hyfforddwr ymarfer corff. Ystyriwch dymheredd yr amgylchedd, y gynhaliaeth a gynigir gan y dillad a'r esgidiau, a gallu grŵp i arsylwi technegau ymarfer corff.

Dylai hyfforddwr wisgo dillad ymarfer a ffitrwydd. Mae dillad sy'n ffitio'n dynn yn caniatáu ichi symud yn hawdd trwy'r ystod lawn o symudiadau ac yn caniatáu i'r cyfranogwyr ddilyn eich techneg yn gywir. Gall dillad sy'n rhy llac ystumio safle eich corff yn ystod rhai ymarferion.

Dylai dillad allu anadlu i helpu i dynnu chwys i ffwrdd o wyneb eich croen. Mae cotwm yn dda iawn am amsugno lleithder a gall wlychu gan chwys yn gyflym iawn. Dewis deunyddiau synthetig neu gyfuniad o gotwm a neilon yw'r opsiwn gorau fel arfer.

Dylai esgidiau eich cynnal, gan osgoi esgidiau ffasiwn gan nad yw'r rhain yn rhoi digon o sefydlogrwydd i'r ffêr. Mae llawer o frandiau bellach yn marchnata esgidiau hyfforddi yn benodol ar gyfer ymarfer corff yn y gampfa. Dylai esgidiau hyfforddi fod yn ysgafn gyda rhwyll anadlu a gwadnau gyda chlustog. Dylid eu cadw'n lân a'u hamnewid yn rheolaidd.

Hylendid personol

Fel hyfforddwr ymarfer corff da, efallai y byddwch chi'n cyflwyno sawl sesiwn y dydd. Yn aml, gall hyn wneud hylendid personol yn her, yn enwedig wrth arddangos a chymryd rhan yn y mwyafrif o'r sesiynau rydych chi'n eu harwain. Cael cawod yn rheolaidd trwy gydol y dydd fyddai orau, ond nid yw bob amser yn bosibl. Mae cael dillad sbâr glân a ffres i newid iddyn nhw ar ôl pob sesiwn a defnyddio diaroglydd yn rheolaidd yn opsiwn arall os oes amser yn brin rhwng sesiynau. Clymwch unrhyw wallt hir yn ôl neu ei binio yn ôl.

Cod ymarfer REPs a gofynion datblygiad proffesiynol parhaus

Mae'r Gofrestr Gweithwyr Proffesiynol Ymarfer Corff (REPs – *Register of Excercise Professionals*) yn gofrestr gyhoeddus annibynnol sy'n cydnabod cymwysterau hyfforddwyr ymarfer corff yn y DU. Mae bod yn aelod o'r gofrestr REPs yn gwella delwedd broffesiynol hyfforddwr ac yn sicrhau eich bod yn cwrdd â'r safonau proffesiynol yng nghod ymarfer moesegol REPs. Mae'r cod yn diffinio beth yw arfer da i weithiwr proffesiynol yn y diwydiant ffitrwydd trwy fyfyrio ar werthoedd craidd hawliau, perthnasoedd, cyfrifoldebau, safonau a diogelwch.

I ymuno â'r gofrestr REPs mae angen i chi brofi bod gennych y cymwysterau priodol. I barhau fel aelod, mae angen i chi fodloni gofynion **datblygiad proffesiynol parhaus (DPP)**. Mae hyn yn cynnwys cadw i fyny â newidiadau yn y diwydiant i sicrhau eich bod yn cyflwyno'r technegau mwyaf effeithiol i gleientiaid.

> **Ymchwil**
>
> Ewch i wefan REPs (**www.exerciseregister.org**) am ragor o fanylion am y cod ymarfer moesegol llawn. Beth yw gwerthoedd craidd hawliau, perthnasoedd, cyfrifoldebau, safonau a diogelwch?

> **Termau allweddol**
>
> **Datblygiad proffesiynol parhaus (DPP)** – hyfforddi a datblygu sgiliau a thechnegau ymhellach y tu hwnt i hyfforddiant cychwynnol. Fel arfer drwy ymgymryd â chyrsiau hyfforddi neu brofiad ychwanegol.
>
> **Empathi** – deall profiad rhywun arall o'u persbectif nhw.

> **Cysylltiad**
>
> Gallwch ddarllen mwy am DPP yn *Uned 3: Datblygiad Proffesiynol yn y Diwydiant Chwaraeon*.

Dull

Gall eich dull a'ch agwedd bersonol eich hun gael dylanwad cadarnhaol ar eich delwedd a'ch enw da. Mae angen i hyfforddwyr allu uniaethu â'r holl gyfranogwyr yn y sesiwn. Mae cyngor allweddol yn cynnwys:

▶ byddwch yn gyfeillgar ac yn groesawgar i'r holl gyfranogwyr, gan sicrhau eich bod wedi dweud 'helo' wrth bob un ohonynt

▶ dod i adnabod enwau'r rhai sy'n dod yn rheolaidd a chymryd diddordeb yn eu bywydau, er enghraifft trwy ofyn iddyn nhw beth maen nhw wedi bod yn ei wneud neu a ydyn nhw wedi cael diwrnod prysur

▶ mae gwrando gweithredol (gwneud cyswllt llygad, nodio a chadarnhau eich bod wedi gwrando ar yr hyn a ddywedwyd wrthych) yn sgil sy'n cael ei gwerthfawrogi'n fawr

▶ bod yn amyneddgar gyda chyfranogwyr a allai fod angen mwy o help gyda rhai ymarferion – gall yr anogaeth gywir gynyddu eu hunanhyder ac ymddiried ynoch chi fel hyfforddwr

▶ ceisiwch gael **empathi** – dangoswch i'r cyfranogwyr eich bod chi'n deall bod y sesiwn neu'r ymarfer yn heriol trwy addasu neu wneud yr ymarfer yn llai heriol os oes angen hynny i gefnogi'r unigolyn.

Fel hyfforddwr ymarferion a gweithgaredd corfforol ar sail cylchedau, pa fathau o DPP y gallech chi eu dilyn?

Awgrym Ewch i wefan REPs. Pa gyrsiau fyddai'n eich helpu i barhau â'ch datblygiad proffesiynol?

Ymestyn Pa gyrsiau fyddai'n caniatáu ichi gronni digon o bwyntiau DPP i aros yn aelod o REPs yn y ddwy flynedd ar ôl yr hyfforddiant cychwynnol?

Sgiliau

Mae angen amrywiaeth o sgiliau ar hyfforddwyr ymarfer corff i wneud y sesiynau maen nhw'n eu harwain yn broffesiynol ac yn bleserus.

▶ **Rheoli amser** – mae hyn yn hanfodol i sicrhau bod sesiynau'n rhedeg yn dda ac nad ydych chi'n gwastraffu dim o amser eich cyfranogwyr. Mae rheoli eich amser chi a'ch cleientiaid yn ddangosydd allweddol o'ch proffesiynoldeb. Sicrhewch fod amser ar gyfer unrhyw gynefino cyn y sesiwn, gan gynnwys profi unrhyw system sain. Bydd hyn hefyd yn eich gadael yn rhydd i groesawu cyfranogwyr wrth iddynt gyrraedd. Bydd angen cynllunio gofalus ar gyfer holl gydrannau unigol y sesiwn gan gynnwys hyd y cynhesu, y brif sesiwn (gan gynnwys yr amseroedd ar bob gorsaf a'r nifer o weithiau y bydd yr orsaf yn cael ei chwblhau gan gynnwys cyfnodau gorffwys) ac oeri – byddwn yn ymdrin â hyn yn nes ymlaen yn yr uned hon (gweler tudalennau 143 a 144).

▶ **Dulliau cymhelliant** – mae angen i chi ysgogi'r cyfranogwyr trwy gydol y sesiwn. Dylai'r cyfranogwyr deimlo bod y sesiwn yn heriol felly byddant yn elwa o anogaeth. Byddwch yn benodol yn eich anogaeth: dywedwch wrth y cyfranogwyr beth maen nhw'n ei wneud yn dda (er enghraifft, 'dyfnder da mewn cyrcydiad') a gadewch iddyn nhw wybod pa mor hir sydd ar ôl ganddyn nhw ar orsaf ymarfer corff neu faint o ailadroddiadau sydd ar ôl. Dylech bob amser gydnabod pa mor dda y mae cyfranogwyr wedi gwneud ar ôl set neu rownd a monitro pa mor dda y mae mynychwyr rheolaidd yn dod yn eu blaenau. Gall rhoi nodau penodol ar ddechrau'r sesiwn i'r grŵp neu gyfranogwyr penodol hefyd fod yn ysgogiad da.

▶ **Arweinyddiaeth** – gwnewch yn siŵr eich bod yn cadw rheolaeth ar y sesiwn ac yn gosod esiampl dda. Mae angen i chi fod yn hyderus ac yn gallu codi'ch llais mewn dull rheoledig i ddal sylw'r holl gyfranogwyr. Bydd arweinydd da yn gallu addasu a dylai allu gwneud penderfyniadau cyflym ynghylch a yw ymarfer yn rhy hawdd neu'n rhy galed i'r grŵp neu gyfranogwr penodol.

▶ **Trefniadaeth** – mae sesiwn ymarfer corff dda yn sesiwn sydd wedi'i chynllunio'n dda: bydd gan hyfforddwr fwy o hyder wrth gyflwyno a dylai'r cyfranogwyr ymateb yn gadarnhaol. Dylai fod gan sesiynau strwythur ond dylai'r cynnwys fod yn amrywiol yn ogystal â bod i raddau'n gyfarwydd i'r cyfranogwyr. Cynlluniwch ar gyfer amrywiaeth o alluoedd a lefelau ffitrwydd, ac ystyriwch unrhyw anghenion neu addasiadau penodol i sicrhau **cynwysoldeb**.

▶ **Sensitifrwydd cyfranogwyr o ran cyswllt corfforol** – dylech asesu techneg ymarfer corff cyfranogwyr y

sesiwn yn barhaus, gan gerdded o amgylch y lle a helpu cyfranogwyr os gellir gwella eu techneg. Os yw ystum y corff yn anghywir, yn aml mae'n haws i hyfforddwr helpu trwy eu symud i'r ystum cywir. Fodd bynnag, dylech fod yn ymwybodol o sensitifrwydd cyfranogwr i gyffyrddiad ac ni ddylech gyffwrdd â chyfranogwr yn awtomatig a'i symud i ystum penodol heb ofyn ei ganiatâd yn gyntaf.

Termau allweddol

Cynwysoldeb (*inclusivity*) – sicrhau bod pawb sy'n mynychu yn gallu cymryd rhan yn yr ymarfer a gynlluniwyd neu y gellir addasu ymarferion i gynnwys pawb.

Mesurau rheoli – camau a gymerir i leihau lefel y risg sy'n gysylltiedig â pherygl.

Cyfrifoldebau a gofynion hyfforddwr ymarfer corff

▶ **Gofal Cwsmer** – mae cyfranogwyr yn disgwyl ichi gwrdd â'u disgwyliadau. Mae profiad negyddol mewn sesiwn yn gwneud pobl yn llai tebygol o ddychwelyd. Mae cadw cyfranogwyr yn hapus yn arwain at sylfaen cleientiaid gref ac enw da cadarnhaol. Cofiwch y gallent fod yn nerfus ynglŷn â dod i'r sesiwn ac mae angen ichi wneud iddynt deimlo'n gartrefol. Siaradwch â newydd-ddyfodiaid bob amser cyn, yn ystod ac ar ôl y sesiwn. Dewch i adnabod enwau'r cyfranogwyr a defnyddio eu henwau i'w hannog. Ar ddiwedd y sesiwn, gwnewch yn siŵr eich bod ar gael ar gyfer cwestiynau a gadewch iddyn nhw wybod eich bod chi'n edrych ymlaen at eu gweld yr wythnos nesaf.

▶ **Iechyd a diogelwch** – mae iechyd a diogelwch unrhyw un sy'n cymryd rhan o'r pwys mwyaf. Bydd gan leoliad y sesiwn bolisïau a gweithdrefnau ar waith i sicrhau lles. Fel gweithiwr, rhaid ichi gael gwybod am y polisïau hyn.

▶ **Cymwysterau cymorth cyntaf** – mae'n gyfrifoldeb i hyfforddwr ymarfer corff feddu ar gymhwyster Cymorth Cyntaf Brys a'i adnewyddu cyn iddo ddod i ben. Os ydych chi'n cael eich cyflogi gan stiwdio ffitrwydd neu gampfa, mae'n debygol y bydd angen i chi gwblhau cymhwyster Cymorth Cyntaf yn y Gwaith. Bydd gofynion cymhwyster cymorth cyntaf yn cael eu hamlinellu mewn polisi iechyd a diogelwch yn eich gweithle.

▶ **Asesiad risg** – rhaid i'r ardal lle mae'r sesiwn yn digwydd gael ei gwirio hefyd. Rhaid bod asesiad risg diweddar ar gael a rhaid gwirio'r ardal, a'r offer, cyn pob sesiwn. Bydd asesiad risg yn nodi unrhyw beryglon a risgiau, ac ar ôl hynny dylid defnyddio **mesurau rheoli** i leihau sgôr gyffredinol y peryglon (er enghraifft, isel, canolig, uchel). Os ydych chi'n gweithio i ganolfan hamdden, mae'n debygol y bydd y rheolwr gweithrediadau wedi ysgrifennu'r asesiad risg, felly gwnewch yn siŵr ei fod yn cwmpasu'r gweithgareddau a fydd yn cael eu cyflawni yn ystod eich sesiwn. Rhaid mewngofnodi a chofnodi unrhyw ddigwyddiadau.

▶ **Gwasanaeth Datgelu a Gwahardd (DBS** – *Disclosure and Barring Service*) – darperir gwiriad DBS ar gyfer pobl sydd yn gweithio gyda phlant neu oedolion agored i niwed. Mae'n gofnod o euogfarnau (convictions), rhybuddion, ceryddon a rhybuddion unigolyn neu unrhyw wybodaeth berthnasol arall sydd gan yr heddlu a/neu'r DBS sy'n effeithio ar addasrwydd unigolyn ar gyfer y swydd. Bydd pob cyflogwr yn gofyn ichi gwblhau gwiriad DBS.

▶ **Dyletswydd gofal** – fel hyfforddwr ymarfer corff mae gennych ddyletswydd i ofalu dros bawb sy'n cymryd rhan yn eich sesiwn. Mae angen i chi ddarparu gofal rhesymol i'r cyfranogwyr yn y sesiwn, er enghraifft trwy ddarparu seibiannau hydradu rheolaidd, mynediad at gyfleusterau newid/toiled, ac offer ac amgylchedd glân, ynghyd â gwneud addasiadau rhesymol i'r sesiwn fel y gall pawb gymryd rhan.

▶ **Yswiriant** – Mae angen i aelodau REPs ddarparu tystiolaeth o lefel briodol o yswiriant. Gall REPs ddarparu yswiriant i chi neu gallwch gael yswiriant gan ddarparwr arall. Rhaid ichi fod ag yswiriant atebolrwydd sifil digonol sy'n cynnwys eich atebolrwydd cyfreithiol am farwolaeth, anaf neu salwch i eraill a cholli, neu ddifrod i, eiddo trydydd parti. Mae'r gofrestr REPs yn ei gwneud yn ofynnol i chi feddu ar bolisi atebolrwydd blynyddol gydag isafswm indemniad o £5,000,000 fan lleiaf.

> **Cysylltiad**
>
> Rydym yn ymdrin â iechyd a diogelwch ac asesu risg yn fanylach yn *Uned 4: Arweinyddiaeth Chwaraeon*.

> **Cysylltiad**
>
> Gallwch ddarllen mwy am faterion yswiriant yn *Uned 12: Hunangyflogaeth yn y Diwydiant Chwaraeon*.

Astudiaeth achos

Mae Jess yn hyfforddwr ymarfer corff sydd newydd gymhwyso a hoffai sefydlu ei dosbarthiadau ymarfer corff ei hun. Pa gyngor fyddech chi'n ei roi i Jess i sicrhau ei bod yn cwrdd â chyfrifoldebau a gofynion hyfforddwr ymarfer corff cyn iddi hysbysebu ei dosbarthiadau i'r cyhoedd?

Gwiriwch eich gwybodaeth

- Pa fath o yswiriant ddylai Jess ei gael?
- Pa fath o gymhwyster cymorth cyntaf ddylai fod ganddi?
- Os yw Jess yn gweithio gydag oedolion agored i niwed yn ei sesiwn, pa fath o wiriad y dylid ei gwblhau hefyd?

ⅠⅠ MUNUD I FEDDWL

Pam ei bod yn bwysig i hyfforddwr ymarfer corff gael gwiriad DBS, cymwysterau cymorth cyntaf, yswiriant a'r ddyletswydd gofal eithaf ar gyfer cyfranogwyr y sesiwn?

Awgrym

Pa oblygiadau allai fod pe bai hyfforddwr yn methu ag ystyried unrhyw un o'r gofynion hyn?

Ymestyn

Sut allai eu hesgeuluso gael effaith ar enw da hyfforddwr ymarfer corff?

Sgiliau cyfathrebu ar gyfer grwpiau

Mae'n ofynnol i hyfforddwyr ymarfer corff gyfathrebu ag amrywiaeth o wahanol grwpiau fel pobl aeddfed (dros 60 oed), pobl ag anableddau corfforol, pobl ifanc, a mamau beichiog ac ôl-enedigol. Mae cyfathrebu effeithiol yn sicrhau y gallwch gasglu gwybodaeth am anghenion a disgwyliadau pob cyfranogwr.

Cyfathrebu llafar

Mae llawer o hyfforddwyr yn defnyddio meicroffonau pen i'w gwneud hi'n haws i gyfranogwyr ddilyn cyfarwyddiadau. Ond mae'n dal yn bwysig siarad yn glir a chodi lefel sain eich llais. Gall ailadrodd cyfarwyddiadau hefyd helpu cyfranogwyr i ddilyn y sesiwn. Gall lefel a thôn y llais a ddefnyddir ddibynnu ar y math o sesiwn ymarfer corff sy'n cael ei darparu. Byddai dosbarth hyfforddiant cylchol dwysedd uchel yn gofyn am gynyddu lefel a thôn y llais, ond byddai dosbarth ioga yn gofyn am naws llais tawelach, meddalach.

Gall bod yn frwdfrydig gynyddu lefel cymhelliant y cyfranogwyr. Mae canmoliaeth ac anogaeth hefyd yn bwysig. Bydd cysylltu â chymaint o gyfranogwyr y sesiwn yn unigol yn cefnogi eu hanghenion personol eu hunain ac yn cynyddu eu cymhelliant cynhenid.

> **Damcaniaeth ar waith**
>
> Ystyriwch sut y byddech chi'n newid lefel sain a thôn eich llais pe byddech chi'n cyflwyno sesiwn ymarfer corff i grŵp o gyfranogwyr oedrannus o'i gymharu â grŵp o gyfranogwyr ifanc.

Sut allwch chi gynyddu cymhelliant? Sut allech chi ddefnyddio'r dulliau hyn pan rydych chi'n cyfarwyddo?

Awgrym Ystyriwch osod nodau, cerddoriaeth a naws y llais. Sut all y rhain i gyd helpu i gynyddu cymhelliant?

Ymestyn Ymchwiliwch i dechnegau cymhelliant eraill y gallech eu defnyddio i gynyddu cymhelliant. A fyddech chi bob amser yn defnyddio'r un technegau?

Mae'n bwysig peidio â chymryd unrhyw beth yn ganiataol. Ymgysylltwch a gofynnwch gwestiynau i'ch cyfranogwyr. **Cwestiynau penagored** yw'r math gorau o gwestiynau fel arfer gan eu bod yn annog y cyfranogwyr i ateb yn fanwl. Dyma rai cwestiynau enghreifftiol i gael gwybodaeth am anghenion a disgwyliadau cyfranogwyr:

▶ Pam rydych chi wedi penderfynu dod i'r sesiwn hon?
▶ A oes gennych unrhyw dargedau tymor byr neu dymor hir?

Ymhlith y cwestiynau enghreifftiol i wirio dealltwriaeth cyfranogwyr mae'r canlynol.

▶ A oes unrhyw beth yn y rhaglen neu unrhyw ymarferion yr hoffech i mi eu dangos eto?
▶ Allwch chi ddisgrifio i mi pa ran o'r corff y gallwch chi deimlo sy'n gweithio i chi?

Mae cwestiynau enghreifftiol i wirio lefelau cysur cyfranogwyr yn cynnwys y canlynol.

▶ Ble allwch chi deimlo bod yr ymarfer hwn yn gweithio? Allwch chi deimlo unrhyw boen yn ystod yr ymarfer hwn?
▶ Pa mor anodd yw'r ymarfer hwn i chi?
▶ Beth yw'ch barn am roi cynnig ar ymarfer mwy heriol?

Cyfathrebu di-eiriau

Arddangosiadau

Mae arddangosiadau yn rhan hanfodol o gyfarwyddyd ymarfer corff. Pan fydd y gerddoriaeth yn uchel a bod gennych grŵp mawr o gyfranogwyr o'ch blaen, mae arddangosiadau yn caniatáu i bawb ddilyn y sesiwn. Efallai y bydd angen ailadrodd arddangosiadau trwy gydol y sesiwn a rhoi arddangosiadau pellach i unigolion hefyd. Efallai y bydd angen i chi hefyd ddangos dilyniannau ac atchweliadau sy'n gysylltiedig â'r brif set o ymarferion, neu roi dewisiadau amgen haws ac anoddach i wahanol gyfranogwyr i'w helpu i fodloni eu hanghenion unigol.

Iaith y corff

Mae angen i iaith y corff rydych chi'n ei defnyddio gyfleu brwdfrydedd. Mae angen i chi ddangos eich bod chi'n mwynhau cyflwyno'r sesiwn a'ch bod chi eisiau i gyfranogwyr elwa ar y buddion. Yn aml gall gorwneud iaith eich corff fel hyfforddwr helpu i gynyddu ymgysylltiad eich cyfranogwyr â'r sesiwn a chi fel yr hyfforddwr.

Ciwio

Fel hyfforddwr dechreuwyr, gall **ciwio** fod yn heriol ac mae'n dechneg sy'n gwella gydag ymarfer. Gellir rhannu ciwio yn dri math gwahanol: geiriol, gweledol

a **chinesthetig** (mae'r llun ar y dudalen hon yn dangos enghraifft o giwio cinesthetig). Mae Tabl 14.1 yn rhestru gwahanol ffyrdd o giwio fel hyfforddwr grŵp. Mae cyfuniad o ddulliau yn gweithio orau oherwydd ni fydd pob cyfranogwr yn dysgu yn yr un ffordd. Mae angen caniatâd priodol cyn gwneud ciwio cinesthetig.

> **Termau allweddol**
>
> **Ciwio** – defnyddio signalau gweledol, geiriol a/neu ginesthetig i helpu i wella'r cyfathrebu rhwng yr hyfforddwr a'r cyfranogwr.
>
> **Cinesthetig** – mae'r dysgu'n digwydd trwy gyflawni'r gweithgaredd, fel hyfforddwr ymarfer corff yn helpu cyfranogwr i symud trwy'r dechneg gywir.

▶ Mae ciwio cinesthetig yn cynnwys cefnogi cleient trwy symudiad

▶ **Tabl 14.1:** Gwahanol ddulliau o giwio

Ciwio gweledol	Ciwio geiriol	Ciwio cinesthetig
Torri ymarfer yn wahanol rannau, e.e. gwahanol leoliad cymalau mewn cyrcydiad (*squat*)	Cyfrif i lawr i'r ymarfer nesaf, e.e. '1, 2, 3, newid'	Cefnogi'r cleient trwy symudiad
Pwyntio i gyfeiriad y newid cyfeiriad sydd ar ddod	Cyfrif i lawr yr ailadroddiadau neu'r amser ar ôl ar gyfer yr ymarfer	Gosod eich llaw ar y grŵp o gyhyrau y mae'r ymarfer yn eu gweithio.
Tynnu sylw at ran o'r corff y mae angen i gyfranogwyr ganolbwyntio arni, er enghraifft, efallai y byddech chi'n pwyntio at benelinoedd cyfranogwr yn ystod cyrliad cyhyryn deuben (*bicep curl*) ac yna dangos yr ystum cywir iddyn nhw.	Rhoi adborth penodol i'r grŵp yn gyffredinol ac i unigolion i atgyfnerthu techneg, e.e. 'Ceisiwch gadw'ch cefn yn syth yn ystod yr ymarfer hwn' neu 'Peidiwch â gollwng eich cluniau yn ystod yr ymarfer hwn.'	Gosod eich cleient mewn ystum ymarfer corff neu ei helpu i wneud yr ymarfer yn fwy heriol drwy newid ei ystum.

❚❚ MUNUD I FEDDWL Pam rydych chi'n meddwl ei bod hi'n bwysig cyfuno dulliau ciwio fel hyfforddwr ymarfer corff?

Awgrym Meddyliwch am eich steil dysgu eich hun. Sut rydych chi'n dysgu orau? Ydych chi'n dysgu yn yr un ffordd â rhywun arall yn eich grŵp dosbarth?

Ymestyn Gwyliwch ystod o wahanol fideos o ymarfer corff. Allwch chi weld pryd mae'r hyfforddwr yn defnyddio gwahanol fathau o giwio?

Safle cyfarwyddo

Ar gyfer y rhan fwyaf o'r sesiwn, bydd angen i chi fod mewn man lle gall yr holl gyfranogwyr eich gweld a lle gallwch chi eu gweld nhw. Byddwn yn ymdrin â'r pwnc hwn yn fanylach ar dudalen 148).

Gwrando'n astud

Cyn, yn ystod ac ar ôl y sesiwn dylech fod yn gofyn cwestiynau – mae angen i chi wrando ar yr atebion hefyd. Mae angen i chi ddangos i'ch cyfranogwyr eich bod yn gwrando arnyn nhw oherwydd gall hyn eich helpu i fodloni eu disgwyliadau. Dangoswch eich bod yn gwrando'n astud drwy:
▶ wneud cyswllt llygad, amneidio a gwenu
▶ annog cyfranogwyr i fynd ymlaen trwy ddweud 'hmm' a 'mmm'
▶ rhoi adborth i gyfranogwyr ac egluro'r hyn y maen nhw wedi'i ddweud wrthych i sicrhau eich bod wedi ei ddehongli'n gywir
▶ aros yn niwtral ac yn anfeirniadol (gan osgoi barnu rhywun oherwydd eu nodweddion neu farn bersonol).

Cyfathrebu'n effeithiol â chleientiaid

Fel hyfforddwr, rhaid i chi hefyd fod â'r gallu i ddeall eich cyfranogwyr. Efallai y bydd cyfranogwyr yn barod i roi adborth ichi, ond mae'n debygol y bydd angen i chi eu hannog i wneud hyn. Bydd hyn yn eich helpu i asesu sut maen nhw'n dod yn eu blaenau ac a oes angen i chi wneud unrhyw newidiadau i fath neu ddwysedd yr ymarferion.

Bydd arsylwi ar eu cyfathrebu di-eiriau yr un mor bwysig â'r adborth y maen nhw'n ei ddarparu ar lafar i chi. Efallai na fydd cyfranogwyr yn ddigon hyderus i ddweud wrthych chi sut maen nhw'n teimlo, ond dylech chi allu deall trwy sylwi arnyn nhw a ydyn nhw'n cael yr ymarferion yn rhy hawdd neu'n rhy anodd.

Mae ystod o wahanol gyfranogwyr yn debygol o ddod i'ch sesiynau ac rydych hefyd yn debygol o gynnal sesiynau ar gyfer grwpiau penodol o bobl, er enghraifft **oedolion agored i niwed**, pobl aeddfed (60+) neu **fenywod cynenedigol** ac **ôl-enedigol**. Mae Tabl 14.2 yn dangos ystyriaethau pwysig wrth gyfathrebu â gwahanol grwpiau.

Termau allweddol

Oedolyn agored i niwed – person sy'n dioddef o rai nodweddion sy'n ei atal rhag cymryd gofal digonol neu ddarparu amddiffyniad digonol iddo'i hun.

Cynenedigol – yn ystod beichiogrwydd (o adeg y beichiogi hyd at adeg yr enedigaeth).

Ôl-enedigol – y cyfnod o amser ar ôl geni babi. Bydd menywod yn cael archwiliadau rheolaidd ar ôl genedigaeth tan yr archwiliad chwe wythnos. Ar y pwynt hwn bydd meddyg teulu fel arfer yn rhoi gwybod a yw'n ddiogel ailddechrau ymarfer corff yn raddol.

▶ Tabl 14.2: Ystyriaethau ar gyfer cyfathrebu â gwahanol grwpiau

Grŵp cyfranogwyr	Ystyriaethau ar gyfer cyfathrebu
Pobl 14–16 oed, pobl ifanc ac oedolion agored i niwed	• Byddwch yn glir, yn fywiog ac yn frwdfrydig. • Ymgysylltwch â'r grŵp a'u cael i gymryd rhan mewn arddangosiadau lle bo hynny'n briodol. • Cyflwynwch elfen o gystadleuaeth neu gêm i gynyddu cymhelliant. • Cadwch gyfarwyddiadau'n syml nes bod techneg sylfaenol wedi'i datblygu. • Ar gyfer oedolion agored i niwed, bydd natur eu bregusrwydd yn helpu i benderfynu sut rydych chi'n cyfathrebu â nhw. Er enghraifft, os oes gan yr oedolyn anabledd datblygu, efallai y bydd angen i chi ailadrodd eich arddangosiadau yn aml a'u harwain drwy'r sesiwn.
Pobl ag anableddau corfforol	• Efallai y bydd angen dangos amrywiaeth o dechnegau ar gyfer cyfranogwyr ag anableddau corfforol. Yr her yw gallu'r cyfranogwyr i fynd i ystum penodol. • Ceisiwch beidio â chymryd yn ganiataol y gall pob cyfranogwr wneud yr un ymarferion. Mae gan gyfranogwyr ag anableddau corfforol alluoedd amrywiol hyd yn oed os yw'r un cyflwr arnyn nhw. Gofynnwch i'r cyfranogwyr a ydyn nhw'n credu y byddan nhw'n gallu rhoi cynnig ar ymarfer; os nad ydyn nhw'n gallu ei wneud, addaswch ef. • Bydd ciwio cinesthetig (os yw'n briodol) yn arbennig o bwysig.
Pobl aeddfed (60+)	• Ceisiwch beidio â chymryd yn ganiataol oherwydd bod y cyfranogwyr yn aeddfed na allan nhw roi cynnig ar rai ymarferion (heblaw am resymau iechyd unigol). • Ailadroddwch arddangosiadau ac arafwch gyflymder y cyfarwyddyd os oes angen. • Ceisiwch gasglu cymaint o adborth â phosibl yn ystod y sesiwn gan gyfranogwyr unigol fel eich bod chi yn gallu darparu dilyniannau ac atchweliadau o ymarferion fel y bo'n briodol. • Byddwch yn barchus – heriwch y cyfranogwyr ond peidiwch â disgwyl iddyn nhw allu cyflawni cymaint â chyfranogwr iau.
Menywod cynenedigol ac ôl-enedigol	• Addaswch yr ymarferion i ddiwallu anghenion gwahanol gyfnodau beichiogrwydd. Cyfathrebwch yr addasiadau hyn yn weledol ac ar lafar. • Dangoswch empathi – dangoswch iddyn nhw eich bod chi'n ymwybodol eu bod nhw'n brin o egni neu'n cael trafferth ag ymarfer a oedd unwaith yn hawdd cyn beichiogrwydd. • Byddwch yn amyneddgar – gall gymryd mwy o amser iddyn nhw wneud ymarfer penodol.

Cysylltiad

Rydym yn ymdrin â phrosesau sgrinio cyn ymarfer yn fanylach yn *Uned 2: Hyfforddi a Rhaglennu Ffitrwydd ar gyfer Iechyd, Chwaraeon a Lles.*

Term allweddol

Gwrtharwydd – cyflwr neu ffactor corfforol neu feddyliol sy'n cynyddu'r risg wrth gymryd rhan mewn gweithgaredd.

Casglu gwybodaeth bersonol

Mae sawl ffordd o gasglu gwybodaeth gan gyfranogwyr am eu hanghenion a'u disgwyliadau. Fan lleiaf, rhaid i gyfranogwyr gwblhau Holiadur Parodrwydd Gweithgaredd Corfforol (PAR-Q) cyn dechrau cyfres o ddosbarthiadau. Mae hyn yn casglu gwybodaeth bersonol ac yn manylu ar eu hymarfer a'u hanes meddygol, gan dynnu sylw at unrhyw **wrtharwyddion**, ac yn eu cael i gofnodi eu hanghenion a'u disgwyliadau.

Yn ddelfrydol, byddech chi'n gofyn y cwestiynau i'r cyfranogwyr ac yn eu tywys trwy'r ffurflen, ond nid oes digon o amser bob amser i wneud hyn. Dylai'r cyfranogwyr ddal i lenwi ffurflen PAR-Q a dylech gymryd yr amser i edrych drwyddi a gofyn unrhyw gwestiynau pellach i'r cyfranogwr. Hyd yn oed os ydych chi fel hyfforddwr yn teimlo nad oes unrhyw gwestiynau pellach, gallwch barhau i ymgysylltu â nhw trwy ofyn iddynt pam y penderfynon nhw ymuno â'r sesiwn.

Ffurfio perthnasoedd gwaith effeithiol gyda chyfranogwyr

Mae meithrin ymddiriedaeth gyda chyfranogwyr yn sail i berthynas waith effeithiol. Mae **cyfrinachedd** yn hanfodol er mwyn ennill ymddiriedaeth eich cyfranogwyr. Mae'r cyfranogwyr yn darparu manylion personol, manylion eu hanes meddygol ac ymarfer corff, a'u nodau personol eu hunain. Darperir y wybodaeth hon fel y gallwch eu cefnogi tuag at eu nodau, ac ni fyddant am ichi rannu unrhyw ran o'r wybodaeth hon ag aelodau eraill y grŵp neu hyfforddwyr eraill.

Mae unrhyw fanylion personol sydd gennych yn ymwneud â chyfranogwyr yn cael eu gwarchod o dan Ddeddf Diogelu Data (1998) sy'n golygu na ddylech ddatgelu'r wybodaeth hon i unrhyw un arall heb ganiatâd y cyfranogwyr a bod yn rhaid ei storio'n ddiogel.

Os oes gennych unrhyw bryderon ynghylch eich cyfranogwyr, neu os ydynt yn ymddiried ynoch chi, efallai y bydd angen i chi ystyried a ddylid eu cyfeirio at berson â chymwysterau mwy priodol.

Mae dod i adnabod enwau cyfranogwyr, yn enwedig mynychwyr rheolaidd, yn helpu i feithrin perthynas. Dylech hefyd gyfarch cyfranogwyr newydd a'u croesawu i'r sesiwn. Efallai bod cyfranogwyr newydd yn brin o hyder, felly gallai eu cyflwyno i aelod rheolaidd y gallant eu holi eu helpu i deimlo'n gartrefol.

Mae'r cyfranogwyr sy'n mynychu sesiynau ymarfer corff yn debygol o amrywio o wythnos i wythnos. Bydd hyd yn oed mynychwyr rheolaidd yn colli rhai sesiynau oherwydd salwch, gwaith neu ymrwymiadau teuluol.

Perthynas ysgogol

Fel model rôl, mae angen i chi ddangos i'r cyfranogwyr eich bod yn cael eich cymell gan ymarfer corff. Dylech fod yn empathetig a deall y gallent fod wedi cael diwrnod hir cyn y sesiwn. Gosodwch dargedau grŵp ac unigol yn ystod y sesiwn lle bo hynny'n bosibl, er enghraifft trwy herio cyfranogwr i wneud ymarfer anoddach yn y rownd nesaf. Bydd cyfranogwyr yn disgwyl i chi roi brwdfrydedd a chymhelliant iddynt. Mae angen iddyn nhw deimlo eu bod wedi cyrraedd targedau fel eu bod yn gadael yn teimlo eu bod wedi cyflawni rhywbeth.

⏸ MUNUD I FEDDWL   Ble dylid storio gwybodaeth bersonol cyfranogwyr?

Awgrym   Fel hyfforddwr ymarfer corff, sut allwch chi sicrhau bod manylion personol yn ddiogel?

Ymestyn   Os oes gennych wybodaeth electronig yn ymwneud â chyfranogwr, sut y gellir cadw'r wybodaeth honno'n ddiogel?

Cydraddoldeb ac amrywiaeth

Rhaid i sesiynau ymarfer corff a gweithgaredd corfforol fod yn agored i bawb. Fodd bynnag, gall fod adegau pan fydd sesiynau, am resymau diogelwch neu grefyddol, yn cael eu targedu at grwpiau penodol. Gallai'r rhain fod yn sesiynau neu ddosbarthiadau menywod yn unig ar gyfer oedolion aeddfed yn unig.

Efallai y bydd gan wahanol sefydliadau wahanol bolisïau a gweithdrefnau sy'n ymwneud â **chydraddoldeb** ac **amrywiaeth**. Er enghraifft, gallai polisïau canolfan hamdden y Cyngor lleol fod yn wahanol i bolisïau campfa breifat. Sicrhewch eich bod yn gwybod am reoliadau'r ganolfan cyn cynnal unrhyw sesiynau.

Rhaid i chi werthfawrogi amrywiaeth wrth weithio gyda chyfranogwyr. Mae'r holl gyfranogwyr eisiau cymryd rhan yn y sesiwn, ond gallant fod yno am lawer o wahanol resymau. Rhaid ichi allu cefnogi'r holl ddisgwyliadau ac anghenion gwahanol hyn ac mae'n dangos eich bod wedi ymrwymo i gefnogi'r holl gyfranogwyr a gwerthfawrogi amrywiaeth. Mae Tabl 14.3 yn cynnwys enghreifftiau o wahanol fathau o ragfarn a gwahaniaethu, a sut y gallwch ymateb iddynt.

> **Termau allweddol**
>
> **Cydraddoldeb** – trin pobl yn gyfartal, ond nid yr un peth o reidrwydd.
>
> **Amrywiaeth** – cydnabod a pharchu bod pawb yn wahanol.

▶ **Tabl 14.3:** Enghreifftiau o ragfarn a gweithgaredd gwahaniaethol

Rhagfarn neu wahaniaethu	Enghreifftiau o ragfarn/sylwadau gwahaniaethol	Ymateb hyfforddwr ymarfer corff
Oedran (nodwedd warchodedig)	'Rydych chi'n rhy hen i gymryd rhan yn y sesiwn hon.' 'Rydych chi'n rhy ifanc i fod allan yr adeg hon o'r nos.'	'Mae croeso i bawb yn y sesiwn hon gan ei bod yn cael ei haddasu ar gyfer anghenion unigol pawb.'
Cynenedigol	'Ydych chi'n meddwl y dylech chi fod yn gwneud y sesiwn ymarfer corff hon yn eich cyflwr chi?'	'Mae'r fenyw hon yn fwy nag abl i gymryd rhan yn y sesiwn hon.'
Pwysau	'Nid oes angen i chi ddod i'r sesiwn ymarfer corff hon – rydych chi'n ddigon tenau eisoes.' 'Rydych chi'n rhy drwm i elwa o'r sesiwn hon.'	'Mae gan bawb eu nodau unigol eu hunain – does dim rhaid ichi fod o o faint penodol i fynychu'r sesiwn hon.'
Dillad	'Ni allwch wisgo hynna yn y sesiwn hon.' 'Ydych chi wedi gweld treinyrs y person yna?'	'Cyn belled â bod y cyfranogwr yn teimlo'n gyffyrddus yn yr hyn maen nhw'n gwisgo ac mae'n ddiogel iddyn nhw wneud hynny, gallant gymryd rhan yn y sesiwn hon.'

Mewn grwpiau bach, trafodwch y camau y gallech eu cymryd pe byddech yn darganfod bod gweithgaredd gwahaniaethol yn digwydd yn eich sesiynau ymarfer corff. A fyddai hyn yn wahanol pe byddech chi'n gweithio mewn canolfan hamdden breifat neu neuadd bentref leol? Pe byddech chi'n gweithio'n annibynnol, gan bwy allech chi ofyn am gymorth pe byddech chi'n ansicr beth i'w wneud?

Ymarfer asesu 14.1   A.P1   A.M1   A.D1

Rydych chi'n hyfforddwr ymarfer corff sefydledig. Mae coleg lleol wedi gofyn ichi gyflwyno cyflwyniad PowerPoint® i'w ddysgwyr chwaraeon a ffitrwydd am bwysigrwydd cyflwyno hunanddelwedd gadarnhaol, fel hyfforddwr ymarfer grŵp, yn ogystal â'r dulliau y gellir eu defnyddio i gynnal perthynas waith effeithiol â chyfranogwyr. Mae angen i chi esbonio i'r dysgwyr pam ei bod yn bwysig cyflwyno hunanddelwedd gadarnhaol a sut y bydd yn cael effaith ar eich enw da, gan gynyddu eich sylfaen cyfranogwyr ac ennill parch a hyder.

Mae angen i'r dysgwyr wybod sut y gallant gyflwyno hunanddelwedd gadarnhaol a'r dulliau y gallant eu defnyddio i sefydlu a chynnal perthynas waith effeithiol. Dylai'r cyflwyniad hefyd werthuso'r dulliau y gellir eu defnyddio i sefydlu a chynnal perthynas waith effeithiol gyda'r cyfranogwyr. Dangoswch sut y gall pob dull gael effaith ar sefydlu a chynnal perthnasoedd gwaith effeithiol gyda chyfranogwyr, i'ch helpu chi i ystyried cryfderau a buddion y dulliau.

Cynllunio
- Am beth rydw i'n dysgu a pham ei bod hi'n bwysig cyflwyno hunanddelwedd effeithiol?
- A oes unrhyw feysydd y byddaf yn cael anhawster â hwy? Beth allwn i ei wneud i helpu i osgoi hyn?

Gwneud
- Byddaf yn treulio peth amser yn cynllunio'r dasg, yn ymchwilio i wahanol ofynion hyfforddwr ymarfer corff.
- Byddaf yn cymryd rhan mewn dosbarthiadau ymarfer corff yn y grŵp i brofi sut mae gwahanol hyfforddwyr yn mynd at sesiynau.

Adolygu
- Gallaf ddweud sut y gwnes i fynd at y dasg.
- Gallaf ddweud sut y gwnaeth fy null gweithredu fy helpu i fodloni meini prawf y dasg.

B Ymchwilio i ffyrdd y gall hyfforddwr ymarfer corff gefnogi gwahanol gyfranogwyr mewn ymarfer corff a gweithgaredd corfforol

Delio'n effeithiol ag anghenion cyfranogwyr

Er mwyn cefnogi cyfranogwyr yn effeithiol, mae angen i chi gasglu gwybodaeth gefndir amdanyn nhw. Bydd y wybodaeth hon yn eich helpu i ddiwallu eu hanghenion unigol. Mae Tabl 14.4 yn dangos y wybodaeth sydd ei hangen arnoch gan gyfranogwyr cyn iddynt gymryd rhan mewn ymarfer corff.

▶ **Tabl 14.4:** Gwybodaeth sy'n ofynnol gan gyfranogwyr

Nodau personol	Mae nodau pob cyfranogwr yn amrywio, felly o fewn sesiwn mae angen i chi geisio cefnogi pob cyfranogwr gyda'i nodau personol. Gallwch hefyd gasglu gwybodaeth am eu nodau tymor byr, tymor canolig, a hir.
Ffactorau ffordd o fyw	Mae ffactorau ffordd o fyw yn ddewisiadau y mae cyfranogwr yn eu gwneud sy'n effeithio ar ansawdd y bywyd sydd ganddo. Gallai ffactorau ffordd o fyw gynnwys ysmygu, yfed alcohol, arferion deietegol, lefelau straen a maint ac ansawdd cwsg.
Rhwystrau i gyfranogwyr	Mae rhwystrau fel arfer yn rhesymau y mae cyfranogwyr yn eu rhoi dros beidio â chymryd rhan mewn ymarfer corff. Y rhesymau a roddir amlaf yw diffyg amser, ymrwymiadau gwaith a theulu, a rhesymau ariannol. Bydd gwybod rhwystrau cyfranogwyr yn eich helpu i gefnogi anghenion unigol cleient. Bydd angen i chi geisio darparu atebion i'w helpu i oresgyn eu rhwystrau.
Hanes meddygol	Mae angen hanes meddygol manwl gan eich cleientiaid i benderfynu a fydd yn ddiogel iddynt gymryd rhan mewn gweithgaredd corfforol neu a oes angen gwneud newidiadau er mwyn iddynt allu parhau i gymryd rhan yn effeithiol.
Hoff ddewisiadau ymarfer corff	Bydd ceisio cymell cyfranogwyr i wneud ymarfer nad ydyn nhw'n ei fwynhau yn mynd i fod yn heriol. Bydd gwybod beth yw dewisiadau gweithgaredd cyfranogwyr yn eich helpu i deilwra'r sesiwn i ddiwallu eu hanghenion, gan gynnig ymarfer amgen os oes angen.
Anghenion dysgu penodol	Gall gwybod a oes gan gyfranogwr anabledd neu anghenion cyfathrebu penodol eich helpu i'w gefnogi yn ystod y sesiwn. Er enghraifft, os oes gan gyfranogwr yn y sesiwn nam ar ei glyw neu os yw'n fyddar, byddwch yn gwybod bod angen sefyll mewn man sy'n ei gwneud hi'n hawdd iddyn nhw ddarllen gwefusau neu weld arddangosiadau yn glir.

Astudiaeth achos

Hoffai cyfranogwr newydd ymuno â'ch grŵp ymarfer corff. Rydych chi wedi gofyn iddo lenwi ffurflen sgrinio iechyd PAR-Q. Mae crynodeb o'r wybodaeth a gawsoch isod.

- **Nodau personol** – cynyddu cryfder rhan uchaf y corff a lleihau canran braster y corff.
- **Ffactorau ffordd o fyw** – straen uchel ac yn achlysurol yn yfed swm cymedrol o alcohol.
- **Rhwystrau i gyfranogi** – swydd brysur a dau blenyn o dan 4 oed.
- **Hanes meddygol** – penelin llidiog. Dim hanes blaenorol arall.

- **Dewisiadau gweithgaredd corfforol** – ymarfer corff dwysedd uchel. Ddim yn hoffi gormod o ymarferion neidio. Eisiau osgoi ymarferion ailadroddus sy'n cynnwys y penelin rhag i'r penelin llidiog waethygu.

Gwiriwch eich gwybodaeth

1 Pa wybodaeth ychwanegol yr hoffech chi ei gwybod cyn i'r cyfranogwr ddechrau hyfforddi?
2 A fyddech chi'n cyfeirio'r cyfranogwr at unrhyw arbenigwyr eraill i ofyn am gyngor cyn hyfforddi, fel therapydd chwaraeon neu ffisiotherapydd?
3 Pa wybodaeth bellach yr hoffech chi ei gwybod am eu ffactorau ffordd o fyw?

Mathau o gyfranogwyr

Efallai y bydd angen cefnogi'r cyfranogwyr canlynol yn ystod ymarfer corff.

▶ **Cyfranogwyr â lefelau ffitrwydd uchel ac isel** – bydd dilyniannau ac atchweliadau priodol ar gyfer pob ymarfer yn helpu i gefnogi'r ddau fath o gyfranogwr.

▶ **Cyfranogwyr profiadol a dibrofiad** – bydd cyfranogwyr profiadol yn dychwelyd yn rheolaidd i'r un sesiwn a byddwch yn gyfarwydd â'u nodau a'u hanghenion penodol felly mae'n bwysig cynnal eu diddordeb a'u cymhelliant. Gall cyfranogwyr dibrofiad fod yn nerfus neu'n isel eu hyder i ddechrau ac angen arweiniad ychwanegol, gan ddechrau gyda thechnegau ymarfer penodol.

▶ **Cyfranogwyr aeddfed** – efallai y bydd angen addasu ymarferion ar oedolion hŷn iach 60+ i weddu i'w hanghenion. Yn yr un modd ag unrhyw grŵp lle gall gallu amrywio yn y sesiwn, efallai y bydd angen dilyniannau ac atchweliadau priodol a gall y dwysedd cyffredinol fod ychydig yn is.

▶ **Plant** – mae plant fel arfer yn egnïol iawn ac efallai y bydd angen newid cyflymder a'r math o ymarfer corff yn rheolaidd i'w hatal rhag diflasu.

▶ **Cyfranogwyr anabl** – gellir addasu llawer o ymarferion i weddu i anghenion a ystod o anableddau. Er enghraifft, gallai cyfranogwr â pharlys yr ymennydd gael anhawster gyda chydbwysedd felly efallai y byddai'n well cael ymarfer eistedd. Ceisiwch beidio â chymryd yn ganiataol, oherwydd bod rhywun yn anabl, na allant gwblhau ymarfer: fel arfer mae'n well dangos yr ymarfer yn gyntaf ac yna gofyn a ydyn nhw'n credu ei fod yn bosibl (gydag addasu o bosibl).

▶ **Cyfranogwyr cynenedigol ac ôl-enedigol** – dylai menywod beichiog a oedd yn cymryd rhan yn rheolaidd yn yr un math o ymarfer corff cyn beichiogrwydd allu parhau i gymryd rhan ond gyda rhai addasiadau posibl. Er enghraifft, ceisiwch osgoi ymarferion sy'n golygu eu bod yn gorwedd ar eu cefn oherwydd gall pwysau'r babi gywasgu'r prif bibellau gwaed. Yn gyffredinol, cynghorir cyfranogwyr ôl-enedigol i aros tan ar ôl eu hadolygiad chwe wythnos gyda'u meddyg. Fodd bynnag, gall menywod a oedd yn cymryd rhan yn rheolaidd mewn ymarfer corff cyn beichiogrwydd fod awydd dod yn ôl yn gynt. Mae angen bod yn synhwyrol rhag gwneud gormod yn rhy fuan ar ôl rhoi genedigaeth.

Ymchwil

Ymchwiliwch i'r gwahanol fathau o ymarferion i'w hosgoi wrth weithio gyda menywod cynenedigol ac ôl-enedigol. Pam fod yr ymarferion hyn yn annerbyniol ar gyfer y math yma o gyfranogwr?

▶ Efallai y bydd angen i ferched beichiog gael ymarferion wedi'u haddasu i'w galluogi i gymryd rhan

Ymateb i geisiadau cyfranogwyr

Efallai y bydd gan gyfranogwyr geisiadau gwahanol am nodau'r sesiwn neu'r ymarferion y maen nhw'n eu gwneud. Rhaid i chi ddilyn gweithdrefnau'r sefydliad sy'n cynnal y sesiwn wrth ddelio â'r ceisiadau hyn. Er enghraifft, os hoffai grŵp o gyfranogwyr fod mwy o offer ar gael neu'n awgrymu bod amser cychwyn y sesiwn yn cael ei newid, mae angen i chi ofyn iddyn nhw ddilyn gweithdrefnau'r sefydliad i drafod hyn. Efallai y bydd cyfranogwr am wneud cwyn – os felly, bydd angen i chi egluro'r weithdrefn gywir, fel gwneud cwyn yn ysgrifenedig i'r rheolwr.

Cael gwybodaeth berthnasol gan wahanol gyfranogwyr

Gellir dod o hyd i wybodaeth ar y ffurflenni PAR-Q a gwblhawyd gan yr holl gyfranogwyr newydd a'u diweddaru'n rheolaidd gan gyfranogwyr sy'n dychwelyd. Gellir defnyddio holiaduron sgrinio iechyd hefyd. Mae'r rhain yn tueddu i gynnwys mwy o fanylion am ffordd o fyw, hanes meddygol a gweithgaredd cyfranogwr ynghyd â'i nodau. Yn ogystal â manylion ysgrifenedig, efallai y bydd angen i chi ofyn cwestiynau ychwanegol i gadarnhau ei bod yn ddiogel i'r cyfranogwr gymryd rhan. Er enghraifft, os ydyn nhw wedi bod yn sâl yn ddiweddar neu wedi cael anaf, byddai angen i chi ofyn am wybodaeth ychwanegol am y sefyllfa.

Cyfeirio cyfranogwyr at weithwyr proffesiynol eraill

Fel hyfforddwr ymarfer corff, mae'n bwysig cydnabod ffiniau eich cymhwysedd eich hun. Efallai y bydd cyfranogwyr yn dod atoch chi i gael cyngor ar lawer o bynciau gwahanol sy'n ymwneud â'ch rôl. Fodd bynnag, efallai na fydd gennych y cymwysterau neu'r profiad priodol i roi'r cyngor cywir. Felly mae'n arfer da cyfeirio'r cyfranogwyr hyn at weithiwr proffesiynol priodol.

▶ **Anaf** – yn ystod ymarfer corff, gall cyfranogwyr gael anaf neu deimlo poen ailadroddus mewn un rhan. Maen nhw'n debygol o'ch holi am hyn ac a ydych chi'n gwybod beth ydyw. Mae'n bwysig cyfeirio cyfranogwyr at eu meddyg teulu, therapydd chwaraeon neu ffisiotherapydd.

▶ **Salwch neu wrtharwyddion i ymarfer corff** – os bydd cyfranogwr yn dweud wrthych fod ganddo salwch neu wrtharwydd posibl i wneud ymarfer corff, mae'n bwysig eich bod chi yn ei gyfeirio at ei feddyg teulu gan nad ydych chi am i'r cyflwr waethygu trwy gymryd rhan mewn ymarfer corff.

▶ **Profion sgrinio/holiaduron** – cyn i gyfranogwyr gymryd rhan mewn ymarfer dylent lenwi holiadur sgrinio. Gall gweithdrefnau sgrinio ddangos i'r cyfranogwyr fod ganddynt wrtharwydd nad oeddent yn ymwybodol ohono. Er enghraifft, efallai bod ganddyn nhw **bwysedd gwaed** uchel. Felly mae angen eu cyfeirio at y meddyg teulu i gael ei wirio cyn dechrau ymarfer corff.

Amcanion cyfranogwyr

Bydd gan gyfranogwyr ystod o anghenion a rhesymau unigol dros gymryd rhan mewn ymarfer corff a gweithgaredd corfforol. Gall y rhain gynnwys:

▶ gwella sgiliau a thechnegau, er enghraifft techneg codi pwysau
▶ gwella ffitrwydd corfforol, er enghraifft dygnwch aerobig, dygnwch cyhyrol, cryfder neu hyblygrwydd, ynghyd â newid cyfansoddiad eu corff
▶ gwella ffitrwydd sy'n gysylltiedig â sgiliau, er enghraifft pŵer, cydbwysedd, cydsymud, cyflymder ac amser ymateb
▶ gwella sgiliau chwaraeon-benodol, er enghraifft datblygu ffitrwydd corfforol sy'n gysylltiedig â sgiliau, ond gyda phwyslais ar y patrymau symud a ddefnyddir yn y gamp – efallai y bydd chwaraewr tennis, er enghraifft, eisiau canolbwyntio ar gyflymder aml-gyfeiriadol sy'n cyfateb i batrymau'r symudiadau ar y cwrt
▶ lleihau lefelau straen neu'r risg o afiechyd
▶ mwynhau manteision cymdeithasol, er enghraifft rhyngweithio ag eraill, cwrdd â phobl newydd a gwneud ffrindiau.

⏸ MUNUD I FEDDWL Pa wybodaeth sydd ei hangen arnoch gan gyfranogwyr cyn y gallant gymryd rhan yn eich sesiynau? Sut allech chi gasglu'r wybodaeth hon?

Awgrym Pa fanylion personol a manylion hanes meddygol fyddai eu hangen arnoch chi? Pam mae angen i chi wybod nodau eich cyfranogwyr?

Ymestyn Os ydych chi'n poeni am unrhyw ran o'r wybodaeth sy'n cael ei darparu, beth ddylech chi ei wneud?

Darparu gwasanaeth parhaus i gwsmeriaid

Bydd y ffordd rydych chi'n rhoi cefnogaeth i grwpiau a chyfranogwyr unigol yn wahanol. Mae Tabl 14.5 yn dangos y gwahaniaethau hyn. Cofiwch ei bod yn bwysig cydnabod unrhyw gyfyngiadau yn eich profiad neu'ch cymwysterau. Os gallwch chi roi gwybodaeth glir i gyfranogwr sydd o fewn cwmpas eich ymarfer, yna gwnewch hynny. Fodd bynnag, os ydych yn ansicr a ydych yn gallu darparu'r wybodaeth fwyaf diweddar a chywir, cyfeiriwch gleientiaid at rywun arall.

▶ **Tabl 14.5:** Ymgysylltu â grwpiau ac unigolion

Unigolion	Grwpiau
Cyn i'r sesiwn gychwyn, dewch i adnabod y cyfranogwyr. Cymerwch ddiddordeb byw ynddyn nhw, beth yw eu gwaith ac a oes ganddyn nhw unrhyw gynlluniau ar gyfer y penwythnos.	Anerchwch y grŵp cyfan ar ddechrau'r sesiwn ac ar y diwedd. Estynnwch groeso i bawb a dywedwch eich bod yn gwerthfawrogi eu hymdrech am ddod.
Allwch chi gefnogi eu targedau unigol? Gofynnwch iddyn nhw a oes unrhyw beth y gallwch ei wneud i'w helpu i gyrraedd eu targedau/amcanion.	Gosodwch dargedau grŵp ar ddechrau'r sesiwn, er enghraifft: 'Yn y sesiwn hon rydw i eisiau cyrraedd targed cyfun o X nifer yr ailadroddiadau ar yr ymarfer hwn.'
Canmolwch ymdrechion unigol yn ystod y sesiwn. Byddwch yn benodol gyda'ch canmoliaeth.	Gosodwch gystadlaethau bach yn y sesiwn, er enghraifft: 'Os gallwn ni i gyd gwblhau pum ailadroddiad arall, gallwch orffwys am funud.'
Gwrandewch arnyn nhw. Os ydyn nhw am rannu rhywbeth gyda chi, mae'n rhaid ei fod yn bwysig, felly gwrandewch yn ofalus.	Cynhwyswch nhw yn y penderfyniadau, er enghraifft, a fyddai'n well ganddyn nhw gael ymarfer penodol yn y cylchedau neu a oes ganddyn nhw hoff fath o gerddoriaeth.
Mynnwch adborth gan unigolion ar ddiwedd y sesiwn. Gofynnwch iddyn nhw a wnaethon nhw fwynhau'r sesiwn; a oedd rhan benodol o'r sesiwn na wnaethon nhw ei mwynhau neu'n ei chael yn rhy anodd. Gallwch ddefnyddio'r wybodaeth hon y tro nesaf fel eich bod yn gallu darparu ymarfer haws i'r cyfranogwr hwnnw.	Gofynnwch i'r cyfranogwyr weithio gyda'i gilydd ar orsafoedd ymarfer corff neu fel tîm i gwblhau rhai ymarferion. Mae gwneud hyn, yn enwedig pan fydd gennych sylfaen fawr o gyfranogwyr, yn eich helpu i ymgysylltu â'r holl gyfranogwyr mewn grwpiau llai.

Ymateb yn gadarnhaol i gyfranogwyr a thrafod cwynion

Ni waeth beth yw agwedd cyfranogwr at sesiwn, rhaid ichi ymateb yn gadarnhaol. Rydych chi yno i'w cefnogi ac os ydych chi'n ymateb yn gadarnhaol ac yn rhoi anogaeth, rydych chi'n fwy tebygol o'u cymell ar gyfer y sesiwn.

Gall bod yn amddiffynnol fod yn ymateb ar unwaith pan fydd rhywun yn cwyno am sesiwn rydych chi wedi'i chynllunio. Ceisiwch osgoi cymryd y sylw yn bersonol hyd yn oed os yw wedi'i gyfeirio atoch chi. Dilynwch unrhyw weithdrefnau a dywedwch wrth y cyfranogwr wneud cwyn ffurfiol os yw'n dymuno. Fel arfer mae angen cyfeirio cwyn at y rheolwr cyn gynted â phosibl. Yna gallant ei chydnabod ac ymchwilio iddi, yn ôl pob tebyg trwy gysylltu â'r cyfranogwr sy'n cwyno i gael rhagor o wybodaeth a chynnig ateb os yn bosibl. Ceisiwch osgoi datrys y gŵyn ar eich pen eich hun oherwydd efallai na fydd hyn yn cael ei gefnogi gan y sefydliad.

Gweithio gyda chyfranogwyr i ddiwallu eu hanghenion

Efallai y bydd yn cymryd amser i ddod o hyd i ffyrdd penodol o gefnogi anghenion unigol. Fodd bynnag, mae'n bwysig eich bod yn parhau i geisio gwneud hyn.

Bydd defnyddio cyfarwyddyd llafar ochr yn ochr ag arddangosiadau yn cefnogi'r mwyafrif o gyfranogwyr yn ystod sesiwn. Efallai y bydd angen i chi gefnogi cyfranogwyr yn ginesthetig, i'w helpu i fynd i wahanol ystumiau ymarfer corff. Gallwch hefyd gynnig cefnogaeth un i un cyn neu ar ôl sesiwn i unrhyw gyfranogwyr a allai fod yn awyddus ichi gynyddu her y sesiwn neu ddarparu ymarferion haws iddynt fel y gallant gwblhau'r sesiwn gyfan.

Gellir defnyddio'r cyfryngau cymdeithasol yn effeithiol (os yw polisi'r sefydliad yn caniatáu hynny) i gefnogi unigolion. Gallai postio fideos a dolenni i wahanol wybodaeth neu ganllawiau ar ymarferion i'w cwblhau gartref helpu i gefnogi anghenion unigol. Cyfeiriwch gyfranogwyr at hyfforddwyr personol neu weithwyr proffesiynol ffitrwydd eraill a all eu cefnogi gyda'u datblygiad os na allwch ddarparu cefnogaeth ychwanegol.

> **Myfyrio**
>
> Sut allech chi ddefnyddio'r cyfryngau cymdeithasol yn effeithiol i gynyddu ymgysylltiad yn eich sesiynau a gwella'ch enw da? Beth ddylech chi ei osgoi wrth ddefnyddio'r cyfryngau cymdeithasol fel hyfforddwr ymarfer corff? Sut gallai hyn niweidio'ch enw da?

 **MUNUD I FEDDWL** At bwy y dylech chi gyfeirio cyfranogwyr os oes ganddyn nhw gwestiynau ynglŷn â phoen maen nhw'n ei gael yn eu crimogau (*shins*) wrth neidio?

Awgrym A ydych chi'n gymwys i'w cynghori ar y sefyllfa hon?

Ymestyn Er na allwch wneud diagnosis, beth fyddech chi'n annog y cyfranogwr i'w wneud i atal y cyflwr rhag gwaethygu?

Rhwystrau i ymarfer corff a gweithgaredd corfforol

Rhwystrau yw'r rhesymau y mae cyfranogwyr yn eu rhoi dros fethu â chymryd rhan mewn gweithgaredd. Mae'r rhwystrau hyn yn aml yn **rhwystrau canfyddedig**, sy'n golygu bod y cyfranogwr o'r farn ei fod yn rheswm dilys pam na allant wneud ymarfer corff. Ond gyda chefnogaeth a chynllunio gennych chi fel hyfforddwr, mae'n bosibl goresgyn y rhwystr yn aml iawn. Dangosir rhai rhwystrau cyffredin yn Nhabl 14.6.

▶ **Tabl 14.6:** Rhwystrau i ymarfer corff a gweithgaredd corfforol

Rhwystrau	Rhesymau dros y rhwystr
Amser	Rhwystr cyffredin. Fodd bynnag, pe bai cyfranogwyr yn ystyried pa mor hir y maen nhw'n treulio yn gwylio'r teledu neu ar gyfryngau cymdeithasol, efallai y byddan nhw'n gweld eu bod yn dewis blaenoriaethu'r gweithgareddau 'anghywir'.
Lleoliad	Gall mynediad i gyfleusterau cyfagos benderfynu a yw cyfranogwr yn mynd i ymrwymo i sesiwn. Yn aml os yw sesiwn ar y ffordd i rywle, mae cyfranogwr yn fwy tebygol o fynychu, er enghraifft os yw ar y llwybr adref neu i'r gwaith, neu'n agos at y fan lle maen nhw'n mynd â'r plant i'r ysgol.
Cost	Rhaid i'r budd o gymryd rhan yn y sesiwn orbwyso'r gost; fel arall, nid yw cyfranogwr byth yn mynd i ymrwymo i dalu am sesiwn os yw'n meddwl na fydd byth yn cael unrhyw fudd ohoni.
Diwylliant	Gall diwylliant cyfranogwr gael effaith ar p'un a yw'n ymrwymo i sesiwn neu a yw awydd mynychu. Er enghraifft, os oes disgwyl i gyfranogwr wisgo dillad penodol oherwydd ei gefndir diwylliannol, efallai na fydd eisiau mynychu sesiwn lle mae'n cael ei gynghori i wisgo cit ymarfer corff.
Problemau iechyd	Bydd rhai problemau iechyd yn penderfynu a all cyfranogwr gymryd rhan mewn sesiwn ymarfer corff. Er enghraifft, ni fydd cyfranogwr gyda phwysedd gwaed uchel neu gyflwr blaenorol ar y galon yn gallu cymryd rhan mewn ymarfer corff egnïol.
Patrymau gwaith	Gall patrwm gwaith – er enghraifft newid sifftiau, gwaith nos neu oriau hir – effeithio ar allu cyfranogwr i ymrwymo i sesiynau ymarfer corff rheolaidd.
Anabledd	Gall anabledd effeithio ar y math o sesiwn y gall cyfranogwr ei wneud. Fodd bynnag, dylid addasu sesiynau i ddiwallu anghenion gwahanol anableddau lle bo hynny'n bosibl.
Salwch	Bydd salwch tymor byr ond yn rhwystr i un neu ddwy sesiwn yn unig, ond gall atal cyfranogwyr rhag cymryd rhan mewn sesiynau.
Lefel ffitrwydd	'Rydw i eisiau gwella fy ffitrwydd cyn i mi fynd i'r dosbarth ymarfer corff yna – mae'n edrych yn rhy galed.' Mae cyfranogwyr yn aml yn rhoi hyn fel rheswm i beidio mynd i sesiwn, yn enwedig y rhai sy'n teimlo nad yw lefel eu ffitrwydd yn ddigon da.

Strategaethau i oresgyn rhwystrau i ymarfer corff a gweithgaredd corfforol

▶ **Dewis ymarferion priodol** – os yw'r sesiwn yn cynnwys pobl ddibrofiad yn bennaf sydd â lefelau isel o ffitrwydd a'r sesiwn yn rhy heriol, maen nhw'n annhebygol o ddod yn ôl. Os yw'r sesiwn wedi'i haddasu i ddiwallu eu hanghenion, maen nhw'n fwy tebygol o deimlo eu bod wedi cyflawni rhywbeth ac felly'n dychwelyd.

▶ **Cymhellion a gwobrau** – mae gwobrau diriaethol yn aml yn helpu i ysgogi cyfranogwyr i ymrwymo. Er enghraifft, os yw'r rhwystr a gyflwynir yn gost, gall cymhellion fel 'Mynychu 4 sesiwn a chael y 5ed am hanner pris' gael effaith. Cymhelliant arall yw cael bwrdd arweinwyr ar gyfer mynychu'r sesiynau, gyda gwobr fel crys ymarfer corff i gyfranogwyr pan fyddan nhw'n cyrraedd 10 sesiwn, ac yna gwobrau eraill pan fyddan nhw' cyrraedd 20, 25 ac ati. Dylai ansawdd y wobr wella, y mwyaf o sesiynau a fynychir.

▶ **Gwahaniaethau rhwng gweithgaredd ffordd o fyw bob dydd ac ymarfer corff** – fel rheol ymgymerir â gweithgaredd ffordd o fyw bob dydd yn ystod y dydd, er enghraifft cerdded i fynd â'r plant i'r ysgol. Gall ymarfer corff hefyd ofyn am ymrwymiad gyda'r pwrpas a fwriadwyd. Gall dangos y manteision y gall cyfranogwyr eu cael drwy wneud mwy o ymarfer corff eu helpu i oresgyn rhwystrau megis amser a chost.

▶ **Newidiadau ffordd o fyw** – gall annog cyfranogwyr i addasu eu ffordd o fyw i gynnwys mwy o weithgaredd corfforol hefyd leihau rhwystrau. Enghraifft yw eu hannog i ddod oddi ar y bws mewn arhosfan cynharach a cherdded y pellter sy'n weddill. Gall pennu amseroedd ar draws yr wythnos lle gallen nhw wneud ymarfer corff yn lle **gweithgaredd eisteddog**, fel lleihau'r amser yn gwylio teledu neu'n defnyddio'r cyfryngau cymdeithasol, hefyd gael effaith.

> **Term allweddol**
>
> **Gweithgaredd eisteddog** – gweithgaredd sy'n isel o ran dwysedd, er enghraifft gorwedd neu eistedd.

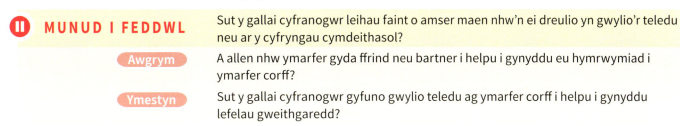

⏸ **MUNUD I FEDDWL**   Sut y gallai cyfranogwr leihau faint o amser maen nhw'n ei dreulio yn gwylio'r teledu neu ar y cyfryngau cymdeithasol?

Awgrym   A allen nhw ymarfer gyda ffrind neu bartner i helpu i gynyddu eu hymrwymiad i ymarfer corff?

Ymestyn   Sut y gallai cyfranogwr gyfuno gwylio teledu ag ymarfer corff i helpu i gynyddu lefelau gweithgaredd?

Dulliau o gefnogi cyfranogwyr i barhau i wneud ymarfer corff

Mae'n bwysig cydnabod eich cyfyngiadau eich hun fel hyfforddwr ymarfer corff. Er mwyn cefnogi cyfranogwr yn effeithiol, efallai y bydd angen i chi eu cyfeirio at staff ymarfer corff proffesiynol neu staff meddygol eraill i ddiwallu eu hanghenion. Yn y pen draw, os mai dyma'r ffordd orau i'w cefnogi, gallan nhw ddychwelyd atoch ar ôl iddynt gael eu cefnogi. Ceisiwch osgoi rhoi gwybodaeth a chyngor i gyfranogwyr os nad ydych yn gymwys i wneud hynny.

Perthynas broffesiynol

Dylid meithrin perthynas broffesiynol rhyngoch chi a'r cyfranogwyr. Dylai fod yn seiliedig ar gyngor a chefnogaeth briodol. Sicrhewch fod y cyngor a roddwch i unrhyw gyfranogwr o fewn cwmpas eich cymwysterau a'ch profiad. Trwy gydol y sesiynau, cymerwch amser i ryngweithio â phob un o'r cyfranogwyr, hyd yn oed os mai dim ond dweud helo a ffarwelio yw hynny, yn ogystal â defnyddio eu henw. Mae hyn yn helpu i dawelu meddwl y cyfranogwyr eich bod yno i'w cefnogi. Blaenoriaethwch eich amser yn ystod y sesiynau i gefnogi cyfranogwyr sydd angen rhagor o help gyda gorsaf ymarfer corff.

Efallai y bydd cyfranogwr sy'n ceisio cyngor neu gefnogaeth ychwanegol yn cysylltu â chi cyn neu ar ôl dosbarth. Dylech bob amser fod yn ofalus i sicrhau bod unrhyw gyngor a roddwch yn briodol – yn aml gall olygu cyfeirio cyfranogwr at weithiwr proffesiynol arall, er enghraifft os oes ganddo anaf.

Nid yw bob amser yn bosibl rhyngweithio â'r holl gyfranogwyr yn ystod y sesiynau, ond mae'r cyfryngau cymdeithasol yn ffyrdd posibl o gynyddu'r cyfathrebu â'ch cyfranogwyr. Gall y cyfryngau cymdeithasol fod yn offeryn effeithiol ar gyfer cysylltu â chyfranogwyr y tu allan i'r sesiwn, gan rannu adnoddau a chodi proffil y sesiynau ymarfer corff rydych chi'n eu cyflwyno. Gall helpu i annog pobl i barhau i wneud ymarfer corff, er enghraifft trwy roi nodiadau i gyfranogwyr i'w hatgoffa am sesiynau yn y dyfodol, eu canmol ar ôl y sesiwn a chreu ymdeimlad o gymuned fel bod cyfranogwyr yn teimlo eu bod yn perthyn.

Gall annog a defnyddio cyfryngau cymdeithasol i godi proffil eich dosbarthiadau ymarfer corff fod yn offeryn effeithiol ond mae'n bosibl y gallai cyfranogwyr gysylltu â chi y tu allan i'r sesiwn ymarfer corff. Mae'n bwysig parhau'n broffesiynol yn y sefyllfaoedd hyn, fel na fyddwch yn peryglu'ch enw da. Os yw'r platfform cyfryngau cymdeithasol rydych chi'n ei ddefnyddio yn cyfuno defnydd proffesiynol a chyhoeddus mae angen i chi ystyried a yw rhai erthyglau neu luniau'n briodol i'w rhannu â chyfranogwyr. Ceisiwch osgoi postio neu rannu rhywbeth a allai niweidio enw da eich sefydliad chi. Bydd gan sefydliadau bolisi cyfryngau cymdeithasol y mae angen i chi gadw ato.

Helpu cyfranogwyr i gymryd cyfrifoldeb am eu ffitrwydd eu hunain

Po fwyaf o gyfrifoldeb y mae cyfranogwr yn ei gymryd am ei ffitrwydd ei hun, y mwyaf tebygol y bydd o ymgysylltu â'r sesiynau. Un o'r ffyrdd mwyaf effeithiol o annog cyfrifoldeb yw trwy osod nodau. Dylai'r nodau ddilyn yr egwyddor **CAMPUS**.

Dylai'r cyfranogwr osod nodau gyda'ch cefnogaeth. Dylai fod gan gyfranogwyr nodau tymor byr, tymor canolig a thymor hir. Gall gosod targedau tymor byr realistig helpu cyfranogwyr i weld cynnydd yn gynnar, gyda thargedau tymor canolig a hir i'w helpu i gyrraedd eu nod yn y pen draw. Gall hyn helpu cymhelliant oherwydd gall fod yn ddigalon i deimlo nad oes cynnydd. Mae gosod targedau llai, mwy cyraeddadwy yn gwella ymlyniad ymarfer corff a chymhelliant i gyflawni eu nodau.

Astudiaeth achos

Yn ddiweddar, mae Jayne wedi penderfynu mynychu eich sesiwn ymarfer corff oherwydd ei bod am leihau lefelau braster ei chorff a chynyddu ei ffitrwydd aerobig fel y gall gwblhau hanner marathon. Ei nodau tymor hir yw lleihau canran braster ei chorff o 30 y cant i 20 y cant a chwblhau hanner marathon mewn 12 mis. Mae hi wedi bod yn rhedeg am bum mlynedd, yn bennaf er mwynhad a rhyddhad o straen, cwpl o weithiau'r wythnos, ond nid yw erioed wedi rhedeg hanner marathon o'r blaen. Gallai hyn fod yn heriol iddi gan fod ganddi ymrwymiadau teuluol ac mae'n gweithio pedwar diwrnod llawn yr wythnos, ond mae hi wedi ymrwymo i gyflawni'r her.

- Ysgrifennwch nod tymor byr a nod tymor canolig i Jayne.
- A yw Jayne yn mynegi unrhyw rwystrau a allai gael effaith ar ei siawns o gyflawni ei nodau?
- Ydych chi'n meddwl y bydd hi'n hawdd i Jayne gyflawni ei nod? Sut allech chi ei helpu i'w chefnogi yn eich sesiynau ymarfer corff?

Adolygu a diwygio nodau

Rhaid adolygu a monitro nodau. Mae olrhain cynnydd yn caniatáu i'r nodau gael eu hadolygu ar sail y cynnydd a wnaed hyd yma. Er enghraifft, gall y cyfranogwr fynd yn sâl neu ddarganfod nad yw'n gallu ymrwymo i gynifer o sesiynau ag a gynlluniwyd yn wreiddiol ac felly gall y nodau gwreiddiol ddod yn afrealistig. Un ffordd o adolygu nodau yw annog y cyfranogwr i gadw dyddiadur; er enghraifft, ar gyfer nod colli pwysau, gofynnwch i'r cyfranogwr gofnodi ei bwysau yn wythnosol.

Dulliau o oresgyn rhwystrau i gyfranogwyr penodol gymryd rhan

Anogwch y cyfranogwyr i gymryd perchnogaeth o'u ffitrwydd trwy ystyried sut y gallan nhw oresgyn unrhyw rwystrau. Mae atebion y cyfranogwyr yn fwy tebygol o fod yn llwyddiannus na'r rhai a awgrymwyd gennych chi oherwydd bod y cyfranogwr wedi eu hawgrymu. Dylid eu hannog i ddod o hyd i atebion i unrhyw un o'r rhwystrau a nodwyd yn gynharach yn yr uned hon (gweler tudalen 131).

Technegau cymhelliant

Bydd angen i chi weithredu ystod o dechnegau cymhelliant, fel y rhai a ddangosir yn Nhabl 14.7, yn dibynnu ar y math o gyfranogwr rydych chi'n gweithio gyda nhw.

▶ **Tabl 14.7:** Technegau cymhelliant

Techneg gymhellol	At bwy mae'r strategaeth wedi'i thargedu?
Gosod nodau	Unrhyw fath o gyfranogwr. Fodd bynnag, mae'n fwyaf tebygol o weithio gyda chyfranogwyr sydd ag amcanion penodol y byddent yn hoffi eu cyflawni, er enghraifft cyfranogwyr ag anghenion chwaraeon-benodol.
Rwtîn	Cyfranogwyr ag amser cyfyngedig. Bydd cael cyfranogwyr i gynnwys ymarfer corff yn eu rwtin yn helpu i wella eu cymhelliant.
Cefnogaeth gymdeithasol	Cyfranogwyr hŷn a chyfranogwyr sy'n newydd i ymarfer corff. Bydd dod â chyfranogwyr sydd â nodau tebyg i gysylltiad a'i gilydd yn eu helpu i gefnogi ei gilydd.
Monitro cynnydd	Dylai cyfranogwyr sydd â nodau penodol olrhain eu cynnydd. Byddai hyn yn cefnogi cyfranogwyr yn arbennig rhai ag ystod o wahanol lefelau gallu – gall helpu i fonitro cynnydd a chaniatáu iddyn nhw weld sut maen nhw'n dod yn eu blaenau.
Gwneud penderfyniadau	Cyfranogwyr sy'n ansicr a allant ymrwymo i'r ymarfer corff neu ddod o hyd i'r amser i gymryd rhan. Gallai pwyso a mesur manteision ac anfanteision gweithgaredd hefyd weithio gyda chyfranogwyr ag incwm isel, i'w helpu i flaenoriaethu pwysigrwydd ymarfer corff.
Cystadleuaeth	Bydd ychwanegu elfen o gystadleuaeth i sesiynau yn helpu i ymgysylltu â sawl ystod oedran, yn enwedig cyfranogwyr iau.
Amrywiaeth	Unrhyw gyfranogwyr. Bydd cadw'r sesiynau'n amrywiol ac yn ddiddorol, ac addasu sesiynau ar gyfer diddordebau penodol yn helpu i gymell cyfranogwyr a'u hatal rhag diflasu.

⏸ **MUNUD I FEDDWL**   Pa ddulliau allwch chi eu defnyddio i wella cymhelliant cyfranogwyr yn ystod y sesiwn?

Awgrym   A fyddech chi'n defnyddio gwahanol ddulliau gyda gwahanol gyfranogwyr?

Ymestyn   Os yw cyfranogwr rheolaidd wedi colli dwy sesiwn, beth allech chi ei wneud i gynyddu eu cymhelliant a'u hannog i ddychwelyd?

Ymarfer asesu 14.2   B.P2 B.P3 B.M2 B.D2

Rydych wedi sicrhau cyfweliad swydd i fod yn hyfforddwr cylchol mewn canolfan hamdden leol. Fel rhan o'r cyfweliad maen nhw wedi gofyn ichi baratoi cyflwyniad ar wasanaeth cwsmeriaid effeithiol a pham mae'n bwysig cefnogi cyfranogwyr i gadw at raglen ymarfer corff.

Dylai'r cyflwyniad drafod ystod o ddulliau effeithiol o ddarparu gwasanaeth i gwsmeriaid a goresgyn rhwystrau i ymarfer corff. Yna dylech ddadansoddi'r dulliau sy'n ofynnol i wneud hyn. Ystyriwch a ydych chi'n credu y bydd y dulliau'n effeithiol neu a fydd rhai dulliau'n fwy addas yn dibynnu ar y rhwystr sydd gan y cyfranogwr?

Mae'r ganolfan hamdden eisiau sicrhau eich bod chi'n deall sut i helpu cyfranogwyr i gadw at eu rhaglen ymarfer corff. Gwnewch argymhellion ar sut y gellir cefnogi gwahanol gwsmeriaid a chyfiawnhau'r argymhellion hyn. Dywedwch pam mae'r argymhellion yn bwysig. Sut maen nhw'n mynd i helpu cyfranogwyr i oresgyn eu rhwystrau a gwella ymlyniad ymarfer corff?

Cynllunio
- Ydw i'n deall y gwahanol ffyrdd y gallaf gefnogi cyfranogwyr?
- Alla i gydnabod unrhyw feysydd lle gallwn ei chael hi'n anodd a nodi'r hyn y gallwn ei wneud i helpu?

Gwneud
- Byddaf yn treulio amser yn cynllunio'r dasg, er enghraifft yn darganfod sut mae hyfforddwr yn defnyddio cyfryngau cymdeithasol yn effeithiol.
- Byddaf yn ymchwilio i'r gwahanol fathau o dechnegau cymhelliant y gallaf eu defnyddio yn ystod y sesiynau ymarfer corff, a'r dulliau y gallaf eu defnyddio i helpu cyfranogwyr i ailymgysylltu â'r sesiynau.

Adolygu
- Rwy'n deall sut y gwnaeth fy null gweithredu fy helpu i fodloni meini prawf y dasg.
- Gallaf nodi pethau y byddwn yn eu gwneud yn wahanol y tro nesaf.

C Cynllunio sesiwn gylchedau ar gyfer grŵp yn ddiogel ac yn effeithiol

Buddion hyfforddiant ar sail cylchedau

Mae nifer o fuddion allweddol i hyfforddiant ar sail cylchedau. Disgrifir y prif fuddion yn Nhabl 14.8.

▶ **Tabl 14.8:** Buddion allweddol hyfforddiant ar sail cylchedau

Budd	Disgrifiad
Cyfuno hyfforddiant cardiofasgwlaidd a gwrthiant	Mae hyn yn galluogi cyfranogwyr i ddatblygu sawl elfen o ffitrwydd o fewn yr un sesiwn ac yn atal diflastod. Gellir newid ymarferion cardiofasgwlaidd (rhediadau nôl a mlaen, loncian yn y fan a'r lle, neidio, ac ati) gyda gorsafoedd hyfforddi dygnwch cyhyrol (dipiau cyhyryn triphen, rhagwthion a chyrcydiadau, ac ati)
Cyfnewid grwpiau o gyhyrau er mwyn i'r cyhyrau gael goffwys.	Mae cynllunio gofalus yn caniatáu targedu grwpiau cyhyrau bob yn ail, gan ganiatáu i grwpiau cyhyrau eraill wella. Mae hyn yn cynyddu effeithlonrwydd ymarfer corff i'r eithaf ac mae'n fuddiol i gleientiaid sy'n hoffi ymarfer corff cyfan mewn cyfnod byr o amser. Er enghraifft, cylchedau sy'n canolbwyntio ar y coesau ar gyfer un ymarfer corff (e.e. codiad croth y goes) ac yna ymarfer ar gyfer rhan uchaf y corff (e.e. ymestyniadau'r cyhyryn triphen). Mae hyn yn caniatáu amser adfer yn y grŵp cyhyrau a oedd yn arfer bod yn weithredol.
Galluogi cyfranogwyr lluosog o wahanol alluoedd i gymryd rhan ar yr un pryd.	Mae ystod o ymarferion ar yr un pryd yn caniatáu cyfranogiad torfol. Gall cyfranogwyr unigol weithio ar eu pennau eu hunain. Er enghraifft, mewn gorsaf ymarfer corff gall cyfranogwr profiadol gyflawni 30 o ragwthion (*lunges*) tra dim ond 20 o ragwthion y gall cyfranogwr dibrofiad eu cyflawni. Ond gall pob cyfranogwr gymryd rhan hyd eithaf eu gallu. Gallwch chi addasu ymarferion yn hawdd i ddiwallu anghenion cyfranogwyr unigol, gan eu symud ymlaen i herio rhai unigolion neu eu haddasu i fod yn fwy cyraeddadwy i eraill.
Cymharol rhad i sefydlu	• Cost sefydlu isel o'i gymharu ag ymarferion grŵp eraill. Efallai y bydd angen offer sylfaenol, ar gyfer er enghraifft, matiau a bandiau gwrthiant, ond gall ymarferion pwysau corff fod yn ddigon heriol heb unrhyw offer. • Mae'r lle sydd ei angen yn dibynnu ar eich lleoliad. Gall sefydliad ddarparu lleoedd neu, os ydych chi'n hunangyflogedig, efallai y gwelwch fod neuaddau pentref neu neuaddau chwaraeon yn gymharol rhad i'w llogi. • Yr ystyriaeth olaf yw cerddoriaeth – efallai mai dyma'r elfen fwyaf costus. Mae yna ofynion cyfreithiol i'w hystyried wrth chwarae cerddoriaeth at ddefnydd cyhoeddus yn hytrach na phreifat (gweler tudalen 145–6). Mae gan rai sefydliadau drwydded eisoes felly ni fydd angen un arnoch chi. Efallai y bydd angen i chi brynu system sain hefyd.
Ffitrwydd generig neu chwaraeon-benodol	Fel arfer mae sesiwn ar sail cylchedau mewn canolfan hamdden neu neuadd bentref wedi'i chynllunio i ddiwallu anghenion cyffredinol. Gall hyfforddwr gyda thîm neu glwb chwaraeon addasu'r gylched i ddiwallu anghenion penodol.

Gorsafoedd mewn cylched

Mae cylchedau fel arfer yn cynnwys cyfres o orsafoedd ac ym mhob gorsaf bydd math gwahanol o ymarfer corff. Bydd yr ymarferion sydd wedi'u cynnwys yn y gylched yn dibynnu ar amcanion y sesiwn ac anghenion y cyfranogwyr. Mae Tabl 14.9 yn cynnwys amrywiaeth o ymarferion y gellir eu defnyddio i wella gwahanol gydrannau ffitrwydd.

▶ **Tabl 14.9:** Ymarferion i hyfforddi gwahanol gydrannau ffitrwydd

Gorsafoedd i wella dygnwch aerobig	Gorsafoedd i wella cryfder cyhyrol
• Rhedeg nôl a mlaen • Loncian yn y fan a'r lle • Neidio • Cŵn smotiog • Gwthiadau cyrcydiadau (*squat thrusts*) • Codi pengliniau • Camu i fyny • Sgipio	• Gwasg ysgwyddau (*shoulder press*) • Dymbelau fflei • Rhesi unionsyth • Codiadau ochrol (*lateral raises*) • Cyrliad cyhyryn deuben (*bicep curl*) • Estyniadau cyhyryn triphen • Rhagwthion â dymbel • Cyrcydiad â barbwysau • Codi crothau'r coesau
Gorsafoedd i wella dygnwch cyhyrol	**Gorsafoedd i wella cryfder craidd**
• Dipiau cyhyryn triphen • Gwasg fyrfraich (*press-up*) • Rhagwthion (*lunges*) • Cyrcydiadau (*squats*) • Plygiadau ochrol	• Eisteddiadau • Crensiadau • Eisteddiadiadau troellog • Planciau • Estyniadau cefn • Cyrliad gwrthdro

---

Termau allweddol

Dygnwch aerobig – gallu'r system gardiofasgwlaidd a resbiradol i fodloni gofynion ymarfer corff estynedig heb flino.

Cryfder cyhyrol – gallu cyhyr neu grŵp o gyhyrau i oresgyn rhyw fath o wrthwynebiad.

Dygnwch cyhyrol – gallu cyhyr neu grŵp o gyhyrau i symud y corff neu wrthrych dro ar ôl tro heb flino.

Cryfder craidd – gallu'r holl gyhyrau yn y torso i ddarparu sefydlogrwydd a chydbwysedd.

Gorsafoedd chwaraeon-benodol

Gallai cylched chwaraeon-benodol gynnwys amrywiaeth o orsafoedd o'r gwahanol gydrannau. Er enghraifft, gallai cylched redeg gynnwys ymarferion cryfhau coesau a chraidd ynghyd â rhediadau cyflymder rasio hanner milltir ar felin draed.

Astudiaeth achos

Yn ddiweddar, mae chwaraewr pêl-fasged wedi darganfod ei bod yn cael ei gwthio oddi ar y bêl yn hawdd. Mae hi bob amser yn ceisio cynnal sylfaen dda o gefnogaeth fel nad yw hyn yn digwydd, ond hyd yn oed wrth wneud hyn nid yw'n rhyng-gipio cymaint o basiau yn llwyddiannus ac mae'n colli'r bêl yn hawdd wrth ddriblo. Mae ei hyfforddwr wedi awgrymu ei bod yn canolbwyntio mwy ar wella'i sefydlogrwydd craidd i geisio atal hyn rhag digwydd.

Gwiriwch eich gwybodaeth

- Pa fath o orsafoedd chwaraeon-benodol y gallech chi eu cynnwys mewn cylched a fydd yn parhau i gefnogi gofynion ei champ ond hefyd yn gwella ei chryfder craidd?
- Pa ymarferion sy'n benodol i'r patrymau symud mewn pêl-fasged? Sut all y rhain helpu i wella ei sefydlogrwydd craidd?

Ymchwil

Mae Tabl 14.9 yn cynnwys amrywiaeth o wahanol ymarferion y gellir eu defnyddio i dargedu gwahanol gydrannau ffitrwydd. Dewiswch bedwar ymarfer gwahanol nad ydych chi'n eu hadnabod o'r tabl uchod ac ymchwiliwch i ddarganfod beth ydyn nhw. Yn dilyn hyn, edrychwch a allwch chi greu eich rhestr eich hun o ymarferion ychwanegol y gellid eu defnyddio i wella gwahanol gydrannau ffitrwydd.

Cardiau cylched

Defnyddir cardiau cylched i helpu'r cyfranogwyr i adnabod gofynion yr orsaf ymarfer corff. Dylent gynnwys:

▶ enw'r ymarfer
▶ diagram
▶ pwyntiau addysgu
▶ addasiadau, gan gynnwys dilyniannau a dewisiadau amgen.

Gweler Ffigur 14.1 am gynllun enghreifftiol.

Gwasg fyrfraich (gyda bwrdd siglo)

Cyhyrau dan sylw:

– pectoralau
– deltoidau
– cyhyrau'r abdomen

– y cyhyrau triphen
– serratus anterior
– coracobrachialis

Lefel 1   **Lefel 2**   **Lefel 3**

▶ **Ffigur 14.1:** Cynllun enghreifftiol ar gyfer cerdyn cylched

Gellir defnyddio ystod o wahanol siapiau yn yr hyfforddiant cylched yn dibynnu ar nod y sesiwn a'r amrywiaeth yr ydych am ei chynnwys yn y sesiwn. Gweler Tabl 14.10 am ystod o siapiau.

▶ **Tabl 14.10:** Cynlluniau hyfforddiant cylchol

Enw'r cynllun	Trosolwg	Sylwadau
Sgwâr		Gellir rhoi ymarferion mewn siâp sgwâr. Fel arfer mae pob gorsaf yn wynebu'r canol.
Cylched mewn llinell		Fel rheol, rhoddir cardiau ar y wal yn y tu blaen gyda cyfranogwyr mewn llinell y tu ôl i'w gilydd, fel y dangosir gan y saethau. Mae'r cyfranogwyr yn cwblhau'r ymarfer yn eu llinell ar gyfer yr hyd penodol ac yna maen nhw i gyd yn symud i fyny gorsaf.
Tei bo		Rhoddir gorsafoedd ym mhob cornel gyda gorsaf arall yng nghanol yr ystafell.
Cylch		Gellir rhoi cynifer o orsafoedd ag y dymunwch mewn cylch. Mae tu allan y cylch hefyd yn ddefnyddiol i redeg.
Corneli		Cylched cornel yw lle mae gan bob cornel gyhyrau i'w targedu a thri ymarfer sy'n targedu'r cyhyrau hynny. Fe'i cynlluniwyd i orlwytho un rhan darged ac yna symud ymlaen i un arall.

🕚 **MUNUD I FEDDWL**   Pa fath o gynllun hyfforddiant cylchol fyddech chi'n ei ddefnyddio gyda grŵp o 30 o gyfranogwyr profiadol?

   Gan fod 30 yn nifer fawr, ystyriwch yn ofalus wrth ddewis y cynllun.

Sut fyddech chi'n sicrhau eich bod yn gwneud y defnydd mwyaf effeithiol o'r lle sydd ar gael?

Cynllunio sesiwn ymarfer hyfforddiant cylchol

Er mwyn cynllunio sesiwn ymarfer corff yn effeithiol, mae angen i chi fod â **nodau ac amcanion** clir. Y nod yw'r nod cyffredinol rydych chi am ei gyflawni o'r sesiwn. Mae'r nod yn tueddu i fod yn eithaf eang. Er enghraifft, nod y sesiwn fyddai gwella dygnwch aerobig a chyhyrol. Fodd bynnag, mae amcanion yn nodi sut mae'r sesiwn yn mynd i gyflawni'r nod. Mae'n debygol y bydd sawl amcan ar gyfer un sesiwn hyfforddiant cylchol. Ymhlith yr enghreifftiau mae'r canlynol.

1   Cynhesu gan ddefnyddio ystod o ymarferion cardiofasgwlaidd dwysedd isel i gymedrol gan gynnwys camu i fyny, cerdded yn y fan a'r lle a neidiau seren.
2   Sefydlu'r brif sesiwn mewn cynllun corneli: bydd dwy gornel yn cael ymarferion cardiofasgwlaidd a bydd y ddwy gornel arall yn cael ymarferion dygnwch cyhyrol.
3   Oeri gan ddefnyddio ymarferion cardiofasgwlaidd dwysedd cymedrol i isel gydag ymestyn sefydlog yn canolbwyntio ar ddull corff cyfan.

Ymarferion a Gweithgaredd Corfforol ar sail Cylchedau

⏸ MUNUD I FEDDWL Heb edrych yn ôl, eglurwch y gwahaniaeth rhwng nod ac amcan.

Awgrym · Mae un yn drosolwg eang o'r sesiwn ac mae un yn darparu'r pwyntiau penodol y mae'r sesiwn yn mynd i'w cyflawni.

Ymestyn · Ysgrifennwch nodau ac amcanion ar gyfer sesiwn gylchedau i gryfhau rhan uchaf y corff.

Ystyriaethau eraill

Bydd ymarferoldeb y sesiwn yn dibynnu ar nifer y cyfranogwyr a'r lle sydd ar gael.

▶ Os nad oes llawer o gyfranogwyr, efallai y bydd un person yn gweithio ym mhob gorsaf ar y tro.

▶ Os oes mwy o gyfranogwyr ond digon o le ym mhob gorsaf, gallwch gael sawl person ym mhob gorsaf ar y tro. (Os oes angen offer penodol ar yr ymarferion, bydd angen i chi sicrhau bod digon o gyfleusterau i bawb.)

▶ Os oes llawer o gyfranogwyr ond lle'n brin ym mhob gorsaf, efallai y bydd gennych hanner y grŵp yn gweithio ar orsafoedd ar unrhyw adeg benodol, gyda gweddill y grŵp yn rhedeg nôl a mlaen neu'n rhedeg mewn cylch ar ochr allan yr ystafell.

Gellir pennu'r amser a dreulir ym mhob gorsaf mewn dwy brif ffordd:

1 Mae pob cyfranogwr yn cwblhau nifer benodol o ailadroddiadau o'r ymarfer penodol (er enghraifft, 20 gwasg fyrfraich) cyn symud ymlaen.

2 Mae pob cyfranogwr yn ailadrodd yr ymarfer gymaint o weithiau ag y gallant o fewn amser penodol (rhwng 30 eiliad a 3 munud fel arfer, yn dibynnu ar ddwysedd yr ymarfer) cyn symud ymlaen.

Cyfarpar

Mae angen i chi wybod pa gyfarpar y gallwch ei ddefnyddio ac y bydd digon ar gyfer eich gweithgaredd arfaethedig. Gellir rhedeg hyfforddiant cylchol heb fawr o offer, ond mae'n ddefnyddiol cael mynediad at ystod o wahanol fathau o offer i ddarparu amrywiaeth yn eich sesiynau. Mae'r offer y gellir eu defnyddio yn cynnwys:

▶ dymbelau a barbwysau – gydag ystod o bwysau i ddiwallu anghenion unigolion

▶ matiau – sydd eu hangen ar gyfer gwaith llawr, er enghraifft planciau ac eisteddiadau

▶ bandiau gwrthiant – yn ddefnyddiol yn ystod cylchedau dygnwch cyhyrol i ychwanegu amrywiaeth

▶ meinciau – a ddefnyddir i gynyddu dwysedd rhai ymarferion cardiofasgwlaidd fel camu i fyny ond hefyd ar gyfer dipiau cyhyrau triphen

▶ stopwats – i gadw golwg ar amseriad cyffredinol y sesiwn.

Cyfranogwyr

Dylid ysgrifennu cynllun sesiwn mewn ffordd sydd wedi'i gynllunio i ddiwallu anghenion y grŵp cyfranogwyr ac ystyried unigolion ag anghenion penodol. Er enghraifft, os yw menyw sy'n dod yn rheolaidd yn dweud wrthych ei bod yn feichiog ers 12 wythnos ac yn dal i fod eisiau parhau â'r hyfforddiant cylchol, bydd angen i chi ystyried hyn wrth gynllunio a darparu ymarferion amgen lle bo angen. Mae Tabl 14.11 yn dangos ystyriaethau ar gyfer cynllunio ar gyfer gwahanol grwpiau o gyfranogwyr.

▶ **Tabl 14.11:** Ystyriaethau wrth gynllunio ar gyfer gwahanol gyfranogwyr

Cyfranogwyr	Ystyriaethau cynllunio
Profiadol	• Ymarferion heriol • Amrywiaeth o ymarferion a chynllun cylchedau • Nifer fwy o orsafoedd • Cyfarwyddyd lleiaf posibl fel grŵp ond cefnogi unigolion lle bo angen
Dibrofiad	• Cynllun cylched syml • Ymarferion sylfaenol gyda gorsafoedd 4–6 yn y gylched gyfan • Amserau gorffwys hirach • Llawer o gyfarwyddyd grŵp gyda chefnogaeth unigol

Cyfranogwyr	Ystyriaethau wrth gynllunio
Gallu a lefelau ffitrwydd cymysg	• Llawer o gynnydd ac atchweliad (*regression*) • Gorsafoedd dewisol yn ystod cyfnodau gorffwys a fyddai'n herio lefelau uwch o ffitrwydd trwy leihau amser gorffwys • Cardiau cylched manwl • Paru cyfranogwyr profiadol a dibrofiad (os yn bosibl) i gefnogi ei gilydd
Isafrif ac uchafrif	• Ystyriaethau gofod ar gyfer grwpiau mawr • Mwy nag un ymarfer corff i bob gorsaf os nad oes llawer o le • Gorsafoedd pwysau corff os nad oes llawer o offer ar gyfer grwpiau mawr • Paru cyfranogwyr pan fo'r niferoedd lleiaf i greu cefnogaeth a chystadleuaeth cyfoedion (os yw'n briodol)
Cyfranogwyr aeddfed	Edrychwch ar allu unigol - cofiwch y gallai oedolyn aeddfed fod wedi bod yn mynychu hyfforddiant cylchol ers 20 mlynedd a felly bydd yn fwy datblygedig nag oedolyn canol oed dibrofiad. Fodd bynnag, yn ystod y cynllunio cychwynnol gyda grŵp newydd, dylech ystyried y canlynol: • 4–6 gorsaf • Cynllun syml • Cardiau cylched manwl gyda fformatau ychwanegol ar gael os oes angen • Cynllunio dilyniannau/atchweliadau ac ymarferion amgen fel y gall pawb gymryd rhan
Plant	• Amrywiaeth o ymarferion • Amrediad o gynlluniau cylched yn newid hanner ffordd drwodd i gynyddu ymgysylltiad • Elfen cystadlu (cynnwys gêm) • Bwrdd ailadroddiadau gweledol (gofynnwch i'r plant ychwanegu eu hailadroddiadau ar orsaf at fwrdd) • Cael plant i gymryd rhan mewn arddangos a chyfarwyddo gorsafoedd
Cyfranogwyr anabl	• Math o anabledd • Lle yn dibynnu ar yr anabledd • Offer • Cyfnodau gorffwys (efallai y bydd angen iddynt fod yn hirach yn dibynnu ar anabledd)
Cyfranogwyr cynenedigol ac ôl-enedigol	• Cyfnod beichiogrwydd • Ystod o ymarferion amgen i ddiwallu anghenion cyfranogwyr unigol (ystyriwch nad yw'r cyfranogwyr yn debygol o fod ar yr un cam o'r beichiogrwydd felly mae'n bosibl y bydd angen dilyniannau/addasiadau gwahanol ar gyfer un ymarfer corff yn unig – er enghraifft gall menyw sy'n 12 wythnos yn feichiog ddal i deimlo'n gyffyrddus yn gorwedd ar ei chefn, ond dylai menyw sydd yng nghyfnodau diweddarach beichiogrwydd osgoi hyn • Seibiannau amlach

Hyd pob ymarfer gorsaf

Fel arfer, bydd sesiwn ymarfer ar sail cylchedau yn para 60 munud gyda chynhesu yn para 10 munud, y brif sesiwn yn 40 munud ac oeri'n cymryd y 10 munud olaf. Efallai y bydd amrywiadau bach yn yr amseriadau hyn yn dibynnu ar y cyfranogwyr – er enghraifft, efallai y bydd angen cyfnod cynhesu ac oeri hirach ar gyfranogwyr aeddfed a dibrofiad i leihau dwysedd cyffredinol y sesiwn.

Gellir trin hyd pob ymarfer yn dibynnu ar y grŵp o gyfranogwyr, ond fel rheol mae'n 60 eiliad i bob gorsaf. Ar gyfer rhai ymarferion, yn enwedig dechreuwyr, gall hyn fod yn rhy hir. Er enghraifft, bydd gofyn i grŵp o gyfranogwyr dibrofiad wneud planc am 60 eiliad yn rhy heriol.

Cyfnodau adfer

Mae'r adferiad rhwng pob gorsaf fel arfer yn fach iawn. Mewn ymarfer corff ar sail cylchedau, mae'r gorsafoedd yn amrywio rhwng grwpiau o gyhyrau neu ran o'r corff sy'n cael ei weithio, gan ganiatáu ar gyfer cyfnodau o adferiad byr. Fodd bynnag, mae'r cyfnodau adfer yn dibynnu ar allu'r grŵp ac amcanion y sesiwn. Efallai y bydd angen i gylched sy'n seiliedig ar gryfder ganiatáu ar gyfer cyfnod adfer hirach. Er enghraifft, pe bai cyrcydiad barbwysau yn cael ei ddilyn gan ragwth gyda barbwysau, byddai angen cyfnod estynedig o seibiant. Os bydd y pwysau uchaf yn cael eu codi, efallai y bydd angen egwyl o 3-5 munud. Mae hyfforddiant cylchol sy'n seiliedig ar ddygnwch cardiofasgwlaidd a chyhyrol fel arfer yn gofyn am isafswm seibiant rhwng y gorsafoedd, ond dylech ganiatáu seibiant ar ôl i gylched lawn gael ei chwblhau.

Strwythur sesiwn hyfforddiant cylchol

Bydd sesiwn hyfforddiant cylchol fel arfer yn cynnwys cynhesu a phrif sesiwn ac yna sesiwn oeri.

Sesiwn gynhesu

Dylai pob sesiwn ymarfer corff ddechrau gyda chynhesu. Swyddogaeth cynhesu yw paratoi'r cyfranogwyr yn gorfforol (y corff) ac yn seicolegol (y meddwl). Mae'n helpu i gynyddu llif y gwaed i'r cyhyrau a lleihau'r poen yn y cyhyrau a'r cymalau ar ôl ymarfer. Mae hefyd yn cynyddu ffocws y sesiwn ac yn caniatáu i gyfranogwyr baratoi'n feddyliol ar gyfer cyfnodau o ddwysedd uwch yn y sesiwn ymarfer corff.

Dylai cynhesu gynnwys y cydrannau canlynol:

▶ **codwr pwls** – ymarferion dwysedd isel sy'n cynyddu'n raddol mewn dwysedd wrth i'r cynhesu fynd yn ei flaen. Dylai'r codwr pwls anelu at gysylltu â'r brif sesiwn. Os yw'r brif sesiwn yn canolbwyntio ar ran uchaf y corff, dylai'r gweithgaredd codi pwls anelu at godi'r pwls trwy ddefnyddio'r rhan uchaf o'r corff.

▶ **symudedd** – symud cymal trwy ei ystod o symudiadau. Dylai pob cymal sydd i gael ei ddefnyddio yn ystod y sesiwn gael ymarfer symudedd priodol, er enghraifft cylchu'r breichiau neu droellau torso.

▶ **ymestyniadau gweithredol a goddefol** – mae'r rhain yn nodweddiadol yn ymestyniadau statig. **Ymestyniadau gweithredol** yw lle mae'r cyfranogwr yn gosod ei hun yn yr ymestyniad ac mae ganddo reolaeth lwyr. **Ymestyniadau goddefol** yw lle cymhwysir math o wrthwynebiad i gynyddu'r ymestyniad. Ni ddefnyddir ymestyniad statig yn aml fel rhan o gynhesu, ond os yw'r ymestyniadau yn digwydd am yn ail â'r ymarferion codi pwls a symudedd, mae'n dderbyniol eu cwblhau. Ceisiwch osgoi treulio 5–10 munud ar ddiwedd y codwr pwls ac ymarferion symudedd yn cwblhau ymestyniadau statig gyda'r grŵp oherwydd bydd eu tymheredd yn gostwng a byddant yn dychwelyd i gyflwr gorffwys.

Bydd cynhesu fel arfer yn isafswm o 10 munud ond heb fod yn hwy na 15 munud. Gallai codwr pwls bara 5 munud ac yna ymarferion symudedd am 5 munud gydag ymestyniadau, os oes angen.

Gall y math o gynhesu a ddefnyddir amrywio yn dibynnu ar amcan y sesiwn. Os mai cryfder cyhyrol yw amcan y sesiwn, bydd y cynhesu yn canolbwyntio ar gwblhau fersiynau dwysedd isel o'r ymarferion a fydd yn cael eu cwblhau yn ystod y sesiwn. Bydd hyn yn cynyddu curiad y galon ac yn symud y cymalau trwy'r ystod lawn y mae'r symudiadau dilynol yn mynd i'w defnyddio. Er enghraifft, gallai cyfranogwyr gwblhau set o ragwthion (dim pwysau) sy'n gweithio'n raddol trwy'r ystod lawn o symudiadau.

Y brif elfen

Bydd prif elfen y sesiwn yn amrywio'n fawr yn dibynnu ar amcanion y sesiwn a'r cyfranogwyr yn y sesiwn. Er enghraifft, gallai sesiwn nodweddiadol o ddygnwch cardiofasgwlaidd/cyhyrol gynnwys dwy gylched. Byddai'r gylched gyntaf yn canolbwyntio ar ymarferion cardiofasgwlaidd a'r ail ar ymarferion dygnwch cyhyrol. Byddai pob cylched yn cynnwys 6–8 gorsaf ymarfer corff sy'n para hyd at 60 eiliad (6–8 munud y gylched gyda gweddill o 3–5 munud yn dibynnu ar y grŵp o gyfranogwyr; llai o orsafoedd ar gyfer cyfranogwyr dibrofiad gyda gorffwys hirach).

Byddai'r gylched gardiofasgwlaidd a'r gylched dygnwch cyhyrol yn cael eu cwblhau ddwywaith (pedair cylched i gyd, dwy gylched gardiofasgwlaidd gefn wrth gefn ac yna'r gweddill ac yna dwy gylched dygnwch cyhyrol gefn wrth gefn).

Mae nifer y gorsafoedd, eu hyd a'r cyfnodau gorffwys i gyd yn dibynnu ar anghenion y grŵp o gyfranogwyr.

Awgrym   Bydd grŵp profiadol yn gallu cwblhau mwy o orsafoedd gyda llai o amser gorffwys.

Ymestyn   Pe bai'r grŵp o gyfranogwyr yn ddibrofiad, sut fyddech chi'n newid nifer y gorsafoedd a'r amser gorffwys?

Sesiynau oeri

Dylai'r sesiwn ddod i ben bob amser gyda sesiwn oeri. Bwriad yr oeri yw helpu'r corff i ddychwelyd yn raddol i gyflwr cyn ymarfer. Yn ffisiolegol, gall y system gardiofasgwlaidd gynnal cyflenwad gwaed cynyddol i'r system gyhyrol, gan helpu i gael gwared ar y cynhyrchion gwastraff sy'n cronni. Gall y cyhyrau hefyd weithredu fel pwmp cyhyrol i helpu i ddychwelyd y gwaed yn y gwythiennau (dychweliad gwythiennol) yn ôl i'r galon ac yna'r ysgyfaint.

Dylai sesiwn oeri gynnwys y canlynol.

▶ **Gweithgaredd arafu'r pwls** – gan ddechrau gyda gweithgaredd dwysedd cymedrol i uchel yna lleihau'n araf mewn dwysedd, er enghraifft gan ddechrau gyda chodiadau pen-glin wrth symud a loncian, yna ymlaen yn y fan a'r lle, i godiadau pen-glin, i ddim ond cerdded wrth symud. Fel rheol mae'n para rhwng 5 a 10 munud.

▶ **Ymestyniadau** – mae **ymestyn statig** yn cael ei ddefnyddio'n bennaf wrth oeri ar ôl y gweithgaredd arafu pwls. Dylid ystyried y corff cyfan ond os yw amser yn brin, canolbwyntiwch yn benodol ar y rhannau a ddefnyddiwyd yn ystod y sesiwn. Dylid dal ymestyniad statig am oddeutu 15 eiliad mewn sesiwn oeri, unwaith ar gyfer pob rhan sydd wedi'i defnyddio, yn ddelfrydol ddwywaith os yw amser yn caniatáu. Mae **ymestyniadau datblygiadol** hefyd yn arbennig o dda ar gyfer gwella hyblygrwydd. Mae ymestyniadau datblygiadol yn dechrau gydag ymestyniad statig, ond yna ar ddiwedd yr ymestyniad mae ystod y symud yn cynyddu ychydig ymhellach i ddatblygu'r ymestyniad am 10 i 15 eiliad arall.

▶ Fel rheol, bydd y broses oeri yn isafswm o 10 munud o hyd, gyda 5 munud wedi'i neilltuo i arafu'r pwls a 5 munud yn canolbwyntio ar ymestyn.

Addasu ymarferion

Mae yna sawl ffordd y gellir addasu ymarferion i weddu i anghenion gwahanol gyfranogwyr.

Gostyngiad neu gynnydd yn hyd y lifer

Bydd gostyngiad yn hyd y **lifer** yn lleihau dwysedd yr ymarfer, ond mae cynnydd yn hyd y lifer fel arfer yn gwneud yr ymarfer yn fwy heriol. Bydd cael arwyneb mwy o'r coesau mewn cysylltiad â'r bêl yn lleihau hyd y lifer, gan leihau'r llwyth a gwneud yr ymarfer yn haws (Ffigur 14.2 (a)), ond mae lleihau'r arwynebedd sydd mewn cysylltiad â'r bêl graidd (fel yn Ffigur 14.2 (b)) yn cynyddu'r llwyth sy'n gwthio trwy'r ffwlcrwm (y pwynt lle mae symudiad yn digwydd) ac felly mae'r her yn cynyddu.

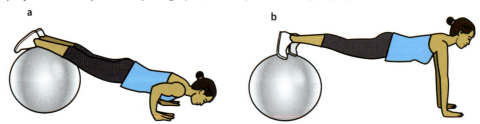

a   b

▶ **Ffigur 14.2:** (a) Llai o lwyth oherwydd lifer byrrach yn y fraich a (b) mwy o lwyth oherwydd lifer hirach yn y fraich

Lleihau grym yr ymarfer

Gall lleoli corff ar gyfer ymarferion leihau'r grym a roddir ar y corff. Er enghraifft, yn lle cwblhau gwasg fyrfraich (*press-up*) llorweddol, mae gwasgu yn erbyn wal lawer yn haws oherwydd bod y llwyth y mae angen ei symud yn cael ei leihau (gweler Ffigurau

14.2 i 14.4 am ystod o addasiadau i wasg fyrfraich). Rhai o'r addasiadau eraill i leihau grym yr ymarfer yw cyrcydu drwy ystod lai o symudiadau, er enghraifft cyrcydau dros hanner neu chwarter, cwblhau crenshiad yn lle eisteddiad llawn, a dipiau gyda'r cyhyrau triphen gyda'r coesau wedi'u plygu yn hytrach nag yn syth.

▸ **Ffigur 14.3:** Gwasg fyrfraich wal

▸ **Ffigur 14.4:** Gwasg fyrfraich bocs

Cynyddu grym yr ymarfer

Er mwyn herio cyfranogwyr yn y sesiwn, mae angen i chi fod ag opsiynau i gynyddu grym yr ymarfer. Gweler Ffigurau 14.2 i 14.4 am ystod o addasiadau i wasg byrfraich.

Ymarferion amgen

Hyd yn oed gydag addasiadau neu leihau hyd y lifer, efallai y bydd angen ymarfer hollol amgen ar rai cyfranogwyr. Gall hyn fod oherwydd anaf, cydbwysedd, hunanhyder neu lefel gallu. Efallai y bydd angen lleihau dwysedd yr ymarfer fel y gallant barhau i gymryd rhan. Er enghraifft, yn lle jac-neidio gallent wneud rhagwthion ochr neu gyrcydu bob yn ail â thap-gam.

Astudiaeth achos

Dywedwyd yn ddiweddar wrth gyfranogwr profiadol sydd wedi bod yn mynychu hyfforddiant cylchol ers sawl blwyddyn ei bod yn y camau cynnar o ddatblygu osteoporosis (yr esgyrn yn gwanhau) a chynghorwyd hi i wneud llai o weithgareddau effaith uchel fel y mae'n ei wneud. Nid yw am roi'r gorau i hyfforddiant cylchol felly mae wedi cysylltu â chi i weld a allwch chi addasu ei hymarferion a chynnig dewisiadau amgen lle bo angen.

Gwiriwch eich gwybodaeth
- Sut fyddech chi'n cael y cyfranogwr i ddogfennu'r diagnosis newydd fel bod gennych gofnod ffurfiol ohono?
- Pe byddech wedi cynllunio i'r sesiwn gynnwys bocs-neidiau a chŵn smotiog, pa ymarferion amgen y gallech eu darparu ar gyfer y cyfranogwr?

Defnyddio cerddoriaeth

Yn aml mae angen cerddoriaeth ar sesiynau ymarfer grŵp i greu amgylchedd a helpu i ysgogi'r cyfranogwyr. Fodd bynnag, mae gofynion cyfreithiol yn gysylltiedig â chwarae cerddoriaeth yn gyhoeddus. Os yw'r ganolfan ymarfer corff/ffitrwydd rydych chi'n gweithio ynddi neu lle mae'r sesiynau'n cael eu cynnal eisoes â thrwydded i chwarae cerddoriaeth, yna nid oes angen un arnoch chi fel unigolyn. Fodd bynnag, os ydych chi'n dymuno chwarae cerddoriaeth mewn sesiynau ymarfer corff mewn man arall, bydd angen trwydded arnoch i wneud hynny.

Mae dau fath o drwydded y mae'r ganolfan neu rydych chi'n debygol o fod ei hangen os ydych chi'n cyflwyno sesiynau ymarfer corff (yn y Deyrnas Unedig) lle mae cerddoriaeth yn chwarae:

▶ trwydded Phonographic Performance Limited (PPL) – mae PPL yn casglu ac yn dosbarthu arian ar ran perfformwyr a chwmnïau recordio

▶ trwydded Cymdeithas Hawliau Perfformio (PRS) – mae PRS yn casglu ac yn dosbarthu arian ar ran cyfansoddwyr caneuon, cyfansoddwyr a chyhoeddwyr cerddoriaeth os defnyddir eu cyfansoddiadau cerddorol a'u geiriau.

Dewis cerddoriaeth briodol

Mae'r math o gerddoriaeth a chwaraeir yn ystod y sesiwn yn dibynnu ar sawl ffactor. Mae'n bwysig deall pwysigrwydd cyflymder y gerddoriaeth. Mesurir cyflymder cerddoriaeth mewn curiadau y funud (bpm) ac mae'n sefydlog ar gyfer y mwyafrif o ganeuon, gan aros yr un peth trwy'r trac cyfan. Gall y curiadau y funud a ddewisir helpu cyfranogwyr i gynnal dwysedd yr ymarfer (curiad cyflymach = dwysedd ymarfer corff cyflymach).

Mae'r curiad a ddewisir hefyd yn debygol o newid yn dibynnu ar gydran y sesiwn. Gallai ymarfer isel i gymedrol amrywio o 85 i 125 bpm tra gall ymarfer corff cymedrol i uchel amrywio rhwng 125 a 170 bpm. Gellir chwarae cân 85 bpm ar gyfer y sesiwn gynhesu lle mae'r cyfranogwr yn gwneud un symudiad fesul curiad, ond gall cân 85 bpm yn ystod prif sesiwn ofyn am ddau symudiad y curiad (gan felly ddyblu'r dwysedd). Dangosir ffactorau eraill i'w hystyried wrth ddewis cerddoriaeth ar gyfer sesiwn yn Nhabl 14.12.

▶ **Tabl 14.12:** Dewis cerddoriaeth addas

Cydran y sesiwn	Sesiwn gynhesu	Cyflymder isel yn cynyddu i gymedrol (85 bpm)
	Prif sesiwn	Cyflymder cymedrol i uchel (125–170 bpm)
	Sesiwn oeri	Dychwelyd i ddwysedd isel (85 bpm)
Cydran y ffitrwydd sy'n cael ei hyfforddi	Cylched gardiofasgwlaidd	Dwysedd uchel = cerddoriaeth gyflym
	Cylched dygnwch cyhyrol	Dwysedd isel = cerddoriaeth araf
	Cylched cryfder craidd	Cyflymder penodol yn seiliedig ar gwblhau ailadrodd i'r gerddoriaeth er enghraifft, mewn sesiynau eisteddiadau, un curiad i fyny, un curiad i lawr.

MUNUD I FEDDWL

Pa fath o gerddoriaeth fyddech chi'n ei dewis pe byddech chi'n cynllunio cylched gardiofasgwlaidd dwysedd uchel?

Awgrym

Dylai curiadau'r gerddoriaeth a ddewisir helpu'r cyfranogwyr i gadw i fyny â chyflymder yr ymarfer.

Ymestyn

Pe bai elfen dygnwch cyhyrol yn y sesiwn sy'n cael ei chynllunio, sut fyddech chi'n newid y gerddoriaeth?

D Cynnal sesiwn ymarfer hyfforddiant cylchol mewn grŵp

Cyflwyniad i'r sesiwn ymarfer mewn grŵp

Dylid gosod yr offer cyn i'r cyfranogwyr gyrraedd, er mwyn caniatáu amser iddo gael ei wirio ac i ganiatáu amser i gyfathrebu â chyfranogwyr ar ddechrau'r sesiwn (mae hyn yn arbennig o bwysig i grŵp newydd neu gyfranogwyr newydd). Fodd bynnag, mewn rhai achosion gall fod yn briodol i gyfranogwyr gasglu eu hoffer eu hunain (er enghraifft, casglu eu pwysau eu hunain, neu offer trwm arall lle gallai fod angen help arnoch i'w godi).

Dylid cwblhau sawl gwiriad iechyd a diogelwch cyn y sesiwn hefyd, gan gynnwys:

▶ asesiad risg ar gyfer y man a'r gweithgaredd a fydd yn digwydd
▶ gwiriadau gweledol o'r ardal a'r arwyneb
▶ gwiriad o'r system sain (gan gynnwys y meicroffon os caiff ei ddefnyddio) ac unrhyw offer arall.

Os yw'r gwiriadau hyn yn arwain at unrhyw bryderon, mae angen delio â'r rhain cyn dechrau'r sesiwn. Os oes unrhyw amheuon am ddiogelwch y sesiwn, ni ddylid ei chynnal.

Dylai'r ystafell sy'n cael ei defnyddio gael ei hawyru'n briodol. Mae sesiynau ymarfer corff sy'n cael eu cynnal mewn sefydliad ffitrwydd arbenigol yn debygol o fod â system aerdymheru a gellir newid y tymheredd i ddiwallu anghenion y cyfranogwyr. Efallai nad dyna'r achos mewn sesiynau sy'n digwydd yn rhywle arall, ac felly bydd angen seibiannau ychwanegol a mynediad at bwyntiau hydradu os bydd yn arbennig o gynnes yn ystod y sesiwn.

Dylai dŵr yfed fod ar gael, er enghraifft o ffynnon ddŵr, neu dylid annog cyfranogwyr i ddod â digon i'w yfed i gynnal hydradiad. Mae angen darparu blwch cymorth cyntaf hefyd, yn ogystal â ffôn i alw'r gwasanaethau brys, os oes angen.

Cyfarch grŵp o gyfranogwyr

Ar ôl sefydlu'r offer a chynnal gwiriadau iechyd a diogelwch, dylech gyfarch y grŵp.

▶ **Cyflwyniad i'r sesiwn** – croesawu'r grŵp i'r sesiwn a chyflwyno'ch hun (ar gyfer aelodau newydd). Rhowch fanylion iddynt am amcanion y sesiwn.
▶ **Gwiriadau iechyd a diogelwch** – dweud wrth y grŵp ble mae'r cyfleusterau toiled a'r allanfeydd brys (gellir gwneud hyn yn unigol ar gyfer aelodau newydd). Rhaid i gyfranogwyr newydd lenwi ffurflenni sgrinio iechyd a dylech sicrhau nad oes gan gyfranogwyr unrhyw anafiadau neu salwch sy'n bodoli eisoes a allai gael effaith ar eu gallu i gymryd rhan yn y sesiwn. Atgoffwch y cyfranogwyr na ddylent wisgo gemwaith a allai fynd yn sownd yn yr offer ac y dylent fod yn gwisgo dillad ac esgidiau priodol.
▶ **Gwiriadau sgrinio cychwynnol sensitif a chyngor i gyfranogwyr unigol** – wrth ofyn cwestiynau penagored i'r grŵp am anafiadau a salwch, efallai na fydd rhai cyfranogwyr yn teimlo'n gyffyrddus yn rhoi gwybodaeth i chi o flaen y grŵp. Mae'n bwysig eich bod yn casglu'r wybodaeth hon yn sensitif. Pan fydd cyfranogwyr newydd yn llenwi ffurflenni sgrinio iechyd, gofynnwch gwestiynau pellach iddynt os oes angen. Ceisiwch ymgysylltu â phob cyfranogwr ar ddechrau'r sesiwn a gofynnwch iddynt roi gwybod ichi bryd hynny neu yn ystod y sesiwn gynhesu os ydynt yn meddwl bod angen

i chi wybod am anaf/salwch newydd. Bydd hyn yn rhoi cyfle i chi ddarparu cyngor cyn y brif sesiwn.

Darparu'r sesiwn ymarfer mewn grŵp

Dylid dangos pob ymarfer y mae'r cyfranogwyr yn ei wneud yn ystod y gylched. Rhaid i'r arddangosiadau hyn fod yn dechnegol ddiogel a chywir, gan ddangos dilyniannau, atchweliadau ac addasiadau yn ddelfrydol.

Os na allwch wneud arddangosiad sy'n dechnegol gywir am unrhyw reswm (er enghraifft, os ydych wedi'ch anafu) efallai y byddai'n well newid yr ymarfer hwnnw neu ofyn i hyfforddwr arall (os yw ar gael) eich cefnogi yn ystod y sesiwn. Dangoswch yr arddangosiad o wahanol safleoedd, fel arfer o'r tu blaen a'r ochr, gan sicrhau eich bod chi'n newid eich safle fel y gall y grŵp cyfan weld. Mewn lleoliadau arbennig o fawr, efallai y bydd angen i chi fod ar blatfform uchel.

Esboniwch yn glir y prif bwyntiau addysgu ar gyfer pob ymarfer, er enghraifft cadw fferau, cluniau ac ysgwyddau yn un llinell yn ystod planc. Ceisiwch beidio â gorlwytho cyfranogwyr â phwyntiau addysgu ar gyfer pob ymarfer – mae'r rhain yn debygol o fod ar y cerdyn cylched a gallwch symud o amgylch y grŵp i helpu unigolion, os oes angen.

Yn ystod ymarferion codi, dysgwch dechnegau codi cywir i'r grŵp. Mae codi gyda'r coesau a chadw'r cefn yn syth yn bwysig cyn symud i'r ystum i gyflawni'r ymarfer (gweler Ffigur 14.5). Peidiwch byth â chodi pwysau sy'n rhy drwm yn ystod arddangosiad, gan eich bod am arddangos techneg dda. Anogwch y cyfranogwyr i ganolbwyntio'n gyntaf ar eu techneg cyn cynyddu'r pwysau a godir: gall codi pwysau sy'n rhy drwm gyda thechneg wael achosi problemau neu anaf i esgyrn a chymalau.

Trwy gydol y sesiwn, peidiwch ag anghofio cyfathrebu'n dda ar lafar a thrwy ystumiau (cyfeiriwch at dudalennau 126–7) a thechnegau ysgogol i annog y grŵp (gweler tudalennau 136–7).

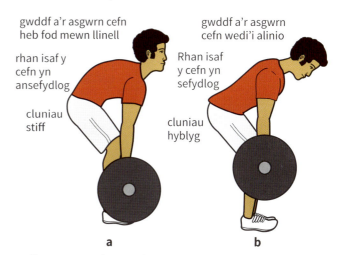

gwddf a'r asgwrn cefn heb fod mewn llinell
rhan isaf y cefn yn ansefydlog
cluniau stiff

gwddf a'r asgwrn cefn wedi'i alinio
Rhan isaf y cefn yn sefydlog
cluniau hyblyg

a   b

▶ **Ffigur 14.5:** Techneg codi

Addasiadau ac ymarferion amgen

Yn ystod yr arddangosiadau cychwynnol, ceisiwch ddarparu addasiadau ac ymarferion amgen. Fodd bynnag, am resymau amser, efallai na fydd yn bosibl eu darparu ym mhob gorsaf – cofiwch eich bod am geisio cael cyfranogwyr i fod yn egnïol cyn gynted â phosibl a dylai fod dilyniannau/atchweliadau ar bob cerdyn gorsaf.

Darparwch arddangosiad a fydd yn diwallu anghenion mwyafrif y grŵp yn gyntaf. Ar ôl hyn gallwch fesur gallu gwahanol aelodau'r grŵp, gan ddarparu dewis arall mwy heriol neu atchweliad pellach wrth i chi arsylwi. Ceisiwch ganolbwyntio'r gefnogaeth ar gyfranogwyr y gwyddoch y bydd angen addasiad. Er enghraifft, os yw cyfranogwr wedi anafu ei ysgwydd, efallai y bydd angen i chi newid gorsaf ar eu cyfer i ymarfer rhan isaf y corff rhag i'r anaf waethygu.

Cywiro techneg cyfranogwyr

Ni fydd cyfranogwyr bob amser yn defnyddio'r dechneg gywir ar unwaith. Bydd angen arddangosiadau ychwanegol ar gyfranogwyr dibrofiad ac atgyfnerthu'r pwyntiau addysgu yn aml yn ystod y sesiwn. Cadwch gyswllt llygad â chyfranogwyr – er enghraifft, os ydyn nhw'n codi eu sodlau oddi ar y llawr wrth gyrcydu, gwnewch gyswllt llygad â nhw a'u hatgoffa i geisio cynnal y pwysau trwy sawdl eu troed.

Gall dull drych helpu rhywun sy'n ei chael hi'n anodd deall techneg. I wneud hyn, sefwch yn yr un ystum o'u blaenau a dangos yr ymarfer eto, gan gael y cyfranogwr i gopïo'r hyn rydych chi'n ei wneud.

Os yw cyfranogwr yn dal ei chael hi'n anodd, efallai y bydd angen i chi eu helpu i'r ystum. Cofiwch y dylai hyn fod o fewn canllawiau moesegol, felly gofynnwch i'r cyfranogwyr a oes gwahaniaeth ganddyn nhw pe byddech chi'n eu helpu i'r ystum priodol a rhoi gwybod iddyn nhw lle bydd angen i chi gyffwrdd â nhw. Er enghraifft, gallai hyn fod ar gefn y sodlau neu y tu mewn i'r pengliniau i helpu cyfranogwyr i gadw eu pengliniau dros eu fferau wrth gyrcydu. Peidiwch byth â symud corff cyfranogwr i ystum penodol heb ei gydsyniad.

Safleoedd addysgu priodol

Ar gyfer mwyafrif y sesiwn bydd angen i chi fod mewn safle lle gall yr holl gyfranogwyr eich gweld a lle gallwch chi eu gweld nhw. Bydd angen arddangos gwahanol ystumiau o wahanol onglau hefyd. Os yw'r grŵp yn arbennig o fawr, efallai y bydd angen i chi symud o amgylch y grŵp i arddangos y dechneg. Bydd hyn yn caniatáu ichi roi adborth penodol a chynorthwyo gyda thechneg cyfranogwr unigol.

Wrth hyfforddi cylchol mewn grŵp, mae'n well i'r hyfforddwr fod yng nghanol y grŵp (gweler y llun). Nid yw hyn yn gweithio'n dda ar gyfer cylched mewn llinell, ond ar gyfer cylchedau ar ffurf sgwâr a chylch bydd yn rhoi'r olygfa orau i chi o'r cyfranogwyr a byddwch yn gallu arsylwi a symud o amgylch y grŵp yn hawdd. Mewn cylched ar ffurf llinell, y man mwyaf priodol fydd ar flaen y llinellau a symud i fyny ac i lawr y llinellau. Sicrhewch fod arddangosiadau yn cael eu dangos o broffil blaen ac ochr.

▶ Safle hyfforddi yng nghanol cylched ar ffurf cylch

II MUNUD I FEDDWL Pa bwyntiau allweddol y mae'n rhaid i chi eu cofio pan rydych chi'n arddangos ymarferion i gyfranogwyr?

Awgrym Sut ydych chi'n mynd i sicrhau bod yr holl gyfranogwyr yn gallu gweld eich arddangosiad?

Ymestyn Os oes gennych grŵp mawr o gyfranogwyr, pa ystyriaethau ychwanegol y mae angen ichi eu cymryd i ystyriaeth?

Gorffen ac adolygu'r sesiwn

Bydd gorffen sesiwn yn wahanol i chi a'ch cyfranogwyr.

▶ **Ar gyfer cyfranogwyr** – rhowch grynodeb iddynt ar ôl y sesiwn oeri, eu llongyfarch am gwblhau'r sesiwn a nodi rhannau a oedd yn arbennig o heriol. Rhowch gyngor ar eu cyfer gartref, er enghraifft yfed dŵr i ailhydradu a bwyta pryd sylweddol o fewn yr ychydig oriau nesaf. Yn dilyn hyn, gwahoddwch gwestiynau, a chynigiwch help pellach gydag ymarfer neu gyngor trwy gymorth ychwanegol ar ôl y sesiwn.

▶ **Ar gyfer hyfforddwr** – pan fydd yr holl gyfranogwyr wedi gadael, cliriwch unrhyw offer, gwiriwch ei fod yn dal i fod mewn cyflwr da. Os oes angen cymorth arnoch, gallwch ofyn i'r cyfranogwyr eich helpu i ddychwelyd unrhyw offer trwm, gan sicrhau eich bod oll yn dilyn y gweithdrefnau codi â llaw cywir. Sicrhewch fod y lle yn cael ei adael mewn cyflwr diogel i'r defnyddiwr nesaf. Gwaredwch unrhyw sbwriel a sychwch unrhyw offer neu fatiau i helpu i gynnal hylendid a gwarchod yr offer.

Dulliau adolygu

Mae'n bwysig adolygu pa mor dda yr aeth y sesiwn, gan gynnwys a oedd yn diwallu anghenion y cyfranogwyr ac amcanion cyffredinol y sesiwn. Bydd hyn yn eich helpu i addasu sesiynau yn y dyfodol os oes angen. Mae'r dulliau adolygu'n cynnwys y canlynol.

▶ **Adborth llafar** – anogwch adborth llafar gan gyfranogwyr ar ddiwedd y sesiwn, gan eu hannog i fynd atoch gyda sylwadau neu adborth i'ch helpu i barhau i gefnogi eu hanghenion unigol.

▶ **Holiaduron** – rhowch holiaduron byr i'r cyfranogwyr i'w llenwi. O bryd i'w gilydd gall gofyn i gyfranogwyr gwblhau holiaduron yn adolygu sesiwn fod yn ddefnyddiol ar gyfer datblygiad parhaus y sesiwn. Mae holiaduron yn gyfle i gyfranogwyr roi adborth ysgrifenedig preifat os nad ydyn nhw am roi'r adborth o flaen y grŵp.

▶ **Hunanwerthuso** – mae'n bwysig eich bod chi'n myfyrio ar y sesiwn a pha mor dda ydych chi meddwl iddo fynd. Mae cadw llyfr sylwadau/dyddiadur yn caniatáu ichi recordio nodiadau o'r sesiwn yn gyflym i helpu i gynllunio'r nesaf. Er enghraifft, efallai y byddwch chi'n cofnodi bod angen cefnogaeth ychwanegol neu addasiad ymarfer corff ar gyfranogwr, neu nodi bod y dwysedd yn rhy uchel neu'n gyfnodau gorffwys yn rhy hir i aelodau profiadol o'r grŵp. Bydd gwneud hyn yn helpu i gefnogi anghenion y cyfranogwyr mewn sesiynau yn y dyfodol a gwella'ch enw da.

Gwerthuso'r sesiwn ymarfer corff

Fel hyfforddwr sy'n dechrau, mae angen dull mwy ffurfiol o werthuso sesiwn. Bydd hyn yn eich helpu i symud ymlaen fel hyfforddwr proffesiynol. Gwerthuswch yr hyn a aeth yn dda a'r hyn y gellir ei wella, gan edrych am gryfderau a meysydd i'w gwella. Ystyriwch y canlynol.

▶ A gymerodd yr holl gyfranogwyr ran yn y sesiwn?

▶ A oedd gennych chi ddigon o offer?

▶ A oedd y sesiwn yn rhy hawdd neu'n rhy anodd i unrhyw gyfranogwyr ar unrhyw adeg?

▶ A wnaethoch chi sicrhau iechyd a diogelwch trwy gydol y sesiwn?

▶ A oedd y cyfranogwyr wedi'u cymell trwy gydol y sesiwn?

▶ Pa addasiadau y gallai fod eu hangen ar gyfer sesiynau yn y dyfodol? Beth sydd angen ei newid neu a oes angen mwy o ddilyniannau ac atchweliadau? A oes angen newid y cynllun neu newid y math o gerddoriaeth?

Mae REPs yn mynnu eich bod yn parhau i ddatblygu'n broffesiynol. Gellir gwneud hyn trwy ymgymryd â hyfforddiant pellach. Mae mynychu cyrsiau diweddar yn sicrhau eich bod yn trosglwyddo'r technegau a'r wybodaeth gywir i gyfranogwyr, ac yn helpu i fagu eu hyder yn eich hyfforddiant.

Ymarfer asesu 14.3

C.P4 **C.M3** **CD.D3** **D.P5** **D.P6** **D.M4** **D.M5** **CD.D4**

Ar ôl cyfweliad yn y ganolfan hamdden leol, rydych chi'n un o ddau ymgeisydd ar y rhestr fer. Hoffai'r panel cyfweld ichi ddewis, cynllunio a chynnal sesiwn gylchedau mewn grŵp.

1 Cynlluniwch sesiwn ymarfer corff ddiogel ac effeithiol ar gyfer y grŵp. Sicrhewch y gallwch chi egluro i'r panel pam eich bod wedi dewis rhai ymarferion ar gyfer gwahanol gydrannau'r sesiwn.

2 Sut mae gwahanol gydrannau'r sesiwn yn mynd i ddiwallu anghenion y grŵp?

3 Sut ydych chi'n mynd i reoli amser yn ystod y sesiwn?

Ar ôl cynllunio trylwyr, bydd disgwyl i chi gyflwyno'ch sesiwn.

4 Cyflwynwch y sesiwn i'r grŵp, gan ddangos eich bod chi'n gallu cyfathrebu'n effeithiol. Defnyddiwch gyfathrebu llafar a chyfathrebu o fath arall, gwahanol fathau o giwio ac ystod o gyfarwyddiadau i gefnogi anghenion y grŵp.

Ar ôl cwblhau eich sesiwn, mae angen i chi adolygu eich perfformiad eich hun.

5 Dadansoddwch eich perfformiad eich hun wrth gynllunio, cyflwyno a chefnogi ystod o gyfranogwyr. Cyfiawnhewch eich dewisiadau o gryfderau'r gweithgaredd ac argymhellion ar gyfer ymarfer yn y dyfodol. Pam eu bod nhw'n gryfderau a pham rydych chi wedi awgrymu'r argymhellion ar gyfer ymarfer yn y dyfodol?

Ar ôl i chi gwblhau'r adolygiad, hoffai'r panel ichi werthuso'r gydberthynas rhwng cynnal perthnasoedd cwsmeriaid, cefnogaeth cyfranogwyr ac effeithiolrwydd sesiynau cylched ar gyfer grŵp.

6 Sut mae cynnal perthnasoedd cwsmeriaid a chefnogaeth cyfranogwyr yn cael effaith ar effeithiolrwydd sesiynau cylched mewn grŵp a sut mae cyflwyno sesiynau cylched effeithiol yn helpu i gynnal perthnasoedd cwsmeriaid a chefnogaeth cyfranogwyr?

7 Ystyriwch effeithiau cadarnhaol a negyddol posibl gwahanol ddulliau o gynllunio a chyflawni a sut y gallent gael effaith ar berthnasoedd hyfforddwr-cyfranogwr.

8 Gallech roi enghreifftiau o ganlyniadau cylched llwyddiannus ac aflwyddiannus ar gyfer sesiynau cylched effeithiol i gefnogi'ch gwerthusiad.

Cynllunio
- Ydw i'n deall y nodweddion sydd gan y grŵp?
- A oes unrhyw beth arall y mae angen i mi ei wybod cyn y gallaf baratoi'r sesiwn?

Gwneud
- Byddaf yn mynychu gwahanol sesiynau ymarfer corff i'm helpu i feddwl am syniadau ymarfer corff ar gyfer fy sesiwn.
- Byddaf yn cynhyrchu detholiad o gardiau cylched gwahanol i gefnogi'r cyfranogwyr yn ystod y sesiwn.

Adolygu
- Gallaf gydnabod yr hyn a aeth yn dda yn ystod fy sesiwn.
- Byddaf yn gwerthuso a wnaeth y ffordd yr es i at y dasg fy helpu i sicrhau llwyddiant yn ystod y gweithgaredd.

Deunydd darllen ac adnoddau pellach

Heyward, V. a Gibson, A. (2014) *Advanced Fitness Assessment and Exercise Prescription*, Illinois: Human Kinetics.

Lawrence, D. a Hope, R. (2015) *The Complete Guide to Circuit Training*, Llundain: A & C Black.

Gwefannau

www.exerciseregister.org – Gwybodaeth am y gofrestr ymarfer corff i weithwyr proffesiynol.

www.ppluk.com – Gwybodaeth am drwyddedu cerddoriaeth.

www.nice.org.uk/guidance/lifestyle-and-wellbeing/physical-activity – Canllawiau ar weithgaredd corfforol a gwahanol boblogaethau.

BETH AM ▶▶ Y DYFODOL?

William Finney

Hyfforddwr ymarfer corff a chylchedau

Rydw i wedi bod yn gweithio fel hyfforddwr ymarfer corff ers dwy flynedd bellach. Rwy'n aelod o REPs ac ar hyn o bryd rwy'n cwblhau cymhwyster Ymarfer i Gerddoriaeth er mwyn i mi allu datblygu'r ystod o ddosbarthiadau rwy'n eu cyflwyno. Mae datblygiad proffesiynol parhaus yn bwysig fel hyfforddwr ymarfer corff. Mae'n sicrhau bod fy ymarferion yn gyfredol ac mae wedi rhoi syniadau newydd i mi y gallaf eu defnyddio yn fy sesiynau ymarfer corff a hyfforddiant cylchol.

Ar hyn o bryd, rwy'n cynnal o leiaf 20 sesiwn ymarfer corff/hyfforddiant cylchol yr wythnos, gyda'r nos yn bennaf ac ar benwythnosau. Sesiynau ar yr adegau hyn sy'n denu'r nifer fwyaf o gyfranogwyr. Mae wedi cymryd amser hir i mi feithrin fy enw da ac erbyn hyn mae gen i sylfaen o gleientiaid rheolaidd. Mae pob sesiwn yn cymryd cryn dipyn o waith cynllunio, nid yn unig y math o gylched, y cynllun a'r ymarferion ond hefyd yr ystyriaethau iechyd a diogelwch a'r dewisiadau cerddoriaeth gan gynnwys curiadau y funud. Yn aml, gall cynllunio gymryd 30 munud y sesiwn ac rydw i bob amser yn cyrraedd 15 munud cyn pob sesiwn, a gall gymryd 15 munud ar ôl pob sesiwn i glirio offer. Mae hon yn awr arall ar ben y sesiwn ei hun. Mae hyn yn dod i gyfanswm o oddeutu 40 awr yr wythnos.

Yn ogystal â'r amser yn cyflwyno'r sesiynau, rwy'n cynnal gwefan ac yn aml yn annog y cyfranogwyr i ymuno â grwpiau Facebook a Twitter. Mae hyn yn creu ymdeimlad o berthyn i'r grŵp, mae'n lle i rannu deunyddiau ychwanegol ac yn offeryn ysgogol i annog cyfranogwyr.

Canolbwyntio eich sgiliau

Recriwtio a chynnal sylfaen cyfranogwyr

- I ddechrau, sut allech chi recriwtio cyfranogwyr i sesiynau, er enghraifft hysbysebu, neu ar lafar?
- Beth allwch chi ei wneud i helpu i gynnal eich sylfaen cyfranogwyr, er enghraifft trefniadaeth, ymddangosiad, defnyddio addasiadau?
- Meddyliwch sut y gallech chi gael adborth gan gyfranogwyr i'ch helpu chi i adolygu'ch sesiynau a chynnal eich sylfaen cyfranogwyr.

Nodi peryglon a lleihau lefel y risg mewn sesiwn ymarfer corff

- Meddyliwch pa beryglon a allai godi yn ystod y sesiwn nad oedd yn amlwg ar y dechrau, er enghraifft, gofod, llawr llithrig o chwys.
- Pan fyddwch chi'n gweithio ar eich pen eich hun, yn gosod neu'n clirio sesiwn, sut allwch chi sicrhau eich iechyd a'ch diogelwch eich hun, er enghraifft ffôn symudol, pwysau trwm?
- Pe bai damwain yn digwydd yn ystod sesiwn yr oeddech chi'n ei chynnal neu pe bai cyfranogwr yn mynd yn sâl, beth fyddech chi'n ei wneud?

Paratoi ar gyfer asesiad

Mae Harry yn gweithio tuag at BTEC Cenedlaethol mewn Chwaraeon. Cafodd aseiniad gyda'r teitl 'Perthynas effeithiol' ar gyfer nod dysgu A. Roedd yn rhaid iddo ymchwilio i'r gwahanol ffyrdd o gynnal perthnasoedd gwaith effeithiol ac ystyried pwysigrwydd y dulliau hyn wrth ddatblygu enw da fel hyfforddwr ymarfer corff. Roedd yn rhaid i'r adroddiad:

▶ ddadansoddi'r gwahanol ddulliau y gall hyfforddwr ymarfer corff eu defnyddio i gyflwyno hunanddelwedd gadarnhaol wrth weithio gyda chyfranogwyr

▶ gwerthuso'r dulliau y gall hyfforddwr ymarfer corff eu defnyddio i sefydlu a chynnal perthnasoedd gwaith effeithiol gyda chyfranogwyr.

Sut y dechreuais i

Yn gyntaf, ysgrifennais restr o'r holl ddulliau y gall hyfforddwr ymarfer corff eu defnyddio i gyflwyno hunanddelwedd gadarnhaol. Yn dilyn hyn, eglurais yr holl ddulliau a pham eu bod yn bwysig er mwyn cyflwyno delwedd gadarnhaol. Cynhyrchais dabl a oedd yn rhestru'r holl ddulliau ac yna'n gwerthuso buddion y dulliau a'r goblygiadau posibl pe na bai'r dull yn cael ei ddilyn wrth ddatblygu hunanddelwedd gadarnhaol.

Er mwyn fy helpu i ddeall pwysigrwydd hunanddelwedd, mynychais ystod o wahanol ddosbarthiadau ymarfer corff a siaradais â'r hyfforddwyr ynghylch pa ddulliau yr oeddent yn teimlo oedd bwysicaf ar gyfer cyflwyno hunanddelwedd gadarnhaol.

Sut y des i â'r cyfan at ei gilydd

I ddechrau, ysgrifennais gyflwyniad byr a oedd yn amlinellu pwrpas y gwaith yr oeddwn yn ei wneud. Ar ôl hyn, eglurais y dulliau y gellir eu defnyddio i gyflwyno hunanddelwedd gadarnhaol, gan ddilyn hyn gyda dadansoddiad o bwysigrwydd y dull. Yna defnyddiais y tabl yr oeddwn wedi'i gynhyrchu yn y cam cynllunio fel canllaw i'm helpu i werthuso'r dulliau a'r buddion/goblygiadau posibl y gallai'r dulliau eu cael ar y gallu i sefydlu a chynnal perthynas waith effeithiol gyda chyfranogwyr.

Beth wnes i ei ddysgu o'r profiad

Mae yna lawer o ddulliau y gellir eu defnyddio i gynnal perthnasoedd effeithiol. Fe wnaeth siarad â hyfforddwyr ymarfer corff a mynychu sesiynau ymarfer corff fy helpu i werthuso buddion a goblygiadau peidio â defnyddio'r dulliau yn effeithiol. Fe wnaeth defnyddio tablau yn y cam cynllunio fy helpu i werthuso'r dulliau a pharatoi ar gyfer meini prawf y radd uwch.

Byddai wedi bod yn ddefnyddiol imi gael strwythur mwy penodol yn fy aseiniad, er enghraifft, grwpio dulliau y gellir eu defnyddio gyda'i gilydd i wella canfyddiadau cyfranogwyr.

Pwyntiau i'w hystyried

▶ Ydych chi wedi cynllunio'ch aseiniad fel eich bod yn gwybod y byddwch yn gallu ei orffen erbyn y dyddiad cau?

▶ Oes gennych chi'r adnoddau a argymhellir yn ogystal â'ch nodiadau dosbarth i'ch helpu chi i ddarparu tystiolaeth a chyfeiriadau i gefnogi a datblygu'r dadleuon rydych chi'n bwriadu eu gwneud?

▶ A yw'ch aseiniad wedi'i ysgrifennu yn eich geiriau eich hun? Oes gennych chi restr gyfeirio sy'n cynnwys yr holl adnoddau a ddefnyddiwyd i helpu i wneud yr aseiniad?

Cyfarwyddo Ymarfer
i Gerddoriaeth 15

Dod i adnabod eich uned

Asesiad

Byddwch yn cael eich asesu drwy gyfrwng cyfres o aseiniadau a osodwyd gan eich tiwtor.

Mae ymarfer corff i gerddoriaeth yn ffordd boblogaidd i bobl gymryd rhan mewn gweithgaredd corfforol, gan helpu i godi lefelau cymhelliant cyfranogwyr a'u hannog yn ôl i'r dosbarthiadau eto.

Er mwyn coreograffu sesiwn ymarfer corff i gerddoriaeth (ETM – *exercise to music*), mae angen i chi ystyried anghenion y cyfranogwyr, ac addasu sesiynau a gweithgareddau i ddiwallu'r anghenion hynny. Bydd yr uned hon yn eich dysgu sut i gynllunio a chyfarwyddo sesiwn ETM ddiogel ac effeithiol yn llwyddiannus, gan gynnwys yr holl wahanol elfennau sy'n ofynnol, megis cynhesu, oeri a'r 'gromlin aerobig'. Bydd yn eich dysgu sut i adolygu'ch sesiynau a nodi meysydd i'w gwella, yn ogystal â sut i gynnal y gwiriadau hanfodol ar gyfranogwyr cyn dechrau'r sesiwn.

Sut y cewch eich asesu

Bydd yr uned hon yn cael ei hasesu'n fewnol drwy gyfrwng cyfres o dasgau a osodir gan eich tiwtor. Trwy gydol yr uned hon fe welwch ymarferion asesu defnyddiol a fydd yn eich helpu i weithio tuag at eich aseiniad. Ni fydd cwblhau pob un o'r ymarferion hyn yn golygu eich bod yn cyrraedd gradd benodol, ond byddwch wedi cyflawni ymchwil neu baratoadau defnyddiol a fydd yn berthnasol ar gyfer eich aseiniad terfynol.

I gyflawni'r tasgau yn eich aseiniad, mae'n bwysig gwirio eich bod wedi cwrdd â'r holl feini prawf er mwyn Llwyddo. Gallwch wneud hyn wrth i chi weithio'ch ffordd trwy'r aseiniad.

Os ydych chi'n gobeithio ennill gradd Deilyngdod neu Ragoriaeth, dylech hefyd sicrhau eich bod chi'n cyflwyno'r wybodaeth yn eich aseiniad yn yr arddull sy'n ofynnol gan y maen prawf asesu perthnasol. Er enghraifft, mae meini prawf Teilyngdod yn gofyn i chi ddadansoddi ac asesu, ac mae meini prawf Rhagoriaeth yn gofyn ichi werthuso.

Bydd yr aseiniad a osodir gan eich tiwtor yn cynnwys nifer o dasgau sydd wedi'u cynllunio er mwyn bodloni'r meini prawf yn y tabl. Mae hyn yn debygol o gynnwys aseiniad ysgrifenedig ond gall hefyd gynnwys gweithgareddau fel:

▶ cynllunio a darparu sesiwn ETM

▶ gwerthuso eich perfformiad eich hun wrth gynllunio a darparu sesiwn ETM i ddiwallu anghenion cyfranogwyr

▶ llunio adroddiad ysgrifenedig yn cyfiawnhau'ch cryfderau eich hun ac yn gwneud argymhellion ar gyfer hunan-wella.

Meini prawf asesu

Mae'r tabl hwn yn dangos yr hyn sy'n rhaid i chi ei wneud i **Lwyddo**, neu i gael **Teilyngdod** neu **Ragoriaeth**, a sut i ddod o hyd i weithgareddau i'ch helpu.

Llwyddo	Teilyngdod	Rhagoriaeth

Nod dysgu A Archwilio'r prosesau o asesu cleientiaid cyn iddyn nhw gymryd rhan mewn ymarferion

Llwyddo	Teilyngdod	Rhagoriaeth
A.P1 Esbonio'r canlyniadau o sgrinio cleientiaid, gan ddisgrifio eu gofynion ar gyfer sesiwn ETM. Ymarfer asesu 15.1	**A.M1** Dadansoddi'r canlyniadau o'r ffurflenni sgrinio mewn perthynas â'u gofynion ar gyfer sesiwn ETM. Ymarfer asesu 15.1	**AB.D1** Cynllunio sesiwn ETM effeithiol sy'n cynnwys ymarferion wedi'u haddasu i ddiwallu anghenion cleientiaid penodol. Ymarfer asesu 15.1
A.P2 Disgrifio ffactorau a all effeithio ar gymryd rhan mewn ymarfer corff yn ddiogel ar gyfer cleientiaid cyferbyniol. Ymarfer asesu 15.1		

Nod dysgu B Cynllunio sesiwn ETM grŵp ar gyfer cyfranogwyr

Llwyddo	Teilyngdod	Rhagoriaeth
B.P3 Cynllunio sesiwn ETM sylfaenol sy'n amlinellu'r ymarferion a ddefnyddir ar gyfer pob cydran o sesiwn ymarfer corff, Ymarfer asesu 15.1	**B.M2** Cynllunio sesiwn ETM gynhwysfawr sy'n disgrifio pob ymarfer ar gyfer pob cydran o sesiwn ymarfer corff ar gyfer grŵp targed. Ymarfer asesu 15.1	

Nod dysgu C Cynnal ac adolygu sesiwn ETM

Llwyddo	Teilyngdod	Rhagoriaeth
C.P4 Arddangos sesiwn ETM ddiogel ac effeithiol. Ymarfer asesu 15.2	**C.M3** Arddangos sgiliau cyfathrebu effeithiol gyda chyfranogwyr tra'n arwain sesiwn ETM yn ddiogel ac effeithiol. Ymarfer asesu 15.2	**C.D2** Dangos y gallu i ymateb yn effeithiol i anghenion gwahanol gyfranogwyr, ac addasu cyfarwyddyd ac ymarferion i ddiwallu anghenion pob cyfranogwr. Ymarfer asesu 15.2
C.P5 Arddangos sgiliau cyfathrebu sylfaenol gyda chyfranogwyr wrth gyflwyno sesiwn ETM ddiogel ac effeithiol. Ymarfer asesu 15.2	**C.M4** Asesu cryfderau eich perfformiad eich hun wrth ddarparu sesiwn ETM, i argymell hunan-welliant. Ymarfer asesu 15.2	**C.D3** Gwerthuso eich perfformiad eich hun wrth gynllunio a darparu sesiwn ETM i ddiwallu anghenion cleientiaid, gan gyfiawnhau cryfderau ac argymhellion ar hunan-welliant. Ymarfer asesu 15.2
C.P6 Esbonio cryfderau a meysydd ar gyfer gwella eich perfformiad eich hun wrth gyflwyno sesiwn ETM. Ymarfer asesu 15.2		

Dechrau arni

Mae dosbarthiadau ETM ar gyfer grwpiau wedi bod yn rhan o'r diwydiant iechyd a ffitrwydd ers blynyddoedd lawer ac maen nhw'n dal yn boblogaidd dros ben. Mae angen sawl sgìl allweddol ar hyfforddwr i gynllunio a darparu sesiwn ETM ddiogel ac effeithiol ar gyfer ystod o wahanol gyfranogwyr. Lluniwch fap yn eich pen o'r gwahanol ffyrdd y gall hyfforddwr addasu ei sesiwn i ddiwallu anghenion y cyfranogwyr gan sicrhau bod y sesiwn yn parhau i fod yn ddiogel ac yn effeithiol. Pan fyddwch wedi cwblhau'r uned hon, ailystyriwch eich map meddwl i weld a allwch ychwanegu rhagor o ffyrdd o addasu sesiwn.

A Archwilio prosesau asesu cyfranogwyr cyn cymryd rhan mewn ymarfer corff

Cysylltiad

Mae gan yr uned hon gysylltiadau cryf ag
Uned 2: Hyfforddi a Rhaglennu Ffitrwydd ar gyfer Iechyd, Chwaraeon a Lles,
Uned 12: Hunangyflogaeth yn y Diwydiant Chwaraeon ac
Uned 13: Cyfarwyddo Ymarferion yn y Gampfa.

Cysylltiad

Ymdrinnir â sgrinio cyfranogwyr yn *Uned 2: Hyfforddi a Rhaglennu Ffitrwydd ar gyfer Iechyd, Chwaraeon a Lles.*

Trafodaeth

Beth fyddech chi'n ei wneud pe bai cyfranogwr yn rhoi ateb ar PAR-Q neu yn ystod y broses sgrinio a gododd bryderon? At bwy y gallwch chi gyfeirio cyfranogwr os bydd hyn yn digwydd?

Ar ôl atgyfeirio cyfranogwr y cododd ei atebion bryderon yn ystod y sgrinio, beth fyddai angen iddo ei wneud cyn cymryd rhan mewn ymarfer corff?

Rhan o'r gwaith o fod yn hyfforddwr ETM yw paratoi cyfranogwyr ar gyfer sesiwn ddiogel sy'n diwallu eu hanghenion unigol. Mae'n bwysig sgrinio cyfranogwyr i ddarganfod eu gofynion penodol ac a oes ganddyn nhw anaf, salwch neu gyflwr a allai effeithio ar eu diogelwch yn y sesiwn. Rhaid i chi wybod sut i sgrinio cyfranogwyr a sut i ddehongli'r data rydych chi'n ei gasglu fel y gallwch chi addasu'ch sesiwn yn briodol.

Cyfranogwyr sgrinio

Cyn i unrhyw un gymryd rhan mewn unrhyw sesiwn ymarfer corff, mae'n hanfodol eich bod yn asesu faint o weithgaredd y mae'r cyfranogwyr yn ei wneud ar hyn o bryd, yn ogystal â'i iechyd ac unrhyw gyflyrau meddygol neu anafiadau. Dylai pob cyfranogwr gwblhau sesiwn sgrinio. Ymdriniwyd â'r rhain yn fanwl yn *Uned 2: Hyfforddi a Rhaglennu Ffitrwydd ar gyfer Iechyd, Chwaraeon a Lles*, ond gallant gynnwys:

► cyfweliadau byr, anffurfiol
► holiaduron cyn ymarfer fel PAR-Q a holiadur ffordd o fyw
► arsylwadau.

Os ydych yn ansicr ynghylch unrhyw ymateb a roddir fel rhan o holiadur cyn-ymarfer, neu gyfweliad, ni ddylech ganiatáu i'r cyfranogwr wneud y sesiwn ymarfer corff. Cofiwch mai iechyd a diogelwch y cyfranogwr yw eich prif gonsyrn.

Cydsyniad gwybodus a chyfrinachedd

Rhaid i gyfranogwyr mewn sesiynau ETM roi caniatâd cyn cwblhau dull sgrinio a rhoi eu 'caniatâd gwybodus'. Caniatâd gwybodus yw'r broses ar gyfer cael caniatâd cyfranogwr cyn iddo fynd trwy'r broses sgrinio. Gellir ei roi ar lafar (y cyfranogwr yn cytuno ar lafar) neu'n ysgrifenedig (y cyfranogwr yn llofnodi ffurflen).

Trwy roi caniatâd gwybodus, mae'r cyfranogwr yn cytuno i roi gwybodaeth bersonol i chi ac yn caniatáu ichi gasglu, storio a defnyddio'r wybodaeth honno i lunio ymarferion sy'n diwallu eu hanghenion penodol. Mae'r sgrinio hefyd yn gyfle ichi gael syniad am lefel ffitrwydd y cyfranogwr a'i addasrwydd ar gyfer cymryd rhan mewn ymarfer corff yn rheolaidd. Os oes gan gyfranogwr anafiadau, salwch a/neu gyflyrau meddygol, yna mae'n rhaid i chi wybod hyn fel y gallwch wneud penderfyniad priodol ar addasrwydd y cyfranogwr i wneud ymarfer corff. Trwy gael caniatâd gwybodus gyda'r cyfranogwyr yn cytuno i rannu'r wybodaeth bersonol hon gyda chi, gallwch sicrhau eu diogelwch.

Wrth gasglu gwybodaeth bersonol, mae'n bwysig sicrhau cyfrinachedd y cyfranogwr. Dylai unrhyw wybodaeth a roddir i chi gan gyfranogwr aros rhyngoch chi ac ef. Mae'n ymddiried ynoch chi i gadw ei wybodaeth yn ddiogel. Mae yna gyfreithiau, fel Deddf Diogelu Data 1998, sy'n amddiffyn pobl rhag gwerthu neu ddefnyddio gwybodaeth bersonol. Ni ellir dangos y wybodaeth rydych chi'n ei chasglu i unrhyw un arall heb gydsyniad y cyfranogwr a dylid ei chadw'n ddiogel. Er enghraifft, gallai hyn fod mewn cabinet ffeilio dan glo os caiff ei storio ar bapur neu mewn ffeil a ddiogelir gan gyfrinair os yw'n electronig.

Gohirio ymarfer dros dro

Gall y sgrinio cyn dechrau ymarfer ddangos bod rhesymau dros gynghori cyfranogwyr i ohirio cyn dechrau'r ymarfer:

▶ un neu ragor o ymatebion pryderus yn y PAR-Q

▶ pryderon ynghylch iechyd a ddaeth i'r amlwg yn ystod y prosesau sgrinio

▶ **gwrtharwyddion**, er enghraifft beichiogrwydd neu driniaeth ar gyfer problemau iechyd **cronig**.

Os yw hyn yn wir, mae'n bwysig i gyfranogwr ohirio rhag dechrau ymarfer corff er mwyn ei ddiogelu rhag anaf neu salwch pellach. Gall ymarfer corff waethygu anafiadau neu afiechydon presennol ac oedi adferiad. Er enghraifft, byddai bod â straen yn y cyhyrau yn rheswm i ohirio dosbarth ymarfer corff – byddai'n well gwella yn gyntaf o'r straen ac yna parhau i ymarfer. Byddai gohirio dros dro yn golygu atal cyfranogwr rhag ymarfer, ond bydd modd iddyn nhw ailddechrau cyn gynted ag y byddant yn well. Fel arfer, byddai angen i gyfranogwr sydd wedi'i ohirio gwblhau PAR-Q arall a rhoi caniatâd gwybodus ei fod yn gallu cymryd rhan mewn ymarfer corff.

⏸ **MUNUD I FEDDWL** Allwch chi egluro i gyfranogwr y buddion o gwblhau proses sgrinio cyn dechrau ymarfer corff yn rheolaidd?

Awgrym Beth sy'n cael ei ganfod drwy sgrinio cyfranogwyr cyn dechrau ymarfer corff?

Ymestyn Beth yw'r manteision i'r hyfforddwr o sgrinio cyfranogwyr?

Ffactorau sy'n effeithio ar wneud ymarfer corff yn ddiogel

Mae gan wahanol grwpiau o gyfranogwyr ystyriaethau gwahanol ar gyfer cymryd rhan yn ddiogel mewn sesiynau ETM. Mae'n bwysig eich bod chi'n gyfarwydd â rhai o'r prif fathau o grwpiau o gyfranogwyr a'r ystyriaethau cyffredin y mae angen rhoi sylw iddyn nhw, fel y gellir addasu sesiynau i'w helpu i gymryd rhan yn ddiogel. Mae Tabl 15.1 yn dangos y tri phrif grŵp o gyfranogwyr a phethau y dylid eu hystyried wrth gynllunio sesiwn, ond efallai y bydd angen addasiadau tebyg ar gyfranogwyr unigol eraill yn dibynnu ar eu hamgylchiadau nhw.

▶ **Tabl 15.1:** Y tri phrif grŵp o gyfranogwyr a'u hystyriaethau

Grŵp o gyfranogwyr	Ystyriaethau
Pobl ifanc 14–16 oed	• Ddylen nhw ddim cymryd rhan mewn ymarferion trwm sy'n seiliedig ar wrthiant
Merched cynenedigol (beichiog) neu ôl-enedigol (sydd wedi cael babi yn ddiweddar)	• Dylid osgoi ymarferion effaith uchel a dwysedd uchel • Gall fod â phroblemau o ran ymestyn • Dylid cyfyngu ar ymarferion abdomenol • Dylid cyfyngu ar yr amser a dreulir yn gorwedd ar y llawr
Pobl hŷn (50+)	• Dylid osgoi ymarferion effaith uchel • Gall fod problemau gydag ymestyn

▶ Efallai y bydd yn rhaid i chi wneud addasiadau i ddarparu ar gyfer menywod beichiog yn eich sesiwn

MUNUD I FEDDWL   Disgrifiwch nodweddion y prif grwpiau o gyfranogwyr..

Awgrym   Lluniwch fap yn eich pen o'r prif wrtharwyddion ar gyfer pob grŵp o gyfranogwyr.

Ymestyn   Ar gyfer pob gwrtharwydd yn eich map, ychwanegwch enghreifftiau o sut y gellir addasu sesiwn.

Astudiaeth achos

Rydych chi'n gweithio fel cynorthwyydd i hyfforddwr ffitrwydd mewn canolfan hamdden leol. Hoffai grŵp o oedolion rhwng 45 a 55 oed ddechrau cymryd rhan yn sesiynau ETM y ganolfan. Mae'r grŵp yn gymysgedd o ddynion a menywod. Mae'r mwyafrif ohonyn nhw eisoes yn cymryd rhan mewn rhyw fath o ymarfer corff yn y ganolfan hamdden. Gofynnwyd i chi ddarllen holiaduron sgrinio'r cyfranogwyr a helpu i gynllunio'r sesiwn ETM gyntaf.

Gwiriwch eich gwybodaeth

1 Pa wybodaeth sydd angen i chi ei chasglu ar gyfer pob unigolyn?
2 Beth yw manteision casglu gwybodaeth yn ystod sgrinio cyfranogwyr?
3 Nodwch unrhyw wrtharwyddion a allai fod gan y grŵp hwn o bobl.
4 Sut allech chi addasu sesiwn ETM i ddiwallu anghenion y grŵp hwn?

B Cynllunio sesiwn ETM ar gyfer grŵp o gyfranogwyr

Dewis cerddoriaeth

Mae cerddoriaeth yn darparu'r amseriad ar gyfer y symudiadau ond mae hefyd yn gwneud y dosbarth yn fwy o hwyl i gyfranogwyr. Mae'r dewis o gerddoriaeth yn bwysig wrth lunio'r math o ddosbarth a fydd gennych, felly mae'n rhaid i chi fod yn gyfarwydd â'r cysyniad o **guriadau'r funud (bpm)** a'r cyflymder priodol ar gyfer pob cydran o'r sesiwn ETM.

Gallwch ddarllen mwy am wahanol gydrannau sesiwn ETM ar dudalen 164, ond y curiadau a awgrymir y funud (bpm) ar gyfer pob cydran yw:

▶ 120–135 bpm ar gyfer cynhesu

▶ 125–150 bpm ar gyfer prif ran y dosbarth

▶ 80–100 bpm ar gyfer y sesiwn oeri ac ymestyn.

Mae'r bpm a awgrymir ar gyfer pob cydran o'r sesiwn ETM yn helpu'r cyfranogwyr i gyrraedd cyfradd curiad y galon briodol ar gyfer y gweithgaredd. Fel rheol, dylid defnyddio cerddoriaeth gyflymach ar gyfer adrannau dwysedd uwch a cherddoriaeth arafach ar gyfer adrannau dwysedd is. Er enghraifft, yn ystod y cynhesu mae'n bwysig i'r corff addasu i ymarfer corff, felly mae angen i gyfradd y galon gynyddu o'r gyfradd orffwys ac mae angen i'r cyhyrau ddechrau gweithio'n galetach. Yna, wrth i'r sesiwn arwain i'r brif gydran, mae cyfradd curiad y galon yn cynyddu ac mae'r bpm hefyd yn cynyddu i annog y cyfranogwyr i weithio'n galetach ac ar ddwysedd uwch. Yna dylai'r bpm ollwng eto ar gyfer y sesiwn oeri er mwyn helpu cyfradd curiad y galon i fynd yn ôl i'r lefel normal.

Os yw'r gerddoriaeth yn rhy gyflym, mae'r cyfranogwyr mewn perygl o anafu eu hunain a chynhyrchu symudiadau gwael. Os yw'r gerddoriaeth yn rhy araf, efallai na fydd y cyfranogwyr yn gweithio ar y dwysedd cywir ac yn methu â chynyddu curiad eu calon yn ddigonol.

Dewis cerddoriaeth briodol

Wrth feddwl am ddewis cerddoriaeth, yn ogystal â meddwl am y bpm mae angen i chi hefyd ystyried y grŵp a sut y byddant yn ymateb i'r dewis o gerddoriaeth. Rhaid i chi ystyried y geiriau (os oes rhai) ac a ydyn nhw'n addas i'ch grŵp. Mae rhai mathau o gerddoriaeth, fel pop a dawns, yn gweithio'n arbennig o dda ac yn caniatáu i symudiadau'r corff ffitio'n dda i'r tempo. Efallai y byddwch yn gweld ei bod yn anodd **coreograffu** symudiadau i rap a metel trwm ac y gallant fod yn ddewisiadau llai poblogaidd.

Efallai y byddwch am ddefnyddio casgliadau sydd wedi'u cymysgu'n barod ar gyfer eich sesiwn ETM hyd nes byddwch yn dod yn fwy hyderus wrth ddewis cerddoriaeth. Gall casgliadau sydd wedi'u cymysgu'n barod arbed yr angen ichi baratoi eich cerddoriaeth eich hun, ond efallai na fyddant yn cynnig yr ystod a'r math o gerddoriaeth y byddech am ei defnyddio ar gyfer eich grwpiau penodol.

▶ Dylid defnyddio cerddoriaeth tempo uchel ym mhrif ran y sesiwn ymarfer corff

 MUNUD I FEDDWL   Allwch chi egluro pam ei bod yn bwysig dewis y bpm cywir ar gyfer pob cydran o'ch sesiwn ETM?

Awgrym   Beth yw rôl cerddoriaeth mewn sesiwn ETM?

Ymestyn   Gwnewch restr o ganeuon neu gerddoriaeth y byddech chi'n eu defnyddio ar gyfer gwahanol gydrannau sesiwn ETM, gan esbonio pam y gwnaethoch chi ddewis pob un.

Gofynion cyfreithiol sy'n ymwneud â cherddoriaeth

Mae angen trwydded arnoch cyn y gallwch chi chwarae cerddoriaeth yn eich sesiynau. Mae'n anghyfreithlon chwarae cerddoriaeth yn gyhoeddus heb brynu trwydded oherwydd heb drwydded nid ydych wedi cael caniatâd **hawlfraint** gan y perchnogion. Mae talu ffi'r drwydded yn golygu bod y cyfansoddwr yn cael ei dalu am chwarae ei gerddoriaeth ac rydych chithau'n cael caniatâd i'w chwarae. Pe na byddai ffioedd hawlfraint, ni fyddai cerddorion yn gallu gwneud bywoliaeth o'u cerddoriaeth.

Mae dau sefydliad yn y DU sy'n rhoi trwyddedau:

▶ **Phonographic Performance Ltd** (a elwir yn aml yn PPL) – sefydliad dielw sy'n gwerthu trwyddedau ar gyfer perfformiadau cyhoeddus a darlledu yn y DU. Mae'n rheoli hawlfraint **cerddoriaeth wedi'i recordio a ddefnyddir mewn perfformiadau cyhoeddus**.

▶ **Performing Rights Society (PRS)** sefydliad sy'n gwerthu trwyddedau sy'n caniatáu defnyddio geiriau a cherddoriaeth gyfansoddedig i'w chwarae yn gyhoeddus neu eu copïo ar bethau fel CDs neu DVDs.

Mae PPL a PRS for Music yn sefydliadau ar wahân ac efallai y bydd angen trwydded arnoch gan y ddau.

Mae yna hefyd nifer o gyflenwyr cerddoriaeth trwyddedig, fel FitMixPro, FitPro a Pure Energy, sy'n cynhyrchu cerddoriaeth y gallwch ei phrynu a'i chwarae yn gyhoeddus heb orfod prynu trwydded PPL neu PRS. Mae'r cwmnïau hyn eisoes wedi talu'r ffi hawlfraint i chi ddefnyddio'r gerddoriaeth.

Coreograffi ar gyfer sesiwn ETM i grŵp

Er mwyn gallu coreograffu sesiwn ETM mae angen i chi fod yn gyfarwydd â'r gwahanol symudiadau y gallwch eu defnyddio, sut i'w cysylltu gyda'i gilydd a sut i newid dwysedd y sesiwn. Mae angen i chi allu datblygu **cymalau** (*phrases*) y gellir eu defnyddio yn eich sesiwn sy'n dilyn curiadau'r gerddoriaeth. Mae'r rhan fwyaf o gerddoriaeth yn cynnwys cymalau o 4 i 8 curiad ac mae angen i'ch cymalau ddilyn y dilyniant hwn.

Termau allweddol

Coreograffu – cynllunio dilyniant o gamau a symudiadau sy'n llifo gyda'i gilydd.

Hawlfraint – yr hawl gyfreithiol unigryw ac aseiniadwy, a roddir i'r cyfansoddwr gwreiddiol am nifer sefydlog o flynyddoedd, i argraffu, cyhoeddi, perfformio, ffilmio neu recordio deunydd llenyddol, artistig neu gerddorol.

Cymal (*phrase*) – dilyniant sy'n cynnwys hyd at bedwar neu wyth curiad o gerddoriaeth.

Ymchwil

Pam mae'n rhaid i chi brynu trwydded i chwarae cerddoriaeth yn gyhoeddus? Ble allwch chi gael trwydded ar gyfer cerddoriaeth?

A oes gwahanol fathau o drwyddedau cerddoriaeth?

A oes eithriadau i brynu trwyddedau cerddoriaeth i'w chwarae yn gyhoeddus?

Mewn aerobeg, fel arfer mae 1 curiad yn y gerddoriaeth yn cyfateb i 1 cam; byddai cymal 8 curiad fel arfer yn cynnwys 4 cam araf neu 8 cam cyflym. Gallwch chi wneud 'brawddeg' neu drefniant drwy gyfuno 4 cymal neu 32 curiad gyda'i gilydd. Gweithiwch i gymalau'r gerddoriaeth, gyda'ch sesiwn yn cynnwys cymalau a phob cymal yn dilyn curiad y gerddoriaeth.

Fe allech chi hefyd ddewis 'dull rhydd' i'r sesiwn, sy'n cynnwys ei gwneud i fyny wrth ichi fynd ymlaen, ond byddai angen i chi feddwl yn gyflym iawn a chael llawer o wahanol symudiadau a chymalau i'w cymhwyso'n gyflym ac yn gywir. Yn lle gwneud hyn, mae'n well cynllunio'ch sesiwn ymlaen llaw. Dylech feddwl am yr egwyddorion canlynol wrth ddatblygu coreograffi ar gyfer dosbarth ymarfer corff i gerddoriaeth.

▶ **Mathau o symudiadau** – pa symudiadau y byddwch chi'n eu defnyddio i adeiladu'r cymalau yn eich sesiwn? Mae'n hawdd adeiladu ar rai camau neu symudiadau, felly defnyddiwch nhw i ddarparu sylfaen y gallwch chi adeiladu eich trefniant arni, er enghraifft camau bocs (gweler Ffigur 15.1), cyrlau llinyn y gâr (gweler Ffigur 15.2) neu'r winwydden (gweler y diagram cam wrth gam isod).

▶ **Cyfuno a chysylltu symudiadau** – gallwch gyfuno/ychwanegu symudiadau i wneud cymal hirach. Gallwch gysylltu symudiadau gyda'i gilydd trwy ddefnyddio gorymdeithio, tapiau traed a chyffyrddiadau camu.

▶ **Newid cyfeiriad** – mae hwn yn ddull pwysig i wneud eich sesiwn yn fwy diddorol a heriol i'r cyfranogwyr.

▶ **Dwysedd** – gellir ei newid trwy:
  • newid ac addasu'r symudiadau i gynyddu neu leihau dwysedd y cymal; er enghraifft, fe allech chi gwblhau symudiad ddwywaith ar amser dwbl neu gwblhau'r symudiad heb ddefnyddio'r corff cyfan (er enghraifft, naid seren gyda breichiau ar yr ochr)
  • newid hyd y **lifer** a ddefnyddir yn y symudiad; er enghraifft, mae cyrliad cyhyryn deuben pan mae'r breichiau wedi'u plygu yn ddwysedd is nag ymarfer lle mae'r breichiau wedi eu hymestyn
  • newid cyflymder y symudiadau a fydd yn cael effaith ar osgo ac aliniad yn ogystal â dwysedd.

▶ **Effaith** – trwy ddefnyddio ymarferion effaith uchel ac isel gallwch amrywio'r sesiwn i weddu i bob lefel o allu yn eich grŵp a gwneud y symudiadau yn briodol ar gyfer y gydran benodol rydych chi'n gweithio arni. Er enghraifft, gallai effaith uchel olygu codi pengliniau i fyny mor uchel â phosib wrth berfformio gorymdeithio a'r effaith isel ar gyfer yr ymarfer hwn fyddai cadw bysedd y traed ar y llawr wrth orymdeithio.

Dylech hefyd feddwl am ymarferion amgen y gallech eu defnyddio i wneud y dosbarth yn hygyrch ac yn addas i'r holl gyfranogwyr. Gall grwpiau penodol ddefnyddio'r rhain neu pan fydd cyfranogwyr yn teimlo'n flinedig ac eisiau lleihau eu dwysedd. Enghreifftiau o hyn fyddai gweisg byrfraich wal ar gyfer oedolion hŷn neu ymarferion effaith isel ar gyfer menywod beichiog.

Term allweddol

Lifer – mecanwaith syml sy'n caniatáu i rym gael ei gymhwyso. Yn y sgerbwd dynol, mae esgyrn yn liferi, gan ddarparu mecanwaith i ganiatáu i chi godi pwysau mwy.

Awgrym diogelwch

Gwnewch yn siŵr eich bod chi'n addasu'r ymarferion ar gyfer gallu'r grŵp ac yn caniatáu amser i batrymau symud gael eu dysgu cyn symud ymlaen i ddilyniant mwy cymhleth.

Cam wrth gam: Gwinwydden

`5 Cam`

1 Sefwch â'ch traed led ysgwydd ar wahân.

4 Camwch i'r chwith gyda'ch troed dde.

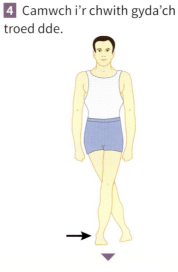

2 Mae'r droed dde yn camu dros y droed chwith ac rydych chi'n symud i'r chwith.

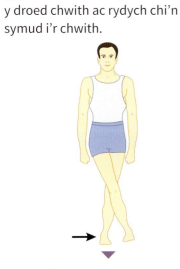

5 Rhowch y ddwy droed at ei gilydd a'r dwylo gyda'i gilydd.

3 Camwch i'r chwith gyda'ch troed chwith.

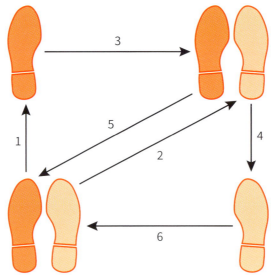

Dechrau/Gorffen

▶ **Ffigur 15.1:** Sut i wneud stepiau bocs

Ciwio

Defnyddir ciwio gan hyfforddwyr i roi gwybod i'r grŵp pryd y bydd y cam neu'r cymal nesaf yn cychwyn. Bydd yr hyfforddwr yn defnyddio ciwiau i wneud i'r grŵp deimlo'n hyderus ac yn rhan o'r tîm. Mae ciwiau yn aml yn rhai llafar, er enghraifft gweiddi 'stop', 'rhedeg', 'gadewch i ni ei wneud yn fwy dwys' neu gyfrif '1, 2, 3, 4'. Mae angen i giwiau llafar fod yn glir ac i'r pwynt fel bod cyfranogwyr yn gallu eu deall ar unwaith.

Mae ciwiau eraill yn weledol. Mae'r rhain yn cynnwys defnyddio'ch llaw neu'ch pen i ystumio, a symud ymlaen neu yn ôl i nodi newid cyfeiriad. Gallwch hefyd dapio bysedd eich traed i nodi cyfeiriad, dwysedd ac amseriad y cymalau.

▶ **Ffigur 15.2:** Cyrliad llinyn y gâr

Damcaniaeth ar waith

Wrth goreograffu sesiwn ETM, mae'n bwysig ystyried y mathau o symudiad a'u dwysedd a'u heffaith fel bod y sesiwn yn llifo ac yn gweithio'n dda gyda'r gerddoriaeth o'ch dewis chi.

- Dewiswch gân neu ddarn o gerddoriaeth y byddech chi'n ei ddefnyddio ar gyfer cydran benodol o sesiwn ETM.
- Rhowch enghreifftiau o gymalau symud y byddech chi'n eu defnyddio a sut fyddech chi'n eu coreograffu i'r gerddoriaeth.
- Nodwch rannau penodol o'r gerddoriaeth a'u cysylltu â'r cymalau a ddewiswyd gennych ar gyfer y symudiadau.

Enghraifft

One More Time gan Daft Punk (132 bpm) – enghraifft o gymal 32 curiad

One more time a celebration	Cymal 8-curiad, e.e. 2 winwydden
You know we're gonna do it right	Cymal 4 curiad, e.e. stepio bocs
Tonight, just feeling	Cymal 8 curiad, e.e. 4 cyrliad coes a 4 codi pen-glin
Music's got me feeling the need	Cymal 4 curiad, e.e. gwinwydden
We're gonna celebrate	Cymal 4 curiad, e.e. stepio bocs
One more time	Cymal 4 curiad, e.e. 4 cyrliad coes

Datblygu cydsymudiad trwy adeiladu symudiadau yn raddol

Yn ogystal â defnyddio cymalau i gynyddu dwysedd ac effaith eich sesiynau yn raddol, dylech hefyd ddefnyddio technegau haenu a phatrymau cynnal i ddatblygu cydsymudiad trwy adeiladu'r symudiadau yn raddol.

Technegau haenu

Defnyddir technegau haenu i ymestyn eich coreograffi. Mae haenu yn caniatáu ichi wneud newidiadau i symudiad neu gymal sy'n bodoli eisoes trwy newid cyfeiriad, rhythm, dwysedd, effaith neu hyd lifer. Dim ond un o'r rhain y byddech chi'n ei newid ar y tro fel y gall y cyfranogwyr gyfarwyddo â'r cymal neu'r symudiad cyn i chi ei newid eto. Er enghraifft, gallai techneg haenu ymestyn cymal trwy gynyddu'r effaith i wneud i symudiadau gael eu perfformio ar gyflymder rhedeg yn lle cyflymder cerdded.

Patrymau cynnal

Mae patrymau cynnal yn ddilyniannau neu arferion byr y gall eich grŵp eu dysgu a dod yn gyfarwydd â nhw. Gellir defnyddio'r rhain wrth newid cyflymder y sesiwn neu os cewch rwystr wrth gyflwyno'r sesiwn. Dylai'r patrwm cynnal gynnwys set o symudiadau neu gymalau hawdd eu dysgu fel trefn 32-curiad, 4-cymal, er enghraifft 4 cyffyrddiad, 2 winwydden, 4 cyrliad coesau, 4 codi pengliniau, 2 winwydden a 4 cyrliad coesau.

> **Damcaniaeth ar waith**
>
> Wrth goreograffu sesiwn ETM, mae angen i chi gynnwys technegau haenu a phatrymau cynnal. Bydd y rhain yn caniatáu i'ch cyfranogwyr ddod yn gyfarwydd â'ch steil ETM a byddant yn eich galluogi i adeiladu ar eich coreograffi.
> - Lluniwch batrwm cynnal sy'n cynnwys cymal 32 curiad. Dylai gynnwys symudiadau sylfaenol, hawdd eu dilyn.
> - Yna, ychwanegwch haenu i'ch patrwm cynnal trwy newid cyfeiriad rhan o'r cymal 32-curiad.
> - Parhewch i haenu eich cymal 32-curiad trwy newid rhythm, dwysedd ac effaith.

Ymarfer asesu 15.1

`A.P1` `A.P2` `B.P3` `A.M1` `B.M2` `AB.D1`

Fel hyfforddwr ffitrwydd newydd gymhwyso, rydych chi am gychwyn dosbarth ETM yn eich neuadd bentref leol. Rydych chi wedi hysbysebu'r dosbarthiadau ac wedi cael ymateb da, gyda deg o bobl wedi cofrestru. Mae angen i chi gasglu gwybodaeth sgrinio gan y cyfranogwyr i addasu'ch sesiwn yn briodol. Ymhlith y cyfranogwyr mae:
- Mary, menyw feichiog 30 oed sy'n gyfarwydd ag ymarfer corff
- Ade, dyn 65 oed a ymddeolodd yn ddiweddar o rôl swyddfa eisteddog ac sy'n chwilio am hobi newydd
- Donna, menyw 40 oed sydd wedi cael cyngor gan ei meddyg teulu i wneud mwy o ymarfer corff oherwydd ei bod dros bwysau.

Ar ôl i chi ddehongli'r data o'r broses sgrinio, mae angen i chi gynllunio'r sesiwn ETM. Sicrhewch eich bod wedi addasu'r sesiwn i weddu i anghenion eich cyfranogwyr.

1 Lluniwch adroddiad sy'n esbonio'r gofynion tebygol ar gyfer y tri chyfranogwr hyn ac yn disgrifio'r ffactorau sy'n effeithio ar ddiogelwch pob un, gan gynnwys y mathau o ymarferion y dylent eu hosgoi.

2 Lluniwch gynllun ar gyfer sesiwn ETM sy'n cynnwys ystod o wahanol fathau o ymarferion wedi'u haddasu i ddiwallu anghenion y gwahanol gyfranogwyr hyn. Mae angen i'r addasiadau roi opsiynau sy'n gwneud yr ymarferion yn haws i'w dilyn o ran cydsymud, dwysedd ac effaith, ynghyd â rhoi cyfleoedd anoddach i herio cydsymud y cyfranogwyr. Mae angen iddynt hefyd gynnig addasiadau dwysedd uwch ac effaith uchel fel y gellir gwahaniaethu'r dosbarth ymarfer corff ar gyfer anghenion pob cyfranogwr.

Cynllunio
- Beth yw'r dasg? Beth sydd raid i mi ei wneud?
- Pa mor hyderus ydw i yn fy ngalluoedd fy hun i gyflawni'r dasg hon?
- A oes unrhyw feysydd y credaf y byddaf yn cael anhawster â hwy?

Gwneud
- Rwy'n gwybod beth rwy'n ei wneud a beth rydw i eisiau ei gyflawni.
- Galla i adnabod pryd rydw i wedi mynd o'i le ac addasu fy meddwl/dull i gael fy hun yn ôl ar y trywydd iawn.

Adolygu
- Gallaf egluro beth oedd pwrpas yr adroddiad a gwybod beth i edrych amdano yng nghanlyniadau holiaduron sgrinio cyfranogwyr.
- Gallaf egluro sut i gynllunio sesiwn ETM ddiogel a sut i'w haddasu i ddiwallu anghenion y cyfranogwyr.

C Cynnal ac adolygu sesiwn ETM

Amcanion sesiwn ETM

Cyn i'ch cyfranogwyr ddechrau ar eu sesiwn ETM gyntaf, mae'n bwysig eich bod chi'n gwybod ac yn deall eu nodau, hynny yw, beth maen nhw'n ei ddisgwyl o'r dosbarth. Efallai yr hoffen nhw wella eu ffitrwydd cardiofasgwlaidd, colli pwysau, cynyddu eu ffitrwydd cyffredinol a/neu wella eu lles. Mae'n bwysig eich bod yn teilwra'r sesiwn i'r amcanion hyn yn ogystal â lefel ffitrwydd a gallu'r grŵp.

Cydrannau sesiwn ETM

Mae sesiwn ETM yn cynnwys pedair cydran. Mae'r cydrannau hyn yn sicrhau cynnydd a bod y sesiwn yn diwallu gofynion y cyfranogwyr. Dangosir pedair cydran sesiwn ETM yn Nhabl 15.2.

▶ **Tabl 15.2:** Cydrannau sesiwn ETM

Cydran		Nodau'r gydran	Enghreifftiau o weithgareddau / symudiadau
Sesiwn gynhesu		• Gwella symudedd • Cyflymu'r pwls	• Ymestyniadau paratoi (ymestyniadau dynamig a statig) • Symudiadau sgiliau echddygol sylfaenol (e.e. cerdded, loncian, rhagwthio)
Prif gydran	Dygnwch cardiofasgwlaidd	• **Cromlin aerobig**	• Cerdded, sgipio, loncian, gwinwydden, codi pengliniau, jac-neidio, rhagwthion, stepio bocs, stepio L.
	Cryfder a dygnwch cyhyrau	• Ymarferion i weithio'r rhannau craidd, rhan uchaf y corff a rhan isaf y corff.	• Gellir addasu setiau ac ailadroddiadau i ganolbwyntio ar gryfder a dygnwch y cyhyrau – llai o ailadroddiadau gyda mwy o wrthiant i dargedu cryfder, neu mwy o ailadroddiadau gyda llai o wrthiant i dargedu gwytnwch. • Defnyddio pwysau'r corff • Defnyddio pwysau llaw, bandiau a pheli sefydlogrwydd i ychwanegu gwrthiant a chynyddu'r her.
Sesiynau oeri		• Gwella hyblygrwydd (statig a dynamig) • Helpu i atal y gwaed rhag cronni (pan fydd gwaed heb fynd yn ôl i'r galon ac yn casglu yn y gwythiennau)	• Ymestyniadau (dynamig, statig, cynnal a datblygu) • Symudiadau sgiliau echddygol sylfaenol (e.e. sgipio, stepio, loncian)

Term allweddol

Cromlin aerobig – cynyddu lefel y dwysedd yn ystod ymarfer corff aerobig i gyrraedd targed o ran cyfradd curiad y galon.

Addasu ar gyfer gwahanol gyfranogwyr

Ar gyfer pob cydran a ddangosir yn Nhabl 15.2, mae angen i chi gynllunio faint o amser y bydd yn ei gymryd yn eich sesiwn. Wrth benderfynu hyn, mae angen ichi newid hyd pob cydran yn unol â lefelau ffitrwydd y cyfranogwyr. Er enghraifft, bydd angen i grŵp â lefelau isel o ffitrwydd dreulio mwy o amser ar gynhesu ac oeri, ac efallai y bydd angen gweithgareddau cardiofasgwlaidd dwysedd is arnyn nhw yn ystod y brif gydran.

Efallai y bydd angen i chi hefyd addasu'r mathau o ymarferion rydych chi'n eu defnyddio ar gyfer cyfranogwyr sydd â gwahanol lefelau o ffitrwydd, er enghraifft cyfuno darnau ar gyfer cyfranogwyr mwy profiadol ac ymestyniadau statig i ddechreuwyr.

Cofiwch ddefnyddio bpm priodol ar gyfer pob cydran o'r dosbarth a gwnewch yn siŵr bod eich dewis o gerddoriaeth yn addas ar gyfer yr holl gyfranogwyr yn y grŵp.

▶ Defnyddir rhagwthion yn aml ym mhrif gydran ETM

Astudiaeth achos

Mae William wedi bod yn gweithio fel hyfforddwr ETM yn ei ganolfan hamdden leol. Rhaid iddo gynnwys y cydrannau hanfodol sesiwn ETM i sicrhau bod ei sesiynau yn diwallu anghenion, nodau ac amcanion y cyfranogwyr. Dynion a menywod dros 55 oed yw'r grŵp o gyfranogwyr. Does dim un ohonyn nhw yn gwneud ymarfer corff yn rheolaidd. Maen nhw wedi llenwi ffurflen PAR-Q ac yn ffit i gymryd rhan yn y sesiwn. Mae'r sesiwn yn para 45 munud.

Gwiriwch eich gwybodaeth

1 Beth yw nodau cyffredin y cyfranogwyr hyn ar gyfer cymryd rhan mewn sesiwn ETM?
2 Beth all William ei wneud i sicrhau ei fod yn cwrdd â nodau'r cyfranogwyr?
3 Lluniwch gynllun bras, gan ddangos sut y gallai William gymhwyso cydrannau sesiwn ETM. Dylech chi gynnwys amseriadau, dwysedd ac enghreifftiau o weithgareddau y gallai eu defnyddio.

Cywiro cyfranogwyr ac atgyfnerthu technegau cywir

Mae angen i hyfforddwyr ETM fagu hyder yn eu cyfranogwyr. Rhaid i chi allu cywiro cyfranogwyr pan fyddan nhw'n gwneud symudiad neu weithgaredd yn anghywir, a rhaid i chi allu atgyfnerthu'r technegau cywir. Gallwch wneud hyn trwy ddefnyddio'r dulliau a ganlyn:

▶ **Newid safle addysgu** – bydd hyn yn caniatáu i'r grŵp eich gweld chi'n perfformio symudiadau mewn gwahanol safleoedd. Bydd hyn yn eu helpu i gopïo'ch corff ac yn eu helpu i wneud y symudiadau'n gywirach.

▶ **Cwestiynau calonogol** – rhowch sicrwydd i'r cyfranogwyr ei fod yn iawn iddyn nhw ofyn am help os nad ydyn nhw'n deall rhywbeth. Anogwch awyrgylch o fod yn agored, lle gallwch chi, yn eich tro, holi cyfranogwyr beth maen nhw'n ei wneud a sut y gellid gwella.

▶ **Defnyddio cyfathrebu llafar effeithiol** – byddwch chi'n gweld bod angen i chi esbonio'n fanwl weithiau beth rydych chi'n ei wneud a sut y gall y cyfranogwyr ei wneud, fel disgrifio sut i wneud stepio bocs. Dro arall, efallai y byddwch chi'n gweiddi un gorchymyn yn unig, e.e. 'ymlaen' neu 'yn ôl', i nodi'r newid cyfeiriad. Gallwch hefyd ddefnyddio synau i nodi newid yn y dwysedd neu'r effaith, e.e. chwiban neu glicio tafod.

▶ **Defnyddio cyfathrebu gweledol effeithiol** – gall hyn gyfleu cyfarwyddyd neu wybodaeth trwy ddefnyddio cymorth gweledol, fel pwyntio at gymal neu i gyfeiriad penodol. Mae'n ffordd dda o wneud i'r grŵp deimlo'n rhan o dîm ac i wneud yn siŵr eu bod yn eich gwylio ac yn dilyn eich cyfarwyddiadau.

▶ **Drych** – defnyddir hwn gan y mwyafrif o hyfforddwyr ETM ac mae'n ddefnyddiol i gyfranogwyr weld beth i'w wneud ac yna ei gopïo. Mae'n caniatáu ichi fod yn rhan o'r sesiwn ac yn cynyddu hyder y grŵp. Weithiau, wrth gyflwyno sesiwn, efallai y byddwch am droi cefn ar y dosbarth. Mae hyn yn gyfle iddyn nhw gopïo'r union symudiadau rydych chi'n eu gwneud. Er enghraifft i wneud gwinwydden i'r chwith, gallwch chi a'r grŵp wneud hynny i'r chwith. Gall hyn gynyddu'r pellter rhyngoch chi a'r dosbarth, ond gall fod yn ddefnyddiol iawn i ddangos dilyniannau mwy cymhleth. I'r gwrthwyneb, mae drych yn golygu eich bod yn wynebu'r grŵp ac yn gorfod cofio gwrthdroi neu adlewyrchu eich symudiadau. Er enghraifft, os byddwch chi'n eu hannog i symud i'r chwith, byddwch chi'n symud i'r dde, ac os byddwch chi'n tapio'r droed dde, bydd y grŵp yn tapio'r droed chwith.

▶ Mae drych yn golygu wynebu'r cyfranogwyr ac addasu eich symudiadau fel eich bod chi i gyd yn symud i'r un cyfeiriad

---

⏸ **MUNUD I FEDDWL**   Sut allwch chi gyfathrebu â grŵp o ddechreuwyr mewn sesiwn ETM?

Awgrym   Lluniwch restr o'r gwahanol ffyrdd y gallwch gyfathrebu a rhoi enghreifftiau o sut byddech chi'n gwneud hyn mewn sesiwn ETM.

Ymestyn   Ar gyfer pob dull o gyfathrebu, eglurwch sut y byddech chi'n addasu hyn ar gyfer grŵp sy'n brofiadol iawn ac wedi bod mewn sawl sesiwn ETM.

Paratoi ar gyfer sesiwn ETM

Cyn y gall y cyfranogwyr gymryd rhan yn y sesiwn ETM, mae gwiriadau y mae'n rhaid i chi eu cynnal. Bydd paratoi'n gywir ar gyfer sesiwn ETM yn helpu i leihau risgiau, yn helpu i wneud i'r cyfranogwyr deimlo bod croeso iddyn nhw, ac yn caniatáu iddyn nhw fwynhau a chael y gorau o'r profiad. Fel hyfforddwr ETM rydych chi am sicrhau bod pawb yn teimlo'n ddiogel, yn mwynhau'r sesiwn ac yn dod yn ôl eto!

Cyn y sesiwn bydd angen i chi:

▶ wirio bod yr holl offer rydych chi'n bwriadu eu defnyddio yn ddiogel ac yn gweithio'n iawn

▶ chwarae darn o'ch cerddoriaeth i sicrhau eich bod chi'n gwybod sut mae'r system gerddoriaeth yn gweithio a bod yr offer sain yn chwarae'r gerddoriaeth yn glir

▶ os ydych chi'n defnyddio pwysau rhydd, gwiriwch eu bod yn bwysau priodol ac y gellir eu gadael yn rhywle diogel ond yn hawdd eu cyrraedd pan nad ydyn nhw'n cael eu defnyddio.

Mae'n bwysig iawn bod y lle rydych chi'n ei ddefnyddio ar gyfer y sesiwn yn addas ar gyfer y dosbarth. Dylai fod yn ddigon mawr ar gyfer anghenion y grŵp ac yn ddiogel. Os yw'r lle yn rhy fach mae mwy o risg y bydd cyfranogwyr yn taro i mewn i'w gilydd a pheidio â chyflawni'r technegau yn gywir, gan gynyddu'r risg o ddamweiniau ac anafiadau. Os yw'r lle yn rhy fawr, efallai y bydd cyfranogwyr yn lledaenu gormod, yn enwedig os ydyn nhw'n newydd i'r dosbarth ac yn poeni am fod yn rhy agos at bobl nad ydyn nhw wedi cwrdd â nhw o'r blaen. Os yw'r cyfranogwyr yn rhy bell oddi wrthych, efallai na fyddant yn gallu eich clywed na gweld beth rydych yn ei wneud. Gall hyn arwain at gyfranogwyr yn defnyddio'r technegau anghywir, bydd risg o anaf, a gallan nhw deimlo eu bod yn cael eu gadael allan a ddim yn mwynhau'r sesiwn.

Efallai y gofynnir i chi arwain sesiynau ETM mewn amrywiaeth o wahanol gyfleusterau ac ystafelloedd. Rhaid i chi sicrhau y gellir awyru'r ystafel yn briodol a bod y tymheredd yn newid fel bod y grŵp yn parhau i fod yn gyffyrddus. Os yw'r cyfranogwyr yn rhy boeth, maent mewn perygl o **hyperthermia** ac os ydyn nhw'n rhy oer maen nhw mewn perygl o anafu eu hunain os nad ydyn nhw wedi cynhesu'n ddigonol. Os yw'r ystafel yn rhy boeth neu oer, efallai na fydd cyfranogwyr eisiau bod yn rhan o'r sesiwn.

Os nad yw'r ystafell wedi'i hawyru, mae'r cyfranogwyr mewn perygl o **hypocsia**; gall hyn achosi pendro a llewygu oherwydd nad oes digon o ocsigen yn eu corff. Rhaid bod cyflenwad digonol o awyr iach yn yr ystafell.

Gall y math o loriau yn y cyfleuster lle byddwch chi'n cyflwyno'r sesiwn hefyd effeithio ar yr ymarferion rydych chi'n eu dewis ar gyfer eich sesiwn ac a yw'r ystafell yn addas i grŵp ei defnyddio. Mae Tabl 15.3 yn dangos y gwahanol fathau o loriau a'u haddasrwydd ar gyfer sesiwn ETM.

▶ **Tabl 15.3:** Gwahanol fathau o loriau ac addasrwydd ar gyfer sesiwn ETM

Math o arwyneb llawr	Manteision	Anfanteision
Concrit	• Yn caniatáu gafael da rhwng treinyrs y cyfranogwyr a'r llawr • Yn stopio **pronadiad** yn ystod ymarfer corff	• Nid yw'n amsugno effaith (*impact*) • Nid yw'n addas ar gyfer gweithgareddau effaith ganolig neu uchel
Concrit gyda charped ar y top	• Yn caniatáu rhywfaint o afael rhwng treinyrs y cyfranogwyr a'r llawr • Yn stopio pronadiad yn ystod ymarfer corff	• Nid yw'n amsugno effaith • Nid yw'n addas ar gyfer gweithgareddau effaith ganolig neu uchel • Gall fod yn beryglus oherwydd bod cyfranogwyr yn meddwl bod y lloriau wedi'u clustogi oherwydd bod yno garped
Matiau campfa	• Yn caniatáu gafael da iawn rhwng treinyrs y cyfranogwyr a'r llawr • Caniatáu i'r effaith gael ei hamsugno	• Nid yw'n atal pronadiad yn ystod ymarfer corff • Bydd yn llithrig pan fydd yn wlyb • Gall y matiau lithro ar y llawr
Lloriau sbring	• Yn caniatáu gafael da rhwng treinyrs y cyfranogwyr a'r llawr • Yn stopio pronadiad yn ystod ymarfer corff • Yn caniatáu amsugno'r effaith	• Bydd yn llithrig pan fydd yn wlyb

Ymchwil

Ymchwiliwch i'r gwahanol fathau o loriau mewn canolfan hamdden yn agos atoch chi. Pa fathau o loriau sydd ar gael a pha weithgareddau sy'n cael eu cynnal arnyn nhw? Gwerthuswch addasrwydd y mathau o loriau fel arwynebau ymarfer corff.

Damcaniaeth ar waith

Cyn arwain sesiwn ETM, rhaid i chi sicrhau eich bod wedi cynnal nifer o wiriadau i baratoi ar gyfer y grŵp a lleihau risgiau.

- Disgrifiwch yn fyr yr ystafell/ardal y byddwch chi'n ei defnyddio ar gyfer y sesiwn ETM, e.e. neuadd chwaraeon, stiwdio aerobeg.
- Gwnewch restr o'r gwahanol ddarnau o offer rydych chi'n bwriadu eu defnyddio yn eich sesiwn.
- Disgrifiwch y gwiriadau y byddech chi'n eu gwneud ar bob darn o offer cyn arwain y sesiwn.
- Nodwch unrhyw ffactorau na allwch eu rheoli a gyda phwy y byddech yn gweithio gyda nhw i sicrhau eu bod yn cael eu datrys.

Pan fydd cyfranogwyr yn cyrraedd ar ddechrau'r sesiwn ETM, dylech wneud y canlynol:

▶ **Rhoi croeso i'r cyfranogwyr** – rhaid i chi eu gwneud yn gartrefol, gwneud iddyn nhw deimlo'n hyderus ynoch chi fel arweinydd a gwneud iddyn nhw fod eisiau cymryd rhan yn y sesiwn.

▶ **Rhoi gwybod i'r cyfranogwyr am weithdrefnau brys yr adeilad** – rhaid i chi ddangos i'r cyfranogwyr ble mae'r allanfeydd brys yn yr adeilad ac esbonio'r gweithdrefnau brys.

▶ **Gwiriwch allu a chyflyrau meddygol y cyfranogwyr** – rhaid mynd i'r afael ag unrhyw gwestiynau sy'n codi o'r broses sgrinio. Dylech hefyd wirio a yw'r cyfranogwyr wedi cael anaf newydd neu'n sâl. Dylech hefyd asesu eu gallu i gymryd rhan yn y sesiwn: a ydyn nhw wedi gwisgo'n briodol ac yn ffit i gymryd rhan yn y sesiwn?

▶ **Disgrifiwch yr ymarferion ETM a'r cynllun sesiwn** i'r grŵp – dylech ddweud beth rydych chi'n mynd i'w wneud yn y sesiwn. Esboniwch nodau'r sesiwn, yr hyn y gall cyfranogwyr ddisgwyl ei wneud a beth fyddant yn ei gael o'r sesiwn. Soniwch am hyd y sesiwn, yr elfen gynhesu, y gromlin aerobig a'r elfen oeri.

▶ **Cadarnhewch neu adolygwch eich cynlluniau** – dyma'ch cyfle i addasu cynllun y sesiwn os oes angen. Efallai y bydd mwy neu lai o gyfranogwyr nag yr oeddech chi'n ei ddisgwyl. Efallai y bydd cyfranogwyr mwy datblygedig neu ddosbarth yn llawn dechreuwyr. Pan welwch pwy sydd yn y sesiwn gallwch ei addasu i weddu i'w hanghenion penodol.

▶ **Dangosowch unrhyw symudiadau penodol** – yn dibynnu ar allu'r grŵp a'u profiad (dechreuwyr neu rai mwy profiadol) bydd angen i chi egluro a dangos iddyn nhw sut i wncud rhai technegau. Er enghraifft, bydd angen i grŵp o ddechreuwyr wybod/gweld sut i wneud y winwydden, ond ni fydd angen ichi ddangos hynny i grŵp mwy profiadol.

Cyfarwyddo sesiwn ETM ar gyfer grŵp

Bydd hyfforddwr ymarfer corff da yn gallu gwneud i bobl deimlo'n hyderus a theimlo eu bod yn cael eu gwerthfawrogi trwy gyfarwyddo pob cydran o'r sesiwn yn glir, darparu arddangosiadau technegol gywir a diogel a gwirio'r cyfranogwyr i sicrhau eu bod yn gwneud y symudiadau yn gywir.

Cofiwch y bydd pob sesiwn ETM rydych chi'n ei chyfarwyddo yn cynnwys cynhesu, prif gydran (ymarfer corff cardiofasgwlaidd neu gryfder/dygnwch cyhyrol) a sesiwn oeri sy'n cynnwys ymestyn. Mae rhagor o wybodaeth am y cydrannau hyn ar dudalen 164.

Yn ystod y sesiwn, bydd angen i chi gofio gwneud popeth a amlinellir yn Nhabl 15.4.

Awgrym diogelwch

Rhaid i'r cyfranogwyr fod wedi gwisgo'n briodol ar gyfer sesiwn ETM. Efallai y bydd dillad llac iawn yn gwneud i chi faglu ac yn rhwystro'r sawl sy'n eu gwisgo. Gall dillad sy'n rhy dynn rwygo, atal y cyfranogwr rhag perfformio rhai symudiadau ac achosi anaf. Rhaid i chithau sicrhau eich bod wedi gwisgo'n briodol er mwyn gosod esiampl dda i'r grŵp.

Beth ddylech chi ei wneud	Pam?
Symudwch o gwmpas y dosbarth	Mae newid eich safle i arsylwi ar y cyfranogwyr o wahanol onglau yn caniatáu ichi weld a ydyn nhw'n gwneud y symudiadau a'r technegau yn gywir, ac mae hynny'n helpu i wneud yn siŵr bod y cyfranogwyr yn ddiogel.
Anogwch y cyfranogwyr i weithio ar eu lefel dwysedd eu hunain	Ni ddylai cyfranogwyr deimlo dan bwysau i gadw i fyny ag unrhyw un arall gan y gall hyn gynyddu'r risg o anaf neu greu profiad annymunol a allai eu hatal rhag dychwelyd i'r dosbarth yn y dyfodol.
Defnyddiwch symudiadau clir sy'n hawdd eu dilyn	Cofiwch ddefnyddio dull y drych neu droi cefn ar y dosbarth fel sy'n briodol.
Byddwch yn ysgogol	Rhowch ganmoliaeth ac anogaeth i helpu i wneud y sesiwn yn hwyl ac yn bleserus.
Rhowch esboniadau clir o'r ymarferion	Gwnewch yn siŵr bod y cyfranogwyr yn gallu eich gweld a'ch clywed i helpu i osgoi'r risg o anaf.
Cyfathrebwch yn briodol	Cyfathrebwch yn briodol gyda'r grŵp cyfan a chydag unigolion – rydych chi am sicrhau bod pawb yn teimlo eu bod yn cael eu gwerthfawrogi ac yn rhan o'r grŵp.
Rhowch giwiau amserol	Bydd hyn yn helpu'r cyfranogwyr i ddilyn y dilyniannau a chadw i amser y gerddoriaeth. Gweler tudalen 162 i gael rhagor o wybodaeth am giwio.
Amrywiwch **rediad** a chyflymder yr ymarferion	Dylid cynyddu'r rhediad a'r cyflymder yn raddol yn ystod y sesiwn gynhesu. Gall hyn gael ei amrywio yn ystod cydran aerobig y sesiwn a'i leihau yn ystod y sesiwn oeri. Dylech hefyd addasu'r rhediad a'r cyflymder os oes angen. Mae hyn yn helpu i sicrhau bod y cyfranogwyr yn ymarfer yn ddiogel ac yn effeithiol. Os yw ymarferion yn cael eu perfformio yn rhy gyflym neu os oes rhaid i'r cyfranogwyr or-ymestyn i wneud y symudiad, maen nhw mewn perygl o gael anaf.
Pennwch amseriad priodol ar gyfer pob cydran	Ni fydd sesiwn gynhesu neu oeri anghymesur o hir yn gadael digon o amser i'r cyfranogwyr gyrraedd eu cromlin aerobig yn y brif sesiwn ac ni fyddan nhw'n cyflawni eu hamcanion ar gyfer y sesiwn.

Term allweddol

Rhediad – hyd y camau neu'r stepiau.

Trwy gydol y sesiwn ETM, rhaid i chi wirio a chywiro ystum y cyfranogwyr lle bo hynny'n briodol. Fel rhan o hyn, rhaid i chi gofio'r canlynol hefyd.

▶ **Addaswch yr ymarferion** gyda dilyniant ac atchweliadau priodol. Os yw cyfranogwr yn teimlo bod symudiad neu dechneg yn rhy hawdd, gallwch ddangos sut i ymestyn a datblygu'r dechneg. Os ydyn nhw'n ei gael yn anodd, fe allech chi ddangos iddyn nhw sut i wneud yr ymarfer yn haws ac yn llai heriol.

▶ Defnyddiwch **ddulliau llafar a di-eiriau ysgogol** i ddangos i'r cyfranogwyr sut i gywiro eu hystum. Gallech chi ddangos y dechneg iddyn nhw, rhoi esboniad ar lafar neu eu symud i'r ystum priodol.

▶ Arddangoswch **arddulliau arwain** priodol ar gyfer y grŵp. Mae yna adegau pan fydd cyfarwyddyd gorchmynnol yn briodol, fel pan rydych chi'n dysgu techneg newydd a phan rydych chi am i'r grŵp wneud yr un symudiad neu ddilyniant. Ar adegau eraill yn y sesiwn, gallai fod yn briodol i'r cyfranogwyr wneud eu symudiadau eu hunain – gallai hyn fod yn rhan o'r cynhesu neu'r elfen arddull rhydd yn y dilyniant o symudiadau.

▶ Rhowch sylw i **sut mae'r grŵp yn derbyn ac yn ymateb i gyfarwyddiadau**. Os byddwch chi'n cyflwyno'ch holl ymarferion yn yr un ffordd, bydd y grŵp yn diflasu, byddan nhw'n gallu rhagweld beth sy'n digwydd ac ni fydd ganddyn nhw ddiddordeb yn yr hyn rydych chi'n ei wneud. Rhaid i chi allu ymateb i sut mae'r grŵp yn ymateb i'ch cyfarwyddiadau ac addasu'n briodol.

▶ Os yw'r grŵp yn ddechreuwyr yn bennaf, byddan nhw'n disgwyl ichi ddweud wrthynt beth i'w wneud a phryd. Efallai y bydd grŵp mwy profiadol eisiau ichi roi rhywfaint o berchnogaeth iddynt ar y sesiwn, efallai yr hoffent arwain eu sesiwn oeri eu hunain neu allu cynyddu rhediad neu gyflymder gweithgareddau pan fyddant am wneud hynny.

Awgrym diogelwch

Gwiriwch fod y cyfranogwyr yn dilyn y dilyniannau yn llyfn a gofalwch nad ydyn nhw'n gwneud symudiadau cyflym/herciog gan y gall y rhain achosi anaf.

⏸ MUNUD I FEDDWL   Sut allwch chi ddarparu arddangosiadau technegol gywir a diogel i'r holl gyfranogwyr mewn sesiwn ETM?

Awgrym   Lluniwch fap yn eich pen i ddangos y gwahanol ffyrdd y gallwch ddarparu arddangosiadau technegol gywir a diogel.

Ymestyn   Esboniwch beth fyddech chi'n ei wneud i wneud arddangosiadau yn addas ar gyfer y gwahanol gyfranogwyr yn eich sesiwn ETM?

Dod â sesiwn ETM y grŵp i ben

Ar ddiwedd sesiwn ETM, mae'n bwysig rhoi adborth i'r grŵp i ddangos sut hwyl gawson nhw. Bydd hyn hefyd yn caniatáu i gyfranogwyr roi adborth ichi am eu barn am y sesiwn – gallant fyfyrio ar rannau cadarnhaol y sesiwn a gofyn cwestiynau. Fel hyfforddwr, rydych chi am i'r cyfranogwyr ddod yn ôl a chymryd rhan mewn mwy o sesiynau. Mae'r cyfranogwyr eisiau teimlo eu bod yn cael eu gwerthfawrogi, eu bod wedi dysgu rhywbeth newydd ac y gallwch eu helpu i gyflawni eu nodau ymarfer corff.

Ar ôl i'r cyfranogwyr adael, rhaid i chi ddilyn y gweithdrefnau cywir ar gyfer **gwirio a chadw unrhyw offer** y gwnaethoch chi ei ddefnyddio yn y sesiwn. Os oes unrhyw beth yn ddiffygiol neu wedi torri, rhaid i chi sicrhau eich bod yn sôn am hyn wrth staff y ganolfan neu ofalu ei fod yn cael ei amnewid. Eich cyfrifoldeb chi yw sicrhau bod y lle a ddefnyddiwyd gennych ar gyfer eich sesiwn mewn cyflwr derbyniol i'w ddefnyddio yn y dyfodol. Rhaid i chi sicrhau bod sbwriel yn cael ei symud, bod eiddo coll yn cael ei gasglu a bod unrhyw offer sy'n cael ei symud i wneud lle i'r sesiwn yn cael ei roi'n ôl yn ei safle gwreiddiol.

Adolygu eich perfformiad eich hun

I ddod yn well hyfforddwr ETM, rhaid i chi adolygu eich perfformiad eich hun. Pan fyddwch chi'n dechrau, efallai y byddwch chi'n gwneud camgymeriadau ond wrth i amser fynd rhagddo ac wrth ichi ddod yn fwy profiadol, byddwch chi'n dysgu sut i addasu gweithgareddau yn rhwydd a gwneud eich sesiynau'n fwy rhyngweithiol.

Ar ôl pob sesiwn ETM rydych chi'n ei gyfarwyddo, dylech chi **arfer myfyrio**, meddwl am eich perfformiad fel hyfforddwr ac archwilio sut y gallwch ddefnyddio'ch cryfderau i adeiladu ar eich gwendidau. Gallwch wneud hyn yn y ffyrdd a ganlyn:

▸ Gwerthuswch pa mor dda wnaeth yr ymarferion **ddiwallu anghenion y cyfranogwyr**. A wnaethoch chi addasu'r sesiwn i ddiwallu anghenion cyfranogwyr unigol? A oedd y cyfranogwyr yn gallu gweithio ar lefel a oedd yn briodol i'w gallu?

▸ Ystyriwch eich **perthynas â'r cyfranogwyr**. Pa mor effeithiol oedd eich steil arweinyddiaeth? A ymatebodd y cyfranogwyr yn gadarnhaol i'ch gorchmynion? A oedden nhw wedi'u cymell? A oedd y sesiwn yn heriol iddyn nhw?

▸ Ceisiwch ddod o hyd i ffyrdd o **wella eich arfer personol**. Ystyriwch eich cryfderau a'r meysydd i'w gwella. Beth aeth yn dda iawn yn ystod y sesiwn a beth allwch chi ei wella? A allai eich cyfathrebu llafar fod yn gliriach neu a oes angen i chi ymarfer rhai o'r dilyniannau? A oes unrhyw dechnegau y byddech chi'n ystyried eu hychwanegu at y sesiwn i'w gwneud yn fwy hygyrch neu'n fwy heriol? A oedd unrhyw draciau cerddoriaeth na wnaeth y cyfranogwyr ymateb yn dda iddyn nhw ac a oes unrhyw fathau o gerddoriaeth y byddai'n well ganddyn nhw yn eich barn chi?

Cysylltiad

Ymdrinnir â datblygiad proffesiynol parhaus yn fanylach yn *Uned 3: Datblygiad Proffesiynol yn y Diwydiant Chwaraeon.*

Term allweddol

Arfer myfyriol – myfyrio ar weithred mewn proses o ddysgu parhaus. Myfyrio ar yr hyn rydych chi'n ei wneud fel rhan o'r profiad dysgu.

⏸ MUNUD I FEDDWL   Sut allech chi gasglu adborth o'ch sesiwn ETM?

Awgrym   Gwnewch restr o'r gwahanol ffyrdd y gallwch chi gasglu adborth o sesiwn ETM. Ystyriwch gan bwy y mae'r adborth wrth wneud eich rhestr.

Ymestyn   Esboniwch sut y byddech chi'n defnyddio adborth i wella'ch perfformiad fel hyfforddwr ETM.

Ymarfer asesu 15.2

Fel hyfforddwr ETM, yn ogystal â darparu sesiwn hwyliog a gafaelgar, mae angen i chi hefyd allu gwerthuso eich perfformiad eich hun. Pa mor dda wnaethoch chi gynllunio a chyflwyno'ch sesiwn? Pa mor dda y gwnaeth ddiwallu anghenion y cyfranogwyr ac a wnaethant fwynhau'r sesiwn a chanfod ei bod yn cwrdd â'u nodau unigol?

Rhaid i chi allu adolygu eich perfformiad eich hun i'ch galluogi i wella, dod yn hyfforddwr gwell, diwallu anghenion cyfranogwyr a sicrhau eu bod yn dod yn ôl i'ch sesiynau. Os na fydd cyfranogwyr yn dychwelyd, ni fyddwch yn gallu gwneud bywoliaeth fel hyfforddwr ETM!

1 Cyflwyno sesiwn ETM. Gwnewch yn siŵr eich bod chi'n arddangos gwahanol ddulliau i gywiro technegau cyfranogwyr, yn ymdrin â chydrannau'r sesiwn ac yn cyfarwyddo'r grŵp trwy gyfathrebu'n briodol a defnyddio technegau yn gywir. Dylech addasu'r sesiwn i ddiwallu anghenion yr holl gyfranogwyr a sicrhau eu bod yn ddiogel bob amser.

2 Ar ôl cyflwyno'ch sesiwn ETM, lluniwch adroddiad ysgrifenedig sy'n nodi'ch cryfderau a'ch meysydd i'w gwella fel hyfforddwr ETM, gan roi argymhellion ar sut y gallwch ddiwallu anghenion y cyfranogwyr.

Cynllunio
- Beth yw meini prawf llwyddiant y dasg hon?
- Sut y byddaf yn mynd i'r afael â'r dasg?

Gwneud
- Pa strategaethau rydw i'n eu defnyddio? A yw'r rhain yn iawn ar gyfer y dasg? Ydyn nhw'n gweithio? Os na, beth sydd angen i mi ei wneud i newid hyn?
- Alla i osod cerrig milltir a gwerthuso fy nghynnydd a'm llwyddiant ar yr adegau hyn?

Adolygu
- Gallaf ddefnyddio fy adroddiad ysgrifenedig i nodi meysydd lle gallaf wella fy mherfformiad fel hyfforddwr ETM i ddiwallu anghenion y cyfranogwyr.
- Gallaf gyflwyno sesiwn ETM a dangos ystod o ddulliau i gywiro technegau cyfranogwyr.
- Gallaf wneud awgrymiadau ar sut y gallwn wneud gwelliannau i'm sgiliau cyfathrebu wrth gyfarwyddo'r grŵp.

Deunydd darllen ac adnoddau pellach

Llyfrau

Champion, N. a Hurst, G. (2000) *The Aerobics Instructor's Handbook: What to Teach, and How to Teach It Effectively!*, Llundain: A & C Black publishers.

Griffin, J. C. (2006) *Participant-centred Exercise Prescription*, Illinois: Human Kinetics.

Norton, K. a Old, T. (1999) *Pre-exercise Health Screening Guide*, Illinois: Human Kinetics.

Woolf-May, K. a Bird, S. (2006) *Exercise Prescription: The Physiological Foundations: A Guide for Health, Sport and Exercise Professionals*, Llundain: Churchill Livingstone.

Cyfnodolion

Journal of Human Sport and Exercise

Journal of Sports Sciences

Gwefannau

www.bases.org.uk – British Association of Sport and Exercise Sciences: llyfrgell gwyddor chwaraeon

www.topendsports.com – Top End Sports: gwybodaeth am chwaraeon, gwyddoniaeth, ffitrwydd a maeth

BETH AM ▶▶ Y DYFODOL?

Chrissy Sargent

Hyfforddwr Ymarfer
i Gerddoriaeth

Rydw i wedi bod yn gweithio mewn Clwb Ffitrwydd yng nghanol tref ers pum mlynedd ac yn ddiweddar rwyf wedi cymhwyso fel hyfforddwr ETM. Rwy'n mwynhau gweithio gyda gwahanol gyfranogwyr yn fawr, yn ogystal â'r her o addasu fy sesiynau i ddiwallu eu hanghenion unigol. Mae'r dosbarthiadau ETM yn boblogaidd iawn ac mae pobl bob amser yn gofyn imi am ragor! Yn y dyfodol, rwy'n gobeithio cynnal dosbarthiadau ETM penodol ar gyfer clwb dros 50 oed, tîm rygbi merched lleol a grŵp cynenedigol.

Coreograffu'r sesiynau yw rhan orau'r swydd ac rydw i bob amser yn ceisio newid y gerddoriaeth i'r un fwyaf diweddar. Mae'r gerddoriaerh yn ysbrydoli'r cyfranogwyr yn fawr, a dydyn nhw ddim yn sylwi ar y cynnydd mewn dwysedd oherwydd eu bod yn mwynhau'r gerddoriaeth gymaint. Mae'n helpu'r sesiwn i hedfan heibio yn enwedig yn achos rhai o'r cyfranogwyr nad ydyn nhw'n or-hoff o ymarfer.

Mae'n bwysig fy mod yn paru cydran y sesiwn â'r bpm cywir. Dydw i ddim am i bobl syrthio neu anafu eu hunain oherwydd bod curiad y gerddoriaeth yn rhy gyflym iddyn nhw.

Canolbwyntio eich sgiliau

Coreograffu eich sesiwn

Er mwyn helpu i greu sesiwn dda ac effeithiol, mae'n bwysig paru bpm y gerddoriaeth â chydran y sesiwn.

- Cofiwch fod gan bob cydran bpm addas gwahanol, e.e. dylai'r sesiwn gynhesu fod ar bpm is na'r brif ran.
- Meddyliwch am oblygiadau'r bpm wrth goreograffu eich sesiwn.
- Cofiwch feddwl am y cyfranogwyr yn y grŵp bob amser a'r math o gerddoriaeth a geiriau yr hoffech chi eu hosgoi a pham.

Cyfarwyddo ETM ar gyfer grŵp

Rhaid i chi allu rhoi arddangosiadau ac esboniadau technegol gywir a diogel trwy gydol eich sesiwn ETM.

- Sicrhewch bob amser bod y cyfranogwyr yn cael arddangosiadau sy'n dechnegol gywir.
- Meddyliwch am anghenion penodol pob cyfranogwr yn ogystal ag anghenion y grŵp. Beth fydd angen i chi ei ystyried i ddiwallu anghenion yr unigolion a'r grŵp?
- Meddyliwch sut y gallwch chi addasu ymarferion gyda dilyniant ac atchweliadau priodol mewn ymateb i anghenion y cyfranogwyr.
- Gellir defnyddio gwahanol arddulliau arwain gyda gwahanol grwpiau ac ar gyfer gwahanol gydrannau o'ch sesiwn ETM. Rhaid i chi fod yn ymwybodol o'r arddulliau hyn fel y gallwch ddiwallu anghenion y cyfranogwyr, ond hefyd cadw'r sesiwn yn ysgogol ac yn hwyl.

Paratoi ar gyfer asesiad

Mae Danni yn gweithio tuag at BTEC Cenedlaethol mewn Chwaraeon. Rhoddwyd aseiniad iddi ar gyfer nod dysgu C gyda'r teitl: 'Sut i gynnal ac adolygu sesiwn ETM.' Roedd yn rhaid iddi ysgrifennu adroddiad ar ei pherfformiad ei hun fel hyfforddwr ETM ac adolygu ei gallu i ymateb i anghenion gwahanol gyfranogwyr. Roedd yn rhaid i'r adroddiad:

▶ gynnwys gwybodaeth am addasu cyfarwyddyd ac ymarferion i ddiwallu anghenion y cyfranogwyr

▶ gwerthuso ei pherfformiad ei hun wrth gynllunio a darparu sesiwn ETM i ddiwallu anghenion y cyfranogwyr

▶ cyfiawnhau argymhellion ar gyfer hunan-wella.

Mae Danni yn sôn am ei phrofiad isod.

Sut y dechreuais i

Yn gyntaf, casglais fy holl nodiadau ar y pwnc hwn a'u rhoi mewn ffolder. Penderfynais rannu fy ngwaith yn ddwy adran: cynnal sesiwn ETM ac adolygu fy mherfformiad fel hyfforddwr. Teimlais y byddai'n haws gwahanu dwy ran y dasg a chadw'r nodiadau ar gyfer pob adran gyda'i gilydd. Roedd hyn hefyd yn caniatáu imi wirio bod fy nodiadau yn ymdrin â'r holl bynciau a bod gen i ddigon o wybodaeth i sicrhau fy mod i'n cyflawni'r holl feini prawf asesu.

Ar gyfer tasg flaenorol, ar gyfer nodau dysgu A a B, roedd yn rhaid i mi gynllunio sesiwn ETM. Ar gyfer y dasg hon, roedd yn rhaid i mi gyflwyno'r sesiwn ac yna adolygu fy mherfformiad fel hyfforddwr. Cyfeiriais yn ôl at y nodiadau a wneuthum pan luniais fy nghynllun a gwneud yn siŵr fy mod wedi canolbwyntio fy sesiwn yn glir ar ddiwallu anghenion y cyfranogwyr ac wedi defnyddio cydrannau sesiwn ETM.

Trefnais hefyd i fynd i'm canolfan hamdden leol i gymryd rhan mewn sesiwn ETM i weld sut mae hyfforddwr proffesiynol a phrofiadol yn arwain sesiwn i ddiwallu anghenion y cyfranogwyr.

Sut y des i â'r cyfan at ei gilydd

Pan gyflwynais y sesiwn ETM, gwnes yn siŵr fy mod yn adeiladu'r symudiadau yn araf, fy mod yn dilyn fy nodau ar gyfer y sesiwn, fy mod yn defnyddio'r technegau priodol ar gyfer cywiro cyfranogwyr, ac fy mod wedi cyfarwyddo'r grŵp gan ddefnyddio sgiliau cyfathrebu priodol, ar lafar ac yn weledol.

Ar gyfer yr adroddiad, lluniais gyflwyniad i mi fy hun a'r sesiwn ETM a gynlluniais ac a gyflwynais. Yna roedd gennyf adran a oedd yn esbonio fy nghryfderau a meysydd i'w gwella ac un arall a oedd yn gwerthuso fy

mherfformiad fy hun fel hyfforddwr ETM a'm gallu i ddiwallu anghenion y cyfranogwyr. Yn olaf, roedd gen i adran a oedd yn ymdrin ag argymhellion ar sut y gallwn wella fy mherfformiad yn y dyfodol fel hyfforddwr ETM.

Beth wnes i ei ddysgu o'r profiad

Defnyddiais gymalau a symudiadau yr oeddwn wedi'u gweld pan ymwelais â'r ganolfan hamdden yn fy sesiwn ETM, ond roedd rhai ohonynt yn eithaf cymhleth ac nid oeddwn mor hyderus yn eu defnyddio ag y tybiais. Y tro nesaf, byddaf ond yn defnyddio cymalau a symudiadau yr wyf yn gyfarwydd â nhw ac yn gallu gwneud y technegau heb gamgymeriad.

Hefyd, gallwn fod wedi treulio mwy o amser ar ymarfer y sesiwn fel fy mod yn gwybod beth oedd yn dod nesaf a sut roedd y cymalau yn gweithio gyda'r gerddoriaeth. Weithiau byddwn yn cael trafferth gwneud i'r cymalau a'r curiadau ffitio i amser y gerddoriaeth. Mae'n bwysig meddwl am ddiwallu anghenion cyfranogwyr, ond rwy'n credu fy mod wedi canolbwyntio gormod ar hyn wrth gyflwyno fy sesiwn.

Pwyntiau i'w hystyried

▶ A ydych wedi ysgrifennu cynllun gydag amseriadau fel y gallwch gwblhau eich aseiniad erbyn y dyddiad cyflwyno?

▶ A oes gennych eich nodiadau ar brosesau asesu cyfranogwyr cyn cymryd rhan mewn ymarfer corff a sut i gynllunio sesiwn ETM grŵp, fel y gallwch gyfeirio atynt yn hawdd?

▶ A yw'ch adroddiad wedi'i ysgrifennu yn eich geiriau eich hun ac a ydych chi wedi myfyrio ar eich perfformiad eich hun fel hyfforddwr ETM a'ch gallu i ddiwallu anghenion cleientiaid?

Cyfarwyddo Ymarferion mewn Dŵr 16

Dod i adnabod eich uned

Asesiad

Byddwch yn cael eich asesu drwy gyfrwng cyfres o aseiniadau a osodwyd gan eich tiwtor.

Mae ymarfer corff yn y dŵr yn ffordd boblogaidd i ystod eang o bobl gymryd rhan mewn gweithgaredd. Mae yna lawer o fanteision i ymarfer corff yn y dŵr ac o ganlyniad mae nifer y cyfranogwyr sy'n cymryd rhan yn y sesiynau hyn wedi cynyddu'n raddol. Mae deall yr offer a'r technegau sy'n ofynnol i gael y manteision mwyaf posibl o ymarfer corff mewn dŵr yn hanfodol i unrhyw weithiwr proffesiynol sydd â diddordeb mewn cyflwyno'r sesiynau hyn. Gall yr amgylchedd lle cynhelir yr ymarferion mewn dŵr fod yn beryglus ac felly mae gafael gadarn ar sut i gadw cyfranogwyr yn ddiogel yn rhan allweddol o'r uned hon.

Sut y cewch eich asesu

Defnyddir nifer o dasgau a osodir yn fewnol yn ystod yr uned hon i asesu'ch gwybodaeth. Mae'n bwysig eich bod yn cwblhau'r holl dasgau yn drylwyr er mwyn sicrhau eich bod yn darparu digon o dystiolaeth i'ch galluogi i gwblhau'r uned. Pan ofynnir ichi arddangos sgiliau, rhaid i chi sicrhau eich bod yn gallu dangos yn glir bod gennych y sgiliau gofynnol a'ch bod yn gallu eu defnyddio'n briodol.

Mae'n hanfodol eich bod yn sicrhau eich bod yn cwblhau'r holl feini prawf lefel Llwyddo yn yr uned hon – hyd yn oed os ydych chi'n bwriadu ceisio am raddau uwch, rhaid cwblhau tasgau lefel Llwyddo hefyd.

Os ydych chi'n anelu at raddau Teilyngdod neu Ragoriaeth, gwnewch yn siŵr eich bod chi'n deall gofynion y meini prawf a'u cwblhau i'r lefel y gofynnir amdani. Er enghraifft, gallai'r meini prawf Teilyngdod ofyn i chi ddadansoddi, a'r meini prawf Rhagoriaeth ofyn i chi werthuso.

Bydd eich tiwtor yn gosod amrywiaeth o dasgau i chi o fewn yr aseiniadau. Fe'u dyluniwyd i gwmpasu'r holl bynciau yn yr uned a'ch galluogi i ymarfer a darparu tystiolaeth o'r sgiliau sy'n ofynnol yn yr uned hon. Gall tasgau fod ar ffurf:

▶ dylunio poster addysgiadol sy'n disgrifio amgylchedd pwll nofio a sut y gallai hyn effeithio ar gyfranogwyr

▶ creu cynllun sesiwn sy'n esbonio'n glir yr ymarferion ar gyfer pob cydran o'r sesiwn

▶ cyflwyno sesiwn ymarfer corff drylwyr a diogel yn y dŵr, gan ddangos y sgiliau priodol sy'n gysylltiedig â'r sesiwn hon.

Trwy gydol y bennod hon fe welwch ymarferion asesu defnyddiol a fydd yn eich helpu i weithio tuag at eich asesiadau terfynol. Ni fydd cwblhau pob un o'r rhain yn golygu, o reidrwydd, eich bod yn llwyddo i gael gradd derfynol, ond bydd pob un ohonynt yn eich helpu trwy wneud ymchwil neu waith paratoi perthnasol y gallwch ei ddefnyddio tuag at eich asesiadau terfynol.

Meini prawf asesu

Mae'r tabl hwn yn dangos yr hyn sy'n rhaid i chi ei wneud i **Lwyddo**, neu i gael **Teilyngdod** neu **Ragoriaeth**, a sut i ddod o hyd i weithgareddau i'ch helpu.

Llwyddo	**Teilyngdod**	**Rhagoriaeth**
Nod dysgu A Deall egwyddorion ymarfer corff mewn dŵr		
A.P1 Esbonio effaith dyfnder dŵr ar yr ymarfer a ddewiswyd. Ymarfer asesu 16.1	**A.M1** Dadansoddi sut mae amgylchedd y pwll nofio yn effeithio ar wahanol gyfranogwyr. Ymarfer asesu 16.1	**A.D1** Gwerthuso effaith amgylchedd y pwll nofio ar gleientiaid penodol. Ymarfer asesu 16.1
A.P2 Esbonio sut mae amgylchedd y pwll nofio yn effeithio ar gyfranogwyr. Ymarfer asesu 16.1		
Nod dysgu B Datblygu sesiwn ymarfer corff yn y dŵr ar gyfer cyfranogwyr		
B.P3 Cynllunio sesiwn ymarfer corff mewn dŵr yn amlinellu'r ymarferion ar gyfer pob cydran o sesiwn ymarfer corff. Ymarfer asesu 16.2	**B.M2** Cynllunio sesiwn gynhwysfawr o ymarferion mewn dŵr sy'n egluro pob ymarfer ar gyfer pob cydran o sesiwn ymarfer corff mewn dŵr. Ymarfer asesu 16.2	**BC.D2** Dangos y gallu i ymateb yn effeithiol i anghenion gwahanol gyfranogwyr ac addasu cyfarwyddyd ac ymarferion i ddiwallu anghenion pob cleient mewn sesiwn ymarfer corff wedi'i seilio ar ddŵr. Ymarferion asesu 16.2 a 16.3
Nod dysgu C Cynnal ac adolygu sesiwn ymarfer corff mewn dŵr ar gyfer cyfranogwyr		
C.P4 Cyflwyno sesiwn ymarfer corff ddiogel mewn dŵr. Ymarfer asesu 16.3	**C.M3** Arddangos sgiliau cyfathrebu a chymell effeithiol, gan ystyried anghenion gwahanol gleientiaid wrth ddarparu sesiwn ymarfer corff ddiogel mewn dŵr. Ymarfer asesu 16.3	**C.D3** Gwerthuso eich perfformiad eich hun ar ôl cynnal sesiwn ymarfer corff wedi'i seilio ar ddŵr ar sail sesiwn a gynlluniwyd, gan gyfiawnhau cryfderau ac argymhellion ar gyfer hunan-wella. Ymarfer asesu 16.3
C.P5 Arddangos sgiliau cyfathrebu sylfaenol gyda chyfranogwyr wrth ddarparu sesiwn ymarfer corff effeithiol mewn dŵr. Ymarfer asesu 16.3	**C.M4** Dadansoddi eich perfformiad eich hun wrth gynllunio a darparu sesiwn ymarfer corff mewn dŵr. Ymarfer asesu 16.3	
C.P6 Adolygu eich perfformiad eich hun wrth gyflawni sesiwn ymarfer corff mewn dŵr. Ymarfer asesu 16.3		

Dechrau arni

Mae ymarfer corff mewn dŵr yn ffordd wych i lawer o bobl wneud gweithgaredd corfforol. Ysgrifennwch gymaint o resymau ag y gallwch dros ei boblogrwydd.

Yn amlwg, mae angen rheoli'n effeithiol unrhyw weithgaredd sy'n digwydd mewn dŵr neu o'i gwmpas er mwyn sicrhau bod cyfranogwyr yn cael eu cadw'n ddiogel. Beth, yn eich barn chi, y gallai fod angen i arweinydd sy'n gyfrifol am sesiwn ymarfer corff mewn dŵr ei ystyried i gadw ei grŵp rhag cael niwed?

A Deall egwyddorion ymarfer corff mewn dŵr

Cysylltiad

Mae gan yr uned hon gysylltiadau ag *Uned 2: Hyfforddi a Rhaglennu Ffitrwydd ar gyfer Iechyd, Chwaraeon a Lles* ac *Uned 14: Ymarferion a Gweithgaredd Corfforol ar sail Cylchedau*

Mae'r posibiliadau ar gyfer ymarfer corff mewn dŵr yn fwy amrywiol nag y mae llawer o bobl yn ei gredu. Nofio yw'r gamp fwyaf poblogaidd yn y DU o hyd. Ond oherwydd datblygiadau mewn offer a thechnegau, mae amrywiaeth o sesiynau dŵr eraill wedi dod yn boblogaidd hefyd. Mae hyn, yn ei dro, wedi helpu i wneud ymarfer corff mewn dŵr yn fwy deniadol ac wedi sicrhau bod y nifer sy'n cymryd rhan yn dal yn uchel.

Mae Tabl 16.1 yn dangos amryw ffyrdd y gall unigolion a grwpiau ymarfer mewn pwll nofio.

▶ **Tabl 16.1:** Mathau o ymarfer corff mewn dŵr

Mathau o ymarferion	Disgrifiad
Nofio arferol	Yn dibynnu ar faint a siâp y pwll, gellir newid pellter nofio arferol i gyfateb i nodau'r cyfranogwyr (e.e. efallai yr hoffen nhw nofio hyd, lled neu lapiau). Gellir addasu pellter ac amseriad y sesiwn i helpu i hyfforddi ar gyfer dygnwch neu bŵer dros bellter byr.
Nofio wedi'i addasu	Mae defnyddio offer i wneud nofio yn haws, yn anoddach neu i ynysu rhai rhannau o'r corff yn caniatáu cyfranogwyr i ddatblygu ymhellach i gyflawni eu nodau.
Aerobeg dŵr	Gwneir aerobeg dŵr i gerddoriaeth a'i gydlynu gan arweinydd. Gellir ei addasu i ddiwallu anghenion y grŵp ac fel rheol bydd yn cynnwys amryw symudiadau sy'n targedu ystod eang o grwpiau cyhyrau.
Cylchedau dŵr	Cyfuniad o naill ai nofio wedi'i addasu neu nofio arferol ac ymarferion a geir mewn aerobeg sy'n creu rhaglen addasadwy ac amrywiol o ymarfer corff.
Polo dŵr	Pasio pêl rhwng aelodau'r tîm gyda'r nod o'i chael i gôl ar ochr y pwll. Gellir ei wneud ar bob lefel o gymhwysedd. Ar lefel isel, gellir cymryd rhan ynddo heb fawr o hyfforddiant ond mae'n ffynhonnell wych o ymarfer corff.
Ioga ar badlfwrdd	Mae sefyll ar fadlfyrddau (sydd wedi'u clymu i'w hatal rhag drifftio) i ddysgu ioga yn weithgaredd newydd sy'n dod yn fwyfwy poblogaidd. Mae cymryd rhan mewn ioga wrth gydbwyso ar fadlfwrdd yn gwella cryfder rhannau craidd y corff.
Octopush	Hoci tanddwr yw hwn lle mae'r cnap yn cael ei basio ar hyd gwaelod y pwll ac i'r gôl. Mae'n heriol ac yn ymarferol rhagorol i ennill ffitrwydd. Mae yna lawer o dimau lleol y gellir ymuno â nhw a gall cyfranogwyr gymryd rhan gyda braidd ddim hyfforddiant.
Nofio cydamserol	Mae symudiadau dawns cydgysylltiedig mewn dŵr mewn grwpiau o faint amrywiol yn cynnwys cryfder craidd a ffitrwydd cardiofasgwlaidd.

▶ Mae ioga ar fadlfwrdd yn dod yn fwyfwy poblogaidd.

Ymchwil

A allwch chi ddod o hyd i leoliadau sy'n cynnig unrhyw un o'r gweithgareddau a ddangosir yn Nhabl 16.1? Pa un ohonyn nhw fyddech chi'n ei ystyried yn gyffredin a pha rai sy'n anoddach eu canfod? Ar wahân i nofio, pa weithgaredd yw'r mwyaf poblogaidd yn eich barn chi? Trafodwch â gweddill y dosbarth pam y gallai hyn fod, gan gyfiawnhau'ch safbwynt.

Astudiaeth achos

Mae ioga ar badlfwrdd yn weithgaredd newydd sy'n dod yn boblogaidd iawn. Mae nifer fawr o byllau bellach yn cynnig hyn fel rhan o'u gweithgareddau.

Roedd Lauren wedi bod yn dysgu ioga ers wyth mlynedd a phan glywodd am ioga ar badlfwrdd, roedd hi'n meddwl ei fod yn wych. Mae hi'n honni ei fod yn caniatáu i bobl ddefnyddio holl symudiadau ioga, ond gan roi her bellach iddyn nhw trwy'r elfen ychwanegol o fod ar y dŵr. Mae cydbwyso ar fwrdd yn wych i gryfhau'r rhannau craidd, felly wrth gyfuno hyn ag ioga mae'n bosibl cael canlyniadau anhygoel.

Mae Lauren wedi buddsoddi mewn wyth bwrdd y mae'n eu defnyddio mewn pum pwll nofio yn ei hardal leol. Mae hi'n talu ffi benodol am ddefnyddio'r pwll a chael gwasanaeth achubwr bywyd, ond mae'n rheoli'r archebion a'r gwaith gweinyddol ei hun. Ers dechrau

ioga ar badlfwrdd 18 mis yn ôl, mae hi wedi dod yn brysurach ac yn brysurach. Y rheswm am hyn, yn ei barn hi, yw bod hwn yn weithgaredd sy'n wahanol i'r norm ac yn un y mae pobl wir yn ei fwynhau.

Gwiriwch eich gwybodaeth

1   Fel rheol, mae padlfyrddio ar droed yn cael ei wneud y tu allan ar ddŵr agored. Beth yw manteision ei wneud mewn pwll nofio?

2   A oes unrhyw ffactorau eraill y gallech eu hawgrymu a allai gyfrif bod sesiynau ioga ar badlfwrdd Lauren mor boblogaidd?

3   Mae ffactor diogelwch allweddol y mae'n rhaid ei ystyried wrth sefyll ar fwrdd mewn pwll nad yw'n bresennol yn y mwyafrif o ymarferion dŵr eraill. Beth yw hwn, dybiwch chi?

Dyfnder dŵr a'r effaith ar gyfranogwyr

Nid yw pyllau nofio i gyd yr un peth: maen nhw'n amrywio o ran maint, siâp ac, yn bwysicaf oll, dyfnder. Mae dyfnder yn ystyriaeth bwysig i sicrhau bod her briodol yn cael ei chynnig i grŵp neu unigolyn ac ar yr un pryd yn eu cadw'n ddiogel.

Dŵr bas

Mae dŵr bas yn ardderchog i'r rhai sydd â braidd ddim hyder mewn dŵr, nofwyr gwan neu bobl sy'n cael trafferth i symud. Gall y grŵp hwn gynnwys:

▶ yr henoed a'r ifanc (plant)
▶ menywod beichiog
▶ pobl ag anafiadau
▶ pobl â chyflyrau sy'n effeithio ar eu gallu i symud, fel pobl sydd wedi colli coes neu fraich.
▶ pobl a allai gael eu hystyried dros bwysau.

Mewn dŵr bas gall cyfranogwyr gyffwrdd â'r gwaelod os ydyn nhw eisiau, sy'n golygu bod llai o angen iddyn nhw barhau i arnofio. Mae hyn yn golygu y gallan nhw orffwys yn ôl yr angen ond mae hefyd yn rhoi hyder na fyddan nhw'n mynd i drafferthion, a thrwy hynny yn eu hannog i wthio'u hunain yn galetach.

Mae llai o ddisgyrchiant mewn dŵr, ac yn achos pobl llai ffit, mae hynny'n gyfle iddyn nhw wneud symudiadau na fydden nhw o bosibl yn gallu eu gwneud ar dir sych. Mae gallu cyrraedd gwaelod y pwll yn golygu y gellir ei ddefnyddio i newid cyfeiriad, gan helpu i gynyddu cyflymder llawer o symudiadau.

Dŵr dwfn

Po ddyfnaf y dŵr, y mwyaf yw her unrhyw symudiadau. Gall dŵr dwfn fod yn beryglus iawn os na chaiff ei drin â pharch – gall hyd yn oed pobl sy'n nofwyr da a hyderus gael eu hunain mewn anhawster os ydyn nhw'n blino. Mae dŵr dwfn yn fwyaf addas ar gyfer pobl sydd:

▶ yn nofwyr cryf neu'n hyderus mewn dŵr

▶ â lefelau da o ffitrwydd a/neu symudedd a gweithrediad da.

Mae'r heriau a gynigir gan ymarfer corff mewn dŵr lawer iawn yn fwy pan fydd cyfranogwr yn mynd allan o'i ddyfnder. Mae Tabl 16.2 yn dangos rhai ystyriaethau pan fydd cyfranogwyr mewn dŵr dwfn.

▶ **Tabl 16.2:** Effeithiau ymarfer corff mewn dŵr dwfn

Ystyriaeth	Disgrifiad
Cynnydd mewn hynofedd	Mae methu â chyffwrdd â'r gwaelod yn golygu bod angen cydlyniant a ffitrwydd i barhau i arnofio.
Yn arafach o ran symudiadau a newid cyfeiriad	Oherwydd na all cyfranogwr gicio na gwthio oddi ar y gwaelod, rhaid gwneud pob symudiad heb gymorth. I wneud hyn mae angen mwy fyth o gydlyniant a ffitrwydd.
Lefelau is o gydsymud	Mae cydsymud a chadw amser pan fydd cyfranogwyr allan o'u dyfnder yn llawer anoddach gan fod cyflymder pobl o ran symud yn amrywio.
Mwy o wrthiant	Heb allu cyrraedd y gwaelod, mae pob symudiad yn cael ei wneud yn erbyn holl rym gwrthiant y dŵr, sy'n golygu bod angen egni ychwanegol ar gyfer hyd yn oed newidiadau sylfaenol mewn cyfeiriad.
Mae symud yn bell yn golygu dwysedd uwch	Heb fod gwaelod y pwll wrth law, mae symud unrhyw bellter yn golygu hyd yn oed rhagor o egni a mwy o gydlyniant.
Llai o effaith grymoedd	Os nad yw gwaelod y pwll ar gael, ni fydd yr ymarferion yn cynnwys ei effaith ac felly mae llai o effaith hefyd ar gorff cyfranogwr.

MUNUD I FEDDWL

Meddyliwch am y priodoldeb o gyflwyno sesiwn mewn dŵr bas neu ddŵr dwfn.

Awgrym

Ystyriwch ddarpar gyfranogwyr a rhestrwch dri rheswm dros ddewis cyflwyno sesiwn mewn dŵr bas a thri dros ei chyflwyno mewn dŵr dwfn.

Ymestyn

Beth fyddai'n effeithio ar eich penderfyniad pe bai gennych grŵp o alluoedd cymysg?

Trafodaeth

Mewn grŵp bach, ystyriwch yr effaith y gall dyfnder y dŵr ei gael ar wahanol gategorïau o gyfranogwyr. Pa ystyriaethau seicolegol y gallai fod yn rhaid i chi eu cofio wrth ddylunio sesiwn ar gyfer grŵp?

Amgylchedd y pwll nofio

Mae amgylchedd y pwll nofio yn cael effaith syfrdanol ar berfformiad posibl cyfranogwyr, ynghyd â goblygiadau sylweddol i'w hiechyd a'u diogelwch. Mae deall yr elfennau hyn yn hanfodol i unrhyw un sy'n ymwneud â threfnu ymarfer corff mewn dŵr.

Tymheredd y dŵr

Dangosir y tymheredd a argymhellir ar gyfer gwahanol fathau o byllau nofio, a'r rhesymau drostynt yn Nhabl 16.3.

▶ **Tabl 16.3:** Y tymheredd a argymhellir mewn pyllau nofio

Math o bwll	Tymheredd	Rheswm
Pwll nofio safonol	26–27°C	Mewn pwll safonol, bydd llawer o'r nofio o ddwysedd rhesymol, felly bydd tymheredd corff y cyfranogwyr yn cynyddu oherwydd y gweithgaredd. Felly mae'r pwll hwn yn oerach nag eraill.
Pwll hamdden	29–30°C	Mae'r tymheredd a argymhellir ar gyfer pyllau hamdden yn uwch oherwydd bydd llawer o ddefnydd y pwll yn llai dwys a bydd y cyfranogwyr yn llai egnïol, a thymheredd eu corff yn parhau'n isel.
Pwll plant	31–33°C	Yn gyffredinol, mae plant yn teimlo'r oerfel a dydyn nhw ddim yn cael eu hamddiffyn gystal rhag oerfel ag oedolion. Felly mae pwll plant yn gynhesach na phwll safonol neu bwll hamdden.

Thermoreoleiddio

Mae'r tymheredd a ddangosir yn Nhabl 16.3 yn dibynnu ar sawl rhagdybiaeth wrth ddewis y tymheredd priodol ar gyfer pwll mewn perthynas â'i ddefnydd. Mewn gwirionedd, mae atal cyfranogwyr rhag mynd yn oer yn llawer mwy cymhleth na hynny ac yn amodol ar amrywiadau bach yn lefelau'r gweithgaredd a'r modd y mae'r corff yn ymateb wrth iddo **thermoreoleiddio**.

Term allweddol

Thermoreoleiddio – ymdrechion y corff i gynnal tymheredd mewnol o 37°C trwy amrywiol ddulliau, er enghraifft trwy wthio gwaed i wyneb y croen i ostwng tymheredd y corff a chrynu i gynhyrchu gwres.

Mecanweithiau colli gwres

Mae tair ffordd o golli gwres, gan y pwll ei hun a chan y corff tra bydd rhywun mewn pwll nofio. Dangosir y rhain yn Nhabl 16.4 a Ffigur 16.1.

▶ **Tabl 16.4:** Ffyrdd o golli gwres

Dull	Disgrifiad
Dargludiad (*conduction*)	Mae gwres yn cael ei drosglwyddo drwy sylwedd neu o un sylwedd i'r llall. Mewn pwll nofio, collir gwres wrth iddo basio o'r corff i'r dŵr o'i amgylch ac o'r dŵr i waliau'r pwll.
Darfudiad (*convection*)	Mae hyn yn digwydd mewn dwy ffordd: • **Collir gwres i'r aer uwchben pwll** – gan fod yr aer hwn yn cynnwys gwres a drosglwyddwyd iddo o ddŵr y pwll a'r corff dynol, mae'n codi o'r arwyneb ac yn cael ei ddisodli gan aer oerach sydd yn ei dro yn cael ei gynhesu gan y dŵr a'r corff dynol – ac mae'r cylch yn parhau gyda gwres yn cael ei golli o'r corff i'r pwll ac yna i'r aer. • **Mae dŵr sy'n pasio dros y corff yn tynnu gwres i ffwrdd** – mae symudiad y corff trwy ddŵr yn achosi i ddŵr lifo heibio iddo – os yw'r dŵr hwn yn oerach, yna bydd gwres yn cael ei drosglwyddo o'r corff i'r dŵr. Bydd hyd yn oed cerrynt ysgafn, fel dŵr yn cael ei bwmpio i'r pwll, yn cynhyrchu digon o lif i ddarfudiad ddigwydd.
Anweddiad (*evaporation*)	Os bydd y corff yn mynd yn rhy boeth, mae'n dechrau chwysu. Mae chwys yn tynnu gwres i ffwrdd o'r corff ac wrth iddo gael ei ryddhau, mae'n anweddu i ffwrdd i'r aer o'i amgylch.

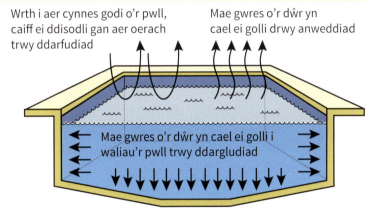

Wrth i aer cynnes godi o'r pwll, caiff ei ddisodli gan aer oerach trwy ddarfudiad

Mae gwres o'r dŵr yn cael ei golli drwy anweddiad

Mae gwres o'r dŵr yn cael ei golli i waliau'r pwll trwy ddargludiad

▶ **Ffigur 16.1:** Mae gwres yn cael ei golli o bwll nofio trwy gyfuniad o ddargludiad, darfudiad ac anweddiad

Mae dŵr yn ddargludydd da ac yn fwy effeithlon wrth drosglwyddo gwres nag aer, felly gall tymheredd y corff ostwng yn gyflymach mewn dŵr na phan fydd y corff wedi'i amgylchynu gan aer. Mae corff pobl â lefelau uwch o feinwe brasterog wedi'i inswleiddio'n well o'r dŵr, felly bydd eu gwres yn cael ei golli'n arafach. Rhannau craidd y corff sydd gynhesaf a phan fydd dan fygythiad o oerfel mae'n tynnu'r holl wres sydd ar gael iddo'i hun a'r tu ôl i ba bynnag haen o fraster sydd ganddo. Mae'r braster hwn yn ddargludydd gwael ac nid yw'n hawdd iddo ddenu na rhyddhau gwres. Mae hyn yn atal y dŵr rhag tynnu cynhesrwydd gwerthfawr y corff i ffwrdd oddi arno. Yn syml, mae hyn yn golygu bod rhywun sy'n denau iawn ac sy'n cynnwys llai o fraster yn ei gorff yn debygol o fynd yn oer yn gynt o lawer na rhywun sydd â llawer iawn o fraster.

⏸ **MUNUD I FEDDWL**   Ystyriwch y tair ffordd wahanol o golli gwres.

Awgrym   Gallai gwahanol gleientiaid ddefnyddio pwll nofio. Pwy fyddai'n elwa o bwll cynhesach a phwy o bwll oerach?

Ymestyn   A oes unrhyw weithgareddau penodol a allai olygu bod angen cynhesu'r pwll yn wahanol?

Yr effaith ar gynllunio sesiynau

Gan na fydd unrhyw ddau berson yn colli gwres i bwll nofio ar yr un raddfa, mae'n bwysig wrth gynnal ymarfer mewn dŵr i fod yn ymwybodol o bwy yw'r cyfranogwyr a sut y gallai tymheredd y dŵr effeithio arnyn nhw. I bobl a allai oeri'n gynt, mae'n bwysig rhoi sylw i'r ystyriaethau canlynol:

▶ cynhelir lefel o ymarfer corff a fydd yn sicrhau bod eu cyrff yn cynhyrchu digon o wres i'w cadw'n gynnes
▶ cadw cyfnodau gorffwys yn fyr fel bod tymheredd y corff yn cael ei gynnal
▶ efallai y bydd angen lleihau cyfanswm yr amser yn y dŵr er mwyn cyfyngu ar golli gwres i'r dŵr.

Lleithder a thymheredd yr aer

Mae tymheredd cymharol yr aer mewn amgylchedd pwll a'i **leithder** hefyd yn bwysig wrth gynnal tymheredd dŵr addas. Mae aer oer ac arwynebau oer yn tynnu gwres atyn nhw. Os yw'r aer o amgylch pwll yn oerach na thymheredd y dŵr, yna bydd yn tynnu gwres o'r dŵr, gan arwain at golli'r tymheredd cyfartalog. Po oeraf yr aer a pho fwyaf yw'r gwahaniaeth rhyngddo ef a thymheredd y dŵr, y cyflymaf y bydd y broses hon yn digwydd.

▶ Er bod y rhan fwyaf o wres yn cael ei golli o'r corff i ddŵr, mae'n bwysig hefyd ystyried tymheredd yr aer fel ffactor sy'n ymwneud â thymheredd corff cyfranogwyr. Bydd rhannau noeth o'r corff yn colli gwres i aer oer uwchben yr arwyneb. Bydd hyn hefyd yn digwydd i'r dŵr cynnes ar arwyneb y pwll. Wrth i'r gwres hwn gael ei golli, gallai tymheredd cyfartalog y pwll ostwng, sy'n golygu bod dargludiad gwres o gorff cyfranogwr i'r dŵr yn cael ei gyflymu.

Argymhellir bod yr aer mewn amgylchedd pwll yn cael ei gadw 1°C yn uwch na thymheredd y dŵr. Bydd ei gadw ychydig yn uwch na'r dŵr yn golygu na fydd cymaint o wres yn cael ei golli o'r dŵr i'r aer a bod tymheredd y pwll yn cael ei gynnal, gan leihau'r angen am wres ychwanegol.

Mae'r tymheredd hwn a argymhellir yn yr aer yn cael dwy effaith ychwanegol ar gyfranogwyr:

▶ Byddant yn teimlo llai o wahaniaeth rhwng tymheredd y pwll a'r aer ac felly dylai'r broses o fynd i mewn ac allan o'r pwll fod yn llai o sioc.
▶ Bydd cyfranogwyr sydd â thueddiadau asthmatig yn teimlo bod eu symptomau'n lleihau oherwydd bod tymheredd yr aer yn gynhesach.

Term allweddol

Lleithder – faint o anwedd dŵr a geir yn yr aer.

⏸ MUNUD I FEDDWL

Ydych chi'n deall sut y gall tymheredd y dŵr a'r aer o amgylch y pwll sicrhau amgylchedd diogel sy'n addas ar gyfer ymarfer corff?

Awgrym
Beth yw'r rhesymau pam yr argymhellir eich bod yn cadw pyllau ar dymheredd gwahanol?

Ymestyn
Pa fath o berson y mae'r oerfel yn fwyaf tebygol o effeithio arno?

Maint a siâp y pwll

Gall pyllau amrywio llawer o ran maint a siâp, ond mewn cystadleuaeth nofio rhaid i bwll 'cwrs hir' fod yn 50 metr o hyd a phwll 'cwrs byr' yn 25 metr o hyd. Wrth drefnu a rheoli sesiwn ymarfer corff mewn dŵr, bydd maint a siâp y pwll yn cael cryn effaith ar y modd y mae'r gweithgaredd yn cael ei gynnal.

▶ Sicrhewch fod y pwll yn ddigon mawr ar gyfer y grŵp ac unrhyw rai eraill a allai fod yn ei ddefnyddio.
▶ Ceisiwch osgoi mannau dall posib yn y pwll lle na allwch weld y grŵp cyfan.
▶ Sicrhewch eich bod yn canfod man lle rydych chi'n hawdd eich gweld wrth gynnal y sesiwn.
▶ Gwiriwch a oes modd rhoi rhaff ar draws y pwll neu ei rannu i helpu i reoli'r grŵp a'i wahanu oddi wrth ddefnyddwyr eraill.

Ochr y pwll

Yr amgylchedd ar ochr y pwll yw lle mae canran fawr o anafiadau 'dŵr' yn digwydd mewn gwirionedd, a rhaid i chi wneud popeth o fewn eich gallu i leihau'r siawns y bydd y rhain yn digwydd yn ystod unrhyw sesiwn rydych chi'n ei chynnal. Mae dwy ystyriaeth a ffactor y dylech edrych amdanynt yn barhaus.

▶ Os oes teils wedi torri, gall yr ymylon miniog fod yn beryglus iawn – mae hyn yn arbennig o wir ar ymylon y pwll lle gallai cyrff lithro i mewn neu lle gallai nofwyr fachu'r ochr i gynnal eu hunain neu i orffwys. Dylech edrych ar y teils cyn pob sesiwn.

▶ Dylid atal arwynebau llithrig o amgylch y pwll – gall lloriau gwlyb fynd yn llithrig iawn. Sicrhewch fod yr ochr naill ai'n cael ei thrin â sylwedd gwrthlithro neu'n cael ei gorchuddio â mat gwrthlithro er mwyn osgoi damweiniau. Dylid gwirio hyn cyn pob sesiwn.

Dyfnder a lefel

Yn yr un modd â maint a siâp, mae yna lawer iawn o amrywiad hefyd yn nyfnder pyllau a lefel y dŵr. Bydd gan y mwyafrif o byllau amrywiaeth o ddyfnderoedd, gan ddisgyn yn raddol o'r pen bas i'r pen dwfn i roi her i gyfranogwyr ar bob lefel.

Fodd bynnag, mae yna eithriadau a rhaid i chi fod yn gyfarwydd iawn â'r dyfnderoedd yn eich pwll er mwyn sicrhau diogelwch ac i ddefnyddio'r pwll er budd gorau eich cyfranogwyr. Gallai enghreifftiau eraill o broffiliau dyfnder pwll fod:

▶ bas a heb unrhyw **raddiant**

▶ bas gyda graddiant ysgafn sy'n arwain at newid cyflym mewn dyfnder a dŵr llawer dyfnach

▶ llawr symudol sy'n golygu bod modd addasu'r dyfnder.

Mae gwir lefel y dŵr o'i gymharu ag ymyl y pwll yn ffactor arall a all gael effaith sylweddol ar ddiogelwch cyfranogwyr.

▶ Bydd pwll sydd â lefel y dŵr yn agos at uchder y waliau yn golygu bod mwy o ddŵr yn cael ei golli dros yr ymylon a bod yr ochrau'n debygol o fod yn fwy llithrig.

▶ Bydd pwll sydd â lefel sy'n sylweddol is na'r ymyl yn golygu ei bod hi'n anoddach i gyfranogwyr fynd allan o'r pwll – efallai y bydd angen ysgol ac o'r herwydd bydd llai o fannau i adael y pwll.

Awgrym diogelwch

Gwnewch yn siŵr eich bod chi'n gwybod dyfnder y pwll ac yn deall sut y gallai effeithio ar eich grŵp: gall pwll bas fod yn beryglus i neidio neu blymio iddo, ond gallai pwll dwfn fod yn beryglus i nofwyr sydd â diffyg hyder.

Term allweddol

Graddiant – gogwydd llethr.

MUNUD I FEDDWL   Caewch y llyfr. Allwch chi restru manteision ac anfanteision pwll bas a phwll dwfn?

 Awgrym   Ystyriwch pwy allai ddefnyddio'r ddau.

Ymestyn   Pa broffil graddiant sydd gan y mwyafrif o byllau?

Offer trydan

Mae'r cyfuniad o ddŵr a thrydan yn beryglus dros ben. Rhaid dewis a rheoli unrhyw offer trydan a ddefnyddir mewn amgylchedd pwll yn ofalus. Dyfais chwarae cerddoriaeth yw'r darn mwyaf tebygol o offer trydan a gaiff ei ddefnyddio wrth ochr y pwll, i'ch helpu chi i ddarparu sesiynau aerobig. Mae gan rai pyllau gyfarpar chwarae cerddoriaeth yn rhan o ddyluniad amgylchedd y pwll, ond nid oes cyfarpar o'r fath gan eraill. Os felly, dylid cadw'r offer yn gyfan gwbl i ffwrdd o ochr y pwll ac unrhyw risg o wlychu, neu ddewis offer sydd â foltedd isel ac yn wrth-ddŵr. Dylech hefyd fod yn hynod ofalus wrth bacio ar ôl eich sesiwn i osgoi cyffwrdd â'r offer â dwylo gwlyb.

Storio

Ar ochr y pwll, mae potensial eisoes i lithro heb i unrhyw rwystrau ychwanegol gael eu cyflwyno. Dylid storio unrhyw offer a allai gael ei ddefnyddio i ddarparu gweithgaredd dŵr fel ei fod yn glir o lwybrau cerdded a phobl a allai faglu drosto. Yn ddelfrydol dylid ei gadw mewn cwpwrdd y gellir ei gloi, i ffwrdd o ochr y pwll, a'i storio fel y gall sychu cyn y sesiwn nesaf.

Ymchwil

Mae stereo yn ddarn hanfodol o offer i lawer o arweinwyr ymarfer corff mewn dŵr. Allwch chi nodi unrhyw frandiau a dyluniadau a fyddai'n addas i'w defnyddio? Beth sy'n gwneud y ddyfais yn addas at y diben hwn?

Cymorth Cyntaf

Ar ochr y pwll, dylai pecyn cymorth cyntaf gyda'r cyflenwadau perthnasol fod wedi'i farcio'n glir ac yn hawdd ei gyrraedd. Dylai'r pecyn cymorth cyntaf hwn gael ei wirio'n rheolaidd a'i gadw'n llawn o'r cyflenwadau gofynnol. Dylai fod ffordd hefyd i alw am gymorth os oes angen. Gallai hyn fod yn beiriant cyfathrebu dwyffordd ar gyfer cyfathrebu'n uniongyrchol, larwm neu ffôn ar gyfer galw cymorth meddygol, fel parafeddygon.

Personél cymwys

Mae gan ymarfer corff mewn dŵr y cymhlethdod ychwanegol o fod angen cadw unigolion yn ddiogel rhag boddi. Mae gweithwyr proffesiynol sy'n cyflwyno sesiwn yn debygol o fod angen hyfforddiant i ddarparu sesiynau ymarfer corff ac i ddarparu cymorth achub bywyd os oes angen. Fel arall, gallai fod arbenigwr ymarfer corff yn bresennol yn ogystal ag achubwr bywyd ar wahân.

Ymarfer asesu 16.1 — A.P1 · A.P2 · A.M1 · A.D1

Rydych chi'n gweithio i ganolfan chwaraeon leol sy'n cynnwys pwll nofio dan do mawr. Mae'r pwll yn brysur iawn ac mae ystod eang o ddosbarthiadau ymarfer corff ar gael. Mae eich rheolwr llinell wedi gofyn ichi ddylunio pecyn hyfforddi ar gyfer pob hyfforddwr newydd ymarfer corff mewn dŵr.

Lluniwch daflen a fydd yn eu helpu i ystyried amgylchedd y pwll. Sicrhewch fod y daflen yn egluro effaith dyfnder dŵr a ffactorau amgylcheddol eraill y pwll sy'n effeithio ar gyfranogwyr ac ymarfer corff mewn dŵr. Dylai werthuso effaith gwahanol amgylcheddau pyllau nofio ar:

- ddyn 81 oed o bwysau corff nodweddiadol i rywun o'i oedran ef
- menyw feichiog 30 oed
- plentyn bach.

Cynllunio
- Ydw i'n deall y dasg?
- Oes gen i unrhyw fylchau yn fy ngwybodaeth sy'n golygu y gallai fod angen i mi wneud rhagor o ymchwil?

Gwneud
- Rwy'n gwybod beth sydd angen i mi ei wneud a sut rydw i'n mynd i fynd ati mewn modd clir a manwl.
- Galla i addasu fy nhaflen wrth ei chynhyrchu os wyf yn teimlo nad yw rhywbeth yn gweithio i sicrhau bod fy narn olaf o safon uchel.

Adolygu
- Gallaf egluro beth oedd yr aseiniad hwn a beth rydw i wedi'i ddysgu ohono.
- Pe bawn i'n gwneud y dasg hon eto, gallaf egluro'r hyn y gallwn ei wneud yn wahanol i wneud gwelliannau.

B Datblygu sesiwn ymarfer corff mewn dŵr ar gyfer cyfranogwyr

Mae dylunio sesiwn ymarfer corff mewn dŵr yn rhywbeth y mae'n rhaid ei ymarfer a'i ystyried yn ofalus. Nid yn unig y mae angen i sesiwn fodloni gofynion y cyfranogwyr ond mae hefyd yn cael ei wneud mewn amgylchedd a allai fod yn beryglus iawn.

Dylai'r tîm sy'n gyfrifol am reoli'r pwll yn gyffredinol wneud gwiriadau cyn sesiwn i sicrhau bod diogelwch yn cael ei gynnal, ond does dim i'ch rhwystro chithau rhag gwneud eich gwiriadau eich hun hefyd. Mae tîm rheoli'r pwll yn debygol o fod â gweithdrefn sy'n cynnwys:

- ▶ y broses ar gyfer seinio'r larwm a gweithdrefnau ar gyfer gwacáu'r pwll
- ▶ y mannau cymorth cyntaf
- ▶ polisïau amddiffyn plant
- ▶ cymhareb y staff ochr pwll i ddefnyddwyr y pwll.

Bydd asesiad risg hefyd sy'n diffinio'r peryglon yn glir a'r camau y gellir eu rhoi ar waith i leihau risg neu ei ddileu yn llwyr.

Damcaniaeth ar waith

Gall pyllau nofio fod yn amgylcheddau peryglus iawn oni bai y cedwir at y canllawiau cywir ac at y rheolau priodol. Dangosir asesiad risg ar gyfer pwll nofio yn Ffigur 16.2.

- Cwblhewch yr asesiad risg yn Ffigur 16.2, gan awgrymu rhagofalon i'w cymryd i leihau'r risgiau.
- Allwch chi nodi unrhyw risgiau pellach y dylid eu cynnwys mewn asesiad risg?
- Yn eich barn chi, beth sydd fwyaf tebygol o achosi damweiniau mewn amgylchedd pwll?

TAFLEN ASESU RISG

Perygl	Risg uniongyrchol	Rhagofalon i'w cymryd	Risg eithaf
Ochr y pwll yn llithrig	Risg canolig	Defnyddio matiau gwrth-lithro. Sicrhau bod y cyfranogwyr yn gwybod i beidio â rhedeg a'u siarsio i fod yn ofalus dan draed.	Risg isel
Dŵr bas	Risg uchel	Rhybuddio'r holl gyfranogwyr i beidio â neidio na phlymio i'r pen bas. Gofalu bod yr arwyddion rhybuddio yn ddigon clir.	Risg isel
Taro defnyddwyr eraill y pwll	Risg isel	Defnyddio lonydd nofio i reoleiddio llif y nofwyr.	Risg isel
Baglu mewn rhaffau ar gyfer ardaloedd bwi	Risg isel		
Cyfranogwyr yn oeri	Risg canolig		
Dŵr yn mynd yn fudr ac yn beryglus i iechyd	Risg canolig		
Anawsterau oherwydd cyflyrau meddygol hanesyddol	Risg canolig		

▶ **Ffigur 16.2:** Asesiad risg ar gyfer pwll nofio

Cyfarpar

Mae'r ystod o gyfarpar sydd ar gael i'w defnyddio wrth ddarparu ymarfer corff mewn dŵr yn amrywiol ac yn ehangu'n barhaus. Gellir rhannu offer yn fras yn ddau gategori:

▶ cyfarpar i gynyddu hynofedd
▶ cyfarpar i gynyddu dwysedd.

Dangosir enghreifftiau o'r ddau fath hyn o offer yn Nhabl 16.5.

▶ **Tabl 16.5:** Offer a ddefnyddir ar gyfer ymarfer corff mewn dŵr

Cynyddu hynofedd	
Gwregysau hynofedd neu arnofio	Yn cael eu gosod o amgylch gwasg a chefn cyfranogwr, i'w helpu i arnofio mewn amrywiaeth o ystumiau.
Woglau (nwdls)	Silindr hir fel arfer wedi'i wneud o ewyn. Maent yn amlbwrpas ac yn gallu cael eu plygu i ddarparu amrywiaeth o opsiynau hynofedd.
Cic-fyrddau	Bwrdd ewyn cywasgedig y gellir ei ddal yn y dwylo neu afael ynddo rhwng y coesau ar gyfer amrywiaeth o ganlyniadau.
Gwregysau loncian	Yn cael eu gosod o amgylch gwasg cyfranogwr a'u hannog i fabwysiadu ystum yn y dŵr lle mae eu pen a'u hysgwyddau yn unionsyth ac yn glir.
Padlfyrddau sefyll	Bwrdd syrffio mawr a allai fod yn chwyddadwy neu'n solet y gellir ei ddefnyddio i badlo arno neu – yn fwy tebygol mewn amgylchedd pwll nofio – ei ddefnyddio i wneud ioga.
Cynyddu dwysedd	
Dymbelau dŵr	Dymbelau sydd wedi'u dylunio i wlychu heb ddirywio na niweidio ochrau neu waelod y pwll
Cyffiau pwysau	Pwysau y gellir eu rhoi ar arddyrnau neu fferau i gynyddu gwrthiant a lleihau hynofedd.
Menig gweog	Menig y gellir eu defnyddio i gynyddu arwynebedd llaw person ac felly cynhyrchu mwy o bŵer fesul strôc.
Gwrthrychau suddo	Unrhyw wrthrych sy'n suddo'n rhwydd ac y gellir ei ddefnyddio i fynd ar ei ôl neu ei godi o waelod y pwll.

▶ Gellir defnyddio woglau neu nwdls i gynyddu hynofedd

❚❚ MUNUD I FEDDWL

Heb edrych ar y llyfr hwn, ysgrifennwch chwe eitem o gyfarpar yn gyflym y gellid eu defnyddio i helpu i wneud ymarfer corff mewn dŵr.

Awgrym

Meddyliwch am eitemau sy'n cael eu dal a'u gwisgo.

Ymestyn

Pe bai'n rhaid i chi ddewis un eitem yn unig fel y mwyaf defnyddiol ac amlbwrpas, beth fyddech chi'n ei ddewis a pham?

Rhaglenni ymarfer mewn dŵr

Dylid cynllunio unrhyw raglen ymarfer corff mewn dŵr ymlaen llaw ond efallai y bydd angen ei haddasu i ddiwallu anghenion unigolion a'r grŵp wrth i chi fynd ymlaen. Dylai sesiwn arferol neu sesiwn hyfforddi fod yn ddigon heriol heb orflino cyfranogwyr. Cofiwch fod y sesiwn wedi'i lleoli mewn dŵr felly gall gorflino cyfranogwyr fod yn beryglus.

Wrth ichi ddod yn fwy profiadol wrth ddarparu sesiynau mewn dŵr, byddwch yn dysgu mwy o symudiadau i'w haddysgu, yn datblygu gwell rheolaeth grŵp ac yn gallu teilwra sesiynau i ddiwallu anghenion grŵp neu unigolyn yn briodol. Ond ni waeth pa mor brofiadol rydych chi, dylech chi o hyd ddefnyddio'r cwestiynau canlynol wrth gynllunio'r sesiwn:

▶ Beth yw'r canlyniad rwy'n dymuno'i gael o'r sesiwn hon?
▶ Sut alla i sicrhau bod y sesiwn yn cael ei darparu hyd eithaf fy ngallu ac yn cwrdd â'r canlyniad a ddymunir?
▶ Sut y bydda i'n cadw fy nhîm a'r cyfranogwyr yn ddiogel?

Cynllunio a choreograffu

Wrth gynllunio sesiwn, rhaid ystyried y grŵp cyfan i sicrhau bod y sesiwn yn diwallu eu hanghenion ymarfer corff heb eu gorflino. Mae angen ystyried y canlynol ar gyfer yr holl gyfranogwyr.

▶ **Gallu** – mae angen llai o arweiniad a chyfarwyddyd uniongyrchol ar gyfranogwyr profiadol. Efallai y bydd gan grŵp amrywiaeth o alluoedd. Os felly, efallai y byddwch chi'n ystyried rhannu'r cyfranogwyr yn grwpiau llai, neu ganfod ffordd arall o grwpio cyfranogwyr i sicrhau bod pawb yn cael eu herio.

▶ **Ffitrwydd** – gellir gwthio cyfranogwyr ffit yn galetach. Gellir defnyddio ystod ehangach o symudiadau. Mae eich safle yn y pwll yn effeithio ar eich gallu i gyflawni'r her briodol.

▶ **Oedran** – bydd oedran y cyfranogwyr yn effeithio'n gorfforol a seicolegol ar eu cyfranogiad. Bydd gan gyfranogwyr ifanc lai o gryfder a chyflymder; efallai bod ganddyn nhw lai o ffocws ac efallai na fyddan nhw'n gallu cadw sylw cyhyd â chyfranogwyr mwy aeddfed. Mae cyfranogwyr hŷn yn fwy tebygol o fod â hanes o anaf a llai o stamina.

▶ **Rhyw** – wrth i wrywod a benywod aeddfedu, mae eu gwahanol gryfderau corfforol yn dod yn fwy amlwg. Er y gellir dysgu grwpiau iau yn hawdd mewn dosbarthiadau rhyw cymysg, gallai fod yn briodol rhannu'r grwpiau yn ôl rhyw yn achos grwpiau hŷn. Fel hyfforddwr, bydd yn rhaid i chi farnu fesul grŵp a yw'n well dysgu'r grŵp gyda'i gilydd neu ar wahân, er y gallai fod gan eich amgylchedd addysgu ganllawiau yn seiliedig ar oedran hefyd.

▶ **Materion diwylliannol** – mae diwylliannau'n amrywiol a rhaid parchu gwahanol arferion. Heb gyfaddawdu ar ddiogelwch, gellir gwneud addasiadau er mwyn darparu ar gyfer gwahaniaethau diwylliannol fel gwisg a chredoau. Er enghraifft, gall menywod Mwslimaidd ddewis gwisgo dillad nofio sy'n eu gorchuddio'n llwyr.

▶ **Materion meddygol** – mae rhai cyflyrau meddygol fel asthma a diabetes yn gymharol gyffredin, ac eraill yn llai cyffredin. Dylid defnyddio ffurflenni meddygol cyn sesiwn fel eich bod chi'n gwybod unrhyw fanylion meddygol perthnasol. Yna bydd hyn yn caniatáu ichi wneud addasiadau i amddiffyn cyfranogwyr rhag niwed, fel sicrhau bod eu hanadlydd wrth law neu osgoi rhoi straen ar gymalau poenus.

▶ **Anableddau** – i lawer o bobl ag anabledd, mae integreiddio i weithgaredd yn y prif ffrwd yn bosibl ac yn rhywbeth sy'n cael ei groesawu. Er enghraifft, gallai rhywun â nam ar ei olwg gymryd rhan mewn aerobeg dŵr trwy wrando ar y cyfarwyddiadau, yn hytrach na thrwy ddilyn ciwiau gweledol. Ond efallai bod sesiynau pwrpasol yn fwy priodol. Er enghraifft, yn achos gweithgaredd ar gyfer paraplegics efallai y bydd angen cymhareb uwch o staff i gyfranogwr arnoch i sicrhau diogelwch.

▶ **Maint y grŵp** – gall nifer y cyfranogwyr olygu bod angen staff ac adnoddau ychwanegol. Mae grwpiau mwy yn heriol, a gall cynnal goruchwyliaeth ac amgylchedd diogel fod yn anodd i hyd yn oed y gorau o arweinwyr ymarferion mewn dŵr.

⏸ MUNUD I FEDDWL Caewch y llyfr. Allwch chi gofio'r gwahanol ystyriaethau wrth feddwl am y grŵp?

Awgrym Mae wyth prif ystyriaeth yn ymwneud ag unigolion mewn grŵp. Faint allwch chi gofio?

Ymestyn A oes unrhyw rai yr ydych chi'n teimlo a allai fod yn bwysicach nag eraill i sicrhau bod y grŵp yn aros yn ddiogel.

Dylid cofio ystyriaethau amgylcheddol hefyd. Bydd hyn yn cynnwys asesu maint, siâp a dyfnder y pwll. Efallai bod gan y pwll offer ychwanegol a allai fod ar gael i'w ddefnyddio, fel woglau neu wregysau arnofio, a allai wella'r sesiwn.

Wrth gynllunio neu goreograffu sesiwn, dylid defnyddio'r canllawiau sylfaenol a ddangosir yn Nhabl 16.6.

▶ **Tabl 16.6:** Canllawiau wrth gynllunio sesiwn ymarfer corff yn y dŵr

Awgrym	Rheswm
Cadw pethau'n syml	Peidiwch â gorgymhlethu sesiwn; yn lle hynny canolbwyntiwch ar gadw sesiwn i lifo a bod yn gyson.
Cynnwys cynhesu	Fel mewn unrhyw ymarfer, gadewch amser i'r cyfranogwyr gynhesu a pharatoi eu cyrff ar gyfer ymarfer corff mwy egnïol – gweler tudalennau 187–8 i gael rhagor o wybodaeth am y cydrannau i'w cynnwys mewn ymarfer yn y dŵr.
Amrywio'r dwysedd	Rhowch gyfle i'r cyfranogwyr orffwys trwy arafu'r drefn neu'r sesiwn mewn ffordd briodol i'r grŵp.

Awgrym	Rheswm
Dewis symudiadau y gellir eu hefelychu ar dir sych	Bydd hyn yn caniatáu ichi arddangos y symudiadau ar ochr y pwll a'u hegluro'n haws.
Dewis y gerddoriaeth gywir	Os ydych chi'n defnyddio cerddoriaeth, sicrhewch fod y rhaglen yn asio â'r gerddoriaeth ac ystyriwch y rhythm – gweler tudalen 187 i gael rhagor o wybodaeth am ddefnyddio cerddoriaeth wrth wneud ymarferion mewn dŵr.

Trafodaeth

Yn unigol, dewiswch dri ymarfer sylfaenol y byddech chi'n eu hystyried fel yr un mwyaf defnyddiol wrth ddysgu ymarfer corff mewn dŵr. Cymharwch eich meddyliau â rhai gweddill eich grŵp. Beth sy'n gwneud symudiad gwerthfawr wrth gyfarwyddo ymarfer corff mewn dŵr?

Datblygu rhaglen

Wrth i gyfranogwyr a grwpiau ddod yn fwy profiadol mewn ymarfer corff yn y dŵr, maen nhw'n debygol o fod eisiau mwy o her fel eu bod yn parhau i wneud cynnydd. Dyma enghreifftiau o ddulliau o ddatblygu dosbarth i ddarparu her ychwanegol.

1 Ychwanegwch ymarferion sy'n herio cydlyniant ymhellach, fel balansio ar un droed wrth wneud symudiad arall.
2 Gwnewch y dilyniannau o symudiadau yn hirach gan fyrhau'r amseroedd gorffwys a gwneud y rhaglen yn fwy cymhleth.
3 Cynyddwch ddwysedd a / neu nifer yr ailadroddiadau o unrhyw ymarfer corff penodol.
4 Cynyddwch ystod y symudiadau a geir mewn ymarfer, gan ychwanegu rhagor o wrthiant a mwy o angen am hyblygrwydd.
5 Cynyddwch y newidiadau mewn cyfeiriad, gan gynyddu cymhlethdod y rhaglen ac, o bosibl, herio cydlyniant ymhellach a chynyddu gwrthiant.

Addasu a gwahaniaethu

Gellir addasu bron pob ymarfer mewn dŵr i naill ai gynyddu neu leihau gwrthiant a dwysedd. I lawer o bobl, y rheswm bod ymarfer corff mewn dŵr yn ddeniadol yw ei fod yn gallu darparu ystod o hyfforddiant gwrthiant heb achosi lefelau uchel o effaith ar eu corff. Gellir cynyddu dwysedd a gwrthiant drwy:

▶ ymestyn y liferau, er enghraifft gwneud ymarfer gyda'r breichiau wedi'u hymestyn yn hytrach na'u dal yn dynn wrth y corff
▶ gwneud symudiadau yn gyflymach
▶ trawsnewid symudiadau o gael eu gwneud uwchben y dŵr, heb unrhyw wrthiant, i'w gwneud ar yr wyneb gydag ychydig o wrthiant, i'w gwneud o dan y dŵr gyda llawer mwy o wrthiant
▶ symud o ddŵr bas i ddŵr dwfn
▶ cynyddu'r pellter a deithir mewn symudiad
▶ cael gwared ar gymorth hynofedd
▶ cyflwyno pwysau.

Mae Tabl 16.7 yn dangos symudiadau sylfaenol y gellir eu hymgorffori mewn rhaglen ymarfer corff yn y dŵr a dulliau o wneud pethau'n anoddach.

▶ **Tabl 16.7:** Ymarferion i'w defnyddio mewn rhaglen ymarfer mewn dŵr

Ymarfer	Dull	Ychwanegu mwy o her
Cyrcydu mewn dŵr bas	Gollwng y corff i safle eistedd, gan gadw'r cefn yn syth.	Codwch un droed i fyny ac allan o'ch blaen, gan droi'r ymarfer yn gyrcydu ar ffurf dryll.
Ar flaenau'r traed	Sefwch mor dal â phosib gyda'r breichiau uwch eich pen, ac ymestyn am yr awyr	Daliwch yr ystum am gyfnodau estynedig i brofi cydbwysedd neu gwnewch yr ymarfer ar un goes.
Troelli'r corff	Troellwch o'r craidd, gan edrych dros un ysgwydd ac yna'r llall.	Daliwch eich breichiau allan o'ch blaen i gynyddu gwrthiant.
Nofio llonydd	Cydiwch yn ymyl y pwll a defnyddiwch y coesau i gicio.	Cynyddwch ddwysedd y cicio.
Naid lonydd	Cyrcydwch ac yna neidiwch mor uchel â phosib, gan ymestyn y corff wrth i chi wneud hynny.	Ar bob naid gwnewch siâp seren gyda'ch corff. Symudwch i ddŵr dyfnach.
Cylchoedd braich	Daliwch eich breichiau allan yn llorweddol i'r ochr a symudwch eich dwylo mewn cylchoedd, naill ai ymlaen neu yn ôl.	Gwnewch y cylchoedd yn fwy ac yn gyflymach i gael mwy o wrthiant.
Cerdded ar ddŵr	Gan ddefnyddio gwregys arnofio ar gyfer hynofedd daliwch yr ystum trwy ddefnyddio dwylo a thraed er mwyn arnofio mewn un man.	Tynnwch y gwregys arnofio. Gofynnwch i gyfranogwyr profiadol godi eu dwylo uwch eu pennau.

▶ Mae nofio llonydd yn ymarfer syml y gellir ei ddefnyddio mewn sesiynau dŵr

Dewis cerddoriaeth addas

Ar gyfer llawer o raglenni, gellir defnyddio cerddoriaeth i wella'r ddarpariaeth, gan helpu cydlyniant, amseru a chymhelliant y cyfranogwyr. Mae ymarferion yn cael eu hamseru yn ôl nifer y curiadau y funud (bpm) yn y gerddoriaeth. Wrth ddewis cerddoriaeth, dylid ystyried y bpm i sicrhau ei fod yn gywir ar gyfer:

▶ gallu ac ystod y cyfranogwyr yn y grŵp (gan ystyried eu hoedran)
▶ yr ystod o ymarferion sydd fwyaf priodol ar gyfer cyflawni'r canlyniadau a ddymunir o'r sesiwn (pa un a fyddant yn cael eu perfformio'n gyflym neu'n araf)
▶ dyfnder y pwll lle bydd yr ymarfer yn cael ei wneud, ac o ganlyniad pa mor gyflym y gellir gwneud symudiadau
▶ rhan gydran y dosbarth – efallai y bydd angen ystod o gerddoriaeth i gynyddu'r dwysedd o gynhesu hyd at y gydran graidd ac yna arafu er mwyn oeri.

Ⅱ MUNUD I FEDDWL Cyn i chi ddylunio sesiwn, rhaid i chi ddeall i bwy rydych chi'n ei darparu. Lluniwch ddiagram pry cop i ddangos chwe ystyriaeth y dylech fod yn ymwybodol ohonynt wrth edrych ar grŵp.

Awgrym Meddyliwch am nodweddion personol a sut y gallai'r cyfranogwyr ymateb pan fyddant yn y dŵr.

Ymestyn Esboniwch sut y gall pob ystyriaeth effeithio ar eich gwaith yn cynllunio sesiwn.

Cydrannau

Gellir rhannu rhaglen ymarfer corff mewn dŵr yn gydrannau, pob un â chanlyniad gofynnol. O safbwynt darparu, efallai na fydd hyn yn amlwg i'r dosbarth pan fyddant yn trosglwyddo o un gydran i'r llall: bydd sesiwn dda yn llifo a bydd symudiadau ac ymarferion yn bwydo i'w gilydd.

▶ **Cynhesu** – fel gydag unrhyw ymarfer, dylai hyn godi'r pwls, estyn y corff drwy amrywiaeth o symudiadau dynamig a statig, a chaniatáu amser i ymarfer unrhyw symudiadau cymhleth sy'n ofynnol yn y dosbarth.
▶ **Prif gydran** – gallai rhan graidd y sesiwn naill ai ganolbwyntio ar ymarferion cardiofasgwlaidd neu gyhyrol, datblygu sgìl neu dechneg, neu ymgorffori amrywiaeth o elfennau. Dylai fod yn her i'r grŵp heb eu llethu. Wrth wahaniaethu'r ymarferion, bydd modd darparu ar gyfer unigolion, gyda'r ymarferion yn cael eu haddasu fel bod pawb yn teimlo'n hapus gyda'r sesiwn.
▶ **Oeri** – ar ôl ymarfer corff dwys dylid dod â'r corff yn ôl i lawr i orffwys yn araf. Dylid lleihau dwysedd ac ymestyn y cyhyrau i'w hatal rhag tynhau; gallai'r olaf arwain at symudiadau cyfyngedig.

Addasu hyd

Bydd hyd gwirioneddol cydrannau unrhyw raglen ymarfer corff yn amrywio yn dibynnu ar yr unigolyn neu'r grŵp. Efallai y bydd angen mwy o amser ar y rhai sy'n llai heini i gynhesu ac oeri ac, ar eu cyfer hwy, gall ymarfer dwysedd uwch fod yn llai priodol, gan arwain at brif gydran fyrrach. Efallai y bydd gan y rhai sy'n ffit iawn brif gydrannau cynhesu ac oeri byr ond dwys iawn.

Ymarfer asesu 16.2 | B.P3 | B.M2 | BC.D2

Rydych chi'n dechrau swydd newydd mewn canolfan hamdden leol, gan gyfrannu at eu rhaglen ymarfer corff llwyddiannus yn y dŵr. Rydych chi'n mynd i fod yn cyflwyno'ch sesiwn gyntaf i grŵp bach o famau beichiog. Rydych chi wedi cwrdd â nhw o'r blaen: maen nhw'n griw cyfeillgar sydd i gyd yn adnabod ei gilydd, i gyd yn weddol ffit ond yn amlwg mae ganddyn nhw rai problemau o ran y gallu i symud.

Cynlluniwch sesiwn ymarfer corff gynhwysfawr yn y dŵr sy'n para 45 munud ac yn cynnwys yr holl gydrannau. Esboniwch bob ymarfer o fewn y cydrannau fesul un, gan gynnwys pam rydych chi wedi'i ddewis. Esboniwch unrhyw ddewisiadau y byddech chi'n eu gwneud o ran defnyddio offer ac o ble yn y pwll y byddech chi'n dewis cyflwyno pob ymarfer corff.

Cynllunio
- Ydw i'n gyfarwydd â'r heriau sy'n cael eu hwynebu wrth ddarparu ymarfer corff yn y dŵr i ferched beichiog?
- Alla i strwythuro fy nghynllun a chyflwyno'r wybodaeth sy'n ofynnol?

Gwneud
- Rwyf wedi bachu ar y cyfle i ennill profiad trwy gysgodi arweinwyr eraill ac mae gen i ddigon o syniadau ar sut i gyflawni'r dasg hon.
- Gallaf awgrymu offer penodol i'w ddefnyddio a allai wella fy sesiwn.

Adolygu
- Galla i gyfiawnhau pam es i at y dasg fel y gwnes i.
- Galla i awgrymu ffyrdd y gallwn wella fy nghynllun pe bawn i'n ei ailysgrifennu.

C. Cynnal ac adolygu sesiwn ymarfer corff yn y dŵr ar gyfer cyfranogwyr

Yn yr un modd ag arwain unrhyw sesiwn mewn chwaraeon ac ymarfer corff, rhaid ymarfer. Ni ddylai hyd yn oed yr arweinwyr ymarfer corff mwyaf profiadol mewn dŵr fod yn hunanfodlon a dylent fod yn adolygu eu perfformiad yn barhaus ac yn gwella eu darpariaeth. Bydd gan arweinydd ymarfer corff da mewn dŵr amrywiaeth o sgiliau a rhinweddau i ddarparu sesiwn sy'n heriol, yn hwyl ac yn ysgogol. Mae'r sgiliau a'r rhinweddau hyn yn debygol o gynnwys:

▶ sgiliau cyfathrebu llafar a chorfforol rhagorol
▶ amynedd, proffesiynoldeb a hawdd mynd atynt
▶ cymhelliant personol
▶ gwybodaeth gefndir gryf
▶ ymwybyddiaeth dda o drefniadaeth a diogelwch.

Paratoi cyn sesiwn

Cyn unrhyw sesiwn, gwnewch yn siŵr eich bod wedi paratoi'n iawn. Bydd hyn yn rhoi hyder ichi gyflwyno'ch sesiwn gan wybod bod popeth mewn llaw. Yna bydd y grŵp yn cael hyder gennych chi ac yn meithrin eu hyder ynoch chi. Cyn unrhyw sesiwn, cynhaliwch y gwiriadau canlynol.

▶ Archwiliwch offer i sicrhau ei fod yn briodol ar gyfer y sesiwn ac wedi'i gynnal a'i gadw'n dda. Paratowch ddigon o offer ar gyfer nifer y cyfranogwyr yn y grŵp.
▶ Gwiriwch fod yr ardal gyflwyno yn rhydd o rwystrau a defnyddwyr dŵr eraill ac yn briodol ar gyfer y sesiwn.
▶ Gwiriwch fod yr amgylchedd ar y tymheredd cywir a bod y dŵr wedi'i lanhau'n briodol.

 **MUNUD I FEDDWL** Ydych chi'n deall sut i ddarparu sesiwn ymarfer corff a chadw cleientiaid yn ddiogel mewn amgylchedd a allai fod yn beryglus?

 Rhestrwch wyth sgìl a rhinwedd y dylai arweinydd dŵr eu meddu.

Pa un o'r sgiliau a'r rhinweddau hyn yw eich tri uchaf a pham?

Paratoi cyfranogwyr

Mae paratoi cyfranogwyr ar gyfer y sesiwn ymarfer corff yn y dŵr yn dechrau ymhell cyn iddynt ddechrau mewn gwirionedd. Mae llawer o sesiynau ymarfer dŵr yn cael eu cynnal fel rhan o gyfres estynedig, ac yn aml byddwch chi'n meithrin perthynas gref gyda'r cyfranogwyr ac yn anelu at adeiladu ymddiriedaeth trwy wybodaeth fanwl am yr unigolyn.

Dangosir y prif gamau ar gyfer paratoi cyfranogwyr ar gyfer y sesiwn yn Ffigur 16.3.

> **Croeso**
> Cyfarchwch y cyfranogwyr, eu gwneud yn gartrefol a sicrhau eu bod yn cael eu cyflwyno i aelodau eraill y grŵp.

> **Diogelwch**
> Tynnwch sylw at unrhyw beryglon a chyflwynwch weithdrefnau brys fel gwacáu mewn achos o dân.

> **Gwiriadau**
> Sicrhewch eich bod wedi gwirio galluoedd unigolion ac yn gwybod am gyflyrau meddygol lle bo hynny'n briodol.

> **Briff sesiwn**
> Esboniwch gynllun y sesiwn a'r canlyniadau a ddymunir. Rhowch gyfle i'r cyfranogwyr roi adborth.

> **Addasu cynlluniau**
> Os amlygir problemau posibl yn yr adborth, gwnewch yn siŵr eich bod chi'n gallu addasu'r sesiwn i fodloni gofynion pawb.

> **Arddangos**
> Sicrhewch fod pawb yn gyfarwydd â'r symudiadau sy'n ofynnol yn y sesiwn, gan ddefnyddio arddangosiadau yn ôl yr angen. Efallai y byddai'n ddefnyddiol cael cyfranogwyr i ymarfer rhai symudiadau ar ochr y pwll.

▶ **Ffigur 16.3:** Camau i baratoi cyfranogwyr ar gyfer sesiwn mewn dŵr

Cyflwyno arddangosiad effeithiol

I roi arddangosiad effeithiol, dylech gofio'r canlynol.

▶ Mae arddangosiad yn weledol, felly cadwch eich sylwebaeth i'r lleiafswm er mwyn caniatáu i'r cyfranogwyr ganolbwyntio ar yr hyn rydych chi'n ei ddangos iddyn nhw.

▶ Gellir dangos llawer o ymarferion ar ochr y pwll ond efallai y bydd angen i chi fynd i mewn i'r dŵr ar gyfer symudiadau mwy cymhleth.

▶ Ceisiwch osgoi unrhyw beth sy'n tynnu sylw trwy gael lle da ar gyfer yr arddangosiad – ystyriwch yr hyn sy'n digwydd yn y cefndir a symudwch y grŵp o gwmpas fel eu bod yn gallu canolbwyntio ar y dasg dan sylw yn hytrach na rhywbeth yn y pellter.

▶ Lle bo modd, dangoswch yn araf ac yn llyfn. Os yw'r pwnc yn rhywbeth y gellir ei rannu'n ddarnau bach, yna nodwch bob darn yn glir fel bod y grŵp yn deall ei arwyddocâd.

▶ Gallwch ddefnyddio rhywun arall i wneud yr arddangosiadau, gan ddarparu sylwebaeth eich hun.

Aerobeg dŵr

Mae Sean yn newydd i ddysgu aerobeg dŵr ond mae ganddo lawer o syniadau ac mae'n awyddus iawn i ddatblygu ei sgiliau. Mae'n gweithio i westy bach sydd â'i bwll nofio ei hun ac yn cyflwyno ei sesiynau aerobeg dŵr am 8.30 y bore o ddydd Iau i ddydd Sul. Menywod sy'n mynychu ei ddosbarthiadau yn bennaf ond gall yr ystod oedran fod yn amrywiol.

Yn gyffredinol, mae'r dosbarth yn hwyl. Rhai cleientiaid yn ei wersi yw pobl leol sy'n talu ffi aelodaeth i'r gwesty i ddefnyddio'r cyfleusterau, ond mae'r mwyafrif yn drigolion y gwesty ac o'r herwydd dim ond yn mynychu un neu ddwy sesiwn cyn gadael.

Mae Sean yn ceisio rhoi llawer o egni ym mhob sesiwn y mae'n ei rhedeg. Mae am sicrhau bod pawb y mae'n eu dysgu yn gadael ar ôl mwynhau'r profiad, ac mae'n ymfalchïo yn ei ddosbarthiadau.

Bob bore, mae Sean yn cyrraedd yn gynnar i sicrhau bod ei sesiwn wedi'i chynllunio'n dda a bod unrhyw offer yn barod i'w ddefnyddio. Gall gael manylion ei gleientiaid o system archebu ganolog y gwesty.

Er gwneud ei orau, mae Sean yn ei chael hi'n her go iawn i gynllunio ar gyfer ei sesiynau.

Gwiriwch eich gwybodaeth

1 Pa heriau ydych chi'n meddwl y gallai Sean eu hwynebu wrth gynllunio ar gyfer sesiwn ymarfer corff ym mhwll y gwesty?

2 Mae brîff cyn sesiwn Sean yn aml yn hirach nag yr hoffai. Pam rydych chi'n meddwl y gallai hyn fod?

3 Pa strategaethau y gallai Sean eu defnyddio i sicrhau bod ei sesiynau'n herio ei holl gleientiaid?

4 A oes unrhyw beth y gallai'r gwesty ei wneud i wneud y broses o gynllunio ei sesiynau yn haws i Sean?

Ⅱ MUNUD I FEDDWL

Ydych chi'n deall pa wybodaeth y mae'n rhaid ei darparu cyn dosbarth, fel y gall grŵp neu unigolyn gymryd rhan yn ddiogel ac yn effeithiol?

Awgrym

Lluniwch eich diagram llif eich hun o'r elfennau y dylech eu cynnwys cyn i sesiwn gychwyn.

Ymestyn

Pa elfen y byddech chi'n ystyried ei dileu i'ch helpu chi i gynnal strwythur yn eich ychydig sesiynau cyntaf?

Cyfarwyddo'r sesiwn

Dylai unrhyw sesiwn a gyflwynwch gynnwys y cydrannau a drafodir ar dudalennau 187–8.

Er mwyn cyflwyno dosbarth ymarfer corff effeithiol, dylech ddeall yn llawn yr elfennau yn y sesiwn, yr heriau y gallent eu cynnig i unigolion a sut y gallai symudiadau gael eu rhannu i ganiatáu i unigolion eu meistroli. Y ffordd orau o gyflawni hyn yw trwy ymarfer ac arbrofi. Bydd arweinydd sy'n hyderus ac yn gymwys i ddarparu ymarfer corff yn y dŵr wedi treulio llawer o amser yn y dŵr eu hun, yn gwerthuso symudiadau ac arferion posib.

Damcaniaeth ar waith

Mae'r canlynol yn rhaglen sylfaenol iawn y gallwch chi a'ch cyd-ddysgwyr roi cynnig arni mewn dŵr sy'n cyrraedd at eich brest.

- Cerddwch yn y fan a'r lle am 1 munud, ac yna bownsio'n ysgafn am 30 eiliad arall gyda'ch breichiau wedi'u codi uwch eich pen.
- Gan gadw'ch traed wedi'u plannu'n gadarn, troellwch eich corff o'r canol, i'r chwith gyntaf, yna i'r dde, gan edrych dros eich ysgwydd bob tro. Am y 30 eiliad cyntaf, gwnewch hynny gyda'ch breichiau wrth eich ochr ac yna am y 30 eiliad nesaf, daliwch nhw allan ar ongl sgwâr.
- Sefwch ar flaenau eich traed gyda'ch dwylo allan i'r ochr, gan wneud cylchoedd o dan wyneb y dŵr. Cynyddwch y dwysedd bob 10 eiliad am gyfanswm o 30 eiliad.

Damcaniaeth ar waith *parhad*

- Cyrcydwch nes bod eich gên ar lefel y dŵr. Neidiwch mor uchel ag y gallwch, gan glapio'r aer uwch eich pen. Gwnewch hyn 10 gwaith.
- Rhedwch yn y fan a'r lle am 40 eiliad, yna 10 eiliad yn gyflymach ac yna 10 eiliad yn arafach, cyn ailadrodd.
- Ailadroddwch yr ymarfer cyrcydu, ond y tro hwn gwnewch hynny fel bod eich pen yn mynd o dan y dŵr bob tro.
- Perfformiwch bum hop yn ysgafn ar eich troed chwith, ac yna pump ar eich troed dde.
- Dilynwch hyn ar unwaith gyda rhedeg yn y fan a'r lle am 20 eiliad, gan gicio eich traed tuag at eich cefn mor galed ag y gallwch.
- Bownsiwch yn ysgafn ar y ddwy droed am 30 eiliad.
- Cerddwch yn y fan a'r lle am 1 munud olaf.

Sut oedd y rhaglen hon? A oedd yn cynnig digon o her i chi a'ch cyd-ddysgwyr? A oedd unrhyw symudiadau a oedd yn haws neu'n anoddach nag eraill? Sut allech chi addasu'r symudiadau i wahaniaethu ar gyfer amrywiol gyfranogwyr? Trafodwch eich syniadau gyda gweddill y grŵp.

Damcaniaeth ar waith

Dewiswch dri symudiad eich hun. Wrth ymarfer, cadwch nhw'n syml. Rhestrwch y pwyntiau hyfforddi allweddol y gallech chi eu defnyddio i esbonio'r symudiadau hyn. Sut allech chi wneud y symudiadau yn fwy heriol, os yw hynny'n briodol?

Technegau a phwyntiau hyfforddi

Wrth hyfforddi techneg, dylech anelu at gyflwyno symudiad i gyfranogwyr mewn ffordd sydd:

▶ yn glir a chryno
▶ yn eu galluogi i gadw eu cyrff yn ddiogel
▶ yn eu galluogi i lwyddo a symud ymlaen i fersiynau mwy cymhleth.

Astudiaeth achos

Addysgu rôl ymlaen o dan y dŵr

Mae gan Nancy ddosbarth y mae'n ei ddysgu'n rheolaidd bob nos Fercher. Maent i gyd yn dod yn hyderus mewn dŵr, ac yn gallu ac yn awyddus i wthio'u hunain. Fodd bynnag, nid oes gan yr un ohonynt lawer o brofiad mewn pyllau nofio. Gofynnwyd iddi eu dysgu i wneud rôl ymlaen dan ddŵr.

Er bod Nancy wedi gwneud rôl ymlaen lawer gwaith, nid yw erioed wedi ei addysgu. Er mwyn ei galluogi i ddeall yn well yr elfennau sy'n ofynnol i fod yn llwyddiannus, mae'n dewis amser tawel yn y pwll i'w ymarfer ei hun, gan wneud nodiadau wrth iddi fynd ymlaen.

Dyma'r prif bwyntiau y mae hi'n eu cynnig.

- O sefyll, gorweddwch ar eich stumog gyda'ch wyneb o dan y dŵr a'ch breichiau allan wedi'u hymestyn.
- Tynnwch eich pengliniau i mewn i'ch stumog a'ch gên i mewn i'ch brest.
- Ar yr un pryd, tynnwch eich dwylo'n gryf i lawr heibio'ch ochrau gan geisio gorfodi'ch pen tuag at eich traed.
- Arhoswch yn gyrliog wrth i chi fynd dinben drosben ac wrth deimlo'ch hun yn dod yn ôl i'r wyneb.
- Ymestynnwch eich coesau a sefwch i gael eich gwynt.

Gwiriwch eich gwybodaeth

1 Pa bryderon diogelwch a allai fod gennych wrth addysgu'r symudiad hwn?

2 A allwch chi awgrymu unrhyw offer a allai fod yn ddefnyddiol i wneud y symudiad yn fwy cyfforddus i bobl ei ddysgu?

3 A oes unrhyw symudiadau sy'n gymhleth ac y gallai fod angen i chi eu hymarfer eich hun i'w rannu'n bwyntiau y gellir eu haddysgu?

Egwyddorion rheoli ymddygiad grŵp

Mae yna nifer o egwyddorion allweddol y dylech eu dilyn i ddarparu sesiwn sy'n cwrdd â nodau'r grŵp ac a gynhelir mewn modd diogel ac amserol.

▶ Symudwch o amgylch ochr y pwll i sicrhau eich bod yn weladwy i'r grŵp cyfan a'ch bod chi'n gallu arddangos symudiadau yn glir ac yn effeithiol.

▶ Defnyddiwch amrywiaeth o dechnegau cyfathrebu, yn dibynnu ar yr hyn rydych chi'n ceisio'i gyflawni a natur y sesiwn. Mae technegau cyfathrebu yn cynnwys:
  • llafar, gan sicrhau eich bod yn taflu'ch llais dros unrhyw sŵn cefndir
  • defnyddio chwiban i nodi eich bod am gael sylw neu i nodi newid mewn symudiad
  • defnyddio arwyddion ysgrifenedig yn nodi'n glir y symudiad nesaf
  • arddangos y symudiadau yn weledol.

▶ Cymell y grŵp yn gyson gydag anogaeth a iaith y corff agored ac egnïol.

▶ Rhowch gliwiau amserol – gan roi rhybudd i'r grŵp beth ellid ei ddisgwyl nesaf. Defnyddiwch gyfrif i lawr lle bo hynny'n bosibl yn hytrach na chyflwyno symudiad newydd neu newid cyfeiriad yn sydyn.

▶ Amrywiwch gyflymder y sesiwn i ddiwallu anghenion y grŵp a chynyddu effeithiolrwydd yr ymarfer i'r eithaf. Defnyddiwch newidiadau mewn cyflymder i ganiatáu cyfnodau gorffwys i sicrhau nad oes unrhyw gyfranogwr wedi blino'n lân neu'n anniogel. Cofiwch y dylai'r cyflymder hefyd adlewyrchu dyfnder y dŵr y mae cyfranogwyr yn ymarfer ynddo.

▶ Monitro dwysedd y sesiwn yn gyson a sut mae unigolion yn ymdopi ag ef. Profwch eu hymatebion i sicrhau nad ydyn nhw'n cael eu llethu.

▶ Addaswch ymarferion gyda dilyniant ac atchweliadau priodol y gallwch eu cyflwyno mewn ymateb i berfformiad cyfranogwyr, gan ddefnyddio offer lle bo angen.

Monitro dwysedd

Ffordd syml o fonitro dwysedd ymarfer corff yw'r **prawf siarad**. Gellir ei ddefnyddio'n hawdd mewn amgylchedd pwll nofio i sicrhau bod cyfranogwyr yn gweithio ar drothwy diogel. Yn fras, mae'r holl arsylwadau canlynol yn wir ond byddan nhw'n amrywio rhwng unigolion i raddau.

▶ Os gall person siarad a chynnal sgwrs ysgafn, maent o fewn trothwy dwysedd isel.

▶ Os oes angen i berson anadlu bob ychydig eiriau, mae mewn trothwy dwysedd canolig.

▶ Os yw person yn cael trafferth siarad o gwbl, mae ar drothwy uchel – mae hyn yn rhy uchel ar gyfer ymarfer corff diogel yn y dŵr.

Gallwch hefyd annog y grŵp i ddefnyddio technegau **Graddio Ymdrech Ganfyddedig** (RPE – *Rating of Peceived Exertion*) i wirio eu dwysedd eu hunain a bod yn gyfrifol

am eu diogelwch eu hunain. Gan ddefnyddio graddfa 1 i 20, gallant asesu pa mor galed y maent yn gweithio, gan ystyried pa mor flinedig ydyn nhw, pa mor anodd yw anadlu a pha mor anodd yw'r ymarfer corff. I'r rhan fwyaf o bobl, mae gweithio o fewn yr ystod 12–15 yn fwyaf effeithiol ac mae hefyd yn cynnal diogelwch mewn amgylchedd dŵr.

> **Ymchwil**
>
> Ymchwiliwch i'r raddfa RPE. Sut ydych chi'n meddwl y gellid defnyddio'r raddfa RPE i gynllunio rhaglenni ymarfer corff effeithiol a diogel mewn dŵr?

> **Trafodaeth**
>
> Trafodwch y prawf siarad a thechnegau RPE ar gyfer asesu lefel dwysedd cyfranogwr. Beth ydych chi'n teimlo yw cryfderau a gwendidau posibl pob techneg? Pa dechneg sydd fwyaf gwerthfawr yn eich barn chi? Cyfiawnhewch eich safbwynt.

Dulliau o gywiro cyfranogwyr

Pa un a yw'r sesiwn yn canolbwyntio ar ddysgu sgìl newydd neu gyflawni ymarfer corff yn unig, ar ryw adeg mae'n debygol y bydd yn rhaid i chi gywiro techneg cyfranogwr. Gall hyn fod er mwyn sicrhau bod y sesiwn yn fwy effeithiol neu fel eu bod yn parhau i fod yn ddiogel. Mae'r canlynol yn ddulliau sylfaenol ar gyfer cywiro cyfranogwyr.

▶ **Dangos positifrwydd** – sicrhau bod unrhyw feirniadaeth neu gywiriadau yn cael eu meddalu trwy eu gwneud yn bositif. Efallai yr hoffech chi ddefnyddio'r dechneg 'byrgyr canmoliaeth' i wneud hyn: ar gyfer pob pwynt rydych chi'n tynnu sylw ato fel un sydd angen ei wella, amlygwch rywbeth y mae'r unigolyn yn ei wneud yn dda.

▶ **Safle symudol** – addaswch ble rydych chi wedi'ch lleoli mewn perthynas â'r grŵp. Sicrhewch y gall pawb eich gweld yn ystod pwyntiau hyfforddi, yn enwedig wrth arddangos. Wrth siarad ag unigolyn penodol, ceisiwch ddod mor agos atynt â phosibl.

▶ **Gofyn cwestiynau** – efallai na fydd llawer o'r hyn sy'n digwydd yn y dŵr yn weladwy o ochr y pwll. Mynnwch sgwrs agored gyda'r cyfranogwyr ynghylch sut maen nhw'n teimlo. Efallai y cewch arwydd o'r ysgwyddau i fyny fod angen addasu eu techneg ac efallai y bydd angen i chi lenwi gweddill y llun gan ddefnyddio cwestiynau penodol.

▶ **Cyfathrebu llafar** – gall amgylchedd dŵr fod yn swnllyd ac weithiau mae cyfathrebu ar lafar yn anodd. Efallai yr hoffech chi ddefnyddio chwiban a signalau llaw i dynnu sylw atoch chi'ch hun. Taflwch eich llais a sicrhau eich bod yn wynebu'r dosbarth.

▶ **Cyfathrebu di-eiriau** – mae defnyddio signalau llaw, chwiban, byrddau gwyn neu gorn awyr i gyd yn fathau defnyddiol o gyfathrebu heb eiriau. Maent yn dibynnu ar friff cadarn ar ddechrau'r sesiwn i sicrhau bod pawb yn deall ystyr signal neu sain ond gallai sesiwn gyfan gael ei chynnal heb siarad o gwbl.

▶ **Cyfathrebu gweledol** – mae hyn yn cynnwys llawer o nodweddion cyfathrebu heb eiriau yn ogystal ag arddangosiadau (gweler tudalennau 189–90).

▶ **Drych** – mae hyn yn arbennig o ddefnyddiol ar gyfer dangos i grŵp yr hyn rydych chi eisiau iddyn nhw ei wneud, yn enwedig o ran cadw amser. O ochr y pwll, gallwch arddangos y symudiadau a gofyn i'r grŵp eich copïo gan gynnal eich cyflymder a'ch rhythm.

⏸ MUNUD I FEDDWL   Allwch chi enwi'r gwahanol elfennau sy'n gysylltiedig ag arwain ymarfer corff mewn dŵr?

> **Awgrym**   Beth yw'r egwyddorion sylfaenol sy'n gysylltiedig â darparu sesiwn ymarfer corff dda mewn dŵr?

> **Ymestyn**   Pa ddwy dechneg y gallech chi eu rhoi ar waith i sicrhau bod ymarfer corff yn cael ei wneud ar ddwysedd addas?

Dod â sesiwn ymarfer mewn dŵr i ben

Mae sicrhau bod sesiwn yn cael ei gorffen yn broffesiynol ac yn daclus yn hanfodol wrth arwain dosbarth ymarfer corff mewn dŵr. Sicrhewch fod unrhyw offer a ddefnyddir yn cael ei wirio, ei atgyweirio os oes angen ac yna ei storio'n gywir ar gyfer sesiynau yn y dyfodol. Gwiriwch yr amgylchedd o amgylch y pwll, gan edrych am ymylon miniog a sicrhau bod unrhyw fatiau gwrthlithro yn aros yn eu lle. Dylid clirio unrhyw beryglon baglu neu sbwriel er mwyn sicrhau diogelwch defnyddwyr eraill y pwll.

Ôl-drafodaeth

Ar ôl y sesiwn, dylech arwain sesiwn ôl-drafod gyda'r grŵp i drafod sut aeth pethau. Dylai hyn gyflawni tri phrif bwynt.

1 Tynnwch sylw at lwyddiannau'r dosbarth a llongyfarch perfformiadau cadarnhaol. Rydych chi am i bobl adael y sesiwn yn teimlo fel eu bod nhw wedi cyflawni. Gwnewch hyn yn hawdd iddyn nhw trwy esbonio'n glir beth wnaethon nhw'n dda.

2 Tynnwch sylw at feysydd i'w gwella a lle dylai'r cyfranogwyr ganolbwyntio ar wella. Dylai hon fod yn broses ddwy ffordd gyda nhw yn cael cyfle i berchnogi eu llwybrau eu hunain ac awgrymu pethau a allai fod yn ddefnyddiol i'w helpu i lwyddo yn y dyfodol. Gadewch iddyn nhw roi adborth ar y sesiwn a gofyn cwestiynau, a lle bo hynny'n bosibl awgrymu ffyrdd y gallech chi ymgorffori eu syniadau mewn sesiynau yn y dyfodol.

3 Cyfeiriwch nhw tuag at lwybr dilyniant. Dylai hwn fod yn gyfle i werthu sesiynau pellach yn gadarnhaol a dal gafael ar y momentwm a adeiladwyd yn ystod y sesiwn. Esboniwch nodau tymor hir yn glir a sut y bydd mynychu sesiynau pellach yn eu helpu i gyflawni hyn.

Defnyddiwch yr ôl-drafodaeth i helpu i wneud nodiadau ar yr hyn a gyflawnwyd yn y sesiwn, unrhyw feysydd i'w gwella neu bethau nad oeddech yn hapus â nhw, a'r hyn y gellir ei gynnwys yn y sesiwn ganlynol. Lle bo modd, ymgorfforwch awgrymiadau gan gyfranogwyr i ddangos iddynt eich bod yn cymryd eu hadborth o ddifrif.

⏸ MUNUD I FEDDWL   Dylai pob sesiwn gael ei gorffen yn broffesiynol a gyda strwythur. Mewn dim mwy na 30 gair, eglurwch pam mae ôl-drafodaeth effeithiol yn bwysig.

> **Awgrym**   Sut ydych chi'n arddangos proffesiynoldeb? Meddyliwch am swyddi neu leoliadau gwaith lle mae'n bosib y bu'n rhaid i chi orfod gweithredu'n broffesiynol.

> **Ymestyn**   Pa strategaethau allech chi eu defnyddio i sicrhau bod cyfranogwr yn dod yn ôl am sesiynau pellach?

Adolygu eich perfformiad eich hun

Mae'r broses o adolygu eich perfformiad eich hun fel arweinydd ymarferion mewn dŵr yn hanfodol bwysig. Dylai pob arweinydd osgoi hunanfoddhad a cheisio gwella a dysgu bob amser. Wrth adolygu eich sesiwn, gallai fod yn werth defnyddio'r cwestiynau canlynol i strwythuro'ch meddwl.

▶ A oedd fy ngwaith paratoi ar gyfer y sesiwn yn drylwyr ac yn drefnus? A wnes i wiriadau priodol a pharatoi fy offer? A wnes i wirio fy nogfennau gwybodaeth am y grŵp fel fy mod yn deall pwy oedd yn bresennol a'u hanghenion unigol?

▶ A oedd fy mriff yn glir ac a wnes i ddangos egni o'r dechrau, gan ysbrydoli fy nghyfranogwyr i lwyddo?

▶ A wnes i leoli fy ngrŵp a minnau yn effeithiol yn yr ardal ddŵr ac ar ochr y pwll? A oedd ganddyn nhw le i symud ac a oedden nhw'n gallu fy ngweld bob amser?

▶ A oedd yr ymarferion a ddewisais yn briodol i'm grŵp ac a wnaethant eu gwthio'n ddigonol? A oedd digon o amrywiad yn y sesiwn ac a oedd y sesiwn yn teimlo'n llyfn ac wedi'i strwythuro'n dda?

▶ Sut oedd fy mherthynas gyda fy ngrŵp? A wnes i gyfathrebu'n effeithiol? A wnes i gynnal positifrwydd a'u cymell bob amser? Ydw i wedi adeiladu ymddiriedaeth? A oeddwn yn gallu gwneud addasiadau wrth inni fynd ymlaen?

▶ A wnes i gadw'r grŵp yn ddiogel ac a amlygwyd unrhyw faterion yn ystod y sesiwn?

▶ A ddefnyddiais yr ôl-drafodaeth yn effeithiol i sicrhau bod fy ngrŵp yn gadael yn teimlo'n hapus eu bod wedi cyflawni ac yn awyddus i ddychwelyd am sesiynau pellach?

Gwella perfformiad personol

> **Cysylltiad**
>
> Ymdrinnir yn fwy manwl â ffyrdd o wella eich perfformiad personol yn *Uned 3: Datblygiad Proffesiynol yn y Diwydiant Chwaraeon.*

Ar ôl unrhyw sesiwn, dylech allu nodi meysydd i'w gwella, ni waeth pa mor brofiadol y gallech fod. Y dasg nesaf yw sicrhau y gallwch nodi strategaethau ar gyfer gwella eich perfformiad personol yn y dyfodol. Mae Tabl 16.8 yn dangos tair enghraifft o feysydd y gallai fod angen i arweinwyr ymarfer corff newydd wella ynddynt, gydag awgrymiadau ar sut i ddatblygu sgiliau ar gyfer y dyfodol.

▶ **Tabl 16.8:** Meysydd i ganolbwyntio arnynt ar gyfer gwella perfformiad personol

Trefnu a pharatoi	• Does dim yn waeth na dechrau sesiwn mewn panig oherwydd nad ydych yn teimlo eich bod wedi paratoi'n ddigonol. Dechreuwch ystyried eich sesiwn ddyddiau cyn y mae i fod i ddigwydd. Caniatewch amser i wneud cynllun, ond wedyn ystyriwch ei effeithiolrwydd a'i addasu yn ôl yr angen. • Os oes unrhyw amheuaeth, gwiriwch eich offer y diwrnod cynt. Os ydych chi'n gwybod nad oes rhywbeth ar gael neu ddim yn gweithio, mae'n well gwybod mewn da bryd er mwyn i chi allu addasu'ch cynlluniau. • Ar y diwrnod, cyrhaeddwch yn ddigon buan i baratoi fel bod gennych amser i ymlacio a thawelu unrhyw nerfau cyn i'r grŵp gyrraedd.
Dewis o ymarferion	• Ewch ati i ymarfer unrhyw ymarferion cyn i chi ofyn i'r cyfranogwr eu gwneud. Sicrhewch eich bod yn deall heriau'r symudiadau. • Datblygwch strategaethau i rannu symudiad yn ddarnau llai os ydych chi'n ei chael hi'n anodd. • Cysgodwch arweinwyr ymarfer corff mewn dŵr eraill ac, os yn bosibl, cymerwch ran yn eu dosbarth. Edrychwch beth yw eu cryfderau a defnyddiwch nhw trwy eu cymysgu â syniadau personol.
Ysbrydoli cyfranogwyr	• Rhaid i'ch cyfranogwyr gredu eich bod yn llawn cymhelliant ac eisiau bod yno. Mewn gwirionedd, bydd rhai dyddiau pan fydd gennych fwy o gymhelliant nag eraill, ond mae'n rhaid i chi ddangos egni bob amser. • Ewch ati i ymarfer dangos iaith gorfforol bositif yn eich bywyd o ddydd i ddydd. Pan rydych chi'n gwneud tasg rydych chi'n ei chasáu, canolbwyntiwch ar gymhelliant personol a chynnal ystum a mynegiant egnïol. • Arsylwch arweinwyr eraill a thrafod gyda nhw sut maen nhw'n cynnal cymhelliant.

▶ Mae gwirio offer ymlaen llaw yn ffordd i helpu i wella perfformiad

Mae'r dechneg SWOT yn ffordd ddefnyddiol o strwythuro'ch adolygiad, gan ganolbwyntio ar bedwar maes i dargedu'ch gwelliannau.

▶ **Cryfderau** – Dylid cydnabod yr elfennau cadarnhaol mewn sesiwn fel y gellir eu defnyddio eto yn y dyfodol.

▶ **Gwendidau** – Ni waeth pa mor fach, dylid tynnu sylw at feysydd i'w gwella fel y gallwch ddileu gwendidau o sesiynau yn y dyfodol.

▶ **Cyfleoedd** – Mae newid yn rhan bwysig o'r broses arwain. Mae dysgu technegau newydd, datblygu neu wella adnoddau, neu gael mynediad i leoliadau newydd i gyd yn gyfleoedd y bydd arweinydd da yn chwilio amdanyn nhw ac yn ceisio eu hintegreiddio i'w gwaith cyflwyno.

▶ **Bygythiadau** – Mae'r elfennau a allai atal llwyddiant yn amrywiol. Gallant fod yn gyfyngiadau amser, mynediad at adnoddau priodol, neu anaf posibl. Dylid nodi bygythiadau yn gynnar fel y gellir rhoi mesurau ataliol ar waith er mwyn dileu neu leihau eu heffaith.

Ymarfer asesu 16.3

C.P4 | C.P5 | C.P6 | C.M3 | C.M4 | BC.D2 | C.D3

Mewn ymgynghoriad â'ch tiwtor, dewch o hyd i grŵp a chyflwynwch sesiwn ymarfer corff yn y dŵr iddo. Cynlluniwch a darparwch sesiwn lle byddwch chi'n dangos sgiliau cyfathrebu a chymell effeithiol, gan ystyried anghenion unigolion yn y grŵp. Sicrhewch fod y sesiwn yn cael ei rheoli mewn ffordd ddiogel a strwythuredig.

Wedi hynny, gwerthuswch eich perfformiad wrth gyflwyno'r sesiwn, gan gyfiawnhau cryfderau a meysydd hunan-welliant rydych chi wedi tynnu sylw atynt.

Cynllunio
• Rydw i wedi sicrhau fy mod wedi cael profiad gwerthfawr trwy gysgodi arweinwyr eraill.
• Rwy'n hyderus yn fy ngalluoedd fy hun ac yn credu fy mod wedi dewis grŵp synhwyrol i ymarfer arno.

Gwneud
• Rwy'n gwybod yr hyn rwy'n ceisio ei gyflawni yn fy sesiwn.
• Mae gen i gynllun cryf ond rydw i'n barod i'w addasu os bydd angen.

Adolygu
• Gallaf gydnabod gwerth yr ymarfer hwn.
• Pe gofynnir imi gyflwyno sesiwn arall, gallwn wneud gwelliannau gwerthfawr i'm perfformiad.

Deunydd darllen ac adnoddau pellach

Katz, J. (2003) *Your Water Workout*, Efrog Newydd: Broadway Books.

Pappas Baun, M. (2008) *Fantastic Water Workouts*, 2nd edition, Illinois. Human Kinetics.

Tamminen, T. (2007) *The Ultimate Guide to Pool Maintenance*, 3ydd argraffiad, Efrog Newydd: McGraw-Hill Education.

BETH AM ▶▶Y DYFODOL?

Grant Richards

Hyfforddwr nofio
a hyfforddwr
aerobeg dŵr

Rydw i wedi bod yn dysgu ymarfer corff mewn dŵr ers blynyddoedd lawer. Fy nghariad at y dŵr a'm tynnodd at y ddisgyblaeth hon o ddysgu ymarfer corff. Rydw i mewn gwirionedd yn dysgu nofio dŵr agored yn ogystal ag ymarfer corff yn y pwll. Mae heriau i'r ddau.

Mae gen i gwmni fy hun, sef Aqua Fit Pro. Rydw i wedi treulio llawer o amser yn meithrin enw da fy nghwmni ac yn awr mae galw mawr amdana i gan byllau nofio imi ddod i gyflwyno sesiynau. Rwy'n cyflwyno ystod eang o weithgareddau a sesiynau. Rwy'n hoffi bod yn y sefyllfa hon bob amser gan ei fod yn golygu nad wyf yn diflasu ac y galla i gael her wrth ddatblygu sesiynau newydd.

Mae fy mhrofiad wedi caniatáu imi adeiladu ystod eang o sgiliau gan gynnwys cyfathrebu, amynedd a chymhelliant. Ond y sgil yr wyf yn ei hystyried yn fwyaf hanfodol yw'r gallu i addasu: wyddoch chi ddim beth allai ddigwydd mewn gwers a rhaid i chi fod yn barod i wneud newidiadau yn ôl yr angen.

Canolbwyntio eich sgiliau

Cynnal diogelwch

Rhaid cynnal sesiynau ymarfer yn y dŵr mewn modd diogel a rheoledig. Mae'r heriau i arweinydd newydd yn amrywiol a gall gwneud camgymeriadau arwain at ganlyniadau difrifol.

- Sicrhewch fod y pwll yn cael ei gadw ar dymheredd priodol fel bod y grŵp yn cael ei gadw'n ddiogel ac yn gallu perfformio.
- Ystyriwch eich grŵp a sut y gallai fod angen addasu sesiwn i'w cadw'n ddiogel wrth ddiwallu eu hanghenion grŵp ac unigol.
- Ystyriwch nodweddion pwll nofio bob amser a sut y gellir ei ddefnyddio orau i gadw'r grŵp yn ddiogel a sicrhau eu bod yn cael profiad cadarnhaol.
- Ewch ati i ymarfer technegau ar gyfer monitro dwysedd sesiwn a sut mae cyfranogwyr yn ymateb iddo fel eich bod chi'n dod i'r arfer o wneud hyn.

Cyflwyno sesiwn

Mae sesiwn wedi'i darparu'n dda yn un sydd wedi'i chynllunio a'i pharatoi'n dda. Mae cyflwyno sesiwn dda yn dibynnu ar ystod eang o sgiliau arwain.

- Peidiwch â bod ofn defnyddio rhestr wirio i sicrhau eich bod chi'n paratoi popeth sydd ei angen arnoch chi.
- Ewch ati i ymarfer cyflwyno eich brîff sesiwn a gwirio ei fod yn cynnwys yr holl wybodaeth y mae angen i chi ei chyfleu i gyfranogwyr.
- Chwiliwch am gyfleoedd bob amser i ddatblygu eich hyfforddiant, trwy ymarfer 'ymarferol' a thrwy arsylwi hyfforddwyr eraill.

Paratoi ar gyfer asesiad

Mae José yn gweithio tuag at BTEC Cenedlaethol mewn Chwaraeon. Cafodd aseiniad ar gyfer nod dysgu B gyda'r teitl 'Cynllunio sesiwn ymarfer corff mewn dŵr'. Roedd yn rhaid iddo lunio cynllun sesiwn a oedd yn diwallu anghenion ei grŵp o gleientiaid, gan sicrhau eu bod yn cael profiad o safon mewn amgylchedd diogel. Roedd yn rhaid iddo:

▶ ddarparu gwybodaeth am bwy oedd y grŵp cleientiaid a sut y datblygodd y sesiwn i ddiwallu eu hanghenion penodol

▶ trafod y rhagofalon y dylid eu cymryd i gadw'r grŵp yn ddiogel.

Mae José yn sôn am ei brofiad isod.

Sut y dechreuais i

Fe gefais i lawer o brofiad o gynllunio sesiynau ymarfer corff yn ystod fy nghwrs BTEC. Rwyf hefyd yn gwirfoddoli i glwb hoci plant ar benwythnosau felly roedd hyn o gymorth. Er fy mod i'n hoffi'r dŵr, doeddwn i erioed wedi arwain sesiwn yn yr amgylchedd hwn. Fy nhasg gyntaf oedd magu rhywfaint o brofiad. Llwyddais i gysgodi hyfforddwr nofio yn fy mhwll lleol. Fe wnes i hefyd gofrestru am dair wythnos o aerobeg dŵr.

Roedd hyn yn amhrisiadwy i'm datblygiad. Cefais gyfleoedd i ofyn cwestiynau i'r arweinwyr a thrafod yr heriau yr oeddent yn eu hwynebu. Fe wnaethon nhw hefyd roi awgrymiadau gwych i mi ar ddylunio sesiwn ac ystyriaethau ar gyfer ei strwythuro'n briodol ar gyfer fy ngrŵp cleientiaid.

Sut y des i â'r cyfan at ei gilydd

Er mwyn cynhyrchu cynllun sesiwn yr oeddwn yn gyffyrddus ag ef, fel wnes i addasu cynllun parod a ddarparwyd gan fy nhiwtor. Felly, roeddwn yn hyderus yn ei ddefnyddio ac amlygodd yr holl feysydd penodol yr oeddwn am ganolbwyntio arnyn nhw.

Yna dechreuais lenwi fy nghynllun. Penderfynais gadw pethau'n syml er mwyn i mi allu cyflwyno'r sesiwn yn hyderus. Fe wnes i sicrhau bod gen i wybodaeth fanwl am fy ngrŵp a'm bod i'n deall y cyfranogwyr unigol a'u nodau wrth ymuno â'm sesiwn. Fe wnes i hefyd ystyried amgylchedd y pwll lle byddai'r sesiwn yn cael ei chynnal a sut y gallwn ei defnyddio er mantais i fy ngrŵp ac i allu cadw golwg arnynt a chyfathrebu'n dda â nhw.

Roedd gen i ychydig o amheuon am rai o'r ymarferion roeddwn i'n bwriadu eu cynnwys, felly fe wnes i roi cynnig arnyn nhw fy hun yn y pwll. Ceisiais eu rhannu'n gydrannau a deall yr heriau y byddai'r dosbarth yn eu hwynebu er mwyn imi allu cyflwyno'r ymarferion yn llwyddiannus.

Beth wnes i ei ddysgu o'r profiad

Mae'r holl brofiad wedi fy ymestyn yn sylweddol. Oherwydd bod hwn yn amgylchedd nad oeddwn wedi arfer ag ef, roeddwn yn nerfus, ond rwy'n teimlo bod herio fy hun wedi helpu fy ngallu i arwain a hyfforddi yn gyffredinol.

Roedd yn ddefnyddiol cael sesiynau cysgodol cyn gwneud fy nghynllun. Roedd hyn yn golygu y gallwn ymgorffori cryfderau sesiynau pobl eraill yn fy un i. Byddaf yn bendant yn dilyn y dull hwn eto.

Gadewais ddigon o amser i mi fy hun greu fy nghynllun. Rwy'n falch fy mod wedi gwneud hyn gan fod angen i mi wneud nifer o addasiadau er mwyn ei gael yn union fel roeddwn i ei eisiau. Roedd cael y wybodaeth gefndir am fy ngrŵp a deall yr amgylchedd a'r adnoddau sydd ar gael imi wedi fy helpu i gynhyrchu cynllun yr oeddwn yn teimlo'n hapus ag ef.

Pwyntiau i'w hystyried

▶ A ydych wedi caniatáu digon o amser i gwblhau eich cynllun a gwneud newidiadau yn ôl yr angen?

▶ A oes gennych fynediad at yr holl wybodaeth sydd ei hangen arnoch i gynhyrchu cynllun trylwyr?

▶ A ydych wedi darparu'r holl wybodaeth y gofynnwyd amdani i gyrraedd y radd orau bosibl?

Rheoli Anafiadau Chwaraeon 17

Dod i adnabod eich uned

Asesiad

Byddwch yn cael eich asesu drwy gyfrwng cyfres o aseiniadau a osodwyd gan eich tiwtor.

I bersonél sy'n ymwneud ag unrhyw agwedd ar chwaraeon, mae cael anaf neu weld anaf yn beth cyffredin. Yn dibynnu ar eich rôl mewn chwaraeon, mae gwerthfawrogiad a dealltwriaeth o anafiadau chwaraeon a'u symptomau yn hanfodol i sicrhau bod triniaeth briodol yn cael ei rhoi. Mae atal anafiadau yn hanfodol a gellir lleihau'r risg o anaf trwy ddeall mecanwaith anaf, rôl biomecaneg a mesurau ataliol effeithiol. I'r cyfranogwyr hynny sy'n dioddef anaf, gall triniaeth effeithiol arwain at ddychwelyd yn gyflymach i'r gweithgaredd o'u dewis neu ymlaen i adsefydlu.

Sut y cewch eich asesu

Bydd yr uned hon yn cael ei hasesu'n fewnol drwy gyfrwng cyfres o dasgau a osodir gan eich tiwtor. Trwy gydol yr uned hon fe welwch ymarferion asesu defnyddiol a fydd yn eich helpu i weithio tuag at eich aseiniad. Ni fydd cwblhau pob un o'r ymarferion hyn yn golygu eich bod yn cyflawni gradd benodol, ond byddech wedi cyflawni ymchwil neu baratoad defnyddiol a fydd yn berthnasol yn eich aseiniad terfynol.

I gyflawni'r tasgau yn eich aseiniad, mae'n bwysig gwirio eich bod wedi bodloni'r holl feini prawf er mwyn Llwyddo. Gallwch wneud hyn wrth i chi weithio'ch ffordd trwy'r aseiniad.

Os ydych chi'n gobeithio ennill gradd Deilyngdod neu Ragoriaeth, dylech hefyd sicrhau eich bod chi'n cyflwyno'r wybodaeth yn eich aseiniad yn yr arddull sy'n ofynnol gan y maen prawf asesu perthnasol. Er enghraifft, mae meini prawf Teilyngdod yn gofyn i chi asesu a chymhwyso, ac mae meini prawf Rhagoriaeth yn gofyn i chi ddadansoddi a chyfiawnhau.

Bydd yr aseiniad a osodir gan eich tiwtor yn cynnwys nifer o dasgau sydd wedi'u cynllunio er mwyn bodloni'r meini prawf yn y tabl. Mae hyn yn debygol o gynnwys aseiniadau ysgrifenedig ond gall hefyd gynnwys gweithgareddau fel:

▶ cyflwyno'r amrywiol ffactorau risg o ran anafiadau chwaraeon a mesurau ataliol

▶ creu rhaglen adsefydlu

▶ arsylwi ar gymhwyso triniaethau ar gyfer anafiadau chwaraeon

▶ ymatebion i gwestiynau ar lafar.

Meini prawf asesu

Mae'r tabl hwn yn dangos yr hyn sy'n rhaid i chi ei wneud i **Lwyddo**, neu i gael **Teilyngdod** neu **Ragoriaeth**, a sut i ddod o hyd i weithgareddau i'ch helpu.

Llwyddo	Teilyngdod	Rhagoriaeth

Nod dysgu A Deall anafiadau chwaraeon cyffredin a'u hymatebion ffisiolegol a seicolegol cysylltiedig

A.P1

Trafod anafiadau a symptomau cyffredin, acíwt a gorddefnydd ym maes chwaraeon, a symptomau baner goch.

Ymarfer asesu 17.1

A.M1

Asesu anafiadau a symptomau cyffredin, acíwt a gorddefnydd ym maes chwaraeon, gydag enghreifftiau penodol o fecanwaith ac achoseg anafiadau.

Ymarfer asesu 17.1

A.D1

Dadansoddi anafiadau a symptomau chwaraeon cyffredin, a'r ymatebion ffisiolegol a seicolegol i'r rhain gydag enghreifftiau penodol o fecanwaith ac achoseg anafiadau.

Ymarfer asesu 17.1

A.P2

Esbonio sut mae'r corff yn ymateb yn ffisiolegol a'r meddwl yn seicolegol i anafiadau chwaraeon.

Ymarfer asesu 17.1

A.M2

Asesu'r ymateb ffisiolegol a seicolegol i anafiadau chwaraeon, o ran camau anaf, gan ddefnyddio enghreifftiau penodol.

Ymarfer asesu 17.1

Nod dysgu B Archwilio dulliau triniaeth ac adsefydlu cyffredin

B.P3

Cymhwyso protocolau priodol wrth gyflawni ystod o driniaethau cyffredin mewn pedair sefyllfa gyferbyniol.

Ymarfer asesu 17.2

B.M3

Cymhwyso protocolau priodol mewn modd hyderus ac effeithiol wrth gyflawni ystod o driniaethau cyffredin mewn pedair sefyllfa gyferbyniol.

Ymarfer asesu 17.2

B.D2

Cyfiawnhau dyluniad y rhaglen adsefydlu, gan gynnwys argymhellion ac ystyriaethau yn y dyfodol.

Ymarfer asesu 17.2

B.P4

Adolygu perfformiad swyddogion, gan ddefnyddio dulliau asesu mewn rhai chwaraeon dethol, gan adnabod cryfderau a meysydd i'w gwella.

Ymarfer asesu 17.2

B.M4

Dylunio rhaglen adsefydlu fanwl diogel a phriodol ar gyfer anaf penodol ym maes chwaraeon, gan gynnwys addasiadau a dewisiadau amgen.

Ymarfer asesu 17.2

Nod dysgu C Ymchwilio i ffactorau risg a allai gyfrannu at anafiadau chwaraeon a'u strategaethau atal cysylltiedig

C.P5

Esbonio sut mae ffactorau risg anghynhenid a chynhenid yn cyfrannu at anafiadau chwaraeon a sut y gellir eu hatal, gan ddefnyddio enghreifftiau penodol.

Ymarfer asesu 17.3

C.M5

Asesu'r mesurau ataliol ar gyfer ffactorau risg anghynhenid a chynhenid a ddewiswyd, gan ddefnyddio enghreifftiau penodol.

Ymarfer asesu 17.3

C.D3

Dadansoddi ffactorau risg cynhenid ac anghynhenid a allai gyfrannu at anafiadau chwaraeon, gan ddefnyddio dilyniant y model atal.

Ymarfer asesu 17.3

C.D4

Gwerthuso pwysigrwydd rheoli anafiadau chwaraeon, gan gyfiawnhau ei rôl wrth helpu perfformwyr chwaraeon i atal neu oresgyn anafiadau chwaraeon cyffredin.

Ymarfer asesu 17.3

Dechrau arni

Mae cymryd rhan mewn chwaraeon ac ymarfer corff yn dda iawn i'ch iechyd. Fodd bynnag, trwy gymryd rhan rydych hefyd yn cynyddu eich risg o anaf chwaraeon. Pan fyddwn yn cael anaf yn sgil chwaraeon, mae'n effeithio arnom yn gorfforol ac yn seicolegol. Meddyliwch am enghraifft o anaf proffil uchel. Pwy gafodd ei anafu? Beth yn eich barn chi oedd yr arwyddion corfforol oedd yn dangos eu bod wedi eu hanafu? Sut ydych chi'n meddwl y byddai'r anaf yn effeithio arnyn nhw'n seicolegol?

A Deall anafiadau chwaraeon cyffredin a'u hymatebion ffisiolegol a seicolegol cysylltiedig

Cysylltiad

Mae gan yr uned hon gysylltiadau arbennig o gryf ag *Uned 1: Anatomeg a Ffisioleg ac Uned 6: Seicoleg Chwaraeon*.

Er mwyn rheoli anafiadau yn effeithiol, mae'n bwysig bod ymarferwyr anafiadau chwaraeon yn gwybod beth yw anaf chwaraeon a'r gwahanol fathau o anafiadau y gallai eu hathletwyr eu cael.

Beth yw anaf chwaraeon?

Yn aml, diffinnir anaf chwaraeon fel unrhyw anaf corfforol a ddigwyddodd yn ystod sesiwn hyfforddi neu berfformiad a drefnwyd. Fel arfer bydd angen rhyw fath o sylw meddygol ar yr anaf a bydd angen i'r athletwr beidio â chymryd rhan mewn hyfforddiant na chystadlu am beth amser. Yn aml, yr amser a gollir drwy fethu â hyfforddi neu gystadlu sy'n pennu difrifoldeb yr anaf.

Mathau o anafiadau chwaraeon

Mae dau brif fath o anaf chwaraeon. Mae'r rhain yn cael eu pennu gan fecanwaith yr anaf, neu'r ffordd y mae'n cael ei achosi, a pha mor gyflym mae'r symptomau'n dod i'r amlwg.

▶ Mae **anafiadau acíwt** yn tueddu i ddigwydd oherwydd grym mawr sydyn i'r feinwe, drwy, er enghraifft, daro yn erbyn chwaraewr arall neu gael ergyd uniongyrchol, ac mae'r symptomau'n digwydd yn gyflym. Anafiadau acíwt yw'r rhan fwyaf o'r anafiadau dramatig a welwn ar y teledu.

▶ Mae **anafiadau gorddefnydd** yn tueddu i ddigwydd oherwydd grym dro ar ôl tro i'r meinweoedd, er enghraifft symudiadau dro ar ôl tro heb fawr ddim adferiad, ac mae'r symptomau'n digwydd yn raddol. Mae'r rhain yn llawer llai dramatig nag anafiadau acíwt ond gallant fod yr un mor ddifrifol.

Ymchwil

Beth mae'r term 'mynychder anafiadau' yn ei olygu? Pam mae hwn yn well term na 'chyfradd anafiadau'? Mewn parau neu grwpiau bach, ymchwiliwch i'r ddau derm hyn ac adroddwch yn ôl i weddill y grŵp.

Anafiadau acíwt

Dyma'r anafiadau y mae'r rhan fwyaf ohonom wedi'u gweld pan fydd athletwr angen sylw meddygol mewn chwaraeon. Mae gan chwaraeon sy'n cynnwys cyswllt aml, gwrthdrawiadau, a newid cyfeiriad dwysedd uchel gyfraddau uchel o anafiadau acíwt, er enghraifft rygbi, pêl-droed a phêl-fasged. Gall anafiadau acíwt effeithio ar yr esgyrn, cymalau, cyhyrau, y bwrsâu (yn y pen-glin), a'r feinwe sy'n eu cysylltu. Mewn gwirionedd, gall rhai anafiadau acíwt effeithio ar fwy nag un math o feinwe. Er enghraifft, gall ysigiad drwg i'r ffêr/pigwrn sy'n cynnwys y gewynnau ochrol hefyd rwygo'r ffibwla.

Dyma rai o arwyddion a symptomau arferol anafiadau acíwt:
▶ chwyddo
▶ poen
▶ gwaedu (mewnol neu allanol)
▶ colli gweithrediad
▶ cochni
▶ gwres
▶ y cymalau'n fwy llac (neu'n rhydd).

Mae Tabl 17.1 yn tynnu sylw at y prif fathau o anafiadau acíwt yn ôl y math o feinwe.

▶ **Tabl 17.1:** Anafiadau acíwt cyffredin

Math o feinwe	Mathau o anafiadau acíwt	Disgrifiad byr
Asgwrn	Toriadau gan gynnwys: • Torasgwrn ardraws • Torasgwrn lletraws • Torasgwrn troellog • Torasgwrn maluriedig	Crac neu doriad llawn mewn asgwrn/esgyrn. Mae siâp y toriad yn disgrifio'r math o dorasgwrn.
Cartilag	Rhwyg osteocondraidd	Anaf neu dorasgwrn bach ar arwyneb cartilag asgwrn
	Rhwyg menisgal	Anaf i'r cartilag ffibrog rhwng arwynebau'r cymalau
Cymalau	Datgymaliad	Gwahanu arwynebau'r cymalau yn llwyr
	Isddatgymaliad	Gwahanu arwynebau'r cymalau yn rhannol
Gewynnau	Ysigiad (graddau 1–3)	Rhwygo ffibrau'r gewynnau
Cyhyrau	Straen (graddau 1–3)	Rhwygo ffibrau'r cyhyrau
	Hematoma (mewngyhyrol a rhyng-gyhyrol)	Gwaedu lleol o fewn cyhyrau neu rhwng cyhyrau – gweler Ffigur 17.1
	Crampiau	Cyfangiadau anwirfoddol poenus yn y cyhyrau
	Syndrom adrannol acíwt	Mwy o bwysedd oherwydd chwyddo o fewn adran o'r corff, e.e. adran rhan isaf y goes
	Poen oediog yn y cyhyrau	Microdrawma i'r cyhyrau oherwydd eu gorlwytho
Tendon	Rhwyg (rhannol i gyflawn)	Anaf lle mae ffibrau'r tendon wedi cael eu difrodi
Bwrsa	Bwrsitis trawmatig	Llid mewn bwrsa a achosir gan wrthdrawiad neu gwymp
Croen	Sgrafiadau, briwiau a chlwyfau trywaniad	Clwyfau agored a achosir gan grafu, torri neu dyllu'r croen
	Cleisiau	Ergyd uniongyrchol yn achosi niwed i'r cyhyrau a gwaedu o dan arwyneb y croen

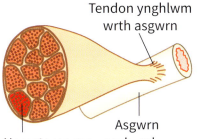

Tendon ynghlwm wrth asgwrn

Asgwrn

Hematoma mewngyhyrol: mae'r gwaedu wedi'i gyfyngu i un clwstwr o ffibrau cyhyrol

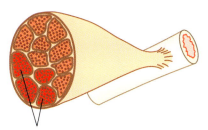

Hematoma rhyng-gyhyrol: y gwaedu wedi lledu i sawl clwstwr o ffibrau cyhyrol

▶ **Ffigur 17.1:** Hematoma mewngyhyrol a rhyng-gyhyrol

Mathau o dorasgwrn

Mae torasgwrn yn doriad rhannol neu lwyr mewn asgwrn ac mae'n anaf cyffredin i'r feinwe galed. Mae'r ffordd y mae'r anaf yn digwydd (ei fecanwaith) yn achosi i'r asgwrn dorri'n wahanol. Mae'r rhan fwyaf o doresgyrn yn digwydd oherwydd effaith uniongyrchol fel cwymp neu ergyd uniongyrchol. Mae safle'r anaf a sut mae'n digwydd yn arwain at wahanol fathau o doresgyrn.

Gall y toriad fod yn agored neu'n gaëedig ac yn gyflawn neu'n anghyflawn. Mae **torasgwrn agored** yn ymwthio trwy'r croen, ond nid yw **torasgwrn caëedig** yn gwneud hynny. Mae **torasgwrn cyflawn** yn golygu bod yr asgwrn wedi'i dorri'n ddau ddarn o leiaf a gall fod wedi symud o'i le'n sylweddol, ond gyda **thorasgwrn anghyflawn** nid yw'r asgwrn wedi'i dorri'n llwyr ac nid yw wedi symud o'i le braidd ddim.

Mae pedwar math cyffredin o dorasgwrn yn seiliedig ar siâp y toriad. Y rheini yw:

▶ **torasgwrn ardraws** – toriad sy'n berpendicwlar (ar ongl sgwâr) i hyd yr asgwrn
▶ **torasgwrn lletraws** – mae hwn yn debyg i'r torasgwrn ardraws, ond mae'r toriad yn digwydd yn groeslinol ar draws yr asgwrn a gall arwain at bigau miniog lle mae'r asgwrn wedi torri
▶ **torasgwrn troellog** – mae'r toriad mewn patrwm troellog ar hyd yr asgwrn
▶ **torasgwrn maluriedig** – toriad gydag amryw o fân ddarnau o asgwrn.

Graddau o ysigiadau

Cyfeirir yn aml at ddifrifoldeb ysigiadau (*sprains*) yn ôl graddau'r anaf. Gradd 1 yw'r lleiaf difrifol a hwn sydd â'r nifer lleiaf o symptomau a'r lefel isaf o golli gweithrediad. Gradd 3 yw'r mwyaf difrifol a hwn sydd â'r mwyaf o symptomau a'r lefel uchaf o golli gweithrediad. Mae symptomau pwysig yn cynnwys poen, chwyddo, a llacrwydd yn y cymalau. Mae colli gweithrediad yn aml yn cyfeirio at gryfder y cyhyrau ac ystod y symudiad yn y cymalau.

Anafiadau gorddefnydd

Mae anafiadau gorddefnydd yn tueddu i ddigwydd oherwydd bod y meinweoedd yn cael eu hailddefnyddio dro ar ôl tro heb fawr o amser adfer. Fel arfer, maen nhw'n digwydd:

▶ mewn chwaraeon sydd â chyfundrefnau hyfforddi undonog fel nofio a rhedeg ymhell
▶ mewn chwaraeon sydd â phatrymau ailadroddus o symudiadau fel criced neu dennis
▶ mewn chwaraeon lle mae cynnydd cyflym yn y llwyth hyfforddi / cystadlu fel yn achos pêl-droed a phêl-law.

Gall athletwyr ifanc fod yn arbennig o agored i anafiadau gorddefnydd ar gyfnodau o dwf. Yn yr un modd ag anafiadau acíwt, gall anafiadau gorddefnydd effeithio ar nifer o fathau o feinwe.

Mae Tabl 17.2 yn tynnu sylw at yr anafiadau gorddefnydd cyffredin ac yn disgrifio pob un yn fyr. Er bod gan anafiadau acíwt arwyddion a symptomau clir, mae anafiadau gorddefnydd yn tueddu i fod â symptomau sy'n llai amlwg. Mae hyn yn golygu y gallan nhw fod yn her i'w rheoli.

▶ **Tabl 17.2:** Anafiadau gorddefnydd cyffredin

Math o feinwe	Mathau o anafiadau gorddefnydd	Disgrifiad byr
Asgwrn	Torasgwrn oherwydd straen	Toriad bach iawn mewn asgwrn Llid yn safle ymlyniad y cyhyrau a'r esgyrn
	Osteitis	Llid yn safle ymlyniad y cyhyrau a'r esgyrn
	Apoffysitis	Llid y twfblât
Cartilag	Condropathi	Dirywiad y cartilag
Cymalau	Synofitis	Llid y bilen synofaidd
	Osteoarthritis	Cymalau poenus a stiff a achosir fel arfer gan anaf neu draul cyffredinol – mae'n gyflwr sy'n dirywio (h.y. mae'n gwaethygu dros amser)
Gewynnau	Llid	Poen a chwyddo a achosir gan weithgaredd ailadroddus
Cyhyrau	Syndrom adrannol cronig	Pwysedd cynyddol tymor hir mewn rhan o'r corff oherwydd ymarfer corff ailadroddus
	Tewychu penodol yn y cyhyrau	Newid cronig i'r cyhyrau sy'n achosi ystod llai o symudiadau
Tendon	Tendinopathi gan gynnwys: • Tendinitis • Tendinosis • Paratenonitis • Tenosynofitis	Cyflyrau poenus y tendon
Bwrsa	Bwrsitis	Chwydd mewn bwrsa
Croen	Pothell	Poced o hylif a achosir gan ffrithiant ailadroddus
	Caleden	Newid cronig i'r croen oherwydd ffrithiant ailadroddus gan ei wneud yn galed a thrwchus

Ymchwil

Mae tendinopathi yn derm ymbarél am nifer o anafiadau i dendonau. Ymchwiliwch a diffiniwch y termau canlynol:

- tendinitis
- tendinosis
- paratenonitis
- tenosynofitis.

MUNUD I FEDDWL   Allwch chi gyfateb y mathau o anafiadau i wahanol chwaraeon?

Awgrym   Meddyliwch am chwaraeon lle rydych chi'n meddwl bod cyfradd i) yr anafiadau acíwt a ii) yr anafiadau gorddefnydd yn uchel.

Ymestyn   Trafodwch beth sy'n gwneud athletwyr yn y chwaraeon o'ch dewis yn fwy neu'n llai tebygol o ddioddef anafiadau acíwt neu anafiadau gorddefnydd.

Clefyd Osgood-Schlatter

Mae clefyd Osgood-Schlatter yn enghraifft o anaf apoffysitis sy'n gyffredin mewn athletwyr ifanc. Mae anaf apoffysitis yn effeithio ar y fan lle mae tendon yn glynu wrth dwfblât esgyrnog. Mewn clefyd Osgood-Schlatter mae'r tendon padellog yn glynu wrth y cnapiau yn y tibia.

Mae gorddefnyddio'r cyhyryn pedwarpen (cwadriceps) yn achosi straen dro ar ôl tro ar y glyniad i'r tendon gan achosi llid, poen, cochni, chwyddo ac, mewn rhai achosion, cnap esgyrnog o dan y pen-glin. Mae'r cnap esgyrnog hwn yn barhaol ond mae'n mynd yn ddi-boen wrth i asgwrn y tibia dyfu.

Symptomau baner goch

Weithiau gall athletwr grybwyll ei fod yn cael symptomau sy'n gwneud ichi feddwl y gallai rhywbeth mwy difrifol fod o'i le, a bod angen ei gyfeirio at arbenigwr ar unwaith. Gelwir y rhain yn symptomau baner goch ac maen nhw'n awgrymu bod gan berson gyflwr sylfaenol difrifol. Dyma rai enghreifftiau o gyflyrau a symptomau baner goch:

▶ anaf i'r asgwrn cefn – fe'i nodir gan anesthesia cyfrwy (dim teimlad yng nghesail y forddwyd (*groin*)) neu baraesthesia cyfrwy (newidiadau yn y teimlad yng nghesail y forddwyd, er enghraifft pinnau a nodwyddau), camweithrediad y coluddyn/pledren, gwendid cyhyrau, annormaleddau cerddediad (er enghraifft gollwng troed), poen difrifol yn saethu o'r ddwy ochr

▶ **thrombosis gwythiennau dwfn (DVT)** – a nodir gan boen difrifol a thynerwch (fel arfer yng nghroth y goes), croen coch cynnes a sgleiniog, chwyddo, poen wrth symud

▶ **diffyg fertebrobasilar (VBI)** – a nodir gan bendro, llewygu, ei chael hi'n anodd siarad, cael trafferth llyncu, golwg dwbl, diffyg teimlad, cyfog, methu â chydlynu pelenni'r llygaid.

Gall yr holl gyflyrau uchod fygwth bywyd neu newid bywyd rhywun felly mae angen i chi atgyfeirio'r dioddefwr ar frys mewn modd diogel ac effeithiol.

Ymateb ffisiolegol i anaf

Cyn gynted ag y bydd anaf yn digwydd, bydd y corff yn ymateb mewn sawl ffordd. Mae tri cham o ymateb fel y dangosir yn Ffigur 17.2. Mae hyd pob cam yn dibynnu ar nifer o ffactorau a gallant fod yn wahanol i wahanol athletwyr. Mae'r camau hyn yn cychwyn cyn gynted ag y bydd yr anaf yn digwydd ac fel arfer yn parhau ymhell ar ôl i'r athletwr ddychwelyd i chwaraeon.

Termau allweddol

Thrombosis gwythiennau dwfn (DVT) – tolchen (*blood clot*) yn ffurfio mewn gwythïen ddofn, a all wedyn ddatgysylltu

Diffyg fertebrobasilar (VBI) – llai o gyflenwad gwaed i'r ôl-ymennydd.

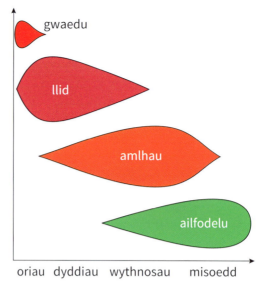

oriau   dyddiau   wythnosau   misoedd

▶ **Ffigur 17.2:** Camau atgyweirio'r feinwe. A yw pob cam yn digwydd ar wahân neu a ydyn nhw'n gorgyffwrdd?

Rhan 1: Y cam llidiol

Mae cam yr **ymateb llidiol** yn rhan hanfodol o atgyweirio meinwe (gweler Ffigur 17.3). Mae'r cam hwn yn digwydd yn gyflym ar ôl anaf (0–3 diwrnod), yn cyrraedd uchafbwynt ar ôl 24–72 awr, a gall bara am rai wythnosau. Dyma'r cam amddiffynnol sy'n cynnwys newidiadau fasgwlaidd a chellog lle mae cemegion yn cael eu rhyddhau sy'n achosi poen, chwyddo, **fasogyfyngiad**, ac yna **fasoymlediad** yn y pibellau gwaed, a malurion celloedd y mae'n rhaid cael gwared â nhw. Ni fydd gweddill y broses iacháu yn digwydd fel rheol os nad oes cam llidiol.

Termau allweddol

Ymateb llidiol – y newidiadau cellog a fasgwlaidd y mae'r corff yn eu gwneud wrth wynebu ysgogiadau niweidiol.

Fasogyfyngiad – gostyngiad yn niamedr y pibellau gwaed.

Fasoymlediad – cynnydd yn niamedr y pibellau gwaed.

Trafodaeth

Yn y cam llidiol, pam mae fasogyfyngiad yn digwydd yn ein pibellau gwaed, a pham mae fasoymlediad yn digwydd wedyn?

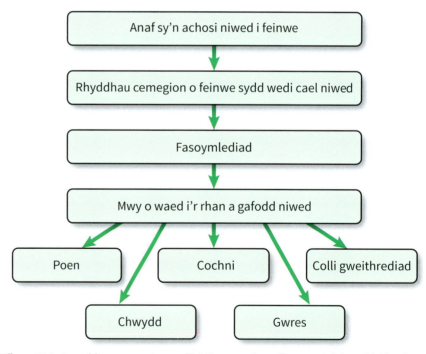

▶ **Ffigur 17.3:** Arwyddion a symptomau llid. Pam mae'r corff yn ymateb i anaf fel hyn?

Arwyddion a symptomau

Mae gan y cam llidiol bum arwydd pwysig. Mae gwybod yr arwyddion hyn a'u gwirio'n rheolaidd ar athletwr sydd wedi cael anaf yn ein helpu i ddeall pa mor ddifrifol yw'r anaf a sut mae'r broses iacháu yn dod yn ei blaen. Y pum arwydd yw:

- **poen** – oherwydd pwysedd cynyddol a llid cemegol sy'n deillio o'r derbynyddion poen synhwyraidd (**nociganfyddwyr**)
- **chwyddo** – oherwydd gwaedu a chemegion sy'n achosi i safle'r anaf chwyddo
- **cochni** – a achosir gan gynnydd yn llif y gwaed i'r ardal drwy fasoymlediad
- **gwres** – a achosir gan fwy o weithgaredd cemegol yn safle'r anaf a chynnydd yn llif y gwaed
- **colli gweithrediad** – oherwydd y chwydd a'r boen a achosir gan yr anaf.

Gall colli gweithrediad fod yn rhannol, fel cloffi; gall gynnwys colli rhywfaint o gryfder neu ei golli'n llwyr, fel methu â rhoi pwysau ar y rhan o'r corff neu methu â'i symud o gwbl.

Rhan 2: Ffurfio meinwe

Mae'r cam **amlhau** (ffurfio meinwe) yn bwysig ar gyfer cynhyrchu deunydd atgyweirio ac mae dau beth pwysig yn digwydd. Yn gyntaf, o amgylch safle'r anaf mae capilarïau newydd yn cael eu datblygu i hybu iachâd. Gelwir hyn yn **angiogenesis**. Yn ail, mae celloedd (ffibroblastau) yn dechrau gosod rhwydwaith cefnogol i sefydlogi safle'r anaf. Gelwir hyn yn **atgyweirio ffibroblastig**.

Ar y cam hwn, mae'r rhwydwaith cefnogol yn datblygu'n feinwe craith ac mae'n wannach o lawer na'r feinwe arferol sydd heb ei anafu ac mae ei ffibrau'n cael eu gosod ar hap. Mae'r feinwe craith hon ar y cam hwn yn cynnwys ffibr o'r enw **colagen** math III.

Gall y cam ffurfio meinwe bara rhwng 24 awr a 6 mis (gan gyrraedd ei uchafbwynt mewn 2–3 wythnos).

> **Termau allweddol**
>
> **Nociganfyddwyr** – canfyddwyr synhwyro poen.
>
> **Colagen** – deunydd adeiladu wedi'i seilio ar brotein a ddefnyddir i atgyweirio meinweoedd.

⏸ **MUNUD I FEDDWL**   Mae camau iachâd meinwe fel ailadeiladu pont sydd wedi torri.

     Awgrym   Lluniwch broses gam wrth gam i ailadeiladu pont sydd wedi torri.

     Ymestyn   Esboniwch eich proses i gydfyfyriwr i weld a yw'ch dilyniant yn gywir neu a ydych chi wedi hepgor unrhyw gamau.

Rhan 3: Y cam ailfodelu

Yn y cam aeddfedu (ailfodelu), mae'r feinwe craith yn cael ei mireinio. Mae hyn yn golygu bod ffibrau'n cael eu hailamsugno a'u hatgyweirio yn gyson gan wneud y feinwe craith yn gryfach ac wedi'i threfnu'n llai ar hap. Mae'r colagen math III a drefnir ar hap yn cael ei ddisodli gan golagen math I mwy gweithredol. Gydag amser mae'r feinwe craith yn ymdebygu mor agos â phosib i feinwe heb anaf.

Mae'r cam ailfodelu yn para rhwng 7 diwrnod a 12 mis.

⏸ **MUNUD I FEDDWL**   Sut mae meinwe a anafwyd yn gwella?

     Awgrym   Rhowch y llyfr hwn i'r naill ochr. Gan ddefnyddio lluniadau neu ddelweddau yn unig (dim geiriau), disgrifiwch y camau a gymerir gan feinwe i wella.

     Ymestyn   Esboniwch eich lluniad i berson arall a gweld a yw'n deall y broses.

Ffactorau sy'n effeithio ar y broses iacháu

Mae yna ystod o ffactorau a all ddylanwadu'n gadarnhaol neu'n negyddol ar hyd y broses iacháu. Mae'r rhain yn cynnwys:

- **maeth** – bwyd (er enghraifft protein) a'r hylif a gaiff ei yfed – bydd deiet cytbwys yn cyflymu'r broses adfer
- **math** y triniaethau a ddefnyddir – fel electrotherapi, therapi ymarfer corff, therapi llaw
- **oed** – ifanc/hen – bydd athletwr iau yn gwella'n gyflymach o anaf cyfatebol nag athletwr hŷn, a chymryd bod popeth yn gyfartal
- **math o feinwe dan sylw** – bydd meinweoedd sydd â chyflenwad da o waed yn gwella'n gyflymach na meinweoedd sydd â chyflenwad isel o waed

> **Ymchwil**
>
> Ymchwiliwch i'r ffordd y mae esgyrn yn gwella a lluniwch ddiagram llif o hyn. Beth yw'r tebygrwydd a'r gwahaniaethau rhwng hyn a'r ffordd y mae meinwe feddal yn gwella?

- **cysgu** – mae ansawdd a faint o gwsg yn effeithio ar adferiad
- **seicoleg** – bydd cyflwr seicolegol yr athletwr hefyd yn effeithio ar adferiad – y mae'r rhan ganlynol o'r uned yn edrych ar hyn yn fanylach.

Ymateb seicolegol i anaf

Yn ogystal ag ymatebion ffisiolegol y corff i anaf, mae yna ymatebion seicolegol hefyd. Mae ymatebion seicolegol yn dylanwadu ar yr ymatebion corfforol ac i'r gwrthwyneb. Mae ymatebion seicolegol yn newid llawer trwy gyfnod adsefydlu athletwr ac yn amrywio rhwng unigolion ar sail ffactorau personol a sefyllfaol.

- Mae ffactorau personol yn cynnwys y gallu i oddef poen, caledwch meddyliol, gwytnwch, rhyw, oedran a hanes anafiadau.
- Mae ffactorau sefyllfaol yn cynnwys lefel y gystadleuaeth, perthynas â'r hyfforddwr, y rhwydwaith cymorth cymdeithasol ac amgylchedd y tîm.

Gellir categoreiddio ymatebion seicolegol i anaf fel rhai **emosiynol** (yn ymwneud â theimladau), **gwybyddol** (yn ymwneud â meddyliau) ac **ymddygiadol** (yn ymwneud â sut rydym yn gweithredu) – rhoddir enghreifftiau yn Nhabl 17.3. Gall yr ymatebion hyn fod yn fuddiol neu'n niweidiol i adsefydlu llwyddiannus. Er enghraifft, mae lefel uchel o hunanhyder yn ffactor seicolegol pwysig wrth ddychwelyd i chwaraeon ar ôl anaf. Fel arall, mae pryder neu ofn ynghylch ailanafu yn niweidiol wrth ddychwelyd i chwaraeon.

Cysylltiad

Mae cysylltiad rhwng y cynnwys hwn ag *Uned 6: Seicoleg Chwaraeon.*

> **Damcaniaeth ar waith**
>
> Mae monitro ymatebion seicolegol athletwyr trwy gydol adsefydlu anafiadau chwaraeon yn bwysig iawn. Mae hyn oherwydd y gallant effeithio ar gynnydd adsefydlu ond gallant hefyd gael effaith ehangach ar iechyd athletwyr. Gellir rhoi ymatebion i anaf chwaraeon ar gontinwwm o'r ysgafn i'r difrifol.
>
> Trafodwch y canlynol gyda chyd-ddisgybl.
> - Sut allech chi fonitro ymatebion seicolegol athletwr i anaf?
> - Rhowch enghreifftiau o ymatebion sy'n normal neu'n ysgafn yn eich barn chi.
> - Rhowch enghreifftiau o ymatebion sy'n fwy difrifol yn eich barn chi ac efallai y bydd angen eu cyfeirio.

▶ **Tabl 17.3:** Ymatebion seicolegol i anaf chwaraeon

Ymatebion emosiynol (teimladau)	Ymatebion gwybyddol (meddyliau)	Ymatebion ymddygiadol (gweithredu)
• Gorbryder/ofn • Dicter • Rhwystredigaeth • Diymadferthedd • Iselder	• Hunan-barch • Hunanhyder • Hunaniaeth wedi'i newid • Colli rheolaeth • Gorgymhelliant	• Cadw at adsefydlu • Osgoi ymdopi • Ffugio salwch • Tynnu o leoliad tîm • Deiet wedi'i newid ac yfed llawer o alcohol

Seicoleg a'r risg o anaf

Gall cyfansoddiad seicolegol athletwr eu gwneud yn fwy neu'n llai tueddol o gael anaf chwaraeon. Creodd Williams ac Andersen (1998) y Model Straen ac Anafiadau i archwilio hyn (gweler Ffigur 17.4). Mae personoliaeth athletwr, ei hanes o **straenachoswyr** a'u hadnoddau ymdopi i gyd yn effeithio ar ba mor debygol ydyn nhw o gael eu hanafu.

- Mae ffactorau personoliaeth yn cynnwys nodwedd gorbryder, cymryd risg, caledwch, optimistiaeth a pherffeithiaeth.
- Mae hanes o straenachoswyr yn cynnwys trafferthion yn gysylltiedig â chwaraeon a heb fod yn gysylltiedig â chwaraeon, a hanes anafiadau blaenorol.
- Mae adnoddau ymdopi yn gysylltiedig ag 'offer' yr athletwyr i ddelio â lefelau uchel o straen yn cynnwys cwsg, sgiliau rheoli straen a'u rhwydwaith cymorth cymdeithasol.

Term allweddol

Straenachoswr – gweithgaredd, digwyddiad neu ysgogiad arall sy'n achosi straen.

Pan fydd athletwr yn ystyried sefyllfa chwaraeon fel straen, mae'r ffactorau seicolegol hyn yn cyfuno i ddylanwadu ar ymateb yr athletwr i straen. Mae'r ymateb i straen yn arwain at newidiadau ffisiolegol (fel mwy o ffyrfder a sbasm yn y cyhyrau) a seicolegol/sylw (fel colli'r gallu i ganolbwyntio, gwneud penderfyniadau gwael a ffocws sylw cul). Credir bod y newidiadau hyn yn effeithio ar p'un a yw'r athletwr yn cael anaf ai peidio. Gellir defnyddio seicoleg chwaraeon i leihau effaith yr ymateb i straen a helpu i leihau'r siawns y bydd newidiadau a allai fod yn niweidiol yn digwydd.

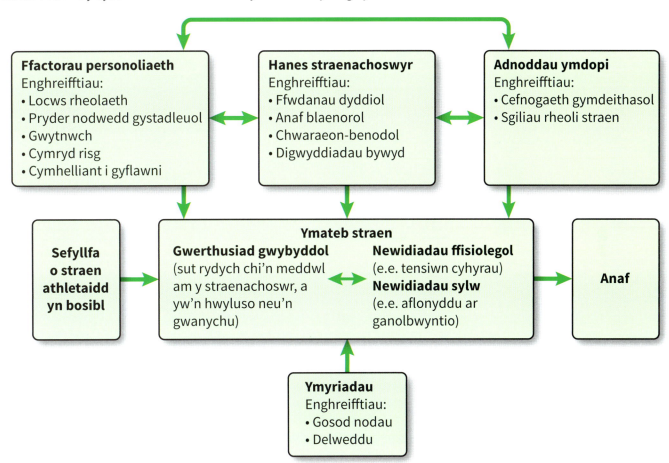

▶ **Ffigur 17.4:** Y model straen ac anaf. Pa ffactorau seicolegol a allai roi mwy o risg o anaf i chi?

Seicoleg ac adsefydlu ar ôl anaf

Mae dau brif ddull o ddeall seicoleg adsefydlu ar ôl anaf: dull gwerthuso fesul cam a dull gwerthuso gwybyddol.

Dulliau fesul cam

O'r dulliau fesul cam, y mwyaf poblogaidd yw Model Ymateb i Alar Kübler-Ross (1969). Crëwyd hwn yn wreiddiol i ddisgrifio profiad claf o salwch angheuol ond mae wedi'i gymhwyso i anaf chwaraeon. Mae'r model yn awgrymu bod yr athletwr yn symud ymlaen trwy bum cam o ymateb i anaf mewn patrwm rhagweladwy. Dangosir y rhain yn Nhabl 17.4.

Mae'r amser a dreulir ar bob cam yn amrywio yn ôl ffactorau seicolegol yr athletwr a'r gefnogaeth y mae'n ei gael. Bydd athletwr sy'n symud ymlaen trwy'r camau yn gyflymach yn gwella'n seicolegol o'r profiad anaf mewn cyfnod byrrach o amser.

Trafodaeth

Trafodwch enghreifftiau o athletwyr sy'n dueddol o gael anaf gyda grŵp o'ch cydfyfyrwyr. Pa ffactorau seicolegol a allai fod wedi cynyddu eu risg o anaf?

Cam ymateb galar	Meddyliau cysylltiedig	Ymddygiadau cysylltiedig
Gwrthod Ddim yn cydnabod anaf ac yn parhau beth bynnag	• Dydw i ddim wedi fy anafu.. • Galla i gario ymlaen. • Ni fydd hyn yn fy rhwystro.	• Parhau i gymryd rhan er gwaethaf colli gweithrediad a phoen.
Dicter Lefelau uchel o rwystredigaeth am gael anaf a bod yn ddibynnol ar eraill	• Bai'r gwrthwynebydd yw hyn. • Bai'r hyfforddwr yw hyn.	• 'Stormio' ymaith. • Ymddygiad ymosodol o bosibl tuag at eraill.
Bargeinio Ceisio trafod gyda rhywun sydd â rheolaeth dros y sefyllfa	• Os gwna i ragor, bydda i'n gwella'n gynt. • Nid yw'r therapydd chwaraeon yn deall, rwy'n iawn, hyfforddwr!	• Peidio â dilyn cyngor (e.e. gwneud mwy o waith adsefydlu nag sy'n ddoeth).
Iselder Hwyliau isel o fethu â chymryd rhan gyda chyd-chwaraewyr	• Fydda i byth yn gwella.	• Tynnu'n ôl (e.e. tynnu o sefyllfaoedd tîm).
Derbyn Yn olaf, cydnabod yr anaf a'r pwysigrwydd o adsefydlu.	• Rydw i wedi fy anafu. • Mae angen i mi ddilyn cyngor i ddod yn ôl o hyn.	• Cydymffurfio â'r cynllun adsefydlu.

> **Myfyrio**
>
> Allwch chi feddwl am unrhyw broblemau wrth gymhwyso dulliau fesul cam fel Model Ymateb i Alar Kübler-Ross (1969) i athletwyr ag anafiadau chwaraeon?

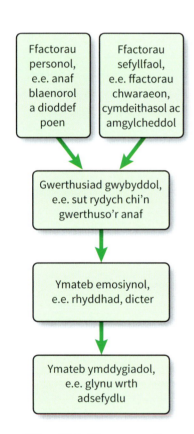

▶ **Ffigur 17.5:** Y broses gwerthuso gwybyddol. Beth yw eich ffactorau personol a sefyllfaol eich hun sy'n effeithio ar arfarniad gwybyddol?

Mewn dull fesul cam arall, mae Udry et al. (1997) yn awgrymu bod pob athletwr ag anaf yn symud ymlaen trwy dri chategori ymateb. Bydd rhai athletwyr yn symud ymlaen trwy'r rhain yn gyflymach nag eraill.

1 **Cam prosesu gwybodaeth sy'n berthnasol i'r anaf** – lle mae'r athletwr eisiau cymaint o wybodaeth am yr anaf â phosibl. Er enghraifft, beth sy'n gysylltiedig â'r adferiad a phryd y gall ddychwelyd i chwarae. Dyma'r cam sydd â'r emosiynau negyddol mwyaf wrth iddynt sylweddoli'r tarfu y bydd yr anaf yn ei achosi.

2 **Cam cynnwrf emosiynol ac ymddygiad adweithiol** – lle mae gan yr athletwr emosiynau dwys fel bod yn gynhyrfus, yn bigog ac yn flinedig yn gorfforol. Efallai y bydd athletwr yn teimlo'n ynysig o'r tîm wrth fod yn bryderus iawn.

3 **Cam agwedd gadarnhaol ac ymdopi** – lle mae'r athletwr yn dechrau derbyn ei fod wedi'i anafu ac yn addasu i'r anaf. Mae'n teimlo fel y gall ymdopi â gofynion yr anaf a datblygu agwedd gadarnhaol wrth synhwyro bod cynnydd yn cael ei wneud.

Dulliau gwerthuso gwybyddol

Mae mwy o ymchwil y tu cefn i ddulliau gwerthuso gwybyddol na modelau fesul cam. Mae'r dulliau hyn yn cynnwys y Model Gwerthuso Gwybyddol (Brewer, 1994) a'r Model Integredig o Ymateb i Anafiadau Chwaraeon (Wiese-Bjornstal, 1998).

Yn y Model Gwerthuso Gwybyddol (gweler Ffigur 17.5), mae ffactorau personol a sefyllfaol yn effeithio ar brosesau meddwl athletwr am ei anaf, er enghraifft oedran, hanes anafiadau, rhyw, amgylchedd tîm, cam ar yr yrfa a rhwydwaith cymorth cymdeithasol. Mae hyn yn ychwanegol at yr ymatebion safonol a amlinellwyd yn gynharach yn Nhabl 17.4. Mae'r ffactorau hyn yn gwneud i'r athletwr arfarnu ei anaf mewn ffordd benodol, sy'n pennu ei ymatebion emosiynol ac ymddygiadol. Er enghraifft, gallai athletwr werthuso ei gynnydd adsefydlu fel un nad yw'n ddigon cyflym, a dod yn rhwystredig ac yn bryderus. Gall hyn achosi diffyg cydymffurfio a'u hatal rhag dilyn yr ymarferion y mae'r ymarferydd wedi'u rhoi.

Y Model Integredig o Ymateb i Anafiadau Chwaraeon yw'r model a dderbynnir fwyaf eang ac mae'n cyfuno ffactorau cyn-anaf ac ôl-anaf. Yn y model hwn, mae arfarnu gwybyddol, ymatebion ymddygiadol ac ymatebion emosiynol yn dylanwadu ar ei gilydd mewn modd cylchol. Y cylch hwn o ymatebion sy'n pennu canlyniadau adsefydlu yn y pen draw. Gall canlyniadau adfer fod yn gorfforol neu'n seicogymdeithasol. Mae'r cylch yn ddynamig a dylid ei ystyried yn droell tri dimensiwn. Os yw'r ymatebion yn ffafriol, bydd y sbiral yn arwain at ganlyniadau adsefydlu cadarnhaol. I'r gwrthwyneb, os yw'r ymatebion yn anffafriol, mae'r sbiral yn arwain at ganlyniadau adsefydlu negyddol.

Mae yna ganlyniadau adfer canolradd a chanlyniadau adfer anafiadau chwaraeon. Mae canlyniadau canolradd yn cynnwys gwella cryfder, ymlyniad, llai o boen, ystod mwy o symudiadau a chanfyddiadau o adferiad. Mae canlyniadau adfer anafiadau chwaraeon yn cynnwys perfformiad gweithredol, ansawdd bywyd, boddhad â'r driniaeth a pharodrwydd i ddychwelyd i chwaraeon.

> **Myfyrio**
>
> Yn aml mae mynd trwy adsefydlu ar ôl anaf yn cael ei ystyried yn brofiad negyddol yn unig. Beth fyddai'r pethau cadarnhaol o fynd trwy'r profiad hwn?

Ymarfer asesu 17.1

A.P1 **A.P2** **A.M1** **A.M2** **A.D1**

Rydych chi'n gweithio fel therapydd chwaraeon ar eich liwt eich hun ar gyfer eich clwb chwaraeon lleol. Gofynnwyd i chi ysgrifennu blog ar safle cyfryngau cymdeithasol y clwb chwaraeon am anafiadau chwaraeon cyffredin. Dylai'r blog fod yn fyr ac i'r pwynt, gan gynnwys delweddau o bob anaf. Yn y blog, mae angen i chi:

- nodi'r pum anaf acíwt mwyaf cyffredin a'r pum anaf gorddefnydd mwyaf cyffredin yn y gamp
- dadansoddi ar gyfer pob un o'r anafiadau beth yw ei arwyddion a'i symptomau arferol, a mecanweithiau tebygol yr anaf
- trafod beth yw symptomau baner goch
- dadansoddi ymatebion ffisiolegol a seicolegol i anaf.

Gall y blog fod yn seiliedig ar gamp o'ch dewis.

Cynllunio
- Beth yw'r dasg? Beth y gofynnir i mi ei wneud?
- Sut olwg sydd ar flog?
- Pa mor hyderus ydw i yn fy ngalluoedd fy hun i gyflawni'r dasg hon? A oes unrhyw feysydd y credaf y byddaf yn cael anhawster â hwy?

Gwneud
- Ydw i'n gwybod lle y gallaf ddarganfod mwy am anafiadau chwaraeon penodol a mecanweithiau anaf?
- Ar gyfer ymatebion ffisiolegol i anaf, a allaf ddefnyddio camau iachâd meinwe (gwaedu, llid, amlhau ac ailfodelu)?
- A allaf gymhwyso'r modelau ymateb seicolegol i anaf (e.e. Model Ymateb i Alar, categorïau ymateb a gwahanol ymatebion i anaf)?

Adolygu
- Gallaf egluro beth oedd y dasg a sut y gwnes i fynd ati.
- Gallaf egluro sut y byddwn yn mynd at elfennau anoddaf y dasg yn wahanol y tro nesaf (e.e. beth y byddwn yn ei wneud yn wahanol).

B Archwilio dulliau cyffredin o drin ac adfer

Adsefydlu yw'r broses o adfer gweithrediad chwaraeon yn dilyn anaf. Mae'n dechrau cyn gynted ag y bydd yr anaf yn digwydd ac yn gorffen ar ôl i'r athletwr ddychwelyd i chwaraeon yn llwyddiannus. Mae deall hanfodion rheoli trawma cynnar (cymorth cyntaf) a dewis dulliau effeithiol i wella gweithrediad yr athletwr (cynllun adsefydlu) yn bwysig i allu adsefydlu'n llwyddiannus.

Dulliau cyffredin o roi triniaeth a'r angen am atgyfeiriad meddygol

Er mwyn sicrhau y gellir delio ag anafiadau yn effeithiol, dylai fod gan bob tîm chwaraeon gynllun gweithredu brys meddygol (EAP – *Emergency Action Plan*). Mae'r cynllun gweithredu hwn yn ddadansoddiad manwl o'r hyn a ddylai ddigwydd os yw athletwr yn dioddef anaf yn ystod chwaraeon. Dylai gynnwys mân anafiadau (e.e. straen cyhyrau) ac anafiadau/cyflyrau mwy difrifol (e.e. anaf i'r asgwrn cefn neu ataliad y galon).

Mae gofal cymorth cyntaf athletwr a anafwyd fel arfer yn ymdrech tîm go iawn sy'n cynnwys llawer o bobl (e.e. hyfforddwyr, ymarferwyr anafiadau chwaraeon, meddygon clwb, rhieni) felly mae angen i bawb ddeall yr EAP i ddarparu'r gofal gorau posibl. Dylai'r EAP ateb y cwestiynau sylfaenol canlynol.

▶ Pwy yw'r ymarferwyr cymwys yn y lleoliad?
▶ Sut y gellir mynd ag athletwyr a anafwyd yn ddiogel o'r cae chwarae?
▶ Pa offer meddygol sydd ar gael a ble mae'n cael ei gadw (e.e. diffibriliwr, stretsier)?
▶ Pwy sy'n galw am ambiwlans os oes angen mynd ag athletwr i ofal ysbyty?
▶ Ble mae'r ysbyty agosaf sydd ag adran damweiniau ac achosion brys ac uned trawma pen?
▶ Ble mae'r fynedfa i'r ambiwlans?

Egwyddorion cymorth cyntaf

Cymorth cyntaf yw'r driniaeth yn y fan a'r lle a roddir i berson a anafwyd. Gall anafiadau chwaraeon amrywio yn eu difrifoldeb, o fân achosion o dorasgwrn a chleisiau i broblemau sy'n peryglu bywyd. Gall rhywfaint o wybodaeth am gymorth cyntaf arbed bywyd athletwr, a gall hefyd helpu gyda mân broblemau i gyflymu'r broses adfer a chyfyngu ar gymhlethdodau posibl. Wrth gymhwyso cymorth cyntaf, dylech ddilyn y dull 4P. Yn nhrefn eu pwysigrwydd dylech:

▶ P (*protect*) – **amddiffyn** eich hun, yr athletwr ac eraill
▶ P (*preserve*) – **cynnal** bywyd
▶ P (*prevent*) – **atal** dirywiad
▶ P (*promote*) – **hyrwyddo** adferiad

Gyda damweiniau a allai fod yn ddifrifol, dylid cynnal archwiliad cychwynnol penodol.

Archwiliad cychwynnol

Mae hon yn broses ddynamig i fynd i'r afael ag anafiadau sy'n peryglu bywyd cyn symud i fân faterion llai bygythiol i fywyd. Mae'n hollbwysig ei fod yn cael ei wneud yn gyntaf a'i ailadrodd i fonitro'r athletwr.

▶ **Perygl** – gwiriwch yr ardal am berygl posibl i chi'ch hun. Bydd claf arall yn gwaethygu'r broblem. Hefyd, tynnwch unrhyw wrthrychau a allai fod yn beryglus o amgylch y person sydd wedi'i anafu.
▶ **Ymateb** – gwiriwch a oes unrhyw ymateb gan y person sydd wedi'i anafu. Os na, ffoniwch am help ar unwaith. Peidiwch â gadael y person a anafwyd wrtho'i hun.
▶ **Llwybr anadlu** – tipiwch y pen yn ôl yn ysgafn i agor y llwybr anadlu a gwirio a oes unrhyw wrthrychau yng ngheg y person sy'n rhwystro'r llwybr anadlu.
▶ **Anadlu** – gwiriwch i weld a yw'r person yn anadlu'n 'normal' (am hyd at 10 eiliad). Os na, anfonwch rywun i ffonio ambiwlans (deialwch 999 neu 112) ac i gael y diffibriliwr allanol awtomataidd (AED).
▶ **Cylchrediad** – allwch chi gadarnhau presenoldeb pwls (am hyd at 10 eiliad) a chryfder/cyfradd hyn (mewn curiadau y funud)?
▶ **Anabledd** – a oes ganddo anaf i'w ben neu i'w asgwrn cefn? Beth yw ei gyflwr o ran bod yn ymwybodol? Oes yna arwydd o ffitio, er enghraifft symud breichiau a choesau yn anwirfoddol?
▶ **Yr amgylchedd/agored i/symud** – oes angen ei symud? Cadwch y person yn gynnes, arhoswch am y gwasanaethau brys. Ailaseswch drwy'r amser.

Ail archwiliad

Dylid cynnal ail archwiliad os yw unigolyn anymwybodol yn anadlu'n normal ac os yw'r amodau sy'n peryglu bywyd wedi'u nodi a'u datrys. Gwneir hyn i wirio pob rhan o'r corff am anaf. Dylai'r broses gael ei chynnal yn gyflym ac mewn ffordd systematig.

▶ **Gwaedu** – gwiriwch yr ardal, ac archwiliwch y claf o'i gorun i'w sawdl am waed.
▶ **Pen a gwddf** – edrychwch am gleisio a/neu anffurfiad. Teimlwch y gwar am anaf.
▶ **Ysgwyddau a brest** – cymharwch yr ysgwyddau; chwiliwch am dorasgwrn ym mhont yr ysgwydd a'r asennau.
▶ **Abdomen a pelfis** – teimlwch o amgylch yr abdomen am annormaleddau ac i weld a yw'r person yn teimlo unrhyw boen.
▶ **Coesau a breichiau** – archwiliwch y coesau, yna'r breichiau, am doresgyrn ac unrhyw gliwiau eraill.
▶ **Pocedi** – archwiliwch bocedi'r unigolyn i sicrhau nad oes unrhyw eitemau a allai ei anafu nhw pan fyddwch chi'n ei rolio i'r safle adfer. Byddwch yn ofalus iawn o wrthrychau miniog (er enghraifft, nodwyddau). Os yw'n bosibl, chwiliwch am dyst os ydych chi'n tynnu unrhyw beth o'r pocedi.
▶ **Adferiad** – gwnewch yn siŵr nad ydych chi'n achosi niwed pellach i'r unigolyn wrth ei roi yn y safle adfer. Os amheuir anaf i'w wddf, cyhyd â bod eu llwybr anadlu yn cael ei gynnal, peidiwch â'i symud ac yn lle hynny rhowch eich dwylo bob ochr i'r pen i'w sefydlogi.

▶ **Ffigur 17.6:** Y safle adfer lle mae'r athletwr yn cael ei droi ar ei ochr gyda'r llwybr anadlu ar agor ac yn cael ei gynnal

---

Awgrym diogelwch

- Byddwch yn ymwybodol o emwaith neu offer chwaraeon (e.e. monitorau GPS) i sicrhau nad yw'n gwaethygu'r broblem – tynnwch bopeth mewn achosion o'r fath. Chwiliwch hefyd am rybuddion meddyginiaethol (fel breichledau/mwclis diabetes).
- Gwnewch nodyn meddyliol a/neu ysgrifenedig o unrhyw beth rydych chi wedi'i sylwi arno yn ystod yr archwiliadau. Dylai'r wybodaeth hon gael ei throsglwyddo i'r gwasanaethau brys i'w helpu i drin y claf.

Mae'r safle adfer (gweler Ffigur 17.6) yn ffordd o leoli claf anymwybodol, gan leihau'r risg y bydd eu llwybr anadlu yn cael ei gyfaddawdu. Dau berygl posib y dylid eu hosgoi yw:
▶ y tafod yn ymlacio ac yn blocio'r llwybr anadlu
▶ y claf yn chwydu a'r cyfog yn blocio'r llwybr anadlu.

Adfywiad cardiopwlmonari (CPR)

Dylid perfformio CPR pan nad yw person yn anadlu ac nad yw'n dangos unrhyw arwydd o gylchrediad. Mae'r broses hon yn cadw'r organau hanfodol yn fyw nes bod help yn cyrraedd. Mae'n hanfodol sicrhau cyflenwad ocsigen i'r ymennydd er mwyn cynnal bywyd, trwy aer wedi'i anadlu a chylchrediad y gwaed yn y corff. Os nad yw person yn anadlu ac os nad yw ei galon yn curo, bydd angen gwneud hyn ar ei ran.

Mae CPR yn cynnwys anadlu ar ran y claf a chywasgu'r frest yn rheolaidd ar gymhareb o 30 cywasgiad i 2 anadl yn achos oedolion a phlant (gweler Ffigur 17.7). Mae'n hanfodol bod Diffibriliwr Allanol Awtomataidd (AED) ar gael i lwyddiant y broses hon, a diben CPR yw prynu amser hyd nes gellir defnyddio'r AED.

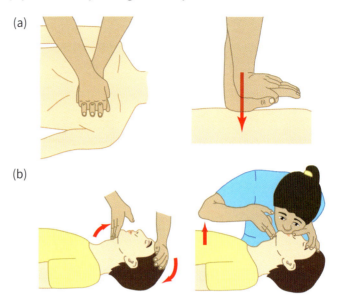

(a)

(b)

▶ **Ffigur 17.7:** Y broses CPR. Beth yw cymhareb cywasgiadau (a) i anadliadau (b)?

Sioc

Mae sioc yn cael ei achosi gan ostyngiad yn y pwysedd gwaed neu yng nghyfaint y gwaed. Gall sioc fod yn adwaith eilaidd i lawer o anafiadau difrifol (er enghraifft, pan gollir llawer o waed). Mae yna dri dosbarth:

▶ **sioc cardiogenig** – y math mwyaf cyffredin, a achosir pan na fydd y galon yn pwmpio'n effeithiol
▶ **sioc hypofolemig** – a achosir wrth golli hylifau o'r corff a hynny'n arwain at gyfaint isel o waed (gall fod yn gyffredin mewn anafiadau trawmatig fel anafiadau chwaraeon mawr)
▶ **sioc anaffylactig** – a achosir gan adwaith difrifol i alergedd.

Mae arwyddion a symptomau sioc yn cynnwys:
▶ y galon yn curo'n gynt (gall fynd yn wannach wrth i'r cyflwr waethygu)
▶ croen gwelw a llaith, yn chwysu wrth i'r sioc waethygu (gall gwefusau fod yn las)
▶ anadlu cyflym a bas
▶ cyfog neu chwydu
▶ pendro a/neu deimladau o wendid
▶ gyda sioc ddifrifol, gall anadlu dwfn ddatblygu, gyda dryswch, pryder ac ymddygiad ymosodol o bosibl
▶ gall cleifion fynd yn anymwybodol.

I drin sioc:
▶ rhaid mynd i'r afael ag achos y sioc (er enghraifft, rhaid cadw torasgwrn rhag symud)
▶ dylid rhoi'r person i orwedd ac, os yn bosibl, codi'i goesau (gan gadw llif y gwaed i'r organau hanfodol)
▶ dylid cadw'r person yn gynnes a llacio unrhyw ddillad tyn.

Triniaeth mewn achos o golli gwaed

Mae colli gwaed yn gyffredin mewn llawer o chwaraeon. Gall achosion o golli gwaed amrywio o fân grafiadau i archollion difrifol a chlwyfau trywanu. Gyda phob achos o golli gwaed, dylech atal haint yn y claf a'r person sy'n trin y clwyf. Gwisgwch fenig untro wrth ddelio â gwaed. Y prif flaenoriaethau yw atal y gwaedu, atal yr unigolyn rhag mynd i sioc a lleihau'r risg o haint.

I drin gwaedu, rhowch bwysau uniongyrchol ar safle'r gwaedu gan ddefnyddio rhwymyn neu rwyllen briodol. Os oes gwrthrych mawr yng nghorff y person, peidiwch â'i dynnu oddi yno. Os yw'r gwrthrych wedi'i fewnblannu yn y person, gallwch roi pwysau ar y naill ochr i'r gwrthrych. Defnyddiwch ddresin amsugnol, di-haint sy'n ddigon mawr i orchuddio'r clwyf yn llwyr. Rhowch y dresin yn gadarn ar y clwyf heb gyfyngu llif y gwaed i weddill y corff.

Ystyriaethau pellach

▶ Mae angen talu sylw arbennig mewn rhai sefyllfaoedd yn dilyn anaf.

▶ Os yw'r claf yn anymwybodol, rhaid i chi sylweddoli y gallai fod anaf i'r pen ac anafiadau cuddiedig. Gellir nodi'r rhain trwy wneud yr archwiliad cychwynnol a'r ail archwiliad a drafodwyd eisoes.

▶ Os yw'n bosibl bod y claf wedi torri asgwrn, mae'n hanfodol cyfyngu ar y symudiadau o safle'r anaf.

▶ Pan fo'r risg o haint yn uchel, rhaid lleihau'r risg hwn, yn aml trwy orchuddio'r clwyf yn briodol. Er enghraifft, dylid golchi a sterileiddio clwyf agored (fel llosg ffrithiant o dywarchen artiffisial) i atal haint.

Gydag unrhyw un o'r anafiadau hyn, mae'n bwysig galw am gymorth cymwys a'r gwasanaethau brys.

P'un a yw damwain yn digwydd yn y gweithle neu yn ystod cystadleuaeth chwaraeon, mae'n hanfodol llenwi ffurflen adrodd am ddamwain os oes angen triniaeth. Mae'r broses hon yn ofyniad cyfreithiol at ddibenion yswiriant.

> **Awgrym diogelwch**
>
> Os oes gennych unrhyw amheuaeth ynghylch cyflwr neu anaf, mae'n well bod yn ofalus a'i gyfeirio at arbenigwr.

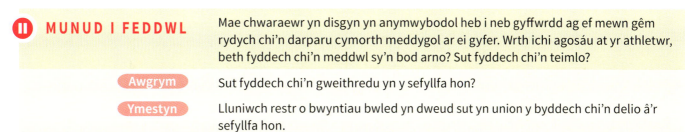

⏸ **MUNUD I FEDDWL**   Mae chwaraewr yn disgyn yn anymwybodol heb i neb gyffwrdd ag ef mewn gêm rydych chi'n darparu cymorth meddygol ar ei gyfer. Wrth ichi agosáu at yr athletwr, beth fyddech chi'n meddwl sy'n bod arno? Sut fyddech chi'n teimlo?

Awgrym   Sut fyddech chi'n gweithredu yn y sefyllfa hon?

Ymestyn   Lluniwch restr o bwyntiau bwled yn dweud sut yn union y byddech chi'n delio â'r sefyllfa hon.

Asesu anafiadau chwaraeon ar ochr cae

Os bydd rhywbeth yn digwydd yn ystod gêm, a chithau wedi dod i'r casgliad nad yw'r anaf yn peryglu bywyd a'r athletwr yn gwbl ymwybodol, gallwch ei asesu i ddarganfod beth sydd o'i le arno, sut y digwyddodd yr anaf, sut mae'n effeithio ar eu gweithrediad ac a allan nhw barhau ai peidio. Gwneir hyn fel arfer gan ddefnyddio dull 'edrych, teimlo, symud' neu'r broses SALTAPS.

▶ **S** (*stop*) – cael yr athletwr i **stopio**. Welsoch chi sut achoswyd yr anaf a mecanwaith yr anaf?

▶ **A** (*ask*) – **gofynnwch** gwestiynau am yr anaf, lle mae'n brifo, pa mor ddifrifol yw'r boen, sut maen nhw'n meddwl iddo ddigwydd.

▶ **L** (*look*) – **edrychwch** am arwyddion penodol fel cochni, chwyddo neu wrthrychau tramor.

▶ **T** (*touch*) – **cyffyrddwch**/teimlwch safle'r anaf am wres a thynerwch.

▶ **A** (*active movements*) – gofynnwch i'r athletwr wneud **symudiadau gweithredol** o ran o'r corff i wirio poen ac i ba raddau'n mae'n gallu symud.

▶ **P** (*passive movements*) – symudwch ran o'r corff yn ysgafn gyda **symudiadau goddefol** i wirio sut mae'n teimlo, pa mor ddifrifol yw'r boen, ac ystod y symudiad.

▶ **S** (*strength*) – profwch **nerth** y rhan o'r corff trwy ddarparu gwrthiant ysgafn. All yr athletwr sefyll arno? A all gerdded, rhedeg, neidio a sbrintio? A all ddychwelyd i weithredu'n ddiogel?

> **Awgrym diogelwch**
>
> Mae'n bwysig atal y broses SALTAPS cyn gynted ag y teimlir y gallai anaf fod yn ddifrifol.

Wrth drin pob anaf sy'n gysylltiedig â chwaraeon, yr unigolion mwyaf priodol i roi triniaeth yw'r rhai mwyaf profiadol. Nod y broses SALTAPS yw gwneud asesiad cywir o fath, difrifoldeb a lleoliad anaf. Gall hyn fod yn anodd yn achos rhai anafiadau chwaraeon – gall hyd yn oed ymarferwyr profiadol gael trafferth i wneud diagnosis cychwynnol yn y fan a'r lle.

Trin anafiadau chwaraeon

Ar ôl dioddef anafiadau chwaraeon mwyaf cyffredin, dylai'r driniaeth ar unwaith ddilyn acronym PRICED. Mae hyn yn golygu y gellir gwella'r broses iacháu hyd yn oed yn ystod y cam cynnar hwn o anaf. Mae'r canllawiau yno i reoli'r ymateb llidiol, **ddim** i'w dynnu'n llwyr.

- ▶ **P** (*protect*) – diogelu'r person a safle'r anaf i leihau'r risg o anaf pellach.
- ▶ **R** (*rest*) – mae gorffwys yn caniatáu iachâd ac yn atal unrhyw ddifrod pellach.
- ▶ **I** (*ice*) – mae iâ yn atal safle'r anaf rhag chwyddo ac mae'n lleihau poen.
- ▶ **C** (*compression*) – mae cywasgu yn rhoi cynhaliaeth ac yn atal chwyddo.
- ▶ **E** (*elevation*) – mae codi yn lleihau llif y gwaed i'r safle, gan leihau chwyddo drwy gyfrwng disgyrchiant.
- ▶ **D** (*diagnosis*) – mae angen gwneud diagnosis gan weithiwr proffesiynol ym maes anafiadau chwaraeon neu drwy sgan.

Damcaniaeth ar waith

Yn ddiweddar, mae'r acronym PRICED wedi'i addasu i POLICE i adlewyrchu pwysigrwydd ymarfer corff wrth adsefydlu.

- Beth yw ystyr yr acronym POLICE?
- Sut mae'n wahanol i'r acronym PRICED?
- Lluniwch neges drydar (gydag uchafswm o 140 llythyren) ynghylch pam mae'r 'llwyth gorau posibl' yn bwysig wrth adsefydlu o anafiadau chwaraeon.

Triniaethau gofal uniongyrchol eraill

Mae yna ystod o driniaethau eraill a all helpu i reoli'r symptomau yng nghyfnodau cynnar yr anaf. Gellir categoreiddio'r triniaethau hyn yn cryotherapi (triniaethau oer), thermotherapi (triniaethau gwres), triniaethau sefydlogrwydd ac electrotherapi (triniaethau trydan). Mae enghreifftiau o'r rhain yn cynnwys y canlynol.

- ▶ **Cryotherapi** – defnyddio iâ mewn bagiau, pecynnau iâ, chwistrellau iâ, pys wedi'u rhewi, rhwymyn iâ, offer cryo-gywasgu.
- ▶ **Thermotherapi** – pecynnau gwres, lampau gwres pelydrol, eli/gel gwres, padiau gwres, cwyr paraffin, baddonau sba.
- ▶ **Triniaethau sefydlogrwydd** – tâp athletaidd, tâp kinesio, cynnal, cynhaliaeth i gymalau, slingiau, baglau, sblintiau.
- ▶ **Electrotherapi** – uwchsain, tonnau sioc, ysgogiad nerfau trydanol trawsgroenol (TENS).

▶ Enghraifft o ddyfais cryo-gywasgu. Beth yw manteision ac anfanteision y driniaeth hon?

Efallai y bydd rhai ymarferwyr yn cyfuno nifer o'r triniaethau hyn yn hytrach na'u defnyddio ar eu pennau eu hunain, er enghraifft gyda thriniaethau poeth ac oer gan gynnwys bath o wres cyferbyniol. Mae hwn yn cynnwys triniaethau gwres bob yn ail â thriniaethau oer i fynd â'r pibellau gwaed yn gyflym o fasoymlediad i fasogyfyngiad. Bydd hyn yn cael gwared ar chwydd a malurion celloedd, lleihau poen a gwella ystod y symud. Fe'i gelwir yn aml yn ymateb Lewis.

Mae'n bwysig deall yr ymateb hwn wrth gymhwyso cryotherapi i athletwyr. Mae rhoi iâ yn achosi i'r pibellau gwaed yn safle'r anaf gulhau (fasogyfyngiad). Ar ôl rhai munudau (tua 10–15 munud) mae'r pibellau gwaed yn dechrau ailagor (fasoymlediad) i atal y meinweoedd rhag marw o ddiffyg ocsigen. Gall rhoi iâ ar safle anaf am gyfnod rhy hir gynyddu'r gwaedu a'r chwyddo, er bod hynny'n llai na phe na byddech chi wedi rhoi iâ arno.

Awgrym diogelwch

Rhaid i chi fod yn gymwys i ddefnyddio triniaethau a dylech wybod pryd i beidio â defnyddio triniaeth benodol ar gyfer athletwr. Gall rhai triniaethau, os cânt eu defnyddio ar yr amser anghywir, arafu iachâd meinwe. Er enghraifft, gallai defnyddio thermotherapi yng nghyfnodau cynnar iawn iachâd gynyddu'r gwaedu neu ei ailddechrau.

Atgyfeirio meddygol

Yn dibynnu ar y math o anaf, efallai y bydd angen cyfeirio unigolyn at arbenigwr. Gallai unigolion o'r fath gynnwys:

▶ Meddyg Teulu neu feddyg clwb

▶ Ambiwlans Sant Ioan neu berson arall sy'n gymwys mewn cymorth cyntaf

▶ adrannau damweiniau ac achosion brys lleol trwy lifft neu barafeddygon (e.e. i gael mynediad i'r adran radioleg)

▶ clinig mân anafiadau lleol

▶ therapydd chwaraeon neu ffisiotherapydd

▶ therapydd meinwe feddal neu therapydd tylino chwaraeon

▶ ymgynghorydd a/neu lawfeddyg arbenigol

▶ podiatregydd, osteopath neu geiropractydd.

Gallwch hefyd ffonio 111 i gael cyngor meddygol ar faterion nad ydynt yn peryglu bywyd.

Egwyddorion adsefydlu

Nod cyffredinol adsefydlu yw adfer gweithrediad corfforol a seicolegol i'r lefel a welwyd cyn anaf, neu hyd yn oed yn well. Dylai unrhyw gynllun triniaeth neu adsefydlu fod yn seiliedig ar ddiagnosis cywir gan ymarferydd cymwys.

Ar gyfer pob triniaeth, mae yna resymau penodol dros ei defnyddio (arwyddion) neu i beidio â'i defnyddio neu addasu ei defnydd (**gwrtharwyddion**). Dylai fod rhesymau da dros y rhaglen gyffredinol gyda nod penodol clir yn seiliedig ar ba gam y mae'r athletwr, ei gynnydd a sut y digwyddodd yr anaf. Er enghraifft, pe bai'r anaf wedi'i achosi gan orymestyn llinyn y gar, a hwnnw'n dynn, dylai'r rhaglen geisio ymestyn grŵp llinyn y gar ar y ddwy ochr i atal ail anaf.

▶ **Tabl 17.5:** Nodau pob cam adsefydlu gydag enghreifftiau o driniaethau

Cam adsefydlu	Nodau pob cam	Triniaeth a awgrymir
Cam acíwt	Rheoli'r broses lidiol a lleihau poen	Iâ, cywasgu, codi, cryo-gywasgu a TENS
Cam is-acíwt	Ceisiwch annog ystod lawn o symudiad, a hefyd llwytho a chynnal pwysau orau y gellir	Tylino, ymestyn, cerdded â baglau (dwbl i sengl), iâ, gwres ac ymarfer cymalau nad ydyn nhw wedi'u hanafu
Cam adsefydlu cynnar	Dechreuwch gynnal pwysau yn llawn, dechreuwch adfer cryfder ac ysgogi cyhyrau, propriodderbyniaeth a rheolaeth niwrogyhyrol	Symud goddefol, ymarfer cryfder (isometrig yn gyntaf), triniaethau ysgogi cyhyrau, e.e. ysgogi cyhyrau'n electronig, ymarferion cadwyn gaëedig, ymarferion cardiofasgwlaidd, cerdded/loncian mewn llinellau syth ac ymarferion cydbwysedd
Cam adsefydlu hwyr	Datblygu pŵer cyhyrau, dygnwch a symudiadau amlgyfeiriol	Cyflwyno ymarfer isotonig neu isocinetig ac ychwanegu mwy o lwyth ac ymarferion cardiofasgwlaidd dwysach
Cam adsefydlu gweithrediad	Cyflwyno gweithrediad chwaraeon-benodol, gan adlewyrchu gofynion cystadlu, e.e. dwysedd ac amlder symudiadau chwaraeon-benodol	Symudiadau dwysedd uchel, amlgyfeiriol ac anrhagweladwy, e.e. torri croeslinol, glanio a sbrintio a chyfuno llawer o symudiadau mewn driliau

Mae adferiad yn waith caled i athletwr felly mae'n bwysig defnyddio egwyddorion allweddol i arwain eich hun a nhw. Mae unrhyw gynllun adfer da wedi'i egluro'n dda, mae'n cynnwys nodau, yn darparu cyfarwyddyd manwl gywir, ac yn gwneud y gorau o'r adnoddau sydd ar gael. Dylai rhaglen adsefydlu effeithiol hefyd ddefnyddio'r acronym ATCISIT.

▶ **A** (*aggravation*) – osgoi **gwaethygu**'r anaf a monitro arwyddion gwaethygu.

▶ **T** (*timing*) – **amseru**: dechreuwch cyn gynted â phosibl gan y gall gormod o orffwys arafu iachâd.

▶ **C** (*compliance*) – **cydymffurfiaeth**: annog yr athletwr i wneud y cynllun fel rydych chi wedi'i ragnodi.

- **I** (*individualisation*) – yn seiliedig ar ofynion yr athletwr ei hun ac anghenion **unigol**.
- **S** (*specific sequencing*) – **dilyniant penodol**: dylai'r cynllun ddilyn cyfres o ddigwyddiadau yn unol â cham yr iachâd.
- **I** (*intensity*) – dylai **dwysedd** herio'r athletwr a pheidio â gwaethygu'r anaf.
- **T** (*total patient*) – **trin y claf cyfan**: ceisio adnabod yr athletwr yn gyfannol, nid yn gorfforol yn unig, a gwneud y gorau o hyfforddadwyedd.

Er mwyn i adsefydlu fod yn llwyddiannus, mae angen llwytho (ymarfer) y meinweoedd yn briodol er mwyn iddynt addasu'n gadarnhaol i'r llwyth hwnnw. Dylech seilio llwytho ar y meinweoedd a anafwyd a'i fonitro'n rheolaidd. Mae'r egwyddor Addasu Penodol i Ofynion a Bennir (SAID) yn golygu bod angen i chi feddwl am:
- Pa fath o lwytho ydw i'n ei wneud?
- Pa mor drwm ddylwn i lwytho?
- Am ba hyd y dylwn i lwytho?
- Pa mor aml ddylwn i lwytho?

Os yw'r llwyth yn rhy ychydig, efallai na fydd yr athletwr yn symud ymlaen mor gyflym â'r disgwyl. Fel arall, os yw'r athletwr wedi'i orlwytho, gall gymryd cam yn ôl a dioddef rhwystrau wrth iddo adsefydlu. Dylai'r llwytho sy'n rhan o gynllun adfer fod yn gymharol ddi-boen yn ystod ac ar ôl y sesiwn.

Cynnydd yr ymarferion adsefydlu

Dylai cynllun adsefydlu effeithiol ddefnyddio meini prawf corfforol a seicolegol i symud ymlaen rhwng camau, ac ni ddylai fod yn seiliedig ar amser yn unig. Gall ymarferydd anafiadau chwaraeon hybu'r llwyth adsefydlu trwy addasu'r newidynnau hyfforddi allweddol canlynol.
- **Math o weithgaredd** – ymarferion nad ydyn nhw'n rhoi straen ar safle anaf yn uniongyrchol o gymharu â'r rhai sydd yn gwneud hynny.
- **Hyd y gweithgaredd** – yr amser a dreulir yn perfformio'r ymarfer.
- **Amledd y gweithgaredd a gorffwys** – sawl gwaith y dydd neu'r wythnos y byddan nhw'n gwneud hyn, a beth fyddan nhw'n ei wneud ar ddiwrnodau gorffwys?
- **Dwysedd y gweithgaredd** – pa mor anodd yw'r ymarfer yn seiliedig ar ymdrech ganfyddedig, gwrthiant, amser i gwblhau.
- **Cymhlethdod y gweithgaredd** – perfformio ymarferion syml, uncyfeiriol yn erbyn ymarfer corff cyflym, amlgyfeiriol ac aml-gymal.

Yna gall yr athletwr ddilyn llwybr at ddychwelyd i chwaraeon yn y pen draw, fel y dangosir yn Ffigur 17.8.

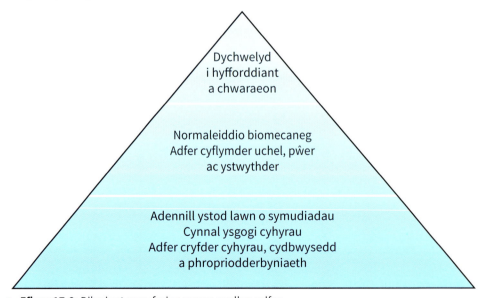

Dychwelyd
i hyfforddiant
a chwaraeon

Normaleiddio biomecaneg
Adfer cyflymder uchel, pŵer
ac ystwythder

Adennill ystod lawn o symudiadau
Cynnal ysgogi cyhyrau
Adfer cryfder cyhyrau, cydbwysedd
a phropriodderbyniaeth

Ffigur 17.8: Dilyniant ymarferion mewn cynllun adfer

Y pêl-droediwr David Silva yn ysigo'i ffêr/pigwrn yn chwarae i Sbaen

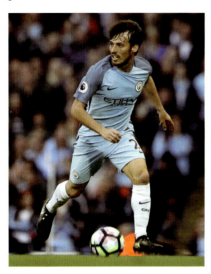

Dioddefodd David Silva ysigiad ochrol i'w ffêr yn chwarae i Sbaen yn erbyn Luxembourg ym mis Hydref 2015. Mae hwn yn anaf cyffredin sy'n aml yn cael ei ddioddef gan bêl-droedwyr. Mae ysigiadau ochrol i'r ffêr hefyd wedi effeithio ar athletwyr o chwaraeon eraill fel Sachin Tendulkar, Rafael Nadal, a LeBron James. Gall adsefydlu gwael yr anaf hwn arwain at golledion tymor hir mewn swyddogaeth ac ailanafu. Mae'r anaf yn effeithio ar dri gewyn ochrol y ffêr ac mewn achosion mwy difrifol mae'n achosi toriad rhwygiad.

1 Beth yw'r mecanwaith anaf tebygol ar gyfer ysigiad ffêr David Silva?

2 Enwch y gewynnau ochrol y gellid eu hysigo.

3 Lluniwch ddiagram llif o sut rydych chi'n symud athletwr ymlaen o gerdded gyda dau fagl i allu sbrintio i gyfeiriadau gwahanol, neidio a glanio.

Ffactorau seicolegol sy'n gysylltiedig ag adsefydlu

Mae dilyn cynllun adsefydlu yn iawn yn ffactor hanfodol wrth benderfynu a fydd athletwr yn llwyddiannus neu'n aflwyddiannus yn ei adferiad. Mae'n ganlyniad adfer canolradd pwysig. Er enghraifft, gall athletwr nad yw'n dilyn yr ymarferion a osodwyd gan ymarferydd ar ôl ysigo ei ffêr arwain at ystod is o symudiad yn y tymor hir.

Mae cael athletwyr i **ymlynu** wrth gyngor pan fyddant yn adsefydlu yn heriol, felly mae'n bwysig nodi'r ffactorau seicolegol sy'n effeithio ar adsefydlu a defnyddio technegau sydd â'r nod o wella ymlyniad.

Ffactorau seicogymdeithasol sy'n effeithio ar ymlyniad wrth adsefydlu

Mae adsefydlu yn digwydd mewn amgylchedd cymdeithasol. Mae ystod o ffactorau seicogymdeithasol yn effeithio ar pa un a yw athletwr yn cadw at gynllun adsefydlu ai peidio, a ddangosir yn Nhabl 17.6. Gellir dosbarthu'r ffactorau hyn yn rhai personol neu sefyllfaol.

> **Tabl 17.6:** Ffactorau personol a sefyllfaol sy'n ymwneud ag ymlynu wrth gynllun adfer

Ffactorau personol	Ffactorau sefyllfaol
• Goddefgarwch poen • Caledwch meddwl • Hunangymhelliant • Annibyniaeth • Nodau	• Cred ym mhroses a thriniaethau ymarferydd anafiadau chwaraeon • Amgylchedd cyfforddus • Apwyntiadau a chyfleusterau cyfleus • Ansawdd cefnogaeth gymdeithasol

Technegau seicolegol a ddefnyddir i wella ymlyniad

Mae nodi ac addasu'r ffactorau sy'n effeithio ar ymlyniad wrth adsefydlu yn hanfodol i lwyddiant y cynllun adfer. Rhai o'r technegau a all arwain at fwy o ymlyniad wrth adsefydlu yw gosod nodau, cefnogaeth gymdeithasol, addysg, delweddaeth a hunan-siarad – gweler Tabl 17.7.

Term allweddol

Ymlyniad – parhau i gyflawni ymddygiad, fel cwblhau cynllun adsefydlu.

Techneg i wella ymlyniad	Disgrifiad o'r dechneg	Pwrpas wrth adsefydlu
Gosod nodau	Creu, gweithredu a gwerthuso nodau tymor byr, tymor canolig a thymor hir (perfformiad, proses, cysylltiedig â chanlyniadau) trwy adsefydlu. Dylai'r nodau fod yn: **C**yraeddadwy Wedi'i **A**mseru **M**esuradwy **P**enodol **U**chelgeisiol **S**ynhwyrol (realistig)	• Cynyddu'r cymhelliant i gadw at y cynllun adfer • Rheoli disgwyliadau • Mae'n helpu i rannu proses adsefydlu hirach yn gyfnodau • Hyrwyddo adferiad cyflymach • Galluogi'r athletwr i weld anaf fel profiad datblygiadol cadarnhaol
Cefnogaeth gymdeithasol	Y rhwydwaith cymorth sydd ar gael i athletwr sydd wedi'i anafu er mwyn cwrdd â'u gofynion. Mae darparwyr cefnogaeth gymdeithasol yn cynnwys teulu, ffrindiau, cyd-chwaraewyr, ymarferwyr anafiadau chwaraeon, hyfforddwyr a'r cyfryngau cymdeithasol.	• Lleihau straen sy'n gysylltiedig ag anafiadau • Cynyddu hyder • Galluogi rhannu profiadau • Lleihau teimladau o unigedd
Addysg cleifion	Cael yr athletwr i ddeall beth yw'r anaf, pwrpas pob triniaeth, a'r broses o iacháu anaf, e.e. defnyddio taflenni, y rhyngrwyd a thasgau llawn.	• Rheoli disgwyliadau • Gwella ymlyniad • Mae'n rhoi mwy o ymdeimlad o reolaeth
Delweddu	Cael yr athletwr i ddefnyddio delweddau meddyliol polysensoraidd (yn cynnwys pob synnwyr) i wella'u profiad o anaf. Y mathau gwahanol o ddelweddau wrth adsefydlu yw: • delweddau iachaol • delweddau poen • delweddau perfformiad • delweddau cymhelliant • delweddau ymlacio.	• Cynorthwyo'r broses iacháu • Lleihau emosiynau negyddol • Gwella cymhelliant • Helpu i adennill sgiliau • Rheoli poen • Cynyddu hyder
Hunan-siarad cadarnhaol	Defnyddio datganiadau cadarnhaol drwyddi draw wrth adsefydlu ar adegau heriol, pan fydd yr anaf yn boenus, neu pan fyddant yn rhwystredig gyda hynt yr adsefydlu.	• Newid meddyliau negyddol • Lleihau straen anafiadau • Gwella ymlyniad • Helpu i gadw ffocws
Cyfweld ysgogiadol	Techneg yn seiliedig ar gwnsela lle cefnogir yr athletwr i archwilio manteision ac anfanteision cymryd rhan mewn adsefydlu yn hytrach na chael ymyrraeth wedi'i rhagnodi.	• Gwella ymlyniad • Rhoi mwy o ymdeimlad o reolaeth • Helpu i gynhyrchu nodau adsefydlu

Mathau o adnoddau ymdopi

Adnoddau ymdopi yw ffyrdd yr athletwr ei hun o ddelio â'r straen a roddir arno. Wrth i wahanol straenachoswyr ddigwydd o adeg yr anaf i ddychwelyd i weithredu, rhaid i athletwr fod ag ystod o adnoddau ymdopi. Bydd methu â delio â straenachoswyr adsefydlu trwy fod ag adnoddau ymdopi annigonol yn arwain at ganlyniadau negyddol.

Y tri phrif fath o adnoddau ymdopi a ddefnyddir gan athletwr yw:

▶ **ymdopi drwy osgoi** – lle nad yw'r athletwr yn cydnabod bod problem ac yn cario ymlaen, neu'n tynnu eu hunain o sefyllfaoedd o straen ac yn gwneud rhywbeth arall yn lle hynny

▶ **ymdopi sy'n canolbwyntio ar emosiwn** – lle mae'r athletwr yn defnyddio strategaethau i helpu i reoleiddio cynnwrf emosiynol anaf, er enghraifft defnyddio cefnogaeth gymdeithasol, delweddau neu sgiliau rheoli straen

▶ **ymdopi sy'n canolbwyntio ar broblem** – lle mae'r athletwr yn defnyddio strategaethau i fynd i'r afael â phroblem anafiadau, er enghraifft, casglu gwybodaeth neu chwilio am ymarferwyr a all helpu.

Myfyrio

Yn aml credir bod ymdopi drwy osgoi yn negyddol. Allwch chi feddwl am enghraifft pan allai ymdopi drwy osgoi fod yn fuddiol i athletwr?

Mae **sgiliau rheoli straen** fel delweddau, ymlacio cyhyrau cynyddol a hunan-siarad cadarnhaol yn strategaethau ymdopi sy'n canolbwyntio ar emosiwn. Dylai athletwyr ddatblygu'r rhain i'w galluogi i ymdopi â straen adsefydlu. Gall y rhain arwain at adsefydlu mwy llwyddiannus ac atal anaf yn y dyfodol. Mae rhai o fanteision sgiliau rheoli straen yn cynnwys:

▶ llai o bryder
▶ mwy o hyder
▶ rheoli poen
▶ mwy o ymlyniad.

⏸ **MUNUD I FEDDWL**   Mae cael anaf yn brofiad poenus i bob athletwr ni waeth pa ryw ydyw, lefel ei allu na beth yw ei gamp.

Awgrym   Disgrifiwch yr hyn rydych chi'n meddwl y gallai'r straenachoswyr fod yng nghamau cynnar adsefydlu.

Ymestyn   Disgrifiwch yr hyn rydych chi'n meddwl y gallai'r straenachoswyr fod pan fydd yr athletwr yn agosáu at ddychwelyd i'r gamp. Ai'r un peth ydyn nhw?

Ffactorau seicolegol sy'n gysylltiedig â dychwelyd i chwaraeon

Mae dychwelyd i chwarae ar ôl anaf yn amser llawn straen i athletwyr. Pan fydd athletwr yn dychwelyd i chwarae, mae'n rhaid iddo ymdopi â llawer o straenachoswyr corfforol, cymdeithasol a pherfformiad (y cyfeirir atyn nhw hefyd fel pryderon).

▶ Straenachoswyr corfforol – mae'r rhain yn cynnwys y risg o ailanafu, bod yn llai ffit o'i gymharu ag eraill a pheidio â bod yn ddigon ffit ar gyfer cystadlu
▶ Straenachoswyr cymdeithasol – mae'r rhain yn cynnwys teimlo'n ynysig, mwy o bwysau gan yr hyfforddwr, y chwaraewyr a'r dorf.
▶ Straenachoswyr perfformiad – mae'r rhain yn cynnwys peidio â bod ar yr un lefel o allu â'r cyfnod cyn yr anaf, llusgo ar ôl y gweddill a cholli eu lle yn y tîm os ydyn nhw'n tanberfformio.

Astudiaeth achos

Paul O'Connell (capten Iwerddon)

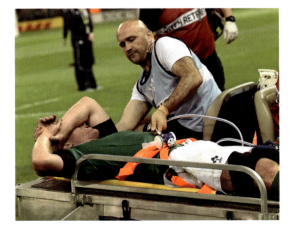

Yn ystod rowndiau grŵp Cwpan Rygbi'r Byd 2015 yn erbyn Ffrainc, dioddefodd capten Iwerddon Paul O'Connell anaf difrifol i linyn y gar. Collodd y twrnamaint ac roedd yn disgwyl methu â chwarae am 8 mis. I wneud pethau'n waeth, hon fyddai ei gêm olaf i Iwerddon,

oherwydd fe wnaethon nhw golli'r gêm nesaf yn erbyn yr Ariannin yn rownd yr wyth olaf yr oedd disgwyl iddyn nhw ei hennill. Hon oedd pedwerydd Cwpan y Byd O'Connell ac ni fu erioed y tu hwnt i rownd yr wyth olaf o'r twrnamaint. O ganlyniad i'r anaf, cafodd O'Connell gyfnod o oedi cyn dechrau chwarae i'w glwb newydd.

Yn ôl cyd-chwaraewr o'i hen dîm: "Roedd yn gapten gwych. Fe oedd yr ail reng cyntaf i mi chwarae gydag e sydd wedi bod yn chwaraewr cyflawn. Dydw i erioed wedi cwrdd â neb tebyg iddo. Mae'n mynnu'r safonau uchaf gan bawb o fewn sefydliad i sicrhau bod y tîm yn llwyddo."

1 Yn seiliedig ar ffactorau personol a sefyllfaol Paul, beth ydych chi'n meddwl fyddai ei ymatebion seicolegol i'r anaf?

2 Pa dechnegau allech chi eu defnyddio i helpu chwaraewr gyda'r ymatebion hyn?

3 Pa broblem seicolegol y gallai O'Connell fod wedi'i hwynebu wrth chwarae gyntaf i'w glwb newydd?

Monitro rhaglenni adsefydlu

Rhaid monitro sut mae'r athletwr yn ymateb i'r rhaglen adsefydlu yn rheolaidd gan ddefnyddio adborth/mesurau goddrychol a gwrthrychol. Ymhlith y ffactorau allweddol i'w monitro mae:

▶ ymdrech ganfyddedig a sut mae'r athletwr yn teimlo
▶ unrhyw boen ac anghysur yn ystod ac ar ôl ymarfer corff
▶ namau biomecanyddol neu dechnegol ac ystod symudiadau
▶ chwydd, gwres a chochni
▶ eu cynnydd o ran cyflawni ymarferion a gweithgareddau gweithredol
▶ nifer y setiau, ailadroddiadau a chysylltiadau nes bod blinder, techneg yn gwaethygu neu boen yn cael ei achosi
▶ unrhyw bryderon neu ddisgwyliadau a osodir arnynt neu gydymffurfiaeth.

Dylai unrhyw adwaith niweidiol annog y cynllun i gael ei ailwerthuso a'i addasu.

Dylai'r holl ddogfennau a gwybodaeth adsefydlu gael eu cofnodi gan eu bod yn ffurfio dogfen sy'n gyfreithiol rwymol. Dylai'r cynllun gynnwys yr union ragnodiad o'r hyn yr oeddech chi'n bwriadu ei wneud a hefyd unrhyw newidiadau a wnaed yn ystod yr adsefydlu yn seiliedig ar sut mae'r athletwr yn ymateb i'ch ymarferion arfaethedig. Ymhlith y pethau i'w hystyried wrth ddogfennu rhaglen adsefydlu mae:

▶ gwybodaeth gefndir am yr athletwr (er enghraifft, problemau meddygol, hanes anafiadau a gofynion penodol yr adsefydlu)
▶ y gweithgareddau yr ymgymerwyd â hwy
▶ lefelau a datblygiad yr athletwr
▶ problemau neu faterion sy'n codi o'r sesiwn
▶ cymhlethdodau (er enghraifft, alergeddau neu salwch) sy'n effeithio ar gynnydd yn ystod y sesiwn
▶ dogfennau a ffurflenni cyfreithiol pwysig fel cydsyniad rhieni ar gyfer chwaraewyr iau
▶ dyddiadau ar gyfer adolygiad/profion gweithredol (nodau, amcanion, ac ati)
▶ gwybodaeth gywir a chyfoes a allai newid yn ystod y driniaeth
▶ amcanion penodol gan gynnwys amserlenni priodol a mesuradwy a dyddiadau adolygu.

MUNUD I FEDDWL — Allwch chi egluro sut a pham y mae'n rhaid i gynlluniau adsefydlu symud ymlaen?

Awgrym — Lluniwch gynllun adsefydlu ar gyfer straen llawes troëdydd (*rotator cuff*) yng nghyfnod is-acíwt yr adsefydlu. Ceisiwch fod mor benodol â phosib.

Ymestyn — Sut fyddech chi'n gwybod bod yr athletwr yn barod i symud ymlaen? Pa fath o ffactorau fyddech chi'n symud ymlaen?

Dulliau adsefydlu

Pan fydd athletwr yn cael anaf, mae'n cael effaith ar unwaith ar eu lefelau ffitrwydd. Yn benodol, mae ystod ei symudiadau, hyblygrwydd, cyflwr cyhyrau, rheolaeth niwral dros ei gyhyrau a'i allu i gyflawni sgiliau gyda thechneg dda i gyd wedi lleihau. Felly, mae'n bwysig gwybod ystod o ddulliau effeithiol a all fynd i'r afael â lefelau ffitrwydd is wrth weithio gydag athletwyr sydd wedi'u hanafu. Bydd ymarferydd effeithiol yn gwneud yr ymarferion yn ddiddorol, a bydd yn hyblyg o ran cynnydd ac atchweliad. Bydd ymarferion cynnydd yn herio'r athletwr ymhellach, a bydd ymarferion atchweliad yn llai heriol os byddwch chi'n gweld bod eich ymarferion yn rhy anodd.

Dulliau i wella ystod symud y cymalau

Mae **ystod symud** y cymalau yn cyfeirio at faint o symud a ganiateir yn y cymal. Mae hyn yn benodol iawn i bob cymal a chyfansoddiad yr athletwr. Mae'n cael ei gyfyngu gan strwythurau'r cymal a'r meinwe feddal. Mae adfer ystod y symud yn gynnar yn hynod bwysig wrth adsefydlu. Mae'r dulliau canlynol yn helpu i adfer ystod y symud.

▶ **Symud goddefol parhaus (CPM** – *continual passive motion*) – mae hyn yn defnyddio peiriant a ddyluniwyd yn arbennig i roi'r cymal trwy symud parhaus a rheoledig. Fe'i defnyddir yn bennaf ar athletwyr sydd wedi dioddef anafiadau difrifol i'w pen-glin ac sydd angen llawdriniaeth.

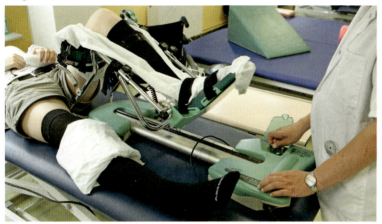

▶ Gellir defnyddio peiriannau CPM i roi cymal trwy symud parhaus a rheoledig

▶ **Technegau symud goddefol** – mae'r rhain yn dechnegau cymal-benodol lle bydd ymarferydd yn perfformio gwahanol raddfeydd (1–4) o symud y cymal dro ar ôl tro i wella ystod o symud di-boen a maethu'r cymal.

▶ **Ymarferion goddefol** – mae ymarferion goddefol yn caniatáu symud cymal trwy'r ystod o symud sydd ar gael heb unrhyw ymdrech gan yr athletwr. Gall yr ymarferydd neu'r athletwr gyflawni'r ymarferion hyn gan ddefnyddio'r cymal na effeithiwyd arno i gefnogi'r symudiad.

▶ **Ymarferion gweithredol** – mae'r rhain yn golygu bod yr athletwr yn symud y cymal trwy'r ystod o symud ar eu pennau eu hunain. Er enghraifft, ystwytho ac ymestyn cymal y pen-glin dro ar ôl tro o fewn cyfyngiadau poen a chwydd.

▶ **Ymarferion â chymorth gweithredol** – dyma lle mae'r athletwr yn perfformio'r ymarfer ystod symud eu hunain yn cynnwys y cymal a anafwyd ac yna'n defnyddio'r cymal sydd heb ei anafu i gefnogi'r symudiad, gan ganiatáu i'r athletwr symud ymhellach. Er enghraifft, os yw'r pen-glin dde wedi'i anafu, gallai'r athletwr ddefnyddio'r goes chwith i gynnal ystwythder ac estyniad gweithredol.

Gwella hyblygrwydd cyhyrysgerbydol

Mae **hyblygrwydd cyhyrysgerbydol** yn cyfeirio at allu'r meinwe feddal i ymestyn, sy'n dylanwadu ar ystod y symud yn y cymal. Mae cyhyrau a thendonau yn gweithio gyda'i gilydd felly mae ymestyn yn cael effaith ar y ddau. Nid yw effeithiau buddiol ymestyn yn para'n hir iawn. Felly, er mwyn gwella hyblygrwydd, dylid ymestyn dro ar ôl tro ac yn rheolaidd, er enghraifft bob dydd.

Mae yna dri phrif fath o dechneg ymestyn a dylid gwneud pob un â theimlad o dyndra ond nid poen. Dylai'r athletwr anadlu'n normal gyda'r holl dechnegau ymestyn yn hytrach na dal eu gwynt. Enillir hyblygrwydd trwy newid priodweddau biomecanyddol a niwrolegol y meinweoedd.

▶ **Ymestyn gweithredol** – mae hyn yn golygu bod yr athletwr yn ymestyn ei gyhyrau hyd at y ffinbwynt (pwynt gwrthiant neu dyndra) a dal yr estyniad yn llonydd am gyfnod o amser (o leiaf 30 eiliad). Yna symudir oddi ar y ffinbwynt. Ailadroddir y broses o leiaf dair gwaith. Dylai'r ffin fod ychydig ymhellach bob tro.

▶ **Ymestyn goddefol** – mae hyn yn golygu bod ymarferydd yn ymestyn cyhyrau'r athletwr. Yn aml gall maint yr enillion hyblygrwydd gydag ymestyn goddefol fod yn fwy nag ymestyn gweithredol. Mae'r ymarferydd yn dod o hyd i ffinbwynt goddefol y cyhyr, yn ei ddal am 45–60 eiliad, yn rhyddhau, ac yna'n ailadrodd hyd at bum gwaith.

▶ **Ymestyn hyrwyddo propriodderbyniad niwrogyhyrol (PNF)** – mae yna nifer o fathau o dechnegau ymestyn PNF. Mae'r technegau hyn yn ceisio gwella hyblygrwydd drwy leihau'r mewnbwn niwral i'r cyhyrau ac felly gellir sicrhau hyblygrwydd. Y dechneg PNF a ddefnyddir amlaf yw cyfangu-ymlacio, a ddisgrifir fel a ganlyn.

- Mae'r ymarferydd yn dod o hyd i ffinbwynt goddefol y cyhyr targed ac yn dal am 15 eiliad.
- Yn y sefyllfa hon, mae'r athletwr yn perfformio cyfangiad isometrig o'r cyhyr targed (lle mae'r cyhyrau'n cyfangu heb newid hyd) rhwng 25–75% o'u mwyafswm. Mae'r cyfangiad yn cael ei ddal am 10 eiliad.
- Mae'r cyhyr targed yn cael ei dynnu oddi ar y ffinbwynt am 3 eiliad.
- Yna estynnir y cyhyr targed eto hyd at ffinbwynt pellach newydd.
- Gellir ailadrodd y broses hyd at bedair gwaith.

Syniadau ar gyfer ymestyn yn effeithiol

▶ Cynhwyswch ymestyn ar ôl cynhesu ysgafn neu dylino meinwe feddal.

▶ Cyfunwch â thriniaethau sy'n seiliedig ar thermotherapi.

▶ Sicrhewch y dechneg gywir bob amser.

▶ Gallai cryotherapi cyn ymestyn leihau poen a sbasm.

▶ Rhaid i ymestyn fod yn ddi-boen, ond nid yn rhydd o anghysur.

▶ I symud ymestyn ymlaen, meddyliwch am y math o ymestyn a'i hyd, amlder a dwysedd.

 **MUNUD I FEDDWL** Heb edrych ar y llyfr hwn, rhestrwch y gwahanol dechnegau sy'n seiliedig ar ymestyn a ddefnyddir wrth adsefydlu.

Awgrym Pam fod angen cynnal ymarferion sy'n seiliedig ar ymestyn yn rheolaidd?

Ymestyn Beth yw cryfderau a gwendidau pob un o'r technegau ymestyn?

Dulliau i wella cyflwr cyhyrau

Mae tair prif gydran i gyflyru cyhyrau:

▶ **cryfder cyhyrau** – y gallu i roi grym ar wrthrych

▶ **pŵer cyhyrau** – cyfradd y gall cyhyr roi grym

▶ **dygnwch cyhyrau** – y gallu i gyfangu dro ar ôl tro heb flino'n ormodol.

Mae'n bwysig adfer pob un o'r rhain bron i'r lefelau cyn anaf cyn y gall yr athletwr ddychwelyd i hyfforddiant llawn ac ailddechrau ei gamp. Wrth berfformio gwaith cyflyru cyhyrau, rhaid i'r dechneg fod yn dda i osgoi **anaf eilaidd** neu achosi ail anaf.

Yr allwedd i gyflyru cyhyrau'n effeithiol yw llwytho, gwrthiant ac ailadroddiadau. Mae cael sgorau llinell sylfaen cyn anaf yn ffordd dda o wirio cynnydd y rhaglen adsefydlu. Os nad oes sgorau fel hyn ar gael, gallai cymharu rhywun a anafwyd yn erbyn rhywun heb anaf o'r profion fod yn ddefnyddiol.

Cryfder cyhyrau

Mae athletwr sy'n perfformio ymarferion pwysau uchel/ailadrodd isel yn cryfhau ei gyhyrau. Mae'r math o gyfangiad cyhyrol y mae'n rhaid i'r athletwr ei wneud yn digwydd trwy gydol ei adsefydlu.

▶ Yn ystod camau cynnar yr adsefydlu, dylai'r athletwr berfformio cyfangiadau **isometrig** i gynnal cryfder cyhyrau gan nad yw hyn yn golygu symud y cymal trwy ystod lawn.

▶ Wrth i'r adsefydlu fynd rhagddo, gellir defnyddio cyfangiadau **isocinetig** sy'n araf ac yn cael eu rheoli.

▶ Yn olaf, defnyddir cyfangiadau **isotonig**, sy'n cynnwys cyfnod **consentrig** ac **ecsentrig**, ac sy'n adlewyrchu mwy o'r gofynion chwaraeon.

Mae defnyddio ymarferion cryfhau'r corff cyfan yn aml yn fwy diogel ac yn fwy swyddogaethol nag ynysu meinweoedd bregus yn rhy fuan wrth adsefydlu. Mae'n bwysig bod yr athletwr yn gryf yn ganolog ac yn ecsentrig wrth ddychwelyd i hyfforddiant a chwaraeon.

Termau allweddol

Anaf eilaidd – anaf i ran arall o'r corff o ganlyniad i'r anaf cychwynnol, er enghraifft trwy wneud iawn am yr anaf cyntaf.

Isometrig – pan fydd y cyhyr yn cyfangu heb newid hyd.

Isocinetig – pan fydd y cyhyr yn cyfangu gyda chyflymder a gwrthiant cyson.

Isotonig – pan fydd y cyhyr yn cyfangu gyda chyfnod codi a gostwng.

Consentrig – pan fydd y cyhyr yn cyfangu ac yn byrhau.

Ecsentrig – pan fydd y cyhyr yn cyfangu ac yn ymestyn.

Pŵer cyhyrau

Enillir pŵer yn y cyhyrau trwy gynyddu cyflymder y cyfangu neu ddefnyddio ymarferion sy'n newid yn gyflym rhwng cyfangiadau ecsentrig a chonsentrig. Er enghraifft, gyda neidiau cyrcydu dro ar ôl tro y glanio yw'r cyfangiad ecsentrig a'r naid i fyny yw'r cyfangiad consentrig.

Yn amlwg dylid osgoi'r ymarferion hyn yng nghyfnodau cynnar adsefydlu oherwydd y llwyth uchel ar y meinweoedd. Gallai ymarferion sy'n seiliedig ar bŵer gynnwys:

► symudiadau isotonig neu isocinetig cyflym
► cyflymder uwch o ymarferion gweithredol, er enghraifft codi croth y goes, cyrcydau
► ymarferion **plyometrig**, er enghraifft hercio, sboncio, neidio gwrth-symud.

Dygnwch cyhyrol

Datblygir dygnwch y cyhyrau trwy berfformio ymarferion pwysau isel i gymedrol/ ailadrodd uchel (er enghraifft cyrcydau pwysau corff, rhagwthion cerdded) neu ymarfer dwysedd uchel, dwysedd isel (e.e. beicio gyda chyfnodau gwrthiant uchel, perfformio ymarferion mewn pwll nofio gan ddefnyddio cymhorthion hynofedd). Mae ymgorffori llawer o ymarferion adsefydlu mewn sesiwn hyfforddiant cylchol i'r athletwr yn ffordd dda arall o wella dygnwch cyhyrau. Gydag ymarferion dygnwch cyhyrau parhaus, cofiwch fonitro sut mae blinder yn effeithio ar dechneg a phoen.

⏸ **MUNUD I FEDDWL**   Sut allwn ni gynllunio ymarferion cyflyru cyhyrau diogel ac effeithiol ar gyfer anafiadau llinyn y gar?

Awgrym   Rhowch bum enghraifft o ymarferion cyflyru cyhyrau penodol ar gyfer athletwr sydd wedi ysigo llinyn y gar.

Ymestyn   Esboniwch pam mae'n rhaid cynnal ymarfer cyflyru cyhyrau gyda'r dechneg gywir.

Dulliau o wella rheolaeth niwrogyhyrol

Mae rheolaeth niwrogyhyrol yn cyfeirio at allu nerfau i synhwyro ac yna effeithio ar y cyhyrau er mwyn sefydlogi cymalau a chynnal cydbwysedd. Mae hefyd yn chwarae rhan bwysig wrth atal rhagor o anaf. Gellir datblygu hyn gan yr athletwr sy'n cymryd rhan mewn cydbwysedd, cydsymud ac ymarferion sy'n seiliedig ar **broprodderbyniaeth**. Mae'r ymarferion hyn yn gwella sefydlogrwydd y cymalau trwy ryngweithiad y **mecanodderbynyddion** synhwyraidd (canfod safle cymal a'r corff) a'r system nerfol ganolog (CNS).

Gall ymarferion fel sefyll ar un goes, safiad tandem, ac ymarferion neidio a glanio oll wella rheolaeth niwrogyhyrol. Gallwch symud ymlaen i wahanol arwynebau yn ystod y cyfnod adsefydlu (er enghraifft symud o drampolîn i loriau sbring i arwynebau caletach), a defnyddio offer fel byrddau woblo, peli BOSU, a pheli Swistir i herio gallu'r corff i gynnal sefydlogrwydd.

Dulliau i wella caffael sgiliau ac ymarferoldeb

Ar ôl i'r athletwr adennill cyflwr ei gyhyrau, ystod ei symud a'i reolaeth niwrogyhyrol, gallwch ymgorffori sgiliau chwaraeon-benodol ac ymarfer corff yn eu cynllun adsefydlu. Yna gellir symud y rhain ymlaen nes bydd yr athletwr yn dychwelyd i hyfforddiant a chwaraeon llawn. Dylai'r ymarferion gynnwys cyfuno pob math arall o ymarfer corff, ond mewn amgylchedd realistig yn seiliedig ar ofynion penodol chwaraeon, gan ddynwared y symudiadau a'r sgiliau sy'n sail i'w camp. Gorau po gyntaf y cyflwynir offer chwaraeon (er enghraifft raced a pheli), y cyflymaf y bydd y sgiliau chwaraeon a'r hyder wrth gyflawni'r sgiliau hyn yn dychwelyd.

Er enghraifft, gall dilyniant ymarfer corff ar gyfer pêl-droediwr sydd wedi dioddef anaf difrifol i ran isaf ei goes ddilyn patrwm fel hyn:

► cerdded gyda chynnydd graddol mewn dwysedd a phellter (heb bêl a gyda phêl)
► loncian gyda chynnydd graddol mewn dwysedd a phellter (heb bêl a gyda phêl)
► rhedeg gyda chynnydd graddol mewn dwysedd a phellter, er enghraifft 20–30–40m (heb bêl a gyda phêl)

Termau allweddol

Plyometrig – cyfangiad ffrwydrol gyda phontio cyflym rhwng cyfnodau ecsentrig a chonsentrig.

Propriodderbyniaeth – y gallu i synhwyro lle mae'r corff mewn gofod.

Mecanodderbynyddion – nerfau sy'n synhwyro symudiad.

- gwibio llinellol gyda chynnydd graddol mewn dwysedd a phellter (heb bêl a gyda phêl)
- gwibio cromliniol e.e. ffigurau wyth
- ymarferion ystwythder a newid cyfeiriad, er enghraifft toriadau cul (45 gradd) a llydan (90 gradd).

Wrth i'r athletwr agosáu at ddychwelyd i hyfforddiant a chwaraeon, mae angen i'r cynllun adsefydlu adlewyrchu gofynion y gamp. Ymhlith y ffactorau i'w hystyried mae dwysedd, patrymau symud, arwynebau, cymarebau gwaith/gorffwys, hyd a phellter sy'n cael ei gwmpasu.

⏸ MUNUD I FEDDWL

Sut allwn ni wneud adsefydlu yn chwaraeon-benodol i helpu athletwyr i baratoi i ddychwelyd i chwaraeon ar ôl anaf?

Awgrym
Lluniwch dri ymarfer chwaraeon-benodol (ar gyfer camp o'ch dewis chi) y gallai athletwr eu cwblhau yng nghyfnodau hwyr eu hadsefydlu.

Ymestyn
Cyfiawnhewch eich ymarferion o ran dwysedd, pellter, patrymau symud, arwynebau a chymhareb gwaith/gorffwys.

Meini prawf dychwelyd at chwaraeon

Dylai athletwr ddychwelyd i hyfforddiant a chwaraeon pan fydd yn barod yn gorfforol ac yn seicolegol i wneud hynny. Rhowch feini prawf ar waith i helpu ymarferwyr i wneud y penderfyniad hwn. Gallai'r meini prawf hyn gynnwys:

- ystod lawn o symud a hyblygrwydd heb boen
- dim chwydd parhaus
- cyflwr y cyhyrau yn debyg i'r rhan o'r corff heb anaf
- lefelau ffitrwydd yn debyg i'r lefelau sylfaenol cyn yr anaf, neu well
- yr athletwr yn barod yn seicolegol (braidd ddim pryder, hyder da)
- yr hyfforddwr yn fodlon ar natur yr hyfforddi
- sgiliau chwaraeon wedi eu hadennill.

Ymarfer asesu 17.2

B.P3 B.P4 B.M3 B.M4 B.D2

Dau nod pwysig rheoli anafiadau chwaraeon yw darparu gofal trawma chwaraeon ar unwaith ac yna darparu cynlluniau adsefydlu diogel a phriodol. Rydych chi'n gweithio fel prif therapydd chwaraeon i dîm rygbi'r undeb. Rydych chi am gynnal digwyddiad datblygiad proffesiynol gyda'r nod o uwchsgilio'ch tîm meddygol ar drin anaf chwaraeon ac adsefydlu ohono.

Rhan un
Mae angen cynllunio gofal trawma chwaraeon ymlaen llaw a dilyn proses resymegol. Lluniwch ddiagramau llif yn dangos sut rydych chi'n rheoli'r senarios isod:
- ysgwydd wedi'i dadleoli
- athletwr anymwybodol
- athletwr yn gwaedu, a sioc bosibl
- gewynnau ochrol y ffêr wedi ysigo (gradd 2).

Dylai'r diagramau llif fod yn glir a nodi'r broses y byddech chi'n ei dilyn ac at bwy y byddech chi'n atgyfeirio. Esboniwch nhw i ffrind yn eich dosbarth a gofyn am adborth. A yw'n gallu dilyn y diagramau llif?

Nawr chwaraewch rôl pob senario gyda rhai cyd-fyfyrwyr – wnaethoch chi reoli'r pedwar anaf yn ddiogel ac yn hyderus?

Rhan dau
Ar gyfer athletwr sydd ag ysigiad gradd 2 yn y gewynnau ffêr ochrol, dyluniwch gynllun adsefydlu blaengar ar gyfer pob un o'r pum cam adsefydlu i sicrhau ei fod yn dychwelyd i hyfforddiant a chwaraeon yn barod yn gorfforol ac yn seicolegol. Byddwch mor benodol â phosib, a darparwch ddewisiadau dilyniant ac atchweliad ar gyfer yr ymarferion rydych chi'n eu dewis. Dylech allu cyfiawnhau'ch cynlluniau adsefydlu a cheisio cefnogi'r cynlluniau gyda thystiolaeth.

Lluniwch rai meini prawf y gallech eu defnyddio i bennu eu gallu i ddychwelyd i hyfforddiant a chwaraeon, a rhowch rai argymhellion ar gyfer yr athletwr yn y dyfodol trwy egluro sut y gellid atal ailanafu'r ffêr.

Cynllunio
- Beth yw'r dasg? Beth y gofynnir i mi ei wneud?
- Pa mor hyderus ydw i yn fy ngalluoedd fy hun i gyflawni'r dasg hon? A oes unrhyw feysydd y credaf y byddaf yn cael anhawster â hwy?

Gwneud
- Rwy'n gwybod beth rwy'n ei wneud a beth rydw i eisiau ei gyflawni.
- Galla i adnabod beth wnes i'n anghywir ac addasu fy meddwl/dull i gael fy hun yn ôl ar y trywydd iawn.

Adolygu
- Gallaf egluro beth oedd y dasg a sut y gwnes i fynd ati.
- Gallaf egluro'r hyn y byddwn yn ei wneud yn wahanol y tro nesaf.

Ymchwilio i ffactorau risg a allai gyfrannu at anafiadau chwaraeon a'u strategaethau atal cysylltiedig

Yn ôl hen ymadrodd, mae'n well atal anafiadau na'u gwella (neu adsefydlu). Cyn y gallwch atal anafiadau rhag digwydd yn effeithiol, rhaid i chi ddeall y ffactorau a allai achosi anaf i ddigwydd. Ar ôl i chi ddeall y ffactorau hyn a'r cysylltiad rhyngddyn nhw, gellir rhoi mesurau ataliol cadarn ar waith i leihau'r risg o anaf.

Achoseg anaf chwaraeon

Yn fras, mae'r gair 'achoseg' (neu 'aetioleg') yn golygu gwyddoniaeth achosiaeth – astudiaeth yw hwn o ffactorau sy'n achosi anaf chwaraeon. Gall anaf chwaraeon gael ei achosi gan amrywiaeth o ffactorau sy'n disgyn i ddau gategori – **cynhenid** ac **anghynhenid**. Mae'r ffactorau hyn i gyd yn cyfuno yn ystod chwaraeon i achosi anaf. Gallai nodi'r ffactorau risg leihau'n sylweddol y siawns y bydd athletwr yn dioddef y gwahanol fathau o anafiadau.

Ffactorau risg cynhenid

Mae'r ffactorau risg hyn yn tarddu o gorff yr athletwr ac yn eu gwneud yn fwy tueddol naill ai i siawns uwch neu lai o gael anaf yn ystod chwaraeon neu ymarfer corff. Mae'r ffactorau risg cynhenid yn cynnwys y canlynol.

▶ **Ffactorau cyhyrol** – mae hyn yn cynnwys anghydbwysedd yn y cyhyrau sy'n arwain at wahaniaeth rhwng yr aelodau dominyddol ac annominyddol, a hefyd rhwng gweithydd (sy'n achosi gweithred) a gwrthweithydd (sy'n rhwystro gweithred). Enghraifft gyffredin o hyn yw cymhareb wael o ran cryfder/pŵer y cyhyryn pedwarpen a llinyn y gar. Mae cyhyr gwannach yn fwy tueddol o flino a chael anaf. Efallai y bydd yn rhaid i'r corff wneud iawn am hyn oherwydd gwendid cyhyrol. Mae gwendidau yn y cyhyrau ac anghysondeb o ran hyd coesau hefyd yn y categori hwn.

▶ **Diffyg hyblygrwydd** – mae chwaraeon cystadleuol yn aml yn gofyn i athletwyr symud mewn patrymau ar ben pellaf eu hystod o symudiadau, er enghraifft ymestyn i ddal pêl mewn criced neu ragwthio i wneud tacl mewn pêl-droed. Gall tyndra cyffredinol y cyhyrau, h.y. ardaloedd o gyhyrau yn tewychu oherwydd llwytho ailadroddus neu ystod gyfyngedig o symudiad, gynyddu'r risg o anaf. Gall effeithio ar gyhyrau, tendonau a chymalau. Er enghraifft, os yw lliynyn y gar yn rhy dynn gall rwygo wrth arafu'n sydyn neu gall cyhyryn pedwarpen rhy dynn achosi llid yn y tendon padellog gan achosi symptomau tendinopathi.

▶ **Newidynnau unigol** – mae'r rhain yn nodweddion unigryw o'r athletwr yn cyfrannu at anaf. Mae patrymau anafiadau yn wahanol ar sail oedran, twf a datblygiad athletwr, a rhyw. Er enghraifft, mae athletwyr iau mewn mwy o berygl o anaf apoffysitis ac athletwyr hŷn o ysigiadau. Mae cyfnod y **cyflymder uchder brig** (PHV – *peak height velocity*) mewn athletwyr iau yn gyfnod lle mae'r risg o anaf yn uchel. Mae menywod mewn mwy o berygl o ysigo'r ligament croesffurf blaen (ACL – *anterior cruciate ligament*). Un o'r ffactorau risg mwyaf yw hanes anafiadau blaenorol, er enghraifft hanes o ysigiad ffêr ochrol, ysigiad ACL, neu ysigo llinyn y gar. Byddai'r rhain yn cynyddu'ch risg o anaf pellach. Mae maint a chyfansoddiad y corff hefyd yn ffactorau risg gyda thanbwysau (canran braster corff isel) neu orbwysau â risg uwch. Bydd athletwyr nad ydyn nhw'n ffit yn blino'n gyflym ac mae ganddynt fwy o risg o anaf o gymharu ag athletwr sydd wedi'i gyflyru'n briodol.

▶ **Diffygion ystumiol** – mae crymedd annormal yr asgwrn cefn yn risg bosibl a all ddirywio a chyfyngu ar botensial chwaraeon. Mae enghreifftiau o gamaliniad o'r fath yn y fertebra yn cynnwys **sgoliosis**, **cefn gwastad**, **cyffosis** a **lordosis** gormodol. Gall y problemau hyn ddigwydd yn unigol a hefyd gyda'i gilydd (i raddau). Gall gorddefnydd ac adferiad annigonol yn dilyn ymarfer corff a straen gormodol ar ran o'r corff hefyd waethygu anafiadau a gwaethygu'r diffygion ystumiol presennol. Wrth inni heneiddio, mae ein disgiau rhyngfertebrol yn breuo a gall hynny hefyd gynyddu'r risg o anaf.

Rheoli Anafiadau Chwaraeon

Termau allweddol

Ffactorau cynhenid – y ffactorau o fewn y corff sy'n cynyddu'r risg o anaf.

Ffactorau anghynhenid – ffactorau y tu allan i'r corff sy'n cynyddu'r risg o anaf.

Cyflymder uchder brig (PHV) – y cyfnod pan fydd y gyfradd twf ar ei chyflymaf neu'r cynnydd twf.

Sgoliosis – gogwydd annormal ochrol neu grymedd yn yr asgwrn cefn.

Cefn gwastad – dim digon o grymedd yn yr asgwrn cefn i ddosbarthu grymoedd.

Cyffosis – cyflwr yn y cefn lle mae crymedd allanol yn yr asgwrn cefn.

Lordosis – cyflwr yn rhan isaf y cefn lle mae adran y meingefn yn crymu gormod tuag i mewn.

Ymchwil

Pam y gallai menywod fod mewn mwy o berygl o anaf ACL na dynion? Lluniwch statws Twitter (140 nod) o'ch canlyniadau. Beth mae'ch cyd-fyfyrwyr wedi'i ysgrifennu?

> **Ymchwil**

Ymchwiliwch a diffiniwch y termau arbenigol hyn:
- *pes planus* a *pes cavus*
- *rearfoot vanus*
- *tibial vara*
- *genu varum* a *genu varus*
- *patella alta*
- *tibial torsion*
- *anteversion*

- **Camaliniad** – gall anghymesuredd neu gamaliniad o fewn yr athletwr arwain at ormod o rymoedd yn mynd trwy'r corff wrth i'r athletwr geisio cydadfer. Ymhlith yr enghreifftiau mae newid techneg rhedeg oherwydd bod un goes yn hirach na'r llall (anghysondeb hyd coes) neu bengliniau'n disgyn i mewn wrth lanio (*genu valgum*) oherwydd pelfis llydan (cyhyryn pedwarpen llydan neu ongl Q). Mae enghreifftiau camalinio cyffredin yn cynnwys: *pes planus*, *pes cavus*, *varus backfoot*, *vara tibial*, *genu varum*, *genu varus*, *patella alta*, *torsion tibial* ac *anteversion*.
- **Ffactorau seicolegol** – gall cyfansoddiad seicolegol athletwr ei roi mewn perygl o anaf. Mae hyn yn cynnwys eu personoliaeth, straenachoswyr (chwaraeon ac ar wahân i chwaraeon), ac adnoddau ymdopi. Mae bod â lefel uchel o straen mewn bywyd, braidd ddim cefnogaeth gymdeithasol, gorbryder uchel a gorddefnyddio adnoddau osgoi ymdopi yn gysylltiedig â risg uwch o anaf.

Ffactorau risg anghynhenid

Mae'r ffactorau risg hyn yn tarddu y tu allan i gorff yr athletwr ac yn golygu bod ganddyn nhw naill ai siawns uwch neu lai o gael anaf. Ynghyd â ffactorau cynhenid maent yn penderfynu pa mor agored i anaf yw'r athletwr. Mae ffactorau anghynhenid yn cynnwys y canlynol.

- **Camgymeriadau wrth hyfforddi** – mae gormod o lwyth (cyfaint, dwysedd) wrth hyfforddi yn aml gyda dim neu braidd ddim adferiad yn ffactor cyffredin mewn athletwyr sy'n dioddef anaf, gan achosi blinder. Mae unrhyw gynnydd sydyn neu newidiadau i'r llwyth hyfforddi (cyfaint, dwysedd, math) hefyd yn ffactorau risg pwysig. Mae hyfforddiant yn aml yn cynnwys symudiadau ailadroddus, weithiau gyda gwrthiant neu bwysau, felly gall gwneud y symudiadau hyn gyda thechneg wael gynyddu'r risg o anaf. Gall cystadlu'n rhy aml (er enghraifft ddwywaith yr wythnos neu ragor) hefyd gynyddu'r risg o gael anaf.
- **Ffactorau cymdeithasol a hyfforddi** – mae mathau a nifer yr anafiadau y mae tîm yn eu dioddef yn tueddu i ddilyn hyfforddwr o glwb i glwb. Mae hyn yn golygu bod eich hyfforddwr yn ffactor risg o ran anafiadau. Gall steil hyfforddi, steil y chwarae, y cyfathrebu, y disgwyliadau, ymlyniad at reolau a chanllawiau corff proffesiynol oll ddylanwadu ar p'un a yw athletwyr yn cael eu hanafu. Gall agwedd a diwylliant y tîm a'r gamp hefyd fod yn risg o ran anaf, er enghraifft, chwarae i frifo'r gwrthwynebwyr.
- **Techneg anghywir** – mae athletwr sy'n symud yn dda mewn llai o berygl o gael anaf ac i'r gwrthwyneb. Mae sgiliau chwaraeon yn cynnwys patrymau symud sylfaenol, ac os yw'r rhain yn wael oherwydd bod yr athletwr wedi blino neu yn gorfod eu gwneud mewn modd mwy dwys, mae'r risg o anaf yn cynyddu. Er enghraifft, mae'r safle amddiffyn mewn pêl-droed yr un peth â hanner cwrcwd. Os na all chwaraewr wneud yr hanner cwrcwd yn gywir, mae'n wynebu risg o anaf bob tro y mae'n mynd i'r safle amddiffyn. Gall technegau trin a chodi â llaw gwael gynyddu'r risg o anaf mewn chwaraeon lle mae hyn yn digwydd, fel wrth leinio yn rygbi'r undeb.
- **Dillad ac esgidiau** – bydd peidio â gwisgo'r dillad cywir na bod â'r offer priodol ar gyfer eich camp yn creu ffactorau risg anghynhenid mawr. Mae enghreifftiau o hyn yn cynnwys gwisgo'r esgidiau anghywir ar gyfer y gweithgaredd neu'r arwyneb chwarae, offer amddiffynnol sydd wedi'i ddifrodi, neu ormod neu rhy ychydig ohono, neu defnyddio'r offer amddiffynnol anghywir ar gyfer y gamp.
- **Peryglon diogelwch** – mae'n bwysig bod hyfforddwyr, staff cymorth a chwaraewyr yn ymwybodol o'r peryglon a'r risgiau sy'n gysylltiedig â'r gweithgareddau sy'n cael eu gwneud. Rhaid defnyddio amryw o ystyriaethau iechyd a diogelwch ym mhob gweithgaredd cyn ac yn ystod cyfranogiad. Er enghraifft, dylid asesu risg, a dylid bod â chynlluniau gweithredu meddygol mewn argyfwng a chynlluniau sgrinio iechyd (gan gynnwys sgrinio electrocardiogram weithiau).
- **Ffactorau amgylcheddol** – mae gan ffactorau amgylcheddol gysylltiad agos â pheryglon diogelwch. Gall y tywydd effeithio ar y posibilrwydd o anaf. Er enghraifft, gall glaw wneud yr arwyneb chwarae'n llithrig, a fydd yn cynyddu'r siawns o anaf. Gallai'r arwyneb chwarae ei hun gael effaith hefyd (p'un a yw'n galed neu'n feddal).
- **Camddefnyddio offer** – mae camddefnyddio a cham-drin offer yn achosi risgiau i chwaraewyr, gan ei fod wedi'i gynllunio'n benodol i wneud tasg benodol. Bydd ymyrryd ag offer neu ei addasu yn ei gwneud yn llai defnyddiol ac yn aml yn beryglus.

▶ **Maethiad a hydradiad annigonol** – mae cael rhy ychydig o egni drwy fwyta pryd amhriodol cyn y gêm yn cynyddu amser i flinder a'r risg o anaf. Gall diffyg egni rheolaidd i athletwr gynyddu'r risg o anaf a materion iechyd eraill. Mae cymryd rhan mewn chwaraeon pan yn ddadhydredig hefyd yn gysylltiedig â blinder cynnar a gall achosi salwch sy'n gysylltiedig â gwres. Bydd maeth gwael ar ôl hyfforddi a chystadlu yn gohirio adferiad, a thros amser yn dod yn ffactorau yn y risg o anaf wrth i feinwe fethu ag atgyweirio.

> **Damcaniaeth ar waith**
>
> Er mwyn lleihau effaith anafiadau chwaraeon, mae'n bwysig bod yr ymarferydd yn helpu i'w hatal rhag digwydd. Efallai y bydd gan lawer o ymarferwyr rôl i'w chwarae mewn atal anafiadau. Gan ddefnyddio'r wybodaeth am ffactorau risg anghynhenid, crëwch restr o 'bethau i'w gwneud a pheidio â'u gwneud' i chwaraewyr rygbi'r undeb eu dilyn gyda'r nod o leihau anafiadau.

⏸ **MUNUD I FEDDWL**   A allwch chi esbonio'r broses sut mae anafiadau chwaraeon yn digwydd?

Awgrym   Beth ydych chi'n meddwl yw'ch ffactorau risg rhagdueddol/cynhenid unigryw eich hun?

Ymestyn   Beth yw'r ffactorau risg anghynhenid yn eich camp?

Mesurau ataliol

Un o rolau pwysicaf ymarferydd anafiadau chwaraeon yw atal anafiadau ac felly'r niwed corfforol, meddyliol, cymdeithasol ac ariannol sy'n mynd gyda nhw. **Ataliad cychwynnol** yw atal anafiadau mewn camp/tîm penodol. **Ataliad eilaidd** yw gweithio gydag athletwr a gafodd anaf a chanfod sut i leihau anaf pellach neu ail anaf. Dylai unrhyw ddull o atal anafiadau fod yn wybodus, yn rhesymegol a defnyddio fframwaith.

Egwyddorion atal anafiadau

Mae dau fframwaith atal anafiadau chwaraeon mawr – a grëwyd gan Van Mechelen et al. (1992) a chan Van Tiggelen et al. (2008). Mae'r model pedwar cam o atal anafiadau (gweler Ffigur 17.9) yn awgrymu cylch o gamau sy'n mynd o sefydlu'r broblem anafiadau i werthuso yn y pen draw a yw'r mesur ataliol wedi effeithio ar nifer yr anafiadau a'u math.

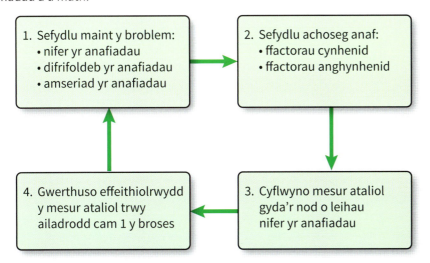

1. Sefydlu maint y broblem:
   • nifer yr anafiadau
   • difrifoldeb yr anafiadau
   • amseriad yr anafiadau

2. Sefydlu achoseg anaf:
   • ffactorau cynhenid
   • ffactorau anghynhenid

3. Cyflwyno mesur ataliol gyda'r nod o leihau nifer yr anafiadau

4. Gwerthuso effeithiolrwydd y mesur ataliol trwy ailadrodd cam 1 y broses

▶ **Ffigur 17.9:** Y model pedwar cam o atal anafiadau

Yn fwy diweddar, mae Van Tiggelen et al. (2008) wedi awgrymu proses ychwanegol y mae'n rhaid i ymarferwyr anafiadau chwaraeon ei hystyried. Cyn gweithredu mesurau ataliol, mae hyn yn cynnwys meddwl am:

- **effeithiolrwydd** – a yw ymchwil yn dweud y bydd yn gweithio?
- **effeithlonrwydd** – beth yw'r gofynion amser ac adnoddau?
- **cydymffurfio** – a yw athletwyr yn debygol o lynu wrtho?

> **Damcaniaeth ar waith**
>
> Ar gyfer camp o'ch dewis, eglurwch sut y byddech chi'n mynd trwy'r pedwar cam o atal anafiadau. Pam mae dull Van Tiggelen et al. (2008) yn fuddiol i ymarferwyr anafiadau chwaraeon?

Cyfrifoldeb am fesurau ataliol

Mae llawer o fesurau ataliol yn amrywio ar sail gofynion y gamp, lefel y gystadleuaeth, yr adnoddau sydd ar gael a'r amser cyswllt ag athletwyr. Ond mae llawer o unigolion yn gyfrifol am atal anafiadau gan gynnwys yr hyfforddwr, chwaraewyr, ymarferwyr anafiadau chwaraeon, dyfarnwyr, gwyddonwyr chwaraeon a hyfforddwyr cyflyru – dylai fod yn ymdrech tîm go iawn. Ymdrinnir â rhai mesurau ataliol cyffredinol yn yr adran hon.

Rôl yr hyfforddwr

Mae gan yr hyfforddwr ran enfawr i'w chwarae wrth atal anafiadau. Dylai'r hyfforddwr feddu ar gymwysterau a gwybodaeth gyfoes o'r gamp a'u hathletwyr. Mae hyn yn cynnwys monitro llwyth (corfforol a gwybyddol), a chryfderau a gwendidau pob athletwr. Dylent allu addasu eu harddull hyfforddi, eu steil cyfathrebu a'u disgwyliadau i allu, oedran, ffitrwydd, rhyw a chymhelliant yr athletwr. Er enghraifft, ni ddylent hyfforddi plant fel pe baent yn oedolion bach, a dylent bwysleisio peryglon arbenigo cynnar mewn chwaraeon.

Mae gan yr hyfforddwr rôl hefyd wrth atgyfnerthu iechyd a diogelwch, sicrhau bod athletwyr yn gwisgo offer amddiffynnol, arolygu'r arwyneb chwarae a sicrhau bod offer yn ddiogel i'w ddefnyddio.

Offer a'r amgylchedd

Rhaid cynnal asesiad risg trylwyr o'r amgylchedd hyfforddi a chystadlu. Mae hefyd yn bwysig mynd trwy'r weithdrefn hon ar gyfer yr offer a ddefnyddir (er enghraifft, offer amddiffynnol). Mewn llawer o chwaraeon, mae offer amddiffynnol wedi newid yn ddramatig gan fod datblygiadau technolegol yn y deunyddiau sydd ar gael a thechnegau dadansoddi biomecanyddol (ymchwil a dadansoddi symudiadau) wedi caniatáu gwella ansawdd. Gwnaed datblygiadau o ran amddiffyn rhannau penodol o'r corff a chyfyngu ar effaith negyddol yr amddiffyniad ar berfformiad chwarae (megis gormod o bwysau ac ystod symud is).

Mae angen i chwaraewyr sicrhau bod unrhyw offer amddiffynnol chwaraeon-benodol neu arbenigol yn cael ei ddefnyddio'n gywir. Os caiff ei ddefnyddio'n anghywir, gall fod yn berygl, gan roi eich hun ac athletwyr eraill mewn perygl. Wrth ddefnyddio gwahanol fathau o offer amddiffynnol, dylech:

- sicrhau bod yr offer yn cael ei wirio'n drylwyr cyn ei ddefnyddio
- defnyddio'r offer dim ond ar gyfer y gamp y mae wedi'i ddylunio ar ei chyfer
- defnyddio'r maint cywir yn unig
- peidio â gwneud addasiadau i'r offer
- bod yn ymwybodol nad yw offer amddiffynnol yn eich gwneud chi'n anorchfygol
- defnyddio'r offer ar gyfer ymarfer a chystadleuaeth.

Dylid ystyried amodau amgylcheddol hefyd i helpu i leihau'r risg o anaf. Er enghraifft, gallai sesiwn hyfforddi a gynhelir ar laswellt leihau'r risg o'i gymharu â'r un sesiwn hyfforddi ar arwyneb caled. Os bydd y tywydd yn newid, a glaw efallai yn gwneud arwyneb yn llithrig, yna gellid symud y sesiwn y tu mewn.

Paratoi perfformiwr

Bydd paratoi'r athletwr yn iawn i gymryd rhan mewn hyfforddiant a chystadleuaeth hefyd yn lleihau eu risg o anaf. Dylai cynhesu effeithiol baratoi'r athletwr i weithio ar gyflymder gêm. Dylai cynhesu da ddilyn yr acronym RAMP.

- **R** (*raise*) – **codi** llif gwaed, cyfradd anadlu a chyfradd y galon.
- **A** (*activate*) – **ysgogi** grwpiau allweddol o gyhyrau gan ddefnyddio darnau dynamig.
- **M** (*mobilise*) – **paratoi i symud** y prif gymalau.
- **P** (*potentiate*) – **grymuso**'r cyhyrau i wella effeithiolrwydd trwy neidio a glanio, gwibio, symudiadau torri.

Dylid annog athletwr sydd wedi bod yn eistedd neu'n sefyll yn ei unfan am gyfnod (er enghraifft eilydd) i ailgynhesu. Dylai pob athletwr hefyd gymryd rhan mewn sesiwn oeri ar ôl hyfforddi neu gystadlu.

Dylid mynd ati i wella symudedd ar y rhan fwyaf o ddyddiau. Dim ond os cânt eu gwneud yn rheolaidd y mae'r mesurau hyn yn gweithio. Gallant gynnwys ymestyn, rholio ar ewyn neu gael sesiwn reolaidd o dylino chwaraeon.

> **Damcaniaeth ar waith**
>
> Ar gyfer eich camp, lluniwch raglen gynhesu a allai leihau'r risg o anaf. Ar ôl gwneud hyn gofynnwch am adborth gan hyfforddwyr ac athletwyr. A wnaethant fwynhau? A fyddent yn ei wneud eto? Beth fyddech chi'n ei newid?

Hyfforddiant priodol

Dylai athletwyr gael eu hyfforddi'n briodol i fodloni gofynion y gamp a chael digon o gyfle i adfer ar ôl hyfforddi a chystadlu. Mae hyn yn golygu dilyn hyfforddiant cyfnodol yn ofalus heb gynnydd cyflym yn amlder, hyd, dwysedd na'r math o hyfforddiant.

Dylai dulliau hyfforddi fod mor benodol i ofynion y gamp â phosibl. Nod ymarferion ataliol fel arfer yw datblygu sefydlogrwydd craidd ar gyfer rheolaeth ystumiol, propriodderbyniaeth a chydbwysedd, cryfder cyhyrau, fel cryfder llinyn y gar ecsentrig, a rheolaeth dda wrth lanio.

Cywiro annormaleddau biomecanyddol

Dylai pob chwaraewr gael ei sgrinio i nodi unrhyw annormaleddau posib a allai arwain at anaf. Er enghraifft, bydd sgrinio athletwyr am ystod ddigonol o allu i symud mewn cymalau mawr (rhy ychydig neu ormod), anghysondeb o ran hyd cymalau (fel hyd coesau), ystum a dadansoddiad cerddediad, ac asesu ansawdd patrymau symud sylfaenol yn tynnu sylw at unrhyw faterion y gallai fod angen sylw arnyn nhw. Gall hyn wedyn olygu bod yr athletwr angen cymorth un-i-un i wella cryfder a chyflyru, cymryd rhan mewn rhaglen addas o hyfforddiant sefydlogrwydd craidd neu ymestyn, neu gael ei gyfeirio at **bodiatregydd** i gywiro'r diffygion hyn.

> **Term allweddol**
>
> **Podiatregydd** – ymarferydd sy'n gofalu am draed pobl ac yn trin afiechydon traed.

Mesurau eraill

▶ Gall tapio a chryfhau cymalau neu gyhyrau penodol a allai fod 'mewn perygl' (er enghraifft trwy ddefnyddio tâp athletaidd neu dâp cinesioleg) atal anafiadau trwy gywiro materion biomecanyddol a darparu sefydlogrwydd i'r cymalau neu fynd i'r afael â gwendid a thyndra'r cyhyrau.

▶ Mae sicrhau bod deiet athletwr yn cynnwys digon o egni yn ei helpu i adfer yn ddigonol, a bydd sicrhau ei fod wedi'i hydradu'n llawn yn helpu i atal anafiadau a salwch.

▶ Bydd hyfforddiant sgiliau seicolegol (PST) fel delweddu, ymlacio'r cyhyrau, a hunan-siarad hefyd yn lleihau effaith gorfforol a meddyliol y straenachoswyr ac yn lleihau'r risg o anaf.

Mae cwsg (ei ansawdd a'i faint) yn rhan bwysig o adferiad a gallai dilyn arferion cysgu da sy'n gwella'r patrymau cysgu leihau anafiadau (er enghraifft dim ffonau symudol yn yr ystafell wely, osgoi prydau mawr cyn mynd i'r gwely).

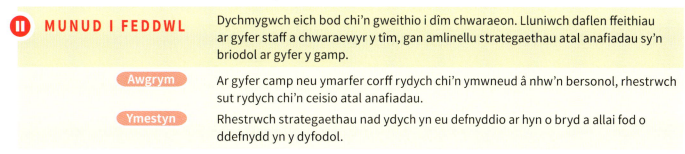

⏸ **MUNUD I FEDDWL** Dychmygwch eich bod chi'n gweithio i dîm chwaraeon. Lluniwch daflen ffeithiau ar gyfer staff a chwaraewyr y tîm, gan amlinellu strategaethau atal anafiadau sy'n briodol ar gyfer y gamp.

Awgrym Ar gyfer camp neu ymarfer corff rydych chi'n ymwneud â nhw'n bersonol, rhestrwch sut rydych chi'n ceisio atal anafiadau.

Ymestyn Rhestrwch strategaethau nad ydych yn eu defnyddio ar hyn o bryd a allai fod o ddefnydd yn y dyfodol.

Ymarfer asesu 17.3 **C.P5** **C.M5** **C.D3** **C.D4**

Mae rheolwr y tîm rydych chi'n gweithio gyda nhw wedi darllen bod y timau mwyaf llwyddiannus yn dioddef llai o anafiadau o gymharu â thimau eraill. Mae wedi gofyn ichi lunio taflen wybodaeth sy'n gwerthuso rôl rheoli anafiadau chwaraeon yn y tîm ac yn amlinellu'ch cynllun ar gyfer atal anafiadau ar gyfer y tymor sydd i ddod. Rydych wedi penderfynu defnyddio'r model pedwar cam o atal anafiadau gan Van Mechelen et al. (1992) i helpu i strwythuro'ch penderfyniadau. Ar y daflen wybodaeth, mae angen i chi egluro pob cam gan ddefnyddio enghreifftiau.

Cyflwyniad – beth yw rôl rheoli anafiadau chwaraeon, a pha effaith y gallai rheoli anafiadau chwaraeon yn effeithiol ei chael ar y tîm?

Cam 1 – asesu maint y broblem a sut y byddech chi'n mynd ati i wneud hyn.

Cam 2 – asesu'r ffactorau risg cynhenid ac anghynhenid cyffredin yn y gamp, a sut mae'r rhain yn rhyngweithio.

Cam 3 – awgrymu tri mesur ataliol penodol y byddech chi'n eu cyflwyno a sut y byddai'r rhain yn gweithio.

Cam 4 – nodwch sut y byddech chi'n gwerthuso'r mesurau ataliol.

Chi sydd i ddewis y gamp ar gyfer y gweithgaredd hwn.

Cynllunio
- Pa wybodaeth sydd angen i mi ei rhoi ar fy nhaflen wybodaeth?
- Pa gamp ydw i'n seilio hyn arni?
- Pa mor hyderus ydw i yn fy ngalluoedd fy hun i gyflawni'r dasg hon?

Gwneud
- Rwy'n gwybod sut y gall rheoli anafiadau chwaraeon yn effeithiol gael effaith ar dîm.
- Rwy'n gwybod pedwar cam y model a gallaf gymhwyso'r rhain i'm camp.
- Rwy'n gwybod o ble i gael tystiolaeth i gefnogi fy ngwybodaeth.
- Rwy'n ymwybodol o'r canlyniadau posibl i athletwyr nad oes ganddyn nhw fynediad at ddulliau o atal anafiadau chwaraeon.

Adolygu
- Gallaf egluro sut y byddwn yn gwella'r cynnwys ar y daflen wybodaeth y tro nesaf.
- Gallaf nodi'r meini prawf asesu yr wyf wedi'u cyflawni ar fy ngwaith.
- Rwy'n gwybod beth wnes i yn dda a beth sydd angen i mi ei wella.

Deunydd darllen ac adnoddau pellach

Brukner & Khan's Clinical Sports Medicine: Injuries: Vol. 1 (2017), Awstralia: McGraw-Hill Education.

Forsdyke, D., Gledhill, A., Mackay, N. a Randerson, K. (2011) *Foundations in Sports Therapy*, Llundain: Heinemann.

Joyce D. a Lewindon D. (2015) *Sports Injury Prevention and Rehabilitation: Integrating Medicine and Science for Performance Solutions*, Llundain: Routledge.

Gwefannau

www.physioroom.com – gwefan anafiadau chwaraeon gyda chynnwys addysgol a thelerau arbenigol wedi'u hegluro.

www.bjsm.bmj.com – cyfnodolyn rhyngwladol a adolygir gan gymheiriaid o feddygaeth chwaraeon ac ymarfer corff.

www.electrotherapy.org – gwybodaeth am wahanol agweddau ar electrotherapi ac iachâu meinwe wedi'i ysgrifennu gan arbenigwyr

www.resus.org.uk/information-for-the-public – cyngor ar ddadebru canllawiau ar gyfer y cyhoedd.

BETH AM ▶▶ Y DYFODOL?

Shane Rafferty

Hyfforddwr symud mewn academi

Rwyf wedi bod yn gweithio fel hyfforddwr symud ers dwy flynedd ar ôl graddio gyda gradd mewn Addysg Gorfforol a Hyfforddi Chwaraeon. Mae'r rôl yn cynnwys gweithio gyda phêl-droedwyr ifanc a hyfforddi patrymau symud sylfaenol i wneud pob chwaraewr yn fwy athletaidd, yn y gobaith o leihau'r risg o anaf yn y dyfodol. Mae fy rôl yn cynnwys gweithio ochr yn ochr â'r tîm technegol a'r tîm meddygol a gwyddonol.

Dechreuais ymddiddori mewn atal anafiadau chwaraeon oherwydd fy mod wedi cael ychydig o anafiadau fy hun ac roedd gan fy Niploma BTEC rai unedau yn ymwneud ag anafiadau yr oeddwn i wrth fy modd â nhw. Roedd fy ngradd yn wych wrth imi ddysgu am y theori o hyfforddi patrymau symud da gydag athletwyr ifanc fel rhan hanfodol o'u datblygiad tymor hir.

Rwy'n wirioneddol angerddol am fy rôl oherwydd pan oeddwn i yn y maes chwaraeon, ddysgodd neb erioed i mi sut i symud yn effeithiol, a dyna pam rwy'n credu imi gael cymaint o anafiadau. Rwy'n rhan o'r tîm gwyddonol a meddygol sy'n monitro galluoedd symud pob chwaraewr ac yn adrodd yn ôl iddynt yn rheolaidd.

Canolbwyntio eich sgiliau

Sgiliau rhyngbersonol

Wrth weithio gydag athletwyr ifanc, mae sgiliau rhyngbersonol effeithiol yn bwysig iawn.

- Beth allai ddigwydd os nad oes gennych sgiliau rhyngbersonol effeithiol?
- Pa sgiliau rhyngbersonol penodol sy'n bwysig yn eich barn chi?
- Pa un o'r sgiliau hyn sydd angen i chi eu datblygu?
- Ceisiwch arsylwi ar ymarferydd anafiadau chwaraeon neu hyfforddwr cryfder a chyflyru wrth eu gwaith, a myfyrio ar y sgiliau rhyngbersonol y maen nhw'n eu defnyddio. Lluniwch restr o'r sgiliau hyn.
- Ffordd dda o ddatblygu sgiliau rhyngbersonol cadarn ymhellach yw gofyn i athletwyr pa sgiliau y byddent am i hyfforddwr symud eu cael.
- Gwnewch yr un peth â hyfforddwr technegol tîm am y sgiliau y byddent eu heisiau gan hyfforddwr symud. Sut maen nhw'n cymharu?

Patrymau symud effeithiol

Mae'n bwysig bod athletwyr yn gallu perfformio patrymau symud sylfaenol. Bydd hyn yn eu helpu gyda'u perfformiad chwaraeon ac i beidio â chael anafiadau.

- Beth ydych chi'n meddwl yw'r patrymau symud sylfaenol?
- Pa weithwyr proffesiynol a allai fod yn gysylltiedig â helpu i hyfforddi patrymau symud effeithiol?
- Ar ba bwynt yn ystod datblygiad chwaraewr y gallai patrymau symud droi'n wael? Sut all patrymau symud effeithiol wella perfformiad chwaraeon? Sut all patrymau symud effeithiol leihau'r risg o anaf?

Paratoi ar gyfer asesiad

Mae Mo yn gweithio tuag at BTEC Cenedlaethol mewn Chwaraeon. Cafodd aseiniad ar gyfer nod dysgu C gyda'r teitl 'Gwell atal na gwella'. Roedd yn rhaid iddo ddylunio poster ar sut i atal anafiadau chwaraeon mewn camp benodol ac roedd rhaid iddo amlinellu'r dilyniant pedwar cam o atal anafiadau.

▶ Cam 1 – ymchwilio i'r anafiadau cyffredin yn y gamp o'ch dewis.
▶ Cam 2 – beth yw achoseg a mecanwaith yr anafiadau hyn?
▶ Cam 3 – awgrymu tri mesur ataliol a sut y gallai'r rhain weithio.
▶ Cam 4 – sut y gellid mesur effaith y mesurau ataliol hyn?

Mae Mo yn rhannu ei brofiad isod.

Sut y dechreuais i

Yn gyntaf, casglais fy holl nodiadau ar y pwnc hwn a'u rhoi mewn ffolder. Penderfynais ar fy nghamp yn eithaf cynnar a dechreuais ymchwilio i'r wybodaeth yr oeddwn ei hangen am gyfradd anafiadau, mathau o anafiadau, ac achosion anafiadau gan ddefnyddio'r rhyngrwyd a gwerslyfrau. Fe wnes i sicrhau fy mod i'n defnyddio rhai ffynonellau i ddod o hyd i'r wybodaeth hon i sicrhau bod y wybodaeth ar y poster yn ddibynadwy. Dywedodd fy nhiwtor fod hwn yn beth doeth iawn i'w wneud.

Dewisais gamp y mae gen i ddiddordeb ynddi oherwydd roeddwn i'n gwybod y byddai hynny'n rhoi hwb i mi a'm gwneud yn fwy parod i wneud gwaith da. Fe wnes i greu cynllun gweithredu er mwyn i mi allu treulio'r wythnos cyn y dyddiad cau yn gwirio pethau, ac felly doeddwn i ddim yn rhuthro i'w orffen.

Sut y des i â'r cyfan at ei gilydd

Meddyliais sut roeddwn i'n mynd i gyflwyno'r poster a sut olwg sydd ar boster effeithiol. Gofynnais am farn fy rhieni hyd yn oed. Penderfynais ddefnyddio amrywiaeth o liwiau a lluniau i wneud i bobl fod eisiau darllen y poster. Fe wnes i gynllunio'r hyn roeddwn i eisiau i'r poster edrych ar ddalen bapur A4 cyn dechrau. Fe wnes i greu teitl trawiadol ar gyfer y poster, yna:

▶ creu cyflwyniad a oedd yn gwerthuso rôl rheoli anafiadau chwaraeon yn fy nghamp
▶ defnyddio delwedd o'r dilyniant pedwar cam fel templed i roi fy ngwybodaeth ynddo – roedd hyn yn golygu y gallai fy nhiwtor weld yn hawdd sut roeddwn i wedi defnyddio'r theori
▶ cefais adborth gan fy rhieni ynglŷn â sut y cyflwynwyd y wybodaeth a sut roedd y poster yn edrych

▶ fe wnes i wneud yn siŵr fy mod yn rhoi'r cyfeiriadau o'r rhyngrwyd, llyfrau, a'r cyfnodolion a ddefnyddiais ar gefn y poster.

Beth wnes i ei ddysgu o'r profiad

Y prif bethau a ddysgais o'r profiad hwn oedd bod ymchwilio ar y rhyngrwyd yn dda iawn ond bod angen cadarnhau'r wybodaeth bob amser gan fod gwahanol wefannau'n dweud pethau gwahanol. Roedd hyn yn eithaf dryslyd i ddechrau, felly gofynnais i'm tiwtor beth oedd ei farn. Dywedodd bod llyfrau a chyfnodolion weithiau'n fwy dibynadwy. Fe gymerodd amser hir i mi ond fe wnes i ddarganfod a chynnwys rhywfaint o wybodaeth o erthygl mewn cyfnodolyn am ba mor effeithiol yw dulliau cynhesu FIFA 11+. Amlygodd fy nhiwtor hyn yn fy adborth.

Roedd sgwrsio â'm cyd-ddisgyblion am fy nghynnydd a rhannu syniadau yn dda iawn gan eu bod yn rhoi sicrwydd imi bod fy ngwaith o ansawdd da.

Er imi geisio gwneud i'r poster edrych yn effeithiol, mae gormod o fân ysgrifennu arno sy'n golygu efallai na fydd pobl eisiau ei ddarllen. Yn y dyfodol, byddaf yn meddwl am swm a maint fy ngwybodaeth.

Pwyntiau i'w hystyried

▶ Ydych chi wedi ysgrifennu cynllun gydag amseriadau fel y gallwch gwblhau eich aseiniad erbyn y dyddiad cyflwyno?
▶ Oes gennych chi nodiadau ar ffactorau risg anafiadau, a'r damcaniaethau ar sut y gellir atal anafiadau?
▶ A yw'ch gwybodaeth wedi'i hysgrifennu yn eich geiriau eich hun ac wedi'i chyfeirio'n glir os ydych chi wedi defnyddio dyfyniadau neu wybodaeth o lyfr, cyfnodolyn neu wefan?

Profiad Gwaith ym maes Hamdden Egnïol 18

Dod i adnabod eich uned

Asesiad

Mae'r uned hon yn cael ei hasesu'n fewnol gan ddefnyddio cyfres o aseiniadau a osodir gan eich tiwtor.

Dyma'ch cyfle i ddarganfod sut brofiad yw gweithio yn y diwydiant chwaraeon a hamdden. Nod yr uned yw rhoi sgiliau ichi gael profiad gwaith mewn lleoliad penodol.

Mae chwaraeon a hamdden yn ddiwydiant sy'n tyfu gyda chyfleoedd amrywiol. Mae yna lawer o gyfleoedd gyrfa yn gysylltiedig â chwaraeon gan gynnwys swyddi rheoli, hyfforddi a ffitrwydd, datblygu chwaraeon, swyddi gwyddor chwaraeon, addysgu, cynorthwywyr chwaraeon ac achubwyr bywyd. Mae profiad gwaith yn rhoi cyfle i chi ddatblygu eich gyrfa. Mae'n edrych yn wych ar eich CV – mae'n gyfle i rywun roi geirda disglair i chi a bydd yn eich helpu i wneud penderfyniadau gyrfa.

Sut y cewch eich asesu

Bydd yr uned hon yn cael ei hasesu'n fewnol drwy gyfrwng cyfres o dasgau a osodir gan eich tiwtor. Trwy gydol yr uned hon fe welwch ymarferion asesu defnyddiol a fydd yn eich helpu i weithio tuag at eich aseiniad. Ni fydd cwblhau pob un o'r ymarferion hyn yn golygu eich bod yn cyflawni gradd benodol, ond byddech wedi cyflawni ymchwil neu baratoad defnyddiol a fydd yn berthnasol yn eich aseiniad terfynol.

I gyflawni'r tasgau yn eich aseiniad, mae'n bwysig gwirio eich bod wedi cwrdd â'r holl feini prawf er mwyn Llwyddo. Gallwch wneud hyn wrth i chi weithio'ch ffordd trwy'r aseiniad.

Os ydych chi'n gobeithio ennill gradd Deilyngdod neu Ragoriaeth, dylech hefyd sicrhau eich bod chi'n cyflwyno'r wybodaeth yn eich aseiniad yn yr arddull sy'n ofynnol gan y maen prawf asesu perthnasol. Er enghraifft, gallai'r meini prawf Teilyngdod ofyn i chi ddadansoddi, a'r meini prawf Rhagoriaeth ofyn i chi werthuso.

Bydd yr aseiniad a osodir gan eich tiwtor yn cynnwys nifer o dasgau sydd wedi'u cynllunio er mwyn bodloni'r meini prawf yn y tabl. Mae hyn yn debygol o gynnwys aseiniadau ysgrifenedig ac ymarferol a gall hefyd gynnwys gweithgareddau fel:

▶ ymchwilio i ble y gallech gael cyfle i fynd ar leoliad a dylunio cynllun gweithredu personol sy'n gysylltiedig â'ch lleoliad

▶ cwblhau ceisiadau ar-lein neu bapur ar gyfer eich lleoliad, ysgrifennu llythyrau a CVs a chael eich cyfweld gan banel ar gyfer eich lleoliad

▶ cadw cofnod, fel dyddiadur neu lyfr log, sy'n rhoi manylion yr hyn rydych chi wedi'i wneud yn eich lleoliad a sut roeddech chi'n teimlo ar y pryd

▶ cwblhau hunanwerthusiad sy'n dadansoddi'ch perfformiad yn ystod y lleoliad, gan nodi'r sgiliau rydych chi wedi'u dysgu a'u defnyddio a'r rhai rydych chi nawr yn sylweddoli bod eu hangen arnoch chi er mwyn cael gwaith yn y swydd hon neu mewn swydd debyg.

Meini prawf asesu

Mae'r tabl hwn yn dangos yr hyn sy'n rhaid i chi ei wneud i **Lwyddo**, neu i gael **Teilyngdod** neu **Ragoriaeth**, a sut i ddod o hyd i weithgareddau i'ch helpu.

Llwyddo	Teilyngdod	Rhagoriaeth

Nod dysgu **A** Paratoi'n fanwl ar gyfer mynd ar leoliad profiad gwaith ym maes hamdden egnïol

A.P1
Creu cynllun gweithredu addas at y diben ar gyfer profiad gwaith.
Ymarfer asesu 18.1

A.M1
Esbonio sut mae lleoliad profiad gwaith a ddewiswyd ym maes hamdden egnïol yn berthnasol i ddatblygiad eich gyrfa fel y nodir yn y cynllun gweithreduu ar gyfer profiad gwaith .
Ymarfer asesu 18.1

A.D1
Cyfiawnhau priodoldeb y lleoliad profiad gwaith hamdden egnïol a ddewiswyd o gymharu â dyheadau a datblygiad gyrfa a nodwyd yn y cynllun gweithredu profiad gwaith.
Ymarfer asesu 18.1

A.P2
Crynhoi eich addasrwydd eich hun ar gyfer y lleoliad profiad gwaith a ddewiswyd ym maes hamdden egnïol.
Ymarfer asesu 18.1

Nod dysgu **B** Ymgymryd â phroses ymgeisio am leoliad profiad gwaith ym maes hamdden egnïol

B.P3
Asesu eich perfformiad eich hun yn y cais am swydd a phroses gyfweld y lleoliad yn y gweithle.
Ymarfer asesu 18.2

B.M2
Dadansoddi eich perfformiad eich hun yn y cais am swydd a'r cyfweliad.
Ymarfer asesu 18.2

B.D2
Gwerthuso eich perfformiad eich hun yn y broses ymgeisio am swydd a chyfweliad, gan gyfiawnhau cryfderau, meysydd i'w gwella a'r camau nesaf sy'n angenrheidiol i wneud y gwelliannau a nodwyd.
Ymarfer asesu 18.2

Nod dysgu **C** Cyflawni tasgau profiad gwaith i gyflawni amcanion penodol yn y cynllun gweithredu profiad gwaith

C.P4
Arddangos sgiliau cysylltiedig â gwaith i gwrdd â'r amcanion ar gyfer tasgau.
Ymarfer asesu 18.3

C.M3
Arddangos sgiliau cysylltiedig â gwaith gyda hyder a hyfedredd i gwrdd ag amcanion mewn gwahanol sefyllfaoedd.
Ymarfer asesu 18.3

CD.D3
Gwerthuso effaith paratoi ar gyfer, cymryd rhan mewn, ac adolygu lleoliad gwaith hamdden egnïol ar eich cynlluniau eich hun ar gyfer datblygiad personol a phroffesiynol, gan gyfiawnhau cyfleoedd pellach y gallai hyn a sefydliadau tebyg eu darparu i ddatblygu eich sgiliau a'ch gwybodaeth.
Ymarfer asesu 18.3

Nod dysgu **D** Ymchwilio i effaith profiad gwaith ym maes hamdden egnïol ar ddatblygiad gyrfa

D.P5
Trafod y profiad gwaith hamdden egnïol a ddewiswyd gan roi tystiolaeth o ymchwil i hanes, strwythur, diwylliant a chyfleoedd a gynigir gan y busnes.
Ymarfer asesu 18.3

D.M4
Cymharu'r rolau a'r cyfleoedd a gynigir gan y sefydliad profiad gwaith hamdden egnïol a ddewiswyd â sefydliadau tebyg eraill.
Ymarfer asesu 18.3

D.P6
Adolygu perfformiad eich profiad gwaith eich hun, gan nodi cryfderau, meysydd ar gyfer gwella ac effaith ar ddatblygiad eich gyrfa eich hun.
Ymarfer asesu 18.3

D.M5
Dadansoddi perfformiad eich profiad gwaith eich hun wrth gymhwyso sgiliau ac effaith sy'n gysylltiedig â gwaith ar ddatblygiad eich gyrfa eich hun, gan roi argymhellion ar gyfer datblygu yn y dyfodol.
Ymarfer asesu 18.3

Dechrau arni

Mae profiad gwaith yn ffordd wych o ymarfer gweithio mewn gyrfa rydych chi efallai'n ei hystyried. Mae'r diwydiant chwaraeon a hamdden yn amrywiol iawn ac yn cynnwys therapyddion, rheolwyr, hyfforddwyr, athrawon, peirianwyr ac achubwyr bywyd i enwi dim ond rhai. Enw'r sefydliad sy'n cynrychioli'r diwydiant ac sy'n sicrhau bod safonau'n cael eu sefydlu ar gyfer chwaraeon mewn addysg yw SkillsActive. Cymerwch gip ar yr hyn y mae'n ei wneud a phwy y mae'n ei gynrychioli. Bydd hyn yn eich helpu chi i ddeall yn well hyd a lled yr hyn y gallech chi ei ddewis fel lleoliad profiad gwaith.

 A Paratoi'n fanwl ar gyfer mynd ar leoliad profiad gwaith ym maes hamdden egnïol

Cynllun gweithredu ar gyfer profiad gwaith

Cysylltiad

Mae gan yr uned hon gysylltiadau cryf ag *Uned 3: Datblygiad Proffesiynol yn y Diwydiant Chwaraeon.*

Cyn i chi ymchwilio ble a phryd y gallech fynd ar leoliad profiad gwaith, mae angen i chi baratoi cynllun gweithredu ffurfiol i'ch helpu i symud i'r cyfeiriad cywir. Mae hyn yn arbennig o bwysig os nad ydych yn hollol siŵr i ba gyfeiriad yr ydych yn anelu ato o ran gyrfa. Nid yw'n hanfodol eich bod chi'n cael profiad mewn swydd rydych yn breuddwydio amdani, ond byddai'n ddefnyddiol pe bai'ch profiad gwaith yn eich helpu i gyrraedd y nod terfynol hwnnw.

Mae yna lawer o wahanol dempledi ar gyfer cynllun gweithredu ym maes profiad gwaith, ond o leiaf dylent gynnwys:
▶ eich manylion personol
▶ pa fath o brofiad gwaith yr hoffech chi ei gael
▶ pa rolau swydd yr hoffech chi weithio ochr yn ochr â nhw neu gyda nhw
▶ eich nodau cyffredinol ar gyfer y profiad gwaith (a allai fod mor syml ag ymarfer sgiliau sylfaenol neu arsylwi gweithwyr proffesiynol eraill)
▶ eich cryfderau a'ch gwendidau presennol o safbwynt y cyflogwr.

Bydd eich cynllun hefyd yn nodi'r nodau a'r amcanion ar gyfer eich lleoliadau gwaith a'r math o brofiad a sgiliau y byddwch chi am eu datblygu yn ystod y profiad gwaith, yn ogystal â helpu i nodi unrhyw sgiliau neu wybodaeth benodol y bydd angen i chi eu cael cyn dechrau.

Cyn llunio cynllun, bydd angen i chi ystyried eich diddordebau a'ch sgiliau eich hun, a llunio cyfres o nodau ar gyfer eich gyrfa. Gofynnwch y cwestiynau canlynol i chi'ch hun.
▶ Beth ydych chi am ei wneud? Beth yw eich dyheadau gyrfa ar hyn o bryd?
▶ Beth yw eich diddordebau chwaraeon a beth yw eich sgiliau penodol, yn bersonol ac yn seiliedig ar chwaraeon?

Mae'r hunanwerthusiad hwn yn rhan hanfodol o unrhyw gynllun gweithredu ar gyfer profiad gwaith, oherwydd bydd angen i chi adolygu'ch set sgiliau a'ch nodau eich hun yn barhaus trwy gydol eich gyrfa.

Cynnwys cynllun gweithredu ar gyfer profiad gwaith

Dylai eich cynllun gweithredu ar gyfer profiad gwaith gwmpasu'r canlynol.
▶ **Nodau tymor byr** y gellir eu cyflawni yn y dyfodol agos. Gallai gynnwys cwblhau eich cwrs BTEC, cyflawni rhai cymwysterau hyfforddi neu hyfforddiant mewn cymwysiadau meddalwedd sy'n berthnasol i'r diwydiant. Dylai fod gennych chi ryw syniad o'ch dyheadau o ran gyrfa.
▶ **Nodau tymor canolig** sy'n ymwneud â'r 6-12 mis nesaf. Maent yn debygol o gynnwys eich bod naill ai'n gyflogedig neu yn y brifysgol ar eich ffordd i gyflawni eich nodau tymor hwy.

- **Nodau tymor hir** sy'n edrych ymlaen 2-5 mlynedd, efallai ar ddiwedd cwrs prifysgol, rhaglen hyfforddi neu ar ôl prentisiaeth neu interniaeth.
- **Nodau sy'n gysylltiedig â gwaith** sy'n benodol i'r rôl y mae gennych ddiddordeb ynddi, fel dysgu technegau tylino ar gyfer therapydd chwaraeon neu dechnegau hyfforddi ar gyfer hyfforddwr saethyddiaeth. Dylai fod gennych rywfaint o weledigaeth o'ch cyfeiriad gyrfa yn y dyfodol a sut y bydd profiad gwaith yn helpu i gyflawni hyn.
- **Sgiliau personol** sy'n gysylltiedig â'ch gwybodaeth a'ch sgiliau cyfredol eich hun. Efallai y byddan nhw'n ymwneud â chymwysterau penodol neu fod yn gysylltiedig â meysydd fel trefniadaeth, cyfathrebu neu waith tîm. Mae sgiliau chwaraeon-benodol hefyd yn sgiliau personol. Bydd sawl maes y byddwch yn awyddus i wella ynddyn nhw, neu sgiliau personol newydd y bydd angen i chi eu datblygu, a dylai eich cynllun gynnwys cyfleoedd a nodau ar gyfer datblygu'r rhain.
- **Datganiadau hunanasesu cryno** sydd efallai yn edrych ar eich ysgogwyr yn eich gyrfa bresennol ynghyd â'ch sgiliau a'ch cymwyseddau cysylltiedig â gwaith presennol a'r rhai y mae angen i chi eu datblygu.
- **Gweithgareddau a phrofiadau datblygu** sy'n dangos eich ymrwymiad ac yn eich arwain tuag at y camau sy'n ofynnol ar gyfer eich nodau gyrfa yn y pen draw. Dylai'r camau hyn gynnwys:
  - **meini prawf llwyddiant** – bydd y rhain yn manylu ar sut rydych chi'n gwybod eich bod wedi cyrraedd y targed, a gallai gynnwys cwblhau prentisiaeth, cwblhau camau rhaglen hyfforddi neu flwyddyn gyntaf cwrs addysg uwch
  - **dyddiadau cyrraedd y targed** – syniad o'r drefn y byddwch chi'n cyrraedd eich targedau.

Bydd angen i chi gael syniad clir o'r adnoddau y gallai fod eu hangen arnoch i gyflawni unrhyw dargedau, nodau a chanlyniadau.

Cofiwch fod angen i'ch nodau fod yn rhai 'CAMPUS', sef Cyraeddadwy, Wedi'i Amseru, Mesuradwy, Penodol, Uchelgeisiol ond Synhwyrol. Gellir ymestyn nodau CAMPUS ymhellach i gynnwys nodau gwerthuso a chofnodi (gweler Tabl 18.1). Mae rhai fersiynau o'r ymestyn hwn yn disodli 'gwerthuso' gyda 'cyffrous' neu 'cofnodadwy' gydag 'adolygu'.

▶ **Tabl 18.1:** Targedau 'CAMPUS' gan gynnwys ymestyniad gwerthuso ac adolygu

Elfen		Ystyr	Enghraifft
C	Cyraeddadwy	Rhaid i chi allu eu cyrraedd.	Rydw i'n mynd i osod tasg a dyddiad sy'n real i mi fy hun fel y gallaf eu cyrraedd.
A	Wedi'i Amseru	Rhaid i chi osod terfynau amser y gellir eu cyflawni.	Rydw i eisiau lleoliad gwaith erbyn 3 Ionawr.
M	Mesuradwy	Dylech allu eu mesur.	Rydw i am ddod o hyd i ddeg cyswllt ar gyfer lleoliad profiad gwaith.
P	Penodol	Dylai eich targedau ymwneud â rhywbeth penodol yr ydych am ei gyflawni.	Rydw i eisiau lleoliad profiad gwaith mewn canolfan gwaith hamdden.
U S	Uchelgeisiol ond Synhwyrol	Rhaid i chi osod eich golygon ar rywbeth y gallwch chi ei gyflawni; fel arall cewch eich siomi.	Rhaid imi fod yn realistig – a fyddaf yn gallu dod o hyd i leoliad gydag athro AG mewn ysgol?
	Gwerthuso	Yna, dylech gwblhau adolygiad o'ch targed, gan ystyried pob agwedd arno.	Byddaf yn cwblhau llyfr log neu ddyddiadur trwy gydol fy lleoliad.
	Cofnodadwy	Wedi hynny dylech gwblhau unrhyw ddogfennau angenrheidiol.	Ynghyd â fy nyddiadur, byddaf yn ychwanegu gwybodaeth ac adroddiadau gan fy nghydweithwyr a fy ngoruchwyliwr.

Nodau ac amcanion

Mae'r nodau'n 'fawr' o ran maint ac yn ymwneud â'ch nodau gyrfa a bywyd. Maen nhw fel arfer yn heriol fel 'Rydw i eisiau bod yn athro AG ac rydw i'n mynd i ddod o hyd i brofiad gwaith i ddarganfod sut brofiad yw hynny'. Mae'r amcanion yn 'ganolig' o ran maint ac yn gysylltiedig â sut y byddwch chi'n cyflawni'ch nodau. Maent yn y tymor canolig ac yn gyraeddadwy, megis 'Rydw i'n mynd i gysylltu â thair ysgol erbyn diwedd yr wythnos ac anfon fy CV gyda llythyr eglurhaol' neu 'Rydw i eisiau gallu cynnal sesiwn gyfan ar fy mhen fy hun'. Fel arfer bydd gennych fwy o amcanion na nodau.

Dylai eich nodau neu'ch targedau fod yn gysylltiedig â **chanlyniadau**. Dylent gynnig atebion i'r cwestiynau canlynol.

1 Beth yw nodau fy lleoliad? Beth ydw i eisiau ei gael o fy lleoliad: sgiliau, gwybodaeth, profiad neu gymysgedd o bob un?

2 Sut mae'r cyfan yn gysylltiedig â'r hyn rydw i eisiau ei wneud fel gyrfa yn y tymor hir?

Dylid adolygu canlyniadau i sicrhau bod cynnydd trwy gydol eich lleoliad ac, yn bwysicach, ar y diwedd. Er mwyn sicrhau eich bod yn gwerthuso'n gyson, dylech ofyn y cwestiynau canlynol i'ch hun.

▶ Pa gynnydd rydw i wedi'i wneud ers yr wythnos diwethaf?

▶ Pa dystiolaeth sydd gen i sy'n profi hyn?

▶ Beth arall allwn i ei wneud i wella, yn enwedig os nad yw pethau'n dod yn eu blaenau?

▶ Sut allwn i oresgyn unrhyw rwystrau?

Gwybodaeth a phrofiad blaenorol

Mae'n bwysig manylu ar unrhyw brofiadau a allai fod gennych sy'n berthnasol i'ch gyrfa. Er enghraifft, os ydych chi wedi gwirfoddoli fel hyfforddwr chwaraeon gyda grŵp o blant, gall hyn ymwneud â rôl achubwr bywyd mewn pwll nofio prysur: mae'n dangos eich profiad gyda phobl ifanc, gan reoli materion ymddygiad a chyfathrebu â phlant a rhieni.

Dyma hefyd y lle gorau i dynnu sylw at unrhyw brofiad arwain, efallai gyda'r Sgowtiaid neu'r Geidiaid, neu helpu chwaraewyr newydd mewn clwb tennis. Weithiau gall hyd yn oed teithio dramor fod yn berthnasol, oherwydd gall profi diwylliannau ac arferion eraill eich helpu i werthfawrogi anghenion poblogaeth amrywiol.

Mae cymwysterau'n bwysig mewn unrhyw ddiwydiant, ac yn y diwydiant chwaraeon bydd cymwysterau academaidd fel TGAU, yn enwedig mewn Mathemateg, Saesneg, Cymraeg ac Addysg Gorfforol, yn eich helpu i symud ymlaen trwy addysg bellach ac addysg uwch. Yn ogystal, dylech hefyd ystyried cymwysterau arbenigol eraill fel hyfforddwr canŵio, hyfforddwr tennis neu'r hyn a elwir yn gyffredinol yn gymwysterau'r Corff Llywodraethu Cenedlaethol (NGB) ar gyfer chwaraeon penodol.

Sgiliau generig sy'n gysylltiedig â gwaith

Er bod gan y mwyafrif o alwedigaethau a lleoliadau ddyletswyddau penodol iawn, mae rhai sgiliau cysylltiedig â gwaith yn ofynnol gan bob swydd yn y diwydiant chwaraeon a hamdden egnïol – a thu hwnt! Mae eich lleoliad nid yn unig yn ymwneud â bod yn achubwr bywyd, athro cynorthwyol, technegydd neu gynorthwyydd ffitrwydd effeithiol; mae hefyd yn ymwneud â datblygu'r sgiliau sy'n ofynnol ym mron pob swydd. Mae'r rhain yn cynnwys:

▶ sgiliau cyfathrebu a'r gallu i weithio gydag eraill

▶ sgiliau datrys problemau a threfnu

▶ gallu i weithio o fewn terfynau amser

▶ sgiliau rheoli ac arwain

▶ sgiliau trafod

▶ sgiliau ysgogi

▶ sgiliau penderfynu

▶ sgiliau ymchwil.

Sgiliau technegol sy'n gysylltiedig â gwaith

Mae sgiliau technegol sy'n gysylltiedig â gwaith yn sgiliau sy'n benodol i'r rôl a fydd gennych yn y lleoliad profiad gwaith. Bydd y math o sgiliau technegol sydd eu hangen arnoch ar gyfer eich lleoliad yn dibynnu ar y lleoliad ei hun a'r gweithgareddau rydych chi'n eu gwneud. Dyma rai enghreifftiau o rolau swydd mewn lleoliad nodweddiadol gyda rhai o'r gweithgareddau y gellid disgwyl ichi eu cyflawni.

▶ Hyfforddwr chwaraeon – cynllunio, sefydlu a darparu sesiynau hyfforddi neu weithgareddau.

▶ Cynorthwyydd hamdden – datgymalu a gwirio offer ac adnoddau, cynorthwyo gyda gweithdrefnau damweiniau ac achosion brys, ac ymdrin yn effeithiol ac yn gwrtais â chydweithwyr, cwsmeriaid a chleientiaid.

▶ Hyfforddwr ffitrwydd cynorthwyol – cynllunio ac adolygu rhaglen hyfforddi bersonol a defnyddio sgiliau arwain yn y sesiwn.

Damcaniaeth ar waith

Gan ystyried eich lleoliad arfaethedig, edrychwch ar bob un o'r sgiliau generig sy'n gysylltiedig â gwaith a disgrifiwch sut mae pob un yn berthnasol i'r rôl honno. Ar gyfer pob sgil, ceisiwch ddychmygu enghraifft sy'n benodol i'ch lleoliad neu'r swydd yr hoffech ei ddilyn.

⏱ MUNUD I FEDDWL

Beth yw'r camau pwysig yn y llwybr i'ch gyrfa ddewisol sy'n gysylltiedig â chwaraeon?

Awgrym

Gwnewch restr o sgiliau generig a fyddai'n ddefnyddiol mewn unrhyw broffesiwn chwaraeon ac yna eu graddio yn nhrefn eu pwysigrwydd.

Ymestyn

O'r rhestr o sgiliau generig rydych chi newydd ei llunio, gwerthuswch eich perfformiad cyfredol, gan roi sgôr allan o ddeg i bob un. Defnyddiwch hwn fel set o gryfderau cymharol a meysydd i'w gwella.

Astudiaeth achos

Mae Chloe yn fyfyriwr chwaraeon BTEC sy'n paratoi i fynd ar brofiad gwaith ac mae wedi cael cynllun gweithredu i'w gwblhau. Nid yw'n siŵr a yw'r hyn y mae wedi'i gwblhau yn ddigonol.

Gwiriwch eich gwybodaeth

Edrychwch ar gynllun gweithredu Chloe (Ffigur 18.1) ac ymatebwch i'r canlynol.

1 Cwblhewch yr adran camau gweithredu angenrheidiol ar gyfer Chloe.

2 Awgrymwch ffyrdd y gellid gwella ei chynllun.

3 Ystyriwch sut y byddech chi'n defnyddio'r cynllun i chi'ch hun a sut fyddech chi'n mynd ati i gwblhau pob adran.

CYNLLUN GWEITHREDU

Ysgogwyr gyrfa cyfredol	Sgiliau cyfredol a chymwyseddau	Sgiliau personol
• Bod yn hyfforddwr personol • Gweithio'n llawn amser mewn ffitrwydd • Yn y pen draw, bod yn berchen ar fy musnes ffitrwydd • Darparu arweiniad un-i-un i gleientiaid i'w helpu i gyrraedd eu nodau o ran ffitrwydd	• Profiad o gynorthwyo hyfforddwr mewn amrywiaeth o ddosbarthiadau ymarfer corff • Cymhwyster cymorth cyntaf llawn • Hyfforddwr tennis cymwys	• Cyfathrebwr rhagorol • Hunanddisgybledig a llawn cymhelliant • Profiad o drefnu ac arwain • Ymwybyddiaeth o gydraddoldeb/ amrywiaeth • Y gallu i hyfforddi, cymell ac annog unigolion o ystod o gefndiroedd yn llwyddiannus • Gwybodaeth ragorol am gyfarpar arbenigol mewn campfa
Nodau tymor byr yn gysylltiedig â gyrfa (yn ystod yr wythnosau a'r misoedd nesaf)	Nodau tymor canolig yn gysylltiedig â gyrfa (yn y 2 flynedd nesaf)	Nodau tymor hir yn gysylltiedig â gyrfa (y tu hwnt i 2 flynedd)
• Cwblhau cwrs BTEC • Cyfranogi mewn cymaint o sesiynau ffitrwydd â phosib • Cael lleoliad gwaith mewn canolfan ffitrwydd lle y gallaf gysgodi gweithiwr proffesiynol yn y maes	• Ystyried gradd prifysgol mewn ffitrwydd neu faes sy'n gysylltiedig â busnes • Cynnal cysylltiadau yn y diwydiant drwy weithio'n rhan-amser (o leiaf) mewn gwaith ffitrwydd cydnabyddedig • Cwblhau cymaint o gyrsiau byr iechyd a ffitrwydd ag y bod modd gan gynnwys Cymhwyster Hyfforddiant Personol, Ymarfer i Gerddoriaeth ac Ymarfer ar gyfer Poblogaethau Arbennig	• Wedi dechrau a bod yn gweithio tuag at radd prifysgol • Bod â set gynhwysfawr o gymwysterau fel rhan o fy CV • Bod â chynllun busnes ar gyfer busnes ffitrwydd fy hun yn ôl fy mhrofiad a'm cymwysterau • Bod â nifer fach o staff a chefnogi'r gymuned leol
Adnoddau sy'n ofynnol i gyrraedd y nodau		Y camau gweithredu sy'n ofynnol
Hyfforddiant sy'n caniatáu imi: • ddyfeisio rhaglenni ffitrwydd ar gyfer colli pwysau, magu cyhyrau ac adsefydlu ac ati. • cynnal dosbarthiadau ffitrwydd ac ymarfer corff a defnyddio offer arddangos • mesur ac asesu pwysedd gwaed, cyfradd adfer y galon, cymhareb braster y corff • dylunio a chynghori ar raglenni deietegol		

▶ **Ffigur 18.1:** Cynllun gweithredu Chloe hyd yn hyn

Dewis lleoliad priodol

Wrth feddwl am leoliadau profiad gwaith addas, mae'n hanfodol dewis lleoliad sy'n diwallu eich anghenion a'ch diddordebau eich hun. Fe ddylech chi fod yn chwilio am gyfleoedd a chyflogwyr sy'n gysylltiedig â meysydd y diwydiant chwaraeon yr hoffech chi ddatblygu gyrfa ynddynt.

Mae yna sawl sector gwahanol yn y diwydiant chwaraeon a hamdden y gallai fod gennych ddiddordeb mewn gweithio ynddynt.

▶ Mae'r **sector iechyd a ffitrwydd** yn cynnwys canolfannau yn bennaf lle gall cleientiaid ddefnyddio campfa, nofio, bwyta pryd iach, cael tylino a chymryd dosbarth ffitrwydd. Mae'r canolfannau hyn yn amrywio o ran maint, gydag ystod o swyddi. Gweler Tabl 18.2 am enghreifftiau o swyddi yn y sector hwn.

▶ Mae'r **sector chwaraeon a hamdden** yn cynnwys swyddi hyfforddi mewn ystod o chwaraeon arbenigol fel pêl-droed a sglefrio iâ. Mae'r sector hwn hefyd yn cynnwys gwaith canolfannau hamdden cyffredinol, swyddogion addysgu addysg gorfforol a datblygu chwaraeon. Gweler Tabl 18.3 am enghreifftiau o swyddi yn y sector hwn.

▶ Mae **addysg awyr agored** yn faes twf yn y diwydiant chwaraeon. Mae yna lawer o ganolfannau o amgylch y wlad lle gallwch chi gymryd rhan mewn gweithgareddau fel hwylio, syrffio a dringo creigiau. Gweler Tabl 18.4 am enghreifftiau o swyddi yn y sector hwn.

▶ Mae **gwyddor chwaraeon ac ymarfer corff** yn faes arbenigol o ddarpariaeth chwaraeon sy'n gweithio ar feysydd megis seicoleg athletwyr a dadansoddiad o sut mae'r corff yn gweithio, gan awgrymu newidiadau bach i dechneg i fireinio perfformiad. Mae cyngor o ran maeth a thrin anafiadau hefyd yn rhan o'r sector hwn. Gweler Tabl 18.5 am enghreifftiau o swyddi yn y sector hwn.

Ymchwil

Nodwch y gyrfaoedd neu'r swyddi y byddech chi efallai am eu gwneud yn y diwydiant chwaraeon. Ble allwch chi ddod o hyd i'r swyddi hyn yn lleol? Gwnewch restr o'r enw, cyfeiriad, rhif ffôn, cyfeiriad e-bost a pherson cyswllt ym mhob lleoliad posib y mae gennych ddiddordeb ynddo.

▶ **Tabl 18.2:** Enghreifftiau o swyddi yn y sector iechyd a ffitrwydd

Swydd	Amlinelliad o'r rôl
Tylinydd chwaraeon	Tylino cyn perfformiad, ar ôl perfformiad ac adsefydlu ar ôl anaf
Hyfforddwr personol	Yn gweithio un-i-un gyda chleientiaid yn eu hannog a'u cymell drwy eu cynllun ymarfer personol ac ymarfer corff.
Therapydd chwaraeon	Yn gweithio gydag unigolion gan eu helpu i adsefydlu ar ôl anaf.

▶ **Tabl 18.3:** Enghreifftiau o swyddi yn y sector chwaraeon a hamdden

Swydd	Amlinelliad o'r rôl
Cynorthwyydd chwaraeon / cynorthwyydd hamdden	Yn rhoi offer allan ac yn ei dacluso. Cadw'r ganolfan yn lân, ymdrin â chwsmeriaid a bod ag ymwybyddiaeth dda o iechyd a diogelwch. Efallai y byddan nhw'n gweithio ar ochr pwll nofio.
Hyfforddwr ffitrwydd	Mae gan y mwyafrif o ganolfannau hyfforddwr ffitrwydd yn eu campfa i gynghori cleientiaid am eu rhaglenni hyfforddi a'u cynnydd.
Rheolwr canolfan chwaraeon	Yn rhedeg y ganolfan o ddydd i ddydd. Byddant yn agor ac yn cau'r adeilad, yn ymdrin ag unrhyw broblemau, trefnu'r staff a bod yn gyfrifol am drin arian a datblygu'r ganolfan
Swyddog datblygu chwaraeon	Yn gyfrifol am ddatblygu chwaraeon mewn ardal leol a gwella cyfranogiad. Gallant arbenigo mewn camp benodol a darparu cyfleoedd i gymryd rhan yn y gamp honno.
Athro Addysg Gorfforol	Wedi bod yn y brifysgol ac wedi cwblhau gradd ac wedi cael QTS (Statws Athro Cymwysedig), ac efallai ei fod wedi cwblhau TAR (Tystysgrif Addysg i Raddedigion). Bydd ganddyn nhw ystod o wybodaeth am chwaraeon y bydd disgwyl iddynt ei haddysgu.
Hyfforddwr Chwaraeon	Fel arfer yn arbenigo mewn un gamp fel pêl-droed neu rygbi a gallai hyfforddi ystod o wahanol grwpiau oedran a lefelau.

▶ **Tabl 18.3:** – *Parhad …*

Swydd	Amlinelliad o'r rôl
Cyfarwyddwr hyfforddi a ffitrwydd	Gweithio gyda thîm neu unigolyn i wella perfformiad y tîm gyda driliau a phrofion ffitrwydd wedi'u cynllunio'n benodol ar gyfer y gamp honno.
Perfformiwr proffesiynol ym maes chwaraeon	Bydd ganddo/ganddi ddawn ar gyfer camp benodol fel beicio a bydd yn hyfforddi'n llawn amser fel arfer yn y gamp honno i gyflawni'r safon uchaf bosibl.
Hyrwyddwr chwaraeon	Gallai gynrychioli perfformwr neu dîm penodol a threfnu cytuneb i noddi tîm. Gall gynrychioli digwyddiad i godi proffil, fel cwpan rygbi'r byd.

▶ **Tabl 18.4:** Enghreifftiau o swyddi addysg awyr agored

Swydd	Amlinelliad o'r rôl
Cyfarwyddwr chwaraeon arbenigol	Yn arbenigo mewn camp fel canŵio. Gallent ddysgu plant, pobl ag anableddau neu oedolion ar ystod o gyrsiau.
Gweithiwr ar dir y cyfleuster	Yn meddu ar wybodaeth arbenigol am natur ffisegol yr arwynebau chwaraeon. Mae angen cynnal a chadw'r holl gaeau chwarae.

▶ **Tabl 18.5:** Enghreifftiau o swyddi gwyddor chwaraeon ac ymarfer corff

Swydd	Amlinelliad o'r rôl
Ffisiolegydd ymarfer corff	Gall ddarparu cefnogaeth wyddonol i ddynion a menywod mewn clwb neu dîm. Efallai y byddan nhw'n gweithio gyda chleifion adsefydlu cardiaidd a chlefydau cronig, gan ddarparu cyngor arbenigol.
Biomecanydd	Yn defnyddio egwyddorion gwyddor mecaneg i astudio effeithiau grymoedd ar berfformiad chwaraeon. Byddant yn defnyddio'r wybodaeth hon i wella, mireinio a datblygu technegau ar gyfer chwaraeon.
Seicolegydd chwaraeon	Yn helpu gyda chydrannau meddyliol/gwybyddol perfformiad perfformwyr chwaraeon.
Deietegydd chwaraeon	Yn dyfeisio rhaglenni maethol i helpu'r perfformiwr chwaraeon i gyrraedd eu potensial trwy addasu eu deiet.
Gwyddonydd chwaraeon	Yn helpu i gynyddu perfformiad unigolyn i'r eithaf, gan weithio ar feysydd bach o dechneg neu ffitrwydd a dyfeisio rhaglenni i wella perfformiad.
Meddygaeth chwaraeon	Meddyg cymwys sydd wedi penderfynu arbenigo mewn chwaraeon. Bydd yn diagnosio, gwneud argymhellion, rhagnodi ac atgyfeirio.

⏸ **MUNUD I FEDDWL**   Ydych chi'n deall beth yw pedwar prif sector y sector cyflogaeth chwaraeon a hamdden egnïol?

Awgrym   Allwch chi enwi dau fath gwahanol o swydd ar gyfer pob sector?

Ymestyn   A allwch chi ddarparu enghreifftiau lleol o swyddi penodol mewn sefydliadau chwaraeon neu hamdden lleol ar gyfer pob sector?

Dadansoddiad SWOT ar gyfer profiad gwaith

Gan ddefnyddio dadansoddiad **SWOT** i sicrhau eich bod wedi ystyried pob agwedd ar y lleoliad yn llawn a darparu man cychwyn ar gyfer adolygu'r lleoliad yn ddiweddarach.

Gwneir dadansoddiad SWOT i nodi cryfderau a gwendidau mewnol, ynghyd â chyfleoedd a bygythiadau allanol. Y nod yw darparu fframwaith ar gyfer targedau i wella'r sefyllfa. Yn yr enghraifft hon, mae'n helpu i nodi unrhyw welliannau sy'n ofynnol cyn ymgymryd â lleoliad gwaith.

Term allweddol

SWOT – Cryfderau, Gwendidau, Cyfleoedd, Bygythiadau (*Strengths, Weaknessess, Opportunities, Threats*)

243

Mae Sohail yn gobeithio dechrau lleoliad gwaith gyda therapydd chwaraeon. Mae ei diwtor wedi cadarnhau bod lleoliad ar gael ond yr hoffai'r therapydd siarad ag ef yn gyntaf. Mae angen i Sohail fod yn barod i drafod pam y dylai gael y lleoliad a dangos rhywfaint o ddadansoddiad o'i gryfderau a'i wendidau ei hun. Mae wedi cwblhau dadansoddiad SWOT (gweler Ffigur 18.2) i baratoi ar gyfer y drafodaeth.

Gwiriwch eich gwybodaeth

1 Sut y bydd y dadansoddiad SWOT hwn yn helpu Sohail i baratoi ar gyfer ei leoliad?

2 Esboniwch pam y gallai nodi'ch gwendidau gael eu hystyried yn gryfder wrth edrych ar gyfleoedd lleoliad gwaith mewn chwaraeon.

3 Edrychwch ar y bygythiad olaf yn yr astudiaeth achos hon a gweld a allwch fynd i'r afael â'r mater a llunio awgrym yn ymwneud ag achub ar bob cyfle.

▶ **Ffigur 18.2:** Dadansoddiad SWOT Sohail

DADANSODDIAD SWOT	
Cryfderau	**Gwendidau**
• Mae gen i agwedd hyblyg tuag at waith • Agwedd gadarnhaol at ddatrys problemau • Diddordeb byw mewn anatomeg a ffisioleg • Lefel uchel o ffitrwydd personol • Profiad o weithio gydag athletwyr a chystadlu	• Dim cymwysterau mewn Therapi Chwaraeon • Dim profiad ymarferol o gynnig triniaeth • Dim profiad gwaith blaenorol
Cyfleoedd	**Bygythiadau**
• Lleoliad wedi'i gynllunio yn y gwaith fel rhan o fy BTEC Cenedlaethol mewn Chwaraeon • Ymglymiad personol yn cysgodi ffisiotherapydd clwb rygbi lleol • Gallai gymryd aelodaeth myfyriwr o Gymdeithas Therapyddion Chwaraeon • Cyswllt â thîm datblygu chwaraeon yr awdurdod lleol	• Anhawster cofio gwybodaeth fanwl am anatomeg • Cost fy nghwrs prifysgol a'r ddyled a fydd gennyf wedi hynny • Nifer y cyfleoedd gwaith ar gyfer therapyddion o'u cymharu â'r nifer sy'n cymhwyso bob blwyddyn

Cysylltu â lleoliad profiad gwaith

Ar ôl i chi orffen chwilio am brofiad gwaith, ffoniwch, ysgrifennwch neu e-bostiwch y lleoedd rydych chi wedi'u nodi. Byddwch yn ofalus iawn sut rydych chi'n siarad â staff: dechreuwch y sgwrs trwy ddweud 'bore da/prynhawn da', cyflwynwch eich hun a gofynnwch am gael siarad â'r person sy'n delio â phrofiad gwaith. Os nad ydyn nhw yno, gofynnwch am enw'r person priodol a phryd y bydd yn gyfleus ichi alw eto.

Cofiwch, efallai eu bod yn cael llawer o ymholiadau am brofiad gwaith felly cofiwch alw yn ôl ac os yn bosibl gadewch neges (er peidiwch â chymryd yn ganiataol y bydd eich galwad yn cael ei dychwelyd). Ar ôl egwyl addas, galwch eto, gan ofyn amdanynt yn ôl enw, cyflwyno'ch hun, pa gwrs rydych chi'n ei wneud, ble rydych chi'n ei wneud, beth yw eich gofyniad profiad gwaith a phryd yr hoffech chi ei wneud. Sicrhewch fod beiro yn barod i gael manylion unrhyw wybodaeth y gallai fod ei hangen arnoch. Byddwch yn gwrtais, yn frwdfrydig ac â diddordeb yn y sefydliad bob amser.

⏸ MUNUD I FEDDWL Ydych chi'n deall pam mae nodau'n cael eu defnyddio i helpu i gynllunio'ch profiad gwaith?

Awgrym Wrth ysgrifennu nodau ac amcanion, pam mae'n bwysig eu bod yn fwy CAMPUS? Ceisiwch roi enghraifft.

Ymestyn Nodwch sgiliau technegol penodol priodol lleoliad trwy ymchwilio i ofynion y swydd.

Ymarfer asesu 18.1

A.P1 A.P2 A.M1 A.D1

I arddangos eich gallu i gynllunio'n effeithiol, rhaid i chi ddylunio a chwblhau templed ar gyfer cynllun gweithredu lleoliad profiad gwaith. Bydd angen lleoliad chwaraeon-benodol arnoch y gallwch ganolbwyntio manylion eich cynllun gweithredu arno. Dylai eich cynllun ddangos eich dyheadau gyrfa cyfredol, eich sgiliau a'ch profiad hyd yn hyn, a, lle bo hynny'n bosibl, cyfiawnhau priodoldeb y lleoliad profiad gwaith hwn ar gyfer y llwybr cyflogaeth o'ch dewis.

Dylai eich cynllun ddangos gweledigaeth glir o sut a ble rydych chi'n bwriadu treulio'r ychydig flynyddoedd nesaf o ran datblygu gyrfa a phryd rydych chi'n disgwyl cwblhau pob cam, gan gynnwys yr adnoddau y gallai fod eu hangen arnoch chi.

Cynllunio
- Ydw i wedi defnyddio amrywiaeth o ffynonellau i lunio fy nghynllun profiad gwaith?
- Ydw i wedi llunio'r cynllun profiad gwaith gyda manylion fy niddordebau fy hun ac wedi adolygu i ba gyfeiriad mae gen i ddiddordeb mewn datblygu fy ngyrfa?

Gwneud
- Byddaf yn cwblhau'r cynllun gweithredu profiad gwaith mor fanwl â phosibl, gyda ffocws a strwythur clir.
- Byddaf yn cyfiawnhau pam fy mod wedi cynnwys pob cam ar fy nghynllun gweithredu o ran fy niddordebau gyrfa yn y dyfodol.

Adolygu
- Byddaf yn adolygu'r cynllun gweithredu ar ôl ei gwblhau, ac yn parhau i'w adolygu wrth i'm gwybodaeth am y sector ddatblygu.

Ymgymryd â phroses ymgeisio am leoliad profiad gwaith ym maes hamdden egnïol

Cwblhau'r broses ymgeisio a chyfweld

Ar ôl i chi nodi'ch lleoliad profiad gwaith, mae'n debyg y bydd angen i chi gwblhau proses ymgeisio i sicrhau'r lleoliad. Mae'r broses ymgeisio am swyddi yn y diwydiant chwaraeon a hamdden egnïol yn debyg iawn i unrhyw swydd. Bydd angen i chi sicrhau eich bod wedi ymchwilio i'r swydd yr hoffech wneud cais amdani yn ofalus, eich bod yn deall yr hyn y byddai'r swydd yn ei olygu a'ch bod yn gwybod sut y gallwch argyhoeddi cyflogwr mai chi yw'r person gorau ar gyfer y rôl.

Dulliau ymgeisio

Ffurflenni cais

Ffurflenni cais yw'r ffordd fwyaf cyffredin o ymgeisio am swydd. Fe'u hystyrir yn arfer da oherwydd bod pob ymgeisydd yn llenwi'r un ffurflen, gan helpu i sicrhau eu bod i gyd yn cael eu barnu yn ôl yr un meini prawf ac yn deg yn ôl eu rhinweddau. Efallai y gofynnir i chi lenwi ffurflen gais cyn eich lleoliad gwaith.

Mae **ffurflenni cais ar-lein** yn ffordd sy'n dod yn fwyfwy cyffredin o ymgeisio am swyddi. Mae cyflogwyr yn defnyddio'r rhain oherwydd gellir eu storio'n hawdd, eu trosglwyddo i gydweithwyr neu eu sgorio yn erbyn rhestr o feini prawf. Mae ceisiadau ar-lein hefyd yn rhatach ac yn cymryd llai o amser, ac maent yn disodli ffurflenni cais ar bapur yn gynyddol. Mae **ffurflenni cais ar bapur** yn gofyn am wybodaeth debyg i geisiadau ar-lein, ond maent yn gwbl ysgrifenedig ac yn cael eu cadw all-lein.

Wrth lenwi ffurflen gais, mae yna sawl cam allweddol y dylech eu dilyn.
- Darllenwch bob cwestiwn yn ofalus a gwnewch yn siŵr eich bod chi'n eu hateb yn llawn.
- Ysgrifennwch ddrafft o'ch atebion a'i wirio eich hun am sillafu a gramadeg. Os yn bosibl, gofynnwch i rywun arall ei wirio hefyd. Bydd gwiriadau sillafu cyfrifiadurol yn canfod gwallau sillafu, ond nid geiriau a ddefnyddir yn anghywir. Ar ôl i chi gwblhau eich drafft, gallwch chi gopïo'ch atebion ar y ffurflen.

- Os ydych chi'n defnyddio atebion tebyg ar sawl ffurflen gais, gwnewch yn siŵr eich bod chi'n cofio newid enw'r cwmni ac unrhyw fanylion sy'n benodol i'r cwmni (fel rôl y swydd).
- Byddwch yn glir ac yn gryno yn eich atebion – ceisiwch osgoi malu awyr.
- Defnyddiwch unrhyw ddisgrifiad swydd neu fanyleb person a ddarperir gan y cyflogwr fel canllaw ar gyfer yr hyn y dylech ei gynnwys yn eich atebion. (Am ragor o wybodaeth am ddisgrifiadau swydd a manylebau person, gweler isod.)
- Cynhwyswch ferfau allweddol sy'n gysylltiedig â'r swydd fel 'trefnus', 'dan oruchwyliaeth' a 'chysylltiedig'. Bydd rhai cyflogwyr yn sganio ffurflenni ar gyfer y geiriau hyn ac yn taflu'r rhai nad ydyn nhw'n eu cynnwys.

CVs

- Mae curriculum vitae neu CV yn grynodeb ohonoch chi'ch hun, eich cyflawniadau a'ch cymwysterau ar gyfer rôl swydd – cymwysterau a phrofiad academaidd a phersonol. Dylid teipio CV ar un ochr i A4, ond wrth i chi ennill mwy o brofiad bydd hyn yn ymestyn i ddwy dudalen. Nid oes unrhyw reolau caeth ynglŷn â chynllun, ond rhaid i'ch CV fod yn dwt, yn rhesymegol ac yn hawdd i'r cyflogwr ei ddarllen a'i ddeall.
- Dylai eich CV gynnwys eich holl fanylion personol a chysylltiedig, yn ogystal â chyflwyno unrhyw hanes cyflogaeth sydd gennych, manylion eich addysg a'ch cyflawniadau allweddol (gall y rhain fod yn bersonol, ond gwnewch yn siŵr eu bod yn berthnasol i'r swydd). Bydd angen i chi hefyd gynnwys un neu ddau ganolwr y gall y cyflogwr gysylltu â nhw i wirio bod yr hyn rydych chi wedi'i ddweud yn eich CV yn wir ac yn gywir.

Addaswch eich CV ar gyfer y swydd y mae gennych ddiddordeb ynddi – bydd angen i wahanol swyddi bwysleisio gwahanol brofiadau a sgiliau. Gadewch unrhyw wybodaeth amherthnasol allan. Yn yr un modd â ffurflen gais, gallwch wneud hyn trwy wirio yn erbyn y disgrifiad swydd a'r fanyleb person.

Llythyr cais

- Mae llythyr cais yn cynnwys llawer o'r un wybodaeth â CV ond ar ffurf llythyr. Mae rhai cyflogwyr yn gofyn am hyn i weld a yw ymgeisydd wedi ymrwymo'n ddigonol i'r lleoliad gwaith i gymryd yr amser i ysgrifennu llythyr.
- Pan anfonwch eich CV neu'ch ffurflen gais, bydd angen i chi hefyd anfon llythyr byr gydag ef, a elwir weithiau'n **llythyr eglurhaol**, lle gallwch chi ddweud rhywbeth am y rôl a pham rydych chi'n addas ar ei chyfer. Dyma'ch cyfle i 'werthu' eich addasrwydd ar gyfer y rôl.

Datganiadau personol

- Mae'r mwyafrif o ffurflenni cais yn rhoi lle hael i chi ysgrifennu datganiad personol. Bydd datganiad personol yn disgrifio'ch cryfderau, sgiliau, priodoleddau, cyflawniadau ac unrhyw wybodaeth berthnasol arall ar gyfer y swydd nad ydych wedi'i chynnwys mewn rhan arall o'r ffurflen. Mae hon yn rhan hynod bwysig o'r cais gan fod ymgeiswyr yn rhydd i ysgrifennu beth bynnag maen nhw ei eisiau; dyma lle gall ymgeisydd wneud iddo'u hun 'sefyll allan'.

Disgrifiadau swydd a manylebau person

Wrth ymgeisio am swyddi neu leoliadau profiad gwaith, mae'n bwysig ystyried pa mor dda y mae eich set sgiliau a'ch rhinweddau personol eich hun yn cyfateb i'r rhai sy'n ofynnol ar gyfer y swydd. Dylech eisoes fod wedi nodi'ch sgiliau a'ch rhinweddau personol eich hun fel rhan o'ch cynllun gweithredu. I ddarganfod y sgiliau a'r rhinweddau personol sydd eu hangen ar y swydd, bydd angen i chi edrych ar y rolau **disgrifiad swydd** a **manyleb person**. Efallai y byddwch chi'n cael y disgrifiad swydd yn yr hysbyseb ar gyfer y swydd neu efallai y byddwch chi'n ei gael pan fyddwch chi'n gwneud cais am y rôl. Gall y cyflogwr hefyd anfon y fanyleb person atoch.

Mae'r **disgrifiad swydd** yn disgrifio dyletswyddau a chyfrifoldebau swydd benodol. Mae disgrifiad swydd yn debygol o gynnwys:

Termau allweddol

Llythyr eglurhaol – llythyr byr wedi'i anfon gyda CV neu ffurflen gais.

Disgrifiad swydd – esboniad o ddyletswyddau swydd benodol (a elwir weithiau'n 'fanyleb swydd').

Manyleb person – disgrifiad o'r person delfrydol ar gyfer y swydd mewn disgrifiad swydd.

▶ teitl y swydd a chrynodeb byr o'r swydd
▶ i bwy y byddech chi'n riportio, er enghraifft rheolwr cynorthwyol
▶ pwy a beth fyddech chi'n gyfrifol amdano.

Mae **manyleb person** yn seiliedig ar y sgiliau personol, gwybodaeth, rhinweddau, priodoleddau a chymwysterau sydd eu hangen i gyflawni'r swydd fel y'i disgrifir yn y disgrifiad swydd. Bydd yn cynnwys:
▶ priodoleddau a rhinweddau personol
▶ cymwysterau galwedigaethol ac academaidd
▶ y cymwyseddau a'r profiadau a ddisgwylir

Nodir bod y rhain naill ai'n 'hanfodol' neu'n 'ddymunol'. Bydd hyn yn eich helpu i benderfynu a oes gennych y set sgiliau sy'n ofynnol ar gyfer rôl y swydd honno.

Y prif reswm y defnyddir disgrifiadau swydd a manylebau person yw rhoi sail glir a gwrthrychol i gyfwelydd asesu pob ymgeisydd.

> **Trafodaeth**
>
> Mewn grŵp, dewiswch rôl swydd hamdden egnïol benodol. Paratowch ddisgrifiad swydd a manyleb person ar gyfer y rôl honno. Beth yw'r meysydd allweddol y mae angen i chi ganolbwyntio arnynt? Pam mae'r meysydd hyn yn bwysig?

⏸ MUNUD I FEDDWL   Gall cyfwelwyr ddefnyddio ystod o wahanol fathau o gyfweliadau yn dibynnu ar y math o swydd, amser ac adnoddau sydd ar gael. Da o beth fyddai ystyried pob math fel eich bod wedi paratoi'n dda.

Awgrym   Beth yw'r gwahanol ffyrdd y gallai cyflogwr wahodd pobl i ymgeisio am swydd?

Ymestyn   Paratowch sleid cyflwyniad byr sy'n ystyried mantais ceisiadau ar-lein yn hytrach na rhai ar bapur, yna sleid arall sy'n nodi manteision ceisiadau ar bapur.

Cyfweliadau

Cam olaf llawer o brosesau ymgeisio yw'r cyfweliad. Yn y cam hwn, gofynnir cyfres o gwestiynau i chi yn seiliedig ar y manylion a gynhwysir yn y disgrifiad swydd a'r fanyleb person. Nod y cwestiynau fydd penderfynu a oes gennych y rhinweddau y mae'r cyflogwr yn chwilio amdanynt. Dangosir sawl math o gyfweliad posibl yn Nhabl 18.6.

▶ Efallai y dewch ar draws sawl math gwahanol o gyfweliad

▶ **Tabl 18.6:** Mathau o gyfweliad am swydd

Math o gyfweliad	Disgrifiad
Cyfweliad grŵp	Mae sawl ymgeisydd ar y tro yn cwrdd ag un neu ragor o gyfwelwyr. Mae mwy o gwmnïau yn dechrau defnyddio hyn fel ffordd o dynnu ymgeiswyr anaddas o'r broses yn gyflym.
Cyfweliad unigol	Mae'r ymgeisydd yn cwrdd ag un (neu ragor) o gyfwelwyr ar ei ben ei hun. Fel arfer mae sawl cynrychiolydd o wahanol rannau o'r cwmni y bydd yr ymgeisydd yn gweithio gyda nhw. Mae llawer o bobl yn cael y math hwn o gyfweliad yn frawychus, felly mae paratoi'n dda yn hanfodol. Mae rhai swyddi yn rhoi cyfweliad yn unig – mewn rhai achosion gallai hyn fod yn gyfweliad dros y ffôn neu ar-lein, er enghraifft trwy Skype, yn hytrach nag wyneb yn wyneb.
Cyfweliad a chyflwyniad	Bydd llawer o gyflogwyr yn gofyn i ymgeiswyr lunio cyflwyniad byr i'w roi yn y cyfweliad a all wedyn gael ei ddefnyddio fel sail ar gyfer trafodaeth bellach. Mae hwn yn gyfle da i chi arddangos rhai sgiliau gwaith allweddol, fel sgiliau cyfathrebu, trefnu a chyflwyno, ac i chi arddangos eich syniadau, eich ymroddiad, a'ch trylwyredd. Gall y math hwn o gyfweliad ddangos yr hyn y gallech ei gynnig i'r cwmni o ddydd i ddydd.
Cyfweliad â micro-hyfforddwr	Bydd y cyfweliad hwn hefyd yn cynnwys sesiwn fer lle bydd gofyn i chi hyfforddi grŵp o gyfoedion. Mae'n gyfle da i chi arddangos eich sgiliau, eich gwybodaeth a'ch dealltwriaeth i'r cyfwelwyr. Y peth allweddol i'w gofio yw bod y ffocws ar y dysgu sy'n digwydd gyda'r rhai rydych chi'n eu hyfforddi, nid ar yr hyfforddwr. Mae'n werth ymarfer y sesiynau hyn ymlaen llaw bob amser.
Cyfweliad gyda thasg	Bydd y cyfweliad hwn hefyd yn gofyn ichi gyflawni tasg sy'n benodol i'r swydd, neu gyfres o dasgau, sy'n gysylltiedig â'r swydd. Gallai'r rhain fod yn ymarferion datrys problemau, cyflwyniadau byr i'w paratoi neu adroddiad ysgrifenedig byr.

Paratoi cyfweliad

Mae sawl peth pwysig y gallwch chi eu gwneud ymlaen llaw i baratoi ar gyfer cyfweliad.

▶ Dylech ymchwilio i'r sefydliad i ddarganfod popeth y gallwch chi amdano. Dyma un o'r camau pwysicaf ac yn aml mae'n cael ei anwybyddu. Efallai bod gennych chi syniad o'r hyn y mae'r sefydliad yn ei wneud (er enghraifft, darparu hyfforddiant ar ôl ysgol i ysgolion cynradd) ond dylech chi hefyd wybod pam ei fod yn gwneud y gwaith hwn (er enghraifft, i gau'r bwlch cyflawniad) a gwerthoedd y sefydliad (fel cyfathrebu uniongyrchol a chynnwys rhieni wrth wneud penderfyniadau). Bydd cyfwelydd yn disgwyl ichi wybod am y cwmni a'r swydd rydych chi'n ymgeisio amdani. Ni fydd yn adlewyrchu'n dda ar eich ymroddiad a'ch diddordeb yn y swydd os nad yw'r ffeithiau hyn gennych.

▶ Ydych chi'n cyfateb yn dda i'r swydd? Ydych chi'n onest yn meddwl mai chi fyddai'r person iawn ar gyfer y rôl? Defnyddiwch y disgrifiad swydd a'r fanyleb person a chymharwch y rhain â'ch sgiliau a'ch cymwyseddau eich hun – a oes gorgyffwrdd da rhwng y rhain? Os felly, mae'n debyg y bydd y swydd yn iawn i chi.

▶ Ar ôl i chi asesu a ydych yn addas ar gyfer y swydd, bydd angen i chi addasu eich CV, datganiad personol ac unrhyw ddogfennau eraill i ganolbwyntio ar y sgiliau a'r profiadau allweddol y mae'r cyflogwr yn gofyn amdanynt – bydd hyn yn helpu i ddangos eich addasrwydd yn gyflym.

▶ Paratowch atebion i gwestiynau cyffredin. Mae'n debyg y byddwch yn gallu dyfalu'r atebion i rai o'r cwestiynau y gellir gofyn i chi am rôl swydd benodol, er enghraifft os oeddech chi'n ceisio am rôl fel achubwr bywyd. Bydd paratoi atebion yn eich helpu i deimlo'n hyderus ar gyfer y cyfweliad a sicrhau bod eich atebion yn swnio'n ofalus ac yn broffesiynol.

▶ Paratowch gwestiynau i'w gofyn i'r cyfwelydd – mae hwn yn gam arall y mae llawer o bobl yn anghofio ei wneud. Bydd pob cyfwelydd yn rhoi cyfle i chi ofyn cwestiynau – mae paratoi cwestiynau perthnasol i'w gofyn yn dangos bod gennych ddiddordeb yn y rôl, a'ch bod wedi meddwl amdani ymlaen llaw.

Cymryd rhan mewn cyfweliad

Gall pob un ohonom wella mewn cyfweliadau – po fwyaf y byddwch chi'n ymarfer, y gorau y byddwch chi. Gall ffug gyfweliadau fod yn arfer da iawn i'ch helpu chi i ymlacio. Maent hefyd yn gyfle da i fynd trwy'r disgrifiad swydd a'r fanyleb person, a cheisio meddwl am gwestiynau y gellir eu gofyn ichi.

Wrth ymarfer, ewch trwy'r broses gyfweld gyfan fel y gallwch ddod i arfer â hi. Wrth siarad â'ch ffug gyfwelydd, ceisiwch 'wrando'n ymarferol' – dyma pryd rydych chi'n edrych ar y person sy'n siarad â chi, dilyn yr hyn maen nhw'n ei ddweud ac yn dangos diddordeb.

Cyfathrebu llafar

Rhaid i'ch sgiliau cyfathrebu llafar fod yn dda – rhaid i chi fod yn glir a pheidio â defnyddio bratiaith na jargon. Mae angen i chi fod yn hyderus a defnyddio iaith briodol ar gyfer y diwydiant. Os nad ydych yn siŵr am y cwestiwn a ofynnwyd ichi, gofynnwch am eglurhad gan y cyfwelydd.

Bydd fformat wedi'i baratoi ar gyfer y cyfweliad, a dylai'r fformat a'r cwestiynau fod yr un peth i bob ymgeisydd oherwydd bydd y panel yn cymharu'r atebion.

Awgrymiadau ar gyfer cyfathrebu llafar clir mewn cyfweliad

Cofiwch yr awgrymiadau canlynol.
- Siaradwch yn araf ac anadlwch yn naturiol, ac oedi os ydych chi'n teimlo eich bod chi'n siarad yn rhy gyflym.
- Amrywiwch dôn eich llais a fydd yn helpu i ennyn diddordeb y panel.
- Peidiwch â darllen o'ch nodiadau – anaml y bydd hyn yn helpu'ch cyflwyniad lleisiol. Meddyliwch am yr hyn rydych chi am ei ddweud ac yna dywedwch ef yn glir.
- Dylech wybod pryd i roi'r gorau i siarad – gall fod yn hawdd iawn llenwi distawrwydd anghyffordus gyda gormod o eiriau.

Cyfathrebu di-eiriau

Mae cyfathrebu di-eiriau yn bwysig iawn. Eisteddwch ymlaen ac eisteddwch yn syth – peidiwch â chroesi'ch breichiau a gwnewch yn siŵr eich bod chi'n gwenu. Edrychwch fel petai gennych ddiddordeb. Bydd iaith eich corff, mynegiant eich wyneb a'ch osgo yn dangos i'r cyfwelydd bod gennych ddiddordeb.

Cyflwyniad priodol

Ar gyfer cyfweliad, rhaid i chi wisgo mewn modd addas – peidiwch â gwisgo jîns na dillad hamdden smart, ond gwisgwch yn broffesiynol ac yn drwsiadus. Mae dewis dillad yn bwysig gan ei fod yn rhoi argraff eich bod yn broffesiynol a pha mor ddifrifol rydych chi'n cymryd y cyfweliad. Byddai tracwisg neu dop isel yn amhriodol.

> **Damcaniaeth ar waith**
>
> Mae Ella yn allblyg ac yn frwdfrydig. Aeth am gyfweliad profiad gwaith i weithio gyda hyfforddwr personol. Dyma'r hyn y mae hi am ei wneud ar gyfer gyrfa ond roedd hi mor nerfus yn y cyfweliad nes iddi ateb y cwestiynau yn llawer rhy gwta ac ni wnaeth fynegi ei hun yn dda.
> - Beth allai Ella ei wneud i oresgyn ei nerfau mewn cyfweliad?
> - Sut y gall hi 'werthu' ei hun yn well?

❚❚ MUNUD I FEDDWL   Mae sawl cam gwahanol i ymgeisio am swydd. Allwch chi eu disgrifio?

Awgrym   Beth yw'r gwahanol fathau o gyfweliadau? Ceisiwch ddisgrifio nodwedd unigryw pob un.

Ymestyn   Rhowch gynnig ar wneud rhestr o gwestiynau rydych chi'n debygol o'u cael mewn cyfweliad, a pharatowch eich atebion.

Ymarfer asesu 18.2   **B.P3** **B.M2** **B.D2**

Rydych am wneud cais am leoliad gweithle gyda ffocws ar chwaraeon neu hamdden. Bydd tri cham i'r cais.

1. Bydd eich darpar gyflogwr eisiau ichi wneud copi o'ch CV a bydd yn disgwyl ichi gynnwys llythyr eglurhaol rhagarweiniol. Dewch o hyd i hysbyseb swydd go iawn a lluniwch CV personol a llythyr eglurhaol sydd wedi'i deilwra ar gyfer y swydd hon. Argraffwch y CV a'r llythyr eglurhaol fel tystiolaeth.

2. Cyn cyfweliad, paratowch set o atebion i gwestiynau a ragwelir a set o gwestiynau rydych chi am eu gofyn i'r cyfwelwyr. Gyda dysgwyr eraill yn chwarae rôl cyfwelydd, cynhaliwch a recordiwch gyfweliad ffug, gan ddangos eich gallu i ymateb dan bwysau.

3. Wedi hynny, cwblhewch adroddiad sy'n gwerthuso'ch perfformiad eich hun yn y broses ymgeisio am swydd a chyfweliad, gan nodi cryfderau a meysydd i'w gwella.

Cynllunio
- Ydw i wedi adolygu'r disgrifiad swydd a'i ddefnyddio i gynllunio fy ffurflen gais?
- Ydw i wedi ymarfer fy nhechneg cyfweld a pharatoi'r hyn rydw i eisiau ei ddweud?

Gwneud
- Byddaf yn addasu fy CV a llythyr eglurhaol i adlewyrchu natur y swydd.
- Byddaf yn defnyddio fy ngwaith paratoi i gyfathrebu'n glir yn y cyfweliad, ac yn paratoi set o gwestiynau i'w gofyn.

Adolygu
- Byddaf yn adolygu fy mherfformiad yn y broses ymgeisio am swydd ac yn ei ddefnyddio i wella yn y dyfodol.

C Cyflawni tasgau profiad gwaith i gyflawni amcanion penodol yn y cynllun gweithredu profiad gwaith

Tasgau profiad gwaith

Mae yna nifer o dasgau y gallai fod disgwyl i chi eu cyflawni yn ystod profiad gwaith. Bydd llawer yn dibynnu ar y math o leoliad a pholisi'r cwmni o ran lleoliadau gwaith. Gall y tasgau fod yn dasgau chwaraeon-benodol neu'n dasgau cyffredinol sy'n gysylltiedig â gwaith.

Tasgau chwaraeon-benodol

Mae yna ystod eang o dasgau chwaraeon-benodol a fydd yn amrywio yn ôl y sector rydych chi'n gweithio ynddo. Mae'r astudiaeth achos yn dangos enghraifft o'r tasgau sydd i'w cael wrth weithio fel cynorthwyydd hamdden mewn canolfan chwaraeon.

Astudiaeth achos

Canolfan Chwaraeon y Brenin

Mae'r ganolfan chwaraeon hon yn ganolfan chwaraeon brysur, wedi'i chyfarparu'n dda ar gyrion tref fawr. Mae lleoliadau gwaith wedi bod ar gael ers nifer o flynyddoedd, gyda dysgwyr ar leoliad gwaith yn cyflawni rôl cynorthwyydd hamdden, felly mae'r gweithgareddau sy'n ofynnol wedi'u diffinio'n eithaf clir. Maent yn cynnwys y canlynol.

- **Hyfforddi** – yn dibynnu ar eu gallu a'u profiad, mae rhai dysgwyr yn cael cyfle, er enghraifft, i gynorthwyo'r hyfforddwr tennis mewn clybiau tennis ar ôl ysgol.
- **Arwain** – gall y mwyafrif o ddysgwyr arwain sesiwn weithgareddau yn y gampfa i helpu plant bach 3–4 oed ddod yn fwy hyderus yn eu hamgylchedd. Mae arwain yn golygu mwy o ddiogelwch ac yn bennaf mae'n cynnwys cyswllt agos â rhieni, gofalwyr a'r plant eu hunain.
- **Cyfarwyddo** – gall rhai dysgwyr weithio ochr yn ochr â hyfforddwyr campfa profiadol, er enghraifft, helpu aelodau newydd i ymgyfarwyddo ag offer campfa.

- **Gosod a chlirio offer ar gyfer digwyddiadau chwaraeon** – mae hon yn rôl bwysig iawn sydd yn sicrhau bod y ganolfan chwaraeon yn rhedeg yn llyfn a diogelu'r offer rhag difrod.
- **Glanhau a chynnal a chadw** – nid yw hyn bob amser yn boblogaidd ond mae'n rhan hanfodol o chwaraeon a hamdden i sicrhau iechyd a diogelwch. Er enghraifft, mae glanhau a chynnal a chadw offer ffitrwydd yn ofyniad cyfreithiol.

Gwiriwch eich gwybodaeth

1 Mewn canolfannau chwaraeon prysur, mae gweithwyr proffesiynol hamdden yn aml yn cario offer cyfathrebu'n symudol. Pam y gallai fod yn bwysig cael y math hwn o gyfathrebu? Faint o wahanol enghreifftiau y gallwch feddwl amdanyn nhw o ddefnyddio'r offer hwn?

2 Mae'n 6.59pm yn ystod shifft gyda'r hwyr. O 7pm ymlaen, mae clwb badminton wedi archebu'r neuadd chwaraeon ond nid yw'r pêl-droedwyr sydd wedi bwcio'r neuadd rhwng 6pm a 7pm eisiau gadael tan 7pm ar ei ben. Sut allwch chi sicrhau nad yw hyn byth yn broblem a beth allech chi ei wneud ynglŷn â'r broblem hon?

Tasgau cyffredinol sy'n gysylltiedig â gwaith

Er y bydd llawer o'r tasgau rydych chi'n eu cyflawni yn benodol i rôl neu i'r sector o'r diwydiant rydych chi'n gweithio ynddo, mae yna hefyd rai sgiliau gwaith llai amlwg y bydd angen i chi eu dangos ym mhob lleoliad.

▶ **Gweithio fel rhan o dîm** – mae angen ichi ddod yn gymaint rhan o'r tîm â phosibl, a datblygu'r gallu i ddeall anghenion pobl eraill a sut orau y gallech chi helpu mewn ystod o sefyllfaoedd.

▶ **Datrys Problemau** – mae angen y gallu i weithio ar eich liwt eich hun ar gyfer hyn. Efallai y bydd yn rhaid i chi feddwl yn gyflym a gallu blaenoriaethu, cydbwyso anghenion eich cydweithwyr, cleientiaid a chwsmeriaid – neu hyd yn oed eich hun.

▶ **Cyfathrebu** – mae yna lawer o wahanol fathau o gyfathrebu, gan gynnwys cyfathrebu rhyngbersonol (geiriol a di-eiriau) ac ysgrifenedig. Bob amser, mae angen i chi fod yn glir ac yn onest, a sicrhau bod eich neges a thôn eich llais yn briodol i'r gynulleidfa.

▶ **Dilyn cyfarwyddiadau** – mae angen i gydlynwyr lleoliadau gwaith wybod y gallan nhw ymddiried ynoch i ddilyn cyfarwyddiadau, yn aml er mwyn cynnal iechyd a diogelwch.

- **Cwblhau tasgau gan ddilyn canllawiau ac o fewn amserlenni** – i wneud hyn, bydd angen i chi ddangos y gallwch chi flaenoriaethu a rheoli eich amser yn effeithiol. Efallai mai dyma un o'r sgiliau pwysicaf wrth benderfynu a ydych yn addas ar gyfer y math yma o waith yn y dyfodol.
- **Defnyddio TGCh** – mae technoleg yn y diwydiant chwaraeon yn eang ac yn rhan annatod ohono, o uwch-raglenni mewn peiriannau ffitrwydd i ddosio cemegol mewn pyllau nofio. Mae dealltwriaeth a diddordeb mewn technoleg yn hanfodol. Yn ogystal â thechnoleg chwaraeon-benodol, mae pob swyddfa yn disgwyl ichi ddeall, cymhwyso a defnyddio cymwysiadau taenlen. Dylech hefyd allu cynhyrchu deunydd marchnata sylfaenol a phrosesu geiriau.
- **Dilyn arferion iechyd a diogelwch** – y prif bryder i unrhyw fusnes yw cadw cwsmeriaid a staff yn ddiogel ac yn iach. Bydd proses gynefino yn esbonio'r gweithdrefnau iechyd a diogelwch yn y gweithle. Bydd llawer o leoliadau eisiau ichi gael hyfforddiant iechyd a diogelwch sylfaenol sy'n ymwneud â gadael adeilad mewn argyfwng, cymorth cyntaf, nodi peryglon a risgiau, a riportio damweiniau.
- **Gofyn am help** – os ydych chi'n ansicr o'r hyn rydych chi'n ei wneud neu'n poeni am rywbeth, gofynnwch i rywun. Bydd y mwyafrif o weithleoedd yn eich parchu mwy am ofyn nag am fwrw ymlaen a gwneud rhywbeth yn anghywir.

Hyrwyddo dulliau sy'n canolbwyntio ar yr unigolyn

Mae dull sy'n canolbwyntio ar yr unigolyn yn canolbwyntio ar anghenion, dymuniadau a nodau personol unigolyn fel ei fod yn dod yn ganolog i broses weithredu arferol y lleoliad gwaith. Mae canolbwyntio ar yr unigolyn yn y gweithle yn debygol o greu lle llawer hapusach i'r staff ac i'r cwsmeriaid sy'n talu.

Nid yw mabwysiadu dull sy'n canolbwyntio ar yr unigolyn yn eich lleoliad yn ymwneud â rhoi iddyn nhw bopeth maen nhw ei eisiau neu ddarparu gwybodaeth yn unig. Mae'n ymwneud ag ystyried dymuniadau, gwerthoedd, sefyllfaoedd teuluol, amgylchiadau cymdeithasol a ffyrdd o fyw pobl – gweld yr unigolyn fel unigolyn, a chydweithio i ddatblygu atebion priodol.

Mae'n arbennig o bwysig mewn rolau lle rydych chi'n cael cyswllt parhaus â chwsmeriaid fel:
- trin athletwyr sydd wedi cael anaf
- hyfforddi pobl ar sail un-i-un
- gweithio mewn lleoliadau heriol – er enghraifft, mae sicrhau bod pawb yn ddiogel pan fydd y nifer uchaf posibl o bobl mewn pwll nofio (y nifer sydd wedi'i bennu fel uchafswm diogel) yn rhoi llawer mwy o bwysau ar dîm o achubwyr bywyd.

Pwysigrwydd goruchwyliaeth

Yn eich lleoliad profiad gwaith, mae'n debygol y bydd goruchwyliwr neu fentor ar eich cyfer. Bydd y person hwn yn eich cefnogi trwy'r profiad gwaith. Ef fydd y pwynt cyswllt cyntaf ar gyfer egluro'r hyn sydd angen ichi ei wneud ac i ateb unrhyw gwestiynau. Gall y goruchwyliwr, neu'r mentor hwn, fod yn allweddol yn llwyddiant neu fethiant eich profiad.

- Bydd eich goruchwyliwr yn chwarae rhan allweddol yn ystod eich profiad gwaith

Bydd eich goruchwyliwr lleoliad gwaith yn:

▶ sicrhau eich bod yn gallu delio â'r cyfrifoldebau a roddir i chi
▶ rhoi cyfle i chi roi cynnig ar bethau
▶ gofyn y cwestiynau cywir a'ch annog i feddwl drosoch eich hun
▶ gwrando ar eich syniadau
▶ eich dysgu i fod ag agwedd gadarnhaol tuag at eich gwaith.

⏸ MUNUD I FEDDWL   Beth yw'r tasgau pwysicaf ar gyfer lleoliadau chwaraeon? Pa un o'r sgiliau generig sy'n berthnasol i'r mwyafrif o leoliadau gwaith?

Awgrym   Dyfeisiwch restr o bum sgìl rydych chi'n meddwl y dylai pawb eu cael cyn iddyn nhw fynd ar leoliad gwaith.

Ymestyn   Dewiswch gyfle i fynd ar leoliad a rhestrwch gynifer o sgiliau nad ydyn nhw'n benodol i chwaraeon sy'n angenrheidiol er mwyn i rywun gael profiad rhagorol.

Cysgodi gwaith ac arsylwi

Cysgodi gwaith yw pan fyddwch chi'n arsylwi ar weithiwr chwaraeon proffesiynol yn gwneud ei waith i gael gwell dealltwriaeth o'r rôl honno. Mae'n cynnwys bod gyda'r gweithiwr proffesiynol trwy gydol ei ddiwrnod gwaith arferol, arsylwi ar yr hyn maen nhw'n ei wneud a gofyn cwestiynau wrth iddyn nhw wneud y gwaith. Yn ei dro, bydd y gweithiwr proffesiynol yn sicrhau ei fod yn egluro'n glir yr hyn y mae'n ei wneud, ac yn eich cynnwys cymaint â phosibl yn ystod y dydd i'ch helpu i ddysgu.

Mae cysgodi gwaith yn addas pan fydd rôl y swydd yn gofyn am lawer iawn o ymarfer a hyfforddiant, a phan fydd gweithdrefnau penodol yn rhan ohoni. Mae llawer o rolau profiad gwaith yn fwy priodol ar gyfer y math hwn o ddull gweithredu oherwydd natur y gwaith, er enghraifft:

▶ hyfforddwyr personol (oherwydd y berthynas bersonol â'r cleient)
▶ maethegwr chwaraeon (am yr un rheswm)
▶ joci neidio (am resymau iechyd a diogelwch)
▶ dyfarnwr pêl-droed (am lefel y sgìl sy'n ofynnol a natur unigryw'r perfformiad).

Gall llawer o weithwyr proffesiynol y cysylltir â hwy am brofiad gwaith fod yn amharod i ystyried hynny, ond gallai awgrymu cydbwysedd o dasgau cysgodi ac ymarferol helpu i gael profiad gwaith gyda nhw.

Drwy gysgodi ac arsylwi, gallwch gael rhywfaint o brofiad ymarferol os ydych chi'n frwdfrydig, yn ddibynadwy, yn barod i helpu ac yn flaengar. Er enghraifft, os ydych chi'n cysgodi mewn ysgol gydag athro addysg gorfforol, gofynnwch a allwch chi helpu gyda sesiynau cynhesu. Cynlluniwch y sesiynau, dangoswch eich cynlluniau ymlaen llaw, trafodwch nhw ac yna eu mireinio. Adeiladwch ar hyn ac erbyn diwedd eich profiad gwaith efallai y byddwch chi'n ymwneud â chynnal sesiwn.

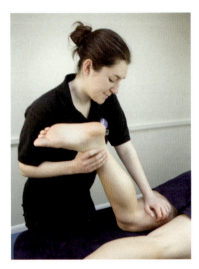

▶ Gall cysgodi gwaith fod yn ddefnyddiol ar gyfer arsylwi ar weithdrefnau penodol, fel y rhai a ddefnyddir gan therapydd tylino chwaraeon

---

Astudiaeth achos

Profiad gwaith Maisy

Llwyddodd Maisy i ddod o hyd i brofiad gwaith fel cynorthwyydd hyfforddi pêl-droed. Roedd y lleoliad yn cynnwys gweithio gydag athletwyr elitaidd. Oherwydd natur arbenigol iawn yr hyfforddi a'r ymyriadau y mae'n rhaid i'r hyfforddwr eu cyflawni, nid oedd yn briodol i Maisy wneud unrhyw beth heblaw cysgodi'r hyfforddwr y tro hwn. Mae'n bwysig iawn nad effeithir mewn unrhyw ffordd ar y berthynas rhwng hyfforddwr a pherfformiwr.

Gwiriwch eich gwybodaeth

1 Nid oedd Maisy yn siomedig ynglŷn â methu â hyfforddi yn y sefyllfa hon, er ei bod yn hyfforddwr cymwys. Pam ydych chi'n meddwl nad oedd hi'n poeni?

2 Gall arsylwi ar arbenigwr fod yr un mor fuddiol â chwblhau tasgau eich hun neu o dan oruchwyliaeth. Allwch chi nodi tasgau penodol mewn lleoliadau ar gyfer y rolau canlynol lle mae naill ai'n ddoeth neu'n hanfodol i gysgodi rhywun wrth ei gwaith?
   • therapydd tylino chwaraeon
   • hyfforddwr trampolîn
   • athro addysg gorfforol.

Myfyrio ar eich profiad gwaith

Mae ymarfer myfyriol yn cynnwys edrych ar eich holl brofiadau yn fanwl i ddysgu mwy ar gyfer y tro nesaf. Bydd yn datblygu eich twf personol a phroffesiynol a hefyd eich gallu i gysylltu theori ac ymarfer.

Ar gyfer eich lleoliad, bydd gofyn i chi osod targedau a myfyrio ar eich cynnydd tuag at gyflawni eich targedau. Bydd rhaid i chi hefyd fyfyrio ar eich profiadau yn ystod eich lleoliad. Mae ymarfer myfyriol yn hanfodol i'ch helpu chi i ddysgu o'ch profiad ac i ddatblygu. Dylai'r broses hon fod yn barhaus ar lefel bersonol a phroffesiynol, ac nid yn ystod yr uned hon yn unig.

Pan fyddwch chi ar brofiad gwaith, dylech gadw dyddiadur myfyriol i gofnodi'r hyn rydych chi wedi'i ddysgu a'i brofi, a sut mae hyn yn effeithio ar eich datblygiad personol. Dylech hefyd fyfyrio ar y gweithdrefnau a ddefnyddir gan y sefydliad lle'r ydych ar brofiad gwaith fel y gallwch ddod i ddeall pam mae pethau'n cael eu gwneud.

Wrth fyfyrio ar eich profiad gwaith, mae'n bwysig bod unrhyw fyfyrio wedi'i strwythuro a'i drefnu. Awgrymodd Gibbs (1988) fodel sy'n briodol ar gyfer lleoliadau gwaith gan ei fod yn un o'r ychydig fodelau myfyriol sy'n ystyried sut rydych chi'n teimlo – gweler y trosolwg yn Ffigur 18.3. Mae chwe cham allweddol i'r broses hon.

Cam wrth gam: cylch myfyriol Gibbs

6 Cam

1 **Disgrifiad** – disgrifiwch yn union beth ddigwyddodd yn ystod eich profiad gwaith, gan gadw log yn rheolaidd. Yn dibynnu ar y math o leoliad y buoch yno efallai y bydd gennych amserlen i'w dilyn, e.e. efallai eich bod yn cyflwyno sesiynau hyfforddi ar yr awr bob awr yn y bore – os felly efallai y byddwch yn dewis disgrifio pob sesiwn yn unigol.

▼

2 **Teimladau** – ar gyfer pob un o'ch disgrifiadau, nodwch beth oeddech chi'n ei feddwl a'i deimlo ar y pryd. Rhowch sylwadau ar ba mor hyderus roeddech chi'n teimlo. Oeddech chi'n teimlo na allech ateb cwestiwn oherwydd diffyg gwybodaeth neu na allech gyfathrebu'n effeithiol ag athletwr neu riant?

▼

3 **Gwerthuso** – ar gyfer pob profiad, rhestrwch bwyntiau da a phwyntiau gwael. Er enghraifft, gallai fod yn dda eich bod yn ennill profiad yn hyfforddi plant o dan 9 oed, ond pan welsoch rhywun yn cael anaf efallai nad oeddech chi'n siŵr beth i'w wneud ac wedi gorfod gofyn am arweiniad.

4 **Dadansoddiad** – dadansoddwch pa synnwyr y wnaethoch chi o'r sefyllfa. Beth mae'n ei olygu? Fe allech chi ddadansoddi bod eich gwybodaeth am ddelio ag anafiadau yn wael ac, oherwydd eich diffyg profiad, nad oeddech yn gallu rheoli'r sefyllfa.

▼

5 **Casgliad** – dewch i gasgliad a dogfennwch beth arall allech chi fod wedi'i wneud, neu fe ddylech fod wedi'i wneud, yn ystod y profiad hwnnw. Oes angen i chi fynd ar gwrs cymorth cyntaf, neu adolygu cwrs rydych chi wedi'i wneud eisoes?

▼

6 **Cynllun gweithredu** – pe bai'r sefyllfa'n codi eto, beth fyddech chi'n ei wneud yn wahanol a sut byddwch chi'n addasu? Er enghraifft, pe baech wedi gweld rhywun yn torri ei goes, gallai eich camau gweithredu gynnwys ennill rhagor o brofiad ar ochr cae dan oruchwyliaeth a mynd ar gwrs i loywi eich gwybodaeth am gymorth cyntaf.

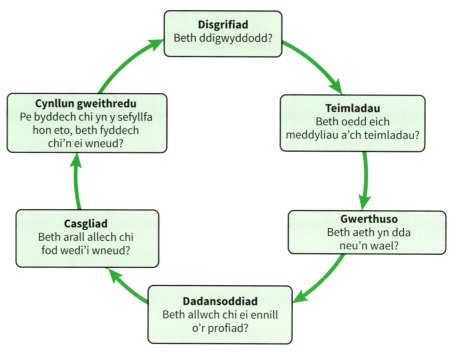

▶ **Ffigur 18.3:** Cylch myfyriol Gibbs

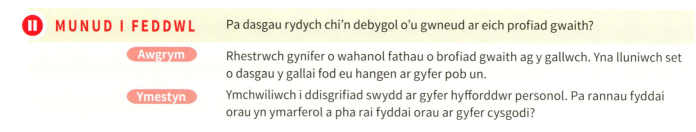

 MUNUD I FEDDWL   Pa dasgau rydych chi'n debygol o'u gwneud ar eich profiad gwaith?

Awgrym   Rhestrwch gynifer o wahanol fathau o brofiad gwaith ag y gallwch. Yna lluniwch set o dasgau y gallai fod eu hangen ar gyfer pob un.

Ymestyn   Ymchwiliwch i ddisgrifiad swydd ar gyfer hyfforddwr personol. Pa rannau fyddai orau yn ymarferol a pha rai fyddai orau ar gyfer cysgodi?

D   Ymchwilio i effaith profiad gwaith ym maes hamdden egnïol ar ddatblygiad gyrfa

Mae angen i chi adolygu'ch perfformiad yn ystod ac ar ôl eich profiad gwaith. Pan fyddwch chi'n gwneud hyn, mae angen i chi ddadansoddi'n feirniadol yr hyn rydych chi wedi'i wneud, beth allwch chi ei ddysgu o unrhyw sefyllfa a sut y bydd hyn yn ddefnyddiol o ran ychwanegu at eich sgiliau a'ch gwybodaeth am y diwydiant.

Mae yna lawer o ffyrdd i chi fyfyrio ar eich profiad gwaith, ond mae'n ddefnyddiol seilio'ch adolygiad ar eich nodau a'ch canlyniadau gwreiddiol yn eich cynllun gweithredu. Gallai hyn gynnwys unrhyw gyfleoedd i gymhwyso gwybodaeth a sgiliau cyffredinol – fel cyfathrebu a datrys problemau – yn ogystal â sgiliau technegol penodol – fel hyfforddi, mentora neu osod offer.

> **Myfyrio**
>
> Meddyliwch am rai o'r gweithgareddau y gwnaethoch chi eu cyflawni ar eich profiad gwaith. Beth wnaethoch chi ei fwynhau neu ddim ei fwynhau? Pam? Pa sgiliau newydd wnaethoch chi eu dysgu? Sut mae hyn wedi effeithio ar eich cynlluniau gyrfa?

Mae hefyd yn bwysig ystyried eich cyflawniadau o ran y fframwaith 'CAMPUS' (gweler tudalen 239), gan roi sylw arbennig i'r ddwy gydran olaf sy'n ymwneud â gwerthuso a chofnodi.

Rheolwr ar ddyletswydd mewn canolfan hamdden

Bu Jordan ar ddeg diwrnod o brofiad gwaith yn ei ganolfan hamdden leol. Cafodd gynnig swydd fel achubwr bywyd rhan-amser a chynorthwyydd chwaraeon. Gorffennodd ei BTEC Cenedlaethol mewn Chwaraeon ac mae bellach yn gweithio'n llawn amser fel rheolwr ar ddyletswydd.

Mae Jordan yn gweithio'n galed ac yn cymryd pob cyfle. Yn dibynnu ar ei shifft, mae'n cyrraedd y ganolfan am 6.00am er mwyn ei hagor am 6.30am. Mae hefyd yn aros yn hwyr yn y nos i'w chau, sydd hefyd yn cynnwys trin yr arian a dderbyniwyd yn ystod y dydd – mae'r ganolfan yn cau am 11.00pm, ac mae yntau'n anelu at adael am 11.30pm. Mae'r shifftiau y mae'n eu gwneud naill ai'n gynnar neu'n hwyr, ac mae ganddo un penwythnos mewn tri i ffwrdd. Mae wedi cwblhau ei gwrs *Pool Plant*, cwrs datblygu rheolaeth a phedwar dyfarniad corff llywodraethu gwahanol.

Y sgiliau y mae'n eu defnyddio fwyaf yw sgiliau gwasanaeth cwsmeriaid, a thechnegau trefnu a rheoli.

Mae wrth ei fodd yn ymwneud â'r cyhoedd a bod yn gyfrifol am redeg y ganolfan yn esmwyth, a chynllunio a chynnal digwyddiadau, fel priodasau. Mae hefyd yn mwynhau rheoli a threfnu'r staff, ac mae'n ffynnu ar yr her o weithio i derfynau amser a sicrhau bod popeth yn ei le.

Mae bellach yn 19 oed ac eisiau gwneud cais i fod yn rheolwr canolfan. Mae wedi cael rhywfaint o hyfforddiant ond mae eisiau symud ymlaen i fod yn rheolwr canolfan.

Gwiriwch eich gwybodaeth

1   Beth sydd angen i Jordan ei wneud i brofi ei fod yn addas ar gyfer y swydd reoli?

2   Cyn mynd am gyfweliad am swydd debyg, beth sy'n rhaid i Jordan ei ystyried a'i gynnwys o ganlyniad i'r profiad gwaith hwn?

3   Sut y gall wneud iddo'i hun sefyll allan o'r ymgeiswyr eraill a allai hefyd fod eisiau bod yn rheolwr canolfan?

4   Sut y gall berswadio'r panel cyfweld ei fod, yn 19 oed, yn barod ar gyfer y swydd reoli?

Adolygu'ch profiad gwaith

Gallwch seilio'ch adolygiad ar yr ystyriaethau canlynol.

▶ **Gweithgareddau** – pa weithgareddau wnaethoch chi yn ystod y profiad gwaith? Wnaethon nhw gwrdd â'ch disgwyliadau? Wnaethoch chi'r hyn oeddech chi'n gobeithio ei wneud? Gawsoch chi fwy o gyfrifoldeb na'r disgwyl? Oeddech chi'n teimlo eich bod chi'n aelod o staff di-dâl? Oeddech chi'n teimlo eich bod wedi cael her, ond heb gael eich esgeuluso?

▶ **Cyflawniadau** – beth wnaethoch chi ei gyflawni? Oeddech chi'n falch? A yw wedi newid eich meddwl am yr hyn rydych chi am ei wneud?

▶ **Nodau ac amcanion** – wnaethoch chi gyflawni'r nodau y gwnaethoch chi eu gosod i chi'ch hun cyn eich gwaith profiad? Wnaethoch chi eu cyflawni'n llawn neu'n rhannol?

▶ **Cryfderau a meysydd i'w gwella** – erbyn hyn, beth, yn eich barn chi yw eich cryfderau a beth yw eich meysydd i'w gwella? Cyfeiriwch yn ôl at y sgiliau gwaith (gweler tudalennau 250-51).

▶ **Tystiolaeth a thechnegau** – sut wnaethoch chi ddefnyddio tystiolaeth, fel ffotograffau neu fideo, i gefnogi casgliadau eich adolygiad?

▶ **Cyfweliadau a defnyddio tystiolaeth gan dystion** – siaradwch â staff am eich profiad gwaith a'ch perfformiad. Mae tystiolaeth gan dyst yn ddatganiad amlinellol byr o'r hyn wnaethoch chi, sydd wedi'i ysgrifennu gan eich goruchwyliwr, a'i lofnodi ganddo ef a chi. Siaradwch â'r staff – sut wnaethon nhw gyrraedd y swydd honno? Pa gymwysterau sydd ganddyn nhw? Beth yw eu cyflawniad mwyaf hyd yn hyn? Bydd hyn yn eich helpu i weld sut i ddatblygu yn y dyfodol.

Datblygu eich gyrfa yn y dyfodol

Ar ôl bod ar brofiad gwaith, dylech chi lunio cynllun datblygiad personol sy'n adlewyrchu'r nodau a'r amcanion a osodwyd gennych ar ddechrau'r lleoliad. Dylai'r cynllun datblygu gefnogi eich uchelgeisiau cyffredinol o ran gyrfa yn ogystal â'ch helpu i gyflawni'r nodau a'r amcanion wnaethoch chi eu gosod i chi'ch hun cyn mynd ar brofiad gwaith.

Ystyriwch beth allech chi ei wneud nesaf i gefnogi'ch datblygiad a chyrraedd eich nod cyffredinol. I wneud hyn, ystyriwch beth arall y gallech fod wedi'i wneud i gyflawni'r nodau a'r amcanion wnaethoch chi eu gosod i chi'ch hun cyn mynd ar brofiad gwaith. Efallai y byddwch chi'n am dreulio mwy o amser yn y lleoliad neu geisio gwaith rhan-amser.

▶ **Profiadau** – dylech ystyried pa brofiadau eraill y gallech eu cael i wireddu eich uchelgeisiau o ran gyrfa neu'ch nodau a'ch amcanion.

▶ **Hyfforddiant** – gall profiad gwaith eich gwneud chi'n ymwybodol o gyrsiau hyfforddi penodol a allai gefnogi'ch datblygiad. Gellid cynnwys y rhain yn eich cynllun datblygiad personol.

▶ **Cymwysterau** – efallai bod cymwysterau penodol hefyd a all eich helpu chi gyflawni eich nodau ar gyfer y dyfodol. Yn eich cynllun datblygu, amlygwch y rhain a rhowch dargedau i chi'ch hun o sut a phryd i'w cyrraedd.

Myfyrio ar eich profiad gwaith

Mae ymarfer myfyriol yn cynnwys edrych ar eich holl brofiadau yn fanwl i ddysgu mwy ar gyfer y tro nesaf. Bydd yn datblygu eich twf personol a phroffesiynol a hefyd eich gallu i gysylltu theori ac ymarfer.

Ar gyfer eich lleoliad, bydd gofyn i chi osod targedau a myfyrio ar eich cynnydd tuag at gyflawni eich targedau. Bydd rhaid i chi hefyd fyfyrio ar eich profiadau yn ystod eich lleoliad. Mae ymarfer myfyriol yn hanfodol i'ch helpu chi i ddysgu o'ch profiad ac i ddatblygu. Dylai'r broses hon fod yn barhaus ar lefel bersonol a phroffesiynol, ac nid yn ystod yr uned hon yn unig.

Pan fyddwch chi ar brofiad gwaith, dylech gadw dyddiadur myfyriol i gofnodi'r hyn rydych chi wedi'i ddysgu a'i brofi, a sut mae hyn yn effeithio ar eich datblygiad personol. Dylech hefyd fyfyrio ar y gweithdrefnau a ddefnyddir gan y sefydliad lle'r ydych ar brofiad gwaith fel y gallwch ddod i ddeall pam mae pethau'n cael eu gwneud.

Wrth fyfyrio ar eich profiad gwaith, mae'n bwysig bod unrhyw fyfyrio wedi'i strwythuro a'i drefnu. Awgrymodd Gibbs (1988) fodel sy'n briodol ar gyfer lleoliadau gwaith gan ei fod yn un o'r ychydig fodelau myfyriol sy'n ystyried sut rydych chi'n teimlo – gweler y trosolwg yn Ffigur 18.3. Mae chwe cham allweddol i'r broses hon.

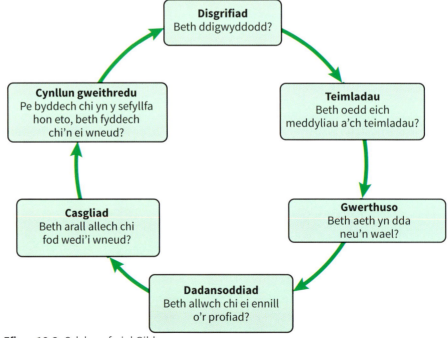

▶ **Ffigur 18.3:** Cylch myfyriol Gibbs

Ar ôl myfyrio ac os bydd y sefyllfa'n codi eto, byddwch wedi datblygu'n bersonol ac yn broffesiynol i ddelio â'r sefyllfa a bydd y digwyddiad newydd yn dod yn ganolbwynt i'r cylch myfyriol parhaus. Cofiwch fod datblygiad yn broses barhaus.

⏸ MUNUD I FEDDWL Pa dasgau ydych chi'n debygol o'u gwneud ar eich profiad gwaith?

Awgrym Rhestrwch gynifer o wahanol fathau o brofiad gwaith ag y gallwch. Yna lluniwch set o dasgau y gallai fod eu hangen ar gyfer pob un.

Ymestyn Ymchwiliwch i ddisgrifiad swydd ar gyfer hyfforddwr personol. Pa rannau fyddai orau yn ymarferol a pha rai fyddai orau ar gyfer cysgodi?

Ymchwil i sefydliadau hamdden

Ar ôl cwblhau eich lleoliad, rydych mewn sefyllfa ddelfrydol i ddeall nid yn unig y sefydliad lle gwnaethoch eich profiad gwaith ond hefyd gyflogwyr eraill yn eich ardal leol sydd â phwrpas tebyg ac sy'n cynnig rolau swydd, gwasanaethau a/ neu gynhyrchion tebyg. Bydd hyn yn eich helpu i werthfawrogi'r diwydiant ehangach a'r cyfleoedd sydd ar gael i chi yn lleol wrth ichi ddatblygu'ch gyrfa.

Ymchwil

Gan ddefnyddio'r enghraifft yn Ffigur 18.4, lluniwch dempled tebyg ac edrychwch ar ddau sefydliad hamdden egnïol yn eich ardal, gan sicrhau eich bod chi'n deall beth sy'n gwneud iddyn nhw weithredu, a sut y gallech chi gael eich lleoli ar gyfer cyflogaeth yn y dyfodol.

GWERTHUSIAD			
Enw a math o sefydliad	**Hanes y sefydliad**	**Strwythur**	**Nodau ac amcanion**
Clwb Golff Cobdown Cyfleuster golff preifat gyda chefnogaeth yr awdurdod cyhoeddus	Agorwyd yn 1967 pan roddodd tirfeddiannwr dir yn ei ewyllys i'r Cyngor ar gyfer chwaraeon neu hamdden	Cwmni preifat sy'n rhedeg y cyfleuster ar ran yr awdurdod lleol, gyda bwrdd gweithredol, ymddiriedolwyr a strwythur rheoli gan gynnwys rheolwyr ar ddyletswydd, hyfforddwyr golff a staff i ofalu am y tir	Darparu cyfleusterau o safon uchel am bris fforddiadwy i bawb yn y gymuned leol
Diwylliant	**Rolau yn y gweithle a chyfrifoldebau**	**Safonau ymddygiad a gwisg**	**Cyfleoedd ar gyfer datblygiad proffesiynol, sgiliau a gwybodaeth**
Cyfeillgar ond yn broffesiynol ac yn gynhwysol gyda chydbwysedd o gymdeithasau preifat a defnydd gan ysgolion lleol	Mae'r rheolwr ar ddyletswydd yn gyfrifol am bopeth gan gynnwys cyllid, rheoli staff, systemau archebu, cynnal a chadw'r tir a gwella'r busnes	Iwnifform i bob aelod o staff sy'n adlewyrchu safonau'r clwb ac i weithredu'n broffesiynol ar bob adeg	• Hyfforddiant rheoli gan gynnwys rheoli arian • Cymwysterau mewn rheoli cwrs golff gyda hyfforddiant gan The Institute of Greenkeepers • Cymwysterau hyfforddi golff gyda sefydliadau proffesiynol • Cymwysterau ScUK mewn hyfforddi generig mewn pynciau fel Amddiffyn Plant a Thegwch wrth Hyfforddi

▶ **Ffigur 18.4:** Gwerthuso cyflogwr lleol

1 Disgrifiad – disgrifiwch yn union beth ddigwyddodd yn ystod eich profiad gwaith, gan gadw log yn rheolaidd. Yn dibynnu ar y math o leoliad y buoch yno efallai y bydd gennych amserlen i'w dilyn, e.e. efallai eich bod yn cyflwyno sesiynau hyfforddi ar yr awr bob awr yn y bore – os felly efallai y byddwch yn dewis disgrifio pob sesiwn yn unigol.

2 Teimladau – ar gyfer pob un o'ch disgrifiadau, nodwch beth oeddech chi'n ei feddwl a'i deimlo ar y pryd. Rhowch sylwadau ar ba mor hyderus roeddech chi'n teimlo. Oeddech chi'n teimlo na allech ateb cwestiwn oherwydd diffyg gwybodaeth neu na allech gyfathrebu'n effeithiol ag athletwr neu riant?

3 Gwerthuso – ar gyfer pob profiad, rhestrwch bwyntiau da a phwyntiau gwael. Er enghraifft, gallai fod yn dda eich bod yn ennill profiad yn hyfforddi plant o dan 9 oed, ond pan welsoch rhywun yn cael anaf efallai nad oeddech chi'n siŵr beth i'w wneud ac wedi gorfod gofyn am arweiniad.

4 Dadansoddiad – dadansoddwch pa synnwyr y wnaethoch chi o'r sefyllfa. Beth mae'n ei olygu? Fe allech chi ddadansoddi bod eich gwybodaeth am ddelio ag anafiadau yn wael ac, oherwydd eich diffyg profiad, nad oeddech yn gallu rheoli'r sefyllfa.

5 Casgliad – dewch i gasgliad a dogfennwch beth arall allech chi fod wedi'i wneud, neu fe ddylech fod wedi'i wneud, yn ystod y profiad hwnnw. Oes angen i chi fynd ar gwrs cymorth cyntaf, neu adolygu cwrs rydych chi wedi'i wneud eisoes?

6 Cynllun gweithredu – pe bai'r sefyllfa'n codi eto, beth fyddech chi'n ei wneud yn wahanol a sut byddwch chi'n addasu? Er enghraifft, pe baech wedi gweld rhywun yn torri ei goes, gallai eich camau gweithredu gynnwys ennill rhagor o brofiad ar ochr cae dan oruchwyliaeth a mynd ar gwrs i loywi eich gwybodaeth am gymorth cyntaf.

Sut y dylanwadwyd ar eich dyheadau o ran gyrfa

Ar ôl adolygu'ch profiadau yn drylwyr, efallai y byddwch yn meddwl o'r newydd am eich dyheadau o ran gyrfa, gan gymryd i ystyriaeth eich proses hunanfyfyrio, yr ymchwil rydych wedi'i wneud i'r sefydliad ac eraill yn yr ardal, ynghyd â sylwadau gan y cyflogwr a'ch cydweithwyr.

Mae eich myfyrdod, wrth gwrs, yn bersonol ond dylai fod yn onest, gan ei fod yn ôl pob tebyg yn cynrychioli eich cyfle gorau i fyfyrio ar ba yrfa a allai fod yn addas i chi. Gallech strwythuro'ch myfyrdod gyda chwestiynau, gan edrych ar dri maes allweddol.

Dewis gyrfa

Gall eich lleoliad gwaith fod y cadarnhad yr oedd ei angen arnoch mai'r llwybr gyrfa rydych chi wedi'i ddewis yw'r un iawn – neu'r un anghywir – i chi. Y naill ffordd neu'r llall, mae'r profiad gwaith yn ddefnyddiol at y diben hwnnw. Rhowch gynnig ar ateb cwestiynau tebyg i'r rhain:

- ▶ Beth oedd eich prif weithgareddau a'ch cyfrifoldebau yn ystod eich profiad gwaith?
- ▶ Pam wnaethoch chi ddewis y lleoliad hwn ac a wnaeth fodloni'ch disgwyliadau?
- ▶ Beth ddysgoch chi am y sefydliad roeddech chi'n gweithio iddo?
- ▶ Beth oedd yr her fwyaf i chi ddod ar ei draws yn ystod eich profiad gwaith? Sut wnaethoch chi ei oresgyn a sut allech chi ymdopi â sefyllfa debyg yn wahanol yn y dyfodol?
- ▶ Disgrifiwch sefyllfa o'ch profiad gwaith pan fuoch chi'n flaengar. Beth wnaethoch chi a pham, a beth oedd y canlyniad?

Cadarnhau neu newid dyheadau o ran gyrfa

▶ Ydych chi'n meddwl mai dyma'r math o sefydliad yr hoffech chi weithio iddo yn y dyfodol a pham?

▶ Pa agwedd o'ch profiad gwaith oedd fwyaf boddhaol yn eich barn chi a pham?

▶ Pa agwedd ar eich profiad gwaith a oedd leiaf boddhaol yn eich barn chi a pham?

▶ Beth yw'r peth mwyaf arwyddocaol rydych chi wedi'i ddysgu o'ch profiad gwaith a sut, dybiwch chi, fydd hyn yn eich helpu yn y dyfodol?

Cynlluniau ar gyfer eich camau nesaf i ddilyn gyrfa

Bydd eich myfyrdod ar ôl eich lleoliad gwaith yn caniatáu ichi ddiweddaru'ch cynllun gweithredu gwreiddiol fel y gallwch gychwyn ar y camau nesaf tuag at yr yrfa o'ch dewis – beth bynnag y bo.

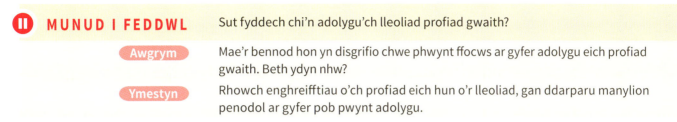

⏸ MUNUD I FEDDWL Sut fyddech chi'n adolygu'ch lleoliad profiad gwaith?

Awgrym Mae'r bennod hon yn disgrifio chwe phwynt ffocws ar gyfer adolygu eich profiad gwaith. Beth ydyn nhw?

Ymestyn Rhowch enghreifftiau o'ch profiad eich hun o'r lleoliad, gan ddarparu manylion penodol ar gyfer pob pwynt adolygu.

Ymarfer asesu 18.3

C.P4 C.M3 D.P5 D.P6 D.M4 D.M5 CD.D3

Rhan 1

Dyluniwch lyfr log sy'n cynnwys elfennau allweddol i'w cwblhau a fydd yn ddefnyddiol ar gyfer eich lleoliad go iawn, fel:

- yr hyn rydych chi wedi'i ddysgu trwy arsylwi, gwneud, gwrando a thrafod
- enghreifftiau o'r hyn rydych wedi'i wneud yn dda a ddim cystal
- meddyliau a theimladau o'r lleoliad
- gwelliannau a awgrymwyd i'r hyn rydych chi'n ei wneud neu rydych chi wedi'i wneud ac i'r lleoliad
- yr achosion lle rydych chi wedi arddangos gwaith tîm
- enghreifftiau o wytnwch pan nad yw pethau'n hawdd
- tystiolaeth o gynllunio ar gyfer y dyfodol ar gyfer cyfweliadau neu gan holi gweithwyr proffesiynol.

Mae rhan nesaf eich llyfr log yn ymwneud â dwy brif elfen: yn gyntaf, eich myfyrdodau tra buoch ar brofiad gwaith ac yn ail, manylion penodol yn ymwneud â'ch profiad gwaith gan gynnwys gwybodaeth am hanes y sefydliad, beth yw ei brif nodau, sut mae ei staff wedi'u strwythuro a'r safonau sydd ganddo sy'n adlewyrchu safonau'r diwydiant. Dylech hefyd ddweud i bwy mae'r cwmni'n gyfrifol am gynnal y safonau hynny; er enghraifft, rhaid i achubwyr bywyd a'r rhai sy'n eu cyflogi gydymffurfio â deddfwriaeth ac argymhellion y Gymdeithas Achub Bywyd Frenhinol.

Rhan 2

Ar ôl cwblhau eich profiad gwaith, mae'n bwysig dechrau myfyrio. Byddwch yn cael cyfle i fyfyrio ar yr hyn a wnaethoch, yr hyn wnaethoch chi ei fwynhau neu ddim ei fwynhau ac, yn bwysicaf oll, beth y mae wedi eich helpu i benderfynu am eich gyrfa yn y dyfodol. Dechreuwch trwy edrych yn ôl ar eich cynllun gweithredu profiad gwaith ac yn arbennig y nodau a'r canlyniad rydych chi wedi'u pennu.

Lluniwch ffurflen dempled i'w hychwanegu at eich cyflwyniad sy'n eich galluogi i fyfyrio'n ddigonol ar eich holl brofiadau. Yn benodol, nodwch unrhyw newidiadau mewn agwedd neu ddyheadau yn y dyfodol sy'n ymwneud â'ch gyrfa. Cyfiawnhewch y math o gyfleoedd a gyflwynir fel canlyniad a fydd yn datblygu eich gwybodaeth a'ch sgiliau eich hun sy'n gysylltiedig â gyrfa. Rhaid i chi gymharu sefydliadau tebyg a nodi pa gyfleoedd a allai fod yn y sefydliadau hyn neu sefydliadau tebyg.

Cynllunio
- Beth yw'r dasg?
- Faint o amser sydd gen i i gyflawni'r dasg?

Gwneud
- Gallaf ofyn am farn pobl eraill.
- Gallaf wneud cysylltiadau rhwng yr hyn yr wyf yn ei wneud a'r dasg, ac adnabod y wybodaeth bwysig.

Adolygu
- Gallaf egluro pa elfennau a gefais yn anoddaf.
- Gallaf egluro pa sgiliau a ddefnyddiais a pha rai newydd yr wyf wedi'u datblygu.

Deunydd darllen ac adnoddau pellach

Masters, J. (2011) *Working in Sport*, 3ydd argraffiad, Rhydychen: How To Books.

Wells, M. et al. (2010) *A Career in Sports: Advice from Sports Business Leaders*, M. Wells Enterprises.

Swee Hong, C. a Harrison, D. (2011) *Tools for Continuing Professional Development*, Llundain: Quay Books.

Gwefannau

www.gyrfacymru.cymru – cymorth i gynllunio'ch gyrfa, paratoi at gael swydd, dod o hyd i ac ymgeisio am brentisiaethau, cyrsiau a'r hyfforddiant cywir.

www.careers-in-sport.co.uk – cyngor i bobl ifanc sy'n cychwyn ar yrfa mewn chwaraeon

nationalcareersservice.direct.gov.uk – gwybodaeth, cyngor ac arweiniad i'ch helpu chi i wneud penderfyniadau ar ddysgu, hyfforddiant a gwaith

www.uksport.gov.uk/jobs-in-sport – asiantaeth chwaraeon perfformiad uchel y DU sy'n buddsoddi mewn chwaraeon Olympaidd a Pharalympaidd

BETH AM ▶▶ Y DYFODOL?

Jo Shilling

Dysgwr BTEC a golffiwr brwd

Rydw i wedi bod wrth fy modd â golff ers pan oeddwn i'n bedair oed – roeddwn i wrth fy modd yn ei wylio ar y teledu a diolch byth bod fy rhieni wedi fy nghefnogi i'w ddysgu pan oeddwn i'n dal yn ifanc. Pan ddechreuais fy BTEC Cenedlaethol mewn Chwaraeon, penderfynais seilio cymaint o fy astudiaethau ar golff ag y gallwn.

Rydw i wedi bod eisiau gweithio fel gweithiwr golff proffesiynol erioed ac ar gyfer yr uned hon helpodd fy hyfforddwr fi i gael profiad gwaith ar gwrs golff lleol. Rydw i wedi bod yn rhannu fy amser rhwng y siop pro, hyfforddi ar y maes a hyd yn oed peth amser gyda staff y tir yn gwella ac atgyweirio'r cwrs – mae'r cyfan wedi fy helpu i gael darlun ehangach o'r hyn sy'n digwydd ar gwrs golff, profiad cyffredinol y cwsmer a sut y gall gweithiwr proffesiynol golff ffitio i mewn i hynny.

Roedd yn rhyfedd gweld pethau o'r ochr arall. Fel arfer, rwy'n gwsmer ond yn ystod fy mhrofiad gwaith gwelais bethau o safbwynt gwahanol. Mae gan bob un o'r cwsmeriaid set o ddisgwyliadau sy'n amrywio o wasanaeth cadi, mynediad i'r anabl neu ddim ond sicrhau nad yw chwarae'n rhy araf a bod pawb yn dilyn y rheolau mewn perthynas â phob un o'r defnyddwyr eraill.

Er y gallwn fod wedi dyfalu y byddwn yn gwasanaethu yn y siop, yn helpu gyda'r hyfforddwyr ac yn helpu yn y bwyty, nid oeddwn yn gwerthfawrogi'r gwaith o sicrhau bod pawb yn hapus ac yn barod i chwarae, o 5.30am i'r golffwyr sy'n chwarae fin nos. Mae gweithredu clwb golff llwyddiannus yn gofyn am lawer o ymdrech a chynllunio ond roeddwn i'n mwynhau popeth serch hynny.

Canolbwyntio eich sgiliau

Gweithio gydag eraill

Bydd eich profiad gwaith yn helpu i ddatblygu sgiliau cysylltiedig â gwaith fel gweithio gydag eraill i ffurfio tîm cryf.

- Gwnewch ymdrech i feithrin perthnasoedd gwaith gyda phob un o'ch cwmpas – cymerwch ddiddordeb yn eu gwaith a sut mae'n ffitio i'r busnes, a chynigiwch eu helpu os oes gennych amser ar gael.
- Os gwelwch nad ydych yn cael y profiad a addawyd ichi, gofynnwch am gyfarfod â'ch goruchwyliwr i drafod hyn ac awgrymu rhai ffyrdd y gallech wneud gwell cyfraniad.
- Gofynnwch i'ch cyflogwr am dystlythyr cyn i chi adael, tra bod eich cyfraniad yn ffres yn ei feddwl. Gellid cynnwys hyn fel rhan o'ch llyfr log.

Mae hunanfyfyrio yn bwysig nid yn unig yn ystod eich lleoliad ond trwy gydol eich gyrfa

- Gwyliwch am gyfleoedd a allai godi yn ystod eich profiad gwaith, a gwrandewch ar bobl sy'n siarad am gyfleoedd.
- Gwnewch nodyn o'r holl sgiliau rydych chi'n eu dysgu yn ystod eich profiad gwaith ond yn enwedig y rhai y gellir eu trosglwyddo i gyflogwyr eraill.
- Gwnewch yn siŵr eich bod chi'n gofyn i gymaint o gydweithwyr â phosib ynglŷn â sut i fynd ati i ddod o hyd i swydd dda.

Paratoi ar gyfer asesiad

Mae David yn gweithio tuag at BTEC Cenedlaethol mewn Datblygu Chwaraeon, Hyfforddi a Ffitrwydd ac mae'n chwaraewr pêl-fasged brwd sydd wedi llwyddo i gael profiad gwaith mewn clwb pêl-fasged cynghrair cenedlaethol wedi'i leoli'n lleol. Mae'r profiad gwaith dros ychydig wythnosau am ychydig oriau ar y tro.

Mae David yn gwybod bod angen iddo baratoi cynllun gweithredu, gwneud cais a chael ei gyfweld gan y clwb, ymgymryd â'r oriau gofynnol yn y lleoliad ac yna cwblhau adolygiad.

Mae David yn rhannu ei brofiad isod.

Sut y dechreuais i

Yn gyntaf, casglais fy holl nodiadau ar y pwnc hwn a'u rhoi mewn ffolder. Penderfynais rannu'r gwaith yn bedair rhan: y cynllun gweithredu, y cais a'r cyfweliad, y lleoliad yn y clwb pêl-fasged ac yn olaf yr adolygiad o'r lleoliad.

Mewn gwirionedd roedd yn ymwneud â dilyn y broses yn unig. Yn gyntaf, lluniais y cynllun gweithredu gyda fy holl sgiliau a rhinweddau a restrir, gan gynnwys fy angerdd am bêl-fasged, yna ymchwiliais i'r clwb pêl-fasged a chysylltais â nhw i drefnu cyfweliad, wedi'i gynorthwyo gan y ffaith bod fy ffrind Robbie yn chwarae yn y tîm iau, Y Llwynogod Arian. Yna cwblheais gais a'i anfon at ysgrifennydd y clwb.

Sut y des i â'r cyfan at ei gilydd

Yna cyflwynwyd y gwaith yn ôl yr angen fel adroddiad, a chynllun gweithredu ac yn y pen draw cyflwyniad, ac roedd hyn i gyd yn barod cyn i mi ddechrau hyd yn oed.

Ar ôl cyfweliad llwyddiannus ond nerfus, dechreuais ar y profiad gwaith a thrwy gydol y cyfnod defnyddiais lyfr log yr oedd fy nhiwtor wedi'i ddarparu a oedd yn cadw cofnod o bopeth yr oeddwn wedi'i wneud.

Beth wnes i ei ddysgu o'r profiad

Rwy'n hapus i ddweud bod y clwb yn caniatáu imi barhau fel gwirfoddolwr ar ddiwrnodau gêm lle rwy'n cyflawni ystod o swyddogaethau, gan gynnwys cyfarch y tîm oddi cartref a chefnogi swyddogion yr ornest, ac rydw i nawr yn hyfforddi ar sut i gymryd ystadegau oddi wrth y gêm sy'n cael ei bwydo i'r gynghrair fel bod y wybodaeth ddiweddaraf am y gemau ar gael ar y rhyngrwyd.

Rwyf wedi sylweddoli nad yw gyrfaoedd amser llawn yn yr hyn rydw i wedi'i wneud ar fy mhrofiad gwaith yn gyffredin iawn ond rydw i wedi cael profiad da o hyfforddi, datblygu chwaraewyr a rheoli digwyddiadau, ac ar hyn o bryd rydw i'n pendilio rhwng eisiau cymryd rhan mewn chwaraeon, rheoli digwyddiadau a bod yn ddadansoddwr perfformiad.

Mae fy adolygiad wedi caniatáu imi fyfyrio ar yr hyn yr wyf wedi'i wneud yn y clwb a sut y gallaf lunio fy newis gyrfa yn y dyfodol.

Pwyntiau i'w hystyried

- Cynlluniwch eich gwaith yn ofalus. Meddyliwch am y tasgau gwahanol y mae'n rhaid i chi eu cwblhau, yna ychwanegwch ddyddiadau cwblhau ar eu cyfer fel y gallwch fod yn sicr y byddwch chi'n gorffen popeth erbyn y dyddiad cau.
- Sicrhewch eich bod yn defnyddio'ch llyfr log yn ddyddiol gan ei bod yn hawdd iawn ei adael a hefyd yn hawdd iawn anghofio'r hyn rydych wedi'i wneud ar ddiwrnod penodol.
- Gwnewch yn siŵr eich bod yn gwirio am sillafu a gramadeg ym mhob maes a bod eraill yn adolygu eich gwaith cyn i chi ei gyflwyno.

Datblygu a Darparu Chwaraeon a Gweithgaredd Corfforol

19

Dod i adnabod eich uned

Dywedodd Nelson Mandela unwaith: 'Mae gan chwaraeon y pŵer i newid y byd. Mae ganddo'r pŵer i ysbrydoli. Mae ganddo'r pŵer i uno pobl mewn ffordd nad oes fawr ddim arall yn ei wneud. Gall chwaraeon ddeffro gobaith lle nad oedd ond anobaith o'r blaen.'

Mae gan chwaraeon a gweithgaredd corfforol nifer o fanteision corfforol, seicolegol, cymdeithasol ac ariannol, ymhlith eraill. Mae'r uned hon yn ymwneud â sut mae datblygu a gwella darpariaeth chwaraeon a gweithgaredd corfforol yn chwarae rhan ganolog wrth helpu i wella iechyd y byd modern.

Sut y cewch eich asesu

Bydd yr uned hon yn cael ei hasesu drwy gyfrwng tasg ysgrifenedig wedi'i gosod a'i marcio gan Pearson. Bydd eich asesiad yn digwydd o dan oruchwyliaeth. Ar adeg benodol cyn hyn, byddwch yn cael senario i seilio'ch ateb ysgrifenedig arno. Dylech dreulio amser yn ymchwilio i hyn yn annibynnol ac yn gwneud nodiadau. Ni allwch gael unrhyw adborth yn ystod y cyfnod paratoi hwn. Bydd eich athro yn dweud wrthych faint o amser sydd gennych, a hyd a fformat y nodiadau y gallwch eu cymryd.

Pan fyddwch yn paratoi ar gyfer eich astudiaeth achos, dylech ystyried y cwestiynau canlynol.

▶ Beth yw egwyddorion allweddol a chysyniadau ehangach datblygu chwaraeon?
▶ Beth yw rôl cyfryngau a masnacheiddio wrth ddatblygu a darparu chwaraeon a gweithgaredd corfforol?
▶ Beth yw'r ystyriaethau allweddol y mae'n rhaid i chi roi sylw iddyn nhw wrth ysgrifennu cynnig datblygu chwaraeon, megis ar gyfer digwyddiad, menter neu ar gyfer datblygu cyfleusterau?

Disgwylir i chi gwblhau tasg benodol yn ystod y cyfnod asesu dan oruchwyliaeth. Bydd y dasg benodol yn asesu eich gallu i lunio cynnig datblygu chwaraeon.

Gall y canllawiau ar gyfer asesu newid, ac felly dylech gyfeirio at y canllawiau asesu swyddogol ar wefan Cymwysterau Pearson i gael y canllawiau diweddaraf.

Y canlyniadau asesu ar gyfer yr uned hon yw:

▶ **AO1** Dangos gwybodaeth a dealltwriaeth o ddatblygiad chwaraeon a'i fesur, rôl a swyddogaethau sefydliadau datblygu chwaraeon, a'r berthynas rhwng masnacheiddio a'r cyfryngau mewn datblygiad chwaraeon ehangach

  Gair gorchymyn:

  • **Arddangos** – Dangos gwybodaeth a dealltwriaeth.

▶ **AO2** Cymhwyso gwybodaeth a dealltwriaeth o ddatblygiad chwaraeon a'i fesur, sefydliadau datblygu chwaraeon, a'r perthnasoedd rhwng masnacheiddio a'r cyfryngau i gyd-destunau cyfarwydd ac anghyfarwydd

▶ **AO3** Dadansoddi a gwerthuso effaith cynigion datblygu chwaraeon yn y cyd-destun ehangach ym maes datblygu chwaraeon

  Geiriau gorchymyn:

  Dadansoddi – Mae dysgwyr yn cyflwyno canlyniad arholiad trefnus a manwl naill ai:

  • manylu ar thema, pwnc neu sefyllfa er mwyn dehongli ac astudio'r gydberthynas rhwng y rhannau a/neu

- gwybodaeth neu ddata i ddehongli ac astudio tueddiadau a chydberthynas allweddol.

Gellir dadansoddi trwy weithgaredd, ymarfer, cyflwyniad ysgrifenedig neu lafar.

Gwerthuso – Mae gwaith y dysgwyr yn defnyddio gwybodaeth, themâu neu gysyniadau amrywiol i ystyried agweddau fel:

- cryfderau neu wendidau
- manteision neu anfanteision
- gweithredoedd amgen
- perthnasedd neu arwyddocâd.

Dylai ymholiadau dysgwyr arwain at ddyfarniad â chymorth, gan ddangos y berthynas â'i chyd-destun. Yn aml bydd hyn mewn casgliad. Yn aml, bydd y dystiolaeth yn cael ei hysgrifennu ond gallai fod trwy gyflwyniad neu weithgaredd.

▶ **AO4** Yn gallu datblygu cynnig datblygu chwaraeon gyda chyfiawnhad priodol

Gair gorchymyn:

Cyfiawnhau – Mae'r dysgwyr yn rhoi rhesymau neu dystiolaeth i:

- gefnogi barn; neu
- brofi bod rhywbeth yn iawn neu'n rhesymol.

Mae yna sawl term allweddol y bydd angen i chi eu deall fel rhan o'ch asesiad, a dangosir y rhain yn Nhabl 19.1.

▶ **Tabl 19.1:** Termau allweddol yn yr uned hon

Term allweddol	Diffiniad
Masnacheiddio	Y ffordd y mae rhywbeth yn cael ei reoli neu ei ecsbloetio er mwyn gwneud elw
Seilwaith	Y strwythurau a'r cyfleusterau ffisegol a sefydliadol sylfaenol (e.e. adeiladau, ffyrdd, a chyflenwadau pŵer) sydd eu hangen ar gyfer gweithredu cymdeithas neu fenter
Cydberthynas	Y ffordd y mae dau neu ragor o bethau'n gysylltiedig â'i gilydd
Dangosyddion Perfformiad Allweddol (DPA)	Dull o fesur perfformiad a ddefnyddir i werthuso llwyddiant sefyllfa, sefydliad neu weithgaredd penodol
Cynnig	Disgrifiad manwl o nodau, DPA, gweithgareddau arfaethedig ac adnoddau gyda'r nod o ddatblygu chwaraeon
Datblygu chwaraeon	Gweithio gydag unigolion, grwpiau a sefydliadau i gynyddu'r nifer sy'n cymryd rhan mewn chwaraeon a gweithgaredd corfforol o bob math
Rhanddeiliaid datblygu chwaraeon	Unrhyw un sydd â diddordeb yn y gwerth y mae'r sefydliad yn ei greu. Gall rhanddeiliaid fod yn berchnogion, cwsmeriaid, noddwyr, gweithwyr, gwirfoddolwyr ac asiantaethau'r llywodraeth.
Cyd-chwaraeon ehangach	Y gymuned ehangach a sefydliadau eraill yn yr un gamp, h.y. cyfranogwyr, gwirfoddolwyr, perchnogion, cwsmeriaid, noddwyr, gweithwyr, gwirfoddolwyr ac asiantaethau'r llywodraeth.

Dechrau arni

Defnyddir chwaraeon ledled y byd i gyfrannu at newid a datblygiad cymdeithasol. Mae wedi cyfrannu at wella cydraddoldeb rhywiol a chydraddoldeb o ran oedran, lleihau lledaeniad HIV ac Aids, lleihau troseddau ac adfywio cymunedol. Lluniwch fap yn eich pen o'r gwahanol ffyrdd y gallai cymryd rhan mewn chwaraeon a gweithgaredd corfforol gyfrannu at yr ystyriaethau cymdeithasol hyn.

A Egwyddorion datblygu chwaraeon

Cysylltiad

Mae gan yr uned hon gysylltiadau cryf ag *Uned 10: Trefnu Digwyddiad Chwaraeon.*

Mae gan 'datblygu chwaraeon' y tair egwyddor allweddol ganlynol yn gefn iddo sy'n cael eu harchwilio yn yr adran hon.

1 Cynyddu lefelau **cyfranogiad**
2 Cynyddu lefelau **cynhwysiant**
3 Helpu pobl i weld **cynnydd** yn eu lefel ar hyd y 'continwwm datblygu chwaraeon'.

Cyfranogiad

Mae yna wahanol ffyrdd o gymryd rhan mewn chwaraeon, a nod datblygu chwaraeon yw cynyddu'r lefelau cyfranogiad ym mhob un ohonynt. Yn ogystal â chymryd rhan mewn chwaraeon fel athletwr neu berfformiwr, gall pobl hyfforddi'r gamp, bod yn swyddog, neu'n weinyddwr neu'n wirfoddolwr i helpu mewn digwyddiad neu gyda chlwb chwaraeon. Mae tair lefel o gyfranogiad: hamdden, cystadleuol a phroffesiynol.

Hamdden

Mae chwaraeon hamdden yn weithgaredd y mae pobl yn cymryd rhan ynddo yn ystod eu hamser rhydd, rhywbeth y maen nhw'n ei fwynhau ac sydd â rhyw fath o fudd cymdeithasol. Yn aml, mae'n cael ei chwarae heb elfen gystadleuol, ond gellir ei chwarae o fewn rheolau sefydledig y gamp o hyd. Nodwedd allweddol o weithgaredd hamdden yw bod y gweithgaredd ei hun yn llai pwysig na'r rhesymau dros gymryd rhan, er enghraifft mwynhad neu'r agwedd gymdeithasol.

Cystadleuol

Mae chwaraeon cystadleuol yn cael eu chwarae o fewn rheolau penodol y gamp. Enghraifft o hyn yw tîm rygbi lleol sy'n cystadlu mewn cynghrair leol neu redwyr sy'n cystadlu dros glwb athletau lleol. Ennill yw prif nod chwaraeon cystadleuol, ond gall fod iddo fanteision eraill, llawer mwy. Gall tynnu'r sylw oddi ar ennill neu golli fod yn fuddiol i athletwyr ifanc, oherwydd gall ganolbwyntio eu sylw ar ffactorau fel ymdrech a dysgu a datblygu, sy'n well ar gyfer eu datblygiad tymor hwy.

Proffesiynol

Chwaraeon proffesiynol yw'r rhai y mae athletwyr yn cael tâl am gymryd rhan, ar ffurf cyflog neu ffi. Mewn llawer o achosion, mae'n debygol mai dim ond athletwyr elitaidd sy'n cymryd rhan mewn chwaraeon yn y modd hwn, ond mae swyddi eraill â thâl mewn chwaraeon proffesiynol hefyd, fel gweithio ym maes gweinyddiaeth, fel swyddog chwaraeon neu fel hyfforddwr.

Ymchwil

Ymchwiliwch i weithgareddau chwaraeon eich ysgol neu goleg. Oes ganddyn nhw chwaraeon hamdden yn ogystal â chwaraeon cystadleuol? Beth maen nhw'n ei ddweud yw prif fanteision hyn?

Cynhwysiant

Mae cynhwysiant yn cyfeirio at ddatblygu a darparu chwaraeon a gweithgaredd corfforol sy'n annog pob rhan o'r gymdeithas i gymryd rhan. Er mai'r nod yw annog pawb i gymryd rhan, mae yna hefyd **grwpiau targed** o fewn cymdeithas sydd â lefelau is o weithgaredd corfforol neu gyfranogiad mewn chwaraeon. Fe'u diffinir yn aml mewn perthynas â rhyw, oedran a statws **economaidd-gymdeithasol**, ethnigrwydd neu anabledd. Mae Arolwg Bywydau Gweithredol Sport England yn monitro lefelau gweithgaredd gwahanol rannau o'r gymdeithas i helpu i gyfeirio cyllid tuag at wahanol grwpiau targed a chynyddu eu lefelau gweithgaredd.

Rhyw ac oedran

Mae Sport England wedi canfod bwlch sylweddol rhwng y rhywiau mewn cyfranogiad chwaraeon a gweithgaredd corfforol rhwng dynion a menywod. Yn Lloegr, roeddent yn amcangyfrif bod dwy filiwn yn llai o fenywod rhwng 14 a 40 oed yn cymryd rhan yn rheolaidd mewn chwaraeon, er bod 75 y cant o fenywod wedi dweud yr hoffent fod yn fwy egnïol. Fe wnaethant dynnu sylw at y ffaith nad yw'r gwahaniaeth hwn i'w gael mewn gwledydd Ewropeaidd eraill. O ganlyniad, cynhyrchodd Sport England y fenter 'This Girl Can' i geisio gwella lefelau cyfranogiad menywod.

Roedd y fenter 'This Girl Can' yn seiliedig ar waith ymchwil a ddaeth i'r casgliad bod ofni barn – o ran ymddangosiad, gallu neu sut y maen nhw'n dewis treulio amser arnynt eu hunain – yn achosi i fenywod o bob oed gefnu ar ymarfer corff. Felly, cynhyrchodd Sport England eu fideo llwyddiannus iawn 'This Girl Can', sydd wedi cael ei wylio dros 9 miliwn o weithiau ers hynny. Erbyn mis Chwefror 2017, roedd bron i 250,000 o fenywod yn fwy egnïol yn wythnosol.

▶ Enghraifft o boster This Girl Can a ddyluniwyd i annog menywod a merched i fod yn fwy egnïol

Mae dynion hŷn hefyd yn grŵp targed ar gyfer cynyddu cyfranogiad. Wrth i ddynion heneiddio, mae eu cyfranogiad mewn chwaraeon a gweithgaredd corfforol yn lleihau. Gall hyn fod oherwydd salwch, anaf, eiddilwch neu ddiffyg hyder mewn corff sy'n heneiddio. O ganlyniad, mae nifer o sefydliadau, fel y Rhwydwaith Dynion Hŷn, wedi gweithio mewn partneriaeth ag awdurdodau lleol i sefydlu mentrau 'chwaraeon cerdded' ar gyfer dynion hŷn. Mae'r rhain yn cynnwys pêl-droed cerdded a digwyddiadau rygbi cerdded gyda'r bwriad o annog dynion hŷn i gymryd rhan mewn 30 munud o weithgaredd o leiaf unwaith yr wythnos.

Ffactorau economaidd-gymdeithasol

Diffinir statws economaidd-gymdeithasol unigolyn gan **Ddosbarthiad Economaidd-gymdeithasol yr Ystadegau Gwladol** (NS-SEC). Mae pobl â statws economaidd-gymdeithasol yn y dosbarth 5–8 (hanner isaf yr NS-SEC, y rhai ag incwm is yn y cartref) yn tueddu i fod yn llai egnïol na'r rhai yn y dosbarth 1–4. Yn 2015, dywedodd Sport England mai dim ond 25.9 y cant o bobl yn nosbarth 5–8 yr NS-SEC oedd yn gwneud ymarfer corff. Cymharer hyn â 39.1 y cant o bobl yn y dosbarthiadau uwch.

Term allweddol

Economaidd-gymdeithasol – yn ymwneud â chefndir cymdeithasol ac economaidd unigolyn. Mae ffactorau cymdeithasol yn cynnwys eu cefndir diwylliannol a ble maen nhw'n byw, tra bod ffactorau economaidd yn cynnwys faint o incwm sydd ganddyn nhw.

Trafodaeth

Ewch i **www.thisgirlcan. co.uk**. Hefyd chwiliwch am yr hashnod #thisgirlcan ar y cyfryngau cymdeithasol. Beth yw prif agweddau'r fenter hon sy'n ceisio annog menywod i fod yn fwy egnïol? Sut allen nhw fod yn effeithiol yn eich barn chi?

Term allweddol

Dosbarthiad Economaidd-gymdeithasol yr Ystadegau Gwladol – graddfa a ddefnyddir i ddosbarthu statws economaidd-gymdeithasol pobl yn y DU.

Ethnigrwydd

Ar draws poblogaeth y DU gyfan, dim ond 11 y cant o'r bobl sy'n cymryd rhan mewn chwaraeon a gweithgaredd corfforol sy'n dod o gefndiroedd nad ydynt yn wyn.

I ddynion, nid yw eu lefelau cyfranogiad mewn chwaraeon (a ddiffinnir fel pedair sesiwn o 30 munud o chwaraeon dwysedd cymedrol yr wythnos) yn amrywio fawr ddim. Yn ôl yr Arolwg Bywydau Gweithredol, mae'r mwyafrif o gefndiroedd ethnig yn hofran o gwmpas y ffigur 40–43 y cant o ran cyfranogiad. Dynion o hil gymysg yw'r unig grŵp ethnig y mae eu lefelau cyfranogiad dros 50 y cant.

Yn achos menywod, fodd bynnag, mae'r darlun yn wahanol, a dyna pam mae menywod mewn gwahanol grwpiau ethnig yn aml yn cael eu hystyried yn grwpiau targed i gynyddu cyfranogiad. Er enghraifft, nodwyd bod lefelau cyfranogiad menywod o gefndir ethnig Asiaidd mor isel â 21 y cant. O fewn ethnigrwydd, mae ffydd a chrefydd hefyd yn ystyriaethau ar gyfer grwpiau targed. Er enghraifft, mae lefelau cyfranogiad menywod Mwslimaidd mor isel â 18 y cant.

Anabledd

Mae'r lefelau cyfranogiad mewn chwaraeon a gweithgaredd corfforol yn achos unigolion anabl yn llai na hanner y boblogaeth yn gyffredinol. Yn ôl Sport England, mae gan bobl 16 oed neu hŷn sydd â salwch neu anafiadau tymor hir sy'n cyfyngu ar fywyd, neu anabledd, lefelau gweithgaredd o 17.2 y cant. Mae gan y rhai â nam synhwyraidd (megis colli golwg neu glyw) lefelau gweithgaredd o ddim ond 13.4 y cant.

Mae chwaraeon anabledd ieuenctid wedi dod yn grŵp targed ar gyfer datblygu chwaraeon elitaidd, ac yn ystod y blynyddoedd diwethaf gwelwyd cynnydd mewn cyllid a diddordeb y llywodraeth mewn chwaraeon anabledd yn y DU. Cynyddodd cyllid y Rhaglen Perfformiad Paralympaidd o'r Radd Flaenaf o oddeutu £10 miliwn yn 2000 i bron i £73 miliwn i gefnogi athletwyr wrth iddynt baratoi ar gyfer Gemau Paralympaidd 2016 yn Rio de Janeiro.

Mae yna achosion hefyd lle mae pobl yn rhan o fwy nag un grŵp targed ac felly'n wynebu sawl her. Er enghraifft, mae menywod Mwslimaidd o gefndiroedd economaidd-gymdeithasol isel sydd ag anabledd yn wynebu 'her driphlyg' o ran cymryd rhan mewn chwaraeon a gweithgaredd corfforol.

Y continwwm datblygu chwaraeon

Mae'r continwwm datblygu chwaraeon yn fodel sy'n dangos y gwahanol lefelau o ddatblygiad chwaraeon. Dangosir pedair lefel y continwwm datblygu chwaraeon yn Nhabl 19.2 a Ffigurau 19.1 a 19.2.

▶ **Tabl 19.2:** Lefelau'r continwwm datblygu chwaraeon

Lefel	Disgrifiad
Sylfaen	• Wedi'i anelu at blant ysgol gynradd neu ddechreuwyr • Mae'n addysgu sgiliau sylfaenol (e.e. taflu, dal) ac yn rhoi cyflwyniad i'r rheolau sylfaenol • Mae'r pwyslais ar hwyl i annog cyfranogiad parhaus
Cyfranogiad	• Wedi'i anelu at amrywiaeth o unigolion • Yn canolbwyntio mwy ar gyfranogi mewn chwaraeon cymunedol, gan geisio ennyn diddordeb pobl mewn gweithgaredd mwy rheolaidd
Perfformiad	• Mae'r pwyslais ar wella lefel sgiliau trwy ymarfer neu gystadlu, i wella perfformiad yn gyffredinol • Ar y cam hwn, gall pobl gael eu dewis ar gyfer treialon a chael eu derbyn i amgylcheddau chwaraeon academi, a byddant yn debygol o berfformio mewn chwaraeon ar lefel sirol
Rhagoriaeth	• Wedi'i anelu at gystadlaethau ar lefel genedlaethol a rhyngwladol • Yn canolbwyntio ar ddatblygu athletwyr talentog yn athletwyr elitaidd sydd â chyfle realistig o ennill mewn twrnameintiau rhyngwladol mawr, fel ennill medalau yn y Gemau Olympaidd.

Symud ymlaen ar hyd y continwwm

Mae adnabod talent yn bwysig i helpu athletwyr symud ymlaen ar hyd y continwwm datblygu chwaraeon. Rôl adnabod talent yw canfod athletwyr sydd â'r potensial i symud ymlaen i lefel elitaidd, a hynny mor gynnar â phosibl. Mae'r meini prawf y mae sgowtiaid talent yn eu defnyddio i ddewis athletwyr yn amrywio: mae rhai sefydliadau'n gwahodd athletwyr o gefndir chwaraeon lefel uchel ac sydd â nodweddion corfforol penodol (er enghraifft dros daldra penodol) i fynychu gwersylloedd talent, tra bod sgowtiaid talent eraill yn dibynnu ar reddf a'u profiad eu hunain o adnabod athletwyr talentog.

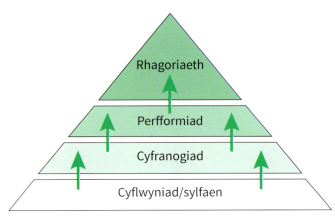

▶ **Ffigur 19.1:** Continwwm datblygu chwaraeon syml. Mae'r saethau'n dangos y llwybrau posib rhwng y lefelau

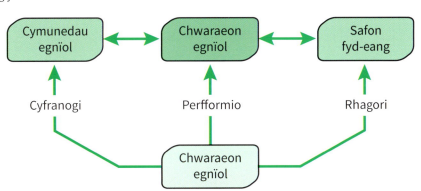

▶ **Ffigur 19.2:** Model datblygu chwaraeon Sport England sy'n adlewyrchu ei ddehongliad o'r continwwm

Rhwystrau rhag cyfranogi, ac atebion ac effeithiau

Mae'r adran hon yn edrych ar y rhwystrau cyffredin rhag cyfranogi, rhai atebion a awgrymir i leihau neu ddileu'r rhwystrau hyn, a rhai o effeithiau posibl y rhain ar gymdeithas. Rhwystr rhag cyfranogi yw unrhyw beth a allai atal unigolyn rhag cymryd rhan lawn mewn camp neu weithgaredd corfforol.

Cofiwch, mae unrhyw rwystr sy'n gysylltiedig â'r grwpiau hyn yn rhwystr 'wedi'i lunio'n gymdeithasol' – ni ddylai'r un ohonyn nhw fyth atal pobl rhag cymryd rhan mewn chwaraeon neu weithgaredd corfforol. Oherwydd hyn, mae rhywfaint o ddadl ynghylch a ddylid ystyried rhai rhwystrau cyffredin yn rhwystrau mewn gwirionedd. Er enghraifft, ni ddylai eich rhyw eich atal rhag cymryd rhan. Fodd bynnag, gall y ffordd y mae rhywun yn teimlo am gymryd rhan mewn gwahanol leoliadau eu hatal. O ganlyniad, canfyddiad yr unigolyn mewn rhai amgylcheddau sy'n dod yn rhwystr, yn hytrach na rhyw yr unigolyn. Dylech sicrhau bod unrhyw rwystrau canfyddedig sy'n gysylltiedig â'r grwpiau hyn yn cael eu goresgyn yn ddi-dramgwydd ac yn effeithiol i helpu i annog cyfranogiad.

Rhwystrau rhag cyfranogi

Dangosir rhai o'r ffactorau cyffredin sy'n achosi rhwystrau i gymryd rhan mewn chwaraeon a gweithgaredd corfforol yn Nhabl 19.3.

▶ **Tabl 19.3:** Rhwystrau rhag cyfranogi

Ffactor gyfranogi	Disgrifiad o'r rhwystr
Rhyw	Gall ystyriaethau sy'n gysylltiedig â rhyw effeithio ar ddatblygiad cyffredinol chwaraeon benywaidd. Er enghraifft, mewn llawer o ddiwylliannau, mae chwaraeon a chwaraeir yn draddodiadol gan ddynion yn cael blaenoriaeth dros y rhai y mae menywod yn eu chwarae, gyda mwy o gyllid, mwy o wobrau ariannol a mwy o sylw gan y cyfryngau. Mae hyn wedyn yn cael effaith ar ganfyddiad menywod mewn chwaraeon. Gall hyn ddod yn rhwystr oherwydd gall gyfleu neges mai dim ond rhai chwaraeon sydd 'ar gyfer merched'. Mae mentrau (fel This Girl Can) wedi ceisio unioni'r anghydbwysedd hwn rhwng y rhywiau.
Oedran	Gall unrhyw un o unrhyw oedran fod yn egnïol i ryw raddau – fodd bynnag, mae rhai rhwystrau posibl sy'n gysylltiedig ag oedran y mae angen mynd i'r afael â nhw er mwyn hwyluso gweithgaredd corfforol a chyfranogiad mewn chwaraeon. O blentyndod i'r glasoed, mae diffyg cyfranogiad ffrindiau yn rhwystr sy'n gysylltiedig ag oedran. I blant iau, gall peidio â chael caniatâd rhieni hefyd fod yn rhwystr. Mae deall canfyddiadau ymchwil yn bwysig ar gyfer datblygu a darparu chwaraeon a gweithgaredd corfforol i oedolion. Er enghraifft, mewn cyfres ddiweddar o astudiaethau, cyfeiriodd rhwng 53% a 100% o oedolion rhwng 20 ac 80 oed at o leiaf un rhwystr i weithgaredd sy'n gysylltiedig â'u hoedran (e.e. pryderon iechyd, ofn anaf a diffyg hyder).
Statws economaidd-gymdeithasol	Yn ôl Arolwg Omnibws Iechyd a Ffitrwydd 2014, mae llawer o bobl yn dal i ddweud bod cost yn rhwystr sylweddol rhag cyfranogi, sy'n esbonio'n rhannol pam fod y rhai yn nosbarthiadau is yr NS-SEC yn llai egnïol. Er y gallai hyn fod yn berthnasol i weithgareddau fel chwaraeon wedi'u trefnu lle mae athletwyr yn talu ffioedd i chwarae neu gampfeydd masnachol sy'n ddrud i ymaelodi, nid oes angen cost ariannol ar gyfer mathau eraill o weithgaredd. Yn ogystal â chost, gall y rhai yn nosbarthiadau is yr NS-SEC hefyd weithio mwy o oriau na'r rhai yn y dosbarthiadau uwch a bod â llai o amser rhydd ar gyfer chwaraeon neu weithgaredd corfforol.
Ethnigrwydd	Mae gan rai cefndiroedd ethnig gyfraddau cyfranogi isel iawn mewn chwaraeon a gweithgaredd corfforol. Fodd bynnag, mae rhai grwpiau ething yn dangos cynrychiolaeth uwch na'r cyffredin mewn rhai chwaraeon. Er enghraifft, mae tangynrychiolaeth sylweddol o ddynion Asiaid yng nghynghreiriau pêl-droed proffesiynol Lloegr o'u cymharu â'r gynrychiolaeth o fewn criced yn Lloegr.
Anabledd	Amlygodd ymchwil diweddar gan Ffederasiwn Chwaraeon Anabledd Lloegr (EFDS) fod pobl anabl yn dosbarthu rhwystrau rhag cymryd rhan fel naill ai: • corfforol (e.e. cyfleusterau, offer, ac ystyriaethau iechyd a diogelwch) • logistaidd (e.e. lleoliad daearyddol, cost ac addasrwydd gweithgareddau) • seicolegol (y rhwystr cryfaf) – roedd hyn yn cynnwys canfyddiadau ohonoch chi'ch hun (e.e. hunanhyder ac wedi cael profiadau negyddol yn y gorffennol) ac agweddau eraill (e.e. diffyg ymwybyddiaeth o gyfleoedd ac amharodrwydd i wneud newidiadau i hwyluso cyfranogiad). Nid yw anabledd ei hun yn rhwystr i gyfranogi, ond mae canfyddiadau EFDS yn awgrymu y gall dylanwadau cymdeithasol a chanfyddiadau o'r anabledd ddod yn rhwystrau sylweddol i gyfranogwyr anabl.

 MUNUD I FEDDWL   Beth yw'r rhwystrau rhag cyfranogi?

Awgrym   Lluniwch dabl sy'n crynhoi pob un o'r rhwystrau.

Ymestyn   Trafodwch sut y gall canfyddiadau o'r gwahanol rwystrau hyn effeithio ar lefelau cyfranogi.

Atebion i'r rhwystrau

Ar gyfer pob rhwystr canfyddedig i gymryd rhan mewn chwaraeon a gweithgaredd corfforol, awgrymwyd rhai atebion posibl.

▶ **Cyfraddau consesiwn** gellir cyflwyno'r rhain i wahanol grwpiau i wneud chwaraeon a gweithgaredd corfforol yn llai costus ac felly'n fwy hygyrch. Credir y gallai gwneud cyfraddau mynediad yn rhatach i bobl yn y grwpiau targed penodol eu hannog i gymryd mwy o ran – fel y rhai sy'n ennill incwm is, y rhai sy'n cael rhai budd-daliadau gwladol, neu'r rheini dros 16 oed ac sy'n dal i fod mewn addysg amser llawn.

▶ **Hyrwyddo** – gellir defnyddio hyn ar adegau penodol o'r flwyddyn. Er enghraifft, mae'n gyffredin i gampfeydd a chanolfannau hamdden wneud cynigion arbennig i hyrwyddo aelodaeth yn union ar ôl y Nadolig ac yn y cyfnod cyn gwyliau'r haf gan fod y rhain yn adegau pan fydd pobl yn ystyried dod yn fwy egnïol. Mae hyrwyddo fel hyn yn annog pobl i ddod yn fwy egnïol.

▶ Mae tystiolaeth yn awgrymu bod **cyfleusterau** sy'n fwy croesawgar, sydd â lleoedd cymdeithasol ac sy'n cael eu cynnal a'u cadw'n dda a'u diweddaru'n rheolaidd yn fwy tebygol o annog pobl i gymryd rhan. Mae cyfleusterau sy'n agos at ble mae grwpiau targed yn byw yn fwy tebygol o annog cyfranogiad. Ystyriwch ansawdd, dyluniad ac agosrwydd cyfleusterau i'r defnyddwyr targed bob amser wrth gynllunio menter datblygu chwaraeon neu weithgaredd corfforol er mwyn lleihau rhwystrau posibl.

▶ **Hygyrchedd** – mae sicrhau bod cyfleusterau'n hygyrch ar gyfer pob grŵp cymdeithasol yn ffordd bwysig o gynyddu cyfranogiad. Mae Deddf Cydraddoldeb (2010) yn ei gwneud yn ofynnol i glybiau chwaraeon a darparwyr eraill wneud 'addasiadau rhesymol' fel bod gan bawb fynediad i'r cyfleusterau. Yn 2015, rhyddhaodd Ffederasiwn Chwaraeon Anabledd Lloegr ganllaw wedi'i ddiweddaru, *Access for All: Opening Doors*, i gefnogi clybiau chwaraeon i wella mynediad corfforol i bobl anabl. Prif nod hyn oedd cael gwared ar y rhwystr mwyaf i bobl ag anableddau: hygyrchedd cyfleusterau.

▶ Gall addasu **offer**, fel defnyddio offer o faint llai ac offer chwarae meddal ar gyfer plant ifanc, gynyddu cyfranogiad yn ogystal â gwneud y mwyaf o ddiogelwch. Gellir hefyd addasu offer i ddiwallu anghenion gwahanol anableddau, er enghraifft mewn pêl-droed dall mae'r bêl yn cynnwys pelenni bychain fel y gall y chwaraewyr ganfod y bêl pan fydd yn rholio drwy wrando ar y sain y mae'n ei gwneud.

▶ Mae datblygu dillad a newid y rheolau ynghylch gwisgoedd chwaraeon hefyd wedi lleihau'r rhwystrau posibl i gyfranogi. Er enghraifft, mae codau gwisg diwylliannol Islamaidd yn cynnwys ei gwneud yn ofynnol i fenywod orchuddio eu pen, gwallt, breichiau, coesau ac weithiau traed, gan wneud eu cyfranogiad mewn chwaraeon fel nofio a gymnasteg yn heriol. Fodd bynnag, mae arloesiadau diweddar fel y burkini (sy'n cuddio corff cyfan athletwr) yn debygol o helpu i leihau'r rhwystrau hyn ymhellach.

▶ Gall y ddibyniaeth ar **drafnidiaeth** fod yn rhwystr, yn enwedig yn achos rhai unigolion. Er enghraifft, canfu astudiaeth ddiweddar o athletwyr cystadleuol ac anghystadleuol a oedd wedi colli un o'u coesau fod trefniadau trafnidiaeth annibynadwy a mwy o amser teithio yn rhwystrau rhag cymryd rhan. Yn yr un modd, mewn astudiaeth o rwystrau i blant rhag cymryd rhan, roedd bod yn ddibynnol ar gludiant rhieni hefyd yn cael ei ystyried yn rhwystr. Mae buddsoddi mewn seilwaith trafnidiaeth (fel lonydd beicio a rhwydweithiau rheilffordd) yn aml yn rhan o gynigion ar gyfer digwyddiadau chwaraeon mawr, felly bydd mwy o gysylltiadau trafnidiaeth â chyfleusterau chwaraeon ar gael ar ôl y digwyddiad.

▶ Gall **staffio** mewn rhai ardaloedd fod yn rhwystr i ddatblygu a darparu chwaraeon a gweithgaredd corfforol. Er enghraifft, os oes prinder hyfforddwyr neu wirfoddolwyr, efallai na fydd yn bosibl cynnal cymaint o sesiynau. Yn yr un modd, gall prinder staff ar ddyletswydd ei gwneud hi'n anodd darparu ar gyfer pobl sydd â gofynion hygyrchedd gwahanol.

▶ Mae **hyfforddi staff** i ddeall anghenion unigolion yn helpu i leihau rhwystrau. Amlygodd ymchwil a wnaeth EFDS gyda chroestoriad o athletwyr anabl y ffaith eu bod yn teimlo bod diffyg ymwybyddiaeth staff ynghylch anghenion sy'n benodol i nam yn rhwystr i gyfranogiad effeithiol. Dangosodd ymchwil gyda phlant, pan oeddent yn cael eu trin fel 'oedolion bach', eu bod yn fwy tebygol o roi'r gorau i chwaraeon. Felly, mae'n bwysig bod sefydliadau chwaraeon fel Cymdeithas Pêl-droed Lloegr bellach yn darparu addysg benodol ym maes hyfforddiant i ddiwallu anghenion gwahanol boblogaethau – cyrsiau fel Gwobr Ieuenctid yr FA a darparu mentoriaid fel mentoriaid hyfforddwyr anabledd rhanbarthol.

▶ Mae manteision **addysg** i fywyd corfforol egnïol wedi dod yn fwy cyffredin ac wedi cael cyhoeddusrwydd ehangach. Mae gweithgareddau cyhoeddusrwydd fel arfer yn cynnwys negeseuon addysgol ynghylch ffactorau iechyd a lles o fod yn gorfforol egnïol, gyda'r bwriad o annog pobl i ddod yn fwy egnïol. Trwy rymuso pobl trwy addysg, credir y gellir lleihau'r rhwystrau i gyfranogi.

Ymchwil

Chwiliwch ar-lein am ganllawiau'r EFDS *Access for All: Opening Doors*. Beth yw'r prif awgrymiadau allweddol a sut fyddai'r rhain yn ddefnyddiol wrth gynllunio menter datblygu chwaraeon neu weithgaredd corfforol?

Gemau Olympaidd Ieuenctid 2010

Yng Ngemau Olympaidd Ieuenctid 2010, roedd FIFA (corff llywodraethu pêl-droed y byd) wedi gwahardd tîm pêl-droed benywaidd Iran yn wreiddiol rhag cymryd rhan dros anghytundeb yn ymwneud â phenwisg. Am resymau crefyddol, roedd tîm Iran eisiau gwisgo sgarffiau pen i orchuddio pennau'r chwaraewyr. Fodd bynnag, gwaharddodd FIFA hyn (a'r tîm wedi hynny) rhag cymryd rhan, gan gyfeirio at ddiogelwch y chwaraewyr a pheidio â chynnwys symbolau crefyddol ar y cae pêl-droed.

Yn dilyn hyn, daeth FIFA a Ffederasiwn Pêl-droed Iran i gytundeb lle gallai chwaraewyr wisgo penwisg diwygiedig a fyddai'n parchu credoau crefyddol a diwylliannol y chwaraewyr ynghyd â bod o fewn rheolau FIFA ar ddiogelwch chwaraewyr. Trwy wneud y newid hwn i offer chwarae, cafodd FIFA effaith gadarnhaol ar gyfranogiad chwaraewyr pêl-droed benywaidd o Iran.

Gwiriwch eich gwybodaeth

- Pam rydych chi'n meddwl ei bod hi'n bwysig i bobl ystyried credoau crefyddol a diwylliannol wrth gynllunio mentrau chwaraeon a gweithgaredd corfforol?

MUNUD I FEDDWL   Beth yw'r atebion i'r rwystrau rhag cyfranogi?

Awgrym   Lluniwch dabl sy'n crynhoi pob un o'r rhwystrau.

Ymestyn   Rhowch enghreifftiau penodol o sut rydych chi'n meddwl y gall yr atebion hyn leihau rhwystrau.

Effaith datblygiad chwaraeon

Mae effaith datblygiad chwaraeon yn cael ei fesur yn erbyn canlyniadau penodol. Er y bydd y canlyniadau penodol yn amrywio ar gyfer gwahanol fentrau, fel rheol mae ganddynt gysylltiadau â chydlyniant cymunedol, iechyd a lles, adfywio, lleihau troseddau ac addysg. Gellir gweld enghraifft o fodel o gynllunio datblygu chwaraeon a'i effeithiau yn Ffigur 19.3.

Cydlyniant cymunedol

Daeth y syniad o gydlyniant cymunedol yn amlwg yn hanner cyntaf y 2000au mewn ymateb i aflonyddwch mewn ardaloedd amlddiwylliannol, megis Bradford, Burnley ac Oldham. Diffiniodd y llywodraeth gydlyniant cymunedol fel un â phedwar pwynt allweddol.

▶ Mae gweledigaeth gyffredin ac ymdeimlad o berthyn i bob cymuned.
▶ Mae cefndiroedd amrywiol ac amgylchiadau personol yn cael eu parchu a'u gwerthfawrogi'n gadarnhaol.
▶ Bydd cyfleoedd tebyg mewn bywyd, ni waeth beth fo'r cefndiroedd cymdeithasol.
▶ Datblygir perthnasoedd cryf a chadarnhaol rhwng pobl o wahanol gefndiroedd yn y gweithle, ysgolion a gwahanol leoliadau mewn cymdogaeth.

Mantais chwaraeon yw cael ei ystyried yn dir cyffredin neu ddiogel lle gall pobl, yn enwedig pobl ifanc, ymgysylltu heb gael eu dominyddu gan rwystrau cymdeithasol traddodiadol neu sydd eisoes yn bodoli. Mae chwaraeon yn rhoi cyfle i bobl ymgysylltu â'i gilydd o dan reolau sy'n bodoli eisoes sy'n hysbys, yn ddealladwy ac yn cael eu derbyn. Mae hyn yn helpu i leihau'r posibilrwydd o wahanol **ddynameg pŵer** gan effeithio ar gydlyniant, ac mae'n rhoi cyfle i wahanol bobl yn y gymuned ddod ynghyd ag un pwrpas a gweithio tuag at gyflawniadau cyffredin. O'r herwydd, gall chwaraeon fod yn ganolog wrth wella cydlyniant cymunedol.

Term allweddol

Dynameg pŵer – y ffyrdd y mae pobl yn defnyddio pŵer i ddylanwadu ar berthnasoedd a sut mae'r broses hon yn newid mewn gwahanol amgylchiadau.

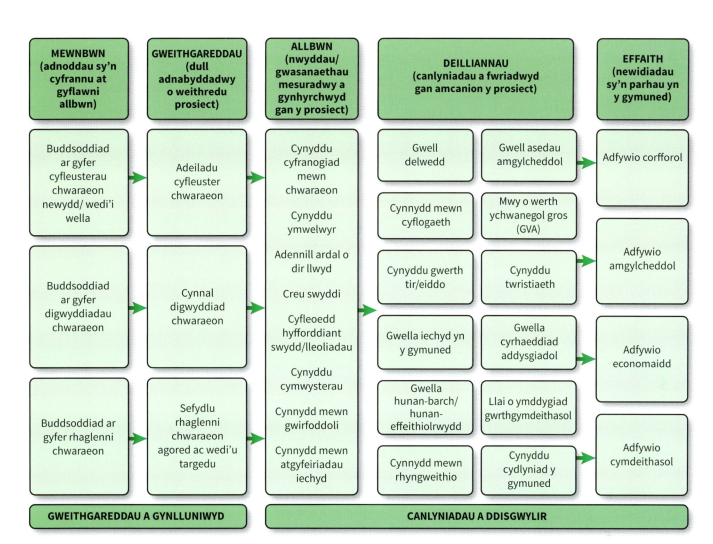

► **Ffigur 19.3:** Model o'r gweithgareddau a gynlluniwyd ac allbynnau ac effeithiau cysylltiedig menter datblygu chwaraeon, yn seiliedig ar Hwb Cymdogaeth Jiwbilî Orford

Iechyd a lles

Mae gwella iechyd a lles y genedl yn rhesymeg allweddol wrth wraidd strategaeth fel *Galluogi Chwaraeon yng Nghymru i Ffynnu* yn 2020 gan Chwaraeon Cymru.

Mae nifer o fanteision i gymryd rhan mewn chwaraeon ac ymarfer corff: corfforol (e.e. gwell iechyd cardiofasgwlaidd, llai o risg o ordewdra a/neu ddiabetes), seicolegol (e.e. llai o risg o gyflyrau iechyd meddwl), cymdeithasol (e.e. integreiddio cymdeithasol) a thechnegol (e.e. mwy o allu mewn chwaraeon). Gall llwyddiant mewn digwyddiadau chwaraeon mawr hefyd ysbrydoli pobl i ddod yn fwy egnïol a chymryd rhan mewn chwaraeon, felly mae gweledigaeth Chwaraeon Cymru o lwyddiant chwaraeon a gwella iechyd a lles trwy gynyddu cyfranogiad yn cynnwys dwy agwedd wahanol a all ddylanwadu'n gryf ar ei gilydd.

Adfywio

Mae **adfywio** trefol wedi dod yn nodwedd ganolog o bolisi'r llywodraeth, gyda digwyddiadau chwaraeon mawr (e.e. Gemau'r Gymanwlad Glasgow yn 2014), datblygu seilweithiau chwaraeon (e.e. adeiladu cyfleusterau chwaraeon newydd) a datblygu mentrau chwaraeon (e.e. targedu cyfranogiad cynyddol mewn gwahanol grwpiau cymdeithasol) yn cyfrannu'n fawr at y syniad hwn o adfywio. Mae llwyddiant prosiectau adfywio yn aml yn cael ei farnu gan gyfeirio at adfywio yn y meysydd canlynol.

Trafodaeth

Er bod gan chwaraeon lawer o fanteision i gydlyniant cymunedol, mae yna awgrymiadau hefyd y gallai chwaraeon achosi rhwyg. Sut ydych chi'n meddwl y gallai chwaraeon rwygo cymunedau lleol a sut allwch chi leihau'r siawns y bydd hyn yn digwydd?

Term allweddol

Adfywio – trawsnewid cymdeithasol, economaidd, corfforol ac amgylcheddol tymor hir a chynaliadwy mewn ardal lle bu dirywiad yn y gorffennol.

- **Cymdeithasol** – adfywio sydd â chanlyniadau cymdeithasol, fel lleihau ymddygiad gwrthgymdeithasol neu wneud i bobl deimlo'n fwy diogel mewn ardal.
- **Economaidd** – adfywio sydd â chanlyniadau ariannol i ardal, fel cynyddu cyflogaeth, buddsoddiad yn yr ardal neu addysg a hyfforddiant ychwanegol.
- **Ffisegol** – adfywio adeiladau a chyfleusterau mewn ardal.
- **Amgylcheddol** – newidiadau sydd â chanlyniadau buddiol i'r amgylchedd, fel llai o lygredd – mae'r rhain yn aml yn gysylltiedig ag adfywio ffisegol, megis trwy greu llwybrau cerdded a llwybrau beicio neu gyfleusterau sy'n effeithlon o ran ynni.

Mae Sport England wedi cydnabod bod angen ailfuddsoddi er mwyn diweddaru llawer o'r seilwaith a'r ddarpariaeth a adeiladwyd yn ystod cyfnodau ffyniant hamdden yr 1980au. Felly mae Sport England wedi awgrymu'r syniad o 'hybiau chwaraeon cymunedol'. Mae'r rhain yn creu cyfleusterau cymunedol modern a chynaliadwy sy'n cyfuno buddsoddiad cyhoeddus a phreifat â gwasanaethau cymunedol, sydd â photensial i gynhyrchu refeniw, wedi'i leoli ochr yn ochr â chyfleusterau chwaraeon. Trwy weithio fel hyn, mae gan hybiau chwaraeon cymunedol y potensial i adfywio trefol yn gynaliadwy, gan arwain at ailddatblygu amrywiol safleoedd, fel parciau a mannau agored, mewn gwahanol leoliadau ledled y wlad. Felly mae hybiau chwaraeon cymunedol yn creu cyfleoedd ar gyfer newid cymdeithasol mewn ardaloedd trefol trwy gynyddu cyfranogiad, gyda'r holl fanteision iechyd a ddaw yn sgil hynny, ar yr un pryd â rhoi hwb i gyflogaeth leol.

Astudiaeth achos

Hwb Cymdogaeth Jiwbilî Orford

Hwb Cymdogaeth Jiwbilî Orford (OJNH) oedd yr hwb chwaraeon cymunedol cyntaf i gael ei greu yn y DU ac fe'i cefnogwyd gan gronfa Cyfleusterau Eiconig Sport England, ar y cyd â phartneriaid lleol, rhanbarthol a chenedlaethol eraill. Fe'i hagorwyd yn swyddogol gan y Frenhines yn 2012 ac roedd yn cael ei ystyried yn rhan o waddol Gemau Olympaidd Llundain 2012.

Mae OJNH yn gyfleuster aml-chwaraeon a gafodd ei ddylunio i gynnwys neuadd chwaraeon pedwar cwrt, cyrtiau sboncen, ystafell ffitrwydd 100 gorsaf, pwll nofio wyth lôn 25 metr a phwll dysgwyr gyda llawr symudol. Y tu allan mae nifer o leiniau glaswellt, gan gynnwys cae glaswellt artiffisial maint llawn a chaeau pump bob ochr, tair lawnt fowlio gyda llifoleuadau, pafiliwn bowlio, cyfleusterau BMX/parc sglefrio a gorsafoedd ymarfer awyr agored. Fel y gwelir o'r ystod o gyfleusterau, fe'i cynlluniwyd i ddiwallu anghenion cyfranogi ystod amrywiol o aelodau'r gymuned.

Yn ogystal â bod yn gyfleuster aml-chwaraeon, mae'r OJNH hefyd yn gartref i gyfleusterau a gwasanaethau heblaw chwaraeon, fel llyfrgelloedd a chyfleusterau iechyd, addysg, a gwasanaethau plant ac oedolion.

Rhan o'r rheswm y gwnaed cais llwyddiannus am arian i'r OJNH yw bod Orford – ar y pryd – yn un o ardaloedd mwyaf difreintiedig y wlad. Adeiladwyd yr OJNH ar hen domen sbwriel tirlenwi am gyfanswm o £27.3 miliwn. Roedd yn cynnwys cyfleoedd ar gyfer partneriaethau rhwng sefydliadau cyhoeddus, a'r sectorau preifat a gwirfoddol. Amcangyfrifwyd y bydd yr OJNH yn achosi effeithiau cymdeithasol cadarnhaol dros yr 20 mlynedd nesaf, gan fod o fudd i'r gymuned ehangach.

Yn ôl y sôn mae'r OJNH yn llwyddiant. Cyflawnodd:
- mwy na dwbl ei dargedau cyfranogi cychwynnol mewn chwaraeon a gweithgaredd corfforol
- mae 53 y cant o'i aelodaeth yn rhatach ar gyfer grwpiau targed penodol (14 y cant yn uwch na'r cyfartaledd ar gyfer y cyfleusterau lleol eraill)
- canlyniadau ffisegol ac amgylcheddol gan gynnwys adfywio parc mawr yn llwyddiannus gyda gwell cysylltiadau trafnidiaeth
- teirgwaith y cynnydd yn nifer defnyddwyr y parc ar ôl datblygu
- mwy o gyflogadwyedd yn yr hwb cymunedol
- llai o ymddygiad gwrthgymdeithasol.

Gwiriwch eich gwybodaeth

1 Yn eich barn chi, pam bod Orford wedi'i ddewis fel lleoliad ar gyfer yr hwb cymunedol hwn?
2 Yn eich barn chi, pam bod yr OJNH wedi bod yn llwyddiannus ers iddo agor?
3 Yn eich barn chi, beth yw prif fanteision hybiau cymunedol?
4 A oes unrhyw hybiau cymunedol yn agos atoch chi a sut maen nhw'n cymharu ag OJNH?

Trosedd

Mae dealltwriaeth gynyddol bod cymryd rhan mewn chwaraeon yn lleihau troseddu, yn enwedig ymhlith pobl ifanc. Er mwyn deall sut mae chwaraeon yn gwneud hyn, mae angen i chi feddwl am y cyfuniad o'r math neu'r lefel o risg o droseddu (gweler Tabl 19.4) a'r ffyrdd y gall chwaraeon helpu i leihau'r risg (gweler Tabl 19.5).

▶ **Tabl 19.4:** Lefelau'r risg o droseddu

Lefel y risg o droseddu	Esboniad
Sylfaenol	Gall pobl fod yn destun gwahanol amodau (e.e. amgylchiadau personol neu gymdeithasol) a allai gynyddu eu risg o droseddu. Mae rhaglenni datblygu chwaraeon yn canolbwyntio ar gydlyniant a gwelliannau cymunedol, i leihau lefelau canfyddedig o anfantais gymdeithasol.
Eilaidd	Mae mentrau datblygu chwaraeon yn ceisio targedu grwpiau o bobl ifanc 'mewn perygl' i leihau'r tebygolrwydd y byddant yn cyflawni trosedd.
Trydyddol	Nod gweithio gyda phobl sydd eisoes wedi'u nodi fel troseddwyr yw lleihau'r risg o aildroseddu. Mae mentrau datblygu chwaraeon yn debygol o gael atgyfeiriadau gan sefydliadau fel y Timau Troseddu Ieuenctid.

▶ **Tabl 19.5:** Ffyrdd y gall chwaraeon leihau'r risg o droseddu

Mecanwaith lleihau	Esboniad
Dargyfeirio	Defnyddir chwaraeon i symud pobl i ffwrdd o amser neu le lle maent yn fwy tebygol o gyflawni troseddau. Gall hefyd gynnwys dargyfeirio pobl oddi wrth ddiflastod (a all arwain at bobl ifanc yn troseddu). Er enghraifft, mae nifer o fentrau chwaraeon yn cael eu rhedeg yn ystod gwyliau ysgol gan fod hwn yn gyfnod pan fo rhai pobl yn debygol o ddiflasu neu fod ag amser rhydd, gan arwain at risg uwch o droseddu.
Atal	Mae pobl yn llai tebygol o gyflawni trosedd os ydyn nhw'n teimlo y byddan nhw'n cael eu dal. Mae rhaglenni chwaraeon dan oruchwyliaeth yn lleihau'r tebygolrwydd o droseddu gan fod y bobl sy'n rhedeg y rhaglen yn fwy tebygol o glywed am ddigwyddiadau.
Datblygiad	Yn gynyddol, mae mentrau'n canolbwyntio ar **ddatblygiad rhag-gymdeithasol** pobl ifanc. Mae'r math yma o raglen yn cael ei defnyddio amlaf gyda throseddwyr oherwydd mae'n datblygu sgiliau rhag-gymdeithasol, fel hunan-barch, gwaith tîm, arweinyddiaeth, mwy o ymdeimlad o reolaeth a mwy o werthoedd moesol. Mae mentrau datblygu chwaraeon sy'n cael eu hategu gan y dulliau hyn yn tueddu i fod yn rhai tymor hir oherwydd gall datblygu'r sgiliau hyn gymryd amser.

Addysg

Gall darparu cyfleoedd ar gyfer cyfranogiad mewn chwaraeon a gweithgaredd corfforol wella potensial a chyflawniad addysgol i bobl ifanc. Mae pobl ifanc sy'n cymryd rhan mewn gweithgaredd corfforol a chwaraeon yn fwy tebygol o allu dewis, trefnu a chychwyn ymddygiadau ar sail nodau (er enghraifft penderfynu beth sydd angen iddynt weithio arno a gweithio'n galetach tuag ato) ac mae ymchwil yn dangos bod pobl ifanc sy'n fwy egnïol yn aml yn cyflawni graddau uwch mewn addysg.

Dywed Chwaraeon Cymru fod manteision addysgol cyfranogiad mewn chwaraeon a gweithgaredd corfforol yn cynnwys llai o absenoldeb a chefnu ar addysg, a bod mwy yn symud ymlaen i addysg uwch.

> **Term allweddol**
>
> **Datblygiad rhag-gymdeithasol** – datblygu ymddygiadau cadarnhaol, defnyddiol sydd o fudd i wahanol agweddau ar gymdeithas.

> **Trafodaeth**
>
> Yn eich barn chi, beth fyddai manteision ac anfanteision lleihau'r amser cyswllt dosbarth ffurfiol mewn ysgolion a chynnal sesiynau chwaraeon neu weithgaredd corfforol yn lle hynny?

> **Ymchwil**
>
> Ymchwiliwch i 'gynghreiriau pêl-droed hanner nos'. Sut y gellir defnyddio mentrau fel y rhain i leihau trosedd ac ymddygiad gwrthgymdeithasol? Cyfeiriwch at lefel y risg a mecanwaith y gostyngiad.

Rhanddeiliaid datblygu chwaraeon

Os ydych chi'n bwriadu gweithio ym maes datblygu chwaraeon a gweithgaredd corfforol, mae'n bwysig eich bod chi'n gyfarwydd â'r gwahanol bobl a sefydliadau ('rhanddeiliaid'), eu swyddogaeth, a'r gwahanol bersonél sy'n gysylltiedig â hyn. Mae deall y rhanddeiliaid hyn yn bwysig fel eich bod chi'n gwybod sut mae chwaraeon a gweithgaredd corfforol yn cael ei redeg ar lefel genedlaethol a rhyngwladol, ond hefyd oherwydd efallai y byddai'n ddefnyddiol i chi ddechrau meddwl am swydd a gyrfa bosibl.

Rhanddeiliaid

Awdurdodau lleol

Mae awdurdodau lleol (ALlau) yn chwarae rhan bwysig yn natblygiad a darpariaeth chwaraeon a gweithgaredd corfforol gan eu bod yn ystyried pob math o grŵp targed. Mae ALlau yn sicrhau bod cyfleusterau a chyfleoedd yn gynhwysol ac yn aml yn gweithio gyda darparwyr ac asiantaethau gwasanaeth eraill (er enghraifft awdurdodau iechyd, clybiau chwaraeon gwirfoddol, yr heddlu, asiantaethau lles, elusennau a grwpiau cymdogaeth) i wneud y mwyaf o gyfleoedd i'r ystod ehangaf o bobl yn y gymuned.

Mae gan ALlau rôl hefyd wrth fonitro llwyddiant prosiectau datblygu chwaraeon a gweithgaredd corfforol, trwy archwilio meysydd fel canlyniadau iechyd, cyfraddau troseddu ac ymddygiad gwrthgymdeithasol. Gallwch ddarllen rhagor am ddulliau o fesur llwyddiant datblygiad chwaraeon o dudalen 281 ymlaen.

Chwaraeon Cymru

Chwaraeon Cymru yw'r sefydliad cenedlaethol sy'n gyfrifol am ddatblygu a hybu chwaraeon a gweithgarwch corfforol yng Nghymru. Y bwriad yw gweld cenedl iachach a mwy actif. Maent eisiau i bob person ifanc gael cychwyn gwych mewn bywyd fel eu bod yn gallu mynd ymlaen i fwynhau oes o chwaraeon.

Chwaraeon Cymru yw prif gynghorwr Llywodraeth Cymru ar gyfer popeth yn ymwneud â chwaraeon ac maent yn cefnogi ei strategaethau, Dringo'n Uwch a Creu Cymru Egnïol.

Maent hefyd yn dosbarthu grantiau'r Loteri Genedlaethol i alluogi chwaraeon yng Nghymru i ffynnu. Maent yn buddsoddi mewn chwaraeon ar lawr gwlad drwy'r cynllun grantiau bychain – y Gist Gymunedol – a'r Grantiau Datblygu mwy.

Maent wedi ymrwymo i ddarparu'r gefnogaeth ofynnol i'n hathletwyr mwyaf addawol, fel sydd ei angen i gystadlu'n llwyddiannus ar lwyfan y byd.

Mae sefydliadau tebyg sy'n gwneud gwaith o'r fath hefyd yn yr Alban, Gogledd Iwerddon a Lloegr. Am fwy o wybodaeth, ewch i www.chwaraeon.cymru/beth-yw-chwaraeon-cymru/.

Chwaraeon y DU

Sefydlwyd UK Sport gan y Siarter Frenhinol yn 1997 ac mae'n helpu athletwyr a chwaraeon i gystadlu am, ac ennill, medalau yn y Gemau Olympaidd a Pharalympaidd. Nid oes iddo unrhyw ran uniongyrchol mewn chwaraeon cymunedol nac ysgol, ond mae llwyddiant athletwyr Olympaidd a Pharalympaidd yn aml yn arwain at gynnydd mawr mewn cyfranogiad. Felly, er nad oes gan UK Sport ran uniongyrchol mewn chwaraeon cymunedol na chwaraeon ysgolion, mae ei waith yn cael effaith anuniongyrchol.

Mae UK Sport wedi cynorthwyo Prydain Fawr i ddatblygu ei henw da mewn chwaraeon Olympaidd a Pharalympaidd. Yng Ngemau Olympaidd 1996, roedd Prydain Fawr yn 36ain yn y tabl medalau; erbyn Gemau Olympaidd Llundain 2012 gorffennodd Prydain Fawr yn drydydd. Mae Ffigur 19.4 yn dangos y berthynas rhwng cyllid UK Sport a chyfanswm y medalau.

Mae'r rhan fwyaf o arian UK Sport (dros 70 y cant) yn mynd i'r Rhaglen o'r Radd Flaenaf. Mae UK Sport yn dweud bod y rhaglen hon yn gweithredu ar ddwy lefel benodol.

▶ **Podiwm** – mae hyn yn canolbwyntio ar gefnogi athletwyr yr ystyrir bod ganddyn nhw gyfle realistig o ennill medalau yn y Gemau Olympaidd/Paralympaidd nesaf. Ystyrir bod yr athletwyr hyn ddim mwy na phedair blynedd i ffwrdd o ennill 'lle ar y podiwm'.

▶ **Potensial i gael lle ar y podiwm** – mae hyn yn canolbwyntio ar gefnogi athletwyr y mae eu perfformiad yn awgrymu bod ganddyn nhw gyfle realistig o ennill medalau mewn Gemau Olympaidd a Pharalympaidd dilynol. Ystyrir bod yr athletwyr hyn wyth mlynedd ar y mwyaf i ffwrdd o le ar y podiwm.

Trafodaeth

Pam mae sefydliadau fel UK Sport yn rhoi cymaint o bwyslais ar adnabod talent mewn chwaraeon?

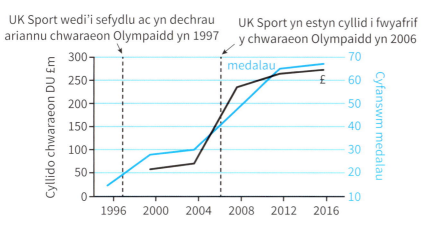

▶ **Ffigur 19.4:** Y gydberthynas rhwng cyllid UK Sport a chyfanswm y medalau yn y Gemau Paralympaidd ac Olympaidd er 1996

Gwleidyddion

Gydag amser, mae gwleidyddion wedi sylweddoli'r potensial ar gyfer twf mewn seilwaith, datblygu economaidd/cyfoeth, buddion iechyd a datblygiad cymdeithasol sydd i gyd yn gysylltiedig â mwy o gyfranogiad mewn chwaraeon. Uwch-wleidydd, a benodir gan Brif Weinidog Cymru, yw'r gweinidog Diwylliant, Twristiaeth a Chwaraeon. Mae'n gyfrifol am yr adran sy'n goruchwylio datblygu chwaraeon, ymhlith materion eraill.

Yn 2019, cyhoeddodd Llywodraeth Cymru eu cynllun diweddaraf i annog plant ac oedolion i gymryd rhan mewn chwaraeon, sef Dringo'n Uwch.

Rheoli cyfleusterau

Rhaid i reolwyr cyfleusterau ddangos bod eu cyfleusterau'n cael eu defnyddio yn y modd a fwriadwyd, ynghyd â dangos sut maen nhw'n gweithio i gynyddu defnydd eu cyfleuster o fewn ei gapasiti. Maent yn chwarae rôl o ran datblygu a darparu chwaraeon a gweithgaredd corfforol trwy gynhyrchu gwahanol ffyrdd o annog cyfranogiad cynhwysol a blaengar.

Cyrff llywodraethu cenedlaethol

Mae cyrff llywodraethu cenedlaethol yn gyfrifol am wahanol chwaraeon mewn gwlad. Mae ganddyn nhw ddatganiadau gweledigaeth, datganiadau cenhadaeth a chynlluniau ar gyfer datblygu'r gamp yn gyffredinol, ac weithiau ar gyfer gwahanol amrywiadau o'r gamp. Er enghraifft, mae Cymdeithas Bêl-droed Cymru wedi cyhoeddi strategaeth, BE.Football, sef cynllun datblygu sydd wedi'i anelu'n benodol at bêl-droed i fenywod a merched yng Nghymru.

Cyrff llywodraethu byd-eang

Mae cyrff llywodraethu byd-eang yn gyfrifol am lywodraethu chwaraeon penodol ar lefel gyfandirol a byd-eang, yn yr un modd ag y mae cyrff llywodraethu cenedlaethol yn ei wneud ar lefel genedlaethol. Er enghraifft, Cymdeithas Bêl-droed Cymru sy'n gyfrifol am bêl-droed yng Nghymru, UEFA sy'n gyfrifol am bêl-droed yn Ewrop a FIFA sy'n gyfrifol am bêl-droed ar raddfa fyd-eang. Bydd gan gyrff llywodraethu byd-eang hefyd eu cynlluniau eu hunain ar gyfer datblygu eu camp.

Y sectorau gwirfoddol, cyhoeddus a phreifat

Mae dros 50 y cant o'r holl wirfoddoli yn y DU yn digwydd ym maes chwaraeon. Mae'n ffordd werthfawr o ddatblygu sgiliau bywyd a phrofiad mewn amgylcheddau gwaith, a all wedyn gynyddu eich siawns o ddod yn gynhyrchiol yn ddiweddarach mewn bywyd (er enghraifft cael swydd, cyfrannu fwyfyth at gymdeithas, goruchwylio gwirfoddolwyr iau). Gall hyn gael effaith ar y rôl y gallech ei chwarae yn y sectorau preifat a chyhoeddus.

> **Ymchwil**
>
> Beth yw'r corff llywodraethu cenedlaethol ar gyfer eich hoff gamp? Beth yw ei weledigaeth a'i ddatganiadau cenhadaeth? A oes ganddo unrhyw gynlluniau datblygu penodol ar gyfer y gamp?

Mae'r **sector cyhoeddus** a'r **sector preifat** yn rhanddeiliaid yn y gwaith o ddatblygu a darparu chwaraeon a gweithgaredd corfforol gan eu bod yn darparu cyllid sylweddol ar gyfer hyn. Mae'r sector cyhoeddus yn awyddus i sicrhau nad yw arian cyhoeddus yn cael ei wastraffu, tra bod y sector preifat yn aml yn awyddus i weld budd economaidd o'i fuddsoddiad.

Mae gan bawb sy'n ymwneud â gwirfoddoli ac yn y sectorau cyhoeddus a phreifat eu safbwyntiau eu hunain ar gynyddu effaith gymdeithasol chwaraeon i'r eithaf.

Darparwyr addysg

Mae darparwyr addysg, fel ysgolion a cholegau, yn rhanddeiliaid ar sawl lefel. Trwy ddarparu gwahanol chwaraeon a gweithgareddau corfforol, gall darparwyr addysg ennill cyllid ychwanegol. Yn ogystal, dros yr 20 mlynedd diwethaf, mae cyrsiau chwaraeon a gweithgaredd corfforol – fel eich cwrs BTEC – wedi dod i gael eu hystyried yr un mor bwysig â phynciau eraill.

Yn ogystal, mae cynnydd mewn datblygu chwaraeon a gweithgaredd corfforol yn gysylltiedig â datblygiad cadarnhaol ac ymddygiad rhag-gymdeithasol ymhlith pobl ifanc, a all gael effaith ar yr amgylchedd dysgu cymdeithasol ehangach. Yn fwy diweddar, mae astudiaethau wedi dangos y gall pobl sy'n fwy egnïol yn gorfforol gyflawni'n well ar lefel academaidd.

Darparwyr gofal iechyd

Mae darparwyr gofal iechyd yn rhanddeiliaid gan fod cyfranogiad cynyddol yn cael effaith gadarnhaol fawr ar iechyd a lles pobl. Mae mwy o weithgaredd corfforol yn gysylltiedig â llai o ordewdra, llai o risg o ddiabetes math 2, llai o glefyd cardiofasgwlaidd a llai o risg o gyflyrau iechyd meddwl, yn ogystal â bod yn ddull effeithiol o drin a rheoli pob un o'r cyflyrau uchod. Fodd bynnag, mae anafiadau chwaraeon yn cyfrif am nifer sylweddol o'r bobl a dderbynnir i adrannau damweiniau ac achosion brys, yn enwedig ar benwythnosau.

► Mae digwyddiadau Parkrun yn cael eu rhedeg gan wirfoddolwyr ond mae awdurdodau lleol neu ddarparwyr gofal iechyd yn aml yn cyfrannu at eu costau cychwynnol

 **MUNUD I FEDDWL**

Mae rhanddeiliaid ar gael ar lefel leol, genedlaethol a byd-eang. Ar gyfer un o'r categorïau uchod o randdeiliaid, ceisiwch feddwl am enghraifft leol, genedlaethol a byd-eang.

Awgrym Beth yw rhanddeiliad?

Ymestyn Ystyriwch pam eu bod yn rhanddeiliaid: beth yw eu diddordeb yn natblygiad a darpariaeth chwaraeon a gweithgaredd corfforol?

Swyddogaethau rhanddeiliaid

Cyllid

Un o swyddogaethau pwysicaf rhanddeiliaid yw dod o hyd i gyllid: heb hyn, ni fyddai unrhyw ffordd o ddatblygu chwaraeon a gweithgaredd corfforol. Mae Chwaraeon

Cymru yn chwarae rhan allweddol wrth ariannu darpariaeth chwaraeon a gweithgaredd corfforol. Mae Ffigur 19.5 yn dangos dadansoddiad o gyllid Chwaraeon Cymru yn 2018/19.

Mae rhanddeiliaid naill ai'n defnyddio'r cyllid hwn eu hunain neu'n ei drosglwyddo i sefydliadau eraill i'w wario ar brosiectau penodol.

Pob blwyddyn mae Chwaraeon Cymru yn buddsoddi tair gwaith cymaint o arian mewn chwaraeon yn y gymuned nag mewn chwaraeon elitaidd. O ganlyniad mae cynnydd mewn cyfranogiad, gyda 48% o bobl ifanc yn chwarae chwaraeon tair gwaith yr wythnos neu'n fwy a 31% o oedolion yn cymryd rhan tair gwaith yr wythnos neu'n fwy. Yn ogystal, mae 235,000 o oedolion yn gwirfoddoli mewn chwaraeon yng Nghymru.

Daeth £22m o gyllid Chwaraeon Cymru yn 2018/2019 o Lywodraeth Cymru a £14m o'r Loteri Genedlaethol.

Fe wnaeth Chwaraeon Cymru ddosbarthu'r arian yn ystod 2018/2019 fel a ganlyn:
Chwaraeon cymunedol = £21.150m
Chwaraeon elitaidd = £7.883m
Cyfanswm i'w dalu i bartneriaid, prosiectau a chlybiau = £29.033m.

Felly, y canran a dalir mewn grantiau yw 72.8% i chwaraeon cymunedol a 27.2% i chwaraeon elitaidd.

Adnoddau

Un o'r rhesymau pam mae cyllid mor bwysig yw ei fod yn helpu i ddarparu'r adnoddau angenrheidiol ar gyfer mentrau a digwyddiadau chwaraeon a gweithgaredd corfforol. Bydd yr adnoddau sy'n ofynnol gan y prosiectau hyn fel arfer yn dod o dan dri phennawd.

▶ **Adnoddau dynol** – y bobl y mae angen i'r rhanddeiliad ymgysylltu â nhw, eu cyflogi ac felly eu talu, sy'n amrywio o weinyddwyr i hyfforddwyr. Yn aml bydd gan hyd yn oed sefydliadau sy'n dibynnu ar nifer fawr o wirfoddolwyr 'dîm craidd' mewn prif swyddfa sy'n darparu'r cyfeiriad cyffredinol i'r rhanddeiliad.

▶ **Adnoddau ffisegol** – nid dim ond gwario ar yr offer sydd ei angen i ddarparu prosiectau datblygu chwaraeon, fel offer chwaraeon ar gyfer sesiynau hyfforddi, ond hefyd yr adnoddau sydd eu hangen ym mhencadlys y rhanddeiliaid fel llungopïwyr ac offer a chyflenwadau swyddfa eraill.

▶ **Adnoddau ariannol** – arian sydd ei angen i helpu'r rhanddeiliad i gyflawni ei rwymedigaethau ariannol, fel talu am staff ac offer.

Hyrwyddo

Mae gan randdeiliaid rôl allweddol wrth hyrwyddo chwaraeon a gweithgaredd corfforol i wahanol grwpiau o bobl. Er enghraifft, mae UK Sport wedi defnyddio gwahanol strategaethau hyrwyddo fel 'Tall and Talented' yn eu rhaglenni adnabod talent ar gyfer chwaraeon penodol. Mae Sport England wedi bod â rhan fawr mewn hyrwyddo cyfranogiad mewn chwaraeon a gweithgaredd corfforol trwy hyrwyddiadau yn y cyfryngau torfol, fel 'This Girl Can'.

Hyfforddi

Mae rhanddeiliaid yn chwarae rhan allweddol yn natblygiad hyfforddwyr. Mae cyrff llywodraethu cenedlaethol yn darparu cyrsiau addysg hyfforddwyr. Gall gwahanol randdeiliaid hefyd gynnig cymwysterau hyfforddi â chymhorthdal, gan eu gwneud yn fwy hygyrch i hyfforddwyr o wahanol gefndiroedd. Mae rhai rhanddeiliaid hefyd wedi cyflwyno rhaglenni datblygu hyfforddwyr sydd wedi'u hanelu at grwpiau targed penodol, fel cyrsiau hyfforddi menywod yn unig, i gynyddu cynrychiolaeth y grwpiau hyn.

Cynllunio strategol

Gyda phwysau cynyddol ar arian cyhoeddus a'r duedd i sefydliadau preifat ariannu'r chwaraeon mwyaf poblogaidd yn unig, mae'r angen am gynllunio strategol wedi dod yn fwy amlwg byth. Mae hyn yn cynnwys rhanddeiliaid yn amlwg yn cynllunio ffyrdd y gellir datblygu chwaraeon a gweithgaredd corfforol o fewn grwpiau targed neu

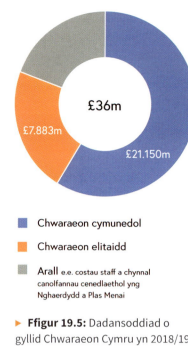

▶ **Ffigur 19.5:** Dadansoddiad o gyllid Chwaraeon Cymru yn 2018/19 (£m)

£36m

£7.883m

£21.150m

■ Chwaraeon cymunedol

■ Chwaraeon elitaidd

■ Arall e.e. costau staff a chynnal canolfannau cenedlaethol yng Nghaerdydd a Plas Menai

---

Damcaniaeth ar waith

Beth yw Fframwaith Hyfforddi'r DU a sut mae'n cael effaith ar ddatblygiad a darpariaeth chwaraeon a gweithgaredd corfforol?

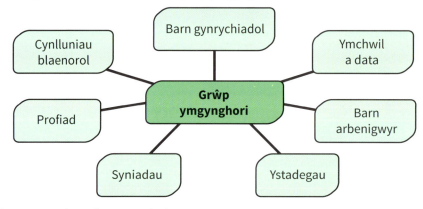

gymunedau i wneud y defnydd gorau o'r arian sydd ar gael. Bydd y cynllunio strategol hwn yn cynnwys blaenoriaethu penderfyniadau i wneud yn fawr o effaith fuddiol y cyllid ar ddatblygu a darparu.

Ymchwil

Mae rhanddeiliaid yn rhoi sylw mawr i ymchwil i lefelau cyfranogiad mewn chwaraeon a meysydd perthnasol eraill. Mae gan randdeiliaid fel Chwaraeon Cymru a chyrff llywodraethu cenedlaethol gyllidebau ymchwil sy'n cael eu dosbarthu ymhlith sefydliadau ymchwil (fel prifysgolion neu sefydliadau ymchwil preifat) gyda'r bwriad o wella datblygiad a darpariaeth chwaraeon a gweithgaredd corfforol. Er enghraifft, mae'r Arolwg Chwaraeon Ysgol yn rhaglen ymchwil ar raddfa fawr a ddefnyddir gan Chwaraeon Cymru i nodi meysydd blaenoriaeth ar gyfer cynyddu cyfranogiad o fewn ysgolion Cymru.

Grwpiau ymgynghori

Mae grwpiau ymgynghori yn cynnwys pobl y gofynnir iddyn nhw am eu barn ar wahanol fentrau, digwyddiadau, clybiau neu gyfleusterau datblygu chwaraeon. Gall grwpiau ymgynghori amrywio o ran maint. Enghraifft o ymgynghoriad ar raddfa fawr yn ymwneud â chwaraeon a gweithgaredd corfforol oedd y papur ymgynghori ar lefel genedlaethol a gyhoeddodd Adran Diwylliant, Cyfryngau a Chwaraeon Llywodraeth Prydain (DCMS) cyn cynhyrchu strategaeth newydd y llywodraeth. Yn y papur hwn, fe ofynnodd am farn y cyhoedd ar feysydd penodol yn ymwneud â ffactorau fel cyfranogiad, cyllid, cynaliadwyedd a masnacheiddio.

Gweler Ffigur 19.6 am wahanol rolau grŵp ymgynghori.

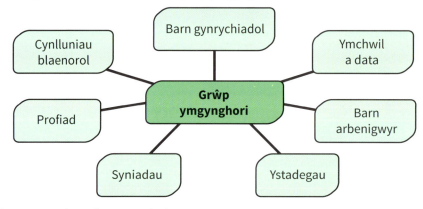

▶ **Ffigur 19.6:** Rolau grŵp ymgynghori

Personél rhanddeiliaid allweddol

Mae yna nifer o bersonél rhanddeiliaid allweddol sy'n chwarae rôl yn natblygiad a darpariaeth chwaraeon a gweithgaredd corfforol. Heb y personél hyn, ni fyddai unrhyw ddarpariaeth chwaraeon na gweithgaredd corfforol – maent yn cynnwys y canlynol.

▶ **Swyddogion datblygu chwaraeon-benodol** – sy'n gweithio i gynyddu cyfranogiad cyffredinol a darpariaeth chwaraeon-benodol.
▶ **Swyddogion datblygu cymunedol** – sy'n gweithio i wella cyfranogiad cyffredinol a darpariaeth o fewn cymunedau lleol penodol.
▶ **Arweinwyr cymunedol** – sy'n cymryd cyfrifoldeb am les a gwelliant yn eu cymunedau.
▶ **Cynghorwyr awdurdodau lleol** – gwleidyddion etholedig lleol sy'n ddylanwadol o ran cymeradwyo cyllid ar gyfer mentrau, digwyddiadau a chyfleusterau chwaraeon. Yn achos cyfleusterau, byddant hefyd yn chwarae rôl mewn cynllunio strategol lleol.
▶ **Swyddogion y clwb** – pobl fel ysgrifenyddion clybiau a swyddogion lles sy'n gweithio gyda phersonél rhanddeiliaid eraill, fel gweinyddwyr a swyddogion datblygu, i gefnogi a datblygu gwahanol lefelau o chwaraeon.
▶ **Gweinyddwyr** – sy'n cyflawni cyfrifoldebau gweinyddol o fewn sefydliadau a chystadlaethau, fel ysgrifenyddion gemau cynghrair sy'n trefnu amserlenni gemau cynghrair.
▶ **Cyfranogwyr** – y bobl sy'n cymryd rhan mewn chwaraeon.

Cysylltiad

Mae gan fesur datblygiad chwaraeon gysylltiadau ag *Uned 9: Dulliau Ymchwil ym maes Chwaraeon.*

Mesur datblygiad chwaraeon

Pwrpas mesur datblygiad chwaraeon

Mae llwyddiant neu fethiant datblygiad chwaraeon yn cael ei fesur am nifer o resymau. Mae gwneud hynny yn caniatáu inni weld:

▶ a yw ein cynllun ar gyfer datblygu a darparu chwaraeon a gweithgaredd corfforol yn cyflawni ei nodau arfaethedig

▶ meysydd i'w gwella o fewn y fenter/prosiect datblygu chwaraeon a gweithgaredd corfforol

▶ a yw'r fenter yn cwrdd â'r safonau sy'n ofynnol, neu a yw'n cynhyrchu canlyniadau o safon debyg i brosiectau tebyg eraill

▶ effaith y cynllun sydd wedi'i roi ar waith.

Byddwn yn aml yn ystyried gwahanol **fesurau llwyddiant** i'n helpu i benderfynu a yw prosiect wedi bod yn llwyddiannus ai peidio. Bydd mesurau llwyddiant yn anelu at gynnydd neu ostyngiad. Gallai'r mesurau llwyddiant sy'n anelu at gynnydd gynnwys effeithiau ar gyfranogiad, cynhwysiant a dilyniant, adfywio, addysg, cydlyniant cymunedol, ac iechyd a lles. Gallai'r mesurau llwyddiant sy'n anelu at ostyngiad gynnwys cyfraddau troseddu, ymddygiad gwrthgymdeithasol a defnyddio cyffuriau hamdden.

Dulliau o fesur datblygiad chwaraeon

Meincnodau

Mae meincnodau yn safonau a osodir er mwyn i sefydliadau allu cymharu eu hunain yn erbyn sefydliadau tebyg neu yn erbyn safonau a osodir yn genedlaethol sy'n cymharu perfformiad a darparu gwasanaethau. Dyluniwyd meincnodi i roi cyfle i ddarparwyr datblygu chwaraeon nodi cryfderau a meysydd i'w gwella, er mwyn hybu gwelliant parhaus.

Er enghraifft, ar lefel elitaidd gallai sefydliad ystyried sut y gwnaeth ei gamp mewn Gemau Olympaidd penodol fel meincnod. Er enghraifft, os ydyn nhw wedi ennill pedair medal aur ar gyfartaledd yn y Gemau Olympaidd diweddar, gallen nhw ddefnyddio hwn fel ffigur meincnod: os ydyn nhw'n ennill mwy na phedair medal aur yn y Gemau Olympaidd nesaf, byddai eu datblygiad chwaraeon yn cael ei ystyried yn llwyddiant.

Cynlluniau ansawdd

Gellir defnyddio cynlluniau ansawdd i bennu pa mor llwyddiannus rydych chi o fewn diffiniadau'r cynllun hwnnw. Maent fel arfer yn cael eu hasesu drwy gyfrwng **dangosyddion perfformiad allweddol (DPA)** sy'n sail ichi fesur eich perfformiad eich hun. Mae yna nifer o gynlluniau ansawdd yn cael eu defnyddio yn y diwydiant datblygu chwaraeon.

Quest

Safon diwydiant a ddatblygwyd gan Sport England yw Quest ac mae'n mesur elfennau penodol o waith datblygu chwaraeon gan gynnwys ymchwil, rheoli, gwasanaethau cwsmeriaid a gweithio mewn partneriaeth. Gellir ei ddefnyddio i asesu dulliau rheoli'r cynlluniau datblygu chwaraeon.

Mae Quest yn cynnwys unedau datblygu chwaraeon mewn awdurdodau lleol, cyrff llywodraethu a sefydliadau gwirfoddol. Gall sefydliadau datblygu chwaraeon naill ai ddefnyddio rhaglen hunanasesu a gwella, neu gallant ofyn am asesiad allanol annibynnol wrth geisio ennill gwobr. Mae ymgynghoriaeth annibynnol yn goruchwylio'r cynllun i sicrhau ei fod yn deg.

Term allweddol

Dangosyddion perfformiad allweddol (DPA) – dull o fesur perfformiad a ddefnyddir i werthuso llwyddiant sefyllfa, sefydliad neu weithgaredd penodol.

Mae'r asesiad yn seiliedig ar feini prawf fel:

▶ amcanion a'r camau sydd wedi'u targedu at gyflawni'r rhain
▶ cadw amser, crefftwaith a hyfforddi
▶ ansawdd yr offer
▶ technegau datrys problemau
▶ diwylliant sefydliadol – elfennau o falchder, proffesiynoldeb a safonau.

Buddsoddwyr mewn Pobl

Mae'r wobr Buddsoddwyr mewn Pobl (IIP) yn cynnwys llawer o'r un egwyddorion â Quest. Mae'n canolbwyntio ar sefydliadau sy'n cyflawni safonau penodol ar gyfer hyfforddi a datblygu eu staff, gan helpu yn ei dro i gyflawni amcanion y rhaglen datblygu chwaraeon. Yn ystod y broses o gyflawni'r safonau, dylai'r sefydliad wella ei berfformiad. Mae sefydliadau sydd wedi cyflawni safon IIP yn aml yn ei chael yn haws denu a chadw staff o ansawdd uchel, a all wella eu cynhyrchiant ac felly ansawdd eu gwaith datblygu chwaraeon.

Mae safon IIP yn darparu fframwaith cenedlaethol ar gyfer gwella perfformiad a chystadleurwydd. Mae'n cynnwys dull wedi'i gynllunio o osod a chyfleu amcanion, a datblygu pobl i gyflawni'r amcanion hyn. Mae'r cynllun yn darparu:

▶ cyfle i adolygu polisïau ac arferion cyfredol yn erbyn meincnod cydnabyddedig
▶ fframwaith ar gyfer cynllunio strategaeth a gweithredu yn y dyfodol
▶ ffordd strwythuredig o wella effeithiolrwydd gweithgareddau hyfforddi a datblygu.

Mae'n seiliedig ar:

▶ ymrwymiad i fuddsoddi mewn pobl, er enghraifft trwy ddarparu hyfforddiant
▶ cynllunio effeithiol i nodi sut y dylid datblygu sgiliau, unigolion a thimau i gyflawni'r nodau hyn
▶ cymryd camau effeithiol i ddatblygu a defnyddio'r sgiliau angenrheidiol
▶ gwerthuso canlyniadau hyfforddiant a datblygiad ar gyfer cynnydd unigolion tuag at nodau, fel gwirio bod yr hyn a gynlluniwyd wedi'i gyflawni.

Clubmark

Erbyn canol 2016, roedd dros 12,000 o glybiau cymunedol wedi ennill statws Clubmark. Mae'r cynllun yn dangos i bartneriaid, rhieni a phobl ifanc fod clybiau sydd wedi'u hachredu gan Clubmark:

▶ yn egnïol – yn cael y gorau o bobl ifanc
▶ yn hygyrch – gan roi cyfle i bawb fanteisio ar chwaraeon
▶ yn achrededig – wedi cyrraedd safon uchel.

Mae Clubmark yn gobeithio darparu mwy o gyfleoedd a gwell cyfleoedd i blant a phobl ifanc gymryd rhan mewn chwaraeon yn eu cymuned leol. Mae hyn yn dangos bod cynllun datblygu chwaraeon mewn clwb yn ddiogel, yn effeithiol ac yn gyfeillgar i blant. Mae'n rhoi set o safonau a fabwysiadwyd yn genedlaethol ar gyfer cyrff llywodraethu cenedlaethol. Rhaid i glybiau chwaraeon osod a chwrdd â safonau a fydd yn arwain at ddarpariaeth o ansawdd gwell i blant a phobl ifanc.

Mae'r cynllun yn berthnasol ar draws ystod eang o chwaraeon. Fe'i hyrwyddir yn genedlaethol i alluogi rhieni, gofalwyr a phobl ifanc i gydnabod clwb sydd wedi ymrwymo i ddarparu profiad o safon.

Mae Clubmark yn gosod safonau ar gyfer:

▶ dyletswydd gofal ac amddiffyn plant
▶ hyfforddi a chystadlu
▶ cydraddoldeb a moeseg
▶ rheoli clwb.

Cynllun Safon Siarter

Yn achos Safon Siarter yr FA, ei nod yw codi safonau mewn pêl-droed ar lawr gwlad a chefnogi datblygiad clybiau a chynghreiriau, gan eu cydnabod a'u gwobrwyo am eu hymrwymiad a'u cyflawniadau. Mae adran Safon Siarter yr FA ar ei wefan yn darparu canllawiau manwl ar geisiadau a meini prawf Safon Siarter.

> **Trafodaeth**
>
> Dewiswch un o'r cynlluniau ansawdd a enwir uchod ac edrychwch ar y gofynion yn fwy manwl. Sut fyddech chi'n paratoi ar gyfer un o'i asesiadau?

Data sylfaenol

Data sylfaenol yw'r data gwreiddiol y byddwch chi'n ei gasglu am brosiect penodol. Er enghraifft, efallai y byddwch yn monitro nifer y bobl sy'n cyrchu ac yn ymgysylltu â chwaraeon a gweithgaredd corfforol mewn lleoliad penodol cyn ac ar ôl menter, i asesu effeithiolrwydd y fenter.

Ymchwil eilaidd

Mae ymchwil eilaidd yn defnyddio data sydd wedi'u cyhoeddi eisoes, er enghraifft mewn llyfrau, cyfnodolion, cyhoeddiadau'r llywodraeth, gwefannau a chyfryngau eraill. Er enghraifft, efallai y byddwch chi'n cymharu lefelau cyfranogiad chwaraeon a gweithgaredd corfforol yn eich ardal â'r lefelau normal (safonol) o ddata cenedlaethol.

 MUNUD I FEDDWL   Mae'n bwysig eich bod chi'n gallu mesur effaith datblygu darpariaeth chwaraeon a gweithgaredd corfforol. Beth yw'r gwahanol ffyrdd o wneud hyn?

Awgrym   Lluniwch dabl sy'n nodi'r gwahanol ffyrdd o fesur datblygiad chwaraeon.

Ymestyn   Ar gyfer pob dull, dewiswch un o gryfderau'r dull mesur hwnnw ac un o'i gyfyngiadau.

 B ## Datblygiad chwaraeon ehangach

Pryd bynnag y bydd datblygiad chwaraeon yn digwydd – yn amrywio o ddatblygu cyfleuster neu glwb i gynnal digwyddiad chwaraeon rhyngwladol mawr – bydd hyn yn cael effaith ehangach ar gymdeithas. Gellir teimlo'r effeithiau hyn ar lefel leol, genedlaethol neu fyd-eang, yn dibynnu ar natur y prosiect.

Y meysydd allweddol y gallant gael effaith arnyn nhw yw **seilwaith**, amgylcheddol, gwleidyddol, moesegol, diwylliannol ac economaidd. Rydyn ni eisoes wedi edrych ar effeithiau gwleidyddol, moesegol, diwylliannol ac economaidd datblygu chwaraeon yn yr uned hon, ond mae angen i ni edrych nawr ar seilwaith ac effeithiau amgylcheddol.

Seilwaith

Mae digwyddiadau chwaraeon mawr fel Gemau Olympaidd y gaeaf a'r haf neu Gwpan y Byd FIFA yn ei gwneud yn ofynnol i ddinasoedd sy'n eu cynnal gynnwys **gwaddol** fel rhan o'u cynigion i gynnal y digwyddiadau. Mae seilwaith yn elfen bwysig o waddol y digwyddiad. Er enghraifft, roedd gwaddol seilwaith Gemau Olympaidd Llundain 2012 yn cynnwys troi pentref yr athletwyr yn 3000 o gartrefi (bron i 1400 o dai fforddiadwy); hefyd, crewyd 10 llinell reilffordd, 30 pont newydd a buddsoddwyd £10 miliwn i wella llwybrau cerdded a beicio yn Llundain.

> **Termau allweddol**
>
> **Seilwaith** – strwythurau a chyfleusterau ffisegol a sefydliadol sydd eu hangen i gynnal digwyddiad, fel adeiladau, ffyrdd, cyflenwad pŵer, rhwydweithiau cyfathrebu.
>
> **Gwaddol** – effaith barhaol y digwyddiad chwaraeon yn lleol, yn rhanbarthol ac yn genedlaethol.

Ymchwil

Ymchwiliwch i'r prosiectau seilwaith ar gyfer digwyddiadau chwaraeon mawr sydd eisoes wedi digwydd (e.e. Cwpan y Byd FIFA yn Ne Affrica, 2010 neu Brasil, 2014) a digwyddiadau chwaraeon sydd ar ddod (e.e. Cwpan y Byd FIFA yn Qatar, 2022). Beth yw buddion seilwaith digwyddiadau sydd wedi'u cynnal a sut maen nhw'n cymharu â buddion seilwaith ar gyfer y digwyddiadau sydd i ddod? A oes unrhyw wersi pwysig wedi'u dysgu o ddigwyddiadau a gynhaliwyd sy'n cael eu cymhwyso i ddigwyddiadau sydd ar ddod?

Ymchwil

Ymchwiliwch i systemau Pavegen (**www.pavegen. com**). Beth fyddai'r buddion amgylcheddol o ddefnyddio'r math yma o dechnoleg pe byddech chi'n cynllunio cyfleuster, menter neu ddigwyddiad chwaraeon?

Yn yr un modd, yn sgil Gemau Olympaidd 2016 yn Rio de Janeiro datblygwyd System Trafnidiaeth Rheilffordd Ysgafn newydd, ac roedd cais Cwpan y Byd 2022 FIFA yn Qatar yn cynnwys bron i 200 o brosiectau seilwaith (yn amrywio o iechyd ac addysg i ffyrdd a charthffosiaeth, i ystyriaethau nawdd cymdeithasol).

▶ Roedd gwell cysylltiadau trafnidiaeth yn rhan bwysig o Gemau Olympaidd Rio de Janeiro 2016

Amgylcheddol

Un o rolau Rhaglen Amgylcheddol y Cenhedloedd Unedig (UNEP) yw ystyried effaith amgylcheddol chwaraeon. Pa un a ydynt yn datblygu cyfleuster neu'n cynnal twrnamaint rhyngwladol mawr fel y Gemau Olympaidd neu Gwpan y Byd FIFA, maent yn awgrymu bod effeithiau amgylcheddol cadarnhaol a negyddol. Gemau Olympaidd Sydney yn 2000 oedd y 'gemau gwyrdd' cyntaf (Gemau Olympaidd sy'n ystyried yr effaith amgylcheddol a chynaliadwyedd) ac ers hynny, mae'r Gemau i gyd wedi ystyried eu heffaith amgylcheddol fel rhan o'u hadroddiad ar y Gemau. Yn ôl UNEP, mae'r canlynol i gyd yn ystyriaethau amgylcheddol:

▶ colli ecosystemau bregus neu dir prin ar gyfer datblygu chwaraeon
▶ sŵn a llygredd golau o chwaraeon
▶ defnyddio adnoddau anadnewyddadwy (tanwydd, metelau, ac ati)
▶ defnyddio adnoddau naturiol (dŵr, pren, papur, ac ati)
▶ allyrru nwyon tŷ gwydr trwy ddefnyddio trydan a thanwydd
▶ disbyddu'r haen osôn (o oeryddion)
▶ llygredd pridd a dŵr o ddefnyddio plaladdwyr
▶ erydiad pridd yn ystod y gwaith adeiladu a chan wylwyr
▶ cynhyrchu gwastraff o adeiladu cyfleusterau a chan wylwyr.

Mae yna hefyd rai buddion amgylcheddol syml o gyflwyno mentrau gyda'r nod o wella gweithgaredd corfforol. Os byddwch chi'n cyflwyno menter yn llwyddiannus sy'n cynyddu nifer y bobl sy'n cerdded neu'n beicio i'r gwaith, rydych chi'n debygol o leihau swm y difrod amgylcheddol a achosir gan lygredd o geir. Er enghraifft, mae gan Amsterdam un o'r mentrau beicio mwyaf llwyddiannus yn y byd lle mae beicwyr yn teithio cyfanswm o 2.3 miliwn cilometr y dydd. Mae hyn yn cael effaith fawr ar yr amgylchedd gan fod pob pedwar cilometr sy'n cael ei deithio ar feic yn hytrach na mewn car yn arwain at un cilogram yn llai o CO_2 yn cael ei ryddhau i'r amgylchedd.

⏸ MUNUD I FEDDWL

Mae gan ddigwyddiadau chwaraeon mawr oblygiadau eang i gymdeithas ar lefelau lleol, rhanbarthol a chenedlaethol. Pam mae darparu ar gyfer gwaddol yn bwysig wrth gynllunio digwyddiadau?

Awgrym

Ysgrifennwch y gwahanol ffyrdd y mae digwyddiadau chwaraeon mawr o'ch dewis wedi gadael, neu'n bwriadu gadael, gwaddol barhaol.

Ymestyn

Ar gyfer pob un, cyfiawnhewch pam fod hon yn agwedd bwysig ar y waddol ar gyfer digwyddiad chwaraeon mawr.

C Y cyfryngau a masnacheiddio mewn chwaraeon

Mae gan y cyfryngau ran sylweddol i'w chwarae yn natblygiad a darpariaeth chwaraeon a gweithgaredd corfforol. Mae gan wahanol gyfryngau nifer o ddefnyddiau, gan gynnwys rhoi sylw i chwaraeon, hysbysebu a hyrwyddo digwyddiadau, helpu gyda recriwtio, a darparu cyllid.

Gall gwahanol fathau o gyfryngau gael effeithiau cadarnhaol a negyddol ar chwaraeon, ar lefelau economaidd a chymdeithasol. Er enghraifft, mae'r cyfryngau wedi cael eu beirniadu am ganolbwyntio ar bryd a gwedd athletwyr benywaidd yn hytrach na'u gallu a'u talent. Ystyriwyd bod hyn yn diraddio rôl menywod mewn chwaraeon trwy beidio â chydnabod na hyrwyddo'r rôl sydd ganddynt.

Mathau o gyfryngau, eu heffaith a'u defnyddiau

Mae yna lawer o wahanol fathau o gyfryngau sy'n cael effaith ar ddatblygiad a darpariaeth chwaraeon.

Teledu a lloeren

Mae cytundeb teledu a lloeren wedi chwarae rhan sylweddol yn natblygiad chwaraeon, yn enwedig ym mhêl-droed Lloegr. Yn sgil y cytundeb teledu mwyaf erioed yn yr Uwch Gynghrair, sydd werth dros £5.1 biliwn, Uwch Gynghrair Lloegr yw'r gynghrair gyfoethocaf yn y byd. Amcangyfrifir erbyn 2018, y bydd bron pob un o 20 tîm pêl-droed Uwch Gynghrair Lloegr yn y 30 tîm pêl-droed cyfoethocaf yn Ewrop. Gan roi hyn yn ei gyd-destun, yn 1997, y cytundeb teledu ag Uwch Gynghrair Lloegr oedd £670 miliwn. Mae hyn wedi golygu bod pêl-droed yn Lloegr wedi tyfu'n sylweddol oherwydd ei allu i ddenu yr enwau mwyaf a'r chwaraewyr gorau o bob cwr o'r byd. Fodd bynnag, mae yna awgrymiadau hefyd fod hyn wedi rhwystro cynnydd tîm hŷn cenedlaethol dynion Lloegr am nad oes digon o chwaraewyr o Loegr yn chwarae ar y lefel uchaf yn Lloegr.

Yn ogystal ag ym mhêl-droed dynion yn Lloegr, mae teledu a lloeren wedi chwarae rhan sylweddol wrth hyrwyddo pêl-droed menywod ar raddfa fyd-eang. Er enghraifft, rownd derfynol Cwpan y Byd i Ferched FIFA yn 2015 oedd y gêm bêl-droed a wyliwyd fwyaf yn hanes teledu'r Unol Daleithiau ac erbyn 2014, roedd gan 99 o 209 o aelod-wladwriaethau FIFA ddarllediad teledu o'r gynghrair bêl-droed genedlaethol.

Mae teledu a lloeren yn bwysig ar gyfer ennyn diddordeb byd-eang mewn chwaraeon sydd, yn ei dro, yn cynyddu sylw, adroddiadau ac arianu gwahanol chwaraeon. Mae sefydliadau teledu a lloeren hefyd yn defnyddio chwaraeon fel ffordd o gynhyrchu incwm i'w cwmni trwy werthu amser hysbysebu.

Yn ogystal, gellir defnyddio teledu a lloeren ar gyfer hyrwyddo gwahanol chwaraeon a digwyddiadau. Mae digwyddiadau enfawr fel y Gemau Olympaidd a Chwpan y Byd FIFA yn cael amser hyrwyddo sylweddol yn y cyfnod cyn y digwyddiadau, i ennyn diddordeb a chynyddu'r ffigurau gwylio. Mae'r un egwyddor yn berthnasol i ddigwyddiadau chwaraeon lleol a rhanbarthol llai; fodd bynnag, maent wedi'u cyfyngu bron yn gyfan gwbl i orsafoedd a rhaglenni teledu lleol.

Rhwydweithiau cymdeithasol

Gyda'r cynnydd yn y cyfryngau cymdeithasol poblogaidd, mae rhwydweithiau cymdeithasol wedi dod yn fwyfwy pwysig ar gyfer gwaith ymarferwyr datblygu chwaraeon. Yn 2017, honnodd Facebook fod ganddo oddeutu 1.94 biliwn o bobl yn mewngofnodi bob mis. Mae rhwydweithiau cymdeithasol fel Facebook, Twitter, Instagram, Vine, LinkedIn a Google+ i gyd yn rhoi cyfle i farchnata a hyrwyddo digwyddiadau, mentrau, clybiau a chyfleusterau newydd.

Trafodaeth

Beth yw goblygiadau economaidd a chymdeithasol peidio â chynrychioli menywod fel athletwyr neu gydnabod eu gallu athletaidd yn y cyfryngau?

Fel ymarferydd datblygu chwaraeon, rhaid i chi fod yn ymwybodol o dueddiadau cyffredin mewn rhwydweithiau cymdeithasol – yn enwedig unrhyw offer rhwydweithio cymdeithasol newydd – gan y gellir defnyddio'r rhain i gyrraedd gwahanol elfennau o gymunedau. Mae defnyddio offer fel 'hashnodau' dynodedig yn ffordd o hyrwyddo gwaith sefydliadau datblygu yn ogystal â chynyddu diddordeb mewn cynlluniau datblygu chwaraeon newydd. Er enghraifft, yn 2016, defnyddiodd FIFA (corff llywodraethu pêl-droed y byd) yr hashnod #askFIFAMay i gynnal fforwm holi ac ateb am rôl FIFA yn natblygiad pêl-droed menywod.

Gellir defnyddio rhwydweithiau cymdeithasol hefyd i gael adborth gan eich defnyddwyr a'ch rhanddeiliaid, delio ag unrhyw ymholiadau a chwynion, a chylchredeg gwybodaeth i staff o fewn sefydliad. Un o fanteision allweddol defnyddio rhwydweithiau cymdeithasol yw eu bod yn rhad ac am ddim, ac felly yn ddull cost-effeithiol o wella datblygiad a darpariaeth chwaraeon a gweithgaredd corfforol.

Wrth i rwydweithiau cymdeithasol symud ymlaen, mae sefydliadau bellach yn eu defnyddio ar gyfer recriwtio staff. Mae'n gyffredin i sefydliadau hysbysebu swyddi, interniaethau a swyddi gwirfoddol ar draws eu gwahanol rwydweithiau cymdeithasol er mwyn cyrraedd y gynulleidfa ehangaf. Yn ogystal, mae pobl yn aml yn defnyddio rhwydweithiau cymdeithasol fel LinkedIn i roi CV ar-lein y gellir ei ddosbarthu'n hawdd i ddarpar gyflogwyr, neu y gellir ei ddefnyddio i ddenu darpar gyflogwyr.

Y wasg a phapurau newydd

Mae gan y wasg a phapurau newydd gryn ddylanwad dros boblogrwydd chwaraeon ac athletwyr unigol. O ganlyniad, mae ganddyn nhw ddylanwad dros ddatblygiad a darpariaeth chwaraeon a gweithgaredd corfforol. Gall hyrwyddo llwyddiant (neu ddiffyg llwyddiant) athletwr neu dîm ddylanwadu ar gymhelliant unigolyn i ymwneud â chwaraeon penodol, felly mae gan bapurau newydd a'r wasg gyfrifoldeb cymdeithasol i sôn am chwaraeon yn deg. Fodd bynnag, mae'r wasg a'r papurau newydd yn tueddu i roi sylw i'r chwaraeon a'r athletwyr hynny a fydd yn gwerthu eu cyhoeddiad i'r darllenydd. Mae hynny'n creu gogwydd tuag at rai chwaraeon a mathau o athletwyr yn ogystal â defnyddio penawdau trawiadol i ddenu darllenwyr.

Ar wahân i ddigwyddiadau chwaraeon enfawr fel y Gemau Olympaidd a Pharalympaidd, mae gogwydd sylweddol tuag at ysgrifennu am chwaraeon gwrywaidd ac mae'r sylw sy'n cael ei roi i athletwyr benywaidd neu anabl lawer yn llai. Trwy neilltuo sylw sylweddol i chwaraeon mwy poblogaidd, mae hyn yn cefnogi eu poblogrwydd ac o bosibl yn ei gwneud hi'n anodd i chwaraeon eraill ddatblygu.

▶ Mae papurau newydd yn rhoi llawer o sylw i chwaraeon – ond nid yw'r sylw bob amser yn gadarnhaol

Y wasg arbenigol

Yn ogystal â'r wasg gyffredinol a phapurau newydd, mae yna gylchgronau sy'n benodol i chwaraeon hefyd fel *Runner's World*. Mae'r cyhoeddiadau chwaraeon-benodol hyn yn lle da i hysbysebu a hyrwyddo digwyddiadau neu fentrau chwaraeon sydd ar y gweill gan eu bod yn debygol o fod â chynulleidfa gyfyng sydd â gwir ddiddordeb yn y maes, o gofio bod angen tanysgrifio i gael y cyhoeddiadau neu eu prynu'n benodol. Gall y mathau hyn o gyhoeddiadau hefyd gynnwys erthyglau am wahanol ddigwyddiadau a mentrau mewn camp benodol, sy'n helpu i gynyddu diddordeb ac a all gael effaith ar gyfranogiad.

Y wasg leol

Mae'r wasg leol yn ddefnyddiol ar gyfer hyrwyddo mentrau, digwyddiadau, clybiau a chyfleusterau yn eich ardal chi. Mae trefnu datganiadau i'r wasg, rhoi sylw i chwaraeon, darparu hysbysebion ar gyfer cyfleusterau chwaraeon a hamdden lleol, a hyrwyddo digwyddiadau sydd i ddod i gyd yn rolau pwysig i'r wasg leol a all wella diddordeb mewn gwahanol ddulliau o ddatblygu a darparu chwaraeon a gweithgaredd corfforol.

Gall y wasg leol fod yn arbennig o ddefnyddiol oherwydd gall helpu i dynnu sylw at ganlyniadau allweddol mentrau a digwyddiadau trwy gyhoeddi erthyglau amdanynt, megis datblygiadau mewn cydlyniant cymunedol neu straeon 'teimlo'n dda' am gyflawniadau mewn digwyddiadau, mentrau neu glybiau. Gall hyn fod â mwy nag un fantais oherwydd gall sylw ar lefel leol ennyn sylw ar lefel ranbarthol neu genedlaethol, gan gynorthwyo twf menter, digwyddiad, clwb neu gyfleuster. Trwy gynyddu'r diddordeb hwn, mae'n debygol y cewch fwy o gyfleoedd i ennill cyllid trwy wahanol ffrydiau refeniw (er enghraifft nawdd neu arian torfol) a allai wedyn gefnogi eich digwyddiad datblygu chwaraeon, menter, clwb neu ddatblygiad cyfleuster ymhellach.

Cyfryngau ar-lein

Mae cyfryngau ar-lein ar lefelau lleol, cenedlaethol a rhyngwladol yn chwarae rolau sylweddol yn natblygiad a darpariaeth chwaraeon a gweithgaredd corfforol. O flog lleol i wefan corfforaeth ryngwladol fawr, gall cyfryngau ar-lein ddylanwadu ar ganfyddiadau pobl o chwaraeon a gweithgaredd corfforol, yn ogystal â chanfyddiadau o'u gallu i gymryd rhan.

Mae cael rhyw fath o gyfryngau ar-lein i hyrwyddo'ch digwyddiad, menter, clwb neu gyfleuster yn elfen bwysig o gynyddu cyfranogiad. Fodd bynnag, nid yw cael cyfryngau ar-lein yn gwarantu llwyddiant. Gellir defnyddio gwahanol ddulliau i gynyddu traffig trwy'r cyfryngau ar-lein ac i dynnu sylw cynulleidfa ehangach at eich pwnc datblygu chwaraeon. Un o'r ffyrdd mwyaf cyffredin o wneud hyn yw cynnwys fideo yn eich cyfryngau ar-lein.

Mae defnyddio fideo o fewn cyfryngau ar-lein yn cynyddu traffig ac, yn achos gwerthu cynhyrchion neu wasanaethau neu geisio cynhyrchu mwy o arian, gall gynyddu'r **cyfraddau trosiant** hefyd. Trwy gynyddu traffig trwy gyfrwng eich cyfryngau ar-lein, rydych hefyd yn cynyddu eich cyfleoedd i werthu gofod hysbysebu, sy'n darparu ffynhonnell incwm bellach ac a all wneud eich menter, digwyddiad, clwb neu gyfleuster yn fwy cynaliadwy.

Gall fideos wella eich presenoldeb ar y cyfryngau ar-lein yn bennaf oherwydd:
- ▶ gallwch symleiddio pynciau cymhleth yn negeseuon clir
- ▶ mae'n haws i'ch cynulleidfa (e.e. eich defnyddwyr neu randdeiliaid) gysylltu â chi
- ▶ gallwch arddangos eich digwyddiad, menter, clwb neu gyfleuster ar waith
- ▶ ar y cyfan, mae'n well gan bobl wylio fideos yn hytrach na darllen testun
- ▶ mae pobl yn fwy tebygol o rannu neu roi sylwadau ar fideos na chynnwys â thestun, sy'n cynyddu eich darpar gynulleidfa ymhellach.

Damcaniaeth ar waith

Edrychwch ar ddetholiad o adrannau chwaraeon papurau newydd lleol a chenedlaethol. Pa fathau o benawdau a straeon sy'n cael eu cynnwys? Yn eich barn chi, sut fyddan nhw'n effeithio'n gadarnhaol ac yn negyddol ar ddatblygiad a darpariaeth chwaraeon a gweithgaredd corfforol?

Term allweddol

Cyfraddau trosiant – cymhareb y bobl sy'n prynu nwyddau neu wasanaethau ar ôl ymweld â gwefan neu siop.

Damcaniaeth ar waith

Yn eich barn chi, pam y gall cyfuno cyfryngau ar-lein â rhwydweithio cymdeithasol fod yn ffordd ddefnyddiol iawn o wella datblygiad a darpariaeth chwaraeon a gweithgaredd corfforol?

Awgrym

Ymestyn

Lluniwch fap yn eich pen o bob un o'r gwahanol fathau o gyfryngau.

Trafodwch sut y gall pob math o gyfryngau wella datblygiad a darpariaeth chwaraeon a gweithgaredd corfforol.

► Mae masnacheiddio chwaraeon yn weladwy gyda chystadleuwyr fel Roger Federer yn gwisgo dillad Nike

Termau allweddol

Masnacheiddio – proses gyffredinol lle mae cynnyrch neu wasanaeth yn cael ei werthuso am ei botensial i gael effaith economaidd neu werth ariannol.

Cynaliadwy – rhywbeth y gellir ei gynnal ar lefel ofynnol dros gyfnod estynedig o amser.

Masnacheiddio mewn chwaraeon

Masnacheiddio (*commercialisation*) yw'r broses lle mae cynnyrch yn cael ei werthuso am ei werth economaidd neu ariannol posibl o fewn marchnad darged. Mae llawer o bobl yn dadlau bod rhai chwaraeon bellach yn fusnesau masnachol yn bennaf sydd â photensial ariannol enfawr. Fodd bynnag, wrth i glwb neu sefydliad chwaraeon ddod yn fwy masnachol, mae'n dibynnu fwyfwy ar lwyddiant chwaraeon i gynnal gwerth brand a gwella ei ddiddordebau masnachol. Er enghraifft, mae Manchester United yn cael ei ystyried yn un o brif frandiau chwaraeon a sefydliadau chwaraeon masnachol y byd. Yn ddiweddar fe wnaethant lofnodi'r cytundeb mwyaf erioed ar gyfer crysau masnachol gydag Adidas am £750 miliwn dros ddeng mlynedd. Fodd bynnag, oherwydd nad ydyn nhw bellach yn gwneud cystal ym myd pêl-droed, dywedodd Sky Sports yn ddiweddar fod gwerth Manchester United fel clwb pêl-droed wedi gostwng oddeutu £650 miliwn.

Bellach mae chwaraeon proffesiynol – yn enwedig chwaraeon tîm proffesiynol – yn cael eu hystyried yn 'ficro-economi' sy'n cynnwys set o farchnadoedd annibynnol a rhyngddibynnol. Un farchnad annibynnol yw lle mae timau'n prynu chwaraewyr a hyfforddwyr a fydd nid yn unig yn gwella eu gallu chwaraeon, ond hefyd eu gwerth brand. Bydd cefnogwyr timau chwaraeon yn prynu tocynnau i fynd i weld gemau, lluniaeth mewn gemau, citiau tîm, a thanysgrifiadau i gylchgronau tîm, gwefannau a sianeli teledu. Oherwydd bod y cefnogwyr yn uniaethu gyda'u timau, byddant yn aml yn prynu i mewn i'r farchnad hon ni waeth beth yw llwyddiant eu tîm, neu pa un a ydynt yn prynu chwaraewyr neu hyfforddwyr newydd (gan wneud hon yn farchnad annibynnol).

Fodd bynnag, pan fydd cynnydd mewn llwyddiant neu pan fydd 'enwau brand' enwog yn cael eu llofnodi, bydd ymgysylltiad defnyddwyr ag agweddau ar y farchnad hon – megis gwerthu nwyddau – yn cynyddu (gan ei gwneud yn farchnad gyd-ddibynnol). Er enghraifft, pan lofnododd David Beckham gytundeb i chwarae i Real Madrid gan adael Manchester United, bu cynnydd sylweddol yng ngweithgaredd masnachol Real Madrid.

Yn nodweddiadol, mae sefydliadau chwaraeon sydd â gweithgareddau masnachol mwy llwyddiannus – o godi arian ar raddfa fach mewn chwaraeon amatur lleol i bartneriaethau noddi byd-eang ar raddfa ryngwladol – yn tueddu i fod yn sefydliadau mwy **cynaliadwy** ac yn aml gallant sicrhau mwy o lwyddiant.

Masnacheiddio cynaliadwy

Mae masnacheiddio cynaliadwy yn bwysig ar gyfer iechyd tymor hir menter, digwyddiad, clwb neu gyfleuster. Nid yw masnacheiddio cynaliadwy yn ceisio gwneud cymaint o arian â phosibl, ond mae'n ceisio cynhyrchu rhywfaint o incwm – megis trwy godi ffioedd cyfranogi neu drwy nawdd – er mwyn helpu i ariannu parhad y prosiect.

Rhaid i sefydliadau datblygu chwaraeon hefyd ddangos ymwybyddiaeth o ofynion masnachol o ran rheoli eu cyllid, gan gynnwys ffynonellau cyllid, cyllidebu, incwm a gwariant, a dosbarthiad y cronfeydd hyn ar draws cynnal a chadw, staffio, adnoddau a buddsoddiadau.

Ffynonellau cyllid

Mae adran y Celfyddydau, Diwylliant a Chwaraeon Llywodraeth Cymru yn annog sefydliadau datblygu chwaraeon fwyfwy i chwilio am ffynonellau cyllid amrywiol ar gyfer eu prosiectau. Mae Chwaraeon Cymru yn ei ganllawiau cyllido hefyd yn awgrymu bod angen bod yn ymwybodol o ffrydiau cyllid lleol a sut i gael mynediad atynt oherwydd bod hynny'n agwedd bwysig ar ddatblygu chwaraeon a gweithgaredd corfforol. Mae yna nifer o ffynonellau cyllid ar gael, fel Chwaraeon Cymru, y Loteri Genedlaethol ac awdurdodau lleol.

Yn ogystal, mae buddsoddiad preifat gan gwmnïau (er enghraifft noddwyr a chytundebau partneriaeth eraill) yn chwarae rôl yn natblygiad chwaraeon a gweithgaredd corfforol.

Yn olaf, mae buddsoddiad cymdeithasol yn ffordd fodern o ennill cyllid gan **fuddsoddwyr cymdeithasol**. Y DU bellach yw'r farchnad buddsoddi cymdeithasol fwyaf datblygedig yn y byd. Amcangyfrifodd y DCMS yn 2015 fod dros £1 biliwn o gyfalaf preifat yn gweithio tuag at effaith gymdeithasol trwy fuddsoddiadau cymdeithasol. Cynorthwywyd hyn gan gynllun Rhyddhad Treth Buddsoddi Cymdeithasol Llywodraeth y DU lle gall y rhai sy'n buddsoddi cyfalaf preifat mewn cynlluniau cymdeithasol gael rhyddhad treth ar y swm y maent yn ei fuddsoddi.

Yn 2014, trafododd Forbes SportsMoney sut roedd cyllido torfol yn dod yn fwy sefydledig ar gyfer ariannu athletwyr a chlybiau. Un enghraifft o'r math hwn o arian yn y DU yw 'Street League' a gododd dros £600,000 o gynllun buddsoddi cymdeithasol ac a ddefnyddiodd chwaraeon fel ffordd o gefnogi pobl ifanc ddi-waith a'r rheini o gefndiroedd difreintiedig.

Defnyddio arian

Er mwyn dangos sut y byddwch yn defnyddio cyllid yn effeithiol, mae angen i chi ddangos sut y byddwch yn cyllidebu'ch prosiectau er mwyn osgoi gorwario ond defnyddio'r holl arian. Dylech ddarparu manylion eich incwm a'ch gwariant, gan gynnwys sut fydd yr arian yn cael ei ddosbarthu (er enghraifft buddsoddi mewn cynnal cyfleusterau newydd, buddsoddi mewn staff, gofynion staffio, ac adnoddau eraill fel offer chwaraeon a chymorth technolegol). Mae Ffigur 19.7 yn dangos enghraifft o sut y gallech chi roi manylion cyllidebol y gwariant wrth ofyn am arian.

> **Ymchwil**
>
> Ymchwiliwch i 'ddeg awgrym ar gyfer cyllid llwyddiannus' Sports Coach UK. Sut y gall Sports Coach UK eich helpu chi i ddod o hyd i'ch cyllid a'i gynllunio ar gyfer datblygu a darparu chwaraeon a gweithgaredd corfforol? Pa mor debyg ydyw i sefydliadau eraill, fel Chwaraeon Cymru neu'r Sefydliad Pêl-droed?

> **Term allweddol**
>
> **Buddsoddwr cymdeithasol** – rhywun sy'n buddsoddi cyllid mewn prosiectau cymdeithasol gyda'r bwriad o weld buddion cymdeithasol ac ariannol.

CYLLIDEB CLWB CYMDEITHASOL

Menter a gynllunnir	Sut gaiff hyn ei gyflawni?	Mesurau canlyniadau gan gynnwys y dyddiad targed	Person (au) cyfrifol	Costau unigol	Costau cronnus
Menter 12 wythnos i ddatblygu clwb pêl-gôl newydd	Archebu cyfleuster dwy awr yr wythnos	Cyfleuster wedi'i archebu erbyn mis Ionawr 2017 am 12 wythnos	Swyddog arweiniol datblygu chwaraeon wedi'i gefnogi gan gydlynydd chwaraeon anabledd	£50 yr awr, am ddwy awr yr wythnos, 12 wythnos	£1,200
	Cyflogi hyfforddwr pêl-gôl	Cyflogi hyfforddwr am floc 12 wythnos erbyn Tachwedd 2016		£30 yr awr yr wythnos, 16 wythnos (4 wythnos o baratoi cyn 12 wythnos o gyflwyno'r rhaglen)	£480
	Sicrhau cynorthwyydd gwirfoddol	Sicrhau cynorthwyydd gwirfoddol am floc 12 wythnos erbyn Rhagfyr 2016	Prif hyfforddwr gyda chefnogaeth cydlynydd chwaraeon anabledd	Treuliau £25 yr wythnos, 12 wythnos	£300
	Egluro gofynion offer pêl-gôl gan *www.goalballuk.com/the-sport/equipment* a phrynu yn ôl yr angen	Offer wedi'i brynu, ei ddarparu a'i wirio o ran ystyriaethau iechyd a diogelwch erbyn Rhagfyr 2016	Prif hyfforddwr gyda chefnogaeth cydlynydd chwaraeon anabledd	Pecyn wedi'i negodi, yn cynnwys cynnal a chadw, nwyddau traul ac ailosod	£3,000
Cyfanswm y gwariant amcangyfrifedig					£4,980

▶ **Ffigur 19.7:** Costau amlinellol enghreifftiol

Moeseg masnacheiddio

Mae moeseg masnacheiddio yn bryder allweddol ar gyfer datblygu a darparu chwaraeon a gweithgaredd corfforol. Mae yna enghreifftiau proffil uchel o adegau pan yr ystyriwyd bod gweithgareddau masnachol sefydliadau chwaraeon yn anfoesegol. Er enghraifft, yn 2014, soniodd y BBC y beirniadwyd FA Lloegr yn eang fod cefnogwyr yn gorfod talu hyd at £90 am grys pêl-droed newydd Lloegr ar gyfer Cwpan y Byd 2014.

Nawdd a chyllid priodol

Un o'r pynciau allweddol o fewn moeseg masnacheiddio yw nawdd a chyllid priodol. Mae gan rai pobl o fewn datblygu chwaraeon bryderon ynghylch y ffaith bod cwmnïau mawr fel Coca-Cola a McDonald's yn noddi digwyddiadau chwaraeon mawr y mae plant yn eu gwylio. Mae hyn oherwydd bod eu cynhyrchion yn cael eu hystyried yn opsiynau bwyd afiach oherwydd llawer iawn o siwgr (Coca-Cola) a braster dirlawn a halen (McDonald's), sy'n cyfrannu'n sylweddol at ordewdra plant.

Agenda allweddol i'r llywodraeth yw cydbwyso buddion buddsoddiad ariannol a masnachol preifat mewn chwaraeon a gweithgaredd corfforol, gyda'r peryglon posibl o hyrwyddo gwahanol fathau o sefydliadau, megis gamblo, alcohol a bwydydd braster uchel, halen a siwgr (HFSS).

Adnoddau masnach deg

Mae'r Sefydliad Masnach Deg a Masnach Deg Ryngwladol yn sefydliadau sy'n hyrwyddo masnach deg ar lefel ryngwladol. Maent yn gweithio i hyrwyddo hawliau ffermwyr a gweithwyr, ac i drefnu cytundebau gwell ar gyfer y cynhyrchion y maent yn eu cynhyrchu. Mae'r Sefydliad Masnach Deg yn strwythuro ei waith o amgylch pedwar maes allweddol:

▶ Darparu ardystiad annibynnol o'r gadwyn fasnach ar gyfer cynhyrchion, a thrwyddedu defnyddio'r marc FAIRTRADE ar gynhyrchion fel gwarant defnyddiwr

▶ Helpu i gynyddu'r galw am gynhyrchion masnach deg a grymuso cynhyrchwyr i werthu i fasnachwyr a manwerthwyr

▶ Gweithio gyda phartneriaid i gefnogi sefydliadau cynhyrchwyr a'u rhwydweithiau

▶ Codi ymwybyddiaeth y cyhoedd o'r angen am fasnach deg a rôl sylweddol y marc FAIRTRADE wrth wneud masnach yn deg.

Wrth gynllunio digwyddiad, menter, clwb neu gyfleuster datblygu chwaraeon, trwy ystyried sut y gellir cynnwys cynhyrchion masnach deg yn eich cynllun, gallwch gyfrannu at gefnogi masnachu moesegol. Er enghraifft, a allech chi gael eich cit, eich offer neu'ch lluniaeth gan gyflenwyr masnach deg?

Effaith cyfryngau a masnacheiddio ar ddatblygiad chwaraeon

Mae'r cyfryngau a masnacheiddio yn cael effaith ar gyd-destun ehangach datblygu chwaraeon. Gallant effeithio ar gyfranogiad, cynhwysiant a dilyniant. Er enghraifft, mae sylw'r cyfryngau i chwaraewyr tennis llwyddiannus o Brydain yn ystod Wimbledon yn tueddu i gynyddu cyfranogiad mewn tennis yn ystod y twrnamaint. At hynny, bu cynnydd sylweddol yn y sylw cenedlaethol i wahanol fathau o wahanol chwaraeon yn ystod Gemau Paralympaidd Llundain gan gyfrannu at ddull mwy cynhwysol o ddatblygu a darparu chwaraeon a gweithgaredd corfforol.

Mae sylw'r cyfryngau i benderfyniadau dadleuol mewn pêl-droed yn aml wedi cyfeirio at agweddau masnachol y gêm (er enghraifft, faint o arian a enillir neu a gollir trwy ddyrchafiad neu ostyngiad, neu gymhwyso ar gyfer Cynghrair Pencampwyr UEFA) i gyfiawnhau'r angen am dechnoleg llinell gôl.

Ymchwil

Ymchwiliwch i dîm chwaraeon lleol o'ch dewis, naill ai'n broffesiynol neu'n amatur. Pwy yw eu noddwyr a pham ydych chi'n meddwl y byddai'r noddwyr hyn eisiau bod yn gysylltiedig â'r clwb chwaraeon hwnnw?

Damcaniaeth ar waith

Ymchwiliwch i Chwaraeon y Bala. Beth yw eu perthynas â masnach deg a sut mae hyn wedi cael effaith ar yr economi?

Astudiaeth achos

Penderfyniadau Cwpan y Byd FIFA

Meddyliwch am rôl y cyfryngau yn y cyfnod cyn Cwpanau'r Byd 2018 a 2022 FIFA yn Rwsia a Qatar yn y drefn honno. Mae cryn dipyn o sylw yn y cyfryngau wedi ei dargedu at y llygredd honedig ynghylch y penderfyniadau i ddyfarnu Cwpanau'r Byd i'r gwledydd hyn, yn ogystal â rhai o'r amodau gwaith gwael honedig yn Qatar yn arbennig.

Er enghraifft, nododd sylw yn y cyfryngau yn 2015 fod Llywydd FIFA ar y pryd, Sepp Blatter, wedi honni bod penderfyniad wedi'i wneud i ddyfarnu Cwpan y Byd 2018 i Rwsia heb bleidlais. Mae'r sylw yn y cyfryngau ynghylch Cwpan y Byd 2022 yn Qatar wedi codi pryderon am gaethwasiaeth gyfoes ac amodau gwaith gwael, yn ogystal â gwneud honiadau dadleuol ynghylch anafiadau a marwolaeth i weithwyr yn ystod paratoadau Qatar ar gyfer Cwpan y Byd.

Gyda'i gilydd, mae'r sylw yn y cyfryngau yn y cyfnod cyn y digwyddiadau wedi tynnu llawer o sylw'r cyhoedd oddi ar bêl-droed.

Gwiriwch eich gwybodaeth

1 Yn eich barn chi, sut y gallai'r sylw yn y cyfryngau effeithio ar boblogrwydd ac ariannu'r Cwpanau Byd hyn?

2 Yn eich barn chi, sut y gallai amseriad y sylw yn y cyfryngau fod wedi cael effaith ar fonitro rheolau a rheoliadau (megis iechyd a diogelwch) wrth baratoi ar gyfer y digwyddiadau hyn?

3 Yn eich barn chi, sut mae'r sylw yn y cyfryngau wedi codi ein hymwybyddiaeth o'r gwahanol gyfleusterau i'w defnyddio yng Nghwpanau'r Byd hyn?

4 Roedd llawer o'r cyfryngau a oedd yn cyfeirio at storïau Cwpan y Byd Rwsia a Qatar yn dod o wledydd a fethodd yn eu hymgais i ennill Cwpan y Byd. Ers hynny mae rhai wedi argraffu cywiriadau neu dynnu eu straeon yn ôl. Beth mae hyn yn ei awgrymu i chi am rôl y cyfryngau poblogaidd yng nghyd-destun ehangach datblygu chwaraeon?

Ar lefel leol, gellir defnyddio'r cyfryngau a masnacheiddio i gefnogi datblygiad clybiau, mentrau a chyfleusterau. Gellir defnyddio allfeydd newyddion lleol a chyfryngau cymdeithasol i dynnu sylw'r cyhoedd at y cyfleusterau neu'r mentrau newydd hyn, ond gellir defnyddio gweithgareddau masnachol i sicrhau eu bod yn gynaliadwy. Mae cysylltiad hefyd rhwng y cyfryngau a masnacheiddio, lle gellir defnyddio'r cyfryngau i hyrwyddo gweithgareddau masnachol.

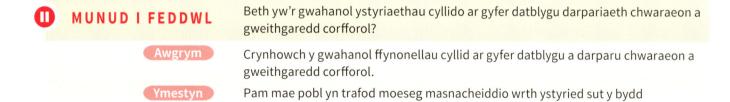

⏸ MUNUD I FEDDWL   Beth yw'r gwahanol ystyriaethau cyllido ar gyfer datblygu darpariaeth chwaraeon a gweithgaredd corfforol?

Awgrym   Crynhowch y gwahanol ffynonellau cyllid ar gyfer datblygu a darparu chwaraeon a gweithgaredd corfforol.

Ymestyn   Pam mae pobl yn trafod moeseg masnacheiddio wrth ystyried sut y bydd digwyddiadau, mentrau neu gyfleusterau yn cael eu hariannu?

D   Ysgrifennu cynnig

Cyn i chi ddechrau ysgrifennu eich cynnig datblygu chwaraeon, dylech gynnal ymchwil i weld a oes angen eich menter benodol chi. Bydd angen i chi ystyried sut mae mentrau datblygu chwaraeon yn cael effaith ar amgylcheddau lleol, rhanbarthol neu genedlaethol a dechrau creu **rhesymeg** ar gyfer y digwyddiad, y fenter neu'r cyfleuster rydych chi'n ei gynllunio. Dylai fod gan bob penderfyniad a wnewch wrth ysgrifennu'r cynnig sail resymegol glir.

Cysylltiad

Mae'r adran hon yn cysylltu ag *Uned 9: Dulliau Ymchwil ym maes Chwaraeon*.

Term allweddol

Rhesymeg – rheswm dros benderfyniad.

Trafodaeth

Ewch i **www.atebionclwb.cymru/planning/?force=2** ac mewn grŵp trafodwch sut y gall y canllawiau eich cefnogi wrth baratoi cynnig datblygu chwaraeon.

Ymchwil i baratoi ar gyfer ysgrifennu cynigion

Cyn i chi ddechrau ysgrifennu'ch cynnig, dylech wneud gwaith ymchwil. Yn ystod eich cam paratoi, dylech ystyried y gwahanol ffynonellau ymchwil sy'n adlewyrchu tueddiadau cyfredol. Wrth edrych ar y wybodaeth hon, ystyriwch sut rydych chi'n dehongli'r data a gyflwynir. Er enghraifft, mae tueddiadau ar lefel genedlaethol yn dangos darlun cyffredinol, ond gall ardal benodol ddisgyn yn uwch neu'n is na'r tueddiadau cenedlaethol hyn, sy'n golygu y gallai fod angen gwahanol mewn gwahanol rannau o'r wlad.

Dylai eich ymchwil ganolbwyntio ar ddigwyddiadau, mentrau neu gyfleusterau eraill sydd ar gael yn eich ardal chi, unrhyw rai sydd eisoes wedi'u cynllunio neu wrthi'n cael eu datblygu, a beth fyddai buddion posibl eich gweithgaredd datblygu chwaraeon arfaethedig. Fe ddylech chi hefyd feddwl am rai o'r canllawiau sydd ar gael i'ch helpu chi i ysgrifennu cynigion datblygu chwaraeon, fel y canllawiau cyllido gan Sports Coach UK a Chwaraeon Cymru.

Ymchwil

Ewch i **www.sportengland.org/facilities-planning/planning-for-sport/planning-tools-and-guidance/**

Pam mae'r adnodd hwn yn ddefnyddiol i gefnogi'r ymchwil baratoadol ar gyfer ysgrifennu'ch cynnig?

Creu nodau perthnasol

Dylai fod gan eich cynnig nodau perthnasol, yn seiliedig ar eich ymchwil. Gan mai sefydliadau fel Chwaraeon Cymru sy'n darparu'r mwyafrif o'r cyllid ar gyfer cyfranogi, dylai eich nodau fod yn seiliedig ar gynyddu cyfranogiad mewn chwaraeon neu weithgaredd corfforol. Mae meysydd blaenoriaeth eraill yn cynnwys cynnal ac uwchraddio cyfleusterau presennol, datblygu cyfleusterau newydd a sicrhau bod gan gymunedau gyfleusterau chwaraeon sy'n diwallu eu hanghenion.

Strwythur y cynnig

Dylai fod gan eich cynnig strwythur clir, sy'n defnyddio'r penawdau a'r cynnwys a ddangosir yn Nhabl 19.6.

Ymchwil

Ewch i **sportwales.org.uk/funding--support/case-studies.aspx** a dewiswch astudiaeth achos sy'n ddiddorol i chi. Yn eich barn chi, beth oedd y nodau, y dangosyddion perfformiad, y gweithgareddau a'r adnoddau angenrheidiol ar gyfer yr astudiaeth achos a ddewiswyd gennych?

 **MUNUD I FEDDWL**   Beth yw'r adnoddau sydd eu hangen arnoch i gynllunio prosiect neu gynnig?

Awgrym   Lluniwch dabl o'r adnoddau dynol, ffisegol ac ariannol sy'n ofynnol ar gyfer eich cynllun.

Ymestyn   Cyfiawnhewch gynnwys pob un o'r adnoddau hyn, gan ddefnyddio tystiolaeth lle bo hynny'n briodol ac yn bosibl.

▶ **Tabl 19.6:** Strwythur cynnig

Adran y cynnig	Pwrpas
Nod(au)	Dylai'r rhain fod: • yn seiliedig ar eich ymchwil • yn gysylltiedig â chynyddu cyfranogiad • yn gynhwysol ac yn annog cyfranogiad gan grwpiau targed amrywiol • yn gysylltiedig â datblygu digwyddiad, menter, cyfleuster neu glwb.
Dangosyddion perfformiad	Dyma'r meini prawf y byddwch chi'n eu defnyddio i bennu llwyddiant eich cynllun. Gallai hyn gynnwys: • cyfanswm cyfraddau cyfranogi • cyfraddau cyfranogi o wahanol grwpiau targed • gostyngiad mewn ymddygiad gwrthgymdeithasol a chyfraddau troseddu • datblygu cyfleuster neu glwb newydd yn llwyddiannus. Dylai fod cysylltiad clir rhwng y rhain, y nodau a'ch ymchwil. Byddai meini prawf perfformiad yn elwa o rhywfaint o gyfiawnhad, er enghraifft cysylltu cyfraddau cyfranogi uwch â buddion iechyd.
Gweithgareddau arfaethedig	Unwaith eto, yn seiliedig ar ymchwil, dylid bod wedi nodi'r rhain fel rhai sy'n diwallu angen penodol a dylid eu cefnogi gan dystiolaeth yn dangos y byddant yn fuddiol i gyflawni nodau'r rhaglen. Gallai mathau o weithgareddau gynnwys digwyddiadau cyfranogi, digwyddiadau gwylwyr, digwyddiadau hyrwyddo, digwyddiadau cymdeithasol, digwyddiadau elusennol, neu ddigwyddiadau sy'n canolbwyntio ar iechyd a lles. Mae llawer o ddigwyddiadau yn 'ticio nifer o flychau gwahanol'. Er enghraifft, byddai taith feicio elusennol ar gyfer grŵp mawr o bobl yn cwmpasu digwyddiad cyfranogi, cymdeithasol, elusen, canolbwyntio ar iechyd a lles, a hyrwyddo beicio fel dull o weithgaredd corfforol.
Amserlen	Dylech sicrhau bod gennych amserlen briodol i gyflawni nodau'r gweithgaredd a gynlluniwyd. Er enghraifft, os mai eich nod yw cynyddu cyfranogiad nofio tymor hir mewn menywod 50+, nid ydych yn debygol o wneud hyn mewn dau fis. Yr hyn y byddwch chi efallai'n ei wneud yn yr amser hwnnw yw adolygu lefelau cyfranogiad cychwynnol.
Costau realistig	Dylai costau arfaethedig eich cynllun fod yn realistig. Os yw'ch rhagamcanion cost yn rhy isel, mae'n annhebygol y bydd darparwyr cyllid yn credu y byddwch yn gallu eu cyflawni ac yn llai tebygol o ariannu eich gwaith. Os ydych chi'n gor-amcangyfrif, efallai na fyddant yn credu eu bod y cael gwerth am arian. Unwaith eto, byddai hyn yn effeithio ar eich siawns o gael cyllid. Gwnewch ymchwil manwl i gostau, archwiliwch y gwahanol opsiynau, a thrafodwch costau a chyfraddau i ddarparu cydbwysedd rhwng costau realistig a gwerth am arian. Ymhlith y ffactorau sy'n effeithio ar gost mae logisteg a'r angen am unrhyw gymhwysedd technegol (e.e. lefelau hyfforddi priodol a chefnogaeth TGCh briodol).
Adnoddau	Mae'r adnoddau sydd eu hangen yn dod o dan dri phennawd. Ar gyfer pob un, dylai'r cyllidebu fod yn realistig. • Adnoddau dynol – y bobl sy'n ofynnol i gyflawni'r prosiect. Gall hyn gynnwys: hyfforddwyr, gweinyddwyr, swyddogion a staff i ofalu am ddiogelwch, cefnogaeth feddygol, derbynfa a hyrwyddo. • Adnoddau ariannol – y buddsoddiad sydd ei angen i gyflawni'r cynllun. • Adnoddau ffisegol – y cyfleusterau a'r offer sydd eu hangen i gyflawni'r cynllun.

Y berthynas rhwng cynigion a chyd-destun ehangach datblygu chwaraeon

Trwy gydol yr uned hon, rydym wedi trafod ffactorau yng nghyd-destun ehangach datblygu chwaraeon a fydd yn dylanwadu ar eich gweithgaredd arfaethedig. Mewn cynllun sydd wedi'i anelu at ddatblygu a darparu chwaraeon a gweithgaredd corfforol, dylech hefyd ddangos ei effeithiau ehangach. Mae Tabl 19.7 yn dangos rhai cwestiynau i'w hystyried wrth feddwl am sut mae'ch cynllun yn dylanwadu ar gyd-destun ehangach datblygu chwaraeon a sut gall y cyd-destun hwnnw ddylanwadu ar eich cynllun.

▶ **Tabl 19.7:** Cwestiynau cydberthynas

Sut mae'ch cynllun yn dylanwadu ar y cyd-destun datblygu chwaraeon?	Sut mae cyd-destun ehangach datblygu chwaraeon yn dylanwadu ar eich cynllun?
• Sut mae'ch cynllun yn cyd-fynd â nodau sefydliadau datblygu chwaraeon? • Sut fydd eich cynllun yn cyfrannu at ddatblygu cyfranogiad, cynwysoldeb neu ddatblygiad y gamp? • Sut fydd eich cynllun yn dylanwadu ar seilwaith, ystyriaethau amgylcheddol, gwleidyddol, moesegol a diwylliannol neu'r economi? • Pa effaith fydd eich cynllun yn ei chael ar y cyfryngau a masnacheiddio?	• Sut fydd nodau sefydliadau datblygu chwaraeon yn dylanwadu ar eich cynllun? • Sut fydd datblygiad cyfranogiad, cynwysoldeb neu'r cynnydd yn y gamp yn dylanwadu ar eich cynllun? • Sut fydd seilwaith, ystyriaethau amgylcheddol, gwleidyddol, moesegol a diwylliannol, neu'r economi yn dylanwadu ar eich cynllun? • Pa effaith fydd y cyfryngau a masnacheiddio yn ei chael ar eich cynllun?

Deunydd darllen ac adnoddau pellach

Cyhoeddiadau'r llywodraeth

Adran Diwylliant, y Cyfryngau a Chwaraeon, Tracey Crouch AS (2015) *Sporting Future: A New Strategy for an Active Nation*. Ar gael oddi wrth: **www.gov.uk/ government/publications/sporting-future-a-new-strategy-for-an-active-nation**

Llyfrau

Byers, T., Slack, T. a Parent, M. M. (2012) *Key Concepts in Sport Management,* Llundain: Sage.

Nichols, G. (2007) *Sport and Crime Reduction: The Role of Sports in Tackling Youth Crime,* Llundain: Routledge.

Robson, S., Simpson, K. a Tucker, L. (2013) *Strategic Sport Development*, Llundain: Routledge.

Cyfnodolyn

The International Journal of Sport and Society

Gwefannau

www.lotterygoodcauses.org.uk/funding – gwybodaeth am sut y caiff arian y Loteri Genedlaethol ei ddosbarthu a pha sefydliadau sy'n gwneud y penderfyniadau

www.theguardian.com/teacher-network/series/pe-and-school-sport – erthyglau o *The Guardian* am addysg gorfforol a chwaraeon ysgol

www.sportanddev.org/en – pecyn adnoddau a chyfathrebu sy'n ymroddedig i chwaraeon a datblygu

www.chwaraeon.cymru - gwefan Chwaraeon Cymru, y sefydliad cenedlaethol sy'n gyfrifol am ddatblygu a hybu chwaraeon a gweithgarwch corfforol yng Nghymru

www.sportengland.org – gwefan Sport England, sy'n gweithio i gael mwy o bobl i wneud chwaraeon a gweithgareddau a chynyddu cyfranogiad ar draws pob grŵp yn y gymdeithas yn Lloegr

www.uksport.gov.uk – gwefan UK Sport, asiantaeth chwaraeon perfformiad uchel y DU

Ymarfer asesu

Mae eich hwb cymunedol lleol eisiau rhedeg menter chwaraeon i helpu i leihau ymddygiad gwrthgymdeithasol ymhlith pobl ifanc lleol sydd yn eu harddegau. Mae pobl ifanc yr ardal yn cwyno nad oes unrhyw beth i'w wneud yn eu hardal ac mae ystadegau'n tynnu sylw at y ffaith bod lefelau cyfranogiad chwaraeon a gweithgaredd corfforol ymhlith bechgyn a merched yn is na'r cyfartaledd cenedlaethol. Cafwyd adroddiadau o yfed yn hwyr yn y nos ynghyd â graffiti a lefelau sŵn uchel. Mae'r hwb cymunedol yn awyddus i geisio defnyddio chwaraeon fel ffordd o leihau hyn, ond mae'n awyddus i'r chwaraeon fod ar gael ar adeg y mae'r ymddygiad gwrthgymdeithasol yn digwydd fel arfer. Mae'r hwb wedi gofyn ichi gynllunio menter gyda hyn mewn golwg.

Cynllunio
- Beth y gofynnir i mi ei wneud?
- Pa adnoddau sydd eu hangen arnaf i gyflawni'r dasg hon ac a allaf gael mynediad atynt ar adegau pan fyddaf yn gwneud fy ngwaith?

Gwneud
- Gallaf wneud cysylltiadau rhwng yr hyn rwy'n ei ddarllen/ymchwilio, y dasg, a'r cyd-destun y mae angen i mi gymhwyso'r wybodaeth ynddo.
- Ydw i'n hyderus fy mod i'n gwybod beth rydw i'n ei wneud a beth ddylwn i fod yn ceisio'i gyflawni?

Adolygu
- Gallaf egluro sut y gwnes i fynd ati i gyflawni'r dasg hon a pham y gwnes i fynd ati fel hyn.
- Gallaf egluro sut mae fy ngwybodaeth gymhwysol o ddatblygu chwaraeon wedi newid neu ddatblygu trwy gyflawni'r dasg hon.

BETH AM ▶▶ Y DYFODOL?

Helen Robinson

Swyddog datblygu chwaraeon

Rydw i wedi bod yn gweithio fel swyddog datblygu chwaraeon ers tair blynedd. Yn ystod y cyfnod hwnnw, rydw i wedi gweld cymaint o wahanol gyfleoedd ar gyfer datblygu chwaraeon a gweithgaredd corfforol, gyda llawer o wahanol rannau o fy nghymuned leol.

Ar ôl imi gwblhau fy nghwrs BTEC Chwaraeon Lefel 3, fe es i i'r brifysgol a chwblhau gradd mewn datblygu chwaraeon a hyfforddi oherwydd fy mhrif ddiddordebau yw cynyddu'r ystod o gyfleoedd chwaraeon a helpu i gefnogi hyfforddwyr i ddiwallu anghenion gwahanol bobl a allai fanteisio ar y cyfleoedd hyn.

Mae cael dealltwriaeth o anghenion eich cymuned leol yn ogystal â chwmpas ehangach rhanbarthol, cenedlaethol a rhyngwladol datblygu chwaraeon yn bwysig ar gyfer bod yn swyddog datblygu chwaraeon effeithiol. Mae angen i chi allu nodi ffynonellau cyllid – weithiau mae eich swydd yn dibynnu arni! Rhaid i chi hefyd wybod sut y gellir defnyddio'r cyllid hwn orau i ddiwallu anghenion gwahanol grwpiau targed a'r gymuned ehangach.

Oherwydd hyn, mae bod â'r gallu i ddatblygu a chynnal perthnasoedd gwaith effeithiol gyda gwahanol bobl yn allweddol. Trwy gael y perthnasoedd hyn, rydych chi'n fwy tebygol o allu cyflawni nodau gwahanol gynlluniau, yn ogystal â gallu negodi bargeinion gwell ar bethau fel cynhyrchion a gwasanaethau. Wrth wneud hynny, rydych chi'n fwy tebygol o ddarparu cynllun gwerth am arian sy'n diwallu anghenion eich rhanddeiliaid, sy'n golygu eich bod chi'n fwy tebygol o gael cyllid.

Canolbwyntio eich sgiliau

Llunio cynlluniau effeithiol

Mae'n bwysig gallu cynllunio cynlluniau effeithiol ar gyfer datblygu chwaraeon a gweithgaredd corfforol. Dyma rai awgrymiadau i'ch helpu chi wneud hyn.

- Gwnewch yn siŵr eich bod chi'n gwybod beth yw'r anghenion rydych chi'n gyfrifol amdanyn nhw.
- Cadwch i fyny â'r wybodaeth ddiweddaraf am y ffynonellau cyllid sydd ar gael.
- Rhwydweithiwch yn lleol, yn rhanbarthol ac yn genedlaethol – mae cael cysylltiadau yn dda ar gyfer ffurfio partneriaethau ehangach ac ar gyfer datblygu syniadau.
- Gwnewch yn siŵr eich bod chi'n gallu darparu rhesymeg glir ar gyfer nodau unrhyw gynllun i ddatblygu darpariaeth chwaraeon a gweithgaredd corfforol, gan gefnogi'ch awgrymiadau gyda thystiolaeth briodol.
- Adolygwch gynnydd eich rhaglenni a gynlluniwyd wrth i chi fynd ymlaen a gwerthuso eu heffeithiolrwydd. Mae hyn yn bwysig ar gyfer dangos sut rydych chi'n cyflawni'r nodau gwreiddiol a'ch bod chi'n mesur effaith eich gwaith.

Paratoi ar gyfer asesiad

Ysgrifennwyd yr adran hon i'ch helpu i wneud eich gorau pan fyddwch chi'n sefyll y prawf asesu. Darllenwch y cyfan yn ofalus a gofynnwch i'ch tiwtor pan fydd unrhyw beth nad ydych yn siŵr ohono.

Yn yr asesiad a osodir yn allanol, bydd gennych rai cwestiynau y bydd angen ateb estynedig arnyn nhw. Bydd y cwestiynau ateb estynedig yn cael eu geirio i'ch galluogi i dynnu sylw at ddarnau allweddol o wybodaeth a dechrau meddwl sut y gallwch chi gynllunio'ch ateb. Mae cwblhau'r gwaith paratoi cyn yr asesiad a osodir yn allanol yn hanfodol er mwyn dod i adnabod y maes pwnc, yng nghyd-destun y cwestiwn a osodwyd.

Wrth fynd at y cwestiwn, cofiwch y canlynol.

- Gwnewch yn siŵr eich bod chi'n darllen y cwestiwn yn ofalus.
- Nodwch y geiriau allweddol yn y cwestiwn.
- Canolbwyntiwch ar y geiriau sy'n dweud wrthych beth sydd angen i chi ysgrifennu amdano.
- Darllenwch y wybodaeth achos ac amlygwch rannau allweddol a fydd yn eich helpu i ateb y cwestiwn.

Rhan bwysig o'r cwestiynau ateb estynedig yw eich bod yn cael eich asesu yn erbyn gwelliannau ansoddol yn eich ateb. Mae hyn yn golygu na fydd nifer y marciau a gewch o reidrwydd yn seiliedig ar nifer y pwyntiau a wnewch, ond ar **ansawdd** y pwyntiau rydych chi'n eu gwneud.

- Ceisiwch osgoi ailadrodd gwybodaeth sydd wedi'i chynnwys yn y senario. Gwnewch yn siŵr eich bod chi'n defnyddio'r wybodaeth yng nghyd-destun y cwestiwn penodol, i ddangos sut mae'ch cynllun wedi'i gynhyrchu a pham y bydd yn fuddiol.
- Rhowch ateb sy'n ymwneud â holl rannau allweddol y cwestiwn.
- Os oes mwy nag un persbectif ar bwnc, sicrhewch eich bod yn rhoi ateb cytbwys.
- Gwnewch gysylltiad rhwng y senario a chyd-destun ehangach datblygu chwaraeon.

Enghraifft

Rydych chi'n swyddog datblygu chwaraeon ar gyfer clwb athletau lleol. Mae gan y clwb athletau ystod o aelodau, o blant i gystadleuwyr hŷn, elitaidd a rhyngwladol. Fodd bynnag, rydych yn poeni am y gostyngiad yn nifer yr aelodau sy'n adnewyddu eu tanysgrifiadau blynyddol oherwydd gallai'r patrwm hwn arwain at ostyngiad sylweddol yn y ddarpariaeth athletau yn y dref ac o bosibl cau'r clwb.

Mae'n ofynnol i aelodau dalu tanysgrifiadau blynyddol, prynu eu cit athletau eu hunain a thalu ffioedd digwyddiadau. Yn ddiweddar, mae'r clwb wedi bod yn colli cystadlaethau oherwydd nad oedd ganddo ddigon o athletwyr. Mae'r clwb athletau wedi'i leoli'n ganolog yn y dref ac mae o fewn cyrraedd yr ysgol a'r colegau lleol. Mae gan y trac athletau sawl llwybr gwasanaeth, gan gynnwys llwybrau ffyrdd a bysiau, ond mae defnydd trwm yn cael ei wneud o'r llwybr

Parhad...

beicio a'r llwybr cerdded sy'n arwain at y trac, felly mae angen eu hadfer oherwydd traul. Mae yna hefyd sawl safle gyda graffiti, ac mae llawer o'r ardaloedd glaswellt a'r coed sy'n eu hymylu wedi tyfu'n wyllt.

Rhaid i chi baratoi cynnig ar gyfer digwyddiad sy'n anelu at ddatblygu'r gamp yn y senario. Dylai eich digwyddiad gael ei strwythuro fel a ganlyn:

- nodau
- dangosyddion perfformiad
- gweithgareddau arfaethedig
- adnoddau
- cydberthynas rhwng eich cynnig a chyd-destun ehangach datblygu chwaraeon.

Nodau: Nodau'r digwyddiad hwn yw cynyddu aelodaeth a chyfranogiad yn y clwb athletau lleol. Chwaraeon Cymru sy'n darparu'r rhan fwyaf o'i gyllid ar gyfer cynyddu cyfranogiad; felly rydym yn fwy tebygol o ennill cyllid os ydym yn targedu ein digwyddiad at gynyddu cyfranogiad. Trwy gynyddu aelodaeth bydd yn golygu bod y clwb yn fwy cynaliadwy a gall y clwb athletau barhau; trwy gynyddu cyfranogiad bydd nifer o wahanol fanteision cymdeithasol, seicolegol ac iechyd i'r athletwyr.

> **Beth yw'r gwahanol fanteision hyn a sut y gallent ddeillio o gyfranogiad cynyddol mewn athletau?**

Dangosyddion perfformiad: Y dangosyddion perfformiad ar gyfer llwyddiant y digwyddiad fydd cynnydd yn yr aelodaeth ac yna, mwy o gyfranogiad. Byddem yn gweld hyn yn llwyddiant pe byddem yn cael 100 aelodaeth newydd ac yna byddai'r bobl hynny yn mynychu'r clwb athletau ac yn cymryd rhan bob wythnos.

> **A oes unrhyw wybodaeth yn y senario sy'n awgrymu bod angen hyn?**

> **Mae hyn yn brin o resymeg. Sut ydych chi wedi penderfynu ar y rhif hwn? Ydych chi'n targedu unrhyw grwpiau penodol neu ddim ond 100 o bobl o unrhyw grŵp cymdeithasol?**

Gweithgareddau arfaethedig: Byddwn yn trefnu digwyddiad y gellir ei gynnal ar gyfer yr ysgolion a'r colegau lleol, a all ddenu mwy o blant i'r clwb. Byddwn hefyd yn cynnal hyn ar adeg pan all rhieni neu ofalwyr ddod gyda'u plant gan y byddai'n dda cynyddu cyfranogiad oedolion hefyd. Mae rhywfaint o ymchwil hefyd sy'n dangos y gall ymyriadau teuluol mewn gweithgaredd corfforol gynyddu lefelau cyfranogi. Y digwyddiad cyntaf y byddwn yn ei gynnal fydd diwrnod chwaraeon rhwng ysgolion sy'n canolbwyntio ar ddigwyddiadau athletau ac yna'r un math o ddigwyddiad ar gyfer colegau. Bydd y digwyddiadau ar agor i unrhyw un o unrhyw lefel gallu neu gefndir. Drwy hyn, rydym yn bod yn gynhwysol.

> **Wrth ddefnyddio ymadroddion fel hyn, mae'n arfer da darparu'r cyfeirnod penodol.**

> **Byddai'n dda dweud sut y gall ymyriadau teuluol gynyddu lefelau gweithgaredd corfforol.**

Adnoddau: Bydd angen cyfuniad o adnoddau dynol, ffisegol ac ariannol arnom i gynnal y digwyddiadau hyn. Yr adnoddau dynol fydd swyddogion a gweinyddwyr i redeg y digwyddiadau a diweddaru'r sgorio wrth i'r digwyddiad fynd yn ei flaen. Bydd angen staff cymorth cyntaf cymwysedig arnom hefyd yn y digwyddiad i sicrhau bod pawb yn ddiogel.

Yr adnoddau ffisegol fydd y cit sydd ei angen i gynnal yr holl ddigwyddiadau a'r lleoliad i gynnal y digwyddiadau. Byddem yn gallu prynu'r symiau priodol o git unwaith y byddem yn gwybod faint sydd wedi cadarnhau eu bod yn dod, a byddai cost y cit yn dibynnu ar hyn. Ni fyddai'r lleoliad yn costio dim gan fod gennym eisoes leoliad yn agos at yr ysgolion.

> **A fyddai unrhyw gostau yn gysylltiedig â rhedeg y lleoliad ar ddyddiau'r digwyddiadau?**

Byddem hefyd yn rhoi cludiant am ddim i'r ysgolion felly byddai angen digon o hyfforddwyr arnom i'w casglu a mynd â nhw yn ôl. Mae hyn oherwydd bod ymchwil yn dweud bod pobl yn fwy tebygol o gymryd rhan mewn chwaraeon a gweithgaredd corfforol os yw'r cludiant i gyrraedd yno yn well.

Yr adnoddau ariannol fyddai'r arian sy'n ofynnol i dalu am y cit, staff a chludiant.

Cydberthynas rhwng y cynigion a chyd-destun ehangach datblygu chwaraeon: Gallai'r digwyddiadau hyn gael effaith ehangach ar yr ardal leol. Dywed y senario fod graffiti ar y llwybr beicio a'r llwybr cerdded, a allai fod oherwydd nad oes gan bobl ifanc yr ardal ddigon i'w wneud yn eu hamser hamdden neu nad ydyn nhw'n gwybod am y gweithgareddau gwahanol sydd ar gael, felly maen nhw wedi dechrau fandaleiddio pethau. Trwy gynnal y digwyddiadau hyn, efallai y byddwn yn gallu ennyn mwy o ddiddordeb mewn cymryd rhan mewn chwaraeon a gweithgaredd corfforol, a lleihau'r siawns y byddant yn parhau gyda fandaliaeth ac ymddygiad gwrthgymdeithasol. Gelwir y mecanwaith hwn o leihau troseddau yn ddargyfeirio oherwydd ei fod yn symud pobl ifanc i ffwrdd o amseroedd neu fannau lle gallent fel arall ymwneud â throsedd neu ymddygiad gwrthgymdeithasol.

Mae'r senario hefyd yn sôn bod angen adfer y llwybr cerdded a'r llwybr beicio. Fel rhan o'n cynnig, byddem yn gweithio gyda'r cyngor lleol i adfer y llwybr cerdded a'r llwybr beicio, a allai ei gwneud hi'n fwy diogel ac yn haws teithio i'r lleoliad athletau. Byddem hefyd yn gweithio i gael gwared ar y graffiti oddi yno fel bod pobl yn teimlo'n fwy diogel wrth ddefnyddio'r llwybrau. Gallai hyn wedyn gynyddu'r tebygolrwydd y byddant yn eu defnyddio i gael mynediad i'r clwb athletau yn fwy rheolaidd. Mae hyn yn golygu y byddem yn dod â budd i'r seilwaith a'r amgylchedd yn yr ardal leol, a fyddai â'r fantais o adfywio cymunedol.

Gallai cynnal y digwyddiad hwn yn y cyfnod cyn y Gemau Olympaidd fod o gymorth oherwydd bod gan bobl fwy o ddiddordeb mewn camp pan fydd digwyddiad chwaraeon mawr yn digwydd. Mae hyn yn golygu efallai y byddwn yn gallu cael pobl i ymaelodi â chlybiau a chymryd mwy o ran mewn chwaraeon. Trwy gynnal y digwyddiad hwn nawr, gallwn gyfrannu at ddatblygiad y gamp trwy gynyddu cyfranogiad ar lawr gwlad. Gall hyn ddod â budd ychwanegol oherwydd os bydd mwy o bobl yn cymryd rhan mewn chwaraeon, mae'n bosibl y byddai gennym gronfa fwy o dalent i ddewis athletwyr talentog ohoni, a allai wedyn wneud y gamp yn well ar lefelau uwch.

Mae'r adran hon yn cynnwys pwyntiau dilys ond nid oes ganddi dystiolaeth gefnogol o ymchwil.

Mae hyn yn cysylltu â'r wybodaeth yn y senario, gan ei gwneud hi'n haws gweld pwrpas y datganiadau rydych chi'n eu gwneud.

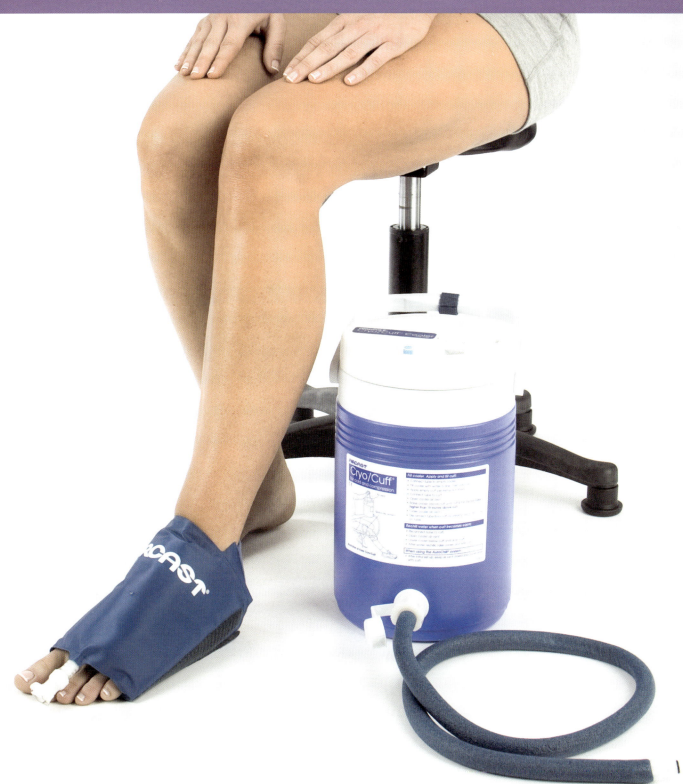

Dod i adnabod eich uned

Asesiad

Byddwch yn cael eich asesu gan ddefnyddio tasg ysgrifenedig a osodwyd yn allanol.

Yn yr uned hon, byddwch yn archwilio sut mae busnesau chwaraeon bob amser yn cynllunio ar gyfer twf ac ehangu. Byddwch yn edrych ar y sgiliau sydd eu hangen i weithio mewn busnesau sy'n gweithredu mewn meysydd fel chwaraeon proffesiynol, clybiau chwaraeon preifat, cyhoeddus a gwirfoddol, rhaglenni hamdden cymunedol ac egnïol, y diwydiant nwyddau chwaraeon, a phob agwedd ar y cyfryngau. Byddwch hefyd yn ymchwilio i dueddiadau, newidiadau a datblygiadau sy'n dylanwadu ar lwyddiant posibl unrhyw fusnes sy'n gysylltiedig â chwaraeon.

Mae'r uned hon yn uned a asesir yn allanol gan ei bod yn ymdrin â llawer o'r prosesau a wneir yn y diwydiant. Bydd angen i chi ddefnyddio'r hyn wnaethoch chi ei ddysgu o bob rhan o'ch cymhwyster i gwblhau eich asesiad.

Sut y cewch eich asesu

Bydd yr uned hon yn cael ei hasesu gan ddefnyddio arholiad a osodwyd yn allanol. Bydd dwy ran i'r arholiad.

▶ Mae **RHAN A** yn cael ei gosod gyfnod penodol o amser cyn eich arholiad fel eich bod chi yn gallu cynnal ymchwil annibynnol am senario yn seiliedig ar fusnes chwaraeon dychmygol.

▶ Mae **RHAN B** yn archwiliad ysgrifenedig a gynhelir o dan amodau rheoledig lle gallwch ddefnyddio'ch nodiadau ymchwil i gwblhau tasg sy'n adeiladu ar Ran A.

Gan y gall y canllawiau ar gyfer asesu newid, dylech gyfeirio at y canllawiau asesu swyddogol ar wefan Cymwysterau Pearson i gael y canllawiau diffiniol diweddaraf.

Byddwch yn cael eich asesu am eich dealltwriaeth o:

▶ weithrediadau busnes a sut i ymateb i dueddiadau a dylanwadau mewnol ac allanol

▶ gwybodaeth a data busnes, a'u heffaith a'u dylanwad posibl ar fusnes chwaraeon a hamdden egnïol

▶ syntheseiddio syniadau busnes a thystiolaeth o sawl ffynhonnell i gefnogi dadleuon.

Trwy gydol yr uned hon fe welwch ymarferion defnyddiol a fydd yn eich helpu i weithio tuag at eich aseiniad. Ni fydd cwblhau'r ymarferion busnes hyn yn golygu eich bod yn cyflawni gradd benodol, ond byddwch wedi cyflawni ymchwil neu baratoad defnyddiol a fydd yn eich helpu yn nes ymlaen gyda'ch aseiniad terfynol.

Mae gan Uned 22 bedwar canlyniad asesu (AOs) a fydd yn cael eu cynnwys yn yr arholiad allanol. Mae rhai geiriau gorchymyn yn gysylltiedig â phob canlyniad asesu. Mae Tabl 22.1 yn esbonio'r hyn y mae'r geiriau gorchymyn hyn yn gofyn ichi ei wneud.

Y canlyniadau asesu ar gyfer yr uned hon yw:

▶ **AO1** Dangos gwybodaeth a dealltwriaeth o chwaraeon a hamdden egnïol gweithrediadau busnes a sut i ymateb i dueddiadau a dylanwadau mewnol ac allanol

▶ **AO2** Dadansoddi a dehongli gwybodaeth a data busnes, a'u potensial effaith a dylanwad ar fusnes chwaraeon a hamdden egnïol

▶ **AO3** Gwerthuso tystiolaeth i lunio barn wybodus ar sut y dylid datblygu, arallgyfeirio neu addasu busnes chwaraeon a hamdden egnïol.

▶ **AO4** Yn gallu gwneud argymhellion y gellir eu cyfiawnhau ar gyfer busnes chwaraeon a hamdden egnïol, gan syntheseiddio syniadau a thystiolaeth o sawl ffynhonnell i gefnogi dadleuon.

Gellir defnyddio'r geiriau gorchymyn neu'r termau allweddol a ddangosir yn Nhabl 22.1 yn yr asesiad.

▶ **Tabl 22.1:** Geiriau gorchymyn / termau allweddol a ddefnyddir yn yr uned hon

Gair gorchymyn	Diffiniad
Dadansoddi	• Archwilio'n fanwl er mwyn darganfod ystyr neu nodweddion hanfodol thema, pwnc neu sefyllfa. • Rhannu rhywbeth yn ei gydrannau neu archwilio ffactorau, yn drefnus ac yn fanwl. • Nodi ffactorau penodol, dweud sut y maent yn gysylltiedig ac esbonio sut mae pob un yn cyfrannu at y pwnc.
Modelau busnes	Mae angen deall dau fodel busnes: • SWOT – (cryfderau, gwendidau, cyfleoedd, bygythiadau) • PESTLE (gwleidyddol, economaidd, cymdeithasol, technolegol, cyfreithiol, amgylcheddol).
Dehongli	Cael ystyr, pwrpas neu rinweddau rhywbeth o ysgogiad penodol.
Cyfiawnhad	Rhoi rhesymau neu dystiolaeth er mwyn: • cefnogi barn a/neu benderfyniad • profi rhywbeth yn iawn neu'n rhesymol.
Ymchwil	Cynnal astudiaeth ofalus a threfnus neu gasglu gwybodaeth am bwnc penodol.
Adolygu	Proses ar gyfer dysgu (gwybodaeth neu sgiliau).

Dechrau arni

Mae chwaraeon yn fusnes mawr. Rydym i gyd yn gyfarwydd â chynhyrchion a gwasanaethau manwerthwyr byd-eang sy'n darparu offer a dillad chwaraeon, sefydliadau cyfryngau, clybiau pêl-droed yr Uwch Gynghrair, stadia ac arenas, a'r cadwyni niferus o gampfeydd preifat sydd wedi deillio o ymwybyddiaeth gyhoeddus gynyddol o iechyd a ffitrwydd. Ond mae llawer o fusnesau chwaraeon yn fach, yn cyflogi dim ond ychydig o bobl – yn aml mae'n rhaid i un rheolwr feddu ar yr holl sgiliau busnes a fyddai, mewn busnes mwy, yn cael eu lledaenu ar draws sawl adran. Ystyriwch y mathau llai hyn o fusnes a faint rydych chi wedi dod i gysylltiad â nhw. A oes angen i'ch tîm pêl-droed lleol redeg fel busnes ac os felly, sut mae hynny'n wahanol i glwb pêl-droed yn yr Uwch Gynghrair? Pam mae sgiliau busnes yn bwysig i unrhyw un sydd eisiau gweithio yn y diwydiant chwaraeon?

A ## Nodweddion busnesau chwaraeon a hamdden egnïol (gweithrediadau busnes)

Nodweddion a threfniadaeth busnesau chwaraeon a hamdden egnïol

Mae pobl ar ochr fasnachol chwaraeon yn trefnu eu cwmnïau i ddarparu ar gyfer:
► y cynhyrchion neu'r gwasanaethau y byddant yn eu cynnig
► y ffordd y maent yn dymuno gweithredu (strwythur y cwmni)
► yr hyn sydd ei angen i gydymffurfio â'r gyfraith.

> **Myfyrio**
>
> Meddyliwch am glwb chwaraeon rydych chi'n perthyn iddo (neu wedi bod yn perthyn iddo). Ystyriwch y gwaith trefnu sy'n digwydd y tu ôl i'r llenni i'ch galluogi i chwarae camp neu gael hyfforddiant. Pa waith trefnu ydych chi'n meddwl sy'n gysylltiedig â'r clwb, o hysbysebu, llogi hyfforddwyr neu feysydd chwarae, trefnu cit ac offer ac ati? Nawr, ystyriwch faint o wybodaeth fusnes sy'n ofynnol i weithredu'r clwb chwaraeon hwn. Dewch at eich gilydd mewn grwpiau bach a thrafodwch eich meddyliau, gan ganolbwyntio ar y gwahaniaethau rhwng gwahanol glybiau rydych chi i gyd yn rhan ohonyn nhw.

Mathau o fusnesau chwaraeon a hamdden egnïol

Bydd unrhyw fusnes chwaraeon a hamdden egnïol yn perthyn i un o dri math: preifat, cyhoeddus neu wirfoddol.

Busnesau preifat

Nid yw busnesau preifat yn eiddo i lywodraethau lleol neu genedlaethol. Yn hytrach, maen nhw'n eiddo i berson unigol neu grŵp o bobl, hyd at filoedd ohonynt o bosibl. Mae yna nifer o wahanol ffyrdd o sefydlu busnes preifat.
► **Unig fasnachwr** – Dyma pryd mae person, fel hyfforddwr ffitrwydd personol (yn cynnig gwasanaeth) neu siop chwaraeon fach sy'n cael ei rhedeg gan unigolyn (gwerthu cynhyrchion), yn masnachu fel unigolyn. Nhw fydd y penderfynwr ac yn rhedeg y busnes fel y dymunant, gan fwynhau'r elw ond bydd ganddyn nhw hefyd **atebolrwydd llawn** am unrhyw ddyledion. Gall pobl sy'n dymuno sefydlu eu hunain fel unig fasnachwyr gael cyngor gan Gyllid a Thollau Ei Mawrhydi a banc i sicrhau eu bod yn cael eu hysbysu'n iawn a bod ganddyn nhw **gynllun busnes** synhwyrol.

> **Termau allweddol**
>
> **Atebolrwydd llawn** – lle nad oes gan berson (unig fasnachwr fel arfer) unrhyw derfyn ar faint y ddyled y mae'n gyfrifol amdani. Os bydd rhywun sy'n gweithio fel unig fasnachwr yn gwneud colled reolaidd ac yn mynd i ddyled, maen nhw'n bersonol gyfrifol am ad-dalu'r holl ddyled honno.
>
> **Cynllun busnes** – dogfen sy'n amlinellu'r amcanion a'r nodau ar gyfer busnes, yn egluro sut y cânt eu cyflawni, ac yn rhagweld perfformiad busnes.

▶ **Partneriaeth** – Defnyddir y trefniant busnes hwn pan fydd dau neu ragor o bobl yn dymuno dod ynghyd i ffurfio busnes. Mae'n rhaid iddyn nhw i gyd rannu cyfrifoldebau sydd wedi'u hysgrifennu ar gontract o'r enw gweithred partneriaeth. Gellir cael cyngor ar gyfer sefydlu'r math hwn o fusnes gan Dŷ'r Cwmnïau, lle mae cofrestriadau wedi'u logio i'w gwneud yn gyfreithlon. Mae'r partneriaid yn rhannu'r elw ond yn gyfrifol am unrhyw ddyledion, eto ar sail atebolrwydd llawn.

▶ **Cwmnïau cyfyngedig preifat** – Mae'r rhain yn gyffredinol yn fusnesau llai wedi'u trefnu gyda chyfranddalwyr sy'n buddsoddi arian i brynu cyfran o'r cwmni. Gyda chwmni cyfyngedig preifat, ni ellir prynu'r cyfranddaliadau yn agored ar y farchnad stoc ond dim ond trwy ddod i fargen â chyfranddaliwr presennol. Yn aml, bydd y cyfranddalwyr yn penodi bwrdd cyfarwyddwyr i wneud y penderfyniadau busnes, tra bydd rheolwr-gyfarwyddwr yn delio â rhedeg y cwmni bob dydd. Os na fydd y cwmni'n llwyddo, bydd y cyfranddalwyr yn colli eu buddsoddiad ond bydd ganddyn nhw **atebolrwydd cyfyngedig** ar gyfer unrhyw ddyledion cwmni. Dynodir eu statws gan enw'r cwmni sy'n gorffen gyda 'Cyf' neu 'Ltd'. Un enghraifft chwaraeon o'r math hwn o gwmni oedd y 'London Organising Committee of the Olympic Games and Paralympic Games Ltd' (a oedd yn fwy adnabyddus fel 'LOCOG').

▶ **Cwmnïau cyfyngedig cyhoeddus (CCC)** – Defnyddir y byrfodd CCC neu PLC ar gyfer y rhain ac maen nhw'n tueddu i fod yn fusnesau mwy o faint gyda chyfranddaliadau yn cael eu cynnig i'w gwerthu i'r cyhoedd a buddsoddwyr ar y farchnad stoc. Gall cyfranddalwyr bleidleisio ar bolisïau cyffredinol, ond mae'r sefydliad yn cael ei redeg gan fwrdd cyfarwyddwyr sy'n ymarferwyr busnes profiadol. Telir difidend o'r elw i gyfranddalwyr os caiff elw ei wneud, ond os yw'r sefydliad yn gwneud colled nid ydynt yn debygol o gael taliad. Nid yw cyfranddalwyr yn atebol am ddyledion; fodd bynnag, gall cyfarwyddwyr fod yn destun atebolrwydd cyfyngedig o dan rai amgylchiadau ariannol. Dangosir un enghraifft o gwmni cyfyngedig cyhoeddus yn y diwydiant chwaraeon yn yr astudiaeth achos ar y dudalen hon.

> **Term allweddol**
>
> **Atebolrwydd cyfyngedig** – os bydd cwmni'n mynd i ddyled mae cyfranddaliwr unigol yn gyfrifol am swm y ddyled sy'n cyfateb i'w fuddsoddiad yn unig. Er enghraifft, pe bai cyfranddaliwr yn prynu £10,000 o gyfranddaliadau pan ffurfiwyd y cwmni, dim ond £10,000 o ddyledion y cwmni hwnnw y byddai'n rhaid iddo ei dalu.

Astudiaeth achos

Sports Direct

Mae Sports Direct International plc yn fanwerthwr nwyddau chwaraeon adnabyddus sy'n gwerthu offer a dillad chwaraeon trwy ei rwydwaith o siopau a thrwy'r wefan sportsdirect.com.

Mae'n berchen ar nifer o frandiau chwaraeon a hamdden gan gynnwys Dunlop, Everlast, Kangol, Karrimor, Lonsdale a Slazenger.

Cafodd Sports Direct ei 'werthu' fel ccc ar Gyfnewidfa Stoc Llundain yn 2007 gan wneud bron i £1 biliwn ar gyfer y rhanddeiliad mwyafrifol a'r sylfaenydd Mike Ashley.

▶ Sylfaenydd Sports Direct, Mike Ashley

Gwiriwch eich gwybodaeth

1 Sut ydych chi'n meddwl y cafodd y sylfaenydd y cyfalaf i adeiladu'r busnes cyn i Sports Direct ddod yn plc?
2 Allwch chi ddarganfod beth oedd gwerth y cyfranddaliadau yn 2007 a beth yw eu gwerth nawr?
3 Wrth feddwl ble rydych chi'n prynu'ch offer chwaraeon a'ch dillad, a fyddech chi'n dweud bod gan Sports Direct plc fonopoli, ac yn gwasgu manwerthwyr eraill allan o'r farchnad? Esboniwch pam rydych chi'n meddwl hyn.

▶ **Cwmni cydweithredol** – Cwmni cydweithredol yw lle mae busnes yn eiddo i'r aelodau ac yn cael ei redeg ganddyn nhw. Yn y diwydiant chwaraeon a hamdden, mae nifer o glybiau pêl-droed proffesiynol yn fentrau cydweithredol, o AFC Wimbledon a Portsmouth FC i FC Barcelona. Enghraifft o gwmni cydweithredol manwerthu nad yw'n ymwneud â chwaraeon yw Partneriaeth John Lewis. Pwynt allweddol cwmni cydweithredol yw bod gan weithwyr lais yn y modd y mae'r busnes yn gweithredu a llais hefyd yn ei ddyfodol, a gwneir y cyfan heb fewnbwn y cyfranddalwyr a sefydlodd y cwmni.

Awgrym

Allwch chi restru'r pum categori o weithrediadau busnes ac egluro pa un fyddai'n addas i fusnes newydd neu egin-fusnes a pham?

Ymestyn

Allwch chi olrhain cynnydd cwmni adnabyddus o'i ddechreuad i'w sefyllfa bresennol? Allwch chi benderfynu o dan ba gategori y cychwynnodd y cwmni hwnnw ac o dan ba gategori y mae'n gweithredu ar hyn o bryd?

Cyrff cyhoeddus

Mae'r sefydliadau hyn (a elwir weithiau'n cwangos) wedi'u sefydlu gan y llywodraeth ac yn cael eu hariannu ganddi. Ymhlith yr enghreifftiau mae'r Ymddiriedolaeth Chwaraeon Ieuenctid a UK Sport. Eu bwriad yw 'hyd braich' o'r llywodraeth, gan redeg eu priod feysydd yn lled-annibynnol, ond gyda chyllid wedi'i warantu, sydd fel arfer yn dod o ffynonellau gweithredu loteri. Maent yn sefydliadau nid-er-elw ac yn gweithio mewn dull tebyg i fusnes i gyflawni eu rôl.

Mae **cyrff cyhoeddus** hefyd yn cynnwys awdurdodau lleol sy'n gwneud darpariaeth gyhoeddus yn fewnol neu weithiau'n contractio'r gwasanaethau hyn i gwmnïau eraill. Mae rhai awdurdodau lleol yn gweithredu eu cyfleusterau chwaraeon a hamdden egnïol fel cwmnïau cydweithredol (gweler uchod).

Y sector gwirfoddol

Mae ymddiriedolaethau elusennol yn cael eu creu er budd y cyhoedd i hybu meysydd fel iechyd y cyhoedd, addysg a rhyddhad rhag tlodi. Mae ymddiriedolaethau elusennol yn gweithredu ar sail nid-er-elw ac, o ganlyniad, maent wedi'u heithrio o'r mwyafrif o drethi.

Cwmpas a maint busnesau

Mae'n bwysig peidio â drysu rhwng 'cwmpas' a 'maint' busnes sy'n gweithredu ym maes chwaraeon a hamdden egnïol.

Mae 'cwmpas' busnes yn cyfeirio at raddau gweithgareddau'r busnes a pha mor bell y mae'n ymestyn ledled y byd. Bydd cwmpas y busnes yn dylanwadu ar ba fath o strwythur busnes (gweler yr adran flaenorol) sydd fwyaf addas ar gyfer y busnes hwnnw.

▶ **Lleol** – Gall busnes chwaraeon lleol fod yn fusnes hyfforddi personol sy'n ceisio helpu cleientiaid i golli pwysau, a byddan nhw wedi'u lleoli mewn tref benodol neu'r ardal o'i chwmpas. Mae busnes fel hwn yn debygol o fod yn unig fasnachwr, yn bartneriaeth neu'n gwmni cyfyngedig preifat.

▶ **Cenedlaethol** – Mae busnes neu sefydliad chwaraeon cenedlaethol yn un sy'n gweithredu ledled gwlad benodol. Enghraifft o hyn yw Chwaraeon Cymru sydd â'r dasg o hybu gweithgaredd corfforol ledled Cymru. Ar lefel genedlaethol ac uwch, mae'n annhebygol y bydd busnes yn unig fasnachwr neu'n bartneriaeth.

▶ **Rhyngwladol** – Mae busnes rhyngwladol yn masnachu ar draws ffiniau rhyngwladol. Er enghraifft, mae'r rhan fwyaf o glybiau pêl-droed yr Uwch Gynghrair yn gwerthu nwyddau i gefnogwyr mewn gwahanol wledydd.

▶ **Amlwladol** – Mae gan fusnes amlwladol asedau a gweithgareddau mewn o leiaf un gwlad arall heblaw y wlad sy'n gartref iddo. Er enghraifft, mae gan Nike allfeydd gweithgynhyrchu a manwerthu ledled y byd.

Mae 'maint' busnes yn gyffredinol yn cyfeirio at gyfanswm ei weithwyr. Dangosir y categorïau a ddefnyddir yn gyffredin ar gyfer grwpio busnesau yn Nhabl 22.2.

Term allweddol

Cyrff cyhoeddus – sefydliadau a ariennir gan y llywodraeth sy'n cyflawni ar sail nid-er-elw.

▶ **Tabl 22.2:** Maint busnesau chwaraeon a hamdden egnïol

Categori busnes	Nifer y Gweithwyr	Enghraifft
Micro	Hyd at 9	Gall campfa annibynnol leol sy'n cael ei rhedeg gan berchennog-reolwr gyflogi 4 i 5 hyfforddwr ychwanegol.
Bach	10 i 49	Canolfan hamdden leol sy'n cyflogi tîm rheoli, amryw achubwyr bywyd, staff swyddfa, arlwywyr a chynorthwywyr hamdden.
Canolig	50 i 249	Clwb Cynghrair Pêl-droed sy'n cyflogi chwaraewyr, rheolwr, staff hyfforddi, staff meddygol, staff tir, stiwardiaid, staff arlwyo a staff gweinyddol.
Mawr	250+	Cwmni manwerthu chwaraeon mawr fel Sports Direct sy'n cyflogi miloedd o bobl yn y broses weithgynhyrchu, warysau a staff manwerthu yn ei siopau.

Nodau ac amcanion busnesau chwaraeon a hamdden egnïol

Bydd pob busnes yn y diwydiant hwn eisiau cynyddu cyfranogiad (sydd naill ai'n eu helpu i godi mwy o incwm neu gyrraedd targedau cyfranogi), codi ymwybyddiaeth (i helpu i ddenu pobl i'w gwasanaethau) a chwrdd â'r tueddiadau cyfredol (i aros yn berthnasol trwy gadw eu cynnyrch neu wasanaeth yn gyfredol ac yn boblogaidd). Ond mae'r busnesau'n debygol o fod â nodau ac amcanion eraill hefyd, a bydd y rhain yn amrywio o sector i sector ac yn cael eu defnyddio i helpu i farnu a yw'r busnes yn llwyddiannus ai peidio.

Fel y byddwch wedi darganfod mewn unedau eraill yn eich BTEC Chwaraeon, yr amcanion gorau yw **CAMPUS** – ac mae hynny yr un mor berthnasol wrth ddylunio cynllun busnes neu strategaeth ag yw i osod targedau chwaraeon. Gweler Tabl 22.3 i'ch atgoffa o beth yw targedau CAMPUS.

> **Trafodaeth**
>
> Pa ddosbarthiad o faint busnes sy'n cyfrif am y mwyafrif o fusnesau chwaraeon yn y DU yn eich barn chi? Ceisiwch gyfiawnhau'ch ateb trwy roi cymaint o enghreifftiau ag y gallwch ar gyfer pob dosbarthiad.

▶ **Tabl 22.3:** Targedau CAMPUS mewn cyd-destun busnes

Talfyriad	Ystyr	Enghraifft
Cyraeddadwy	Maen nhw'n gamau gweithredu y gallwch chi eu cyflawni mewn gwirionedd.	Cynyddu maint elw'r busnes drwy gyflogi mwy o ddarpariaeth gwasanaeth gyda ffocws cryf ar wasanaeth cwsmeriaid
Wedi'i **A**mseru	Mae ganddyn nhw derfynau amser.	Cyrraedd y targed erbyn y flwyddyn ariannol nesaf
Mesuradwy	Gallwch chi brofi eich bod chi wedi eu cyrraedd.	Cynyddu'r elw 20%
Penodol	Dweud yn union beth ydych chi'n ei olygu.	Cynyddu'r elw ar gyfer y busnes
Uchelgeisiol ond **S**ynhwyrol	Byddwch chi'n gallu eu cyflawni ond maent yn dal i'ch herio.	Rhaid i'r cynnydd mewn elw fod yn realistig – nid yw 100% mewn 2 fis yn gyraeddadwy

Y sector preifat

Nod sylfaenol unrhyw fusnes yn y sector preifat yw gwneud arian i'w berchnogion neu ei gyfranddalwyr. Ond bydd amgylchiadau'r busnes yn effeithio ar y nodau a'r amcanion y mae'n eu dewis er mwyn ceisio cyflawni hyn.

▶ **Gwneud elw** – bydd cwmnïau llwyddiannus yn gorffen eu blwyddyn gyda ffigur **elw gros**, sef incwm o werthiannau heb gynnwys unrhyw gostau a geir wrth greu'r nwyddau neu'r gwasanaethau y maent wedi'u gwerthu. Mae **elw net** yn well ffigur i'w ddefnyddio gan mai dyna'r swm sy'n weddill ar ôl didynnu'r holl gostau o gyflenwi'r nwyddau neu'r gwasanaethau **a** chostau ychwanegol fel rhent, trethi ac ardrethi. Gallwch fesur proffidioldeb cwmni yn fras trwy fesur y gwahaniaeth rhwng ei gostau o gynhyrchu rhywbeth a faint o elw y mae wedi'i gynhyrchu. Mae angen elw net uchel ar gwmnïau sector preifat gan y bydd hyn nid yn unig yn diffinio llwyddiant eu cwmni, ond mae'n penderfynu:

- faint y gall y perchennog ei ystyried yn enillion
- faint fydd yn cael ei roi i gyfranddalwyr
- faint fydd yn cael ei ailfuddsoddi yn y busnes.

Mewn hinsawdd o enciliad (*recession*), gall fod gan gwmni elw llawer is; os na wneir elw, efallai y bydd yn rhaid i'r cwmni ailstrwythuro i barhau â'r busnes.

▶ **Adennill costau** – y pwynt lle mae cyfanswm refeniw neu incwm cwmni yn cyfateb i gyfanswm y gwariant, felly nid yw'r busnes yn gwneud elw na cholled. I rai busnesau, yn enwedig rhai newydd, mae hwn yn darged pwysig.

▶ **Goroesi** – gall goroesi fod yn darged pwysig pan fydd busnes yn parhau i fasnachu mewn cyfnodau economaidd anodd, er enghraifft enciliad. Weithiau, gall banc sefydlu cyfleuster gorddrafft neu fenthyciad i ymestyn goroesiad busnes trwy gyfnodau economaidd anodd cyhyd â bod gan y busnes gynllun busnes cadarn a'r gallu i dyfu yn y tymor hwy.

▶ **Twf** – bydd y mwyafrif o fusnesau yn y pen draw eisiau tyfu o ran maint, pa un a yw hynny wedi'i fesur trwy recriwtio mwy o bobl neu gynyddu elw. Daw twf busnes trwy gynyddu refeniw sydd wedyn yn ei alluogi i ehangu. Gellir ystyried bod cwmnïau sector preifat sy'n dangos twf o flwyddyn i flwyddyn yn gwmnïau llwyddiannus. Fodd bynnag, os nad oes adnoddau priodol ar gyfer twf, er enghraifft recriwtio rhagor o weithwyr, gall y staff gael eu hestyn yn ormodol. Mae llawer o fusnesau chwaraeon wedi gweld twf yn ystod y degawd diwethaf wrth i'r galw am eu cynhyrchion gynyddu oherwydd dylanwadau fel Gemau Olympaidd 2012. Fodd bynnag, mae'n llai amlwg yn ystod enciliad oherwydd efallai mai goroesi neu ailstrwythuro yw'r nod i lawer o fusnesau yr adeg honno.

▶ **Arweinyddiaeth y farchnad** – gall cwmni anelu at ddod yr un gyda'r gyfran fwyaf o'r farchnad neu'r elw uchaf mewn marchnad chwaraeon neu hamdden egnïol benodol.

▶ **Arallgyfeirio** – mae hon yn strategaeth lle mae cwmni'n anelu at fynd i mewn i farchnad newydd. Er enghraifft, gallai cwmni dillad chwaraeon benderfynu arallgyfeirio i esgidiau chwaraeon.

▶ **Darparu gwasanaeth** – gallai cwmni anelu at gael staff arbenigol ychwanegol ar gael i ddarparu gwasanaeth penodol i'w gwsmeriaid. Er enghraifft, gallai clwb iechyd preifat gyflogi ffisiotherapydd i gynnig triniaeth i'w aelodau.

▶ **Gwasanaeth/boddhad cwsmeriaid cryf** – bydd bron pob busnes preifat yn pwysleisio gwasanaeth a boddhad cwsmeriaid cryf. Cyflawnir hyn trwy gael polisïau a gweithdrefnau da i staff eu dilyn a siarter cwsmeriaid. Yn aml mae gan fusnesau llwyddiannus yn y sector preifat system ansawdd wedi'i hanelu at foddhad cwsmeriaid a gymhwysir trwy'r busnes, gan edrych ar wasanaeth cwsmeriaid fel ymdrech tîm y mae'n rhaid i bawb yn y busnes anelu ato. Mae yna lawer o fanteision busnes yn dod o wasanaeth da i gwsmeriaid (gweler Ffigur 22.1).

▸ **Ffigur 22.1:** Manteision gwasanaethau da i gwsmeriaid

Y sector cyhoeddus

Mae busnesau'r sector cyhoeddus yn cael eu rhedeg gan lywodraethau cenedlaethol neu leol, eu hasiantaethau a sefydliadau cysylltiedig eraill sy'n defnyddio arian cyhoeddus (arian a godir trwy drethi). Nod sylfaenol unrhyw fusnes yn y sector cyhoeddus yw bod yn llwyddiannus wrth ddarparu gwasanaeth. Fodd bynnag, yn wahanol i fusnes yn y sector preifat, ni chyflawnir hyn trwy wneud elw, ond trwy fabwysiadu strategaethau megis rheoli costau, gwerth am arian a darparu gwasanaeth o ansawdd a safonau.

▸ **Rheoli costau** – oherwydd eu bod yn gwario arian cyhoeddus, mae llawer o fusnesau'r sector cyhoeddus yn anelu at gadw costau darparu gwasanaethau sy'n diwallu anghenion cwsmeriaid i lawr. Er y gall cwmni preifat ddewis cyflenwr cost uchel oherwydd gallant godi mwy i dalu'r gost honno, bydd busnes yn y sector cyhoeddus yn dewis mynd gyda chyflenwr amgen, rhatach.

▸ **Gwerth am arian** – o gofio bod busnesau'r sector cyhoeddus yn darparu gwasanaethau gan ddefnyddio arian cyhoeddus (trethi), mae'n bwysig nad yw'r gwasanaethau hynny'n gwastraffu arian ond yn dal i fod yn addas at y diben. Rhaid iddynt hefyd sicrhau bod y gwasanaethau neu'r cyfleusterau'n cynnig gwerth am arian i gyfranogwyr, er mwyn helpu i annog cyfranogiad.

▸ **Ansawdd gwasanaeth** – mae'n bwysig bod ansawdd gwasanaeth busnes y sector cyhoeddus o safon uchel. Mae hyn yn dangos bod arian cyhoeddus yn cael ei ddefnyddio'n effeithiol trwy ddiwallu anghenion cwsmeriaid, a hefyd yn darparu gwerth am arian. Gellir barnu'r busnes hefyd yn erbyn arolygon sy'n gofyn i gwsmeriaid beth yw eu barn am ansawdd y gwasanaethau a gynigir.

▸ **Bodloni safonau'r llywodraeth** – mae defnyddio busnesau trethdalwyr yn gofyn i fusnesau gwrdd â safonau gofynnol y llywodraeth ar gyfer darpariaeth a gwasanaethau cwsmeriaid. Er enghraifft, mae'r Gwasanaeth Datgelu a Gwahardd (DBS) yn sefydliad llywodraethol sy'n helpu sefydliadau eraill i wneud penderfyniadau recriwtio mwy diogel. Mae canllawiau'r llywodraeth yn mynnu bod hyfforddwyr chwaraeon sy'n gweithio gyda phlant mewn gweithgareddau chwaraeon a hamdden rheoledig yn cael gwiriad Cofnodion Troseddol Uwch y DBS. Dylai'r broses hon gymryd rhwng 6 ac 8 wythnos ac mae wedi'i chynllunio i atal unigolion sydd â hanes troseddol rhag gweithio gyda phlant.

⏸ MUNUD I FEDDWL

Sut mae nodau busnesau'r sector preifat yn wahanol i sefydliadau'r sector cyhoeddus?

Awgrym

Allwch chi restru nodau ac amcanion cyffredin pob sector?

Ymestyn

Ble allwch chi ddod o hyd i enghreifftiau a gwybodaeth am fusnesau/ sefydliadau llwyddiannus o bob sector a beth sy'n pennu eu priod fesurau llwyddiant?

Y sector gwirfoddol

Nod y sector gwirfoddol yw cefnogi cymunedau lleol trwy gynnal prosiectau, darparu gwirfoddolwyr a sefydlu cysylltiadau i ymgynghori neu gynghori ar chwaraeon rhanbarthol neu genedlaethol a materion hamdden egnïol. Cyflawnir hyn yn aml ar gyllideb fach (a ariennir gan y sector preifat neu gyhoeddus) heb unrhyw amcan i wneud elw.

Ond un o amcanion cyffredin y sector gwirfoddol yw cefnogi cymunedau ac annog cyfranogiad. Er enghraifft, mae sgiliau ac arbenigedd gwirfoddolwyr yn aml yn cael eu defnyddio i gefnogi prosiectau lleol neu fentrau chwaraeon a hamdden egnïol, fel pêl-droed iau ar lawr gwlad sy'n dibynnu ar hyfforddwyr cymwys i redeg timau am ddim a all wedyn fodoli'n ariannol ar is-symiau a symiau bach o nawdd.

Enghraifft arall yw Parkrun, sefydliad nid-er-elw sy'n cynnal sesiynau rhedeg 5k wythnosol yn rhad ac am ddim mewn sawl gwlad ledled y byd. Er bod tîm canolog bach o weithwyr yn darparu gwasanaethau sylfaenol fel gwefan y sefydliad, mae pob digwyddiad yn dibynnu ar wirfoddolwyr sy'n gorfod codi arian yn lleol i roi cychwyn ar eu digwyddiad. Daw'r arian hwn yn aml gan awdurdodau iechyd lleol sydd â thargedau i annog gweithgaredd er mwyn mynd i'r afael â materion iechyd fel gordewdra. Gall Parkrun gefnogi ei gymuned trwy gyfrannu at yr amcanion hyn.

Ymchwil

Yng Nghymru, daw'r sector chwaraeon o dan adran y Celfyddydau, Diwylliant a Chwaraeon Llywodraeth Cymru. Ymchwiliwch pa ganran o'r gyllideb sy'n cael ei dyrannu i 'chwaraeon' a sut mae'r gwariant hwn yn cael ei rannu. Dylech fod yn barod i gyflwyno'ch canfyddiadau fel grŵp bach i weddill eich dosbarth.

▶ Mae Parkrun UK yn sefydliad sy'n cael ei redeg gan wirfoddolwyr ac sy'n cynnal sesiynau rhedeg 5k wythnosol am ddim ledled y DU

Darparu cyfleusterau, rhaglenni a gwasanaethau chwaraeon

Y llywodraeth leol a chenedlaethol sy'n talu am gyfleusterau, rhaglenni a gwasanaethau a ariennir gan y sector cyhoeddus allan o drethi a thrwy gyllid ychwanegol fel y Loteri Genedlaethol. Mae **cyfleusterau aml-ddefnydd** mawr fel canolfannau hamdden, caeau awyr agored a phyllau nofio wedi'u cynllunio at ddefnydd y cyhoedd yn gyffredinol.

Mae cyfleusterau, rhaglenni a gwasanaethau'r sector preifat yn cael eu sefydlu a'u hariannu gan gwmnïau preifat. Mae'r rhain yn cynnwys clybiau iechyd neu ffitrwydd a chlybiau golff neu dennis. Maen nhw'n aml yn **glybiau i aelodau yn unig** ac yn debygol o fod yn ddrutach i'w defnyddio o'i gymharu â chyfleusterau'r sector cyhoeddus.

Pwrpas darparu gwasanaethau

Mae llywodraeth genedlaethol a lleol yn hyrwyddo cyfranogiad trwy gyflogi timau datblygu chwaraeon sy'n trefnu digwyddiadau sy'n cynnig hyfforddiant a chystadleuaeth, ac yn datblygu cysylltiadau â'r cyfleusterau presennol. Gwneir hyn yn aml i annog mwy o bobl i ffordd fwy egnïol o fyw ac i hyrwyddo byw'n iach. Yn aml, bydd y sector preifat yn defnyddio dulliau mwy busnes-ganolog trwy gynnig cyfraddau gostyngedig neu gymhellion ychwanegol i annog pobl i dalu i ddefnyddio eu cyfleusterau. Cynyddu elw yw prif reswm y sector preifat dros annog cyfranogiad.

Rhaglenni i hyrwyddo cyfranogiad

Rhaglenni iechyd a ffitrwydd

Mae'r rhaglenni hyn yn cynyddu lefelau ffitrwydd unigolyn, yn eu helpu i golli pwysau neu annog mwy o ryngweithio cymdeithasol yn unig, ond bydd gan bob un fuddion iechyd posibl.

▶ **Hyfforddiant unigol** – yn digwydd yn y sectorau cyhoeddus a phreifat, yn bennaf mewn clybiau preifat neu ganolfannau hamdden. Mae hyfforddiant personol neu hyfforddiant un-i-un yn ddrutach oherwydd bod un person yn cymryd amser un hyfforddwr. Yn y sector cyhoeddus, mae hyfforddiant personol ar gael i wella cryfder a ffitrwydd ac yn aml ysgrifennir rhaglenni ffitrwydd ar gyfer aelodau newydd neu'r rheini sy'n newydd i hyfforddiant. Yn y sector preifat, mae hyfforddiant unigol yn llawer mwy cyffredin. Mae hyfforddiant personol mewn clybiau iechyd preifat yn fusnes craidd ac wedi'i deilwra i anghenion y cleient. Mae clybiau tennis a golff yn cynnig hyfforddiant un-i-un sydd yn aml yn cynnwys dadansoddiad fideo i gywiro diffygion. Ym mhob achos, mae cost am hyn a'r rheini sy'n gallu gwario mwy yw'r unig bobl sy'n debygol o allu fforddio'r lefel hon o sylw unigol.

▶ **Gweithgareddau ymarfer corff** – maen nhw'n digwydd yn y sectorau cyhoeddus a phreifat, yn bennaf mewn clybiau preifat neu ganolfannau hamdden. Gall gweithgareddau ymarfer corff fod yn ddosbarthiadau (er enghraifft troelli neu ioga) sy'n gweithredu y tu allan i ganolfannau hamdden neu glybiau iechyd preifat, neu'n glybiau chwaraeon plant lle mae amrywiaeth o weithgareddau ymarfer corff neu chwaraeon yn cael eu cynnal. Enghraifft arall yw parc gwledig awdurdod lleol sy'n cynnig gweithgaredd grŵp cerdded cyflym i bobl dros 50 oed.

▶ **Gweithgareddau dŵr** – yn digwydd yn y sectorau cyhoeddus a phreifat ond mae angen pwll nofio. Gall gweithgareddau dŵr gynnwys gwersi nofio, dosbarthiadau ymarfer corff mewn dŵr neu weithgareddau mwy arbenigol fel deifio sgwba neu ganŵio. Er enghraifft, gall clwb deifio sgwba lleol sy'n cynnal gwibdeithiau deifio dramor logi pwll nofio lleol i gyflwyno a hyfforddi pobl i ddefnyddio gêr sgwba.

Rhaglenni addysgol/ysgolion

Mae Addysg Gorfforol a chwaraeon yn fater allweddol mewn ysgolion. Gosodwyd targedau i ysgolion greu mwy o amser ar gyfer addysg gorfforol, ac ar gyfer ysgolion uwchradd yn benodol; y nod yw ystod o weithgareddau am o leiaf ddwy awr yr wythnos. Felly, mae ysgolion yn edrych fwyfwy tuag at weithio gyda'r sectorau cyhoeddus a phreifat i ddarparu mwy o chwaraeon a hamdden egnïol a'r rheini'n

---

Termau allweddol

Cyfleusterau aml-ddefnydd – canolfannau hamdden sy'n ymgorffori cyfleusterau ychwanegol, fel caeau awyr agored a phyllau nofio.

Clybiau aelodau yn unig – clybiau preifat neu glybiau sy'n codi ffi sy'n cynnig cyfleusterau hamdden neu chwaraeon at ddefnydd aelodau yn unig.

▶ Mae gweithgareddau dŵr yn aml yn boblogaidd gyda gwahanol grwpiau o gyfranogwyr

fwy hyblyg. Mae ysgolion uwchradd yn edrych fwyfwy at ganolfannau hamdden lleol i lenwi bylchau yn y cwricwlwm addysg gorfforol. Er enghraifft, gellir cynnal dosbarthiadau mewn canolfannau hamdden i ddysgu chwaraeon fel badminton, pêl-foli neu bêl-fasged, ac mae angen lle ac offer penodol ar bob un ohonynt. Gallai hyn leddfu pwysau ar amserlen neuadd chwaraeon ysgol sydd eisoes yn brysur neu'n darparu dosbarthiadau na fyddai fel arall yn bosibl.

Rhaglenni chwaraeon

Mae ysgolion yn gynyddol yn 'prynu i mewn' arbenigedd ar ffurf hyfforddiant chwaraeon arbenigol. Er enghraifft, gall cwmnïau hyfforddi preifat redeg clybiau pêl-droed ar ôl ysgol, neu gall staff datblygu chwaraeon yr awdurdodau lleol hyfforddi plant mewn canolfannau hamdden lleol mewn chwaraeon fel pêl-fasged, pêl-foli neu drampolinio.

Rhaglenni campfa

Yn aml, bydd campfeydd y sector cyhoeddus a phreifat yn llunio rhaglen hyfforddi sylfaenol ar gyfer aelodau newydd ar ôl cynefino. Yn aml, bydd y rhaglenni hyn yn cael eu diweddaru neu eu diwygio gan hyfforddwr campfa wrth i'r cleient gynyddu ei lefelau ffitrwydd. Mae hon hefyd yn ffordd dda o sicrhau bod y cleient yn parhau gyda'i aelodaeth. Yn aml mae gan gampfeydd a chanolfannau hamdden y sector cyhoeddus a phreifat heriau campfa ar gyfer eu haelodau. Gallai'r rhain gynnwys rhaglenni colli pwysau, rhedeg pellter penodol dros gyfnod o amser neu nifer o ymweliadau â'r gampfa mewn mis.

Rhaglenni pyllau nofio

Mae pyllau nofio yn ddrud i'w gweithredu a'u cynnal. Fodd bynnag, mae'r sectorau cyhoeddus a phreifat yn cydnabod eu potensial i ymgysylltu â'r cyhoedd a chynhyrchu refeniw. Yn aml mae gan ganolfannau hamdden mawr byllau nofio 25 metr ac maent yn trefnu sesiynau nofio yn unol â phatrymau gwaith pobl. Er enghraifft, mae llawer o byllau yn gweithredu sesiwn nofio amser cinio i bobl yn y gwaith. Bydd clybiau iechyd y sector preifat yn hyrwyddo pwll nofio fel budd aelodaeth ychwanegol.

Rhaglenni i gyd-fynd â'r galw

Mae chwaraeon poblogaidd fel pêl-droed yn aml yn cael eu gordanysgrifio. Er enghraifft, mae'r sectorau cyhoeddus a phreifat yn cynnig clybiau gwyliau neu ar ôl ysgol sy'n caniatáu i blant gael hyfforddiant pêl-droed. Nid oes llawer o wahaniaeth o ran y ddarpariaeth, er bod busnesau hyfforddi pêl-droed preifat yn aml yn llogi cyfleusterau preifat eraill sy'n cynnwys caeau artiffisial 3G yn gyffredinol. Mae cyrsiau pêl-droed yn aml yn cael eu rhedeg gan glybiau pêl-droed lleol fel dull o gynhyrchu refeniw ond hefyd i ateb galw ehangach. Pan fo galw mawr na all clybiau pêl-droed ei ddiwallu, mae busnesau bach weithiau'n cynnal cyrsiau.

▶ Gellir cynnal rhaglenni ar gyfer pobl mewn grwpiau penodol, fel pobl â syndrom Down

Rhaglenni i wasanaethu grwpiau penodol

Yn aml, bydd y sectorau cyhoeddus a phreifat yn darparu ar gyfer grwpiau penodol. Yn aml, rhoddir amseroedd penodol i blant neu oedolion ag anawsterau dysgu neu ymddygiad gymryd rhan mewn gweithgareddau chwaraeon na fyddant yn peri pryder i'r cyfranogwyr ac a fydd yn caniatáu iddynt ymarfer heb boeni.

Gwasanaethau

Mae llawer o fusnesau chwaraeon wedi'u sefydlu'n benodol i ddarparu gwasanaeth, fel cyfarwyddyd neu driniaeth anafiadau chwaraeon. Ond gall busnesau eraill gynyddu eu hatyniad i gwsmeriaid posibl trwy drefnu bod y gwasanaethau hyn yn cael eu cynnig yn eu cyfleusterau hefyd, naill ai trwy ddefnyddio eu staff eu hunain neu drwy 'gontractio i mewn' un o'r busnesau a sefydlwyd i arbenigo yn y maes hwn.

Cyfarwyddyd

Ni waeth beth yw'r gamp neu'r gweithgaredd, fel rheol mae potensial i fusnes gyflwyno cyfarwyddyd ynddo. Er enghraifft:
- ▶ gallai hyfforddwr rhedeg roi cyngor ar ddadansoddi cerddediad i wella sgiliau rhedeg

- ▶ gallai busnes dringo dan do gyflogi pobl i ddysgu cwsmeriaid sut i ddringo'n ddiogel
- ▶ gallai canolfan weithgareddau awyr agored hyfforddi pobl ar sut i adfer canŵ sydd wedi troi drosodd cyn eu gadael allan ar y dŵr agored
- ▶ gallai busnes ddarparu hyfforddiant pêl-droed trwy academi breifat
- ▶ gallai hyfforddwr ffitrwydd weithio gyda defnyddwyr y gampfa i'w cyfarwyddo ar ddefnyddio'r offer yn ddiogel.

Gellid darparu'r cyfarwyddyd ar sail un-i-un gan unig fasnachwr, ei gynnig fel gwasanaeth ychwanegol gan fusnesau preifat, neu ei gynnig trwy sefydliadau cyhoeddus a gwirfoddol, fel corff llywodraethu cenedlaethol y gamp berthnasol.

Dylai unrhyw un sy'n ystyried cynnig cyfarwyddyd fel rhan o'u gweithgareddau busnes wirio gofynion hyfforddi'r corff llywodraethu perthnasol: bydd llawer yn ei gwneud yn ofynnol i hyfforddwyr feddu ar gymwysterau priodol. Hyd yn oed os na wnânt hynny, gall fod yn werth chweil cael cymwysterau perthnasol i sicrhau eich bod yn cynnig cyfarwyddyd o ansawdd uchel sy'n helpu i feithrin enw da ymhlith cwsmeriaid.

Gwasanaethau therapiwtig

Cynigir triniaeth ffisiotherapi ac anafiadau chwaraeon trwy'r **Gwasanaeth Iechyd Gwladol** (GIG/NHS) trwy eich **Meddyg Teulu**; mae hyn am ddim pan fyddwch chi'n ei gael, ond bydd cyfnod aros o ddyddiau neu hyd yn oed wythnosau am apwyntiad. Felly, bydd llawer o fusnesau chwaraeon a hamdden egnïol cyhoeddus a phreifat yn cynnig gwasanaethau therapiwtig, er y gall clwb preifat gynnig y gwasanaethau hyn fel rhan o becyn aelodaeth, tra bydd canolfan hamdden gyhoeddus yn codi tâl amdanynt. Yn eithaf aml, bydd yr ymarferwyr therapiwtig yn gweithio i fusnesau cyhoeddus a phreifat ar eu liwt eu hunain.

Gwasanaethu cwsmeriaid

Mae gwasanaethu cwsmeriaid yn bwysig i bob busnes ni waeth a ydyn nhw'n gyhoeddus neu'n breifat, yn gwmni mawr neu'n fach, neu'n unig fasnachwr. Gall gwasanaeth da i gwsmeriaid amrywio o'r ddesg groeso mewn cyfleuster sy'n darparu croeso effeithlon a chyfeillgar, i unrhyw faterion sy'n cael eu dilyn yn brydlon a'u datrys er boddhad y cwsmer. Mae ennill a chynnal enw da am wasanaeth cwsmeriaid yn bwysig i unrhyw fusnes chwaraeon a hamdden egnïol.

Cyfleusterau ychwanegol

Un ffordd y gall busnes wahaniaethu ei hun oddi wrth ei gystadleuwyr yw cynnig cyfleusterau ychwanegol.

- ▶ **Lluniaeth** – mae'r rhain yn atyniad ychwanegol i ddarpariaeth gyffredinol canolfan hamdden neu glwb chwaraeon preifat a gallai fod yn ffynhonnell bosibl o refeniw ychwanegol os caiff ei farchnata'n gywir. Gallai'r lluniaeth a ddarperir amrywio o beiriant gwerthu i gaffi llawn.
- ▶ **Parcio ceir** – gall hwn fod yn ddarpariaeth hanfodol. Mae llawer o bobl yn teithio i gyfleusterau hamdden mewn ceir, felly heb ddarpariaeth barcio, bydd unrhyw gyfleuster chwaraeon boed yn breifat neu'n gyhoeddus yn colli cwsmeriaid a refeniw.
- ▶ **Mannau newid** – mae'r rhain yn bwysig gan fod angen lle ar ddefnyddwyr i ymolchi a newid. Dylai'r mannau hyn fod yn lân ac yn ddeniadol bob amser. Dylai mannau newid ar gyfer teuluoedd fod ar gael fel y bo'n briodol.
- ▶ **Loceri** – mae'r rhain yn bwysig fel y gall cleientiaid storio eu heiddo yn ddiogel. Yn y mwyafrif o ganolfannau hamdden neu glybiau iechyd preifat, mae loceri wedi'u cynnwys yn y mannau newid.
- ▶ **Crèche** – maes cynyddol bwysig gan ei fod yn caniatáu i rieni wneud ymarfer corff neu ddefnyddio'r cyfleusterau a gynigir hyd yn oed os oes ganddyn nhw blant bach. Rhaid i'r crèche gael ei staffio gan weithwyr sydd wedi'u hyfforddi'n briodol.

Termau allweddol

Gwasanaeth Iechyd Gwladol (GIG)– y term cyfunol am wasanaethau iechyd Cymru, Lloegr a'r Alban.

Meddyg Teulu – meddyg sy'n trin ystod o afiechydon ac yn darparu gofal ataliol i gleifion mewn meddygfa ddynodedig.

Trafodaeth

Ydych chi'n meddwl bod talu mwy i gael mynediad at gyfleusterau yn y sector preifat yn warant o wasanaeth cyffredinol gwell ac y gellid cyrraedd nodau ffitrwydd yn well?

Grwpiau cwsmeriaid

Mae busnesau yn aml yn ystyried cwsmeriaid fel gwahanol grwpiau i helpu i hybu cyfranogiad a deall rhai o'r rhwystrau canfyddedig i ymgymryd â chwaraeon a gweithgaredd corfforol. Bydd rhai busnesau yn ceisio apelio at ystod eang o grwpiau, tra bydd eraill yn targedu grŵp bach yn unig neu **farchnad arbenigol**.

Gall rhannu'r cwsmeriaid targed yn grwpiau hefyd helpu gyda marchnata, trwy ganiatáu i gwmnïau deilwra eu gweithgareddau marchnata i gyd-fynd â'r grŵp targed. Er enghraifft, mae'n debyg y bydd ymgyrch farchnata wedi'i hanelu at bobl rhwng 16 a 20 oed yn wahanol iawn i un sydd wedi'i hanelu at bobl dros 65 oed.

Mae dwy ffordd y mae busnesau chwaraeon a hamdden egnïol yn rhannu eu sylfaen cwsmeriaid: yn ôl demograffig ac yn ôl pwrpas. Mae **demograffig** yn cyfeirio at ran benodol o'r boblogaeth sydd â nodweddion neu anghenion cyffredin, er enghraifft, yr un oedran, rhyw, tarddiad ethnig neu anabledd. Dangosir ffyrdd cyffredin o grwpio pobl yn ôl demograffig yn Nhabl 22.4. Mae **pwrpas** yn cyfeirio at y rheswm pam mae'r grŵp hwnnw'n ystyried cymryd rhan mewn chwaraeon neu hamdden egnïol. Dangosir ffyrdd cyffredin o grwpio cwsmeriaid yn ôl pwrpas yn Nhabl 22.5.

> **Term allweddol**
>
> **Marchnad arbenigol** (neu marchnad gloer – *niche market*) – marchnad fach arbenigol ar gyfer cynnyrch neu wasanaeth penodol.

> **Cysylltiad**
>
> Gallwch ddarllen rhagor am farchnata yn ddiweddarach yn yr uned hon.

▶ **Tabl 22.4:** Grwpiau cwsmeriaid cyffredin – yn ôl demograffig

Demograffig	Esboniad
Dosbarthiad oedran	Yn caniatáu i bobl o grŵp oedran penodol ymarfer gyda'i gilydd ar y sail eu bod o allu tebyg. Er enghraifft, gallai canolfannau hamdden clybiau ffitrwydd gynnig dosbarth ioga i bobl dros 50 oed.
Rhyw	Yn caniatáu i bobl o'r un rhyw ymarfer gyda'i gilydd, yn aml i gael ymdeimlad o gysur a diffyg bygythiad. Er enghraifft, mae pyllau nofio yn aml yn cynnig sesiwn nofio i ferched yn unig.
Grŵp lleiafrifoedd ethnig	Mae ymchwil gan Chwaraeon Cymru yn 2019 yn datgan bod 31% o bobl o leiafrifoedd ethnig yn cymryd rhan mewn chwaraeon neu hamdden egnïol tair neu fwy o weithiau'r wythnos, sydd yn is na'r cyfartaledd. Gall mynediad at gyfleusterau fod yn gyfyngedig. Yn aml, bydd busnesau chwaraeon yn targedu grwpiau lleiafrifoedd ethnig i fynd i'r afael ag anghydraddoldeb posibl a darparu mynediad at chwaraeon fel pêl-fasged, heb stereoteipio.
Anabledd	Anogir busnesau chwaraeon i ddod yn fwy croesawgar a hygyrch i bobl ag anableddau. Er enghraifft, mae sefydliadau'n dyfarnu achrediad i gyfleusterau hamdden sy'n cael mwy o bobl ag anableddau yn gorfforol egnïol.
Grŵp economaidd-gymdeithasol	Er enghraifft, pobl sydd wedi'u dadleoli (unigolion sy'n ceisio lloches a ffoaduriaid diweddar) a allai ei chael hi'n anodd cael gafael ar gyfleusterau chwaraeon. Un gyrrwr busnes a marchnata allweddol yw incwm unigolyn (h.y. mae busnes preifat yn debygol o dargedu unigolyn incwm uwch sy'n fwy abl o fforddio'r ffioedd).

▶ **Tabl 22.5**: Grwpiau cwsmeriaid cyffredin – yn ôl pwrpas

Pwrpas	Esboniad
Mewn gweithgaredd neu chwaraeon penodol	Unigolion neu grwpiau sy'n anelu at wella neu ennill sgiliau newydd mewn camp neu weithgaredd penodol.
Hamdden	Unigolion neu grwpiau sydd eisiau cymryd rhan mewn gweithgareddau chwaraeon hamdden.
Colli pwysau	Y rhai sydd eisiau help i golli pwysau gan ddefnyddio ymarfer corff a chyngor deietegol.
Delwedd bersonol	Y rhai sydd am wneud ymarfer corff yn rheolaidd i wella eu delwedd bersonol.
Cynnal iechyd	Y rhai sydd eisiau ymarfer corff yn rheolaidd i helpu i wella iechyd a chynnal gweithrediadau'r corff.
Hyfforddiant ar gyfer perfformiad	Perfformwyr chwaraeon rheolaidd neu athletwyr elitaidd sydd eisiau gwneud mwy o hyfforddiant rhagnodedig i gynorthwyo perfformiad.
Elusennol	Y rhai sy'n gwneud gweithgareddau sy'n ymgysylltu ac yn ysbrydoli, plant yn benodol, i ymgymryd â chwaraeon neu weithgareddau hamdden egnïol a'r rhai sydd wedi cofrestru i wneud digwyddiad elusennol fel marathon.

Rhaglennu i ddiwallu anghenion cwsmeriaid

Unwaith y bydd grŵp neu grwpiau cwsmeriaid targed y busnes yn hysbys, gall y busnes lunio rhaglen sy'n diwallu eu hanghenion. Mae tri maes allweddol y mae'n rhaid i'r busnes eu hystyried: darpariaeth, staffio a gofynion cyfreithiol.

▶ **Darpariaeth** – mae'n hanfodol bod y cyfleusterau priodol i ymgymryd â chwaraeon neu weithgaredd hamdden egnïol ar gael ac yn addas at y diben. Er enghraifft, nid oes fawr o bwrpas llogi hyfforddwyr cymwysedig UEFA yn ystod gwyliau'r ysgol os nad yw'r caeau chwarae'n addas i hyfforddi na chwarae arnynt. Rhaid i'r ddarpariaeth hefyd fod ar gael ar yr adeg berthnasol. Er enghraifft, byddai'n ddibwrpas i gwmni sydd am ddarparu sesiynau hyfforddi pêl-droed i blant ifanc 11–16 oed drefnu ei sesiynau yn ystod y diwrnod ysgol (oni bai eu bod yn gweithio gydag ysgol neu grŵp o ysgolion). Byddai'n llawer mwy synhwyrol iddynt gynnal eu sesiynau yn gynnar gyda'r nos, ar benwythnosau neu yn ystod gwyliau ysgol.

▶ **Staffio** – mae angen i fusnesau sicrhau eu bod yn cyflogi nifer ddigonol o bersonél cymwys i hyfforddi neu gyfarwyddo eu sylfaen cleientiaid. Er enghraifft, bydd angen mwy o oruchwyliaeth ar rai grwpiau oedran ac felly bydd angen mwy o staff ar y busnes i weithio pan fydd darpariaeth ar gyfer y grwpiau hynny. Mae hefyd yn bwysig bod gan y rhain ddelwedd broffesiynol sy'n ysbrydoli'r sylfaen cleientiaid ymhellach.

▶ **Gofynion cyfreithiol** – rhaid i bob gweithiwr gael gwiriadau priodol y Gwasanaeth Datgelu a Gwahardd (DBS), yn enwedig os ydynt yn gweithio gyda phlant. Rhaid cadw at bob protocol iechyd a diogelwch gydag asesiadau risg yn cael eu cynnal (a gall natur yr asesiad risg amrywio yn dibynnu ar natur y grŵp cwsmeriaid y darperir ar ei gyfer). Rhaid talu o leiaf yr isafswm cyflog perthnasol i weithwyr. Yn dibynnu ar y grŵp cwsmeriaid a'r gweithgaredd, efallai y bydd gofynion corff llywodraethu hefyd o ran y lefel ofynnol o gymwysterau y mae'n rhaid i aelodau staff eu cael er mwyn cyflwyno gweithgaredd neu sesiwn hyfforddi.

> **Cysylltiad**
>
> Gweler hefyd yr adran ar ddeddfau, deddfwriaeth a diogelu yn nes ymlaen yn yr uned hon.

> **Ymchwil**
>
> Ymchwiliwch i glwb chwaraeon neu weithgareddau lleol sydd ar gael i blant ysgol yn ystod gwyliau'r haf yn eich ardal chi. Archwiliwch ei honiadau yn ei hysbysebion a chymharwch hyn â darpariaeth, staffio a gofynion cyfreithiol y clwb i ymgymryd â'i weithgareddau. Dylech fod yn barod i gyflwyno'ch canfyddiadau fel grŵp bach i weddill eich dosbarth.

Rhanddeiliaid a'u dylanwad

Beth bynnag yw natur y busnes chwaraeon a hamdden egnïol, mae'n debygol y bydd ganddo nifer o **randdeiliaid**. Bydd y rhanddeiliaid hyn i gyd yn cael effaith ar gynlluniau, nodau ac amcanion y busnes.

Mathau o randdeiliaid

Mae dau fath o randdeiliad: mewnol (y rhai o fewn y busnes) ac allanol (y rhai y tu allan i'r busnes). Mae'r adrannau canlynol yn rhoi enghreifftiau o'r ddau fath.

Rhanddeiliaid mewnol

▶ **Rheolwyr** – mae gweithio ar lefel reoli yn golygu gwneud penderfyniadau, cadw staff yn llawn cymhelliant, sicrhau bod safonau'n cael eu bodloni, delio â chwynion, a dehongli a chymhwyso cyfarwyddiadau newydd. Mae'n rhaid i chi fod yn arweinydd da, yn drefnus ac yn wybodus i fod yn effeithiol. Yn aml, y rheolwr yw'r cysylltiad rhwng gweithwyr ac uwch-randdeiliaid, fel perchnogion neu **brif weithredwr**.

▶ **Gweithwyr** – a yw'r staff a gyflogir gan y busnes neu'r sefydliad ar gontract amser llawn, rhan-amser neu dros dro? Dylai fod gan bob un fuddsoddiad personol yn y busnes neu'r sefydliad y maent yn gweithio iddo. Mae'n ddelfrydol dyheu am weithio i gwmni neu sefydliad rydych chi'n ei fwynhau ac yn falch o'i gynrychioli.

▶ **Perchnogion/cyfranddalwyr** – mae perchnogion neu gyfranddalwyr yn dymuno gweld busnes neu sefydliad yn llwyddo gan fod ganddynt fuddsoddiad ariannol a phersonol, ac yn dymuno gweld y llwyddiant hwnnw'n trawsnewid yn elw. Weithiau, bydd perchnogion neu gyfranddalwyr yn dymuno gweld busnes neu gwmni yn llwyddo oherwydd bod ei nodau a'i amcanion yn adlewyrchu eu nodau eu hunain, megis annog pobl i ymgymryd â champ neu weithgaredd penodol.

Rhanddeiliaid allanol

▶ **Cyflenwyr** – bydd ganddyn nhw gyswllt rheolaidd â'r busnes, gan gyflenwi'r chwaraeon busnes neu gwmni gydag eitemau sydd eu hangen arno, er enghraifft, o offer pêl-droed ar gyfer tîm pêl-droed iau i bethau ymolchi ar gyfer clwb ffitrwydd.

▶ **Cystadleuwyr** – gall cystadleuwyr y busnes helpu i gynyddu ymwybyddiaeth o'r gwasanaeth neu'r cyfleuster y mae eich cwmni eich hun yn ei gynnig. Meddyliwch amdanynt fel 'cystadleuaeth gyfeillgar': mae o fudd iddyn nhw hefyd os yw'r gwasanaeth y mae'r ddau fusnes yn ei ddarparu yn adnabyddus gan y cyhoedd, oherwydd drwy hynny gallwch chi i gyd ffynnu. Er enghraifft, gallai busnes sy'n cynnig hyfforddiant taekwondo mewn un dref helpu i wneud mwy o bobl yn yr ardal ehangach yn ymwybodol o'r gamp a cheisio hyfforddiant yn eu tref eu hunain.

▶ **Credydwyr** – mae credydwr yn berson neu'n gwmni y mae gan eich busnes neu gwmni arian sy'n ddyledus iddo. Mae er budd credydwyr bod eich cwmni'n llwyddo; os bydd y busnes yn mynd i'r wal, mae'n annhebygol y telir y swm llawn sy'n ddyledus iddynt.

▶ **Cwsmeriaid** – bydd cwsmeriaid yn dymuno dychwelyd i fusnes sy'n gwerthu cynnyrch iddynt neu wasanaeth maen nhw ei eisiau am bris rhesymol. Os yw cwsmer yn hoffi'r cynnyrch neu'r gwasanaeth rydych chi'n ei gynnig, mae ganddo ddiddordeb mewn gweld eich cwmni'n parhau.

▶ **Asiantaethau ac adrannau'r llywodraeth** – mae gan y rhain ddiddordeb cyffredinol mewn gweld iechyd y genedl yn gwella. Maent hefyd yn gosod fframweithiau a pholisïau a allai effeithio ar fusnesau mewn rhai meysydd, megis trwy gyflwyno deddfwriaeth newydd sy'n effeithio ar fusnesau neu drwy newid cyfraddau trethiant.

▶ **Cymunedau** – yn dymuno gweld busnesau a chwmnïau llwyddiannus yn cyflogi pobl leol i helpu i greu cymuned leol fywiog.

▶ **Grwpiau diddordeb** – yn dymuno gweld busnesau a chwmnïau llwyddiannus yn mynd i'r afael â'u diddordebau penodol a diddordebau'r bobl y maent yn eu cynrychioli. Er enghraifft, gallai hyn gynnwys grŵp o bobl sy'n 'ffrindiau' parc gwledig lleol ac yn cymryd rhan weithredol mewn hyrwyddo diddordebau a gweithgareddau'r parc.

▶ **Cymdeithasau masnach** – mae sefydliadau fel y Ffederasiwn Cymdeithasau Chwaraeon a Chwarae (FSPA) eisiau gweld eu hardal yn ffynnu, felly maent bob amser yn awyddus i annog llwyddiant yn eu chwaraeon neu fusnes penodol ar lefel leol a chenedlaethol.

▶ **Codwyr Arian** – yn codi arian ar gyfer grwpiau buddiant lleol (er enghraifft, clwb gymnasteg lleol) fel y gallant barhau i ddefnyddio'r cyfleusterau a gynigir gan fusnesau chwaraeon a hamdden egnïol lleol.

Deddfau, deddfwriaeth a materion diogelu perthnasol

Rhaid i unrhyw fusnes sy'n gweithredu yn y diwydiant chwaraeon a hamdden egnïol sicrhau ei fod yn cwrdd â gofynion unrhyw ddeddfau, deddfwriaeth a materion diogelu perthnasol.

Nid yw'r deddfau hyn bob amser yn benodol i chwaraeon oherwydd gallant fod yn ddeddfwriaeth gyffredinol sy'n berthnasol i unrhyw fusnes, fel deddfwriaeth cydraddoldeb ac amrywiaeth. Mae nifer o ddeddfau, fel y Ddeddf Gwahaniaethu ar sail Rhyw (1975), Deddf Cysylltiadau Hiliol (1976), Deddf Gwahaniaethu ar sail Anabledd (DU 1995 a 2002) a Deddf Cydraddoldeb (2010), wedi cael eu pasio gan lywodraethau olynol er mwyn ei gwneud yn anghyfreithlon i gwmnïau wahaniaethu yn erbyn gweithwyr ar sail hil, rhyw, anabledd, crefydd neu gyfeiriadedd rhywiol.

Y prif ddarn o ddeddfwriaeth iechyd a diogelwch yw'r Ddeddf Iechyd a Diogelwch yn y Gwaith (1974), sy'n sicrhau bod gan bob cwmni bolisïau iechyd a diogelwch ac yn darparu hyfforddiant i'w staff. Fe'i gorfodir gan yr Awdurdod Gweithredol Iechyd a Diogelwch (HSE) sydd â phwerau i ddirwyo neu gau cwmnïau neu garcharu unigolion os ydyn nhw'n credu bod eu safonau'n anniogel (gweler **www.hse.gov.uk**).

Mae trin gweithwyr yn briodol yn cael ei orfodi gan y Ddeddf Rheoliadau Amser Gwaith (1998) a Deddf Cyflogaeth (2002), sy'n llywodraethu oriau gwaith ac arferion.

Ceir crynodeb o'r ddeddfwriaeth sy'n cael effaith ar rai neu'r cyfan o fusnesau chwaraeon a hamdden egnïol yn Nhabl 22.6.

▶ **Tabl 22.6:** Deddfwriaeth busnes

Enw'r ddeddfwriaeth	Enghreifftiau o'r hyn y mae'n ei gwmpasu	Effaith ar fusnesau chwaraeon a hamdden egnïol
Cyfarpar Diogelu Personol (Dillad) (UE 1992)	Helmedau diogelwch, menig, gogls amddiffynnol	Buddsoddi mewn cyfarpar diogelwch
Gweithrediadau Trin â Llaw (UE 1992)	Cyfarpar codi	Hyfforddi staff yn y technegau mwyaf diogel
Rheoliadau Amser Gwaith (UE 1998)	Yr oriau y gall staff weithio a'u seibiannau	Addasu patrymau shifftiau a seibiannau i fodloni'r ddeddfwriaeth
Deddf Cyflogaeth (2002)	Canllawiau ar sut y dylai gweithwyr gael eu trin	Caniatáu i weithwyr ofyn am oriau hyblyg, ceisiadau am wyliau, ac ati.
Rheoli Sylweddau Peryglus i Iechyd (DU 2002)	Cemegion a hylif glanhau	Creu systemau/lleoliadau storio diogel
Atebolrwydd Meddiannwyr (Dyletswydd Gofal) (DU 1984)	Yn ei gwneud yn ofynnol i adeilad fod yn ddiogel i gwsmeriaid	Sicrhau bod adeiladau ac ystafelloedd i'w llogi yn cydymffurfio
Deddf Diogelu Data (DU 1988)	Yn gofyn am wybodaeth a gedwir ar gleientiaid i gael ei chadw'n gyfrinachol	Systemau TG diogel
Gwahaniaethu ar sail Anabledd (DU 1995 & 2002)	Addasu adeiladau ac arferion gwaith	Buddsoddi mewn ffitiadau a llwybrau mynediad addas i bobl anabl – polisi cydraddoldeb
Deddf Gwahaniaethu ar sail Rhyw (1975)	Yn amddiffyn unigolion rhag gwahaniaethu ar sail rhyw	Creu amgylchedd gwaith teg ar gyfer gweithwyr
Deddf Cysylltiadau Hiliol (1976)	Yn amddiffyn unigolion rhag gwahaniaethu ar sail hil	Creu amgylchedd gwaith teg ar gyfer gweithwyr
Deddf Diogelwch ar Dir Chwaraeon (DU 1975) Deddf Diogelwch Tân a Diogelwch Lleoedd Chwaraeon (DU 1987)	Mae angen archwiliadau ac ardystiad diogelwch	Buddsoddiad, amser i hyfforddi staff a chyfarpar
Deddfau Diogelu Defnyddwyr	Rhaid i nwyddau fod yn addas at y diben	Trefn dychwelyd nwyddau a chwyno

Damcaniaeth ar waith

Ysgrifennwch enghreifftiau o fusnesau bywyd go iawn sy'n ymgymryd ag un o'r gweithgareddau isod ac ymchwiliwch i'r darn priodol o ddeddfwriaeth sy'n cwmpasu'r gweithgaredd yn eich barn chi.

- Hapchwarae neu gamblo
- Cynnal gweithgareddau anturus
- Llwyfannu digwyddiadau chwaraeon gyda thorfeydd mawr
- Gwerthu nwyddau

▶ Mae iechyd a diogelwch yn gyfrifoldeb i holl weithwyr y busnes

⏸ MUNUD I FEDDWL Sut allai'r dylanwadau cyfreithiol ac ariannol ar fusnesau chwaraeon eich helpu a'ch amddiffyn fel gweithiwr neu gyflogai?

Awgrym Allwch chi restru enghreifftiau o'r ddeddfwriaeth sydd wedi'u cynllunio i'ch amddiffyn chi ac esbonio'n fyr sut maen nhw'n gwneud hynny?

Ymestyn Ble allwch chi ddod o hyd i wybodaeth am y gwahanol lefelau o isafswm cyflog a beth yw'r isafswm ar gyfer gweithiwr dan 18 oed?

B   Modelau busnes mewn chwaraeon a hamdden egnïol

Modelau busnes

Cynlluniau strategol yw'r modelau busnes ar gyfer gweithredu chwaraeon a busnesau hamdden gweithredol sy'n nodi eu seiliau cwsmeriaid, cynhyrchion i'w gwerthu, ffynonellau refeniw a rheolaeth ariannol dda. Model busnes yw'r templed sylfaenol i'r busnes gystadlu a goroesi mewn marchnad benodol. Hynny yw, mae'n adlewyrchu gweledigaeth a gallu busnes i wobrwyo ei fuddsoddwyr neu ei gefnogwyr.

Pan fydd perchnogion busnes yn llunio eu model busnes, maen nhw'n aml yn defnyddio dau offeryn dadansoddi cyffredin i'w helpu i weithio allan ble maen nhw nawr a ble maen nhw eisiau mynd. Gelwir y rhain yn **SWOT** a **PESTLE**.

SWOT

Defnyddir dadansoddiad SWOT i werthuso'r cryfderau, gwendidau, cyfleoedd a bygythiadau sy'n wynebu busnes. Dylai'r dadansoddiad helpu ei berchnogion a/neu reolwyr i ddeall y gofynion a roddir ar y busnes, yr amgylchedd y mae'n cystadlu â busnesau eraill a'r cryfderau a'r gwendidau o'u cymharu â'r gystadleuaeth.

- ▶ **Cryfderau** – beth mae'r busnes yn ei gynnig sydd allan o'r cyffredin?
- ▶ **Gwendidau** – beth sydd ei angen ar y busnes er mwyn bod yn llwyddiannus?
- ▶ **Cyfleoedd** – a oes marchnad newydd neu bosibl newydd ar gael?
- ▶ **Bygythiadau** (gan gynnwys bygythiadau gan gystadleuwyr) – a yw cystadleuaeth neu brisio lleol yn debygol o gael effaith sylweddol ar y cynllun busnes?

Mae Tabl 22.7 yn dangos enghraifft o ddadansoddiad SWOT ar gyfer hyfforddwr personol sydd wedi cymhwyso'n ddiweddar ac sydd am sefydlu busnes sy'n diwallu anghenion iechyd a ffitrwydd gweithwyr busnes proffesiynol sy'n gweithio yn ardal ariannol dinas. Mae angen buddsoddiad cychwynnol ar gyfer y busnes hwn a bydd yn targedu cynulleidfa gyfoethog trwy gynnig asesiadau ffitrwydd ac iechyd **pwrpasol** ac yna pecynnau hyfforddi sy'n cyd-fynd â'u diwrnod gwaith.

▶ **Tabl 22.7:** Dadansoddiad SWOT enghreifftiol ar gyfer busnes hyfforddi personol

Cryfderau	Gwendidau
Arbenigedd: lefel ragorol o wybodaeth hyfforddi, gan gynnwys dulliau ffisioleg perfformiad a cholli pwysau *Angen cwsmer*: nifer cynyddol o weithwyr proffesiynol prysur ag incwm da sy'n barod i dalu am arbenigedd hyfforddi penodol	*Costau cychwyn uchel*: mae offer mesur uwch-dechnolegol (e.e. offer digidol dadansoddi braster y corff) yn ddrud ond yn ofynnol ar gyfer arbenigedd hyfforddi penodol *Diffyg cyllid*: angen buddsoddiad i ariannu'r ddwy flynedd gyntaf
Cyfleoedd	**Bygythiadau**
Marchnad heb ei chyffwrdd: dim ond tua 1% o bobl broffesiynol dros 30 sydd â hyfforddwr personol *Twf cyflym*: mae'r galw am arbenigedd hyfforddiant personol ar gynnydd	*Cystadleuaeth*: hyfforddwyr personol o allu tebyg yn cystadlu am farchnad fach *Prisio*: mwy o gystadleuaeth yn debygol o wthio prisiau i lawr dros amser

PESTLE

Mae dadansoddiad PESTLE yn edrych ar ffactorau sy'n dylanwadu ar amgylchedd busnes. Mae pob llythyren yn dynodi ffactor penodol sy'n cael effaith ar weithgareddau a llwyddiant y busnes:

▶ **P** (*political*) – **gwleidyddol**: yn ystyried y sefyllfa wleidyddol yn y wlad sy'n ei gynnal. Er enghraifft, a yw'r wlad sy'n cynnal yn sympathetig i chwaraeon a hamdden egnïol neu'n ei hybu?

▶ **E** (*economic*) – **economaidd**: yn ystyried cydrannau economi a'u heffeithiau tebygol ar fusnes. Er enghraifft, **chwyddiant, cyfraddau llog**, a hyd yn oed **cyfraddau cyfnewid tramor** os yw'r busnes yn masnachu dramor. A yw'r economi mewn dirywiad, a allai effeithio ar faint mae pobl eisiau ei wario ar chwaraeon a hamdden egnïol? Neu a yw'r economi'n ffynnu?

▶ **S** (*social*) – **cymdeithasol**: mae gan bob gwlad neu ranbarth ddiwylliant, demograffig neu agwedd benodol tuag at fusnes. Gall y diwylliant hwn effeithio ar sut y cynigir gwasanaethau busnes neu sut y cânt eu trafod. Gall cymdeithasol hefyd ystyried tueddiadau mewn chwaraeon a hamdden egnïol, a sut mae'r tueddiadau hyn yn cynyddu neu'n lleihau mewn poblogrwydd.

▶ **T** (*technological*) – **technolegol**: mae technoleg yn newid yn barhaus felly mae angen i fusnesau fod yn ymwybodol o sut i ddefnyddio ac integreiddio'r newidiadau hyn er eu budd. Gallai ffactorau technolegol fod yn gysylltiedig â busnes, fel systemau cyfrifiadurol newydd sy'n caniatáu i'r busnes weithredu'n fwy effeithlon, neu gallent ymwneud â chwaraeon a hamdden egnïol, fel cyflwyno offer newydd.

▶ **L** (*legal*) – **cyfreithiol**: mae busnesau'n gweithredu o fewn fframwaith cyfreithiol. Mae'r fframwaith hwn yn aml yn newid felly mae'n rhaid i fusnesau fod yn ymwybodol o unrhyw ofynion cyfreithiol newydd neu bresennol.

▶ **E** (*environmental*) – **amgylcheddol**: Mae lleoliad daearyddol, y tywydd a'r hinsawdd yn wahanol gydrannau a fydd yn effeithio ar wahanol leoliadau, ac a fydd yn dylanwadu ar y mathau o fusnesau masnach y bydd busnesau yn eu cynnal. Mae'r diwydiant chwaraeon a hamdden egnïol yn aml yn gweithio o amgylch yr amgylchedd. Er enghraifft, gallai busnes yn y DU gynnig hyfforddiant gaeaf yn Sbaen i athletwyr proffesiynol neu gwsmeriaid – lle mae'r tywydd yn gyffredinol yn gynhesach ac yn fwy ffafriol i enillion ffitrwydd a chyflyru.

Termau allweddol

Pwrpasol – wedi'i ysgrifennu neu wedi'i addasu ar gyfer cyfranogwr neu bwrpas penodol.

Chwyddiant – y gyfradd y mae cost nwyddau a gwasanaethau yn codi.

Cyfraddau llog – swm y benthyciad a godir ar fenthyciwr.

Cyfraddau cyfnewid tramor – y gyfradd y mae un arian cyfred yn cael ei gyfnewid am arian arall, fel Punt Prydain (£) i Ddoleri'r UD ($).

Cysylltiad

Archwilir tueddiadau cymdeithasol a thechnolegol yn nod dysgu F yr uned hon.

PESTLE ar gyfer Nike Inc.

Mae Tabl 22.8 yn dangos sut olwg fyddai ar ddadansoddiad PESTLE ar gyfer busnes chwaraeon mawr fel Nike Inc.

▶ **Tabl 22.8:** Dadansoddiad PESTLE posib ar gyfer Nike Inc.

Gwleidyddol	Mae Nike wedi elwa o elfennau sefydlog economi UDA gan gynnwys cyfraddau llog isel a chyfraddau cyfnewid rhyngwladol o ran y ddoler.
Economaidd	Mae Nike wedi goroesi amodau masnachu heriol trwy gontractio gweithgynhyrchu yn allanol i wledydd lle manteisir ar gyflogau is wrth gadw'r elfennau strategol a dylunio yn UDA.
Cymdeithasol	Mae Nike wedi elwa o ymwybyddiaeth gynyddol o iechyd unigolion a ffitrwydd. Beirniadwyd Nike am all-gontractio gweithgynhyrchu i economïau sy'n datblygu a thalu cyflogau isel. Mae Nike ers hynny wedi mynd i'r afael â'r materion hyn ac wedi ceisio gwneud ei arferion gweithgynhyrchu yn fwy tryloyw gan na all fforddio bod yn yn destun boicot byd-eang gan ddefnyddwyr.
Technolegol	Drwy ddatblygu platfform cyfryngau cymdeithasol, technegau dylunio a gweithgynhyrchu fwyfwy soffistigedig a chynnydd mewn taliadau ar-lein neu ar ffonau symudol, mae Nike wedi llwyddo i gynyddu'i gynhyrchiant.
Cyfreithiol	Mae twf Nike fel brand byd-eang wedi dibynnu ar **globaleiddio** a'r gallu i addasu i ofynion cyfreithiol ei feysydd masnachu a gweithgynhyrchu.
Amgylcheddol	Mae gan Nike agwedd gadarnhaol tuag at faterion gwyrdd ac mae cydymffurfio ag **ISO 14000** yn rhan allweddol o'i frand byd-eang.

Gwiriwch eich gwybodaeth

1 Cymharwch Nike â gweithgynhyrchwyr dillad chwaraeon byd-eang eraill a rhestrwch nhw o un i bump o ran gwerthiannau ledled y byd.

2 Beth yw eich dylanwadau ar gyfer dewis brand o ddillad chwaraeon? Ydych chi'n gwisgo Nike, Adidas neu ryw frand arall a beth ydych chi'n meddwl y mae hynny'n ei ddweud amdanoch chi fel chwaraewr?

Termau allweddol

Globaleiddio – pan fydd busnesau a sefydliadau yn datblygu gweithrediadau a dylanwad rhyngwladol.

ISO 14000 – cyfres o safonau sy'n darparu fframwaith ar gyfer busnesau a sefydliadau i wella eu rheolaeth amgylcheddol a'u cymwysterau gwyrdd.

Trafodaeth

I ba raddau ydych chi'n meddwl y gall angen am ffordd iach o fyw ac egnïol fod yn sail i gyfle busnes? Ydych chi'n meddwl ei bod hi'n iawn bod busnesau'n ceisio elwa o bobl sy'n dymuno dod yn iachach neu a oes gan fusnesau rôl gyfreithlon wrth hyrwyddo'r mater pwysig hwn? Trafodwch y mater cymhleth hwn fel grŵp.

Ymarfer asesu 22.1

Rydych chi ar fin ceisio am swyddi mewn dau gwmni chwaraeon gwahanol: un preifat ac un cyhoeddus. Dewiswch y ddau gwmni. Er mwyn helpu'ch cais a rhoi gwell dealltwriaeth i chi'ch hun o'r ddau gwmni, ymchwiliwch i'r ddau gwmni a pharatowch gyflwyniad sy'n edrych ar fodelau busnes, trefniadaeth, nodau ac amcanion, darparu cyfleusterau, rhanddeiliaid a'r ddeddfwriaeth sy'n eu llywodraethu.

Cynllunio
- Beth yw'r dasg? Beth ddylai fy nghyflwyniad fynd i'r afael ag ef?
- Pa mor hyderus ydw i yn fy ngalluoedd fy hun i gyflawni'r dasg hon? A oes unrhyw feysydd y credaf y byddaf yn cael anhawster â hwy a beth allaf ei wneud i wella yn y meysydd hyn?

Gwneud
- Rwy'n gwybod sut i archwilio gweithrediadau busnes sefydliadau cyhoeddus a phreifat. Yn benodol, gallaf nodi'r gwahanol wahaniaethau o ran modelau busnes, trefniadaeth, nodau ac amcanion, darparu cyfleusterau, rhanddeiliaid, a'r ddeddfwriaeth sy'n eu llywodraethu.
- Gallaf weld ble y gallai fy nghyflwyniad fod wedi mynd o'i le ac addasu fy ngwaith meddwl/dull er mwyn cael fy hun yn ôl ar y trywydd iawn.

Adolygu
- Gallaf egluro beth oedd y dasg a sut yr es i ati i adeiladu fy nghyflwyniad.
- Gallaf egluro sut y byddwn yn mynd at elfennau mwy anodd y dasg yn wahanol y tro nesaf (h.y. beth y byddwn yn ei wneud yn wahanol).

C Adnoddau dynol

Rolau swydd a manylebau person

Yn aml, disgrifir staff fel yr elfen allweddol mewn unrhyw fusnes, ac mae hynny'n arbennig o wir mewn chwaraeon a hamdden egnïol lle mae'n rhaid iddynt fod yn ddigon cymwys i allu cyfarwyddo cwsmeriaid yn ôl yr angen a hefyd rhoi gwasanaeth da i gwsmeriaid.

Bydd nifer a graddau'r rolau swydd yn amrywio yn dibynnu ar union natur a maint y busnes chwaraeon a hamdden gweithredol. Mewn cwmnïau canolig a mawr, bydd aelodau staff fel arfer yn cael eu trefnu'n dimau ac adrannau sydd â 'chadwyn reoli'.

Rolau a chyfrifoldebau swyddi cyffredin

Dangosir rolau swyddi cyffredin mewn cwmnïau chwaraeon a hamdden egnïol yn y rhestr isod, ochr yn ochr â'u cyfrifoldebau nodweddiadol.

▶ **Swyddog gweithredol/perchennog/rheolwr** – yn penderfynu ar **strategaeth** y busnes chwaraeon ac ar ei gyfeiriad cyffredinol, gan gymryd cyfrifoldeb am lwyddiant neu fethiant cyffredinol y busnes.

▶ **Goruchwyliwr** – yn gweithredu strategaeth y sefydliad trwy fabwysiadu tactegau da o ran y gweithgareddau o ddydd i ddydd, gan arwain tîm o aelodau eraill o staff.

▶ **Arweinydd chwaraeon cymwys, hyfforddwr** – yn gwneud yr hyfforddiant dyddiol neu amserlenni hyfforddi o dan arweiniad y goruchwyliwr.

▶ **Staff cymorth** – yn darparu cymorth ychwanegol i'r hyfforddwyr. Pedwar o rolau nodweddiadol staff cymorth yw:
- Gweinyddwyr – yn aml yn ymwneud â gweithredu'r cynllunio, trefnu a chyllidebu busnes, yn unol â chyfarwyddyd strategaeth gyffredinol y cwmni, neu brosesu gwerthiannau ac archebion
- Staff diogelwch – sicrhau bod y wybodaeth a gedwir bob amser yn ddiogel gan fod hyn yn hanfodol i enw da a chynhyrchiant busnes. Er mwyn cyflawni hyn, dylid diogelu systemau TG ac adeiladau bob amser a chyfyngu mynediad i'r rhai sydd ei angen i gyflawni eu dyletswyddau

> **Term allweddol**
>
> **Strategaeth** – sut mae cynllun busnes yn cael ei weithredu.

- Staff glanhau – yn bwysig o safbwynt iechyd a diogelwch a golwg adeilad. Dylid cynnal adeilad neu offer busnes bob amser i safon hylan neu ddiogel
- Staff TG – mae'r mwyafrif o fusnesau'n gweithredu ar amrywiol lwyfannau TG. Bydd staff TG yn sicrhau bod e-bost, cyfrifon a chronfeydd data yn cael eu cynnal a'u bod ar gael trwy gydol y diwrnod gwaith.

▶ **Hyfforddeion** – yn aml gweithwyr sy'n cael eu hyfforddi i gyflawni rôl benodol neu swyddogaeth o fewn busnes.

▶ **Gwirfoddolwyr** – mae gwirfoddolwyr yn cynnig eu hamser yn rhydd ac yn aml yn cyflawni rôl benodol neu weithredu heb daliad. Fe'u ceir yn amlach mewn sefydliadau gwirfoddol nag mewn busnesau cyhoeddus neu breifat.

▶ Mae staff derbynfa hefyd yn aml yn ymwneud â thrafod gwerthiannau ac archebion mewn canolfannau hamdden

Manylebau person a disgrifiadau swydd

Ar gyfer unrhyw swydd ym maes chwaraeon a hamdden egnïol mae angen manyleb person (gofynion sylfaenol ar gyfer y swydd) a disgrifiad swydd. Mae'r disgrifiad swydd yn rhoi diffiniad clir o deitlau, rolau a chyfrifoldebau, llinellau cyfathrebu a phwy sydd mewn awdurdod. Bydd y math o strwythur a fabwysiedir gan fusnes chwaraeon yn dibynnu ar nifer o ffactorau, megis yr hyn sy'n cael ei wneud, y math(au) o gynhyrchion a'r gwasanaethau a gynigir, ei leoliad a nifer ei weithwyr.

Bydd pob disgrifiad swydd yn rhestru'r meini prawf canlynol.
▶ Teitl y swydd – beth yw'r rôl (e.e. rheolwr gwasanaethau cwsmeriaid)
▶ Cyflog – faint mae'r rôl yn ei dalu (e.e. £24,000 y flwyddyn)
▶ Pwrpas y swydd – trosolwg o'r prif gyfrifoldebau (e.e. bydd cyfarwyddwr cyllid yn gyfrifol am bob agwedd ariannol ar gwmni)
▶ Prif gyfrifoldebau – dadansoddiad manwl o benderfyniadau ac atebolrwydd y rôl (e.e. bydd rheolwr datblygu yn gyfrifol am ddatblygu gyrfa a hyfforddi holl weithwyr cwmni)
▶ Gwybodaeth, sgiliau, hyfforddiant a phrofiad – lefel yr addysg a'r profiad sy'n ofynnol i gyflawni'r rôl (e.e. mae'n debygol y bydd yn ofynnol i reolwr prosiect gael ei addysgu i lefel gradd a bod â phrofiad blaenorol o reoli chwaraeon a phrosiectau hamdden egnïol)
▶ Mae enghraifft o ddisgrifiad swydd ar gyfer rheolwr gweithrediadau hamdden, gan gynnwys y rhan fwyaf o'r meini prawf a grybwyllir uchod, i'w gweld isod:

Swydd ddisgrifiad	
Teitl y swydd:	Rheolwr Gweithrediadau Hamdden
Cyflog:	£35,000 i £45,000
Yn atebol i:	Uwch-reolwyr
Cyfrifol am:	Timau Gweithredol Cyfleusterau Hamdden
Oriau gwaith:	37 awr yr wythnos
Pwrpas y swydd:	Mae rôl y Rheolwr Gweithrediadau Hamdden yn ymwneud â darparu arweinyddiaeth i'r Timau Cyfleusterau Hamdden ynghyd â ffocws busnes. Bydd gan y Rheolwr Gweithrediadau Hamdden gyfrifoldeb am berfformiad ariannol a gweithredol y cyfleusterau hamdden, gan sicrhau bod gwasanaeth rhagorol i gwsmeriaid yn cael ei ddarparu bob amser a bod y cyfleusterau'n cwrdd â'r holl safonau ansawdd a pherfformiad penodol.

Prif gyfrifoldebau:	• Arwain, rheoli, cymell yr holl staff a recriwtio, cynefino, hyfforddi, arfarnu, datblygu a rheoli perfformiad staff
	• Bod yn brif gyswllt i'r holl gyfleusterau (gweithredol)
	• Cynhyrchu rotas staffio wythnosol
	• Cysylltu â'r Cyfarwyddwr Cyllid i ddatblygu gweithgaredd yr aelodaeth a phresenoldeb, a threfnu hysbysebu yn yr ardal leol, a denu cwsmeriaid newydd trwy gynigion arbennig
	• Gwneud ymchwil i'r farchnad
	• Ymdrin â chwynion ac ymholiadau cyffredinol
	• Ymdrin ag adborth cyffredinol gan aelodau'r cyhoedd
	• Ymgymryd â rôl Rheolwr Adeiladau ar gyfer y cyfleusterau hamdden
	• Gweithredu gweithdrefnau a systemau i sicrhau'r safonau uchaf o ran:
	  – glendid pob rhan o'r adeiladau
	  – amodau amgylcheddol (trin dŵr, tymheredd yr adeilad)
	  – offer a chyfarpar
	  – trwsio a chynnal a chadw
	• Cadw cofnodion stoc ac ailarchebu
	• Ysgrifennu adroddiadau am gynnydd y cyfleusterau hamdden
	• Sicrhau bod asesiadau risg a'r holl weithdrefnau iechyd a diogelwch yn cael eu diweddaru, a sicrhau bod staff yn cael eu briffio'n llawn ar ddeddfwriaeth iechyd a diogelwch a chanllawiau'r diwydiant
	• Sicrhau y cedwir stocrestrau o gyfarpar a stoc
	• Sicrhau bod gweithdrefnau diogelu ar waith ac y cedwir atynt, yn enwedig mewn perthynas â'r Gwasanaeth Datgelu a Gwahardd (DBS)

Goruchwylio / rheoli pobl	Bydd deiliad y swydd yn goruchwylio ac yn rheoli'r Timau Gweithredol Hamdden yn uniongyrchol trwy ddyrannu a monitro gwaith, mentora, datblygu a hyfforddi.
Gwybodaeth, sgiliau, hyfforddiant a phrofiad	Addysg hyd at lefel gradd, neu brofiad perthnasol cyfatebol (rheolaeth weithredol cyfleusterau hamdden, cyflwyno prosiectau, tystiolaeth o effeithio ar newid diwylliannol, trefnu digwyddiadau a marchnata a gwella gwasanaethau, ac ati)

Mathau o gyflogaeth

Mae sawl ffordd y gall busnesau chwaraeon a hamdden egnïol gyflogi staff, a bydd y math gorau yn dibynnu ar natur y busnes.

Staff amser llawn

Mae cyflogaeth amser llawn yn cynnwys gweithio lleiafswm o oriau yn unol â chontract y cyflogwr. Yn gyffredinol, mae cwmnïau'n mynnu bod 35 i 40 awr yr wythnos yn cael eu diffinio fel rhai amser llawn. Er enghraifft, mae'n debygol y bydd rheolwr cyffredinol mewn canolfan hamdden yn gyflogai amser llawn. Mae contractau amser llawn yn aml yn cynnwys buddion fel absenoldeb salwch â thâl, gwyliau blynyddol a buddion iechyd.

Staff rhan-amser

Mae cyflogaeth ran-amser yn cynnwys unigolyn sy'n gweithio llai o oriau'r wythnos na rôl amser llawn. Yn gyffredinol, mae cwmnïau'n ystyried bod llai na 30 awr yr wythnos yn waith rhan-amser. Mantais ychwanegol gwaith rhan-amser yw'r hyblygrwydd y mae'n ei gynnig i'r gweithiwr. Gall hyfforddwr ffitrwydd mewn campfa breifat weithio shifftiau cylchdro sy'n dod i gyfanswm o, er enghraifft, 24 awr dros gyfnod o 4 diwrnod.

Rolau tymhorol

Mae rolau tymhorol yn rhai dros dro, tymor byr ac yn annhebygol o gael yr un buddion â gwaith amser llawn er gweithio oriau hir dros gyfnod byr. Er enghraifft, mae cyrchfannau sgïo yn aml yn llogi gweithwyr yn ystod y gaeaf i helpu gyda'r cyfranogiad cynyddol.

Ymgynghorwyr

Mae ymgynghorwyr yn ymarferwyr profiadol sy'n cynnig cyngor arbenigol i fusnesau i helpu i wella eu perfformiad neu eu cynhyrchiant. Mae ymgynghorwyr yn debygol o gynnig gwybodaeth arbenigol am chwaraeon neu hamdden egnïol, neu gyngor mwy penodol i fusnes fel TG, cyllid neu arbenigedd adnoddau dynol.

Gwirfoddolwyr

Mae gwirfoddolwyr yn gwneud gwaith di-dâl i sefydliadau fel elusennau neu glybiau chwaraeon, ond gallant hefyd weithio i gyrff sector cyhoeddus. Mae gwirfoddolwyr fel arfer yn llofnodi cytundeb yn lle contract cyflogaeth, er y dylent ymgymryd â lefel o hyfforddiant sy'n briodol i'w rôl, er enghraifft cymhwyster Hyfforddi FA Lefel 1 neu Lefel 2 i hyfforddi timau pêl-droed ar lawr gwlad.

Masnachfreintiau

Yn lle ehangu trwy gyflogi gweithwyr yn uniongyrchol, gall busnes chwaraeon a hamdden egnïol ddewis ehangu trwy ganiatáu i bobl fusnes eraill sefydlu fel masnachfraint o dan y brand. Yn yr achos hwn bydd unigolyn neu fusnes allanol yn prynu contract neu drwydded i gael mynediad at wybodaeth a nodau masnach cwmni sefydledig, a'u defnyddio i ddarparu gwasanaeth chwaraeon neu hamdden egnïol o dan enw neu faner y cwmni. Gall sefydlu fel masnachfraint fod yn ffordd risg isel o gychwyn busnes gan fod deiliad y fasnachfraint yn cael ei arwain gan y masnachfreiniwr i ddilyn dull masnachu profedig gyda chynnyrch neu wasanaeth profedig, er enghraifft, gwyliau golff, neu gynhyrchion iechyd a ffitrwydd. Gall deiliad y fasnachfraint hefyd elwa o'r ffaith bod enw'r brand eisoes wedi'i sefydlu. Enghraifft o hyn yn y diwydiant chwaraeon a hamdden egnïol yw'r manwerthwr dillad, InterSport.

Manteision a risgiau gwahanol fathau o gyflogaeth

Mae yna nifer o ffyrdd y gall busnes benderfynu cyflogi staff, er mai'r ystyriaeth allweddol yw'r hyn sy'n gweddu orau i'r busnes a'i amgylchiadau. Os yw busnes yn gweithredu yn ystod yr oriau traddodiadol, er enghraifft 9am i 5pm, yna mae'n debyg mai gweithwyr amser llawn yw'r opsiwn gorau. Fodd bynnag, mae gweithwyr amser llawn yn ddrud gan na fyddwch yn talu cyflog yn unig, ond hefyd yn talu absenoldeb salwch, gwyliau blynyddol, taliadau **pensiwn** a buddion iechyd.

Gall busnes manwerthu fod ar agor am oriau llawer hirach, er enghraifft 7 diwrnod yr wythnos o 8am i 9pm. Yn y sefyllfa hon, efallai y bydd yn rhaid cyflogi tîm o weithwyr rhan-amser i weithio shifftiau hwyr.

Efallai y bydd gan fusnesau eraill, er enghraifft twristiaeth, amseroedd prysur pan fydd angen cyflogi gweithwyr tymhorol dros gyfnod byr.

Mae ymgynghorwyr yn aml yn cael eu cyflogi i fynd i'r afael â gwendid busnes neu i ddatblygu gwasanaeth penodol i gynyddu **capasiti**'r busnes. Mae ymgynghorwyr yn ddrud ac nid yw ffïoedd o £500 y dydd yn anghyffredin. Felly, mae'n hanfodol bod busnes yn llogi'r ymgynghorydd cywir ar yr adeg iawn i fynd i'r afael â'r broblem gywir; fel arall, gellir gwastraffu llawer o arian.

> ### Termau allweddol
>
> **Pensiwn** – dull treth-effeithlon o gynilo yn ystod bywyd gwaith i ddarparu incwm ar ôl ymddeol.
>
> **Capasiti** – yr allbwn neu'r perfformiad y gall busnes ei ddarparu o fewn amserlen benodol.

> ### Ymchwil
>
> Allwch chi nodi enghreifftiau go iawn o bob un o'r mathau o gyflogaeth a restrir uchod. Nodwch y busnes neu'r sefydliad y mae pob math yn gweithio iddo i weld a oes unrhyw duedd neu gysylltiad rhwng y mathau o gyflogaeth a'r math o fusnes chwaraeon neu hamdden egnïol. Dylech fod yn barod i gyflwyno'ch canfyddiadau fel grŵp bach i weddill eich dosbarth.

Rheoli adnoddau dynol

Rheoli adnoddau dynol yw'r system ffurfiol o reoli pobl o fewn busnes neu sefydliad. Bydd gan lawer o fusnesau mwy adran gyfan sy'n ymroddedig i reoli adnoddau dynol; bydd busnesau llai yn aml yn rhoi'r cyfrifoldeb hwn i un rheolwr.

Rolau a chyfrifoldebau adnoddau dynol

Mae rheoli adnoddau dynol yn rhan fawr a phwysig o unrhyw fusnes sy'n cyflogi staff. Mae ei brif rolau a'i gyfrifoldebau fel a ganlyn.

Amserlennu staff

Os oes gan fusnes nifer o staff sy'n cyflawni gwahanol rolau a swyddogaethau, mae'n hanfodol bod pob gweithiwr yn gwybod ble maen nhw'n gweithio a pha rolau maen nhw'n eu cyflawni ar unrhyw adeg. Er enghraifft, gall cwmni hyfforddi pêl-droed gyflogi sawl hyfforddwr yn ystod yr wythnos. Mae angen i bob hyfforddwr wybod ym mha ysgol neu glwb y maen nhw i fod ac ar ba adeg. Mae rheoli adnoddau dynol yn cynnwys amserlennu staff i sicrhau bod gofynion staffio'r busnes yn cael eu cynnwys.

Cyflogau

Mae talu cyflogau yn rôl bwysig. Rhaid cyfrifo cyflogau, gan gynnwys Yswiriant Gwladol, didyniadau treth a chyfraniadau pensiwn, cyn eu hanfon i gyfrifon banc gweithwyr. Bydd y manylion hyn yn cael eu llenwi ar slip cyflog y mae'r gweithiwr yn ei gael ac yn ei gadw. Mae llawer o'r prosesau fel arfer yn gyfrifiadurol ac yn awtomataidd, ond y rheolwyr adnoddau dynol sydd bennaf gyfrifol am sicrhau bod popeth yn digwydd yn gywir.

Amodau cyflogaeth

Mae amodau cyflogaeth yn aml yn cael eu hysgrifennu fel contract ac yn cynnwys eitemau adnoddau dynol pwysig fel disgrifiad swydd y gweithiwr, manylion tâl, prosesau disgyblu, oriau gwaith ac unrhyw hawl i wyliau.

Rheoli adnoddau ffisegol

Gall yr ystod o adnoddau ffisegol sydd eu hangen ar gwmni chwaraeon a hamdden egnïol fod yn enfawr, o eitemau tafladwy bob dydd fel beiros a phapur i'r offer sydd ei angen er mwyn darparu gwasanaeth i'r cwsmer. Mae rheoli adnoddau ffisegol yn cynnwys cynllunio i sicrhau nad yw'r busnes byth heb yr adnoddau sydd eu hangen arno ar unrhyw un adeg, a sicrhau bod yr adnoddau y mae'n eu defnyddio yn cael eu cynnal yn iawn.

Cynllunio adnoddau

Mae cynllunio adnoddau yn cynnwys nodi'r adnoddau sydd eu hangen ar y busnes er mwyn gweithredu'n effeithiol a llwyddo yn y pen draw. I gynllunio adnoddau'n briodol rhaid ystyried pob un o'r canlynol.

► **Cyflenwadau a deunyddiau** – eitemau traul yw'r rhain yn bennaf sy'n ofynnol i alluogi'r busnes i redeg yn llyfn. Er enghraifft, bydd peiriant oeri dŵr mewn clwb iechyd yn cael ei ailstocio'n rheolaidd â dŵr ffres ar gyfer cleientiaid gan hyfforddwr ffitrwydd.

► **Contractio** – mae hyn yn cynnwys cyflogi pobl am dymor byr er enghraifft pobl â sgiliau penodol, i helpu'ch busnes gyda phrosiect. Mae angen i arian a'r swyddogaeth rheoli adnoddau dynol fod ar gael i gontractio.

► **Newidiadau mewn anghenion staffio** – bob tro y mae swydd o fewn eich busnes yn dod yn wag neu pan gaiff swydd newydd ei chreu, dylech gynllunio i lenwi'r swydd wag. Dylai'r rheolwr neu'r perchennog ymgynghori ag adnoddau dynol (os oes gan y cwmni un neu os yw wedi contractio un) a chychwyn proses recriwtio a gynlluniwyd yn ofalus.

► **Digwyddiadau a rheoli risg a ragwelir** – mae'n bwysig deall bod nifer o risgiau posibl yn gysylltiedig â sefydlu neu redeg busnes. Mae risgiau yn ddigwyddiadau anhysbys sydd eto i ddigwydd a gallent achosi problemau i'ch busnes. Mae manteision rheoli risg yn golygu y gallwch chi gynllunio i fynd i'r afael â'r digwyddiadau hyn a mynd i'r afael â nhw pan maen nhw'n digwydd.

Cynnal a chadw adnoddau

Mae cynnal a chadw adnoddau yn cynnwys creu cynllun busnes sy'n gofalu am yr adnoddau busnes ffisegol a phersonél sy'n ofynnol i ddarparu gwasanaeth i gwsmeriaid.

► **Gwasanaeth brys** – bydd busnes darbodus yn ystyried gwasanaeth brys ymlaen llaw os na fydd adnodd ar gael, fel llogi generadur neu uned bŵer debyg i gyflenwi ar gyfer colli trydan, neu gamau eraill a gymerir i dalu am golli adnoddau neu offer oherwydd llifogydd neu ddifrod damweiniol.

► **Iechyd a diogelwch** – gan fod cynnal a chadw yn golygu cadw'r gweithle'n ddiogel, gan gynnwys unrhyw offer, dodrefn a chyfleusterau sy'n gweithredu'n gywir ac yn sicrhau nad yw eu cyflwr yn dirywio, mae'n hanfodol gwneud hynny'n ddiogel er mwyn peidio â rhoi'r cwsmeriaid neu'r staff mewn perygl diangen.

► **Asedau** – gall **asedau** busnes amrywio o arian parod, i adeiladau, i eiddo deallusol, ond maent i gyd yn cyfrif tuag at werth cyffredinol y busnes. Dylid cynnal a chadw asedau fel offer neu adeiladau yn rheolaidd (a'u hadnewyddu os oes angen) cyhyd â'u bod yn cael eu defnyddio gan weithwyr a chwsmeriaid.

► **Opsiynau prydlesu** – mae opsiynau prydlesu yn caniatáu i fusnes hurio neu rentu adnoddau fel offer neu gerbydau, yn hytrach na'u prynu. Mae prydlesu yn caniatáu i fusnes wario swm llai o'i **lif arian** ar yr offer sydd ei angen arno. Yr anfantais yw nad yw'r offer ar brydles yn perthyn i'r cwmni ac nid yw'n cael ei ystyried yn ased wrth gyfrif gwerth y cwmni.

MUNUD I FEDDWL

Ydych chi'n deall y risgiau tebygol i fusnes os bydd rheolaeth adnoddau dynol yn cael ei anwybyddu neu ddim yn cael ei ystyried?

Awgrym Caewch y llyfr hwn a cheisiwch gofio prif gyfrifoldebau adnoddau dynol.

Ymestyn Darganfyddwch o'r gwahanol ffynonellau ar y we y risg debygol o gosbau neu gamau cyfreithiol os bydd busnes yn anwybyddu ei gyfrifoldebau adnoddau dynol.

▶ **Cynnal a chadw ac adnewyddu** – mae'n bwysig cynnal a chadw'r holl offer, dodrefn ac adeiladau busnes o ran eu golwg ac o ran rheoli iechyd a diogelwch. Mae gan weithwyr hawl i weithio mewn amgylchedd diogel a chyffyrddus ac ni fydd cwsmeriaid sy'n talu ffioedd eisiau parhau i ddefnyddio gwasanaeth nad yw'n buddsoddi mewn cynnal a chadw ac adnewyddu ei adnoddau.

▶ **Cyfyngiadau cyllidebol** – mae cyfyngiadau cyllidebol yn gosod terfynau ar faint y gall eich busnes ei wario ar feysydd penodol. Er enghraifft, os mai dim ond swm penodol y gall ei wario ar gynnal a chadw adnoddau (gweler uchod), gall gwariant y tu hwnt i'r lefel hon roi'r busnes mewn anawsterau ariannol.

Termau allweddol

Asedau – eiddo neu offer sy'n eiddo i fusnes neu sefydliad sydd â gwerth penodol.

Llif arian – swm yr arian sy'n llifo i mewn ac allan o fusnes neu sefydliad.

Cynhyrchiant – mesur economaidd o allbwn posib busnes.

Gwastraff – gwasanaeth neu stoc nad ydyn nhw'n cael eu defnyddio i'w llawn botensial gan arwain at golled ariannol i'r busnes.

Pwysigrwydd rheoli adnoddau

Mae rheoli adnoddau yn cynnwys datblygu adnoddau busnes. Gall y rhain gynnwys cyllid, adnoddau dynol, TG neu ddatblygu gallu a sgiliau staff.

Gwneud y mwyaf o sgiliau, cynhyrchiant a gallu

Mae'n bwysig sicrhau bod staff yn cael eu hyfforddi fel y gallant gyflawni eu rôl hyd eithaf eu gallu. Pan fydd staff wedi'u hyfforddi'n dda, yn wybodus ac yn llawn cymhelliant, mae eu **cynhyrchiant** yn debygol o gynyddu. Mae hefyd yn bwysig darparu adnoddau ffisegol i staff i'w helpu i gynyddu eu sgiliau i'r eithaf. Er enghraifft, dylai hyfforddwyr ffitrwydd mewn campfeydd ddefnyddio'r offer profi ffitrwydd mwyaf diweddar y gall y gyllideb ei fforddio, a fydd yn cynyddu eu gallu ac yn cyfrannu at wella profiad cyffredinol y cwsmer. Yn yr un modd, dylai glanhawyr gael mynediad at offer glanhau dwys i'w ddefnyddio yn y mannau newid ac offer y gampfa am yr un rheswm ac fel rhan o fodel busnes cyffredinol mwy effeithlon.

Lleihau risg, costau a gwastraff

Nod sylfaenol mewn busnes yw gwneud elw. Trwy leihau risgiau, costau a gwastraff, gall busnes gynyddu ei elw. Mae risgiau yn ddigwyddiadau anhysbys sydd eto i ddigwydd ac maent yn aml yn ddrud i fynd i'r afael â nhw pan fyddan nhw'n digwydd.

Mae cael rhaglen cynnal a chadw briodol a sicrhau bod yr adnoddau ffisegol yn gweithio'n iawn yn ddull o reoli risg: mae'n lleihau'r siawns y bydd adnoddau ffisegol yn torri neu beidio â bod yn ddefnyddiadwy, ac mae hefyd yn lleihau'r effaith ariannol debygol pan fydd hyn yn digwydd.

Mae cysylltiad agos rhwng costau a **gwastraff**. Mae'n gwneud synnwyr ystyried yn ofalus yr hyn sy'n ofynnol i fusnes weithredu ar y lefel orau bosibl a heb orwario. Er enghraifft, ar gyfer busnes sy'n defnyddio oddeutu 200 potel o hylif golchi dwylo yn ei ystafell newid bob mis, nid oes achos busnes i brynu 400 potel y mis gan y cyflenwr gan y bydd hyn yn arwain at orwario a gwastraff ariannol.

Ymarfer asesu 22.2

Gofynnwyd i chi roi sgwrs i grŵp o staff sydd newydd ymuno â busnes chwaraeon, fel rhan o'u proses gynefino. Mae eich pennaeth wedi gofyn ichi gwmpasu effeithiau adnoddau dynol ar y busnes a pham ei fod yn faes mor bwysig. Rhoddir 20 munud i chi ddylunio poster y gallwch chi gyfeirio ato yn ystod eich sgwrs.

Cynllunio
- Sut ydw i'n mynd i gynllunio fy amser yn llwyddiannus a chadw golwg ar fy nghynnydd?
- A oes angen eglurhad arna i am unrhyw beth?

Gwneud
- Rwy'n gwybod sut i esbonio gwahanol gydrannau rheoli adnoddau dynol busnes. Yn benodol, gallaf nodi'r gwahanol rolau a manylebau swyddi, mathau o gyflogaeth a phwysigrwydd rheoli adnoddau ffisegol mewn busnes chwaraeon neu hamdden egnïol.
- Gallaf weld ble mae fy sgwrs yn mynd o'i le ac addasu fy ngwaith meddwl/dull er mwyn cael fy hun yn ôl ar y trywydd iawn drwy gyfeirio at fy nodiadau.

Adolygu
- Gallaf ddweud a wnes i fodloni meini prawf y dasg ac a lwyddais.
- Gallaf egluro sut y byddwn yn mynd at elfennau mwy anodd y dasg yn wahanol y tro nesaf (h.y. beth y byddwn yn ei wneud yn wahanol).

Marchnata

Mae marchnata yn weithgaredd hanfodol bwysig i unrhyw fusnes chwaraeon a hamdden egnïol. Efallai bod gennych chi'r cynnyrch gorau neu'r gwasanaeth gorau yn yr ardal, ond oni bai bod eich darpar gwsmeriaid yn gwybod amdanoch chi, bydd eich busnes yn methu. Marchnata yw'r broses y mae busnesau chwaraeon a hamdden egnïol yn ei defnyddio i ddweud wrth eu cwsmeriaid am eu cynhyrchion a dangos sut y gallant ddiwallu eu hanghenion a'u disgwyliadau.

Cysylltiad

Wrth farchnata, mae cwmnïau'n aml yn anelu at dargedu grŵp neu grwpiau penodol o gwsmeriaid. Cyfeiriwch yn ôl at yr adran ar grwpiau cwsmeriaid yn gynharach yn yr uned hon.

'7 P' Marchnata

Wrth gynllunio'u strategaeth farchnata, mae llawer o bobl yn ei chael yn ddefnyddiol meddwl am '7 P' marchnata a ddangosir yn Ffigur 22.2 ac a eglurir yn y testun sy'n dilyn.

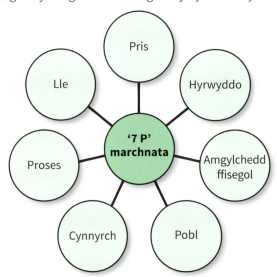

▶ **Ffigur 22.2:** '7 P' marchnata

Cynnyrch *(Product)*

Cylchredau oes cynnyrch, pwyntiau gwerthu unigryw (USP) ac ystod cynnyrch – mae'r busnesau mwyaf llwyddiannus yn darganfod beth mae eu cwsmeriaid ei eisiau: does dim pwynt datblygu na cheisio gwerthu rhywbeth nad ydyn nhw ei eisiau i gwsmeriaid.

Pris *(Price)*

Strategaethau prisio – nid yw cynnyrch ond yn werth yr hyn y mae cwsmer yn barod i dalu amdano. Dylai prisiau fod yn gystadleuol ond cofiwch beidio â phrisio'ch hun allan o'r farchnad na gwerthu rhywbeth ar golled – gwnewch un o'r rheini a bydd eich buses yn methu'n gyflym.

Termau allweddol

Cylchred oes cynnyrch – y camau y mae cynnyrch yn mynd drwyddynt o'r syniad cychwynnol, trwy ei ddefnyddio, hyd nes y caiff ei dynnu o'r farchnad.

Pwynt gwerthu unigryw (USP) – rhywbeth sy'n gwneud busnes neu ei gynnyrch yn wahanol i unrhyw beth arall. Gellir ei ddefnyddio fel rheswm dros annog darpar gleientiaid i brynu cynnyrch neu wasanaeth penodol yn hytrach na rhai cystadleuydd.

Logisteg – cydgysylltu, symud a storio cynhyrchion neu wasanaethau.

Hyrwyddo *(Promotion)*

Y 'gymysgedd hyrwyddo' – term marchnata sy'n disgrifio amrywiol ddulliau hyrwyddo fel defnyddio hysbysebu, hyrwyddo digidol, cyfryngau cymdeithasol, marchnad darged, delwedd brand (ardystiadau enwogion), uwchlaw'r llinell (dulliau cyfryngau torfol, er enghraifft, hysbysebion teledu) ac islaw'r llinell (dulliau penodol, cofiadwy sy'n canolbwyntio ar grwpiau o gwsmeriaid, er enghraifft, marchnata uniongyrchol ar gyfer unigolion) – sut mae'ch busnes yn cyfathrebu â'ch cwsmeriaid. Mae'n cynnwys hysbysebion, cyfryngau cymdeithasol a hyrwyddiadau, hynny yw, popeth y mae angen i'r cwsmer ei wybod er mwyn gallu dewis eich cynnyrch yn hytrach na chynhyrchion rhywun arall.

Lle *(Place)*

Cadwyni cyflenwi, y prosesau sy'n gysylltiedig â chynhyrchu a dosbarthu cynnyrch, **logisteg** ac anghenion cwsmeriaid – rhaid i'r man lle rydych chi'n cyflenwi neu'n danfon eich cynnyrch fod yn gyfleus i'r cwsmer. At hynny, rhaid i'ch cynnyrch fod ar gael ar yr adeg iawn.

Pobl *(People)*

Hyfforddiant staff, gwasanaeth cwsmeriaid cyson a dibynadwy, perthynas rhwng pobl a delwedd brand – eich staff yw'ch ased mwyaf gan mai nhw, yn fwy nag unrhyw ffactor arall, sy'n pennu lefel dda o wasanaeth a boddhad cwsmeriaid. Cofiwch na fydd llawer o gwsmeriaid yn gwahaniaethu rhwng eich cynnyrch neu wasanaeth a'r staff sy'n cyflwyno'r cynnyrch neu'r gwasanaeth hwnnw.

Proses *(Process)*

Rheoli rhyngweithiadau cwsmeriaid yn gyson, fel y dangosir yn y model o ddefnyddio gwasanaeth (gweler Tabl 22.9) – ni fydd cwsmeriaid yn buddsoddi mewn cynnyrch neu wasanaeth yn unig; mewn llawer o achosion, byddant yn buddsoddi mewn profiad neu ddewis ffordd o fyw. Er enghraifft, nid yw aelodaeth campfa neu glwb iechyd yn ymwneud yn unig â'r ymarferion y bydd y cleient yn eu gwneud i gadw'n heini – gall hefyd fod yn fuddsoddiad cymdeithasol i gwrdd â phobl, buddsoddiad hamdden os oes ganddo rywbeth i'w fwyta neu ei yfed yn y clwb iechyd, neu'n rhan o'i drefn wythnosol yn unig.

▶ **Tabl 22.9:** Y model o ddefnyddio gwasanaeth

Cam	Disgrifiad
1	Cyn-bryniant (disgwyl cynnyrch neu wasanaeth)
2	Defnyddio'r pryniant (defnyddio'r cynnyrch neu'r gwasanaeth)
3	Ôl-bryniant (gwerthuso profiad cwsmer o'r cynnyrch neu'r gwasanaeth)

Amgylchedd ffisegol (Physical environment)

Adlewyrchu delwedd brand yn yr amgylchedd ffisegol, priodoldeb i'r cynnig – mae bob amser yn bwysig bod cwsmeriaid yn gallu gweld yr hyn maen nhw'n ei brynu. Mae aelodaeth clybiau iechyd neu hyfforddiant pêl-droed wythnosol i blant yn ymrwymiad ariannol a bydd cwsmeriaid yn awyddus i hoffi'r hyn maen nhw'n ei weld, ac i gredu eu bod nhw'n cael gwerth am arian. Mae'n bwysig bod staff yn lân ac yn drwsiadus, a bod yr amgylchedd yn groesawgar ac yn cael ei gynnal a'i gadw'n dda. Mae'r ddau ffactor hyn (ac eraill) yn creu argraff dda sy'n gwneud i'r cwsmer deimlo'n hyderus ei fod yn gwneud y penderfyniad cywir wrth brynu cynnyrch neu wasanaeth.

> **Trafodaeth**
>
> Mae manwerthwyr chwaraeon yn arbennig o dda am ddefnyddio ffenestri eu siopau i hyrwyddo cynigion. Pam ydych chi'n meddwl eu bod nhw'n cynnig y mathau hyn o fargeinion?

Diwallu anghenion y cwsmer

Mae'r broses farchnata ar gyfer cynnyrch neu wasanaeth chwaraeon yn dechrau trwy nodi cwsmeriaid a'u hanghenion. Mae hyn yn gofyn am ymchwil a fydd, yn ei dro, yn cyfrannu at gynllun ar gyfer hyrwyddo'r busnes. Gallai hyn ymwneud ag unrhyw beth o werthu diod iechyd i wasanaeth hyfforddi personol drud. Ym mhob achos, mae'n rhaid i'r dull ymchwil fod yn ddibynadwy, y gweithgareddau marchnata yn briodol, ac unrhyw gynllun hyrwyddo yn hyblyg ac yn addas at y diben.

Bod yn wybodus am wasanaethau, offer, gweithgareddau a chyfleusterau

Mae gan fusnesau chwaraeon resymau da dros gynllunio eu marchnata – mae angen iddyn nhw feithrin gwybodaeth am gwsmeriaid, cystadleuwyr, eu marchnad, galw, tueddiadau, cyfleoedd a phrisio. Os ydych chi'n deall y cysyniadau hyn ac yn wybodus am y gwasanaethau y gall y busnes eu cynnig neu'r offer y mae'n eu defnyddio, gallwch wneud penderfyniadau gwybodus a chynllunio strategaethau marchnata i ddweud popeth wrth eich cwsmeriaid.

- **Gwybodaeth i gwsmeriaid** – mae angen i chi ddeall nodweddion eich cwsmeriaid ac i ba ddosbarth demograffig y maent yn perthyn, gan ddadansoddi hoffterau ac arferion chwaraeon y grwpiau hynny. Wedi hynny, gallwch ddweud wrth eich cwsmeriaid am y cynhyrchion a'r gwasanaethau sydd fwyaf addas ar eu cyfer.

- **Cystadleuwyr** – mae gwybod beth mae eich cystadleuwyr yn ei wneud yn y tymor byr, a beth yw eu cryfderau a'u gwendidau, yn bwysig i fusnesau chwaraeon. Ar gyfer sefydliadau chwaraeon mwy, mae hyn yn bwysig ar gyfer penderfyniadau prisio; i fusnesau llai, efallai mai ansawdd y gwasanaeth fydd yr elfen bwysicaf. Efallai y bydd ymchwil yn dangos bod bylchau yn y farchnad a allai gynnig cyfleoedd.

- **Marchnad** – rhaid i chi fod yn ymwybodol o'r hyn sy'n digwydd yn y farchnad ar gyfer eich nwyddau neu wasanaethau penodol, ond hefyd yn yr amgylchedd busnes cyffredinol. Yn aml, cynhelir dadansoddiad o'r farchnad gan ddefnyddio'r dadansoddiad PESTLE.

- **Gofynion a thueddiadau** – galw yw maint nwyddau neu wasanaethau y bydd cwsmer yn eu prynu am bris penodol. Yn aml, gall tueddiadau gynnig cyfleoedd busnes neu roi rhybudd cynnar nad yw rhywbeth yn boblogaidd mwyach neu ei fod yn dod yn fwy a mwy poblogaidd.

- **Cyfleoedd** – bydd dadansoddiad PESTLE yn nodi cyfleoedd yn ogystal â thueddiadau newydd.

- **Prisio** – mae tri dull eang yn cael eu hystyried gan amlaf:
  - Pris isel i geisio ennill lle yn y farchnad neu i geisio cynyddu cyfran y farchnad – gall hyn achosi rhyfel prisiau gyda chystadleuwyr.
  - Prisiau wedi'u gosod ar gyfradd y farchnad – fel arfer ar gyfer pryniannau mynych.
  - Strategaeth pris uchel – fel arfer ar gyfer nwyddau neu wasanaethau ar ben uchaf y farchnad.

> **Cysylltiad**
>
> Ymdrinnir â thueddiadau yn nod dysgu F.

> **Term allweddol**
>
> **AIDA** – Ymwybyddiaeth (**a**wareness), Diddordeb (**i**nterest), Awydd (**d**esire) a Gweithredu (**a**ction): model a ddefnyddir i ddisgrifio'r camau dan sylw pan fydd cwsmer yn ymgysylltu â busnes neu sefydliad newydd.

Tynnu sylw at fanteision hyrwyddiadau i gwsmeriaid (cynigion arbennig, cynlluniau teyrngarwch cwsmeriaid)

Mae hyrwyddiadau gwerthu fel arfer yn weithgareddau tymor byr gyda'r nod o godi ymwybyddiaeth neu gystadlu â chynhyrchion a gwasanaethau tebyg eraill. Maent yn dilyn acronym y model **AIDA** trwy godi ymwybyddiaeth, diddordeb, awydd a gweithredu i brynu. Mae'r gweithgareddau fel arfer yn cynnwys hyrwyddiadau tymhorol fel gwerthiannau a chynigion arbennig, rhoddion a chymhellion i gwsmeriaid ffyddlon, cystadlaethau neu gynnig y cynnyrch am bris rhagarweiniol deniadol iawn. Mae bargeinion y Calan yn ddulliau poblogaidd o ddenu aelodau newydd sy'n cynnig, er enghraifft, un mis o aelodaeth ddi-dâl neu ddim ffi weinyddu. Yn aml daw'r mathau hyn o fargeinion â buddion ychwanegol i gwsmeriaid fel sesiwn hyfforddi bersonol am ddim, neu gall cwsmeriaid ddewis eu pecyn aelodaeth pwrpasol eu hunain i gyrraedd eu nodau ffitrwydd personol. Yn aml mae'n werth i ddarpar gwsmeriaid siopa o gwmpas am y fargen orau, neu fod y cwsmeriaid presennol yn manteisio ar unrhyw gynllun teyrngarwch neu fonws. Mae'r buddion hyn yn arwain at fodloni'r cwsmer, a'r busnes yn ennill refeniw newydd neu barhaus.

Gydag unrhyw un o'r amgylchiadau hyn, mae angen i fusnes fabwysiadu dull wedi'i reoli, gan dargedu'r neges a'r gweithgareddau, fel y gallwch weld yn ddiweddarach pa un oedd fwyaf llwyddiannus wrth ddiwallu anghenion cwsmeriaid. Yn yr un modd, mae angen i gwsmeriaid hefyd fabwysiadu dull rheoledig wrth ddewis y cynllun hyrwyddo neu deyrngarwch o'u dewis i sicrhau ei fod yn diwallu eu hanghenion ac yn diwallu eu nodau personol.

 MUNUD I FEDDWL   Pam ydych chi'n meddwl bod marchnata yn bwysig i lwyddiant busnes neu sefydliad?

Awgrym   Allwch chi gofio'r rhesymau dros strategaeth farchnata synhwyrol a chynhyrchiol?

Ymestyn   Allwch chi ddod o hyd i enghraifft o fusnes chwaraeon neu hamdden egnïol (mawr neu fach) y mae ei strategaeth farchnata wedi eich ysgogi i brynu cynnyrch neu wasanaeth?

Mynd ati i gyfathrebu â chwsmeriaid

Mae llwyddiant neu fethiant cynllun marchnata yn ymwneud â pha mor dda y mae'n cyfathrebu â chwsmeriaid presennol neu ddarpar gwsmeriaid, ond dylai unrhyw fusnes geisio mentro bob amser i gyfathrebu â chwsmeriaid ym mhob maes o'u gweithrediadau. Mae hyn yn gwneud mwy na dim ond helpu'r busnes i hyrwyddo ei hun, mae hefyd yn ei helpu i ddod i adnabod ei gwsmeriaid ac i ymateb i'w dymuniadau. Dangosir y gwahanol ffyrdd o gyfathrebu â chwsmeriaid yn Nhabl 22.10.

▶ **Tabl 22.10:** Ffyrdd o gyfathrebu â chwsmeriaid

Math o gyfathrebu	Esboniad
Llafar Siarad yn uniongyrchol – mae pwyslais a goslef yn bwysig	Gallai cyfathrebu llafar gynnwys sgyrsiau wyneb yn wyneb â chwsmeriaid presennol a darpar gwsmeriaid neu alwad ffôn syml yn gofyn nifer o gwestiynau iddynt fel rhan o holiadur i bennu lefel y gwasanaeth i gwsmeriaid a dderbynnir. Gallai cyfathrebu llafar hefyd gynnwys cyfweliad ar gyfer gorsaf radio leol a allai fod yn gyfle gwych i hysbysebu.
Di-eiriau Cyfathrebu'n ysgrifenedig neu drwy gyfrwng lluniau	Gallai cyfathrebu di-eiriau gynnwys datganiad i'r wasg ar gyfer papur newydd, gwefan neu gylchgrawn. Mae hyn yn gyhoeddusrwydd am ddim ac mae'n stori syml am yr hyn y mae busnes yn ei wneud. Gallai hefyd gynnwys erthygl nodwedd mewn cyhoeddiad ysgrifenedig. Mae hyn wedi'i gynllunio i dargedu marchnad benodol (h.y. darllenwyr cyhoeddiadau) a bydd yn debygol o gynnwys pwynt gwerthu unigryw (USP) i gael rhagor o gyhoeddusrwydd. Mae dulliau eraill o gyfathrebu di-eiriau yn cynnwys posteri a thaflenni gwybodaeth sy'n cael eu harddangos yn adeilad y busnes.
Gwrando Yn syml gwrando ar yr hyn y mae cwsmeriaid ei eisiau ac yn ei ddweud	Yn aml y dull cyfathrebu gorau ac un sy'n sicr yn cael ei werthfawrogi yw gwrando ar yr hyn y mae cwsmeriaid yn ei ddweud. Er enghraifft, cymerwch amser i gwrdd a sgwrsio â chwsmeriaid mewn clwb iechyd preifat a gofynnwch iddyn nhw a oes unrhyw welliannau yr hoffent eu gweld yn cael eu cyflwyno.
Ymateb i gwynion	Dylai fod gan bob busnes bolisi cwynion sy'n amlinellu sut y gall cwsmeriaid sydd â phryderon gael ateb. Dylai'r polisi hwn fanylu ar amser ymateb a lefel y gweithiwr a fydd yn ymdrin â'r gŵyn. Dylid ymateb bob amser i gwynion trwy lythyr (yn ogystal ag ar lafar os yw'n briodol) gyda ymddiheuriad os oes ei angen a'r iawndal neu'r camau tebygol i'w ddilyn pe bai'r gŵyn yn cael ei chadarnhau.
Adnabod a oes gan gwsmeriaid ofynion arbennig	Mewn theori, mae gan bob cwsmer ofynion arbennig. Gwnewch yn siŵr bod eich busnes neu'ch cwmni yn darganfod ac yn gweithredu ar unrhyw ofynion arbennig penodol sydd gan gwsmer.

Mae canolfan chwaraeon leol wedi gofyn ichi adolygu eu gweithgareddau marchnata. Dewiswch ganolfan chwaraeon leol. Gwnewch rywfaint o ymchwil i'w gweithgareddau marchnata, dadansoddwch y canlyniadau, ac yna gwnewch gynigion yn seiliedig ar yr ymchwil ar gyfer hyrwyddo agwedd ar eu busnes (e.e. defnyddio pyllau nofio 25m neu glybiau pêl-droed ar ôl ysgol).

Cynllunio
- Beth yw'r dasg? Beth yw fy rôl a sut y byddaf yn mynd i'r afael â'r gweithgareddau marchnata a fydd yn cynhyrchu'r ymchwil sy'n angenrheidiol ar gyfer adroddiad?
- Pa mor hyderus ydw i yn fy ngalluoedd fy hun i gyflawni'r gweithgareddau hyn a dadansoddi'r canlyniadau sy'n ymwneud â'r hyn sy'n cael ei ofyn? A oes unrhyw feysydd y credaf y byddaf yn cael anhawster â hwy?

Gwneud
- Rwy'n gwybod sut i archwilio gwahanol gydrannau marchnata a diwallu anghenion cwsmeriaid.
- Gallaf weld ble y gallai fy sgwrs fod wedi mynd o'i le ac addasu fy ngwaith meddwl/dull er mwyn cael fy hun yn ôl ar y trywydd iawn drwy gyfeirio at fy nodiadau neu'r gwerslyfr hwn.

Adolygu
- Gallaf egluro beth oedd y dasg a sut y gwnes i fynd ati i adeiladu fy adroddiad a chyrraedd fy argymhellion.
- Gallaf egluro sut y byddwn yn mynd at elfennau mwy anodd y dasg yn wahanol y tro nesaf (h.y. y dadansoddiad – beth y byddwn yn ei wneud yn wahanol). Er enghraifft, efallai y byddaf yn edrych ar fath gwahanol o holiadur i'w ddefnyddio gyda chwsmeriaid.

E Cyllid yn y diwydiant chwaraeon a hamdden egnïol

Ariannu busnes yn y maes chwaraeon a hamdden egnïol

Mae ariannu busnes yn gofyn am y gallu i adolygu datganiadau ariannol ac asesu ffigurau wedi'u cyllidebu i benderfynu a yw'r busnes yn datblygu, yn gwella neu'n gwneud elw. Os na wneir dadansoddiad gofalus o'r ffigurau, gall y busnes ddioddef dirywiad neu roi'r gorau i fasnachu. Amlinellir y pethau allweddol i'w gwybod a'u deall yma.

Cynnwys a phwrpas llif arian

Mae **llif arian** yn bwysig i fusnes chwaraeon – dyna mae cyfrifwyr yn ei alw'n 'hylifedd'. Mae'n caniatáu i'r sefydliad brynu nwyddau a gwasanaethau, cefnogi ei weithgareddau ei hun, talu ei ddyledion ac arbed arian ar gyfer argyfwng neu ddatblygiadau yn y dyfodol. Rhaid i fusnes chwaraeon gynllunio ei lif arian i sicrhau bod ganddo ddigon o arian i gyflawni ei gynlluniau a diwallu anghenion fel cyflogau, ad-dalu benthyciadau a biliau cyfleustodau.

Costau sefydlog ac amrywiol busnes

Costau sefydlog yw'r rheini y mae busnes yn eu talu ni waeth faint o'i wasanaeth y mae'r busnes yn ei werthu. Er enghraifft, mae gorbenion fel rhent ar gyfer adeiladau yn gostau sefydlog y mae'n rhaid eu talu.

Costau newidiol yw'r rheini sy'n aml yn gysylltiedig â gwerthiannau. Wrth i'r gwerthiannau gynyddu, bydd y costau newidiol hefyd yn cynyddu. Er enghraifft, po fwyaf o gwsmeriaid y mae clwb iechyd yn eu cael, y mwyaf o ddŵr sy'n cael ei yfed o'r peiriant oeri dŵr, y cyflymaf y bydd angen amnewid y dŵr am gost ychwanegol.

Costau cyfalaf a chostau gweithredol

Gall 'cyfalaf' fod ag ystyr deuol, ond yng nghyd-destun busnes chwaraeon byddai'n arian parod neu'n ddeunyddiau crai sy'n cael eu buddsoddi er mwyn cynhyrchu incwm (cyfalaf gweithio). Mae hyn yn caniatáu i'r busnes wybod faint o arian fydd ganddo i weithredu ag ef o leiaf i ddechrau, ond gall amrywio yn ôl mewnlif ac all-lif arian parod.

Term allweddol

Llif arian – cyfanswm yr arian sy'n llifo i mewn ac allan o fusnes – mae angen arian rheolaidd ar fusnes, er mwyn talu am eitemau rheolaidd fel biliau misol.

Costau gweithredol yw'r treuliau sy'n ymwneud â rhedeg busnes o ddydd i ddydd. Gallant gynnwys yr holl gostau staffio, cyfleustodau, rhentu, TG, diogelwch a chynnal a chadw.

Costau offer, gan gynnwys uwchraddio offer

Dylid neilltuo neu ystyried cyllidebau ar gyfer costau offer ac uwchraddio posibl. Mae offer yn gost newidiol ac, ar brydiau, gall dorri y tu allan i gyfnod rheolaidd o waith cynnal a chadw. Rhaid mynd i'r afael â digwyddiad o'r fath ar unwaith oherwydd gall diffyg offer gael effaith ar y gwasanaeth cyffredinol i gwsmeriaid.

Cofnodion ariannol

Mae busnesau – hyd yn oed unig fasnachwyr – yn destun archwiliadau, lle mae eu cofnodion ariannol yn cael eu gwirio, felly mae'n bwysig cadw cofnodion ariannol cywir. Mae hyn yn galluogi cyfrifwyr neu adrannau adnoddau dynol i gyfrifo'r busnesau, cyflogau, trethiant, treuliau a chostau yn gywir.

Mae'n ofynnol yn ôl y gyfraith i fusnesau gadw cofnodion ariannol ar gyfer:
- pob gwerthiant ac incwm
- yr holl dreuliau busnes
- cofnodion TAW – mae *TAW neu 'dreth ar werth' yn dreth ar nwyddau a gwasanaethau penodol a gesglir ar bob cam o'u cynhyrchu a'u dosbarthu. Y gyfradd TAW gyfredol yw 20%
- cofnodion PAYE (os oes gan y busnes weithwyr) – sef 'talu wrth ennill' (PAYE) – mae'n dreth y mae gweithwyr yn ei thalu i'r llywodraeth ond mae'n cael ei didynnu gan y cwmni o dâl misol yr aelodau staff.

▶ Rhaid i fusnesau gynllunio i dalu eu costau offer

Hyfforddiant Personol *Ultimate*		
Cyfrif elw a cholled. Am y flwyddyn a ddaeth i ben 31 Mawrth 2017		
	Gwariant(£)	**Incwm (£)**
Gwerthiant		38,500
Llai costau gwerthu		
Prynu offer	(2,250)	
Llogi cyfleusterau campfa	(12,500)	
Ffioedd achredu	(1,500)	
Elw gros		22,250
Llai treuliau		
Ad-daliad benthyciad	(2,400)	
Treuliau swyddfa	(1,250)	
Treth	(2,650)	
Hysbysebu	(1,500)	
Yswiriant	(600)	
Teithio (gan gynnwys costau tanwydd)	(1,975)	
Elw net		**11,875**

▶ **Ffigur 22.3:** Cofnodion ariannol enghreifftiol ar gyfer busnes hyfforddi personol

Gwerthiant

Efallai y bydd gwerthiannau busnes yn cael eu rhannu'n wahanol unedau fel ffioedd, nwyddau a llogi, ac efallai y byddwch chi'n cadw rheolaeth stoc gywir ar unrhyw gynnyrch neu wasanaeth sy'n cael ei werthu i roi darlun mwy cywir o iechyd ariannol y busnes. Bydd y cofnodion hyn hefyd yn arwain at dalu unrhyw drethi ac yn helpu rhagolygon gwerthu. Maent yn eich galluogi i gyfrifo amcanestyniadau gwerthiant misol, efallai yn seiliedig ar flynyddoedd blaenorol neu dueddiadau a ragwelir.

Talu treth

Mae'n bwysig cadw cofnodion ariannol cywir fel bod y busnes yn siŵr ei fod yn talu treth yn gywir. Bydd cadw'r cofnodion hyn hefyd yn sicrhau pan fydd taliadau treth yn ddyledus, bod gan y busnes ddigon o arian wrth law i allu talu'r bil.

Yn ogystal â TAW a PAYE y soniwyd amdano yn gynharach yn yr adran hon, gall busnesau hefyd fod yn atebol am y **dreth gorfforaeth** (wedi'i dalu ar incwm ac elw cwmnïau cyfyngedig) ac **Yswiriant Gwladol** (didyniad o enillion gweithwyr i ariannu cynlluniau lles y llywodraeth).

Prynu ac archebu cofnodion

Dylid cofnodi pob pryniant ac archeb i alluogi talu neu hawlio TAW yn ôl, yn dibynnu ar faint o arian y mae'r busnes neu'r sefydliad yn ei wneud. Am y rheswm hwn, mae'n hanfodol cadw rheolaeth stoc gywir ar unrhyw gynnyrch sy'n cael ei werthu.

Cyflogau i weithwyr

Mae angen i bob busnes gyfrifo taliadau cyflog ar gyfer pob mis, a ddylai gynnwys didyniadau Yswiriant Gwladol, didyniadau PAYE ac yn aml cyfraniadau pensiwn hefyd, am y flwyddyn. Gall cyfraddau cyflog amrywio hefyd os gofynnir i staff weithio llawer o oramser. Gorau po fwyaf o hyn y gellir ei ragweld.

> **Termau allweddol**
>
> **Treth gorfforaeth** – y dreth a godir ar incwm ac elw cwmnïau.
>
> **Yswiriant Gwladol** – cyfraniad o incwm person tuag at fudd-daliadau a ddosberthir yn wladol, a allai gynnwys pensiwn y wladwriaeth, lwfans mamolaeth a budd-daliadau profedigaeth.

> **Astudiaeth achos**
>
> Yn 2016, soniwyd nad oedd clwb pêl-droed proffesiynol is-adran wedi talu eu chwaraewyr a'u staff. Dywedodd y clwb fod ganddo broblemau llif arian tymor byr ond eu bod wedi parhau i gystadlu a rhedeg fel arfer, ac yn y pen draw talodd y cyflogau oedd yn ddyledus yn llawn.
>
> **Gwiriwch eich gwybodaeth**
>
> 1 Rhestrwch y ffactorau posibl sy'n cyfrannu at fod clwb pêl-droed proffesiynol yn dioddef problemau llif arian (ystyriwch incwm a gwariant).
>
> 2 Pa gamau posibl y gallai clwb pêl-droed eu cymryd i leihau ei wariant neu wella ei sefyllfa arian parod?

MUNUD I FEDDWL   Pam mae busnesau a chwmnïau yn talu treth?

Awgrym   Allwch chi gofio'r mathau o dreth a delir gan fusnesau yn y DU?

Ymestyn   Ydych chi'n meddwl bod busnesau chwaraeon ledled y DU yn elwa yn y tymor hir o dalu'r amrywiol drethi? Rhowch enghreifftiau o unrhyw fanteision y gallwch chi feddwl amdanyn nhw.

Tueddiadau yn y diwydiant chwaraeon a hamdden egnïol

Mae'n hanfodol bod busnesau chwaraeon a hamdden egnïol yn cadw llygad ar weithgareddau sy'n cynyddu mewn poblogrwydd ymhlith y boblogaeth yn gyffredinol, ac y gallant ddarparu ar eu cyfer o fewn eu busnes. Dylent hefyd wylio'r gweithgareddau hynny sy'n denu llai o sylw neu'n cymryd llai o ran. Gall sawl ffactor gwahanol effeithio ar y tueddiadau hyn.

Tueddiadau

Technolegau newydd

Mae technolegau'n newid yn barhaus, ac felly hefyd y modd y maent yn cael eu defnyddio yn y diwydiant chwaraeon a hamdden egnïol. Gall arloesiadau technolegol ymwneud â gwella'r dechnoleg bresennol, fel uwchraddio offer campfa i'w wneud yn fwy gwydn, neu gallant gynnwys datblygiadau cwbl newydd. Er enghraifft, mae 'Zwift' yn gwmni a greodd offeryn hyfforddi beicio dan do digidol gan ddefnyddio graffeg 3D ac elfen gymdeithasol sy'n caniatáu i gwsmeriaid reidio gyda'i gilydd ar-lein o amgylch cyrsiau amrywiol ar feic sefydlog gartref neu yn y gwaith.

Mae llawer o ddatblygiadau technolegol diweddar yn ymgorffori'r defnydd eang o dechnoleg ffôn symudol. Mae hefyd yn bosibl lawrlwytho apiau a all fonitro cyfradd curiad eich calon, ffitrwydd ac ymarfer corff wrth gynnal a datblygu rhaglen ffitrwydd neu ymarfer corff fyw. Bellach mae'n bosibl datblygu apiau sy'n caniatáu i gwsmeriaid campfa ymuno â dosbarthiadau ar-lein ac mae'r offer campfa a ddefnyddir yn aml yn gydnaws â strapiau HRM y cwsmeriaid eu hunain.

Mae dyfodiad camerâu digidol cludadwy wedi ychwanegu dimensiwn newydd at gyfranogiad chwaraeon a hyfforddiant ffitrwydd. Yn hytrach na chamcorders traddodiadol sy'n recordio lluniau fideo, gall camerâu cludadwy newydd ddarparu delwedd fyw o safbwynt y cyfranogwr, golwg aderyn o berfformiad unigolyn. Gellir addasu'r llif newydd hwn o dechnoleg hefyd gan ddefnyddio meddalwedd i ddadansoddi perfformiad ymhellach.

Dylanwad y cyfryngau, gan gynnwys cyfryngau cymdeithasol

Mae'r cyfryngau cymdeithasol wedi caniatáu lledaenu gwybodaeth yn gynyddol i gynulleidfa lawer ehangach y tu hwnt i wylio neu arsylwi chwaraeon neu hamdden egnïol. Gellir lanlwytho lluniau fideo yn gyflym neu gynnal trafodaethau a/neu gyngor yn fyw ar unrhyw adeg.

Bydd cyfryngau prif ffrwd – er enghraifft, teledu lloeren, radio a chyfryngau print – yn dod â newyddion neu faterion i sylw cyfranogwyr yn rheolaidd. Mae'r cyfryngau prif ffrwd hefyd yn defnyddio cyfryngau cymdeithasol yn helaeth i ennyn diddordeb gwylwyr, gwrandawyr a darllenwyr ymhellach.

Gall cyfryngau cymdeithasol a phrif ffrwd chwarae rôl uniongyrchol wrth effeithio ar gyfraddau cyfranogi. Gwelodd y sylw a roddwyd i Gemau Olympaidd Llundain 2012 gynnydd mewn cyfranogiad chwaraeon yr oedd busnesau chwaraeon yn gallu ei ecsbloetio.

Newidiadau mewn cyfraddau cyfranogi cenedlaethol ar gyfer gwahanol weithgareddau

Mae gweithgareddau sy'n seiliedig ar ffitrwydd, gemau tîm a gweithgareddau hamdden i gyd wedi elwa o ddyfodiad technolegau newydd, yn enwedig platfformau ffôn symudol a chyfryngau cymdeithasol. Er enghraifft, mae'r ffyniant mewn beicio ar y ffyrdd wedi arwain at fanwerthwyr beicio a diwydiannau ymylol (fel gweithgynhyrchwyr dillad a chwmnïau teclynnau) yn elwa o gyfraddau cyfranogi uwch. Bydd busnesau eraill (er enghraifft, campfeydd sy'n cynnig dosbarthiadau troelli) yn ceisio manteisio ar y ffyniant hwn gyda hyrwyddiadau fel 'Peidiwch â beicio yn oerfel y gaeaf – dewch i'n dosbarthiadau troelli'.

Trafodaeth

Ydych chi'n meddwl bod y cyfryngau cymdeithasol yn newid y ffordd rydyn ni'n gwneud busnes? Trafodwch fel dosbarth cyfan a chyfnewid eich barn.

Newidiadau mewn cyfranogiad a niferoedd gwylwyr

Mae apiau ffôn symudol a'r cyfryngau cymdeithasol wedi bod yn gyfle i ddosbarthu lluniau, sylwadau a chanlyniadau gweithgareddau chwaraeon, cyflawniadau a digwyddiadau ar unwaith. Er enghraifft, gellir nawr lanlwytho'r canlyniadau a'r sylwadau ar gemau pêl-droed, proffesiynol neu fel arall, i'r cyfryngau cymdeithasol dros ffôn symudol a'u trafod â chefnogwyr. Ar lefel fwy unigol, gellir lanlwytho ffigurau perfformiad ar gyfer gweithgaredd campfa i dablau graddio neu siartiau i gael sylwadau arnynt.

Datblygu cynhyrchion/gwasanaethau i fanteisio ar dueddiadau

Gall chwaraeon a hamdden egnïol newid a datblygu fel pob diwydiant arall. Bydd busnes bob amser yn manteisio ar y tueddiadau hyn cyhyd â bod arian i'w wneud. Ar hyn o bryd mae maeth chwaraeon yn sector twf enfawr, yn enwedig atchwanegiadau protein. Mae hyfforddwyr proffesiynol athletwyr hyd at ddefnyddwyr achlysurol campfa leol i gyd wedi cofleidio'r defnydd o atchwanegiadau protein i gynorthwyo adferiad a gwella'r gallu i adeiladu cyhyrau. O ganlyniad, bu cynnydd yn nifer y busnesau sy'n cynhyrchu ac yn dosbarthu atchwanegiadau protein. Mae'n ddiwydiant cystadleuol gyda llawer o fusnesau yn addo enillion hyfforddi i'r rhai sy'n defnyddio eu cynhyrchion.

► Mae llawer o gynhyrchion sefydledig wedi cael eu hail-wampio er mwyn manteisio ar y duedd bresennol ar gyfer cynhyrchion protein. Dyma Cheerios a'r amrywiad Protein Cheerios, a wnaed gan General Mills yn UDA

Manteision

Gwelliannau ac arallgyfeirio cynhyrchion, gwasanaethau a phrofiad y cwsmer

Yn y pen draw, bydd datblygu cynhyrchion newydd yn arwain at arallgyfeirio'r gwasanaethau a gynigir. Bydd gan gwsmeriaid ddewis ehangach o gynhyrchion wrth i fusnesau gystadlu i werthu eu cynhyrchion. Gall y dewis ehangach hefyd arwain at ostyngiad yn y pris wrth i gystadleuwyr geisio gosod eu cynhyrchion am bris cynyddol gystadleuol a darparu profiad ychwanegol i gwsmeriaid fel cymhelliant.

Twf busnes – datblygu marchnadoedd targed newydd, gan gynnig USP a gwell enw da

Wrth i dueddiadau newid, mae'n bwysig i fusnesau eu bod yn deall potensial y tueddiadau hyn ac yn datblygu marchnadoedd targed newydd. Dylai busnes asesu a yw marchnad darged yn cyd-fynd â chyfeiriad strategol newydd a thargedu'r farchnad hon trwy USP yn unol â hynny. Er enghraifft, mae pêl-droed yn dod yn fwyfwy poblogaidd yn China. O ganlyniad, mae busnesau o wneuthurwyr dillad i hyfforddwyr pêl-droed cymwys yn awyddus i ecsbloetio'r farchnad newydd yn China a thyfu busnes yno.

Risgiau

Mae risg ariannol mewn arallgyfeirio a datblygu cynhyrchion newydd ac nid oes sicrwydd o lwyddiant.

Methu â diwallu anghenion cwsmeriaid

Wrth ddatblygu cynnyrch neu wasanaeth newydd, mae posibilrwydd bob amser na fydd anghenion cwsmeriaid yn cael eu diwallu. Er enghraifft, bu'r tueddiadau iechyd a ffitrwydd yn newid erioed; mae rhai yn profi'n boblogaidd (er enghraifft dosbarthiadau troelli) a rhai yn llai felly (er enghraifft, siwtiau sawna). Yr allwedd yw ymchwilio i'r farchnad a thystiolaeth y gall y cynnyrch neu'r gwasanaeth fod o fudd i'r cwsmer a diwallu ei anghenion.

▶ Nid yw siwtiau sawna wedi bod yn boblogaidd

Methu â rhagweld gweithgareddau cystadleuwyr

Er mwyn aros un cam ar y blaen i fusnesau cystadleuol, mae'n aml yn ddoeth rhagweld eu targed neu eu USP nesaf, a datblygu eich un chi i wrthsefyll y datblygiad hwn. Y risg yma yw eich bod yn gadael i ran o'ch strategaeth fusnes gael ei harwain gan yr hyn rydych chi'n meddwl y bydd eich cystadleuaeth yn ei wneud, yn hytrach na datblygu eich syniadau eich hun.

Methu â sicrhau enillion ar fuddsoddiad

Yn aml, bydd angen buddsoddiad ariannol mewn marchnata, ymchwilio a threialu cynnyrch i ddatblygu marchnadoedd targed newydd, gan gynnig USP, gwell enw da ac ati. Mae cost i'r holl bethau hyn ac nid oes sicrwydd y bydd eich datblygiad newydd yn dod ag enillion ariannol. Felly, dylid cynnwys risg ariannol yn y cynllun busnes bob amser os ydych chi'n ystyried ehangu, arallgyfeirio neu gynnig rhywbeth newydd.

> **Ymchwil**
>
> Dewiswch o leiaf ddau fusnes/ cwmni chwaraeon rhyngwladol a nodwch eu USP. Oeddech chi eisoes yn ymwybodol o'r USPau hyn? Os na, a yw hyn yn arwydd nad ydyn nhw'n llwyddiannus o ran hyrwyddo? Trafodwch y materion hyn mewn grwpiau bach.

MUNUD I FEDDWL Ydych chi'n meddwl y gall unrhyw gyfle neu gynllun busnes fyth fod yn rhydd o risg?

Awgrym Allwch chi gofio'r risgiau posibl wrth ddatblygu marchnadoedd neu USP newydd?

Ymestyn Allwch chi ddod o hyd i enghraifft o fusnes (mawr neu fach) a gafodd gyfnod aflwyddiannus o ddatblygu neu hyrwyddo a oedd yn gysylltiedig â datblygiad neu USP newydd?

Ymarfer asesu 22.4

Rydych wedi etifeddu rhywfaint o arian, a rydych wedi penderfynu ei fuddsoddi trwy brynu cyfranddaliadau mewn busnes chwaraeon. Mae angen i chi wneud rhywfaint o ymchwil i asesu pa un fydd yn rhoi'r rhagolygon gorau i chi o lwyddo a rhai difidendau yn y dyfodol.

Ar ffurf adroddiad mae angen i chi:

1 esbonio beth sy'n gwneud busnes yn llwyddiannus yn ariannol

2 esbonio sut mae busnes yn addasu ei arferion yn llwyddiannus i ddarparu ar gyfer tueddiadau newydd yn y diwydiant chwaraeon a hamdden egnïol i wella twf.

Cynllunio
- Beth yw'r dasg? Sut y byddaf yn mynd i'r afael â mater yr hyn sy'n gwneud busnes yn llwyddiannus yn ariannol? Pa agweddau ar gyllid y dylwn eu hystyried?
- Pa mor hyderus ydw i'n teimlo yn fy ngalluoedd fy hun i gynnal asesiad o'r defnydd llwyddiannus o dueddiadau fel technoleg newydd? A oes unrhyw feysydd y credaf y byddaf yn cael anhawster â hwy?

Gwneud
- Rwy'n gwybod sut i archwilio gwahanol gydrannau rheolaeth ariannol a nodi tueddiadau, a beth sy'n helpu'r ffactorau hyn i lwyddo.
- Gallaf nodi pryd y gallai fy adroddiad fod wedi mynd o'i le, neu pan nad wyf yn hapus â'r disgrifiad o lwyddiant ariannol neu duedd. Gallaf gael fy hun yn ôl ar y trywydd iawn trwy gyfeirio at fy nodiadau neu'r llyfr hwn.

Adolygu
- Gallaf egluro beth oedd y dasg a sut yr es ati i adeiladu fy adroddiad a'r argymhellion yr oeddwn wedi'u cyrraedd, gan ddarparu enghreifftiau fel y bo'n briodol.
- Gallaf egluro sut y byddwn yn mynd at elfennau mwy anodd y dasg yn wahanol y tro nesaf (h.y. y dadansoddiad o gyllid cwmni – beth y byddwn yn ei wneud yn wahanol). Er enghraifft, gallaf archwilio adroddiadau sy'n bodoli eisoes ar berfformiad cwmni.

Deunydd darllen ac adnoddau pellach

Arthur, D., Beech, J. a Chadwick, S. (2017) *International Cases in the Business of Sport,* 2il argraffiad, Abingdon: Routledge.

Smith, A. a Westerbeek, H. (2003) *Sport Business in the Global Marketplace,* Hampshire: Palgrave Macmillian.

Gwefannau

www.bbc.co.uk/news/business – Straeon a gwybodaeth newyddion am fusnes bob dydd gan y BBC.

BETH AM ▶▶ Y DYFODOL?

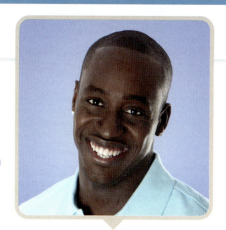

David Ingram

Hyfforddwr personol (fel unig fasnachwr)

Astudiais ar gyfer BTEC Cenedlaethol mewn Chwaraeon Lefel 3 mewn coleg addysg bellach rhwng 2006 a 2008. Yn fuan ar ôl dechrau'r cwrs, roeddwn i'n gwybod fy mod eisiau bod yn hyfforddwr personol. Cefais fy nghymhwyster hyfforddwr campfa Lefel 2 a fy nghymhwyster hyfforddi pêl-droed FA Lefel 2 tra oeddwn i yn y coleg a dechreuais grŵp ffitrwydd pêl-droed ar ôl ysgol ar gyfer plant ysgol. Fe wnaeth cynnwys y cwrs BTEC fy helpu i ddysgu sut i sefydlu'r busnes bach hwn a'r hyn yr oedd angen i mi ei wneud ymlaen llaw, fel gwiriadau DBS, yswiriant atebolrwydd cyhoeddus ac offer.

Pan wnes i gwblhau'r cwrs BTEC, roeddwn i wedi cynilo digon o arian i gofrestru ar gwrs Hyfforddwr Personol Lefel 3. Fe gymerodd hyn oddeutu 12 mis i mi ei gwblhau ac roedd yn waith caled, ond rydw i bellach yn uwch-hyfforddwr personol cymwysedig ac mae gen i restr o gleientiaid rydw i'n eu hyfforddi yn yr un clwb iechyd.

Mae'r rôl yn amrywiol ac rwy'n gweld llawer o'm cleientiaid naill ai'n gynnar yn y bore neu'n hwyrach gyda'r nos, gan fod y mwyafrif yn gweithio oriau rheolaidd yn ystod y dydd. Mae'r oriau rhydd yn ystod y dydd yn werthfawr iawn gan eu bod yn gyfle imi gynllunio fy amserlen wythnosol, anfon anfonebau, rheoli fy llif arian a sicrhau bod fy holl yswiriant a gweinyddiaeth yn gyfredol. Rwyf hefyd yn ymgyfarwyddo â'r ymchwil a'r erthyglau diweddaraf ar ffitrwydd a busnes, er budd fy nghleientiaid ac i fod un cam o flaen fy nghystadleuwyr.

Hyfforddiant personol yw fy swydd ddelfrydol, ond dim ond rhan ohono yw hi: y rhan arall yw rhedeg busnes ac mae hynny'n anodd. Ond rwy'n gwneud bywoliaeth dda ac rydw i nawr yn ystyried ehangu'r busnes a llogi hyfforddwyr personol ychwanegol i ymdopi â thwf y busnes, pan fyddaf efallai'n newid o fod yn unig fasnachwr ac yn sefydlu cwmni cyfyngedig.

Canolbwyntio eich sgiliau

Deall gwybodaeth a data busnes

Mae'n bwysig gallu dadansoddi a dehongli gwybodaeth fusnes a gwybod sut i ymchwilio ac addasu eich busnes yn unol ag anghenion eich sylfaen cwsmeriaid.

- Bydd y gallu i adolygu a dadansoddi data ariannol yn eich helpu i benderfynu a yw'r busnes mewn sefyllfa iach ai peidio.
- Sicrhewch fod yr holl gofnodion ariannol yn gywir ac yn gyfredol. Mae'r rhain yn cynnwys yr holl ffigurau gwerthu, ffurflenni treth, archebion prynu ac unrhyw gostau cyflog ychwanegol.
- Pwysleisiwch eich gallu wrth drin taliadau arian parod neu ddebyd uniongyrchol gan gwsmeriaid: gwnewch yn siŵr eu bod yn cael derbynebau a bod unrhyw daliad yn cael ei roi yn eich cyfrifon yn gyflym.

Gwybodaeth farchnata

Mae angen i chi gael dealltwriaeth dda o'r farchnad a sut i adnabod darpar gwsmeriaid a'u hanghenion.

- Bydd cynnal naill ai dadansoddiad SWOT neu PESTLE o'ch busnes yn helpu i ganfod cyfleoedd busnes posibl newydd.
- Wrth hyrwyddo'ch busnes, mae'n bwysig defnyddio cynllun gydag amcanion clir ac yna hysbysebu a chyhoeddusrwydd cydgysylltiedig.
- Dylech ddeall sut mae cysylltiadau cyhoeddus da yn gweithio, gan wella'ch perthnasoedd â chwsmeriaid, cyflenwyr, y cyfryngau, darpar fuddsoddwyr a'r cyhoedd.

Paratoi ar gyfer asesiad

Ysgrifennwyd yr adran hon i'ch helpu i wneud eich gorau pan fyddwch chi'n sefyll y prawf asesu. Darllenwch drwyddo yn ofalus a gofynnwch i'ch tiwtor os oes unrhyw beth nad ydych yn siŵr amdano.

Am y prawf

Mae'r prawf asesu mewn dwy ran. Bydd Rhan A yn cynnwys astudiaeth achos yn seiliedig ar glwb ffitrwydd dychmygol sy'n gofyn am adolygiad o'i fodel busnes a set fanwl o argymhellion ar sut i'w wella. Byddwch yn cael hwn gyfnod penodol o amser cyn Rhan B sy'n cynnwys gwybodaeth ysgogol atodol sy'n adeiladu ar y wybodaeth senario yn Rhan A.

Gall y canllawiau ar gyfer asesu newid, ac felly dylech gyfeirio at y canllawiau asesu swyddogol ar wefan Cymwysterau Pearson i gael y canllawiau diweddaraf.

Paratoi ar gyfer y prawf

Er mwyn ichi gael y cyfle gorau posib yn ystod y prawf bydd angen i chi ofalu eich bod wedi adolygu'r holl amcanion asesu allweddol sy'n debygol o godi. Cyflwynwyd yr amcanion asesu i chi ar ddechrau'r uned hon.

Er mwyn helpu i gynllunio'ch adolygu, byddai'n ddefnyddiol gwybod pa fath o ddysgwr ydych chi. Pa un o'r canlynol sy'n cyfateb i chi orau?

Math o ddysgwr	Dysgwr gweledol	Dysgwr clywedol	Dysgwr cinesthetig
Beth mae'n ei olygu	• Angen gweld rhywbeth neu ei ddychmygu i'w ddysgu	• Angen clywed rhywbeth i'w ddysgu	• Rhywun sy'n dysgu'n well pan fydd yn gwneud gweithgaredd corfforol – dysgu trwy wneud
Sut y gall eich helpu chi baratoi ar gyfer y prawf	• Gwybodaeth cod lliw ar eich nodiadau • Gwneud cardiau fflach byr (er mwyn ichi allu cofio'r nodiadau • Defnyddio diagramau, mapiau meddwl a siartiau llif • Defnyddio nodiadau gludiog i adael nodiadau atgoffa gweladwy i chi'ch hun	• Darllen gwybodaeth yn uchel, yna'i ailadrodd yn eich geiriau eich hun • Defnyddio gemau geiriau neu mnemonig i helpu • Defnyddio gwahanol ffyrdd o ddweud pethau – gwahanol lais neu oslef ar gyfer gwahanol bethau • Cofnodi nodiadau adolygu byr i wrando arnyn nhw ar eich ffôn neu gyfrifiadur	• Adolygu eich nodiadau wrth gerdded – defnyddio gwahanol leoliadau ar gyfer gwahanol bynciau • Ceisio cysylltu gweithredoedd â rhannau penodol o ddilyniant y mae angen i chi ei ddysgu • Cofnodi eich nodiadau a gwrando arnyn nhw wrth wneud tasgau, ymarfer corff, ac ati – cysylltu'r tasgau â'r dysgu

Peidiwch â dechrau adolygu'n rhy hwyr! Mae llwytho gwybodaeth ar y funud olaf yn achosi straen ac nid yw'n gweithio.

Atebion sampl

Byddwch yn cael rhywfaint o wybodaeth gefndir y mae'r cwestiynau'n seiliedig arni. Edrychwch ar y cwestiynau enghreifftiol sy'n dilyn a'n hawgrymiadau ar sut i ateb y rhain yn dda.

- Darllenwch y cwestiwn yn ofalus.
- Tynnwch sylw at eiriau allweddol neu tanlinellwch nhw.
- Sylwch ar nifer y marciau sydd ar gael.
- Gwnewch nodiadau ychwanegol y gallwch eu cynnwys yn eich ateb.
- Sicrhewch eich bod yn gwneud yr un nifer o ddatganiadau ag y mae marciau ar gael. Er enghraifft, mae angen dau ddatganiad ar gwestiwn 2 farc.

Esiampl

Edrychwch yn ofalus ar sut mae'r cwestiwn wedi'i osod i weld faint o bwyntiau y mae angen i chi eu cynnwys yn eich ateb.

Agorodd Ultimate Fitness Club yn 2008 ac mae wedi adeiladu enw da yn gyflym fel cyfleuster cyfeillgar, glân a phroffesiynol yn y dref leol.

Mae'r cyfleusterau'n cynnwys:

- campfa wedi'i chyfarparu'n llawn sy'n cynnwys peiriannau cardiofasgwlaidd, pwysau rhydd a pheiriannau gwrthiant
- pwll nofio 25 metr
- sawl stiwdio ar gyfer dosbarthiadau.

Mae'r cynhyrchion neu wasanaethau eraill yn cynnwys:

- sawna ac ystafell stêm
- bar coffi
- siop yn gwerthu offer ffitrwydd a dillad
- hyfforddiant personol
- therapi maethol.

Mae'r clwb ar agor rhwng 8am ac 8pm Dydd Llun i Ddydd Sadwrn – mae'r manylion aelodaeth fel a ganlyn:

Aelodaeth	Pris	Ffi ymuno	Nodiadau
Unigolyn	£40 y mis allfrig	£50	Pâr = £70 y mis
Unigolyn	£50 y mis oriau brig	£50	Pâr = £90 y mis
Mae plant dan 5 oed am ddim			
Gall y rhai nad ydyn nhw'n aelodau dalu £10 y dydd i ddefnyddio cyfleusterau'r clwb			

Mae Ultimate Fitness Club yn gweithredu fel cwmni cyfyngedig preifat (Cyf). Mae'r clwb yn recriwtio ei staff ei hun, sy'n amrywio o amser llawn i dymhorol. Mae'r clwb yn eiddo i'r Rheolwr Gyfarwyddwr a'r Cyfarwyddwr Cyllid. Maen nhw'n cyflogi rheolwr clwb amser llawn sy'n gyfrifol am adnoddau dynol, hyfforddi staff a gweithrediadau cyffredinol y clwb o ddydd i ddydd.

Mae Ultimate Fitness Club yn cadw cronfa ddata o'r holl gwsmeriaid (gorffennol, presennol ac achlysurol) ac yn anfon gwybodaeth atyn nhw am gynigion arbennig a gwasanaethau newydd. Mae gwefan y clwb yn cael ei diweddaru'n rheolaidd i adlewyrchu unrhyw gynigion arbennig a gwasanaethau newydd, ynghyd ag amseroedd dosbarthiadau. Mae Ultimate Fitness Club yn hysbysebu yn y wasg leol ac ar-lein.

Yng ngoleuni'r uchod, mae Ultimate Fitness Club yn cael ei ystyried yn glwb o'r radd flaenaf ac mae'n honni mai ei bwynt gwerthu unigryw (USP) yw 'y profiad hamdden' – mae cwsmeriaid yn defnyddio'r gampfa, yn cael nofio ac yna'n mwynhau coffi ac ymlacio. Mae therapydd maethol ar gael i gynnig cyngor ar rai adegau penodol, ac mae hyn yn boblogaidd gyda llawer o gwsmeriaid.

Mae'r clwb wedi'i leoli mewn tref gyda phoblogaeth o ychydig dros 50,000 o bobl. Yn y dref, mae pedair ysgol uwchradd (un ohonynt yn goleg chwaraeon arbenigol), clwb criced amatur a chlwb pêl-droed lled-broffesiynol. Mae canolfan hamdden awdurdodau lleol gerllaw sydd â phwll nofio a champfa fach. Mae gan y dref barc busnes mawr lle mae staff yn gweithio mewn sawl bloc o swyddfeydd ac adeiladau gweithgynhyrchu bach.

Tabl demograffeg y dref

Oedran	Blwyddyn 2005	Blwyddyn 2010	Blwyddyn 2015
0–5	3162	3328	3382
6–10	3004	3204	3414
11–15	2900	3089	3196
16–20	3152	3459	3643
21–30	4914	5045	5362
31–40	5220	5508	5942
41–50	6061	6504	7286
51–60	5864	6925	7737
61–70	5560	6308	7231
70+	5663	5809	6418
Cyfanswm y boblogaeth	**45,470**	**49,279**	**53,611**

Adolygwch statws presennol Ultimate Fitness Club gan ddefnyddio'ch ymchwil ar y diwydiant chwaraeon a hamdden a'r data a roddir (45 munud)

Dylech ystyried:
- pwrpas y busnes chwaraeon a hamdden presennol, Ultimate Fitness Club
- yr hyn y mae'r data'n ei ddweud am y busnes presennol. [16]

Ateb: *Mae busnesau chwaraeon a hamdden naill ai'n gwmnïau preifat neu gyhoeddus. Mae cwmnïau preifat yn tueddu i gael eu rhedeg i wneud elw (hynny yw gwneud arian) ac mae cwmnïau cyhoeddus yn cael eu hariannu'n gyhoeddus (hynny yw o arian trethdalwyr) i ddarparu gwasanaeth i gymuned. Pan edrychwch ar ddarpariaeth y diwydiant chwaraeon a hamdden, yn aml bydd gan gwmnïau sector preifat a chyhoeddus yr un nod ond byddan nhw'n ei gyflawni mewn ffyrdd gwahanol.*

Nod y ddau fath o fusnes yw cael pobl yn heini ac yn iach trwy gymryd rhan mewn ymarfer corff a lleihau risgiau iechyd posibl neu dymor hwy fel gordewdra neu glefyd y galon. Bydd cwmnïau preifat yn ceisio gwneud hyn trwy wneud elw wrth ddarparu gwasanaeth da. Bydd cwmnïau cyhoeddus yn ceisio gwneud hyn trwy ddarparu gwasanaeth sy'n werth am arian ac mae elw yn llai o broblem.

Mae gwahaniaeth pellach i'w gael yn y bobl sy'n defnyddio'r cwmnïau preifat a chyhoeddus. Mae'r sector preifat wedi'i anelu at y bobl hynny sy'n gallu ei fforddio (e.e. talu ffioedd misol i ddefnyddio cyfleusterau chwaraeon a hamdden mewn amgylchedd preifat), tra bod y sector cyhoeddus yn ceisio cynnwys cymaint o bobl â phosibl trwy wneud ei wasanaethau'n fforddiadwy.

Mae Ultimate Fitness Club yn gwmni cyfyngedig preifat gyda dau gyfranddaliwr a fydd yn cymryd llawer o'r elw ar ôl talu cyflogau a gorbenion. Mae'n cael ei ystyried yn fusnes bach oherwydd ei fod yn cyflogi rhwng 10 a 49 o bobl. Ei nod yw gwneud elw, rhoi ffocws cryf ar gwsmeriaid a bod yn arweinydd marchnad yn ei ardal leol trwy ddarparu pwynt gwerthu unigryw (USP) sef 'y profiad hamdden'. Efallai na fydd pawb yn gallu fforddio'r costau aelodaeth yn ystod yr oriau brig (£600 y flwyddyn), felly bydd y niferoedd aelodaeth bob amser yn gyfyngedig. Fodd bynnag, mae'r busnes yn gwneud arian felly mae'n gwneud yn iawn ac mae angen iddo ddal gafael ar ei aelodaeth.

Mae'r ateb hwn yn dangos adolygiad clir gyda chyfeiriadau cadarn at y diwydiant chwaraeon a hamdden, gan ddangos dealltwriaeth glir o bwrpas y busnes dan sylw. Mae'n dangos rhywfaint o ddealltwriaeth o'r data a ddarperir, er hynny *nid yw'n cynnwys* peth o'r defnydd manylach o'r data a ddarperir ac ymchwil bellach (hynny yw y cynhyrchion sydd ar gael, demograffeg y dref a thrafodaeth ehangach am y cyfleusterau) a chymharu'r rhain â'r hyn a allai fod ar gael yn y sector cyhoeddus.

Dyfarnwyd 11 marc

Dadansoddwch y dylanwadau mewnol ac allanol sydd ar hyn o bryd yn effeithio ar Ultimate Fitness Club (45 munud).

Fe ddylech chi:

- ddefnyddio teclyn busnes priodol
- cyfeirio at effaith bosibl canolfan hamdden y sector cyhoeddus gerllaw. [16]

Ateb: *Er mwyn dadansoddi'r dylanwadau mewnol ac allanol yn effeithiol, rwyf am ddefnyddio dadansoddiad SWOT. Mae dadansoddiad SWOT yn dadansoddi'r Cryfderau, Gwendidau, Cyfleoedd a Bygythiadau i fusnes.*

- *Cryfderau — cyfleusterau rhagorol (campfa fodern gyda chyfarpar llawn; pwll nofio 25m; bar coffi ac aelodaeth fforddiadwy).*
- *Gwendidau — yn dibynnu ar aelodau'n adnewyddu eu haelodaeth; angen annog aelodaeth newydd i hybu elw a thwf; marchnad gyfyngedig gan fod gan y dref boblogaeth o 55,000 a dim llawer o gwsmeriaid yn debygol o ddod o ardaloedd ymhellach i ffwrdd.*
- *Cyfleoedd — mae'r data'n awgrymu y gellir cynnig aelodaeth i amrywiaeth o grwpiau demograffig (poblogaeth fawr 60+); cymhellion aelodaeth a phartneriaethau gyda chyflogwyr mewn parc busnes lleol.*
- *Bygythiadau — efallai y bydd canolfan hamdden y sector cyhoeddus gerllaw yn gallu cynnig pecynnau aelodaeth mwy fforddiadwy ac yn hysbysebu hyn a allai fod yn gyhoeddusrwydd negyddol i'r Ultimate Fitness Club; posibilrwydd o golli swyddi neu gau/adleoli cwmni mewn parc busnes.*
- *Yn wyneb y dadansoddiad SWOT, argymhellir bod Ultimate Fitness Club yn cychwyn ar ymgyrch gyhoeddusrwydd ddwys (hysbyseb papur newydd lleol; radio lleol a hysbysfyrddau) i ennill y blaen a hyrwyddo buddion aelodaeth er mwyn bod un cam ar y blaen i'r gystadleuaeth.*

Mae'r ateb hwn yn dangos dadansoddiad manwl o ffactorau mewnol ac allanol, gan gynnwys gweithgaredd cystadleuwyr sy'n dylanwadu ar y busnes. Mae'n ystyried sut mae dadansoddiad SWOT yn gweithio ac mae hyn yn tynnu sylw pellach at wybodaeth fanwl o'r model busnes a ddefnyddir. Efallai y gallai trafodaeth fanylach o'r prisiau a'r rhagolygon elw fod wedi ennill mwy o farciau.

Dyfarnwyd 13 marc

Argymhellwch sut y gall Ultimate Fitness Club ddatblygu a marchnata ei hun (60 munud).

Dylech ystyried:

- diwallu anghenion y cwsmeriaid
- cwrdd â thueddiadau cyfredol y diwydiant
- diwallu anghenion y busnes.   [20]

Ateb: *Yn gyntaf, gofynnwch i gwsmeriaid lenwi holiadur byr i ofyn sut y gallai'r clwb wella ei wasanaeth. Bydd y clwb hefyd yn gadael bocs awgrymiadau yn y dderbynfa i bobl awgrymu syniadau. Mae canlyniadau'r holiadur yn awgrymu dau beth: hoffai cwsmeriaid weld peiriannau cardiofasgwlaidd a gwrthiant mwy newydd yn y gampfa a'r opsiwn i fwyta byrbryd iach cyflym yn y bar coffi.*

Mae'r gampfa wedi penderfynu llogi'r peiriannau cardiofasgwlaidd a gwrthiant diweddaraf. Mae gan y ddau ohonynt y dechnoleg ddiweddaraf sy'n caniatáu i'w hymarfer gael ei recordio ar ap ar eu ffonau symudol. Ar ôl llawer o ymchwil, mae rheolwyr y gampfa hefyd wedi cyflogi aelod newydd o staff i weini prydau iach gyda chynllun deiet sydd wedi'i lunio'n ofalus i'w weini i gwsmeriaid. Mae'r ddwy fenter yn edrych ar y tueddiadau sy'n datblygu a'r marchnadoedd newydd ar gyfer ymarfer olrhain apiau a bwyta'n iach. O'r herwydd, mae'r gampfa wedi cychwyn ar ymgyrch hysbysebu sy'n hyrwyddo Ultimate Fitness Club fel busnes adweithiol sy'n canolbwyntio ar y cwsmer. Fodd bynnag, mae'r busnes wedi cynllunio'r twf hwn yn ofalus ac wedi sicrhau y gall sefyllfa arian parod y busnes gyflawni'r mentrau newydd hyn; mae un yn gost sefydlog, mae un yn gost newidiol. Y risg yw'r gwariant a rhagwelir y bydd y cyhoeddusrwydd yn cynyddu nifer yr aelodau a fydd yn cwmpasu'r gwariant.

Mae'r ateb hwn yn dangos argymhellion sy'n berthnasol. Maent yn dangos ystyriaeth glir ar gyfer diwallu anghenion cwsmeriaid, diwallu tueddiadau cyfredol a diwallu anghenion busnes er mwyn ehangu. Efallai y byddai trafodaeth fanylach ar agweddau eraill ar y gampfa, dadansoddiad manylach o dueddiadau'r diwydiant a chyfiawnhad dros y mentrau a ddewiswyd yn sicrhau aelodau newydd a sefydlogrwydd ariannol ac felly byddai wedi ennill mwy o farciau.   Dyfarnwyd 10 marc

Caffael Sgiliau **23**
ym maes Chwaraeon

Dod i adnabod eich uned

Asesiad

Byddwch yn cael eich asesu drwy gyfrwng cyfres o aseiniadau a osodwyd gan eich tiwtor.

Yn yr uned hon byddwch yn archwilio sut mae'r nodweddion sy'n gysylltiedig â sgìl a gallu yn cyfrannu at berfformiad. Byddwch yn ymchwilio i'r prosesau gwybodaeth sy'n galluogi dysgu i ddigwydd a sut mae hyfforddwyr yn defnyddio adborth i gynorthwyo'r prosesau hyn. Byddwch hefyd yn archwilio damcaniaethau addysgu a dysgu, a'r cyfnodau y mae perfformiwr yn eu dilyn wrth ddysgu sgìl newydd. Yn olaf, bydd angen i chi ddangos cynllun sy'n dangos sut mae'r holl gydrannau hyn yn cyd-fynd â datblygu strategaethau dysgu ar gyfer perfformio sgiliau'n llwyddiannus.

Mae'r uned hon yn uned a asesir yn fewnol ac oherwydd ei bod yn ymdrin â llawer o'r prosesau a wneir yn y diwydiant chwaraeon, bydd angen i chi dynnu ar ddysgu o bob rhan o'ch cymhwyster i gwblhau eich asesiad.

Sut y cewch eich asesu

Bydd yr uned hon yn cael ei hasesu drwy gyfrwng cyfres o dasgau a osodir gan eich tiwtor. Gall y tasgau hyn fod ar ffurf dogfennau ysgrifenedig, cyflwyniadau neu brosiectau byr.

Efallai y bydd yr aseiniadau a osodir gan eich tiwtor yn cymryd y ffurfiau canlynol:
▶ Llunio adroddiad ar effeithiolrwydd modelau prosesu gwybodaeth wrth ddangos sut mae perfformwyr chwaraeon yn cynhyrchu perfformiad medrus.
▶ Creu cyflwyniad yn gwerthuso effeithiolrwydd damcaniaethau dysgu ymddygiadol a gwybyddol dethol wrth ddysgu sgiliau i berfformwyr chwaraeon.
▶ Cynnal gwerthusiad o effeithiolrwydd eich defnydd o strategaethau addysgu a dysgu i ddatblygu sgiliau chwaraeon dethol.

Mae'r ymarferion o fewn yr uned hon wedi'u cynllunio i'ch helpu chi i ymarfer ac ennill sgiliau a fydd yn eich cynorthwyo i gwblhau eich aseiniadau. Bydd y damcaniaethau y byddwch chi'n eu dysgu yn rhoi gwybodaeth gefndir i chi er mwyn eich helpu i gyflawni'r uned ond ni fyddant o reidrwydd yn gwarantu gradd benodol i chi.

Meini prawf asesu

Mae'r tabl hwn yn dangos yr hyn sy'n rhaid i chi ei wneud i **Lwyddo**, neu i gael **Teilyngdod** neu **Ragoriaeth**, a sut i ddod o hyd i weithgareddau i'ch helpu.

Llwyddo	Teilyngdod	Rhagoriaeth
Nod dysgu **A** Ymchwilio i natur perfformiad medrus		
A.P1 Trafod rhinweddau perfformwyr medrus. **Ymarfer asesu 23.1**	**A.M1** Asesu sut mae galluoedd yn cyfrannu at gynhyrchiad sgiliau chwaraeon. **Ymarfer asesu 23.1**	**AB.D1** Gwerthuso effeithlonrwydd modelau prosesu gwybodaeth o ddangos sut mae perfformwyr chwaraeon yn cynhyrchu perfformiad medrus. **Ymarfer asesu 23.1**
A.P2 Esbonio nodweddion sgiliau a galluoedd. **Ymarfer asesu 23.1**		
Nod dysgu **B** Archwilio sut y mae perfformwyr chwaraeon yn prosesu gwybodaeth ar gyfer perfformiad medrus		
B.P3 Esbonio sut mae perfformwyr chwaraeon yn prosesu gwybodaeth mewn sefyllfa benodol. **Ymarfer asesu 23.2**	**B.M2** Asesu'r camau mewn modelau prosesu gwybodaeth. **Ymarfer asesu 23.2**	
B.P4 Trafod gwerth gwahanol fathau o adborth i ddysgu. **Ymarfer asesu 23.2**		
Nod dysgu **C** Archwilio damcaniaethau addysgu a dysgu mewn chwaraeon		
C.P5 Disgrifio dwy ddamcaniaeth gyferbyniol o addysgu a dysgu. **Ymarfer asesu 23.3**	**C.M3** Dadansoddi sut y gellir defnyddio damcaniaethau dethol o ddysgu sgiliau wrth ddysgu sgiliau i berfformwyr chwaraeon. **Ymarfer asesu 23.3**	**C.D2** Gwerthuso effeithiolrwydd damcaniaethau dysgu ymddygiadol a gwybyddol dethol wrth ddysgu sgiliau i berfformwyr chwaraeon. **Ymarfer asesu 23.3**
C.P6 Esbonio'r tri cham y mae perfformiwr chwaraeon yn eu profi wrth ddysgu sgil newydd. **Ymarfer asesu 23.3**		
Nod dysgu **D** Cyflawni strategaethau addysgu a dysgu ar gyfer sgiliau chwaraeon		
D.P7 Llunio cynllun yn dangos sut y gellir addysgu sgil i ddiwallu anghenion berfformwyr chwaraeon. **Ymarfer asesu 23.4**	**D.M4** Arddangos y defnydd effeithiol o wahanol strategaethau addysgu a dysgu sy'n briodol i sefyllfaoedd penodol wrth ddatblygu sgiliau chwaraeon. **Ymarfer asesu 23.4**	**D.D3** Gwerthuso effeithiolrwydd eich defnydd o strategaethau addysgu a dysgu i ddatblygu sgiliau chwaraeon dethol. **Ymarfer asesu 23.4**
D.P8 Arddangos y defnydd o wahanol fathau o strategaethau addysgu a dysgu i ddatblygu sgiliau chwaraeon. **Ymarfer asesu 23.4**		

Dechrau arni

Mae llwyddiant mewn camp a ddewiswyd yn dibynnu ar ba mor dda y mae athletwr yn dysgu sgiliau penodol. Mae angen i athletwyr brosesu gwybodaeth a roddir iddyn nhw, gweithredu sgiliau maen nhw'n eu dysgu a mireinio'r rhain yn ymarferol. Sut mae'ch tiwtoriaid neu hyfforddwyr yn addysgu sgiliau chwaraeon i chi a sut gallai eu dulliau naill ai fod yn wahanol neu'n debyg i hyfforddwyr proffesiynol, mewn, dyweder, pêl-droed proffesiynol?

A Ymchwilio i natur perfformiad medrus

Dysgu a pherfformio

Mae yna rai gwahaniaethau allweddol rhwng sut rydyn ni'n dysgu gwneud rhywbeth, ac yna sut rydyn ni'n perfformio'r sgìl honno yn nes ymlaen. Yr allwedd ymhlith y gwahaniaethau hyn yw deall y cysylltiad rhwng y wybodaeth ddamcaniaethol sy'n sail i addysgu a dysgu a chymhwyso'r theori honno'n ymarferol mewn lleoliad chwaraeon neu hamdden egnïol.

▶ Mesur dysgu – pan fydd hyfforddwyr yn mesur dysg athletwr, maen nhw'n gwneud hynny trwy gyfuniad o arsylwi ac ymarfer. Er enghraifft, gallai hyfforddwr addysgu sgìl newydd i athletwr a gofyn iddo ei chyflawni. Bydd hyn yn rhoi syniad i'r hyfforddwr o sut mae'r athletwr wedi newid ei allu i gyflawni'r sgìl newydd hon. Gellir dangos i ba raddau a'r broses y bydd y sgìl hon wedi'i dysgu trwy amrywiol gromliniau dysgu (gweler isod).

▶ Mesur perfformiad – mae perfformiad yn wahanol i ddysgu yn yr un modd ag y mae'n cyfeirio at gyflawni'r sgìl ar ôl dysgu. Mae perfformiad yn aml yn cael ei fesur gan ddefnyddio cromliniau dysgu sy'n dangos newidiadau mewn perfformiad yn erbyn yr amser a dreulir yn ymarfer. Mae perfformiad yn aml yn anodd ei fesur yn gywir oherwydd yr effaith y gall ffactorau allanol ei chael arno, er enghraifft yr amgylchedd, iechyd y perfformiwr neu eu cymhelliant.

▶ Cyrraedd gwastadedd – cyfnod yn ystod hyfforddiant neu ddysgu sgìl pan nad oes unrhyw welliant amlwg mewn perfformiad. Mae hwn yn ddigwyddiad cyffredin pan fydd hyfforddiant neu welliannau perfformiad yn cyrraedd gwastadedd (*plateau*).

> **Damcaniaeth ar waith**
>
> Meddyliwch am sesiwn hyfforddi rydych chi wedi bod ynddi yn ddiweddar. Sut wnaeth eich hyfforddwr neu diwtor gynllunio a chynnal y sesiwn: a wnaethant egluro pethau'n glir; gosod canlyniadau dysgu; dangos y sgiliau neu gywiro unrhyw ddiffygion mewn techneg; pennu ymarfer?
>
> Ystyriwch faint o amser paratoi y byddai ei angen ar gyfer y sesiwn. Dewch at eich gilydd mewn grwpiau bach a thrafodwch eich meddyliau. Canolbwyntiwch ar y gwahanol arddulliau hyfforddi a brofwyd a faint o baratoi rydych chi'n meddwl a aeth i mewn i bob sesiwn.

Cromliniau dysgu

Mae cromliniau dysgu yn ffordd syml o ddangos ar ffurf graff y gwahanol gyfraddau dysgu gan athletwr. Gellir eu defnyddio i ddangos pa mor gyflym y mae athletwyr yn ennill gwahanol sgiliau, ac a oes unrhyw amrywiadau yn y ffordd y maen nhw'n dysgu dros y cyfnod y maent yn cael y sgìl. Mae pob graff yn cynnwys echelin-y yn nodi faint o ddysgu, ac echelin-x yn nodi'r amser a gymerir.

▶ Mae cromlin ddysgu linol, fel y dangosir yn Ffigur 23.1, yn dangos cynnydd cyfrannol mewn dysgu dros amser, sy'n golygu wrth i'r amser gynyddu, mae'r arbenigedd ar sgil, neu nifer y sgiliau a ddysgir, yn cynyddu ar yr un raddfa.

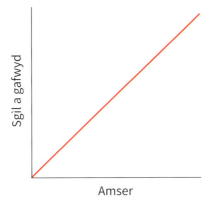

▶ **Ffigur 23.1:** Cromlin ddysgu linol

▶ Mae cromlin ddysgu sydd wedi'i chyflymu'n negyddol, fel y dangosir yn Ffigur 23.2, yn dangos dysgu cynnar cyflym, ond yn arafu yn ystod y gydran amser hwyr. Mae hyn yn golygu bod person yn dysgu llawer iawn yn gyflym, ond wrth i amser gynyddu, mae ei gyfradd ddysgu yn arafu – gallai hyn fod oherwydd bod y sgil (sgiliau) a ddysgwyd yn dod yn fwy cymhleth wrth i amser fynd yn ei flaen gan olygu bod angen mwy o amser i'w meistroli.

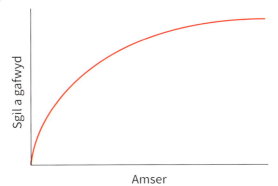

▶ **Ffigur 23.2:** Cromlin ddysgu wedi'i chyflymu'n negyddol

▶ Mae cromlin ddysgu sydd wedi'i chyflymu'n gadarnhaol, fel y dangosir yn Ffigur 23.3, yn dangos enillion dysgu cynnar bach ac yna cyfradd gyflym yn ystod y gydran amser hwyr. Dyma wrthwyneb y gromlin sydd wedi'i chyflymu'n negyddol a byddai'n golygu bod person yn cymryd amser hir yn dysgu hanfodion sgil ond ar ôl iddo ei feistroli, maen nhw'n gallu adeiladu arno'n gyflym iawn.

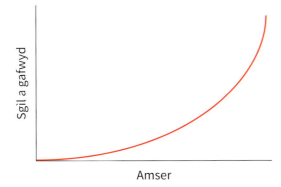

▶ **Ffigur 23.3:** Cromlin ddysgu wedi'i chyflymu'n gadarnhaol

▶ Mae'r gromlin ddysgu siâp S, fel y dangosir yn Ffigur 23.4, yn gyfuniad o gromliniau perfformiad cadarnhaol a negyddol. Yn yr enghraifft a ddangosir, cychwynnodd y dysgu'n araf, yna cafodd gyfnod o gyflymu cyflym, cyn cyrraedd gwastadedd eto.

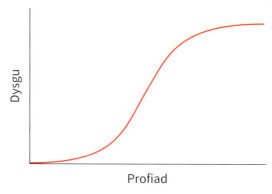

▶ **Ffigur 23.4:** Cromlin ddysgu siâp S

❚❚ MUNUD I FEDDWL

Ystyriwch eich proses o ddysgu wrth weithio ar set o sgiliau ar gyfer camp nad oeddech chi'n gyfarwydd â hi o'r blaen. Pa un o'r siartiau hyn oedd yn cyfateb orau i'ch profiad?

Awgrym

Meddyliwch pa mor hawdd oedd hi i chi ddeall y sgiliau newydd roeddech chi'n eu dysgu.

Ymestyn

Beth ydych chi'n meddwl y gallech chi ei wneud i drawsnewid eich patrwm dysgu o un math o gromlin ddysgu i un arall?

Nodweddion a dosbarthiad sgiliau

Mae chwaraeon yn cynnwys amrywiaeth o sgiliau y gellir eu dosbarthu a'u dadansoddi. Diffinnir sgìl gan Knapp (1963) yn ei llyfr *Skill in Sport – The Attainment of Proficiency*, fel 'The learned ability to bring about predetermined results with maximum certainty, often with the minimum outlay of time or energy or both.'

Sgìl yw'r gallu i gynhyrchu cyfuniad o symudiadau gan ddefnyddio amrywiaeth o gyhyrau a chymalau er mwyn cynhyrchu gweithred gydlynol. Mae'n bosibl caffael sgiliau trwy ddysgu, yna eu perffeithio trwy ymarfer ac arsylwi. Mae athletwyr yn datblygu sgiliau trwy gefnogaeth ac adborth gan hyfforddwyr neu athletwyr eraill. Mae meistroli sgìl yn golygu medru ei gynhyrchu'n llwyddiannus yn barhaus heb fawr o ymdrech.

Mae sgiliau'n amrywio; fodd bynnag, gellir trosglwyddo rhai sgiliau o gamp i gamp. Er enghraifft, gall athletwr sy'n meistroli'r sgìl o daflu mewn athletau drosglwyddo'r sgìl hon i chwaraeon eraill fel criced, pêl-feddal neu bêl-fas.

Rhinweddau perfformiad medrus

Mae perfformiad medrus yn gofyn am nifer o rinweddau allweddol i weithredu (gyda'i gilydd yn aml) i gyrraedd y canlyniad a ddymunir. Mae'r rhinweddau hyn yn cynnwys y canlynol.

▶ Rhwyddineb (*fluency*) – mae hyn yn galluogi cyflawni'r sgiliau i edrych yn llyfn ac yn naturiol, heb fod yn ddigyswllt nac yn anghyfforddus. Er enghraifft, mae gweithred ciw Ronnie O'Sullivan mewn snwcer yn ymddangos yn hamddenol iawn oherwydd ei fod mor rhwydd.

▶ Rheolaeth – mae rheoli symudiadau yn gofyn am gyfuniad cywir o gyflymder, cywirdeb a phellter. Er enghraifft, mae maeswr mewn criced yn taflu'r bêl yn uniongyrchol o'r ffin at geidwad y wiced iddo gyflawni rhediad allan yn dangos rheolaeth.

▶ Darbodus o ran effeithlonrwydd symud – mae angen cyflawni sgìl yn llwyddiannus, yn aml yn yr amser lleiaf (effeithlon) a'i wneud gyda'r lleiafswm o wallau (economaidd). Enghraifft o hyn yw sawl aelod o dîm rygbi yn cyfuno i basio'r bêl o un ochr i'r cae i'r llall heb wallau.

▶ Cysondeb y canlyniad – mae hyn yn bwysig wrth gyflawni lefelau uchel o berfformiad dro ar ôl tro. Er enghraifft, efallai y bydd Novak Djokovic yn taro sawl ergyd o gwmpas y cwrt ond bob amser o fewn y llinellau felly bydd ganddo fwy o siawns o ennill y pwynt.

▸ Yr egni a ddefnyddir yn cwrdd â gofynion y dasg – lleihau'r defnydd o egni trwy leihau symudiadau diangen wrth gyflawni sgiliau. Felly ni chaiff egni ei wastraffu ar symudiadau diangen. Er enghraifft, gallai gymnast sefyll ar ei ddwylo am sawl eiliad.

Mathau o sgìl mewn chwaraeon

Mae tri phrif fath o sgìl mewn chwaraeon.

▸ Sgiliau gwybyddol (*cognitive*) – mae'r rhain yn gofyn am brosesau meddwl ac weithiau cyfeirir atynt fel sgiliau deallusol. Er enghraifft, gallai capten rygbi, yng nghyd–destun y gêm, benderfynu a ddylid cymryd cosb fel sgrym am saith pwynt posib (o gais a throsiad) neu gic am dri phwynt.

▸ Sgiliau canfyddiadol (*perceptual*) – mae'r rhain yn gofyn am ddehongliad ysgogiadau allanol gan yr ymennydd. Er enghraifft, gall bocsiwr ddehongli ei wrthwynebydd yn cefnu arno fel gwendid neu'n blino, a phenderfynu ymosod. Ar y llaw arall, gall y gwrthwynebydd fod yn defnyddio sgiliau gwybyddol a chamu'n ôl i alluogi gwrth–ddyrnu.

▸ Sgiliau echddygol (*motor*) – mae angen y rhain i symud neu reoli cyhyrau. Er enghraifft, mae sbrintio 100m y tu mewn i lôn gul yn gofyn am sgiliau echddygol rhagorol.

Effaith yr amgylchedd ar ddosbarthiad sgiliau

Gellir dosbarthu sgiliau yn ôl yr amgylchedd y cânt eu perfformio ynddo. Gallant fod yn agored neu'n gaëedig.

Sgiliau agored

Sgiliau agored yw'r rhai y mae'r athletwr yn eu haddasu'n gyson, yn ôl yr hyn sy'n digwydd o'u cwmpas. Mae enghreifftiau o sgiliau agored yn cynnwys:

▸ Chwaraeon tîm – pêl-droediwr yn driblo pêl, heb fod yn ymwybodol o leoliad holl aelodau'r tîm sy'n gwrthwynebu. Bydd amddiffynwyr yn herio'r chwaraewr i geisio cael meddiant o'r bêl. Mae'r penderfyniadau y bydd y chwaraewr sy'n driblo'r bêl yn eu gwneud yn dibynnu ar weithredoedd y gwrthwynebwyr.

▸ Chwaraeon unigol – ergyd yn ôl mewn badminton: nid yw'r derbynnydd yn ymwybodol ble bydd y wennol yn cael ei chwarae, felly mae'n ymateb i symudiadau ei wrthwynebydd er mwyn dewis ergyd briodol. Bydd safle'r gwrthwynebydd ar y cwrt hefyd yn effeithio ar y dewis o ergyd.

Termau allweddol

Sgiliau agored – sgiliau wedi'u haddasu'n barhaus yn ôl y sefyllfa.

Sgiliau caëedig – sgiliau a gyflawnir mewn patrwm ni waeth beth yw'r amgylchedd y maent yn cael ei wneud ynddo.

Sgiliau manwl – sgiliau sy'n gofyn am reoli cyhyrau yn fanwl gywir mewn rhannau penodol o'r corff.

▸ Mae chwaraewyr badminton yn defnyddio sgiliau agored

Sgiliau caëedig

Sgiliau caëedig yw patrymau o symudiadau a ddysgwyd ymlaen llaw y mae'r athletwr yn eu dilyn gydag ychydig iawn o gyfeiriad at yr amgylchedd cyfagos. Mae enghreifftiau o sgiliau caëedig yn cynnwys:

▸ Chwaraeon tîm – chwaraewr rygbi yn trosi'r bêl yn ystod gêm. Mae'r patrwm symud yn aros yr un fath bob tro y bydd y chwaraewr yn cyflawni'r sgìl.

▸ Chwaraeon unigol – pan fydd saethwr yn anelu, yn tynnu'r bwa yn ôl ac yn rhyddhau'r saeth tuag at y targed.

Rydym hefyd yn dosbarthu sgiliau yn ôl pa mor gyflym y mae'r athletwr yn rheoli amseriad gweithred. Dywedir bod sgiliau'n rhai sy'n amseru ei hun neu'n amseru'n allanol neu rywle rhwng y ddau.

▸ Mae saethwyr yn defnyddio sgiliau caëedig

Manylrwydd symud a dosbarthu sgiliau

Gellir dosbarthu sgiliau hefyd yn ôl y cyhyrau sy'n ymwneud â chwblhau'r sgìl. Yma, diffinnir sgiliau fel sgiliau manwl a bras.

▸ Mae **sgiliau manwl** yn cynnwys symudiadau bach mewn rhannau penodol o'r corff. Er enghraifft, bydd cymryd ergyd agos at y gôl mewn pêl-rwyd ond yn gofyn i'r saethwr ac ymosodwr gôl i symud y bysedd a'u harddwrn i gynhyrchu'r sgìl gofynnol. Dim ond symud ei fys tanio y bydd unigolyn sy'n saethu reiffl ar faes saethu yn ei wneud.

▶ Mae **sgiliau bras** yn cynnwys grwpiau o gyhyrau mawr a symudiad o'r corff cyfan. Enghraifft o'r math hwn o sgìl mewn chwaraeon tîm yw'r weithred fowlio mewn criced, tra mai enghraifft unigol yw'r tafliad gwaywffon. Yn y ddau achos, mae llawer o grwpiau cyhyrau yn cymryd rhan, yn ogystal â symudiadau sy'n rhedeg trwy'r corff cyfan.

Unigrywiaeth cychwyn a diwedd symudiad

Gellir dosbarthu sgiliau hefyd yn ôl pa mor hawdd yw nodi eu dechrau a'u diwedd.

▶ **Sgiliau parhaus** yw'r rhai nad oes iddynt ddechrau na diwedd amlwg; gellir eu parhau cyhyd ag y mae'r perfformiwr yn dymuno, gyda diwedd y sgìl yn troi yn ddechrau'r nesaf, er enghraifft, rhedeg.

▶ Mae gan **sgìl arwahanol** (*discrete*) ddechrau a diwedd clir. Gellir ailadrodd y sgìl, ond bydd yr athletwr yn dechrau'r weithred lawn eto mewn modd rheoledig ac amserol. Enghraifft o sgìl arwahanol mewn chwaraeon tîm yw trosiad rygbi, tra bod pytio mewn golff yn enghraifft unigol.

▶ Mae **sgiliau cyfresol** yn gyfres o sgiliau arwahanol a luniwyd i gynhyrchu symudiad trefnus. Mae trefn y symudiad yn aml yn bwysig, ond bydd angen datblygu'n benodol ofynion pob rhan o'r sgìl. Enghraifft o chwaraeon tîm yw pan fydd pêl-droediwr yn dribio gyda'r bêl, yn camu drosti i guro amddiffynnwr ac yna'n saethu at y gôl ar ddiwedd y symudiad. Enghraifft o gamp unigol yw tymbl gymnasteg.

Amseru a chyflymder sgiliau

Gellir dosbarthu sgiliau hefyd trwy edrych ar yr amser sydd ei angen i'w cwblhau, a pha mor gyflym y gellir eu gweithredu.

▶ Amseru ei hun – lle mae'r perfformiwr yn pennu cyflymder, amser a chyflawniad y sgìl. Er enghraifft, wrth daflu i mewn yn ystod pêl-droed, mae gan y chwaraewr reolaeth lwyr dros yr amseru pan fyddant yn rhyddhau'r bêl a lefel y grym a'r cyfeiriad y maent yn eu cymhwyso i'w gweithredu.

▶ Amseru allanol – lle mae ffactorau allanol yn gosod neu'n dylanwadu ar gyflymder, amser a chyflawniad y sgìl. Er enghraifft, bydd cyflymder eich gwrthwynebydd (ei gyflymder, ei gyfeiriad ac ati) yn effeithio ar ba mor gyflym y byddwch chi'n taro ergyd yn ôl mewn tennis.

Nodweddion a dosbarthiad galluoedd

▶ Bydd gan chwaraewr ystod eang o wahanol fathau o alluoedd. Ni ddylid cymysgu galluoedd â sgiliau. Mae sgiliau'n cael eu hystyried yn gymhleth ac yn gydlynol. Nid yw perfformiwr yn cael ei eni â sgiliau fel gallu taro ergyd â chefn y raced mewn tennis neu gymryd cic rydd mewn pêl-droed; mae angen dysgu ac ymarfer sgiliau er mwyn cael eu gweithredu.

▶ Fodd bynnag, ystyrir bod galluoedd, ar y cyfan, yn gynhenid. Hynny yw, mae perfformiwr yn cael ei eni â gwahanol alluoedd a etifeddwyd gan ei rieni sy'n helpu'r perfformiwr i ddysgu a chyflawni sgiliau.

▶ Mae cysylltiad agos rhwng galluoedd a sgiliau, ac er mwyn perfformio llawer o sgiliau, bydd angen i chi fod wedi datblygu rhai galluoedd allweddol.

Gwahaniaethau rhwng galluoedd a sgiliau

Mae yna sawl maes craidd sy'n helpu i ddiffinio'r gwahaniaethau rhwng sgiliau a galluoedd, yn ogystal â sbarduno trafodaeth yn y diwydiant chwaraeon a gweithgaredd.

▶ Lefel naturiol o sgiliau – gall perfformwyr berfformio sgìl ar unwaith ac yn gyson heb roi cynnig arni o'r blaen. Credir bod hyn oherwydd gallu naturiol lle mae'r perfformwyr yn meddu ar y geneteg (neu'r patrymau symud) i gyflawni'r sgìl heb orfod ymarfer na dilyn proses i'w dysgu.

▶ **Natur** neu **fagwraeth** – ai natur neu fagwraeth yw'r prif ffactor sy'n dylanwadu ar gaffael sgiliau. Gellir dysgu pob sgìl, ac ystyrir bod hyn yn elfen o fagwraeth, er enghraifft, gall athletwr ddysgu'r decneg naid hir. Fodd bynnag, mae gan bob athletwr rywfaint o 'lefel naturiol o sgìl', sy'n eu helpu i gyflawni sgiliau chwaraeon, neu'n eu helpu i gyrraedd lefel benodol o ffitrwydd corfforol neu gyflawniad.

▶ Mae dadl barhaus ynghylch i ba raddau y mae ein datblygiad o sgiliau a galluoedd yn cael ei bennu gan ein cyfansoddiad genetig (natur) neu o'r amgylchedd a'r dylanwadau y mae rhywun yn dod ar eu traws wrth iddynt dyfu i fyny a thrwy gydol eu hoes (magwraeth). Er enghraifft, a allai plentyn y mae ei rieni'n athletwyr ddod yn athletig oherwydd y genynnau y mae wedi'u hetifeddu gan ei rieni, neu a fyddai'r ffaith y byddent yn fwy agored i berfformiad athletaidd o ddydd i ddydd yn eu gwneud yn fwy tebygol o ymddiddori mewn chwaraeon?

▶ Sefydlog neu ansefydlog – sut mae perfformiwr yn meddwl ac yn ymddwyn wrth gyflawni sgìl. Y gydran 'sefydlog' yw gallu'r perfformiwr i gyflawni'r sgìl. Y gydran 'ansefydlog' yw agwedd y perfformiwr wrth gyflawni'r sgil. Er mwyn i sgìl gael ei chyflawni'n gywir, mae'n rhaid i gydrannau sefydlog ac ansefydlog weithio gyda'i gilydd yn effeithiol. Hynny yw, mae'n rhaid i'r perfformiwr allu cyflawni'r sgìl a bod â'r hyder (neu'r agwedd gywir) i wneud hynny.

▶ Mae angen cyfuniad o alluoedd i berfformio sgiliau. Er enghraifft, mae angen cyfuniad o gydsymud, amser ymateb, cydbwysedd a sgiliau echddygol manwl i ddal pêl. Bydd angen datblygu pob un o'r galluoedd hyn (neu ei fod yn bresennol eisoes yn yr athletwr) cyn y gellir dysgu'r sgìl ei hun yn gywir.

▶ Dysgir llawer o alluoedd yn ystod ein twf a'n datblygiad trwy gydol plentyndod ac ymlaen. Po fwyaf o gyfleoedd sydd ar gael i ymarfer y rhain wrth dyfu i fyny, y mwyaf medrus fydd person yn ddiweddarach mewn bywyd.

> **Term allweddol**
>
> **Natur** – rhinweddau cynhenid a etifeddwyd gan rieni.
>
> **Magwraeth** – dylanwad profiadau bywyd a'r amgylchedd ar ddatblygiad.

> **Ymchwil**
>
> Beth ydych chi'n meddwl sydd bwysicaf ar gyfer meistroli sgiliau – natur neu fagwraeth? A yw hyfforddiant o ansawdd uchel yn bwysicach na gallu naturiol, neu a oes angen galluoedd cynhenid ar berfformwyr cyn y gellir meistroli sgiliau? Dylech fod yn barod i gyflwyno'ch canfyddiadau fel grŵp bach i weddill eich dosbarth.

Galluoedd seicoechddygol

Mae **galluoedd seicoechddygol** yn ymwneud â pherfformio symudiadau sy'n gysylltiedig â sgiliau echddygol manwl. Bydd meddu ar lefel uchel o'r galluoedd hyn yn ei gwneud yn haws cyflawni nifer o sgiliau.

► Amser ymateb – y gallu i ymateb yn gyflym rhwng derbyn ysgogiad i wneud symudiad, a dechrau'r symudiad sy'n cael ei wneud gan y corff. Er enghraifft, rhaid i sbrintiwr 100m allu ymateb yn gyflym i'r gwn er mwyn dechrau rhedeg.

► Cydsymud – y gallu i ddefnyddio gwahanol gymalau a chyhyrau mewn trefn neu ddilyniant penodol i gyflawni tasg. Er enghraifft, bydd angen i chwaraewr pêl-fasged, wrth agosáu at y rhwyd i saethu, gydlynu symudiad ei gamau, bownsio'r bêl, amseriad eu naid a rhyddhau'r bêl.

► Cydbwysedd – y gallu i gynnal sefydlogrwydd neu gydbwysedd wrth berfformio. Er enghraifft, bydd angen ymdeimlad da o gydbwysedd ar chwaraewr rygbi sy'n rhedeg gyda'r bêl er mwyn gwau rhwng gwrthwynebwyr ac osgoi cael ei daclo.

> ### Termau allweddol
>
> **Galluoedd seicoechddygol** – galluoedd sy'n cyfuno gweithgaredd meddyliol a symudiadau cyhyrol.
>
> **Galluoedd echddygol bras** – galluoedd sy'n gofyn am gydgysylltu llawer o grwpiau cyhyrau ar yr un pryd.
>
> **Galluoedd canfyddiadol** – galluoedd y mae perfformiwr yn ddibynnol iawn arnynt i adnabod amgylchedd sy'n newid ac addasu ei sgiliau echddygol yn unol â hynny.

Galluoedd echddygol bras

Mae **galluoedd echddygol bras** yn gysylltiedig â symudiadau mwy o faint, fel rhedeg. Datblygir y sgiliau hyn fel arfer pan fo plentyn yn tyfu i fyny ac maent yn cynnwys rheoli a defnyddio'r corff.

► Cryfder – gallu grŵp o gyhyrau i roi grym i greu symudiad.

► Cyflymder – y gallu i symud dros bellter yn yr amser cyflymaf posibl. Mae sbrintio mewn chwaraeon yn enghraifft amlwg o gyflymder ar waith.

► Hyblygrwydd – gallu'r cyhyrau a'r cymalau i gyflawni'r ystod uchaf o symudiadau. Mewn llawer o chwaraeon, mae symud hyblyg yn hanfodol i ganiatáu i'r corff symud yn esmwyth a chyflawni sgiliau.

> ### Cysylltiad
>
> Gallwch ddarganfod mwy am alluoedd seicoechddygol ac echddygol bras yn *Uned 2: Hyfforddi a Rhaglennu Ffitrwydd ar gyfer Iechyd, Chwaraeon a Lles.*

Galluoedd canfyddiadol

Mae **galluoedd canfyddiadol** yn cynnwys dehongli a gwneud defnydd o wybodaeth y mae'r corff yn ei chael o'r synhwyrau. Gallai hyn gynnwys defnyddio pethau yn eich amgylchedd y gallwch eu gweld, eu clywed, eu teimlo neu hyd yn oed eu harogli. Er enghraifft, ar ddiwrnod gwyntog, bydd penderfynu pa gyfeiriad i daro pêl golff oddi ar y ti i lanio agosaf at y faner yn dibynnu ar sut rydych chi'n gwerthuso'r wybodaeth amgylcheddol o'ch cwmpas. Gweler y ddwy enghraifft a ganlyn:

► Dehongli gwybodaeth – bydd golffiwr yn adolygu cyflymder a chyfeiriad y gwynt ochr yn ochr â'r pellter. Po fwyaf yw cyflymder y gwynt, y mwyaf tebygol y bydd yn achosi i'r bêl symud yn yr awyr. Felly, bydd angen i'r golffiwr ystyried hyn pan fydd yn anelu fel y bydd symudiad y bêl i gyfeiriad y gwynt yn caniatáu iddi ddod yn agos at y targed.

► Gwneud penderfyniadau – mae golffiwr yn gwneud addasiad i ffactor yng nghyflymder y gwynt ac yn chwarae ei ergyd. Bydd hyn yn seiliedig ar eu barn am yr amodau a'i gyfuno â'u profiad o sefyllfaoedd blaenorol.

► Sut fyddech chi'n defnyddio'r wybodaeth o'ch amgylchedd uniongyrchol i wneud penderfyniad am y cyfeiriad i daro pêl golff?

MUNUD I FEDDWL Sut mae galluoedd yn effeithio ar ddatblygiad sgiliau?

Awgrym Pan fyddwch chi'n cyflawni sgìl sy'n benodol i'ch camp, beth mae'ch corff yn ei wneud?

Ymestyn Sut allech chi helpu i ddatblygu galluoedd penodol y gallai fod eu hangen arnoch chi ar gyfer chwaraeon?

Damcaniaeth ar waith

Mewn parau neu grwpiau bach, ysgrifennwch enghraifft chwaraeon ar gyfer pob math o sgìl. Yna eglurwch y gwahaniaeth rhwng sgìl a gallu. Yn olaf, rhestrwch y sgiliau a'r galluoedd ar gyfer camp o'ch dewis.

Ymarfer asesu 23.1   A.P1   A.P2   A.M1   AB.D1

Lluniwch bamffled neu daflen sy'n dewis sgìl mewn camp (er enghraifft, y serfio mewn tennis). Dylai'r pamffled neu'r daflen hon nodi ac asesu'r galluoedd a fydd yn dylanwadu ar ddatblygiad y dechneg/technegau sy'n ofynnol i gyflawni'r sgìl yn gywir. Gellir nodi sut fydd y sgìl hon yn cyfrannu at allu'r perfformiwr i gystadlu yn y gamp? Dylai eich taflen esbonio sut mae galluoedd y perfformiwr yn sail i'r sgiliau chwaraeon penodol y bydd angen iddynt eu datblygu.

Cynllunio
- Beth yw'r dasg? Beth y gofynnir i fy mhamffled neu daflen fynd i'r afael ag ef?
- Pa mor hyderus ydw i yn fy ngalluoedd fy hun i gyflawni'r dasg hon?

Gwneud
- Rwy'n gwybod sut i archwilio rhinweddau perfformiad medrus mewn camp a ddewiswyd.
- Gallaf nodi'r galluoedd sy'n cyfrannu at gyflawni'r sgìl yn llwyddiannus.

Adolygu
- Gallaf egluro beth oedd y dasg a sut y gwnes i fynd ati i ymchwilio ac adeiladu fy mhamffled neu daflen.
- Gallaf egluro sut y byddwn yn mynd at elfennau anoddaf y dasg yn wahanol y tro nesaf.

Archwilio sut y mae perfformwyr chwaraeon yn prosesu gwybodaeth ar gyfer perfformiad medrus

Mewn unrhyw chwaraeon, mae perfformwyr yn dysgu ac yn defnyddio ystod o sgiliau. Fodd bynnag, nid yw bod yn fedrus bob amser yn ddigonol ynddo'i hun. Mae'r un mor bwysig dewis y sgìl gywir ar gyfer yr achlysur neu'r foment gywir. Cyflawnir y penderfyniadau allweddol hyn trwy **fodelau prosesu gwybodaeth**.

Modelau prosesu gwybodaeth

Pan fydd perfformwyr yn cyflawni sgìl, rhaid gwneud penderfyniadau. Gwneir y penderfyniadau hyn yn aml ar sail yr amgylchedd a'r amgylchiadau y mae'r perfformiwr yn digwydd bod ynddynt. Felly bydd ganddynt lawer o ffactorau sydd y tu hwnt i reolaeth uniongyrchol y perfformiwr.

Er enghraifft, rhaid i berfformiwr benderfynu a ddylid achosi i'r bêl fownsio'n uchel mewn tennis bwrdd, i ba gyfeiriad i daro'r bêl a pha safle i'w gymryd ar ôl y bownsio. Dangosir y penderfyniadau hyn a'r prosesau dan sylw yn yr enghreifftiau isod.

Model syml

Mae'r model syml, fel y dangosir yn Ffigur 23.5, yn disgrifio sut mae perfformiwr yn derbyn cymryd gwybodaeth (cam mewnbwn), yn penderfynu ar gam gweithredu (cam canolog) ac yn cyflawni'r sgìl (cam allbwn). Byddai enghraifft bêl-droed yn gweithio fel a ganlyn.

▶ Cam mewnbwn – mae'r perfformiwr yn gweld pêl-droed yn symud i'w gyfeiriad.
▶ Cam canolog – mae'r perfformiwr yn penderfynu dal y bêl i fyny ac ystyried pasio yn hytrach na saethu.
▶ Cam allbwn – mae'r perfformiwr yn cyffwrdd â'r bêl â'i droed dde ac yn pasio i chwaraewr arall.

Term allweddol

Modelau prosesu gwybodaeth – fframwaith a ddefnyddir i ddisgrifio sut mae pobl yn gwneud penderfyniadau ar sail eu hymatebion i bethau o'u cwmpas.

Yn y broses hon mae'r perfformiwr yn defnyddio'r wybodaeth y mae wedi'i chael i wneud penderfyniad am gamau i'w cymryd ac yna'n cwblhau'r weithred honno.

| Cam mewnbwn – Gweithgaredd derbyn | → | Cam canolog – Proses feddwl | → | Cam allbwn – Gweithgaredd cyhyrol |

▶ **Ffigur 23.5:** Model syml o brosesu gwybodaeth

Model proses wybodaeth estynedig

Yn y model hwn, gellir ehangu'r cam canolog ymhellach i dri is-gam (adnabod **ysgogiad**, dewis ymateb, rhaglennu'r ymateb). Felly, byddai'r un enghraifft bêl-droed yn gweithio fel a ganlyn.

▶ Mewnbwn – mae'r perfformiwr yn gweld pêl-droed yn symud i'w gyfeiriad.
▶ Adnabod ysgogiad – mae'r perfformiwr yn canfod ac yn penderfynu bod ysgogiad wedi digwydd, hynny yw, mae'r perfformiwr yn gweld pêl-droed yn symud i'w gyfeiriad.
▶ Dewis ymateb – mae'r perfformiwr yn gweithredu ar y wybodaeth a gafodd o'r cam adnabod ysgogiad ac yn gwneud penderfyniad ynghylch pa symudiad y bydd yn ei wneud, er enghraifft, mae'r perfformiwr yn penderfynu dal y bêl.
▶ Rhaglennu'r ymateb – mae'r corff yn cael y penderfyniad ac mae'r perfformiwr yn trefnu ei hun i gyflawni'r symudiad. Er enghraifft, efallai y bydd ef neu hi'n penderfynu cyffwrdd â'r bêl â'i droed dde a'i basio i chwaraewr arall.
▶ Allbwn – gweithredu'r penderfyniad. Er enghraifft, mae'r perfformiwr yn cyffwrdd â'r bêl ac yn ei phasio ymlaen.

Defnyddio modelau prosesu gwybodaeth

Mae systemau prosesu gwybodaeth yn rhan hanfodol o unrhyw berfformiad gan eu bod yn helpu i egluro'r gwahaniaeth rhwng penderfyniadau a wneir gan berfformwyr.

Mae'r model syml yn helpu i egluro prosesau gwneud penderfyniadau symlach sy'n ofynnol ar gyfer symudiadau neu ymatebion syml, fel pêl-droediwr yn gweld y bêl yn yr awyr ac yn penderfynu ei phenio.

Mae'r model estynedig yn caniatáu i'r perfformiwr ystyried a gwerthuso ystod o ymatebion nad yw'r model syml yn eu hystyried yn ôl y newidynnau a gyflwynir gan yr amgylchedd. I'r pêl-droediwr sy'n penio'r bêl, y rhain fyddai'r tywydd, lleoliad y chwaraewr, cyflymder y bêl, ac ati. Er enghraifft, mae pêl-droediwr yn gweld y bêl yn yr awyr ac yn penderfynu ei phenio, gan sylwi nad oes unrhyw gyd-chwaraewyr o fewn cyrraedd. Felly mae'n penderfynu penio'r bêl allan i gael tafliad i mewn fel y ffordd fwyaf diogel o weithredu.

Roedd cyflwyno'r cyfrifiadur a'i iaith gysylltiedig yn rhoi'r derminoleg angenrheidiol i systemau prosesu gwybodaeth i'n helpu i ddeall sut mae'r meddwl dynol yn trin gwybodaeth o'r amgylchedd. Mae'r derminoleg yr ydym yn aml yn ei chysylltu â chyfrifiadura, fel 'mewnbwn' ac 'allbwn', yn hawdd i bobl ei deall. Fodd bynnag, beirniadwyd y defnydd o iaith o'r fath gan fod llawer yn credu bod y meddwl dynol yn llawer mwy cymhleth nag unrhyw system gyfrifiadurol. Mae systemau prosesu gwybodaeth yn ddefnyddiol i bwynt, ond ni allant egluro'n llawn sut mae materion cymhleth fel greddf ddynol, emosiynau neu deimladau yn cael effaith ar ein penderfyniadau.

Canfyddiad

Canfyddiad yw'r gallu i ddod yn ymwybodol o rywbeth neu'r amgylchedd trwy'r synhwyrau. Mae cam canfyddiad unrhyw system prosesu gwybodaeth yn bwysig wrth weithredu sgiliau. Mae gwahaniaethau'n digwydd rhwng dechreuwyr ac arbenigwyr oherwydd gall yr olaf wahaniaethu rhwng y gwahanol fewnbynnau yn llawer cyflymach ac yn fwy effeithlon.

Nodweddion ysgogiad sy'n effeithio ar ganfyddiad

Bydd yr ysgogiadau rydych chi'n eu cael fel perfformiwr chwaraeon yn effeithio arnoch chi mewn gwahanol ffyrdd, yn dibynnu ar yr amgylchiadau rydych chi'n eu cael. Bydd gwahanol ffactorau yn effeithio ar sut rydych chi'n ymateb.

▶ Cynefindra'r ysgogiad – pan fydd perfformiwr yn gyfarwydd ag ysgogiad, mae'r lefelau canfyddiad yn debygol o fod yn uwch, gan y byddant yn disgwyl i'r ysgogiad ddigwydd a bydd y corff eisoes yn barod i ymateb, er enghraifft, sbrintiwr yn ymwybodol o'r gwn cychwyn yn y ras 100m.

▶ Cyflymder – gall cyflymder ysgogiad effeithio ar ganfyddiad perfformiwr. Os oes gan berfformiwr amser hir i benderfynu ar weithred, gallant ystyried ystod fwy o ymatebion. Fodd bynnag, os yw'r cyfnod yn fyr mae angen ymateb yn gyflym. Er enghraifft, mae chwaraewyr snwcer yn cymryd amser i ystyried opsiynau ar gyfer yr ergyd orau sydd ar gael, ond mae gan chwaraewr tennis bwrdd ffracsiwn o eiliad i ystyried ergyd mewn ymateb i chwarae ei wrthwynebydd.

▶ Sain uchel a disgleirdeb lliw – po gryfaf yr arddangosfa weledol neu po uchaf y sain, y mwyaf tebygol yw perfformiwr o ymateb yn gyflym, gan ei fod yn fwy tebygol o dynnu ffocws a sylw gan y perfformiwr. Dyma pam mae peli tennis yn felyn llachar a'r gwn i gychwyn ras yn 'glec' uchel.

Ffactorau unigol sy'n effeithio ar ganfyddiad

Gall nifer o ffactorau personol sy'n unigryw i unigolyn neu'r sefyllfa y mae unigolyn ynddo effeithio ar ganfyddiad hefyd.

▶ Lefel sylw – mae hyn yn cynnwys tynnu'n ôl o rai ysgogiadau posibl i ddelio'n effeithiol ag eraill, hynny yw, canolbwyntio ar ysgogiadau penodol ar draul eraill. Mae'r modelau prosesu gwybodaeth yn dadlau y gall hidlydd dethol (*selective filter*) yn yr ymennydd gyfyngu ar y lefelau gwybodaeth y gellir delio â nhw'n effeithiol ar unrhyw un adeg.

▶ Lefel cyffro – cyflwr parodrwydd cyffredinol ar gyfer gweithgaredd. Pan fydd lefelau canfyddiad yn uwch, mae hyn yn debygol o effeithio ar y **cyffro**.

▶ Capasiti sylw – gellir dysgu hyn ar gyfer chwaraeon penodol sy'n cynnwys ysgogiadau penodol y dylai perfformiwr ganolbwyntio arnynt. Gall hefyd fod yn allu i newid canfyddiad yr unigolyn a symud y sylw o un ysgogiad i'r llall pan fo hynny'n briodol.

> **Term allweddol**
>
> **Cyffro** – cyflwr parodrwydd y corff i weithredu.

Astudiaeth achos

Chwaraeon ymarferol

Mae'r deifiwr Olympaidd, Tom Daley, yn cystadlu mewn camp sy'n gofyn am lefelau uchel o ganfyddiad i blymio i berffeithrwydd. Mae'n ofynnol i Tom ymgymryd â'r canlynol i ganfod ac addasu i'r sefyllfa gystadleuol.

• Lefel sylw: wrth i Tom sefyll ar y sbringfwrdd, bydd yn anwybyddu pob ysgogiad allanol allweddol heblaw ambell un ac yn canolbwyntio ar safle ei gorff a'i gyflwr meddyliol wrth baratoi ar gyfer ei ddeifio.

• Lefel cyffro: Bydd Tom yn canolbwyntio ar y plymio, yn ymlacio ei hun trwy ymarfer meddyliol o'r drefn ymarfer y mae wedi'i chyflawni gannoedd os nad miloedd o weithiau o'r blaen, yna bron yn syth yn codi ei lefelau cyffro wrth baratoi ar gyfer dechrau'r plymio.

• Capasiti sylw: Mae angen i Tom fod yn ymwybodol o symudiadau'r sbringfwrdd (ni waeth pa mor fach ydyw) a chanolbwyntio ar bwyntiau gweld allweddol i gynorthwyo'r plymio.

Allwch chi feddwl am unrhyw amgylchiadau a allai gael effaith ar lefelau sylw a chyffro Tom, neu ei gapasiti sylw, wrth baratoi i ddeifio?

Sut ydych chi'n meddwl y gallai Tom ddelio â'r amgylchiadau hyn?

Trafodaeth

Yn aml dangoswyd bod perfformwyr profiadol yn ymateb yn gyflymach ac yn fwy cywir na pherfformwyr dibrofiad. Mewn grwpiau bach, trafodwch rinweddau'r ddadl hon ac effaith debygol hyn ar chwaraeon tîm ac unigol. Byddwch yn barod i gyflwyno'ch achos i weddill y dosbarth.

Damcaniaeth ar waith

Yn dilyn sesiwn chwaraeon ymarferol, nodwch set o amgylchiadau pan oeddech chi'n perfformio sgìl mewn camp neu sefyllfa benodol. Er enghraifft, blocio mewn pêl-foli.

Wrth feddwl am eich mewnbynnau synhwyraidd trwy gydol y sgìl, rhestrwch y ffactorau sy'n effeithio ar:

1 canfyddiad

2 amser gwneud penderfyniadau ac ymateb.

Wrth ystyried y pwyntiau uchod, a oes unrhyw ffactorau a fyddai'n gofyn ichi wneud mwy o waith neu ymarfer ychwanegol i wella perfformiad?

Cysylltiad

Ymdrinnir ag adborth hefyd *Uned 4: Arweinyddiaeth Chwaraeon* ac *Uned 8: Hyfforddi ar gyfer Perfformiad.*

Amser gwneud penderfyniadau ac ymateb

Mae gallu perfformiwr i ymateb yn dangos pa mor effeithiol y gall ef neu hi wneud penderfyniadau a chyflawni gweithredoedd chwaraeon–benodol. Mae yna sawl ffactor sy'n effeithio ar amser ymateb a'r gallu i wneud penderfyniadau.

▶ Nifer y dewisiadau amgen wrth ymateb i ysgogiadau (cyfraith Hick) – po fwyaf o ddewisiadau sydd ar gael i berfformiwr, y mwyaf y mae'r amser ymateb yn cynyddu, wrth iddynt benderfynu beth i'w wneud. Mae gallu perfformiwr i ymateb yn dangos pa mor effeithiol y gall ef neu hi wneud penderfyniad yn gyflym a delio â'r dewisiadau hyn.

▶ Cydnawsedd yr ymateb i ysgogiadau – os yw'r perfformiwr yn disgwyl yr ysgogiad, mae'r amser ymateb yn gynt. Er enghraifft, pan fydd Lewis Hamilton yn agosáu at gornel i'r chwith (ysgogiad) ar lap 48, mae'n llywio ei gar i'r chwith, oherwydd ei fod yn adnabod y trac ac yn disgwyl i'r car droi i'r chwith. Pe na bai Lewis erioed wedi gyrru'r trac o'r blaen, byddai ei amser ymateb ar yr un gornel chwith ychydig yn arafach gan y byddai'r gornel (ysgogiad) yn llai cyfarwydd.

▶ Ymarfer a rhagweld – gall ymarfer leihau amser ymateb wrth i berfformiwr ddod yn fwy medrus wrth ragweld ysgogiadau. Er enghraifft, mae sbrintwyr yn ymarfer cychwyn yn rheolaidd i wella eu hamser ymateb i'r gwn.

▶ Cyfnod diddigwydd seicolegol (PRP – *psychological refractory period*) – dyma'r amser a gymerir i ymateb rhwng un ysgogiad a'r nesaf. Er enghraifft, dychmygwch fod chwaraewr badminton yn rhagweld ergyd gyriant isel gan ei wrthwynebydd, ond mae'r wennol yn clipio brig y rhwyd ar y ffordd ac yn disgyn yn araf i'r ochr arall. Rhaid i'r chwaraewr ymateb yn gyflym i'r newid sydyn. Yr amser rhwng rhagweld cychwynnol y chwaraewr o'r ergyd a'u sylweddoliad bod y wennol bellach yn cwympo o'r rhwyd yw'r PRP.

Mathau o adborth

Mae adborth yn aml yn gysylltiedig ag arweiniad ac i berfformwyr ddysgu a datblygu eu sgiliau, mae adborth ac arweiniad yn rhan angenrheidiol o hyfforddi chwaraeon. Un o brif sgiliau unrhyw hyfforddwr chwaraeon yw'r gallu i fwydo yn ôl i'w berfformwyr chwaraeon mewn ffordd sy'n helpu i hysbysu'r perfformiwr sut y gall wella, a hefyd yn ei gymell i wneud hynny.

Mae rhai o'r mathau allweddol o adborth y byddwch chi'n eu defnyddio yn cynnwys y canlynol.

▶ Gwybodaeth am y canlyniadau (KR – *knowledge of results*) – adborth am lwyddiant gweithred(oedd) perfformiwr yn gysylltiedig â nod sgìl benodol. Er enghraifft, os yw pêl-droediwr yn sgorio cic o'r smotyn, gall yr adborth adlewyrchu hyn.

▶ Gwybodaeth am berfformiad (KP – *knowledge of performance*) – adborth am gyflawni sgìl yn gywir. Er enghraifft, gall hyfforddwr roi adborth i blymiwr sbringfwrdd am ei gylchdro trosben.

▶ Adborth parhaus – adborth yn cael ei roi trwy gydol perfformiad, fel arfer gan hyfforddwr.

▶ Adborth terfynol – adborth wedi'i roi ar ddiwedd perfformiad.

▶ Adborth allanol – adborth o'r tu allan i'r perfformiwr, er enghraifft, hyfforddwr neu diwtor.

▶ Adborth mewnol – adborth gan y perfformiwr, y cyfeirir ato'n aml fel ymateb neu deimlad mewnol. Gallech ofyn i'r perfformiwr roi ei adborth gonest ei hun ar ei berfformiad.

▶ Adborth cadarnhaol – adborth am berfformiad sy'n canolbwyntio ar yr hyn a wnaed yn gywir fel bod y perfformiwr yn gwybod y dylai ailadrodd yr un broses. Er enghraifft, bydd hyfforddwr yn dweud wrth fowliwr criced fod ei dechneg yn gywir os oedd ef neu hi'n bowlio ar y stwmp chwith.

▶ Adborth negyddol – adborth am berfformiad sy'n canolbwyntio ar yr hyn a wnaed yn anghywir fel bod y perfformiwr yn gwybod i beidio ag ailadrodd yr un broses. Gall y dull hwn ddigalonni'r perfformiwr ac ni ddylid ei ddefnyddio'n aml.

Damcaniaeth ar waith

Yn ystod eich sesiynau chwaraeon ymarferol neu sesiynau hyfforddi nesaf ar gyfer eich dewis chwaraeon (ar benwythnosau efallai), ysgrifennwch y mathau o adborth a gawsoch gan eich tiwtor/hyfforddwr dros yr wythnosau nesaf. A oes math penodol o adborth y mae eich hyfforddwr yn ei ddefnyddio mwy nag eraill? Pa fath ydych chi'n meddwl ydych chi'n ymateb orau iddo? A yw'r atebion i'r pwyntiau hyn yr un peth, ac os na, beth allech chi ei argymell fel cam gweithredu neu ymyrraeth posib?

Mewn parau neu mewn grwpiau bach, cymharwch eich canfyddiadau a cheisiwch asesu eich gallu eich hun i brosesu gwybodaeth a pha fath o adborth sydd fwyaf poblogaidd.

 MUNUD I FEDDWL   Gwyliwch bwt o raglen chwaraeon ar y teledu a cheisiwch nodi'r math o adborth y mae'r hyfforddwr dan sylw yn ei roi i'r perfformiwr/perfformwyr.

Awgrym   Allwch chi restru'r gwahanol fathau o adborth sydd ar gael i hyfforddwyr a thiwtoriaid?

Ymestyn   A yw rhai mathau o adborth yn fwy addas ar gyfer gwahanol fathau o chwaraeon? Dewiswch gamp a rhestrwch yr adborth a fyddai, yn eich barn chi, fwyaf addas i'r cyfranogwr/cyfranogwyr.

Ymarfer asesu 23.2   B.P3 B.P4 B.M2 AB.D1

Gofynnwyd i chi roi sgwrs i grŵp o staff hyfforddi newydd sydd newydd ymuno â busnes hyfforddi pêl-droed. Mae perchennog y cwmni wedi gofyn ichi roi cyflwyniad ar sut mae plant yn prosesu gwybodaeth hyfforddi a sut mae hyn yn helpu i wella'r plant fel perfformwyr.

Dyluniwch boster y gallwch chi gyfeirio ato yn ystod eich cyflwyniad. Dylai eich cyflwyniad gynnwys gwybodaeth am sut mae modelau prosesu gwybodaeth yn gweithio ar bob cam, eu cryfderau a'u gwendidau, a barn ar ba mor ddefnyddiol ydyn nhw wrth ymarfer sgiliau.

Cynllunio
- Sut ydw i'n mynd i gynllunio fy amser yn llwyddiannus a chadw golwg ar fy nghynnydd?
- A oes angen eglurhad arna i am unrhyw beth?

Gwneud
- Rwy'n gwybod sut i esbonio gwahanol gydrannau modelau prosesu gwybodaeth. Yn benodol, gallaf nodi'r gwahanol fodelau, sut i wella'r broses o wneud penderfyniadau ac ymatebion i adborth hyfforddi.
- Gallaf nodi pan fydd fy sgwrs yn mynd o'i le ac addasu fy meddwl/ dull i gael fy hun yn ôl ar y trywydd iawn trwy gyfeirio at fy nodiadau.

Adolygu
- Gallaf ddweud a wnes i fodloni meini prawf y dasg.
- Gallaf egluro sut y byddwn yn mynd at yr elfennau anoddaf yn wahanol y tro nesaf (h.y. yr hyn y byddwn yn ei wneud yn wahanol).

 # Archwilio damcaniaethau addysgu a dysgu ym maes chwaraeon

Mae yna sawl math gwahanol o ddamcaniaethau y gellir eu defnyddio i helpu i addysgu a dysgu sgiliau chwaraeon. Mae gan bob damcaniaeth ei manteision a'i hanfanteision ei hun a dylech ystyried y rhain yn ofalus, yn ogystal â'r sefyllfa a'r perfformwyr rydych chi'n gweithio gyda nhw, cyn dewis pa un i'w ddefnyddio.

Damcaniaethau ymddygiadol

Mae ymddygiad yn gangen o seicoleg sy'n astudio egwyddorion dysgu, trwy arbrofi gwyddonol, i ddeall a thrin ymddygiad dynol. Prif egwyddor ymddygiad yw mai dim ond ymddygiad y gellir ei weld y gellir ei astudio yn wyddonol.

Ymateb diamod – ymateb gwreiddiol neu gynhenid.

Ymateb wedi'i gyflyru – ymateb sy'n cael ei sefydlu trwy hyfforddiant neu ddysgu.

Cyflyru clasurol

Mae cyflyru yn ddull dysgu lle mae ysgogiad niwtral yn dod yn ysgogiad amodol sy'n creu ymateb ar ôl cael ysgogiad diamod. Er enghraifft, cynhaliodd y seicolegydd Pavlov arbrawf lle canwyd cloch (ysgogiad diamod) pryd bynnag yr oedd ci ar fin cael ei fwydo. Ar y dechrau, byddai'r ci yn glafoerio wrth weld neu arogli'r bwyd (**ymateb diamod**). Yn y pen draw, byddai'r ci yn glafoerio wrth glywed sŵn y gloch (**ymateb wedi'i gyflyru**), hyd yn oed pan nad oedd bwyd na'i arogl (ysgogiad diamod) yn absennol. Roedd hyn oherwydd bod y ci wedi dysgu cysylltu sain y gloch â bwyd – roedd wedi ei 'gyflyru' i ddisgwyl bwyd pan ganai'r gloch, felly roedd yn ymateb pan glywsai hi.

Mewn chwaraeon, gellid dweud bod llawer o berfformwyr (mewn pêl-droed, rygbi, hoci, ac ati) yn ymateb yn awtomatig i sŵn chwiban a chwythir gan ganolwr.

Mae cyflyru clasurol yn dangos pwysigrwydd dysgu o'r amgylchedd ac yn cefnogi'r ddadl magwraeth dros natur. Mae'n awgrymu bod ein hamgylchedd a'n profiadau yn ein harwain i ddisgwyl rhai pethau ac ymateb mewn rhai ffyrdd i ysgogiadau penodol. Er enghraifft, mae sbrintwyr 100m yn ymateb i glec y gwn. Fodd bynnag, gall y dull hwn danamcangyfrif cymhlethdod ymddygiad dynol a phrosesu gwybodaeth. Er enghraifft, ni fydd sbrintwyr 100m yn ymateb yn yr un modd i bob sŵn sydyn, uchel.

Cyflyru â gweithredwyr

Mae cyflyru â gweithredwyr yn fath o ddysgu lle mae gwobrau a chosbau yn cael eu defnyddio i addasu ymddygiad. Gall y broses hon arwain at ganlyniadau cadarnhaol a negyddol. Ymchwiliodd Skinner (1938) i gyflyru gweithredol gan ddefnyddio arbrofion ar lygod mawr, gan gyflwyno dull dysgu lle cafodd rhai ymddygiadau eu hatgyfnerthu neu eu cosbi. Roedd arbrawf Skinner yn cynnwys gosod llygoden fawr mewn bocs. Yn y bocs hwn roedd lifer a dau olau (coch a gwyrdd). Pe bai'r golau gwyrdd wedi'i oleuo, byddai'r llygoden fawr yn gallu pwyso'r lifer a derbyn bwyd fel gwobr. Pe bai'r golau coch wedi'i oleuo, byddai'r llygoden fawr yn pwyso'r lifer ac yn derbyn sioc drydan. Roedd y canlyniadau fel a ganlyn.

▶ Perthynas gweithred a chanlyniadau – dros gyfnod o amser, dysgodd y llygoden fawr fod y golau gwyrdd yn gysylltiedig â bwyd (positif) a bod y golau coch yn gysylltiedig â sioc drydan (negyddol).

▶ Rôl adborth wrth ddysgu – roedd y broses hon wedi galluogi'r llygoden fawr i ddeall y berthynas rhwng ysgogiad gweledol a chanlyniad (cadarnhaol neu negyddol).

▶ Atgyfnerthu gweithredoedd dymunol – cafodd y llygoden fawr ei chyflyru i aros am y golau gwyrdd a derbyn bwyd yn hytrach na gweithredu ar y golau coch a derbyn sioc drydan.

Dadleuodd rheolau Thorndike mai'r pwynt sylfaenol i bob dysgu oedd cryfhau'r berthynas rhwng ysgogiad ac ymateb.

▶ Rheol ymarfer corff – yn awgrymu na all perfformiwr ddysgu sgìl newydd dim ond trwy wylio eraill, a bod yn rhaid iddo ymarfer y sgìl.

▶ Rheol effaith – yn awgrymu bod gwobrwyo ymddygiad ar ôl cyflawni sgìl yn cynyddu'r siawns y bydd yr ymddygiad neu'r sgìl yn cael ei ailadrodd.

▶ Rheol parodrwydd – yn awgrymu bod dysgu'n dibynnu ar barodrwydd y perfformiwr i weithredu ac mae hyn yn cryfhau'r berthynas rhwng ysgogiad ac ymateb.

Damcaniaethau gwybyddol

Mae damcaniaethau gwybyddol yn disgrifio'r prosesau meddyliol sy'n esbonio'r prosesau meddwl sy'n dangos bod perfformwyr yn dysgu amdanynt eu hunain a'r amgylchedd y maen nhw'n cystadlu/hyfforddi ynddo, a sut maen nhw'n dehongli'r wybodaeth hon.

Damcaniaeth dolen gaëedig

Mae'r ddamcaniaeth dolen gaëedig (gweler Ffigur 23.6) yn theori wybyddol o ddysgu sgiliau sy'n pwysleisio'r rôl y mae adborth yn ei chwarae. Mae'r ddamcaniaeth hon yn egluro rheolaeth symudiadau sgiliau araf lle mae penderfyniadau'n cael eu gwneud yn yr ymennydd. Yno mae set o brosesau gweithredol neu wybyddol yn cael eu cyflawni, er nad yw'r holl wybodaeth yn cael ei hanfon yn yr un pecyn o gamau gweithredu. Anfonir y wybodaeth hon at y cyhyrau neu'r effeithyddion (chwarennau neu organau'r corff) i gychwyn symudiadau.

Mae adborth (fel cymharydd sy'n cymharu dwy neu ragor o sefyllfaoedd neu ragfynegiadau) ar gael i'r perfformiwr o'r amgylchedd a'i ddadansoddiad ei hun o'i weithredoedd, ac mae'n hanfodol i gywiro neu newid patrymau symud. Er enghraifft, gall pêl-droediwr wneud addasiadau wrth ddriblo pêl heibio gwrthwynebydd, yn dibynnu ar weithredoedd a safle ei wrthwynebydd.

Rheolaeth dolen agored

Mae'r ddamcaniaeth hon (gweler Ffigur 23.6) yn egluro rheolaeth symudiadau cyflym, arwahanol nad yw'r perfformiwr yn ymwybodol ohonynt (hynny yw, nid yw'r perfformiwr yn talu unrhyw sylw, mae e'n gwneud y symudiad yn unig – er enghraifft, atgyrchau adweithiol). Nid oes angen unrhyw adborth gan yr amgylchedd na hwy eu hunain i gael effaith ar eu perfformiad ychwaith. Mae'r symudiadau hyn yn cynnwys penderfyniadau a wneir yn yr ymennydd; anfonir yr holl wybodaeth i'r cyhyrau mewn un neges ac maent yn gweithredu yn unol â hynny. Gwelir hyn fel arfer yn fwyaf eglur mewn symudiadau cyflym a llyfn. Er enghraifft, wrth serfio mewn tennis, nid oes llawer o amser i ddarllen a newid y symudiad unwaith y bydd y bêl wedi'i serfio.

SYSTEM ADBORTH AGORED **SYSTEM ADBORTH DOLEN GAËEDIG**

Mewnbwn → Proses → Allbwn   Mewnbwn → ⊗ → Proses → Allbwn

Adborth

▶ **Ffigur 23.6:** Systemau adborth dolennau agored a chaëedig

MUNUD I FEDDWL Allwch chi roi enghreifftiau o reolaeth dolen agored a chaëedig mewn chwaraeon?

Awgrym Allwch chi esbonio'r gwahaniaeth rhwng rheolaeth dolen agored a chaëedig?

Ymestyn Rhowch wahanol enghreifftiau o gyflawni sgiliau yn yr un gamp sy'n dibynnu ar reolaeth dolen agored a chaëedig.

Damcaniaeth sgema

Mae'r ddamcaniaeth **sgema** yn amlinellu set o reolau, a gafwyd o ymarfer neu brofiad, sy'n pennu'ch ymatebion symud mewn sefyllfa benodol. Credir bod sgema ar gyfer pob dosbarth o symudiadau ac mae llwyddiant wrth gyflawni unrhyw sgil yn dibynnu ar effeithlonrwydd y sgema. Awgrymodd Schmidt (1975) fod dysgu sgiliau yn digwydd trwy ddeall y meysydd gwybodaeth canlynol.

▶ Sgema dwyn i gof – mae'n digwydd cyn cychwyn sgil symud ac mae'n cynnwys y canlynol y mae'n rhaid i'r perfformiwr eu gwybod i adeiladu sgema.
  • Gwybodaeth am amodau cychwynnol – y sefyllfa a'r safle cychwynnol, er enghraifft, y man cychwyn wrth fynd ati i daflu gwaywffon (h.y. gwaywffon yn cael ei dal uwchben y pen ac yn barod i redeg ymlaen);
  • Manylebau ymateb – patrwm y symudiadau sy'n ofynnol i berfformio sgil, er enghraifft, y gwahanol gamau wrth daflu gwaywffon.
▶ Sgema adnabod – mae'n digwydd yn ystod ac ar ôl cyflawni sgil. I gywiro ymateb yn y dyfodol, mae angen i'r perfformiwr wybod:
  • y canlyniadau synhwyraidd – beth oedd canlyniad cyflawni'r sgil? Er enghraifft, a gyrhaeddodd y waywffon bellter dros 50m?
  • y canlyniadau ymateb – sut oedd y perfformiwr yn teimlo ar ôl taflu'r waywffon?

Mae theori sgema yn ddefnyddiol oherwydd ei bod yn mynd rhywfaint o'r ffordd tuag at esbonio sut mae perfformwyr yn gallu cyflawni sgiliau neu dasgau cymharol newydd gyda pheth llwyddiant. Fodd bynnag, mae'r theori yn gyfyngedig gan ei bod yn awgrymu bod symudiadau echddygol yn cael eu cyffredinoli ac nad ydynt yn darparu ar gyfer gwahaniaethau unigol wrth gyflawni'r un sgil.

Term allweddol

Sgema – rheolau sydd wedi'u caffael drwy ymarfer neu brofiad sy'n pennu ymatebion symud mewn sefyllfa benodol.

Cyfnodau dysgu sgiliau

Ar ei ffurf symlaf, dysgu sgìl newydd yw cynnydd perfformiwr o sefyllfa lle na all gyflawni sgìl i adeg pan mae'n gallu gwneud hynny. Mae dysgu sgìl newydd yn cynnwys ymarfer, a bydd ymarfer cywir yn arwain at welliant. I gyrraedd y cam hwn rhaid i'r perfformiwr fynd drwy sawl cam dysgu gwahanol (gweler Ffigur 23.7).

Cyfnod gwybyddol/ffurfio cynllun

Dyma gam cychwynnol y dysgu ac mae'n hanfodol i'r perfformiwr os yw am symud ymlaen i'r cam nesaf lle gellir cyflawni'r sgìl yn gyson dda. Mae'r cam hwn yn cynnwys canolbwyntio ar beth i'w wneud a sut i'w wneud. Mae'r perfformiwr yn ceisio deall gofynion y sgil a'r dull mwyaf effeithiol i wneud hynny yw arddangos. Yn ymarferol, bydd **gwallau mawr** yn arfer y perfformiwr i ddechrau, a fydd yn cael eu cywiro gan adborth a chyfarwyddyd pellach nes bod y sgìl wedi'i dysgu.

Cyfnod cysylltiol/cywiro

Mae ffocws y perfformiwr ar ymarfer y sgìl sydd newydd ei hennill. Bydd cyflawni'r sgìl yn cael ei nodweddu gan lai o wallau ac ymwybyddiaeth o sut i gywiro'r gwallau. Mae'r perfformiwr yn dechrau dibynnu ar ei adborth mewnol ei hun, wrth iddo ddod yn fwy a mwy ymwybodol o'r hyn sy'n gysylltiedig â chyflawni'r sgìl yn dda. Gall y cam hwn fod yn hir yn dibynnu ar gymhlethdod y sgìl.

Cyfnod ymreolaethol/awtomatig

Pan fydd perfformiwr yn cyrraedd y cam hwn, daw'r sgìl yn awtomatig a bydd yn ei pherfformio heb feddwl. Yn lle hynny mae'r sylw'n canolbwyntio ar sut i gymhwyso'r sgìl mewn amgylchedd penodol. Erbyn y cam hwn, nodweddir y sgìl gan gysondeb, effeithlonrwydd a braidd ddim gwallau, ac mae'r perfformiwr yn gallu rhoi adborth iddo'i hun. Ni fydd pob perfformiwr yn cyrraedd y cam hwn.

▶ **Ffigur 23.7:** Cyfnodau gwybyddol, cysylltiol ac ymreolaethol dysgu

⏸ MUNUD I FEDDWL   Ar ba gam o'r dysgu fyddech chi'n dweud bod chwaraewr yn 'berfformiwr medrus'?

Awgrym   Allwch chi enwi ac egluro'r cyfnodau o ddysgu sgiliau?

Ymestyn   Ydych chi'n meddwl bod gan athletwyr proffesiynol fwy o ddawn i ddysgu sgiliau newydd? Sut arall allwch chi gyfiawnhau eu gallu i feistroli sgiliau penodol a ddefnyddir yn eu dewis chwaraeon?

Trosglwyddo dysgu

Gall sgiliau sydd wedi'u dysgu a'u datblygu mewn un sefyllfa gael eu defnyddio mewn sefyllfaoedd eraill. Dyma pam rydych chi'n aml yn gweld bod rhai unigolion yn rhagori mewn llawer o chwaraeon. Er enghraifft, efallai mai Syr Ian Botham yw chwaraewr criced enwocaf Lloegr, ond bu hefyd yn chwarae pêl-droed yn broffesiynol i Scunthorpe United FC. Dadleuwyd bod hyn efallai oherwydd bod ganddo allu naturiol, ond gellir ei egluro hefyd trwy drosglwyddo dysgu.

Mathau o drosglwyddo

Mae yna sawl ffactor sy'n effeithio ar drosglwyddo sgiliau o un gamp i'r llall.

▶ Cadarnhaol – pan fydd dwy sgìl yn debyg, mae dod yn hyddysg mewn un sgìl yn gwneud dysgu'r ail yn haws. Er enghraifft, gall gôlgeidwad pêl-droed ddefnyddio ei sgìl a'i wybodaeth am gicio gôl i gymryd ciciau cosb mewn rygbi.

▶ Negyddol – mae dysgu un sgìl yn gwneud dysgu ail sgìl yn anoddach. Er enghraifft, gallai chwaraewr badminton weld nad yw defnyddio ergydion o'r arddwrn yn dda i ddim ar gyfer ergydion tennis, sy'n gofyn am symudiadau â'r fraich gyfan.

▶ Sero – nid oes unrhyw gydrannau trosglwyddadwy rhwng sgìl a ddysgwyd o'r blaen a sgìl newydd. Er enghraifft, naid drosben ar drampolîn a batio mewn criced.

Sut mae trosglwyddo yn digwydd

Gall trosglwyddo sgiliau ddigwydd mewn sawl ffordd fel a ganlyn.

▶ Rhyng-dasg – mae dysgu a pherfformio sgìl newydd yn dylanwadu ar ddysgu a pherfformio sgìl newydd arall mewn amgylchedd neu chwaraeon tebyg. Er enghraifft, gall naid drosben twc ar y trampolîn helpu i ddysgu naid drosben bicell.

▶ Mewn-dasg – mae dysgu a pherfformio sgìl mewn un amgylchedd neu set o amodau yn cael effaith ar ddysgu a pherfformio'r un sgìl mewn amgylchedd gwahanol neu set o amodau. Er enghraifft, gall pêl-droediwr ymarfer cic rydd uniongyrchol o amrywiaeth o bellteroedd o'r gôl.

▶ Lled-drosglwyddo – dysgu a pherfformio sgiliau rhwng dau amgylchedd neu senario tebyg, er enghraifft, dal y bêl ym maes pêl-rwyd a phêl-fasged.

▶ Trosglwyddo pell – dysgu a pherfformio sgiliau rhwng dau amgylchedd neu senario digyswllt. Er enghraifft, efallai y bydd perfformiwr sy'n deall effeithiau'r gwynt wrth hwylio yn gallu addasu cic gosb mewn rygbi yn ystod tywydd gwyntog.

▶ Trosglwyddo dwyochrog – gellir trosglwyddo dysgu un sgìl o un cymal i'r llall. Er enghraifft, mae'r rhan fwyaf o academïau pêl-droed bellach yn annog pob pêl-droediwr i ddefnyddio'r ddwy droed.

Trosglwyddo a chyffredinoli

Weithiau gellir trosglwyddo, neu godi'r dysgu, o un person i'r llall.

▶ Cyffredinoli'r ysgogiad – dysgu sy'n debygol o gael ymateb tebyg ar ôl i'r ymateb gael ei gyflyru. Er enghraifft, mae plentyn sydd wedi dysgu neu wedi cael ei gyflyru i ystyried bod ymosodiadau yn ddrwg yn fwy tebygol o drosglwyddo'r dysgu hwn a pheidio â mwynhau gwylio bocsio ar y teledu.

▶ Cyffredinoli'r ymateb – dysgu sy'n debygol o ledaenu effaith ysgogiad. Er enghraifft, mewn dosbarth o blant, os yw'n oer a bod un plentyn yn gwisgo cot, mae gweddill y dosbarth yn debygol o wneud yr un peth.

Damcaniaeth ar waith

Dewiswch sgìl ar gyfer camp a chreu proffil ar gyfer y sgìl hon, gan restru'r galluoedd a'r technegau y byddech chi'n disgwyl eu gweld fel model perffaith. Yna, gwnewch restr arall o'r cyfnodau dysgu ar gyfer eich sgìl. Ochr yn ochr â'r rhain, rhestrwch lefel y decheng a'r gallu y byddech chi'n disgwyl eu gweld yn cael eu harddangos ym mhob cam dysgu.

Cymharwch eich canlyniadau â phartner sy'n gweithio i weld a ydych chi wedi cyrraedd man cyffredin o ran yr hyn sy'n ofynnol ar gyfer pob cam.

Astudiaeth achos

Chwaraeon ymarferol

Ystyriwch gynifer o'r sesiynau chwaraeon neu'r sesiynau hyfforddi ymarferol yr ydych chi wedi'u cael ar gyfer chwaraeon amrywiol dros yr ychydig fisoedd diwethaf. Gwnewch restr o sgiliau rydych chi wedi'u dysgu ar gyfer o leiaf tri o'r mathau o chwaraeon (er enghraifft, pasio o'r frest mewn pêl-fasged, techneg nofio ar eich blaen wrth nofio a thaflu pêl-droed). Cyfyngwch y rhestr sgiliau i oddeutu 10 sgìl y gamp.

1 Wrth feddwl am y sgiliau rydych chi wedi'u rhestru, faint o'r rhain ydych chi'n meddwl y gellir eu trosglwyddo o un gamp i'r llall?

2 Enwch y mathau o drosglwyddiad a ddefnyddir ar gyfer y sgiliau hyn.

3 Oes gan y chwaraeon rydych chi wedi'u dewis lawer yn gyffredin?

Mae eich tiwtor wedi gofyn ichi lunio dwy set o adnoddau a fydd yn helpu dysgwyr eraill i ddeall damcaniaethau addysgu a dysgu, a sut mae'r damcaniaethau hyn yn cael eu defnyddio mewn chwaraeon.

Ar gyfer y set gyntaf, gofynnir i chi greu cyfres o gardiau fflach neu gardiau adolygu i'w defnyddio gan ddysgwyr eraill sy'n disgrifio dwy ddamcaniaeth gyferbyniol o addysgu a dysgu. Dylai'r cardiau hyn fanylu ar agweddau allweddol ar ddamcaniaethau ymddygiadol a gwybyddol.

Ar gyfer yr ail set, gofynnir i chi greu cyfres o bosteri i'w harddangos mewn ystafell ddosbarth sy'n esbonio'n weledol dri cham dysgu sgiliau a sut mae'r damcaniaethau hyn yn helpu i addysgu a dysgu sgiliau chwaraeon newydd.

Cynllunio
- Beth yw'r dasg? Pa wybodaeth y mae'n rhaid i'r cardiau fflach a'r posteri ei chynnwys?
- O ystyried y bydd yr adnoddau hyn yn cael eu defnyddio gan ddysgwyr eraill, faint o gynllunio ddylwn i ei wneud wrth ddarlunio a chyflwyno'r deunyddiau hyn?

Gwneud
- Rwy'n gwybod sut i ddisgrifio ffactorau allweddol damcaniaethau dysgu ymddygiadol a gwybyddol, a sut orau i gyflwyno'r rhain ar gardiau fflach neu gardiau adolygu.
- Gallaf enwi'r cyfnodau dysgu sgiliau, yna dadansoddi, gwerthuso a dangos sut mae'r rhain yn gweithio (gan ddefnyddio proses gam wrth gam) wrth ddysgu chwaraeon newydd.

Adolygu
- Gallaf egluro pob cydran o'r dasg, sut yr es i ati i adeiladu fy adnoddau ac unrhyw ddadansoddiad neu werthusiad o'r prosesau dysgu sgiliau.
- Gallaf werthuso sut i ymgymryd â dysgu gwahanol sgiliau chwaraeon gan ddefnyddio'r un fformat poster os oes angen. Er enghraifft, gallaf ddadansoddi, gwerthuso a darlunio'r dysgu i serfio pêl dennis yn lle serfio pêl foli.

D Cyflawni strategaethau addysgu a dysgu ar gyfer sgiliau chwaraeon

Gall nifer o wahanol sefyllfaoedd a strategaethau effeithio ar sgiliau addysgu a dysgu. Bydd pob un o'r rhain yn effeithio ar ba ddamcaniaethau addysgu a dysgu rydych chi'n bwriadu eu defnyddio wrth addysgu sgiliau chwaraeon i berfformwyr.

Sgiliau cyflwyno

▶ Rhan o addysgu a dysgu yw gwybod y ffordd fwyaf effeithiol o addysgu'r bobl rydych chi'n eu hyfforddi. Bydd angen i chi wybod sut y gellir dadansoddi tasg ac yna paru'r dadansoddiad hwn â'r dull mwyaf priodol i hwyluso'r dysgu.

> **Cysylltiad**
>
> Mae rhagor o wybodaeth ar ddarparu hyfforddiant a dysgu, a chyflwyno sgiliau newydd ar gyfer hyfforddi, i'w gweld yn *Uned 4: Arweinyddiaeth Chwaraeon* ac *Uned 8: Hyfforddi ar gyfer Perfformiad.* Mae'r unedau hyn hefyd yn cynnwys rhagor o wybodaeth am arddulliau dysgu a mathau o ymarfer.

▶ Sut fyddech chi'n addysgu perfformwyr?

Dadansoddi tasg

Dadansoddir tasgau yn y ffyrdd allweddol canlynol:
▶ Cymhleth neu syml – ffordd hawdd o ddadansoddi sgiliau yw eu diffinio fel cymhleth neu syml. Gelwir sgiliau y gellir eu rhannu'n hawdd i'w cydrannau yn sgiliau syml.

Gelwir y rhai sy'n anodd eu rhannu yn sgiliau cymhleth. Mae'n debygol y bydd angen hyfforddiant mwy trylwyr a manwl ar sgiliau cymhleth.

▶ Nifer y rhannau – gellir dadansoddi sgiliau hefyd yn ôl nifer y 'rhannau' sydd ynddynt pan gânt eu cyflwyno. Fel rheol, po fwyaf o gydrannau y mae sgìl yn eu cynnwys, y mwyaf cymhleth y mae'n debygol o fod.

▶ Lefel sgiliau'r perfformiwr – mae'n bwysig bod tiwtor neu hyfforddwr yn deall lefel sgiliau'r perfformiwr ei hun, o ran yr hyn y gallant ei gyflawni a'r hyn y maent eisoes wedi'i gyflawni. Bydd hyn yn effeithio ar yr hyn maen nhw'n gofyn i'r perfformiwr ei wneud, a'r dulliau maen nhw'n eu defnyddio i ofyn iddyn nhw eu cyflawni.

Dulliau o gyflwyno sgiliau i hwyluso dysgu

Ar ôl i chi bennu cymhlethdod sgìl, ei nifer o rannau a lefel sgiliau'r perfformiwr, bydd angen i chi ddewis y dull gorau o gyflwyno sgiliau newydd i ddysgwyr. Mae yna sawl dull.

▶ Dull rhannol – mae hwn yn pennu is-rannau unrhyw sgìl. Mae'r perfformiwr yn dysgu, yn ymarfer ac yn perffeithio pob cydran cyn symud ymlaen i'r nesaf, ac yn y pen draw mae'n gallu cwblhau'r sgìl gyfan.

▶ Dull cyfan – dangosir y sgìl gyflawn, ac mae'r perfformiwr yn ei dysgu fel un symudiad cyflawn.

▶ Dull rhan flaengar – mae hwn yn cynnwys profiad cychwynnol o'r sgìl sydd wedyn yn galluogi'r perfformiwr i ddychmygu'r hyn y mae'r sgìl yn ei olygu.

▶ Dull cyfan-rhannol – mae hwn yn debyg i'r dull rhannol ond mae'n cynnwys cyflwyniad cychwynnol neu arddangosiad o'r sgìl gyfan cyn ei rhannu'n gydrannau.

Mathau o ymarfer

Un o'r prif ffactorau sy'n dylanwadu ar ddatblygiad sgìl yw ymarfer. Mae gwahanol fathau o sgìl yn gofyn am wahanol fathau o ymarfer. Mae dau brif fath o ymarfer.

▶ Ymarfer sefydlog – mae hyn yn cynnwys ailadrodd y sgìl, gan ganiatáu i'r symudiad ddod yn ail natur trwy gof y cyhyrau. Mae'r math hwn o arfer yn briodol ar gyfer sgìl sydd bob amser yn cael ei pherfformio yn yr un ffordd ac yn annhebygol o gael ei dylanwadu gan yr amgylchedd. Mae'n tueddu i fod o fudd i sgiliau caëedig fel pytio mewn golff.

▶ Ymarfer amrywiol – mae hyn yn cynnwys amrywiaeth o sefyllfaoedd ac amgylcheddau. Mae'r math hwn o arfer yn fuddiol ar gyfer datblygu sgiliau agored lle mae'r patrymau symud cychwynnol yn cael eu haddasu yn ôl yr amgylchiadau. Er enghraifft, dylid driblo mewn pêl-droed mewn gwahanol senarios (megis senarios cyflymder, pellter a sefyllfaoedd gêm amrywiol).

Ni waeth a yw'r arfer yn sefydlog neu'n amrywiol, dylai hyfforddwr hefyd ystyried lefel profiad a chymhelliant y perfformiwr wrth gyflawni'r sgìl: os yw'n rhy anodd efallai y bydd y perfformiwr yn digalonni ac yn colli diddordeb; os yw'n rhy hawdd ac efallai na fydd yr hyfforddwr yn herio'r perfformiwr yn ddigonol.

Y ddau brif fath o ymarfer y gellir eu defnyddio i helpu i ddatblygu sgiliau yw:

▶ más – sesiwn barhaus heb unrhyw seibiannau ac, o'r herwydd, mae orau ar gyfer perfformwyr profiadol

▶ wedi'i ddosbarthu – sesiwn wedi'i rhannu'n gydrannau ac wedi'i chynllunio i roi seibiant i berfformwyr neu ddarparu seibiannau naturiol yn ôl y math o sgìl sy'n cael ei dysgu.

Arddulliau addysgu

Mae pob tiwtor yn debygol o fod ag arddull wahanol wrth gyflwyno dysgu. Mae personoliaeth y tiwtor yn ffactor o bwys a fydd yn effeithio ar arddull y cyflwyniad. Mae Fiedler (1967) wedi nodi dau gategori o arweinwyr y gellir eu cymhwyso i addysgu ac arddull dysgu.

Damcaniaeth ar waith

Nodi a thrafod arweinwyr mewn chwaraeon, o'ch hyfforddwr neu'ch tiwtor i hyfforddwyr proffesiynol proffil uchel. A ydyn nhw'n canolbwyntio ar yr unigolyn neu'n dasg-ganolog?

Mireiniwch eich rhestr i dri arweinydd a thrafodwch rinweddau pob un; beth sy'n eu gwneud yn arweinydd da yn eich barn chi a pha nodweddion neu nodweddion personoliaeth ydych chi'n meddwl eu bod yn arddangos i fod yn arweinydd pwysig?

Trafodwch eich barn mewn grwpiau ac ysgrifennwch eich canfyddiadau ar y bwrdd gwyn i'w cymharu â grwpiau eraill.

▶ Canolbwyntio ar dasgau – arweinwyr/tiwtoriaid sydd â gwybodaeth sy'n gysylltiedig â gweithgaredd/sgiliau a all arwain grŵp o bobl (dysgwyr) yn ystod tasg.

▶ Canolbwyntio ar yr unigolyn – arweinwyr sydd â sgiliau rhyngbersonol cryf sy'n gallu cael y gorau o bob unigolyn yn hytrach na chanolbwyntio ar dasg.

Yn ogystal, mae'n bwysig ystyried personoliaeth dysgwyr, eu lefelau sgiliau, maint y grŵp dysgwyr a'r amser a'r adnoddau sydd ar gael i'r hyfforddwr/tiwtor i'w alluogi i ddatblygu sgiliau perfformio. Ar ôl i'r agweddau hyn gael eu hystyried, gellir mabwysiadu dull addysgu sy'n ystyried yr holl bwyntiau perthnasol hyn.

Sbectrwm arddulliau addysgu Mosston ac Ashworth (1986)

Dadleuai Mosston ac Ashworth fod arddulliau addysgu yn ymwneud yn fwy â fframwaith o berthnasoedd a oedd yn bodoli rhwng y tiwtor a'r dysgwr yn hytrach nag unrhyw dechnegau neu ddulliau addysgu.

Mae gan y fframwaith perthnasoedd hwn sbectrwm sy'n cynnwys nifer o arddulliau ar hyd continwwm sy'n seiliedig ar bwysigrwydd gwneud penderfyniadau, fel y dangosir yn Ffigur 23.8.

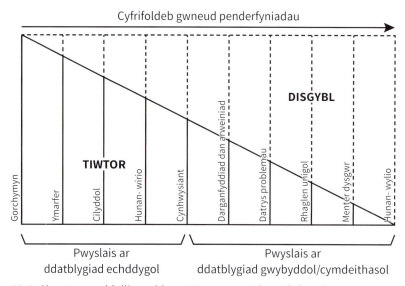

▶ **Ffigur 23.8:** Sbectrwm arddulliau addysgu Mosston ac Ashworth (1986)

Mae pob cam o'r sbectrwm yn dangos arddull addysgu ychydig yn wahanol. Trefnir y rhain gyda'r rhai sydd bennaf dan arweiniad tiwtor ar yr ochr chwith a'r rhai sydd bennaf dan arweiniad dysgwr ar yr ochr dde. Felly, mae'r raddfa'n dirwyn o'r tiwtor yn cyfarwyddo pob cam, i'r dysgwr yn dysgu ei hun. Dyma rai o'r camau allweddol y byddwch chi'n dod ar eu traws.

▶ Gorchymyn – mae'r tiwtor yn gyfrifol am yr holl benderfyniadau ac mae'r dysgwr yn dilyn cyfarwyddiadau, er enghraifft, hyfforddwr neu diwtor yn rhoi cyfarwyddiadau ac yn dangos sgil chwaraeon.

▶ Cilyddol – ar ôl y cyfarwyddyd a'r arddangosiad, byddai'r dysgwr yn ailadrodd y sgil fel y dangoswyd iddo gan y tiwtor. Mae hyn yn caniatáu lefel benodol o hunanddysgu.

▶ Darganfyddiad dan arweiniad – mae dysgwr yn cael gwybodaeth am bwnc heb arweiniad tiwtor. Mae'r dull hwn yn caniatáu i'r dysgwr ddatblygu ei ddealltwriaeth ei hun o'r pwnc.

▶ Datrys problemau – mae hyn yn gofyn am rywfaint o gyfarwyddyd gan yr hyfforddwr neu'r tiwtor cyn ei bod yn ofynnol i'r dysgwyr wneud eu hymchwil eu hunain i ddatrys problemau. O dan yr amgylchiadau hyn, mae'r dysgwyr yn datblygu sgiliau mwy gwybyddol, yn ogystal â mwy o annibyniaeth.

Arddulliau dysgu

Mae pawb yn ei chael hi'n haws dysgu gwybodaeth os caiff ei chyflwyno mewn rhai ffyrdd. Bydd gennych eich ffyrdd eich hun o ddysgu pethau, a bydd rhai ffyrdd o weithio sy'n eich helpu i gofio pethau. Fel rheol gellir nodweddu dysgwyr fel naill ai'n weledol (gweld ac arsylwi ar bethau), clywedol (gwrando ar bethau) neu ginesthetig (dysgu trwy wneud).

Dysgwyr gweledol

Mae **dysgwyr gweledol** yn mwynhau ysgogiad gweledol; maen nhw eisiau darllen, gweld neu arsylwi ar bethau. Mae'n well ganddyn nhw luniau, diagramau a delweddau lliw ac yn edrych ar iaith corff y tiwtor i atgyfnerthu eu dysgu. Mae dysgwyr gweledol yn tueddu i beidio â mwynhau darlithoedd lle mae'r tiwtor yn siarad am gyfnod hir, ac yn aml yn synfyfyrio os nad oes ysgogiadau gweledol.

Mae angen iddyn nhw allu gweld eu tiwtor yn glir a lle tawel i ffwrdd oddi wrth aflonyddwch sŵn i ganolbwyntio'n llawn. Mae dysgwyr gweledol yn aml yn elwa o ddefnyddio delweddau a mapiau meddwl yn eu gwaith ysgrifenedig. Wrth gofio deunydd, mae'n aml yn helpu dysgwyr gweledol i ysgrifennu'r un deunydd drosodd a throsodd i'w serio ar eu cof.

Dysgwyr clywedol

Mae **dysgwyr clywedol** yn dehongli ystyron sylfaenol lleferydd trwy wrando ar lais, tôn a thraw tiwtoriaid neu siaradwyr. Mae'n well ganddyn nhw i'w cyfarwyddiadau gael eu rhoi ar lafar ac anaml y byddan nhw'n ysgrifennu pethau neu'n cymryd nodiadau, felly mae'n well ganddyn nhw ddarlithoedd na darllen.

Mae dysgwyr clywedol yn mwynhau cymryd rhan mewn trafodaethau/dadleuon dosbarth a gwneud cyflwyniadau. Mae dysgwyr clywedol yn cadw gwybodaeth trwy drafod syniadau gyda ffrindiau cydweithwyr neu adrodd gwybodaeth drosodd a throsodd i gofio deunydd yn well.

Dysgwyr cinesthetig

Mae **dysgwyr cinesthetig** angen trin deunyddiau a gwrthrychau wrth astudio. Maen nhw'n gyffredinol dda mewn chwaraeon neu weithgareddau ymarferol, yn aml yn anturus yn eu rhagolwg/natur ac yn ei chael hi'n anodd eistedd am gyfnodau hir. Mae dysgwyr cinesthetig yn aml yn cyfrif gan ddefnyddio eu bysedd ac yn dwdlo wrth wrando.

Mae angen seibiant cyson o'r astudio ar ddysgwyr cinesthetig i atal diflastod. Mae'n bwysig ceisio gwneud eu hastudiaeth yn fwy corfforol trwy ganiatáu iddyn nhw astudio wrth symud. Mae dysgwyr cinesthetig yn hoffi i'w hystafelloedd dosbarth gael posteri neu waith wedi'u harddangos ar y waliau neu gyda cherddoriaeth yn cael ei chwarae yn y cefndir. Wrth ddarllen, dylent sgimio darllen eu gwaith yn gyntaf, yna mynd yn ôl i ddarllen yn fwy manwl.

Dulliau arwain

Pan ddarperir arweiniad dysgu gan y tiwtor neu'r hyfforddwr, mae yna nifer o ffyrdd a dulliau y gellir dysgu. Yn aml bydd y dull gorau yn dibynnu ar yr hyn sy'n gweddu orau i'r dysgwr.

Mae dysgwyr yn unigolion felly nid oes model perffaith i ddysgu unrhyw un perfformiwr. Mae'n bwysig bod hyfforddwr yn ystyried personoliaeth, cymhelliant a lefel sgiliau'r dysgwr, pa arddull dysgu (clywedol, gweledol neu ginesthetig) sy'n cael ei ffafrio, y math o sgìl sy'n cael ei ddysgu (er enghraifft, gwybyddol, canfyddiadol neu echddygol), y ffactorau amgylcheddol y mae'r sgiliau'n cael eu haddysgu a'u mireinio ynddynt ac, yn olaf, y cam dysgu y mae'r dysgwr arno (er enghraifft, gwybyddol, cysylltiol, ymreolaethol), sydd â chysylltiad agos â chynnydd y dysgwr.

Termau allweddol

Dysgwr gweledol – person sy'n dysgu orau drwy ddarllen neu arsylwi.

Dysgwr clywedol – person sy'n dysgu orau drwy wrando a siarad.

Dysgwr cinesthetig – person sy'n dysgu orau drwy drin deunyddiau a gwrthrychau.

Ymchwil

Pa arddull dysgu ydych chi'n meddwl ydych chi? Meddyliwch am gynnwys pob arddull dysgu a chyfiawnhewch eich penderfyniadau. Cymerwch arolwg barn ar gyfer pob un o'r tri arddull dysgu. Pa arddull yw'r mwyaf poblogaidd ac a ydych chi'n meddwl bod eich darlithoedd/gwersi yn ystyried y canlyniadau hyn?

Mathau o ganllawiau

▶ Mae arweiniad gweledol yn cynnwys trosglwyddo gwybodaeth trwy fideo, cymhorthion gweledol (er enghraifft, posteri neu ffotograffau) a lluniau gwe-gamera. Mae arweiniad gweledol yn ddefnyddiol wrth gyflwyno gwybodaeth a deunydd newydd sy'n caniatáu i'r dysgwyr greu darlun meddyliol o'r hyn sydd i'w gyflawni.

▶ Mae arweiniad llafar yn fuddiol cyhyd â'i fod yn glir ac yn gryno. Gall dechreuwyr gael problemau gydag arweiniad llafar ac yn aml mae'n fwy defnyddiol pan fydd perfformiwr yn fwy profiadol ac yn fwy parod i dderbyn sgwrs un i un gyda hyfforddwr neu diwtor yn egluro (yn fanwl) beth sydd angen ei wneud i fynd i'r afael ag unrhyw broblemau.

▶ Mae arweiniad â llaw yn cynnwys dull mwy ymarferol lle gall yr hyfforddwr neu'r tiwtor symud y perfformiwr yn gorfforol i'r ystum cywir i gynorthwyo **cof cyhyrau**.

MUNUD I FEDDWL Pa ffactorau y gallai fod angen i chi eu cofio wrth roi arweiniad i athletwr ar berfformiad?

Awgrym Ydych chi'n meddwl ei bod hi'n bosibl rhoi gormod o wybodaeth ar unwaith?

Ymestyn Sut allech chi rannu'ch canllawiau yn gategorïau neu gydrannau?

Ymarfer asesu 23.4

D.P7 D.P8 D.M4 D.D3

Mae eich tiwtor wedi gofyn ichi lunio aseiniad dwy ran a fydd yn cael ei ddangos/dosbarthu i ddysgwyr chwaraeon newydd y flwyddyn nesaf fel paratoad ar gyfer sut y byddant yn dysgu sgiliau chwaraeon newydd.

Mae Rhan 1 yn gyflwyniad sy'n archwilio'r damcaniaethau addysgu a dysgu mewn chwaraeon.

Mae Rhan 2 yn gasgliad o glipiau fideo sy'n rhoi enghreifftiau o'r strategaethau addysgu a dysgu sy'n cael eu cynnal yn y coleg. Dylai'r ddwy ran gael eu gwneud ar PowerPoint®.

Cynllunio

- Beth yw'r dasg? Beth yw fy rôl a sut y byddaf yn mynd i'r afael â'r ddwy ran i gynhyrchu'r ymchwil sy'n angenrheidiol ar gyfer cyflwyniad?
- Pa mor hyderus ydw i yn fy ngalluoedd fy hun i gyflawni'r gweithgareddau hyn a dadansoddi'r canlyniadau sy'n ymwneud â'r hyn sy'n cael ei ofyn? A oes unrhyw feysydd y credaf y byddaf yn cael anhawster â hwy?

Gwneud

- Rwy'n gwybod sut i archwilio gwahanol gydrannau damcaniaethau addysgu a dysgu, ac enghreifftiau fideo o strategaethau addysgu a dysgu sy'n cael eu cynnal yn y coleg.
- Gallaf adnabod ble y gallai fy adroddiad fod wedi mynd o'i le ac addasu fy ngwaith meddwl/dull er mwyn cael fy hun yn ôl ar y trywydd iawn drwy gyfeirio at fy nodiadau neu'r gwerslyfr hwn.

Adolygu

- Gallaf egluro beth oedd y dasg a sut y gwnes i fynd ati i adeiladu fy nghyflwyniad a'r argymhellion.
- Gallaf egluro sut y byddwn yn mynd at yr elfennau anoddaf yn wahanol y tro nesaf (h.y. y dadansoddiad – beth fyddwn i'n gwneud yn wahanol). Er enghraifft, gallwn edrych ar ddulliau ffilmio amgen i adolygu'r strategaethau addysgu a dysgu a gynhelir yn y coleg; cyfweld â dysgwyr efallai i gael eu barn.

BETH AM ▶▶Y DYFODOL?

Sarah O'Leary

Tiwtor AG ysgol uwchradd dan hyfforddiant

Astudiais BTEC Cenedlaethol mewn Chwaraeon Lefel 3 mewn coleg addysg bellach rhwng 2010 a 2013. Buan y gwyddwn fy mod, pan orffennais, eisiau bod yn diwtor addysg gorfforol. Fe wnes i fy nghymhwyster hyfforddwr campfa Lefel 2 a'm cymhwyster hyfforddi pêl-fasged Lefel 2 yn y coleg a mwynheais fynd i'r ysgolion a darparu sesiynau hyfforddi fel profiad gwaith. Fe wnaeth y cwrs BTEC fy helpu gyda'r wybodaeth am sut mae hyfforddi'n gweithio, y gwahanol ffyrdd y mae plant yn dysgu ac, yn bwysicaf oll, sut i gael y gorau o sesiynau addysg gorfforol, eu gwneud yn bleserus a gweld gwelliant yng nghyflawniadau chwaraeon plant.

Pan wnes i gwblhau'r cwrs BTEC, cefais swydd fel cynorthwyydd dysgu yn fy ysgol uwchradd leol. Gweithiais yn bennaf gyda'r adran addysg gorfforol a mwynheais bob eiliad. Ar ôl blwyddyn, roeddwn i'n teimlo fy mod i wedi cael digon o wybodaeth ac wedi cynilo digon o arian i fynd i'r brifysgol. Astudiais addysg gorfforol a chefais dair blynedd wych. Ar hyn o bryd rwy'n gweithio tuag at fy Nhystysgrif Addysg i Raddedigion (TAR) ac yn gweithio mewn academi uwchradd yn paratoi dysgwyr Blwyddyn 11 ar gyfer eu harholiadau perfformiad ymarferol TGAU.

Mae fy rôl yn amrywiol ac mae llawer o'r dysgwyr yn troi ataf am gymorth ychwanegol gyda'u portffolios addysg gorfforol a'u hadolygu ychwanegol. Mae hyn, ynghyd â pharatoi a marcio gwersi (mae fy mentor dysgu i gyd yn eu gwirio), yn golygu oriau o waith caled, ond mae'n werth chweil ac yn wych gweld dysgwyr yn cyflawni.

Addysgu addysg gorfforol yw fy mreuddwyd. Yn y tymor byr, rwyf am barhau fel tiwtor dosbarth, ond yn y tymor hir rwyf am ystyried dod yn Bennaeth Adran a datblygu addysgu a hyfforddi addysg gorfforol ymhellach er budd y dysgwyr.

Canolbwyntio eich sgiliau

Deall natur perfformiad medrus

Mae'n bwysig gallu dadansoddi a dehongli nodweddion perfformiad medrus a chyfraniad sgiliau a galluoedd i'w gynhyrchu. Mae angen i chi:

- adolygu a dadansoddi'r broses ddysgu a'r perfformiad wrth hyfforddi/addysgu sgiliau newydd i berfformwyr neu ddatblygu rhai sy'n bodoli eisoes
- cydnabod sut mae sgiliau'n cael eu dosbarthu a sut mae perfformiad medrus yn edrych, sy'n gofyn am ddealltwriaeth fanwl o rinweddau perfformiad medrus, cydrannau sgìl a'r dadansoddiad ohonynt
- deall nodweddion a dosbarthiad galluoedd, sut mae'r rhain yn wahanol i sgiliau, sut maen nhw'n cael eu hystyried o ran natur yn erbyn magwraeth a sut maen nhw'n cael eu categoreiddio a'u cysylltu â chydrannau ffitrwydd.

Damcaniaethau addysgu a dysgu mewn chwaraeon

Mae angen i chi gael dealltwriaeth dda o sut y gellir cymhwyso damcaniaethau addysgu a dysgu i chwaraeon, sy'n cynnwys:

- deall sut mae damcaniaethau ymddygiadol a gwybyddol yn egluro sut mae pobl yn dysgu sgiliau newydd
- deall sut mae dysgu sgiliau newydd yn mynd trwy wahanol gyfnodau dysgu, a nodweddion pob cam
- deall sut y gellir cymryd dysgu o un sgìl a'i drosglwyddo tuag at ddysgu tasg neu sgìl newydd.

Paratoi ar gyfer asesiad

Mae Reece yn gweithio tuag at gwblhau ail flwyddyn ei gwrs BTEC Cenedlaethol mewn Chwaraeon. Mae wedi cael aseiniad i greu cyflwyniad yn archwilio'r dulliau ar gyfer caffael sgiliau mewn chwaraeon. Caiff y cyflwyniad fod ar ffurf o'i ddewis ef (PowerPoint®, posteri, sioe sleidiau, ac ati), ond rhaid iddo fynd i'r afael â'r pwyntiau allweddol canlynol.

▶ Natur a phrosesu gwybodaeth ar gyfer perfformiad medrus

▶ Damcaniaethau addysgu a dysgu mewn chwaraeon

▶ Strategaethau addysgu a dysgu ar gyfer sgiliau chwaraeon

Mae Reece yn rhannu ei brofiad isod.

Sut y dechreuais i

Yn gyntaf, ysgrifennais restr o bopeth a ddysgais yn ystod fy narlithoedd yn y coleg. Dechreuais trwy strwythuro fy nghyflwyniad o dan bedwar pennawd allweddol.

▶ Beth yw perfformiad medrus?
▶ Sut mae perfformwyr yn prosesu gwybodaeth ar gyfer perfformiad medrus
▶ Damcaniaethau addysgu a dysgu
▶ Strategaethau dysgu

Penderfynais ar gyflwyniad PowerPoint® er mwyn i mi allu cynnwys lluniau. Roedd y rhan gyntaf yn eithaf hawdd – edrychais trwy fy nodiadau a llunio fframwaith o'r hyn yw perfformiad medrus. Roedd gweddill y penawdau'n anoddach oherwydd, ar wahân i'r ychydig rannau o theori roeddwn wedi'u gwneud yn y coleg, nid oeddwn yn rhy siŵr beth arall y gallwn ei gynnwys. Gofynnais i'm tiwtor a allwn dynnu lluniau a ffilmio ychydig o ddarlithoedd/gwersi i gael delweddau o ddysgu yn digwydd. Helpodd hyn i ddelweddu'r gwahanol ddulliau o ddysgu. Fodd bynnag, y peth pwysicaf o bell ffordd oedd gallu ffilmio sesiynau ymarferol o gyd-ddysgwyr yn cael eu hyfforddi, er mwyn imi allu cyfeirio at eu sgiliau a'u lefel sgiliau yn fy nghyflwyniad. Awgrymodd fy nhiwtor hefyd y dylwn gynnwys diagramau yn fy nghyflwyniad gan y byddai hyn yn creu cynrychiolaeth weledol o'r damcaniaethau cymhleth sy'n cael eu trafod.

Sut y des i â'r cyfan at ei gilydd

Er bod fy nghwrs wedi dysgu llawer i mi am gaffael sgiliau ac arddulliau dysgu, rwyf mor falch fy mod wedi gofyn am ganiatâd i ffilmio darlithoedd a'r dysgu sy'n digwydd a hyfforddi chwaraeon. Roedd yr hyn a welais yn rhoi popeth mewn persbectif. Drwy gyfuniad o'r ddau ddull llwyddais i:

▶ ymchwilio i natur perfformiad medrus
▶ archwilio ffyrdd y mae perfformwyr chwaraeon yn prosesu gwybodaeth ar gyfer perfformiad medrus
▶ archwilio damcaniaethau addysgu a dysgu mewn chwaraeon
▶ cynnal strategaethau addysgu a dysgu ar gyfer sgiliau chwaraeon.

Beth wnes i ei ddysgu o'r profiad

Rwy'n falch fy mod wedi rhoi digon o amser i mi fy hun gynllunio fy nghyflwyniad. Pe bawn i wedi gadael popeth i'r funud olaf, ni fyddwn wedi cael cyfle i ffilmio darlithoedd, y dysgu a oedd yn digwydd a hyfforddi chwaraeon. Gwnaeth astudio'r uned hon wneud imi sylweddoli cymhlethdod a maint y sgìl sy'n gysylltiedig â chwaraeon a hefyd, yr un mor gymhleth, sut mae sgiliau'n cael eu dysgu. Dysgais hefyd pa mor ddefnyddiol y gall camera a chamcorder fod i recordio lluniau a all fod yn fuddiol fel tystiolaeth ar gyfer asesiadau.

Pwyntiau i'w hystyried

▶ Sicrhewch eich bod yn rhoi digon o amser i chi'ch hun gynllunio ac ysgrifennu'ch aseiniadau.

▶ Peidiwch â bod ofn defnyddio'r cyfarpar TG yn eich ysgol neu goleg am syniadau ac ysbrydoliaeth, ond ymgynghorwch â'ch tiwtor ymlaen llaw bob amser am yr hyn yr hoffech ei wneud.

▶ Cofiwch eich bod chi'n ddysgwr chwaraeon. Archwiliwch hyfforddi ac addysgu chwaraeon yn yr ysgol neu'r coleg, ac ystyriwch nid yn unig athletwyr medrus ond y perfformwyr hynny sydd newydd ddechrau neu'n dysgu sgiliau newydd.

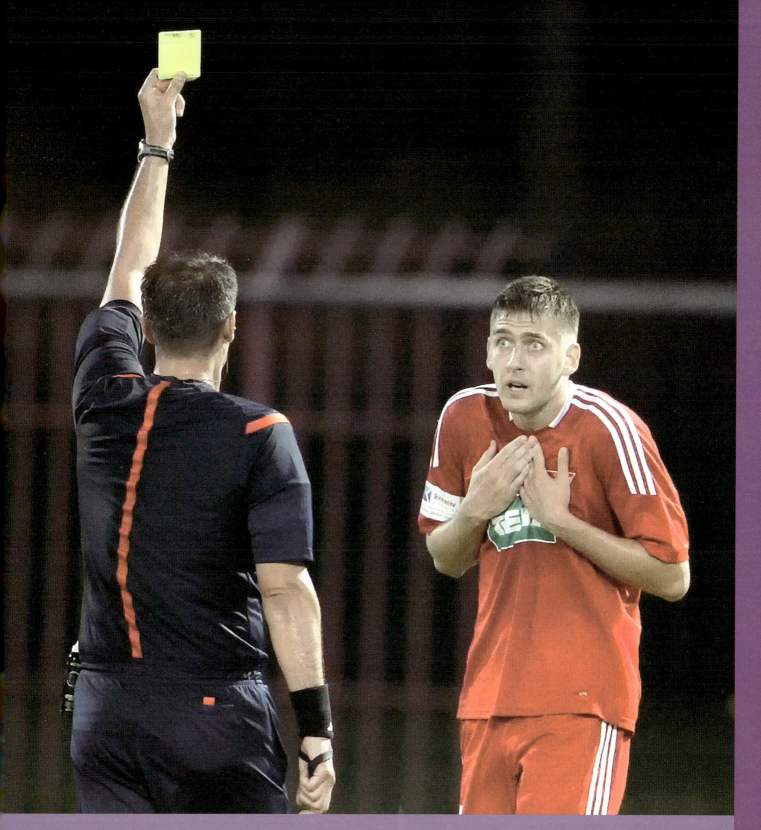

Rheolau, Rheoliadau a Swyddogion ym Maes Chwaraeon

25

Dod i adnabod eich uned

Tasg ddiddiolch yw bod yn swyddog ym marn llawer, ond mae'r rhan fwyaf o swyddogion yn hapus eu byd gan eu bod yn gwybod eu bod yn gwneud gwahaniaeth ac yn darparu gwasanaeth hanfodol. Mae llawer yn dweud nid yn unig eu bod yn mwynhau'r rôl ond hefyd yn mwynhau gwybod eu bod wedi bod yn rhan o ddatblygiad chwaraewyr a dysgu sut i wella eu hunain dan bwysau.

Mae'r uned hon yn caniatáu ichi archwilio'n llawn rolau a chyfrifoldebau swyddogion mewn ystod o chwaraeon o ddyfarnwyr tennis i ddyfarnwyr rygbi, o ddyfarnwyr gymnasteg i swyddog trac.

Byddwch hefyd yn datblygu ac yn cynnal eich gallu eich hun i gymhwyso rheolau chwaraeon-benodol yn yr ysbryd y bwriadwyd iddyn nhw gael eu cynnal, yn ogystal â chymryd golwg hanesyddol ar ddatblygiad swyddogion.

Dylai'r uned roi'r cyfle i chi gynnal a datblygu eich gallu fel swyddog, gan gynnwys gwerthusiad terfynol o'ch perfformiad eich hun fel swyddog.

Sut y cewch eich asesu

Bydd yr uned hon yn cael ei hasesu drwy gyfrwng cyfres o dasgau a osodir gan eich tiwtor. Trwy gydol yr uned hon fe welwch ymarferion asesu defnyddiol a fydd yn eich helpu i weithio tuag at eich aseiniad. Ni fydd cwblhau pob un o'r ymarferion hyn yn golygu eich bod yn cyflawni gradd benodol, ond byddech wedi cyflawni ymchwil neu baratoad defnyddiol a fydd yn berthnasol yn eich aseiniad terfynol.

I gyflawni'r tasgau yn eich aseiniad, mae'n bwysig gwirio eich bod wedi cwrdd â'r holl feini prawf er mwyn Llwyddo. Gallwch wneud hyn wrth i chi weithio'ch ffordd trwy'r aseiniad.

Os ydych chi'n gobeithio ennill gradd Deilyngdod neu Ragoriaeth, dylech hefyd sicrhau eich bod chi'n cyflwyno'r wybodaeth yn eich aseiniad yn yr arddull sy'n ofynnol gan y maen prawf asesu perthnasol. Er enghraifft, gallai'r meini prawf Teilyngdod ofyn i chi ddadansoddi, a'r meini prawf Rhagoriaeth ofyn i chi werthuso.

Bydd yr aseiniad a osodir gan eich tiwtor yn cynnwys nifer o dasgau sydd wedi'u cynllunio er mwyn bodloni'r meini prawf yn y tabl. Mae hyn yn debygol o gynnwys aseiniadau ysgrifenedig ac ymarferol a gall hefyd gynnwys gweithgareddau fel:

▶ adroddiad ysgrifenedig yn trafod sut mae rolau a chyfrifoldebau swyddogion wedi esblygu

▶ adroddiad ysgrifenedig neu ddadansoddiad fideo o berfformiad swyddogion sy'n nodi sut y cymhwyswyd y rheolau, y deddfau a'r rheoliadau

▶ arddangosiad ymarferol lle rydych chi'n defnyddio'r rheolau a'r rheoliadau cywir mewn amgylchedd rheoledig

▶ adroddiad ysgrifenedig yn dadansoddi eich perfformiad eich hun wrth ddyfarnu mewn camp ddethol.

Meini prawf asesu

Mae'r tabl hwn yn dangos yr hyn sy'n rhaid i chi ei wneud i **Lwyddo**, neu i gael **Teilyngdod** neu **Ragoriaeth**, a sut i ddod o hyd i weithgareddau i'ch helpu.

Llwyddo	**Teilyngdod**	**Rhagoriaeth**
Nod dysgu Deall datblygiad rolau a chyfrifoldebau swyddogion sy'n ymwneud â chwaraeon		
A.P1 Esbonio sut a pham y mae rôl bresennol a chyfrifoldebau'r swyddog wedi esblygu dros amser. **Ymarfer asesu 25.1**	**A.M1** Dadansoddi sut a pham y mae rôl bresennol a chyfrifoldebau swyddogion wedi esblygu dros amser. **Ymarfer asesu 25.1**	**A.D1** Gwerthuso'r dylanwadau sy'n cyfrannu at esblygiad rolau a chyfrifoldebau presennol swyddogion a'u heffeithiau. **Ymarfer asesu 25.1**
Nod dysgu Archwilio perfformiad swyddogion mewn camp ddethol		
B.P2 Archwilio perfformiad swyddogion mewn chwaraeon dethol. **Ymarfer asesu 25.2**	**B.M2** Dadansoddi cryfderau a gwendidau perfformiad swyddogion mewn chwaraeon dethol. **Ymarfer asesu 25.2**	**B.D2** Gwerthuso perfformiad swyddogion sy'n dyfarnu mewn chwaraeon dethol ar gyfer arfer da a argymhellir. **Ymarfer asesu 25.2**
B.P3 Adolygu perfformiad swyddogion, gan ddefnyddio dulliau asesu mewn rhai chwaraeon dethol, gan adnabod cryfderau a meysydd i'w gwella. **Ymarfer asesu 25.2**		
Nod dysgu C Ymgymryd â rôl swyddog mewn camp gystadleuol		
C.P4 Cyflawni dwy rôl swyddog mewn chwaraeon a ddewiswyd, gan gymhwyso rheolau, deddfau a rheoliadau mewn arfer cystadleuol yn gywir. **Ymarfer asesu 25.3**	**C.M3** Cyflawni dwy rôl swyddog mewn chwaraeon a ddewiswyd, gan gymhwyso rheolau, deddfau a rheoliadau yn briodol ac yn gywir mewn sefyllfa gystadleuol. **Ymarfer asesu 25.3**	**C.D3** Gwerthuso eich perfformiad, eich cryfderau a'ch meysydd i'w gwella, gan ddefnyddio adborth gan eraill a dau ddull asesu gwahanol i argymell gwelliannau ar gyfer datblygiad personol. **Ymarfer asesu 25.3**
C.P5 Adolygu eich perfformiad eich hun wrth weithio fel swyddog mewn camp ddethol, gan ddefnyddio dau ddull asesu, gan nodi'r sgiliau a enillwyd. **Ymarfer asesu 25.3**	**C.M4** Asesu eich perfformiad eich hun, nodi cryfderau a meysydd i'w gwella, gan ddefnyddio adborth gan eraill a dau ddull asesu gwahanol. **Ymarfer asesu 25.3**	

Dechrau arni

Mae swyddogion, dyfarnwyr, beirniaid, cychwynwyr ac ystlyswyr oll yn rhan hanfodol o chwaraeon. Mae pob un yn gyfrifol am reoli perfformwyr yn eu camp a sicrhau eu hiechyd a'u diogelwch. Mae llawer yn wirfoddolwyr di-dâl. Ystyriwch ddyfarnwr rygbi'r Gynghrair dydd Sul, y beirniad gymnasteg neu'r cychwynnwr mewn digwyddiad athletau. Pa ddyletswyddau fydd ganddyn nhw yn gyffredin a beth fydd yn wahanol?

 A **Deall datblygiad rolau a chyfrifoldebau swyddogion sy'n ymwneud â chwaraeon**

Cysylltiad

Mae gan yr uned hon gysylltiadau cryf ag *Uned 3: Datblygiad Proffesiynol yn y Diwydiant Chwaraeon, Uned 4: Arweinyddiaeth Chwaraeon, Uned 6: Seicoleg Chwaraeon* ac *Uned 12: Hunangyflogaeth yn y Diwydiant Chwaraeon*.

Trafodaeth

Ystyriwch chwaraeon deilliadol (*derivative*) ac fel grŵp trafodwch y goblygiadau ar gyfer fersiynau eraill pob camp. Sut allai gwaith swyddog fod yn wahanol? Allech chi ddyfeisio'ch camp ddeilliadol eich hun o un sy'n bodoli eisoes? Pa addasiadau i'r rheolau y gallech chi eu gwneud?

Hanes rheolau a rheoliadau

Mae gan lawer o'r chwaraeon sy'n bodoli heddiw hanes hir ac yn aml fe wnaethant ddechrau fel gweithgareddau hamdden ymhell cyn dod yn ffefrynnau rhyngwladol. Pêl-droed yw'r chwaraeon tîm byd-eang mwyaf poblogaidd o ddigon; mae'n cael ei chwarae a'i wylio bron ym mhobman yn y byd. Efallai y bydd yn syndod ichi nad oedd gan ffurf gynharaf y gêm yng Nghymru yn yr Oesoedd Canol braidd ddim rheolau ac roedd timau o drefi cyfan yn ei chwarae! Adnabyddwyd fel Cnapan, neu Criapan.

Mae gan lawer o chwaraeon – gan gynnwys rygbi, pêl-droed, tennis, sboncen a phêl-rwyd – eu gwreiddiau yn ysgolion Prydain yn y 19eg ganrif. Dyfeisiodd chwaraewyr o'r ysgolion hyn eu rheolau ysgol eu hunain yn gyntaf, ac yn y pen draw un set o reolau y mae'n rhaid i bawb gydymffurfio â nhw (fel y gallai ysgolion gystadlu yn erbyn ei gilydd). Cyfeirir at y broses raddol hon fel 'codeiddio'. O'r fan hon, wrth i chwaraeon symud i'r byd ehangach, ffurfiwyd cyrff llywodraethu cenedlaethol (NGBs) i safoni un set o reolau.

Mae'r broses hon ei hun wedi cael dylanwad ar reolau'r mwyafrif o chwaraeon: er enghraifft, credir yn aml bod hanner amser yn angenrheidiol ar gyfer gorffwys, ond, mewn gwirionedd, cafodd ei ddefnyddio'n wreiddiol fel ffordd o rannu'r rheolau ar gyfer ysgolion. Roedd yr hanner cyntaf yn cael ei chwarae yn ôl rheolau un ysgol, a'r ail hanner yn ôl rheolau'r llall, ac yn cael ei ddyfarnu gan athrawon o'r ddwy ysgol ac yn y pen draw gan swyddogion niwtral.

Yn fwy diweddar, mae cyrff llywodraethu ar gyfer chwaraeon mwy newydd wedi datblygu rheolau am resymau eraill. Gellir galw nifer o'r chwaraeon hyn yn 'chwaraeon deilliadol'. Fel arfer fersiynau modern o chwaraeon sefydledig ydyn nhw a gyflwynwyd i ddenu sylw newydd i chwaraeon pan oedd y niferoedd yn gostwng neu oherwydd eu bod yn cael eu hystyried yn fwy cyffrous. Ymhlith yr enghreifftiau mae pêl-droed pump bob ochr, pêl-foli traeth, criced T20, rygbi saith pob ochr a phêl-fasged 3-ar-3.

▶ Mae rôl y dyfarnwr rygbi wedi newid cryn dipyn ers diwedd y 1800au.

Rheolau/deddfau a rheoliadau cyrff llywodraethu gwahanol chwaraeon

Un o brif ystyriaethau a rolau swyddog yw eu gwybodaeth am y rheolau, y rheoliadau a'r deddfau, a'r ffordd y maen nhw'n cael eu cymhwyso. Mae chwaraeon yn amrywio yn ôl amrywiaeth o ffactorau, ond yn gyffredinol mae rheolau yn cael eu sefydlu a'u mynegi fel rhan o broses debyg i'r enghraifft pêl-fasged a ddangosir yn Ffigur 25.1, gan ddechrau ar lefel fyd-eang a hidlo i lawr i lefel leol.

Rhyngwladol

Mae FIBA (corff llywodraethu'r byd) yn cynnal Cyngres y Byd bob 4 blynedd i benderfynu ar unrhyw newidiadau i reolau a gwelliannau (e.e. gêm o 4 chwarter yn hytrach na 2 hanner)

Cenedlaethol

Mae'r cyrff llywodraethu cenedlaethol yn dehongli rheolau FIBA ac yn eu trosglwyddo i bob swyddog sydd wedi cymhwyso a chofrestru'n genedlaethol, gan ddarparu hyfforddiant lle bod hynny'n angenrheidiol

Lleol

Mae cynghreiriau lleol yn defnyddio eu swyddogion a'u harbenigwyr cenedlaethol eu hunain, ac yn hyfforddi swyddogion lleol

▸ **Ffigur 25.1:** Y broses o reoli'r rheolau pêl-fasged, o lefel byd-eang i lefel cynghrair leol

Y rheolau presennol ar gyfer gwahanol chwaraeon

Fel y gwelir yn Ffigur 25.1, mae rheolau chwaraeon fel arfer yn cael eu pennu'n rhyngwladol yn y lle cyntaf ac yna'n genedlaethol. Dangosir enghreifftiau o'r sefydliadau sy'n ymwneud â gwahanol chwaraeon yn Nhabl 25.1.

Weithiau, mae rheolau yn cael eu dehongli'n wahanol yn ôl lefel y gystadleuaeth. Er enghraifft, mae rheolau sy'n ymwneud â dillad a chyfarpar ar gyfer criced yn benodol iawn ar lefel ryngwladol lle mae delwedd y gamp yn amlwg. Mae'r rheolau hyn yn fwy llac mewn cystadlaethau lleol, lle mae chwaraewyr a thimau yn llai caeth o ran yr hyn maen nhw'n cael gwisgo.

▸ **Tabl 25.1:** Cyrff sy'n ymwneud â phennu rheolau ar gyfer gwahanol chwaraeon

Chwaraeon	Corff llywodraethu rhyngwladol	Corff llywodraethu cenedlaethol	Sefydliad lleol (enwau enghreifftiol, nid sefydliadau go iawn)
Badminton	Ffederasiwn y Byd Badminton	Badminton Cymru	Cymdeithas Badminton Sir y Fflint
Pêl-droed	FIFA (Fédération Internationale de Football Association / Ffederasiwn Pêl-droed Rhyngwladol)	Cymdeithas Bêl-droed Cymru	Cynghrair Bêl-droed Gwynedd
Jiwdo	IJF (International Judo Federation/ Ffederasiwn Jiwdo Rhyngwladol)	Cymdeithas Judo Cymru	Jiwdo Rhanbarth y De-ddwyrain
Rygbi'r Undeb	IRB (International Rugby Board / Bwrdd Rygbi Rhyngwladol)	Undeb Rygbi Cymru	Undeb Rygbi Cymru Dolgellau
Rygbi'r Gynghrair	RLIF (Rugby League International Federation / Ffederasiwn Rygbi'r Gynghrair Rhyngwladol)	Rygbi'r Gynghrair Cymru	Rygbi'r Gynghrair Caerdydd
Tennis	ITF (International Tennis Federation / Ffederasiwn Tennis Rhyngwladol)	Tennis Cymru	Cymdeithas Tennis Caergybi
Criced	ICC (International Cricket Council / Cyngor Criced Rhyngwladol)	Criced Cymru	Cynghrair Pentref Gorseinion
Pêl-rwyd	INF (International Netball Federation / Ffederasiwn Pêl-rwyd Rhyngwladol)	Pêl-rwyd Cymru	Pêl-rwyd Treforus
Pêl-fasged	FIBA (International Basketball Federation / Ffederasiwn Pêl-fasged Rhyngwladol)	Pêl-fasged Cymru	Cymdeithas Pêl-fasged Casnewydd
Pêl-foli	FIVB (International Volleyball Federation / Ffederasiwn Pêl-foli Rhyngwladol)	Pêl-foli Cymru	Cymdeithas Pêl-foli Aberhonddu

Mae yna hefyd fersiynau o lawer o'r chwaraeon hyn ar gyfer pobl â nam corfforol neu feddyliol, fel pêl-fasged cadair olwyn, pêl-droed i bobl ddall a thennis cadair olwyn. Er enghraifft, chwaraewyd boccia yn wreiddiol gan bobl â pharlys yr ymennydd ond mae wedi'i addasu i gynnwys ystod eang o anableddau sgiliau echddygol. Mae chwaraewyr yn taflu peli lledr mor agos â phosib i bêl darged wen o'r enw jac (tebyg i bowlio). Dyfernir pwynt i'r chwaraewr sy'n glanio agosaf at y jac. Gellir taflu neu gicio peli, neu gellir defnyddio ramp. Gall unigolion, parau neu grwpiau o dri chwarae boccia.

> ### Ymchwil
>
> Mewn pâr neu grŵp bach, ymchwiliwch i'r chwaraeon a ddangosir yn Nhabl 25.1 a lluniwch adroddiad byr am y rheolau a'r rheoliadau allweddol ym mhob un o'r chwaraeon hynny. Ystyriwch y cwestiynau canlynol: Sut mae'r chwaraeon yn gweithio mewn cystadleuaeth? Pa reolau sy'n ymwneud â ffactorau fel chwarae a sgorio? Sut mae camymddwyn yn y gamp yn cael ei gosbi? Pa mor fawr ddylai'r lle chwarae fod? Rhoddir hoci fel *Enghraifft ar waith* isod.

Enghraifft ar waith

Gêm tîm yw hoci gydag 11 chwaraewr i bob ochr a hyd at 5 eilydd. Nod y gêm yw taro'r bêl i gôl y gwrthwynebydd, rhwng y pyst gôl ac o dan y trawst, gyda'r tîm sy'n sgorio'r nifer fwyaf o goliau yn ennill. Dim ond o'r tu mewn i'r cylch saethu y gellir sgorio – darn hanner cylch o flaen gôl y gwrthwynebwyr. Ni chaniateir goliau a sgoriwyd o'r tu allan i'r hanner cylch. Os yw'r ddau dîm yn sgorio'r un faint, dyfernir gêm gyfartal. Mae gêm yn dechrau gyda gwthio o'r smotyn canol.

Rhennir pob gêm yn ddau hanner o 35 munud yr un. Mae pob hanner yn dechrau gyda phas o ganol y llinell hanner ffordd. Ar ôl gôl, mae'r ornest yn cael ei hailgychwyn yn yr un modd. Mae egwyl o 5 munud ar hanner amser, neu'n hirach os cytunwyd yn flaenorol.

Rhaid bod gan bob tîm gôl-geidwad gyda'r deg chwaraewr arall yn chwaraewyr maes.

Mae hoci yn cael ei chwarae gyda phêl galed ac mae pwyslais cryf ar ddiogelwch. Rhaid i chwaraewyr beidio â chwarae'r bêl yn beryglus nac mewn ffordd sy'n arwain at chwarae peryglus. Mae pêl yn cael ei hystyried yn beryglus pan fydd yn achosi camau osgoi cyfreithlon gan chwaraewyr. Rhaid i swyddogion a chwaraewyr sicrhau y cedwir at ysbryd rheolau'r gêm.

 **MUNUD I FEDDWL**   Beth yw'r rheolau pwysicaf ar gyfer camp?

Awgrym   A allwch chi nodi'r deg rheol orau ar gyfer eich camp? Lluniwch restr yn nhrefn pwysigrwydd. Meddyliwch beth allai fod angen i rywun ei wybod pe na baent erioed wedi chwarae o'r blaen.

Ymestyn   Ar gyfer un o'r rheolau, lluniwch fwrdd stori sy'n dangos y rheol yn glir ac yn dangos y rheswm dros y rheol.

Rheoliadau presennol

Pa fathau o reolau sy'n gyffredin i'r mwyafrif o chwaraeon? Rhaid i reolau fod yn benodol iawn ynghylch yr hyn a ganiateir ac na chaniateir, a sut i benderfynu a yw rheol wedi'i thorri ai peidio. Ond mae rhai egwyddorion yn gyffredin i'r mwyafrif o chwaraeon.

- ▶ **Ardal chwarae neu ddimensiynau** – gall maint yr arwyneb chwarae amrywio o fewn ystod a bennir gan y corff llywodraethu, sy'n esbonio pam mae rhai caeau pêl-droed neu rygbi yn llai o gymharu ag eraill a pham mae byrddau tennis bwrdd yn wahanol o ran maint. Ond mae rhai chwaraeon yn llymach: er enghraifft, rhaid i bob cwrt tennis fod yr un maint yn union.

▶ **Arwyneb chwarae** – mewn rhai chwaraeon, fel tennis, gall yr arwynebau amrywio o laswellt, concrit a chlai i sment, i gyd o fewn y rheolau, tra bod yn rhaid i eraill, fel jiwdo, ddigwydd ar yr un math o arwyneb bob amser.

▶ **Nifer y chwaraewyr** – gall chwaraeon amrywio o unigolyn i chwaraeon tîm, gyda thimau o wahanol feintiau. Gall nifer y chwaraewyr hefyd gynnwys eilyddion sy'n cymryd lle chwaraewyr naill ai'n barhaol (fel mewn pêl-droed) neu ar sail newid rheolaidd (fel mewn hoci iâ neu bêl-fasged).

▶ **Amser** – gellir chwarae chwaraeon mewn amser real (fel golff neu badminton) ond hefyd mewn amser a reolir yn artiffisial lle mae cloc yn dangos pryd mae amser gêm wedi'i stopio a'i ailgychwyn (megis ar gyfer pêl-fasged). Yn ddiweddar, fe wnaeth Undeb Rygbi Cymru atal neu stopio amser gêm, yn enwedig tuag at ddiwedd gêm, ar gyfer rhai achosion fel anafiadau neu ar gyfer penderfyniadau swyddogion o bell (adolygiadau fideo).

▶ **Cyfleusterau ac offer** – gall y rhain amrywio o chwaraeon i chwaraeon a gall naill ai fod yn benodol iawn (fel offer amddiffynnol ar gyfer chwaraewyr hoci iâ) neu'n eithaf cyffredinol (er enghraifft gall chwaraewr criced neu dennis ddewis pa fath a maint y bat neu'r raced sydd orau ganddyn nhw).

▶ **System sgorio** – gall systemau sgorio chwaraeon amrywio, fel goliau (e.e. pêl-droed neu bêl-rwyd), pwyntiau (e.e. rygbi) neu nifer yr ergydion a gymerwyd (e.e. golff).

▶ **Swyddogion** – gall nifer y swyddogion amrywio o chwaraeon i chwaraeon. Bydd y rheoliadau'n dweud pwy sy'n gyfrifol am ba benderfyniadau a hefyd yn cynnwys swyddogion o bell sy'n defnyddio fideo, os yw'n berthnasol.

▶ **Iechyd a diogelwch** – mae hon yn rôl hanfodol i bob swyddog ond nid eu cyfrifoldeb nhw yn unig yw hynny gan fod yn rhaid i chwaraewyr, hyfforddwyr a chefnogwyr hefyd gymryd cyfrifoldeb am eu diogelwch eu hunain a diogelwch y rhai o'u cwmpas.

▶ **Disgyblaeth a sancsiynau chwaraewyr** – mae gan bob camp gwahanol systemau cosbi ar gyfer troseddau neu chwarae ymosodol, er enghraifft systemau cardiau ar gyfer hoci a phêl-droed, troseddau technegol mewn pêl-fasged neu'r gell gosb mewn rygbi.

Effeithiau'r cyfryngau

Mae'r cyfryngau, y rhyngrwyd, cyfryngau printiedig, radio, ac ati yn cael effaith enfawr ar sut mae cymdeithas yn gweld popeth, gan gynnwys chwaraeon. Mae hyn hefyd yn wir am y modd y mae cymdeithas yn gweld swyddogion chwaraeon ar bob lefel. Nid yn unig y mae wedi dod yn normal mewn nifer o chwaraeon i chwaraewyr herio swyddogion ond ni fu'r portread o rôl swyddogion yng nghanlyniadau cystadlaethau erioed yn fwy amlwg.

Efallai mai'r ffordd fwyaf amlwg y mae'r cyfryngau yn dylanwadu ar swyddogion yw pan fydd y rheolau yn cael eu haddasu i ganiatáu ymyrraeth ar y cyfryngau, megis yn

achos amserlenni teledu mewn chwaraeon fel pêl-fasged lle mae'r gêm yn cael ei stopio i ganiatáu seibiannau masnachol i fodloni noddwyr darlledu. Yn y sefyllfaoedd hyn, mae disgwyl i'r swyddogion ddysgu signalau newydd a hyd yn oed gyfathrebu â'r tîm darlledu yn ogystal â'u cyd-swyddogion.

Mae sawl ffordd y gall y cyfryngau effeithio ar swyddogion.

▶ Gall presenoldeb y cyfryngau ychwanegu at straen a phryder, a chael dylanwad uniongyrchol ar straen canfyddedig.

▶ Mae newyddiadurwyr, pyndits a sylwebyddion yn aml yn gorliwio effaith dyfarnu 'camgymeriadau', rhai nad ydyn nhw'n gamgymeriadau ond yn ddehongliadau cyfreithlon (er yn ddadleuol) o reolau'r gêm. Fodd bynnag, dylid tynnu sylw at y ffaith bod gan rai chwaraeon weithwyr proffesiynol cefnogol iawn yn y cyfryngau sy'n gwneud ymdrech i gefnogi gweithredoedd y swyddogion, megis mewn sylwebaeth criced.

▶ Gall technoleg y cyfryngau ddadansoddi dro ar ôl tro (ac yn faith) y diffygion a wneir gan swyddogion, ond anaml y mae'n rhoi'r un sylw i unrhyw benderfyniadau o ansawdd a wnaed.

Fodd bynnag, mae'r dechnoleg y mae'r cyfryngau yn ei defnyddio, yn enwedig teledu, yn aml wedi'i mabwysiadu i geisio gwella penderfyniadau dyfarnu, fel y dangosir yn yr adran nesaf.

Effeithiau technoleg

Mae technoleg wedi dylanwadu ar rôl swyddogion mewn sawl ffordd, gyda rheolau a rheoliadau chwaraeon yn cael eu diweddaru i gynnwys datblygiadau modern sy'n anelu at wneud penderfyniadau swyddogion yn fwy cywir.

▶ **Technoleg amseru** – wrth sbrintio, disodlwyd y defnydd o stopwats llaw â system amseru electronig a all fesur yn gywir hyd at 0.0001 eiliad a gall camerâu sy'n ddigon soffistigedig i bennu trefn hyd at 3000 o ddigwyddiadau mewn un eiliad fod o help mawr i swyddogion. Mae technoleg amseru hefyd yn cynnwys cardiau sy'n trosglwyddo data i synwyryddion fel y gellir olrhain nifer fawr o redwyr dros bellteroedd hir gyda chywirdeb hynod fanwl. Er enghraifft, mae Marathon blynyddol Llundain yn defnyddio synwyryddion bychain sy'n cael eu storio mewn matiau plastig ar y llinellau cychwyn a gorffen i olrhain amseroedd 30,000 o redwyr yn gywir.

▶ **Synwyryddion gwres** – defnyddir y rhain mewn criced i ganfod cyffyrddiadau'r bat, y byddai'n anodd iawn eu gwahaniaethu fel arall. Defnyddir synwyryddion gwres hefyd mewn digwyddiadau beicio dygnwch i geisio dal pobl sy'n twyllo trwy ddefnyddio moduron bach sydd wedi'u cuddio yn ffrâm y beic sy'n ychwanegu ffynhonnell pŵer ychwanegol yn annheg.

▶ **Meicroffonau** – mae'r rhain bellach yn aml yn gysylltiedig â systemau sain er mwyn i swyddogion gyfathrebu â'r dorf. Mae hyn yn digwydd mewn llawer o chwaraeon yn America ond hefyd trwy radios Reflink a ddefnyddir gan swyddogion rygbi yn ystod gemau rygbi elitaidd.

▶ **Adolygiadau fideo** – adolygiadau fideo yw'r cymhwysiad modern mwyaf o ddigon o dechnoleg chwaraeon. Yn ei ffurf symlaf, fe'i defnyddir i ddilysu penderfyniad mewn camp a allai fod yn hanfodol ac mae wedi'i fabwysiadu gan dennis, ffensio, rygbi, pêl-fasged a chriced. Nid oes rhaid i'r broses adolygu fideo bob amser fod yn 'swyddogol' i gael effaith – gweler Tabl 25.2.

▶ **Tabl 25.2:** Enghreifftiau o wahanol chwaraeon sydd wedi defnyddio adolygiad fideo i helpu i wneud penderfyniadau

Chwaraeon	Cymhwyso adolygiad fideo (VR)
Gymnasteg	Y tro cyntaf i adolygiad fideo gael effaith ar benderfyniad medal Olympaidd cwympodd y gymnast o Japan, Kohei Uchimura, o geffyl pommel yn rownd derfynol Gemau Olympaidd 2012. Dangosodd VR fod y didyniad cychwynnol o bwyntiau yn rhy llym ac ailraddiwyd y rhaglen gan ychwanegu 0.7 pwynt ati, a olygai fod Japan wedi ennill medal arian yn hytrach na dim medal o gwbl.
Golff	Ym mhencampwriaeth BMW yn 2013, ychwanegwyd ergydion at gerdyn Tiger Woods oherwydd bod fideo wedi datgelu ei fod, wrth symud brigyn yn ymyl ei bêl, wedi achosi i'r bêl symud ychydig.

Astudiaeth achos

Hawkeye

Cafodd y system Hawkeye ei datblygu ym Mhrydain gan y mathemategydd Paul Hawkins yn 2001, ac mae'n defnyddio cyfres o gamerâu sy'n amgylchynu'r arwyneb chwarae ac yn olrhain symudiad y bêl. Ers 2006, mae tennis wedi defnyddio Hawkeye i benderfynu a oedd pêl i mewn neu allan gyda phenderfyniad chwarae syml. Er mwyn atal chwaraewyr rhag cystadlu yn erbyn pob ergyd, mabwysiadodd tennis system her lle gallai pob chwaraewr herio hyd at dair gwaith y set, gan golli her dim ond os oeddent yn anghywir.

Mae Hawkeye hefyd wedi ychwanegu elfennau anfwriadol ychwanegol i'r gêm. Yn gyntaf, mae'r her ei hun yn aml yn arwain at gyfranogiad torf, gan ychwanegu mwynhad i'r olygfa. Yn ail, ac yn llai amlwg, mae'r rheolau yn cael eu hymestyn pan fydd chwaraewr yn ceisio torri rhythm a gallu canolbwyntio gwrthwynebydd trwy herio lle mae'r canlyniad yn amlwg.

Mae llawer yn gweld systemau fel Hawkeye yn niweidiol ac yn amharchus tuag at y swyddogion. Dyma un o'r prif resymau pam fod technoleg llinell gôl wedi bod mor hir yn cael ei mabwysiadu gan Uwch Gynghrair pêl-droed Lloegr. Dywed eraill, os cânt eu rheoli'n iawn, gall Hawkeye ac eraill ond helpu'r swyddogion i wneud penderfyniadau cywir o ansawdd.

Gwiriwch eich gwybodaeth

Trafodwch effaith y system hon mewn grŵp bach ac atebwch y cwestiynau canlynol.

1 Pa effaith y gallai sgrin ailchwarae mewn arena chwaraeon fawr ei chael ar y swyddogion, a sut y gallent baratoi orau ar gyfer yr effaith hon?

2 A oes unrhyw gymwysiadau mewn chwaraeon eraill lle na ddefnyddir y math hwn o dechnoleg ar hyn o bryd ond lle y gellid ei defnyddio i helpu i ddyfarnu? Ceisiwch nodi'r naill agwedd ar gamp sydd eisoes yn defnyddio adolygiadau fideo ond a allai eu defnyddio i helpu gyda phenderfyniadau eraill, neu gamp nad yw'n defnyddio adolygiadau fideo o gwbl ond a allai eu mabwysiadu.

⏸ MUNUD I FEDDWL

A yw ailchwarae fideo yn hanfodol mewn chwaraeon?

Disgrifiwch sut mae ailchwarae fideo wedi'i fabwysiadu gan bedair camp wahanol.

Ar gyfer un o'r chwaraeon, dadansoddwch werth y system adolygu fideo, gan ystyried ei effaith ar chwaraewyr, hyfforddwyr a gwylwyr. Disgrifiwch y manteision a'r anfanteision, a cheisiwch wneud awgrymiadau ar gyfer gwella.

Swyddogion a'u datblygiad hanesyddol

Wrth i bwysigrwydd canfyddedig canlyniad digwyddiadau chwaraeon gynyddu, mae effaith ar y sylw a roddir i hyfforddi, rheoli a dadansoddi swyddogion. Dim ond ers y 2000au mae dyfarnwyr yr Uwch Gynghrair wedi bod yn weithwyr proffesiynol llawn amser. Cyn hynny, cyfunodd swyddogion rhan-amser eu rôl â swyddi amser llawn eraill. Mewn llawer o chwaraeon eraill, nid yw dyfarnwyr yn gwneud bywoliaeth o'r rôl ac felly maent yn dechnegol yn amaturiaid.

Er hyn, mae pob swyddog yn cyflawni swyddogaeth hanfodol ac yn mynd i ymdrechion mawr i hyfforddi, cymhwyso a chael mynediad at gefnogaeth ac asesiad. Fel y gwelsom yn yr adran flaenorol, mae'r cyfryngau a thechnoleg wedi cael effaith ar rôl swyddogion, gyda rhai o'r newidiadau ar gyfer pêl-rwyd, pêl-droed a rygbi i'w gweld yn Nhabl 25.3. Mae newid rolau dros amser hefyd yn golygu bod swyddogion wedi bod angen sgiliau gwahanol ar wahanol adegau yn hanes y gamp. Mae cyflwyniad technoleg newydd, er enghraifft, yn golygu bod yn rhaid hyfforddi swyddogion i'w defnyddio.

▶ **Tabl 25.3:** Datblygu swyddogion mewn chwaraeon

Rôl	Amlinelliad	Gwreiddiau	Rôl bresennol
Dyfarnwr pêl-rwyd	Dau ddyfarnwr, un yn rheoli bob hanner, yn cofnodi golau a'r drefn pasio o'r canol cyntaf	Wedi'i ddatblygu fel chwaraeon ysgol felly athrawon oedd y dyfarnwyr cyntaf bron bob tro	Ychydig iawn o newid yn y rolau ers dyddiau cynnar y gamp
Dyfarnwr pêl-droed	Amaturiaid yn wreiddiol; dim ond yn ddiweddar mae'r elît wedi troi'n broffesiynol	Yn wreiddiol roedd anghydfodau'n cael eu setlo rhwng y dynion oedd yn chwarae	Ers 1891 wedi cael cefnogaeth yn gyntaf gan lumanwyr ac erbyn hyn trydydd, pedwerydd, pumed a chweched swyddog, pob un â chyfrifoldebau unigryw
Dyfarnwr rygbi	1 x dyfarnwr, yn hanesyddol ysgolfeistr o'r ysgol lle'r oedd y gêm yn cael ei chwarae	Yn y pen draw, penodwyd swyddog niwtral	Nawr yn cael ei gefnogi gan dîm sy'n cynnwys llumanwr a thrydydd swyddog gêm (TMO)

Mae yna lawer o wahanol fathau o swyddogion mewn gwahanol chwaraeon. Yn ogystal â dyfarnwyr, mae swyddogion yn cynnwys dyfarnwyr mewn criced a thennis, swyddog llinell mewn tennis, cynorthwywyr dyfarnwyr mewn chwaraeon fel pêl-droed, amserwr, sgorwyr, llumanwyr, pedwerydd swyddog, dyfarnwyr fideo a beirniaid - mae llawer o'r rhain yn rolau sydd wedi'u cyflwyno fel mae rheolau a rheoliadau camp wedi newid dros amser.

Rolau swyddogion

Gan fod pob camp yn wahanol, mewn ffordd fach o leiaf, mae'n amlwg bod rolau a chyfrifoldebau swyddogion yn dibynnu nid yn unig ar y ffordd y mae'r gamp yn cael ei chwarae ond hefyd ar y disgwyliadau a roddir ar ei swyddogion. Gallwn wahaniaethu rhwng dwy brif rôl sy'n ofynnol gan swyddog: ar y naill law, gallant fod yn **gyflafareddwyr**, yn bennaf gyfrifol am ddyfarnu ar anghydfodau; ar y llaw arall, gallant fod yn **ddisgyblwyr**, sef cymhwyso'r rheolau. Y gwir amdani i'r mwyafrif o swyddogion yw bod yn rhaid iddynt wisgo'r ddau gap ar wahanol adegau ac ar gyfer gwahanol senarios - weithiau yn yr un ornest.

Ymchwil

Gan ddefnyddio'r enghreifftiau a ddarperir yn Nhabl 25.3, ymchwiliwch i ddatblygiad swyddogion mewn camp o'ch dewis. Rhaid i chi ystyried rolau a chyfrifoldebau swyddogion yn nyddiau cynnar y gamp o gymharu â heddiw. Bydd angen i chi geisio amlinellu'r rhesymau dros y newidiadau, e.e. cymdeithasol, dan ddylanwad y cyfryngau, fel rhan o broses o ddiweddaru rheolau neu oherwydd technoleg. Bydd rolau llawer o swyddogion yn wahanol iawn yn achos rhai, fel dyfarnwyr pêl-fasged, ond go brin y byddant wedi newid yn achos eraill, fel swyddogion trac athletau.

Termau allweddol

Cyflafareddwr – person sydd yn setlo anghydfod rhwng dwy ochr - yn yr achos hwn chwaraewyr neu dimau ar y cae chwarae.

Disgyblwr – y person sy'n gyfrifol am sicrhau chwarae teg a rhoi sancsiynau disgyblu, megis cardiau coch a throseddau technegol.

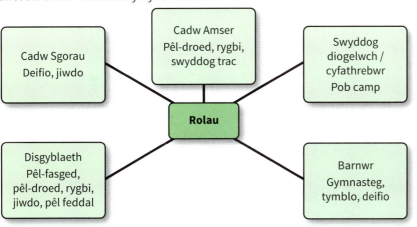

▶ **Ffigur 25.2:** Rôl swyddogion mewn chwaraeon dethol

Effaith y cyfryngau a chysylltiadau â nhw

O ganlyniad i'r pwysau y gall y cyfryngau ei roi, mae wedi dod yn hanfodol i swyddogion - yn enwedig ar y lefel uchaf - ystyried eu cyfathrebu â'r cyfryngau. Mae gan bob sefydliad swyddogion proffesiynol a'r cyrff llywodraethu ganllawiau ar ddelio â'r cyfryngau. Mae'r rhain yn cynnwys, er enghraifft, peidio â chael eu cyfweld nac ateb cwestiynau gydag unrhyw sefydliad heblaw eu hawdurdod rheoleiddio eu hunain, a fydd yn paratoi datganiad ar ran y sefydliad os oes angen.

Yn anaml iawn mae rheswm i swyddogion gyfathrebu â'r cyfryngau, ond mae tuedd gynyddol i gael pyndits arbenigol ar ffurf swyddogion wedi ymddeol sy'n cynnig eu barn answyddogol ond arbenigol i fodloni galw'r cyfryngau. Byddan nhw'n ateb cwestiynau sy'n gysylltiedig â rôl swyddogion a'r penderfyniadau wnaethon nhw.

Cyfrifoldebau'r swyddogion

Disgwylir i unrhyw swyddog arddangos saith prif gyfrifoldeb, ni waeth beth fo'u camp benodol. Dangosir y rhain yn Nhabl 25.4.

▶ **Tabl 25.4:** Cyfrifoldebau swyddogion

Cyfrifoldeb	Disgrifiad
Cyfathrebu	Mae cyfathrebu â chwaraewyr, cyd-swyddogion, rheolwyr, hyfforddwyr ac weithiau torfeydd yn rôl allweddol.
	Gall hyn gynnwys cyfathrebu ar lafar a signalau heb eiriau, ac weithiau, defnyddir meicroffon a darn clust i gyfathrebu â swyddogion eraill.
Edrychiad	Rhaid i swyddogion edrych fel gweithwyr proffesiynol ac ymddwyn mewn ffordd broffesiynol.
Cymhwyso'r rheolau	Nid yw'n ddigon gwybod y rheolau; rhaid i swyddogion wybod sut i'w cymhwyso'n deg ac yn y cyd-destun cywir, er enghraifft, penderfynu pa reolau y mae'n rhaid eu defnyddio mewn rhai sefyllfaoedd a sut mae'r penderfyniadau hynny'n cael eu cyfleu.
Chwarae teg	Mae bod â greddf am yr hyn sy'n iawn ac ymdeimlad datblygedig iawn o gyfiawnder a thegwch yn hanfodol i bob swyddog.
Perthnasoedd	Mae sefydlu a chynnal perthnasoedd yn nodweddiadol o bob swyddog da, sy'n cyfathrebu ac yn gosod ffiniau clir yn barhaus wrth barchu'r chwaraewyr, y gystadleuaeth a'u rôl ynddo.
Sgorio	Mae'n ofynnol i rai swyddogion, fel y rhai mewn pêl-rwyd a phêl-droed gadw manylion am sgôr yr ornest a'r sgorwyr er bod hyn yn aml yn cael ei wneud gan swyddogion ychwanegol.
Iechyd a diogelwch	Mae diogelwch a lles yr holl gyfranogwyr, gan gynnwys hyfforddwyr a chyd-swyddogion hefyd yn gyfrifoldeb y prif swyddog. Mae'n gorfod gweithredu o fewn canllawiau cydnabyddedig i sicrhau bod pawb yn ddiogel, fel mewn gwres eithafol, mewn achos pan fydd torf yn rhedeg ar y cae, neu pan fydd yr arwynebau'n llithrig.

▶ Mae dyfarnwyr NBA fel Karen Holtkamp yn defnyddio radio yn ogystal â'u chwiban i gyfathrebu

⏸ **MUNUD I FEDDWL**

Awgrym

Ymestyn

Beth yw prif rolau a chyfrifoldebau swyddog yn eich camp?

Mae rolau a chyfrifoldebau swyddogion yn amrywio o chwaraeon i chwaraeon. Ceisiwch ddiffinio pum prif rôl a chyfrifoldebau swyddogion mewn camp o'ch dewis.

Paratowch gynllun pum pwynt ar gyfer sut y byddech chi'n helpu swyddog newydd i wella ei gyfathrebu a'i berthynas â hyfforddwyr a chwaraewyr yn y gamp o'ch dewis.

Gweithio gyda thechnolegau newydd

Wrth i dechnolegau newydd gael eu cyflwyno i chwaraeon, mae'n rhaid i swyddogion ddysgu sut i'w defnyddio a dehongli'r hyn maen nhw'n ei ddangos. Gall hyn arwain at naill ai gynnydd neu ostyngiad yng nghyfrifoldebau'r swyddogion Nid oes amheuaeth bod swyddogion modern ym mron pob achos o dan fwy o bwysau na'u rhagflaenwyr: mae dyfodiad chwaraeon ar y teledu a hyd yn oed technoleg fideo symudol wedi golygu na fu swyddogion y gorffennol erioed dan gymaint o graffu. Ynghyd â newid agwedd tuag at swyddogion mewn rhai chwaraeon – lle nad yw cystadleuwyr yn meddwl dim am ymosodiadau llafar neu amgylchynu swyddog yn ystod neu ar ôl gornest – mae ond yn ychwanegu at bwysau canfyddedig ar swyddogion gemau.

Mae enghreifftiau o ostyngiad mewn cyfrifoldeb yn codi'n gyffredinol pan fydd naill ai rheol yn cael ei newid – er enghraifft, dileu penderfyniad llinell gôl mewn pêl-droed – neu pan ychwanegir swyddogion neu dechnoleg ychwanegol, megis yn achos systemau ailchwarae fideo.

Systemau ailchwarae fideo

Bellach mae systemau ailchwarae fideo (VRS – *video replay system*) yn cael eu defnyddio mewn llawer o chwaraeon, gyda llawer yn treialu eu defnydd mewn amrywiaeth o senarios. Mae eu rôl yn gynyddol bwysig. Er enghraifft, mae Rygbi'r Undeb yn defnyddio swyddog gemau teledu (TMO – *third match official*) yn bennaf i weld a sgoriwyd cais ai peidio, tra bod pêl-fasged (NBA yn unig) yn defnyddio adolygiadau fideo o senarios y tu allan i ffiniau a pêl-llaw-cloc (*buzzer beater*). Yng ngêm 2 o gêm ailchwarae pêl-fasged NBA 2016 Western Conference, fe wnaeth Steven Adams o Oklahoma City Thunder saethu ar yr eiliad olaf i ennill y gêm oddi cartref o flaen torf enfawr. Adolygodd y swyddogion y penderfyniad gyda chymorth VRS a gwrthdroi eu penderfyniad gwreiddiol; aeth canlyniad y gêm o blaid y Dallas Mavericks a chafodd hyn effaith uniongyrchol ar un o'r cyfresi pwysicaf mewn pêl-fasged proffesiynol.

> ### Trafodaeth
>
> Wrth i chwaraeon barhau i esblygu, felly hefyd rôl swyddogion, ac wrth i benderfyniadau ynghylch elfennau pwysig o gystadleuaeth ddod o dan graffu cynyddol, mae'r chwilio am atebion yn parhau. Cymerwch gip ar y syniadau canlynol.
> - Dyfarnwyr cynorthwyol fideo (VAR) mewn pêl-droed – yn nhymor 2017/18 gwnaeth IFAB (Bwrdd Cymdeithas Pêl-droed Rhyngwladol), corff sy'n cynnwys cyrff llywodraethu pêl-droed Prydain Fawr a FIFA, dreialu defnyddio cynorthwywyr fideo, i helpu dyfarnwyr i wneud penderfyniadau ynghylch a ddylen nhw anfon chwaraewr o'r cae, adolygu cosbau a phenderfyniadau camsefyll a'u rhybuddio am chwarae brwnt.
> - Rhith-realiti (VR) mewn criced a chwaraeon eraill – wrth i'r defnydd o VR ddod yn beth cyffredin, felly hefyd ei gymwysiadau. Yn y bôn, mae VR yn caniatáu i ddefnyddiwr gael gweld 360 gradd o fideos wedi'u gwau gyda'i gilydd, a gasglwyd yn yr achos hwn yn yr arena chwaraeon. Mae hyn yn caniatáu i gefnogwyr, ac o bosibl swyddogion, brofi'r weithred (er bod peth oedi amser). Mae hefyd o bosibl yn caniatáu i swyddogion edrych ar benderfyniadau beirniadol o amrywiaeth o onglau er mwyn gwella'r broses o wneud penderfyniadau. Gwnaed ymchwil mewn pêl-fasged, criced, pêl-droed Americanaidd a phêl-fas, ac mae ei gymwysiadau yn y cam arbrofol.
>
> Mewn pâr, trafodwch fanteision ac anfanteision un syniad neu'r ddau. Ceisiwch ddychmygu'r profiad i gefnogwyr, hyfforddwyr, chwaraewyr ac, yn bwysicaf oll, swyddogion. Allwch chi awgrymu unrhyw syniadau eraill?

Technoleg cyfathrebu diwifr

Mae pêl-droed, pêl-droed Americanaidd a rygbi ymhlith y chwaraeon hynny sydd bellach â swyddogion yn cyfathrebu'n ddiwifr yn rheolaidd yn ystod y gêm, neu o leiaf ar egwyl yn cyfathrebu ac yn rhannu gwybodaeth er mwyn gwneud systemau o ansawdd gwell. Mae rhai yn credu bod y dull hwn yn torri ar draws rhythm naturiol y gamp. Mae'n well gan chwaraeon, fel pêl-fas, gadw at benderfyniadau dyfarnwyr, er bod penderfyniadau rhediad allan yn cael eu cefnogi gan adolygiad fideo.

Er enghraifft, mae pêl-droed yn defnyddio meddalwedd gwneud penderfyniadau llinell gôl gan gynnwys cyfathrebu di-wifr i farnu a yw'r bêl wedi croesi'r llinell gôl fel bod swyddogion yr ornest yn cael gwybod am y canlyniad mewn ffracsiynau o eiliadau.

Materion cyfredol wrth ddyfarnu mewn chwaraeon

Ymosodiadau ar swyddogion

Ers cryn amser, bu dirywiad mewn parch at swyddogion gemau ar bob lefel o chwaraeon, yn enwedig mewn pêl-droed. Mae llawer o'r farn mai gwraidd hyn yw'r ffordd y mae pêl-droedwyr yr Uwch Gynghrair yn ymosod ac yn cwestiynu dyfarnwyr. Mae graddfa'r mater ar lefel llawr gwlad yn eang ac yn cynyddu, er gwaethaf ymgyrchoedd diweddar fel Respect (2008).

Nododd un astudiaeth gan y Gymdeithas Bêl-droed fod 111 o achosion o gamddefnydd o swyddogion mewn un tymor yn 2017 ar draws y Deyrnas Unedig (BBC). Maent yn ceisio delio â'r mater hwn mewn sawl ffordd, gan gynnwys trwy gosbi'r rhai sy'n gyfrifol a pharhau i weithredu dim goddefgarwch. Serch hynny, mae digwyddiadau o'r fath yn dal i gynyddu. Nid yw'n anghyffredin i swyddogion ddioddef ymosodiadau nid yn unig gan blant ar y maes chwarae, ond hefyd gan rieni a staff hyfforddi.

Astudiaeth achos

Ffrisbi eithaf – camp tîm heb unrhyw swyddogion

Mae ffrisbi eithaf wedi tyfu'n gyflym yn ystod y blynyddoedd diwethaf, efallai oherwydd symlrwydd y gêm. Mae dau dîm yn ymosod ar barthau cyferbyniol. Mae chwaraewyr yn sgorio pan fyddant yn dal y ffrisbi ym mharth eu gwrthwynebydd. Rhaid i chwaraewyr ddysgu pasio, amddiffyn ac ymosod – yr unig offer sydd ei angen arnoch chi mewn gwirionedd yw un ffrisbi.

Yr hyn sy'n unigryw am y gamp yw mai hon yw'r unig gamp tîm sydd heb swyddogion. Mae'r gamp yn falch iawn o hyn ac yn dweud ei bod yn ymgorffori gwir ysbryd chwaraeon: chwarae teg. Mae'r syniad bod chwaraewyr yn gyfrifol am chwarae teg yn un syml ac mae'n seiliedig ar barch at ei gilydd, ac mae'n cadw'r ffocws ar y pleser o chwarae. Mae chwaraewyr yn gwneud eu penderfyniadau eu hunain ac nid yw'n anarferol i chwaraewyr un tîm longyfarch rhai'r tîm arall am chwarae da.

Yn eironig ddigon, y nodwedd unigryw hon sy'n cadw'r gamp allan o'r Gemau Olympaidd a Pharalympaidd, er gwaethaf delfrydau'r sefydliadau hynny sy'n hyrwyddo chwarae teg.

Gwiriwch eich gwybodaeth

1. Beth yw nodwedd unigryw ffrisbi eithaf o safbwynt dyfarnu?

2. Pa effaith ydych chi'n disgwyl i'r ffenomen unigryw hon yn ei chael ar chwaraewyr y gamp?

3. Mae corff llywodraethu rhyngwladol ffrisbi eithaf yn ystyried cyflwyno swyddogion, sy'n fater dadleuol. Dywed llawer bod y newid yn angenrheidiol ac y bydd yn gwella'r gamp; dywed eraill bod y cysyniadau o fod yn onest a bod heb swyddogion wrth wraidd y gêm ac na ddylai hynny newid. Beth yw eich barn?

Recriwtio a chadw swyddogion

Pan ofynnir iddynt pam eu bod yn parhau i fod yn swyddogion, yr un yw'r tri phrif ymateb ar draws pob camp:

1. am gyffro
2. allan o frwdfrydedd dros y gamp
3. yr awydd i gyfrannu at ddysgu chwaraewyr.

Gall dyfarnu fod yn werth chweil: gall eich helpu i gadw mewn cysylltiad â newidiadau a datblygiadau yn y gamp, eich galluogi i gael mynediad at athletwyr elitaidd a chystadleuaeth, a'ch cadw'n heini ac yn rhan o gymuned gynhyrchiol a blaengar.

Mae bod yn swyddog hefyd yn caniatáu ichi brofi'ch hun mewn sawl ffordd: mae disgwyl i swyddogion aros ar wahân yn emosiynol ac yn wrthrychol, a gwneud penderfyniadau teg a chywir o dan bwysau. Mae'r swyddogion gorau yn gweld y disgwyliadau hyn yn her.

Ac eto, mae argyfwng recriwtio acíwt i swyddogion newydd mewn llawer o chwaraeon ym Mhrydain, yn enwedig pêl-droed, criced, rygbi a phêl-fasged. Pam y gallai hyn fod yn wir?

- Mae ymosodiadau llafar a chorfforol ar swyddogion yn cynyddu.
- Byddai'n well gan y rhai sy'n ymwneud â chwaraeon chwarae neu hyfforddi.
- Nid oes digon o werth yn cael ei roi ar yr agweddau positif o fod yn swyddog.
- Mae sbortsmonaeth da yn dirywio.

Felly beth yw'r ateb? Nid yw'n ymddangos bod hwn yn fater hawdd i'w ddatrys, ond mae'r strategaethau canlynol wedi bod yn ennill poblogrwydd yn UDA (sy'n dioddef o faterion recriwtio tebyg).

- Marchnata'r swydd i annog pobl i ymgymryd â hi.
- Gosod safonau dyfarnu a gwerthuso a chefnogi swyddogion newydd yn barhaus.
- Sefydlu rhaglenni mentora.
- Creu cymhellion a strwythur lle gall swyddogion newydd weld cyfleoedd i gael dyrchafiad.
- Dal cefnogwyr, rhieni, chwaraewyr a hyfforddwyr yn gyfrifol am eu hymddygiad.

Materion eraill

Gwleidyddol

Mae chwaraeon rhyngwladol yn rhwydwaith cymhleth o wahanol lefelau o gystadleuaeth, wedi'i wahanu yn ôl grŵp oedran a gallu, heb sôn am bellter daearyddol ac anghydfodau gwleidyddol. Mae hyn yn cael effaith ar swyddogion rhyngwladol oherwydd ar ben eu holl rolau a chyfrifoldebau presennol, rhaid iddynt hefyd ystyried a pharchu gwerthoedd a gwahaniaethau diwylliannol cenhedloedd eraill sy'n cystadlu.

Yn ddiweddar, mae gwledydd wedi ceisio awgrymu bod swyddogion chwaraeon yn llygredig a bod penderfyniadau a wneir yn erbyn perfformwyr eu cenedl yn rhagfarnllyd tuag at ffordd o feddwl sy'n canolbwyntio ar y Gorllewin. Bu nifer o straeon proffil uchel yn y cyfryngau yn ymwneud â swyddogion rhyngwladol gan gynnwys y canlynol.

- Cyhuddodd pêl-droediwr Brasil, Hulk ddyfarnwr Rwsia, Alexei Matyunin o ymosodiad hiliol mewn gêm yng Nghynghrair y Pencampwyr yn 2015 pan gollodd Zenit St Petersburg o 1-0 i Mordovia Saransk. Dyfarnodd pennaeth pwyllgor moeseg Undeb Pêl-droed Rwsia, Vladimir Lukin, 'fod gwrthdaro personol difrifol wedi digwydd' ond dywedodd nad oedd 'prawf uniongyrchol' o ymddygiad hiliol gan Matyunin, a wadodd y cyhuddiad, ac nid oedd unrhyw dyston eraill.
- Mewn gêm badminton ryngwladol, cyhuddodd prif hyfforddwr badminton Tsieineaidd, Li Yongbo ddyfarnwr Denmarc, Torsten Berg o achosi anaf i'r chwaraewr Wang Xin, ar ôl i'r chwaraewr lithro a chwympo ar

chwys darn yr oedd hi wedi gofyn yn flaenorol am gael ei symud. Roedd swyddog Denmarc wedi tybio bod y chwaraewr yn gohirio'r ornest yn fwriadol.

- Yng Ngemau Olympaidd Llundain yn 2012, aeth tîm hoci dynion Prydain Fawr ymlaen ar draul tîm o Sbaen i gyrraedd y rownd gynderfynol. Yn syth wedi hynny, cyhuddodd hyfforddwr Sbaen, Dani Martin, ddyfarnwyr Seland Newydd ac Awstralia o ragfarn, gan dynnu sylw at y ffaith eu bod wedi newid eu meddyliau ddwywaith dros ddwy gornel gosb yn rhan olaf yr ornest heb unrhyw reswm. Mynnodd tîm Olympaidd Sbaen esboniad gan y swyddogion yn syth ar ôl y gêm ond arhosodd y canlyniad yr un peth.

Cymdeithasol

Yn ogystal â phwysau gwleidyddol, gall swyddogion hefyd deimlo'n ddarostyngedig i'r pwysau cymdeithasol canlynol.

- **Ymgyfreitha a deddfwriaeth** – fel mae nifer yr achosion cyfreithiol sy'n cael eu dwyn yn erbyn swyddogion ar gynnydd, felly hefyd y cynnydd yn ymdrech y cyrff trefnu i gefnogi eu swyddogion eu hunain. Mae cyrff o'r fath bellach yn cynnig atebolrwydd trydydd parti ac amddiffyniad cyfreithiol arall yn ogystal â mwy o hyfforddiant, deunyddiau DPP a digwyddiadau i wella gwybodaeth, yn enwedig ar gyfer cystadlaethau plant. Serch hynny, gall y risg o gael eich dwyn i'r llys os bydd digwyddiad yn digwydd fod yng nghefn meddyliau swyddogion pan fyddant yn dyfarnu.
- **Proffesiynoli** – yn y DU, mae swyddogion yn cael eu cyflogi amser llawn mewn pêl-droed yn unig. Ym mhob camp arall, mae disgwyl i swyddogion gydbwyso eu hymrwymiadau gwaith a chartref ag ymrwymiadau dyfarnu yn eu dewis chwaraeon. O leiaf, mae hyn yn cynrychioli dull anghymesur o fuddsoddi mewn gwella chwaraeon. Os yw chwaraeon, gan gynnwys pêl-droed, eisiau gwella wrth i fwy o arian ddod i mewn, oni ddylai fod cynnydd cymesur yn y buddsoddiad mewn swyddogion?

Ymchwil

Mewn parau, ymchwiliwch i'r heriau sy'n wynebu swyddogion yn eich camp. Gallai hwn fod yn gyfweliad â swyddog profiadol, hyd yn oed sgwrs ffôn gydag ychydig o gwestiynau ystyriol, yn ogystal â ffynonellau ymchwil traddodiadol ac erthyglau gan sefydliadau swyddogion chwaraeon.

Gallech greu poster sy'n darlunio'n weledol yr heriau a wynebir, a allai gynnwys ymosodiadau cyson, diffyg amser i baratoi, ymrwymiadau eraill, teimlo'n amharchus neu unrhyw fater arall y gallwch ei nodi. Fel gweithgaredd estyn, efallai y byddwch chi'n ceisio cynnig atebion i'r materion a nodwyd.

Ymarfer asesu 25.1   `A.P1` `A.M1` `A.D1`

Mae eich awdurdod lleol wedi gofyn ichi gyflwyno arddangosfa mewn ffair gyrfaoedd chwaraeon leol. Mae'n rhaid i chi greu poster sy'n rhoi manylion y rolau a'r cyfrifoldebau cyfredol mewn camp o'ch dewis. Dylai eich poster gynnwys manylion esblygiad rôl y swyddog yn eich camp. O'r swyddogion cyntaf erioed a sut roedd y gemau'n cael eu rheoli hyd at heddiw, rhowch fanylion am agweddau ar y rôl fel rheoli gemau, ymddangosiad, cyfathrebu a pharch at y swyddog. Efallai yr hoffech chi ymchwilio i fanylion swyddogion cynnar a swyddogion dychmygol presennol o ddechrau gemau rheoledig cystadleuol hyd heddiw.

I gael y radd orau bosibl, gwnewch yn siŵr eich bod yn darparu dadansoddiad gofalus o'r rolau a'r cyfrifoldebau, gan dynnu cymariaethau ar gyfer pob newid olynol mewn ffocws i'r swyddogion. Yn eich adroddiad, ceisiwch gynnwys delweddau o swyddogion trwy'r oesoedd i helpu i gadarnhau eich trafodaeth. Cynhyrchwch werthusiad llawn o bob un o'r dylanwadau, p'un a ydyn nhw'n newidiadau rheol neu'n rhai sy'n cael eu gorfodi gan gymdeithas. Mae hefyd yn bwysig ystyried yr effaith y mae'r newidiadau hyn wedi'i chael ar rolau a chyfrifoldebau cyfredol swyddogion, fel y newid i'r gêm bêl-fasged pan gyflwynwyd y llinell dri phwynt, rheol 3 eiliad a 4 chwarter.

Cynllunio
- Beth ydw i'n ei ddysgu? Pam mae hyn yn bwysig?
- Sut y byddaf yn mynd i'r afael â'r dasg?

Gwneud
- Rwy'n deall pam fy mod wedi penderfynu gwneud y dasg hon mewn ffordd benodol. Gallaf esbonio'r rhesymu hwn pan ofynnir i mi.
- Gallaf gwestiynu fy null dysgu fy hun.

Adolygu
- Gallaf dynnu cysylltiadau rhwng y dysgu hwn a dysgu blaenorol.
- Rwy'n sylweddoli lle mae gen i fylchau dysgu/gwybodaeth o hyd ac rwy'n gwybod sut i'w datrys.

 B   # Archwilio perfformiad swyddogion mewn camp ddethol

Cymhwyso rheolau a rheoliadau i wahanol sefyllfaoedd

Un o brif gyfrifoldebau unrhyw swyddog yw gorfodi'r rheolau mewn sefyllfaoedd penodol. Mae hyn yn amlwg yn dibynnu ar y gamp gan fod y sgiliau a'r rheolau yn wahanol ar gyfer gwahanol chwaraeon. Mae Tabl 25.5 yn rhoi rhai enghreifftiau o wahanol chwaraeon.

▶ **Tabl 25.5:** Enghreifftiau o dorri'r rheolau mewn gwahanol chwaraeon

Chwaraeon	Sefyllfa	Math o fater	Camau sy'n ofynnol gan y swyddog / canlyniad
Pêl-fasged	Chwaraewr yn troseddu gwrthwynebydd wrth iddo geisio taflu	• Cyswllt annheg	• Cyhuddo chwaraewr o'r drosedd. • Rhoi gwybod i'r sgoriwr am y drosedd. • Rhoi tafliadau rhydd i'r gwrthwynebwyr.
	Ymosodwr yn y parth am fwy na 3 eiliad	• Chwaraewyr mewn safleoedd anghyfreithlon	• Galw tor-rheol a chynnig y bêl tu hwnt i'r ffin i'r gwrthwynebwyr..
	Chwaraewr yn neidio o'r tu hwnt i'r ffin, dal y bêl a glanio	• Pêl allan o'r cwrt	• Galw tor-rheol a chynnig y bêl tu hwnt i'r ffin i'r gwrthwynebwyr.

▶ **Tabl 25.5:** *Parhad*

Chwaraeon	Sefyllfa	Math o fater	Camau sy'n ofynnol gan y swyddog / canlyniad
Rygbi'r Undeb	Chwaraewr ddim yn ymrwymo'n gywir yn y ryc	• Anafiadau i chwaraewyr • Disgyblaeth wael	• Dyfarnu cic gosb i'r gwrthwynebydd.
Pêl-rwyd	Chwaraewr na ddylai fod yn yr hanner cylch ymosod	• Chwaraewyr mewn safleoedd anghyfreithlon	• Rhoi pas rydd i'r gwrthwynebydd.
Pêl-droed	Chwaraewr yn camsefyll	• Chwaraewyr mewn safleoedd anghyfreithlon	• Rhoi cic rydd i'r gwrthwynebydd.
	Deifio	• Efelychu (ffugio anaf)	• Llyfr y dyfarnwr (cerdyn melyn).
	Pêl wedi ei tharo gan yr amddiffynnwr yn erbyn ymosodwr a thros y llinell gôl	• Pêl allan o'r cae chwarae	• Rhoi cic gôl.
Hoci iâ	Anaf i'r pen	• Anafiadau i chwaraewyr	• Stopio'r chwarae nes bod yr anaf yn cael ei drin yn gywir gan staff meddygol. • Caniatáu i'r gêm ailddechrau yn dibynnu ar bwy oedd yn gyfrifol.
Rygbi'r Gynghrair	Troseddu difrifol	• Heriau anghyfreithlon • Disgyblaeth wael	• Yn dibynnu ar y difrifoldeb, anfon i'r gell gosb neu ddanfon o'r cae.

Gwneud penderfyniadau yn effeithiol

Mae barnu a gwneud penderfyniadau wrth wraidd dyfarnu holl chwaraeon; efallai mai'r rhain yw priodoleddau pwysicaf unrhyw swyddog. P'un a yw'n nodi symud yn anghyfreithlon mewn pêl-fasged, camsefyll mewn pêl-droed neu'n ffawt troed mewn tennis, dylai'r broses o wneud penderfyniadau fod yn syml.

Pe bai mor hawdd â hynny byddem i gyd yn swyddogion rhagorol ac yn wneuthurwyr penderfyniadau gwych. Mae'n werth ystyried bod nifer o ffactorau yn effeithio ar y broses benderfynu.

▶ **Cof** – mae llawer o swyddogion yn siarad am gael llyfrgell feddyliol o ddelweddau sy'n cynnwys yr holl benderfyniadau allweddol maen nhw'n gwneud yn rheolaidd, e.e. torri rheolau, tu hwnt i'r ffin.

▶ **Canfyddiad gweledol** – sut ac ar ba ongl y gwelsoch y digwyddiad sy'n gofyn am benderfyniad?

▶ **Persbectif ymgorfforiad** – dyma'r syniad y dylai swyddogion wybod beth mae'n ei olygu i fod yn athletwr yn y gamp honno er mwyn gallu gwneud penderfyniad cywir.

▶ **Rhag-farnu** – er enghraifft, mae trampolinwyr yn eu rowndiau terfynol yn ymddangos yn ôl trefn wrthdro. Gallai hyn roi syniad i'r barnwr ei fod yn mynd i weld perfformiadau gwell yn unig drwy gydol y gystadleuaeth, ac efallai nad yw hynny'n wir.

▶ **Gwybodaeth flaenorol am berfformwyr** – gall hyn ddylanwadu'n hawdd ar benderfyniadau posib yn seiliedig ar y dyfarniadau a wnaed hyd yn oed cyn dechrau gemau.

▶ **Tynwyr sylw** – sŵn torf, ymyrraeth chwaraewr ar ôl y digwyddiad, teimladau ac emosiynau'r swyddog ei hun – hyd yn oed lliw crys y tîm.

Cyfathrebu effeithiol

Rôl allweddol arall swyddog yw cyfathrebu. Gallai fod mor syml â dal cerdyn sgorio neu faner neu mor fanwl â siarad neu signal.

Cyfathrebu llafar

Mae hyn yn cynnwys iaith lafar, **para-iaith** a chyflwyniad. Iaith, yn syml, yw'r eirfa mae swyddogion yn eu defnyddio i ddweud yr hyn maent am ei ddweud; h.y. y geiriau a'u trefn.

Mae para-iaith yn cynnwys agweddau fel:

▶ lefel sain – pa mor uchel

▶ mynegiant – pa mor glir yw'r neges

▶ traw – ansawdd y sain

▶ pwyslais – faint o fynegiant sydd y tu ôl i'r hyn a ddywedir

▶ cyflymder – pa mor gyflym mae'r neges yn cael ei chyfleu.

> **Term allweddol**
>
> **Para-iaith** – cyfathrebu di-eiriau sy'n pwysleisio iaith y corff a thôn y llais.

Gelwir hyn yn fodel VAPER ac mae'n ein helpu i nodi'r emosiwn a'r straen yn ein cyfathrebu. Mae swyddog sy'n riportio neges glir, ar y cyflymder cywir a chyda'r pwyslais cywir yn fwy tebygol o gael gwerthfawrogi ei benderfyniad nag un sy'n cyfleu ei neges mewn ffordd uchel, gyflym a gor-emosiynol.

Cyfathrebu di-eiriau

Yn syml, mae cyfathrebu di-eiriau yn unrhyw beth nad yw'n eiriau. Mae llawer o'r farn bod cyfathrebu di-eiriau yn bwysicach na'i gyfwerth geiriol. Mae'n cynnwys y canlynol.

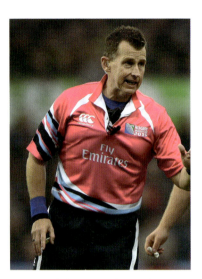

▶ Mae'r dyfarnwr rygbi Nigel Owens yn defnyddio amrywiaeth eang o dechnegau cyfathrebu llafar a di-eiriau

▶ **Iaith ac ystum y corff** – fel defnydd effeithiol o signalau yn y gêm ynghyd â dull hyderus (h.y. peidio ag edrych ar y llawr wrth siarad â chyfranogwyr neu eistedd yn llipa mewn cadair).

▶ **Cyswllt llygaid** – mae cynnal cyswllt llygad cryf wrth siarad â chyfranogwr yn cyfleu cryfder y neges.

▶ **Mynegiant yr wyneb** – personol iawn ond gellir ei ddefnyddio i arddangos awdurdod a thosturi, a hyd yn oed atgyfnerthu mathau eraill o gyfathrebu.

▶ **Ymddangosiad** – yn yr isymwybod, bydd swyddog sy'n edrych yn broffesiynol yn ymddangos yn fwy effeithlon.

▶ **Agosrwydd** – pa mor agos at y weithred ydych chi – po agosaf ydych chi, y mwyaf credadwy eich penderfyniadau. Mae'n anodd parchu penderfyniad fel un cywir neu anghywir os caiff ei wneud o bell.

▶ **Haptics** – y wyddoniaeth o gymhwyso cyffyrddiad, fel atgyfnerthu neges â llaw ar ysgwydd cyfranogwr.

▶ **Cyfeiriadaeth** – y ffordd y mae'r dyfarnwr yn ei wynebu, wedi'i gysylltu â mecaneg ac agosrwydd ond mae'n ddangosydd bod y swyddog yn gallu darllen y gêm.

▶ **Defnyddio chwiban a signalau** – gall cryfder chwiban gyfathrebu llawer o ystyr. Ystyriwch y swyddog sy'n gwneud defnydd miniog a chlir o'r chwiban a'r signalau o'i gymharu ag un sy'n achlysurol gyda signalau ac yn defnyddio'r chwiban am fân drosedd.

Ⅱ MUNUD I FEDDWL Beth yw'r prif ffyrdd y mae swyddogion yn cyfathrebu?

Awgrym A allwch chi enwi pob agwedd ar gyfathrebu di-eiriau sy'n berthnasol i ddyfarnu?

Ymestyn Cynhyrchu taflen fer, neu fideo byr, i arwain swyddogion newydd ar gyfathrebu effeithiol.

Rheoli ymddygiad

Mae'n anochel efallai y bydd angen i'r mwyafrif o swyddogion chwaraeon ddelio â gwrthdaro ar ryw adeg, naill ai wedi'u hanelu atynt eu hunain neu ymhlith y perfformwyr a'r hyfforddwyr.

Yn yr amgylchiadau hyn, mae gan rai awdurdodau rheoleiddio a chyrff llywodraethu farn dra gwahanol ar y ffordd orau i ddelio â'r sefyllfaoedd o wrthdaro. Ond mae'n bwysig bod yn ymwybodol o'r ffaith, yn enwedig ar gyfer chwaraeon sy'n cynnig y dewis i chi o ran sut i reoli'r sefyllfaoedd hyn, y gallwch chi ddefnyddio nifer o strategaethau neu arddulliau ar gyfer unrhyw sefyllfa benodol i reoli'r gwrthdaro.

Arddulliau rheoli gwrthdaro

Mae'r ymchwilydd Ralph Kilmann wedi nodi nifer o wahanol ffyrdd o ymateb i chwaraewr dychmygol sy'n dweud, 'Dewch ymlaen, ref: mae'n camsefyll, mae hynny'n hurt!' Mae'r math o ymateb yn dangos arddull rheoli gwrthdaro wahanol, fel y dangosir yn Nhabl 25.6.

▶ **Tabl 25.6:** Arddulliau rheoli gwrthdaro ar waith

Arddull	Enghraifft
Gorfodi	'Mae'n ddrwg gen i, nid oes angen dy help arnaf: Rwy'n cosbi eich tîm 10 metr.'

▶ **Tabl 25.6:** *Parhad*

Arddull	Enghraifft
Cydweithredu	'Capten, ni allaf barhau â sylwebaeth barhaus gan eich tîm drwy'r pnawn.' 'Dywedwch wrth eich chwaraewyr bod yn rhaid iddyn nhw ei adael i mi, os gwelwch yn dda, iawn?'
Cyfaddawdu	'Rydych chi'n chwarae, wna i ddyfarnu, diolch.' Mae hyn yn cynnwys rhoi a chymryd – mae'n gadael iddyn nhw ennill y tro hwn ond yn atgyfnerthu pwy sy'n rheoli.
Osgoi	Dweud dim, ond cofio amdano er mwyn cyfeirio ato yn y dyfodol.
Parodrwydd i wrando	'Diolch, rydych chi wedi dweud eich dweud – gadewch i ni fwrw ymlaen.'

Yn amlwg, bydd swyddogion da yn gwybod pryd i gymhwyso'r dulliau hyn yn y cyd-destun cywir. Fe allech chi ddweud bod hyn yn rhan o 'offer' y swyddog ac mae angen i swyddogion wybod pa offeryn i'w ddefnyddio ar gyfer pa sefyllfa.

Rheoli gêm

Mae'n werth meddwl am y sgiliau a'r rhinweddau sy'n ofynnol i fod yn llwyddiannus wrth reoli gêm a chadw'r chwaraewyr dan reolaeth. Amlinellir y sgiliau y mae angen i swyddogion eu cael yn Nhabl 25.7.

▶ **Tabl 25.7:** Y sgiliau a'r rhinweddau sydd eu hangen ar gyfer rheoli gemau

Sgiliau a rhinweddau	Cyfiawnhad	Sut fydden nhw'n cael eu datblygu?
Cymhelliant, hyder a chanolbwyntio	Un o'r nodweddion allweddol a gydnabyddir mewn swyddogion elitaidd ym mhob camp yw eu hymroddiad, ymrwymiad a'r gallu i ganolbwyntio ar agweddau pwysicaf y rôl.	Mae angen meithrin cymhelliant drwy ail-werthuso'n gyson ac ymdrechu i fod y gorau y gallwch fod. Mae'n hanfodol cael cefnogaeth cyfoedion yn y broses hon. Mae hyder yn gyffredinol yn sgil-gynnyrch profiad sy'n awgrymu bod yn rhaid i chi ddyfarnu a myfyrio gyda chyfoedion yn amlach. Mae yna nifer o 'ymyriadau defnyddio ciw' a all eich helpu i ganolbwyntio ar giwiau perthnasol yn unig mewn sefyllfaoedd dan bwysau. Mae technegau fel y rhain yn *Uned 6: Seicoleg Chwaraeon*.
Gwybodaeth dda am reolau chwaraeon	Mae hyn yn ymddangos yn amlwg, ond mewn llawer o chwaraeon, mae ychydig o newidiadau i'r rheolau ac, yn fwy tebygol, newid i'r dehongliadau o'r rheolau hynny, yn newid o bryd i'w gilydd, er enghraifft cyn twrnamaint.	Yn aml cynhelir sesiynau briffio ar gyfer swyddogion cyn dechrau tymor, cyn twrnamaint ac ar adegau eraill a fydd yn cynnwys pwyntiau ffocws ar gyfer y tymor sydd i ddod. Mae NGBs hefyd yn cynnig cyrsiau gloywi i'r swyddogion hynny sydd angen dysgu'r newidiadau diweddaraf.
Sgiliau cyfathrebu rhagorol	Ni fydd swyddog nad oes ganddo lawer o ffocws ar yr agwedd hon yn symud ymlaen ymhellach na lefel benodol, hyd yn oed os oes ganddyn nhw allu technegol. Ar ryw adeg yn y gamp, fel swyddog, mae'n rhaid uniaethu â 'theimlad' gornest a gallu ymateb yn briodol.	Mae'n annhebygol y bydd swyddogion yn cael cynnig cyrsiau neu hyd yn oed arweiniad ar y sgil hanfodol hon – daw'r syniadau gorau o siarad â chwaraewyr a hyfforddwyr mewn sesiwn nad yw'n fygythiol i drafod sut maen nhw'n deall rôl cyfathrebu.
Strategaethau rheoli pryder	Mae'r holl swyddogion mewn sefyllfaoedd dan bwysau ac, o ganlyniad yn gallu profi pryder cyn-gêm, yn y gêm ac ar ôl gêm. Gall hyn effeithio'n ddifrifol ar rolau allweddol fel gwneud penderfyniadau.	Mae gan seicolegwyr chwaraeon (gweler *Uned 6: Seicoleg Chwaraeon*) nifer o ymyriadau neu dechnegau i helpu gyda gorbryder. Mae'r rhain yn cynnwys ymarfer meddyliol, bio-adborth, technegau anadlu neu ganoli syml. Mae technegau fel y rhain yn cael eu harchwilio yn *Uned 6: Seicoleg Chwaraeon*.
Y gallu i ddarllen a 'theimlo' gêm a sgiliau rhagweledol da	'Dydyn nhw heb ddod yma i'ch gweld chi …' Mae ffitio i mewn gyda llif y gêm yn rhan bwysig o'r grefft. Dywed rhai mai dim ond y swyddogion hynny sydd wedi chwarae'r gêm sy'n gallu gwerthfawrogi'r mân reolau a chael y math hwn o 'deimlad'.	Mae gwylio sut mae gêm yn cael ei sefydlu, deall a gwerthfawrogi tactegau a chymhwyso chwarae teg yn dod drwy ddyfarnu mwy ac adolygu ar ôl gêm a holi cwestiynau i chi'ch hun fel 'Beth allwn i fod wedi'i wneud yn wahanol?'

Sgiliau a rhinweddau	Cyfiawnhad	Sut fydden nhw'n cael eu datblygu?
Caledwch meddyliol	Ar bob lefel, mae'r canfyddiad o lwyddiant a methiant a deimlir gan swyddogion yn hanfodol i farn ar eu perfformiad. Mae angen y gallu ar swyddog i aros yn ddigynnwrf o dan bwysau ac i ddilyn prosesau meddyliol rhesymegol i gadw rheolaeth os ydynt am fod yn effeithiol ar gyfer y gêm gyfan.	Mae sawl NGB yn cynnig arweiniad ar galedwch meddyliol a manylu ar ymddygiadau cadarnhaol, cyn, yn ystod ac ar ôl cystadleuaeth.
Ffitrwydd corfforol	Nid yw hyn yn hanfodol i bob swyddog chwaraeon ond mae'n cael ei fesur a'i asesu fwyfwy ar gyfer y rheini y mae disgwyl iddynt gadw i fyny â'r chwarae, e.e. ym myd rygbi, pêl-droed a phêl-fasged.	Yn syml, mae hyn yn cadw at egwyddorion cynnal ffitrwydd personol sy'n cyfateb i gyflymder yr ornest yr ydych yn ei dyfarnu. Gallai hyn gynnwys rhywfaint o hyfforddiant dygnwch aerobig, rhedeg, nofio neu feicio fel y gall mesurau perfformiad gael eu hasesu'n hawdd. Er enghraifft, mesurir VO_2 macsimwm (resbiradaeth facsimaidd) mewn dyfarnwyr pêl-droed, rygbi a phêl-fasged cyn dechrau'r tymor.
Rheolaeth emosiynol	Bydd y swyddog sydd, yn ôl pob golwg, wedi colli rheolaeth, yn gweiddi ac â wyneb coch neu hyd yn oed bod yn ymosodol, yn colli parch y cystadleuwyr ac efallai na fyddant yn gallu parhau na chael dyfarnu eto mewn gornestau â phwysau uchel.	Mae yna lawer o dechnegau (e.e. hyfforddiant efelychu) i greu sefyllfaoedd straen uchel yn artiffisial naill ai mewn sesiwn hyfforddi dan reolaeth neu'n fwy tebygol fel rhan o ymarfer meddyliol. Rhaid i swyddogion baratoi eu hymateb mwyaf priodol a'i gyflawni, yn yr un modd ag y mae athletwr yn ymarfer sgiliau corfforol.

Ymchwil

Cymerwch olwg agos ar Dabl 25.7. Gan ddewis rôl benodol, e.e. dyfarnwr tennis neu lumanwr rygbi, ymchwiliwch i elfennau allweddol o'u perfformiad fel y rhestrir uchod. Lluniwch ymchwil y gellir ei symleiddio i daflen ganllaw ar gyfer swyddogion sy'n darparu cyngor ar ddatblygu pob un o'r agweddau canlynol sy'n benodol i'r swyddog hwnnw:

- ffitrwydd (os yw'n briodol)
- rheolaeth emosiynol
- caledwch meddyliol
- cyfathrebu
- cadw i fyny â'r rheolau.

⏸ MUNUD I FEDDWL   Sut ydych chi'n rheoli gornest?

Awgrym   A allwch chi enwi pob un o'r pum prif ddull o drin gwrthdaro fel swyddog?

Ymestyn   Ar gyfer un o'r dulliau, lluniwch grynodeb tair brawddeg yn ei ddisgrifio i rywun nad yw'n gwybod dim am y theori. Esboniwch beth ydyw a sut mae'n berthnasol i chwaraeon.

Dadansoddi swyddogion mewn gwahanol chwaraeon

Mae swyddogion gemau yn cael eu gwerthuso mewn ffordd debyg i chwaraewyr a hyfforddwyr o ran eu perfformiad. Fel rhan o'r uned hon byddwch yn dadansoddi eich perfformiad eich hun ac yn cael eich cynorthwyo yn eich gwerthusiad gan arsylwyr eraill i'ch helpu i wella. Mae hyd yn oed swyddogion cwbl gymwys yn cael eu hadolygu'n rheolaidd wrth i gyrff llywodraethu cenedlaethol geisio sicrhau bod safonau'n cael eu cynnal. Yn gyffredinol, y swyddogion hynny sy'n newydd i'r rôl a'r rhai ar y brig sy'n cael eu hasesu amlaf yn eu perfformiad.

Mae gwerthuso perfformiad yn dibynnu i raddau helaeth ar y gamp ac ar lefel y swyddog yn y gamp honno. Mae Tabl 25.8 yn rhoi rhai enghreifftiau o'r hyn y gellir ei asesu ar gyfer gwahanol swyddogion mewn gwahanol chwaraeon.

▶ **Tabl 25.8:** Elfennau o berfformiad swyddogion y gellir eu hasesu

Chwaraeon / swyddogol	Beth y gellir ei asesu
Dyfarnwr pêl-fasged	• Mecaneg (safle) • Symud ar y cwrt (ffitrwydd) • Cyfathrebu • Rheoli gemau • Dehongli rheol
Dyfarnwr pêl-droed	• Rheoli gêm • Ymddangosiad • Agwedd at chwaraewyr a hyfforddwyr • Mecaneg maes (safle) • Ffitrwydd • Cyfathrebu
Dyfarnwr criced	• Ymddangosiad • Trefniadaeth • Rhyngweithio â chwaraewyr • Gwybodaeth o'r rheolau • Rhyngweithio â chyd-swyddogion • Eglurder penderfyniadau
Dyfarnwr pêl-rwyd	• Cyfathrebu • Lleoli • Gweledigaeth • Rheolaeth • Ffitrwydd • Gwneud penderfyniadau
Beirniad llinell tennis	• Cywirdeb • Cysondeb • Llais • Ymddangosiad • Dibynadwyedd • Cydweithrediad • Proffesiynoldeb
Llumanwr rygbi	• Cyfathrebu • Gweledigaeth • Symud a ffitrwydd • Cydweithrediad • Proffesiynoldeb ac ymddangosiad
Pedwerydd swyddog pêl-droed	• Gweinyddiaeth cyn y gêm • Delio ag eilyddion • Rheoli peli newydd • Cwblhau adroddiadau ar ôl y gêm
TMO Rygbi'r Undeb (dyfarnwr fideo)	• Gwybodaeth am reolau a dehongliadau • Cyfathrebu • Gallu technegol • Gallu dan bwysau • Cydweithrediad • Proffesiynoldeb
Barnwr gymnasteg	• Gwybodaeth am gymwyseddau perfformiad allweddol, e.e. cynnwys y corff cyfan, sgiliau symud • Cywirdeb • Cysondeb
Amserwr bocsio	• Gwybodaeth o'r rheolau • Y gallu i gadw amser dan bwysau • Cywirdeb • Proffesiynoldeb

Rheolau, Rheoliadau a Swyddogion ym Maes Chwaraeon

Dulliau o ddadansoddi

Mae yna lawer o ffyrdd y gall swyddog ddadansoddi ei sgiliau er mwyn eu gwella. Pwrpas hyn yw cydnabod cryfderau a gwendidau, a datblygu eu sgiliau gweinyddu ymhellach.

▶ **Arsylwi** – ar y lefel uchaf, mae swyddogion yn cael eu hasesu gan swyddogion profiadol wedi'u penodi gan y gynghrair neu'r corff llywodraethu. Maen nhw fel arfer yn cynhyrchu adroddiad ac yn aml yn darparu adborth ar ôl y digwyddiad.

▶ **Dadansoddiad fideo** – ffordd arall o ddadansoddi perfformiad yw trwy ffilmio eich perfformiad. Bydd hyn yn rhoi cofnod gwrthrychol i chi o'r hyn a ddigwyddodd gyda'r fantais o fedru dadansoddi eich perfformiad wedi ei arafu neu mewn amser real.

▶ **Dadansoddiad nodiannol** – mae hyn yn astudio patrymau symud mewn chwaraeon tîm, ac mae'n ymwneud yn bennaf â strategaeth a thactegau. Fodd bynnag, gall fod yn ddull defnyddiol i swyddogion ddadansoddi eu symudiad yn ystod gêm yn ogystal â'r nifer o benderfyniadau a wnaed. Yna gellir nodi patrymau chwarae, ac amlygu cryfderau a gwendidau. Yna gellir defnyddio'r wybodaeth hon fel strategaeth mewn gemau dilynol i wella perfformiad.

▶ **Dadansoddiad proffilio perfformiad** – gellir defnyddio hwn i ddogfennu, asesu a darogan gallu'r swyddog i fodloni gofynion perfformiad, gan gwmpasu gwahanol agweddau ar sgil dechnegol, ymwybyddiaeth dactegol, gallu corfforol a ffactorau seicolegol. Mae proffilio perfformiad yn ffordd o roi gwybodaeth swyddogol am yr hyn a ddigwyddodd yn eu camp mewn gwirionedd yn hytrach na'r hyn a ddigwyddodd yn eu barn nhw. Mae hyn yn rhoi cipolwg ar gyflwr meddwl y swyddog. Er enghraifft, efallai y bydd adegau pan fydd y swyddog wedi tanberfformio oherwydd nerfau neu ddiffyg canolbwyntio. Felly pwrpas proffilio perfformiad yw:
  - helpu'r swyddog gyda'i anghenion seicolegol
  - gwella cymhelliant a pherfformiad y swyddog.

Bydd proffilio perfformiad yn asesu'r swyddog cyn ac ar ôl yr ornest, a dylai fynd i'r afael â'r ffactorau seicolegol pwysig canlynol: hyder, y gallu i ganolbwyntio, ymrwymiad, rheolaeth a'r gallu i ailffocysu ymdrech. Bydd deall pob un o'r rhain yn caniatáu i chi baratoi strategaeth er mwyn mynd i'r afael ag unrhyw faterion a amlygir gan y proffilio.

Myfyrio

Er bod pob rôl mewn dyfarnu chwaraeon yn wahanol, mae yna rai meysydd pwyslais cyffredin. Edrychwch ar bob un o'r rolau dyfarnu isod ac yna'r priodoleddau/sgiliau. Rhowch y priodoleddau/sgiliau yn nhrefn eu pwysigrwydd ar gyfer pob rôl, o 1 i 8 lle mai 1 yw'r pwysicaf ac 8 y lleiaf pwysig. Byddwch yn barod i drafod eich safleoedd gyda'ch cyfoedion.

	Dyfarnwr cynorthwyol pêl-droed (sgôr 1–8)	Dyfarnwr tennis bwrdd (sgôr 1–8)	Dyfarnwr hoci iâ (sgôr 1–8)
Ffitrwydd corfforol			
Cyfathrebu			
Caledwch meddyliol			
Profiad			
Bod yn y safle cywir			
Gwneud penderfyniadau			
Edrychiad			
Hiwmor			

Adnabod cryfderau a meysydd i'w gwella

Pwrpas unrhyw ddadansoddiad perfformiad yw nodi unrhyw gryfderau a gwendidau. Ar ôl gwneud hyn a nodi meysydd i'w gwella, gall y swyddog ddewis strategaethau i ddatblygu'r meysydd hyn. Gall hyn gynnwys cofrestru ar gyrsiau cydnabyddedig neu gymryd sesiynau gloywi. Mae angen gwerthuso'n rheolaidd i sicrhau bod sgiliau'n gyfredol ac yn addas ar gyfer amrywiaeth o sefyllfaoedd mewn gêm.

Un o'r ffyrdd allweddol o nodi cryfderau a meysydd i'w gwella yw defnyddio dadansoddiad SWOT yn seiliedig ar yr asesiad o'u perfformiad.

Defnyddir dadansoddiad SWOT (*Strengths, Weaknesses, Opportunities, Threats*) er mwyn gwerthuso'r cryfderau, gwendidau, cyfleoedd a bygythiadau sy'n gysylltiedig â pherfformiad swyddog. Dylai'r arsylwr ddeall gofynion technegol y dyfarnu y mae'n ei ddadansoddi. Fel rheol, dim ond swyddogion profiadol sy'n cyflawni hyn, ond wrth i swyddogion ddatblygu, mae'n fuddiol iddynt hefyd gynnal dadansoddiadau SWOT fel y gallant gymharu a chyferbynnu eu canfyddiadau â chanfyddiadau eu cyfoedion a chytuno ar dargedau ar gyfer perfformiad yn y dyfodol.

▸ **Cryfderau** – dylai'r arsylwr/aseswr nodi cryfderau'r swyddog mewn grid SWOT fel yr un yn *Uned 18: Profiad Gwaith ym maes Hamdden Egnïol*, Ffigur 18.2 (tudalen 244). Gallai'r wybodaeth hon ddod o ddata gwrthrychol neu arsylwadau goddrychol. Dylai'r hyfforddwr gymharu'r perfformiad yn erbyn model delfrydol ar gyfer gofynion pob perfformiad. Mae'n bwysig bod gan yr arsylwr/aseswr feini prawf clir ar gyfer asesu'r perfformiwr/perfformwyr wrth gynnal y dadansoddiad perfformiad a SWOT. Mae'n fwyaf tebygol y bydd system fel hon yn cael ei defnyddio gan eich arsylwr ar ôl gornest, gan eich gadael â phwyntiau gweithredu.

▸ **Gwendidau** – gyda chymorth y data, dylai'r arsylwr/aseswr nodi unrhyw wendidau fel aneffeithlonrwydd technegol ym mherfformiad sgiliau penodol, neu gymhwyso technegau dyfarnu yn anghywir mewn gêm neu ymarfer efelychu.

▸ **Cyfleoedd** – dylai'r arsylwr/aseswr nodi unrhyw gyfleoedd sydd gan y swyddog i ddatblygu ei berfformiad, fel mynediad at sesiynau hyfforddi neu fideos penodol er mwyn cefnogi datblygiad technegol. Gall hefyd gynnwys gwybodaeth am unrhyw hyfforddiant ychwanegol. Er enghraifft data gwrthrychol ar berfformiadau blaenorol neu asesiadau goddrychol o'u heffeithiolrwydd, o bosibl ar ffurf adroddiad ychwanegol am gemau.

▸ **Bygythiadau** – dylai'r aseswr/arsylwr nodi unrhyw fygythiadau tymor byr neu dymor hir i berfformiad y swyddog.

Gellid arsylwi ar gryfderau a gwendidau mewn cyfathrebu, ffitrwydd, perthynas â chwaraewyr, rheolaeth emosiynol neu unrhyw un o'r agweddau eraill a nodwyd yn flaenorol yn yr adran '*Rheoli gêm*', gan ddisgrifio sgiliau a phriodoleddau'r prif swyddogion. Yn naturiol, bydd ffocws gwahanol ar gyfer pob camp.

Mae'r cyfleoedd yn benodol i chwaraeon ond gallent gynnwys dyfarnu wyneb yn wyneb, hyfforddiant, aelodaeth o gymdeithasau swyddogion, grwpiau cyfryngau cymdeithasol swyddogion, gwefannau fideo ar y rhyngrwyd gyda fideos hyfforddi, gwersylloedd a chlinigau dyfarnu.

Gallai bygythiadau gynnwys cryfder meddyliol gwael, anallu i reoli emosiynau, ymosodiadau geiriol gan gyfranogwyr, pwysau canfyddedig ac anaf.

Nodi ffyrdd ar gyfer datblygu yn y dyfodol

Mae'r ffordd y mae swyddogion yn datblygu ac yn gwella mewn chwaraeon yn y DU yn dibynnu i raddau helaeth ar faint y gamp a'r sefydliad sy'n gyfrifol am y gamp honno. Efallai na fydd camp â chefnogaeth cymharol fach ond yn gallu cynnig arweiniad cyffredinol ac ambell gwrs dyfarnwr neu farnwr yn seiliedig ar ddiddordeb lleol.

Mewn cyferbyniad, mae pêl-droed, rygbi ac, i raddau llai, criced yn gallu cynnig cyrsiau hyfforddi, clinigau a gwersylloedd, cyngor ac arweiniad proffesiynol, systemau mentora a hyd yn oed dadansoddiad fideo. Nid yw'n gyd-ddigwyddiad mai dyma'r tair camp sy'n talu mwy i swyddogion nag unrhyw un arall yn y DU, dim ond oherwydd y niferoedd.

Mae mathau eraill o ddatblygiad yn y dyfodol, gydag enghreifftiau, fel a ganlyn:

▶ **Ymarfer** – bydd sicrhau eich bod ar gael ar gyfer mwy o gemau (os gallwch chi) yn codi eich proffil a chael sylw ar gylched leol, ac er nad yw ymarfer o reidrwydd yn eich gwneud chi'n berffaith, mae'n sicr yn eich helpu i fyfyrio a gwella, yn yr un ffordd ag y mae angen i chwaraewr ymarfer ar gyfer gêm.

▶ **Hyfforddiant** – yn Rygbi'r Undeb, mae disgwyl i ddyfarnwyr a swyddogion eraill ailhyfforddi yn rheolaidd, hyfforddi a chael eu profi am ffitrwydd. Rhoddir clipiau fideo iddynt o safbwynt dyfarnwr er mwyn iddyn nhw wneud penderfyniad neu ddechrau trafodaeth â'u cyfoedion ynghylch y canlyniad gorau ar gyfer pob penderfyniad. Mae hyn yn debyg iawn i'r fideos canfyddiad perygl y gallech eu gwylio wrth ddysgu gyrru.

▶ **Cymwysterau** – weithiau, yn enwedig lle nad oes gwersylloedd, nifer cyfyngedig o gemau a phrinder deunydd, gall swyddogion ddysgu trwy ddilyn cyrsiau ychwanegol ar y lefel dilyniant nesaf. Gallant hefyd ddarparu cymhelliant neu wobr ychwanegol i'r rhai y nodwyd bod ganddynt dalent mewn dyfarnu.

▶ **Hunan-ddadansoddiad** – anogir dadansoddiad ar ôl gêm yn y mwyafrif o chwaraeon a beth bynnag fo'r profiad. Gall pob swyddog anelu at fod yn onest wrth werthuso eu hunain a hyd yn oed nodi ffyrdd y gallant wella.

▶ **Mentora** – yn enwedig mewn chwaraeon tîm, ac fel arfer ar ddechrau gyrfa swyddog, gall y swyddog gael ei gefnogi gan gyd-swyddog mwy profiadol. Mewn gwirionedd, nid yw rhai chwaraeon yn cymhwyso swyddogion nes bod cydweithiwr profiadol yn eu cymeradwyo fel rhai cymwys.

▶ **Systemau cyfeillion** – yn debyg i fentora ond yn llai ffurfiol, bydd system cyfeillion yn darparu pwynt cyswllt ar gyfer swyddog newydd neu swyddog sy'n dychwelyd. Er y bydd eu hadborth yn llai ffurfiol, byddant yn cynnig cefnogaeth foesol, yn enwedig ar ôl gemau anodd.

MUNUD I FEDDWL

A allwch chi restru pedwar dull o ddadansoddi perfformiad swyddog?

Awgrym

Disgrifiwch bedair ffordd y gellir gwerthuso a dadansoddi perfformiadau swyddog yn ystod gornest. Rhowch enghreifftiau ar gyfer camp o'ch dewis.

Ymestyn

Dyluniwch dempled cynllun gweithredu ar gyfer gwerthuso perfformiad swyddog sydd yn cynnwys enghreifftiau o'r mathau o gamau a allai ddeillio o berfformiad gwael gan swyddog newydd.

Ymarfer asesu 25.2

B.P2 **B.P3** **B.M2** **B.D2**

1 Dewiswch ddwy gamp. Ystyriwch sut mae'r chwaraeon hyn yn cael eu gweinyddu a'u rheolau neu gyfreithiau allweddol. Yna nodwch set o baramedrau y gallech chi fesur perfformiad swyddog yn eu herbyn, e.e. mecaneg neu gyfathrebu.

2 Cwblhewch adolygiad dau swyddog dethol yn eich campau ac ychwanegwch naill ai glipiau fideo neu ddelweddau llonydd i bwysleisio eu perfformiad mewn cystadleuaeth ddethol, gan sgorio'r meini prawf a nodwyd gennych yn Nhasg 1. Gwnewch awgrymiadau yn ymwneud â gwella'r swyddogion yn seiliedig ar eich asesiad o'u perfformiad.

Cynllunio
- Beth yw meini prawf llwyddiant y dasg hon?
- Yn fy marn i, pa agweddau ar y dasg fydd yn cymryd y mwyaf o amser/y lleiaf o amser? Sut y byddaf yn cydbwyso'r rhain?

Gwneud
- Gallaf chwilio am farn eraill.
- Rwy'n recordio fy arsylwadau a'm meddyliau fy hun.

Adolygu
- Gallaf egluro sut y gwnes i fynd at y dasg.
- Gallaf ddisgrifio fy mhrosesau meddwl.

C Ymgymryd â rôl swyddog mewn camp gystadleuol

Ar ôl i chi gwblhau eich ymchwil, byddwch yn barod i ymarfer bod yn swyddog. Cofiwch, cychwynnodd hyd yn oed y swyddogion gorau lle rydych chi nawr, felly mae angen rhestr wirio arnoch chi, fel yr un a ddangosir yn Ffigur 25.3, cyn i chi fynd allan i roi cynnig arni go iawn.

Adolygu eich perfformiad eich hun

Er mwyn parhau i ddatblygu fel swyddog, mae'n hanfodol eich bod bob amser yn adolygu ac yn gwerthuso eich perfformiad eich hun, ac yn defnyddio hwn i nodi meysydd lle gallwch ddatblygu perfformiad (cyfeiriwch yn ôl at dudalen 387). Mae cael adborth gan eraill yn ffordd hanfodol o gasglu gwybodaeth ar gyfer eich adolygiad.

▶ Mae cyfranogwyr a chwaraewyr yn aml yn ffynhonnell adborth ddefnyddiol ond rhaid i chi gofio y gall adroddiadau chwaraewyr fod yn rhagfarnllyd ac yn llai gwrthrychol, yn enwedig gan y rhai nad ydyn nhw wedi bod yn llwyddiannus. Efallai y byddai'n well aros yn hytrach na chasglu adborth yn syth ar ôl gêm.

▶ Efallai mai goruchwylwyr yw'r ffynonellau beirniadaeth ac arweiniad mwyaf dibynadwy. Gan eu bod fel arfer yn brofiadol eu hunain, dylen nhw roi rhai targedau i chi eu cyflawni ar ôl trafodaethau am eich perfformiad.

▶ Gall arsylwyr hefyd fod yn arbenigwyr gwrthrychol gyda llawer i'w gynnig, ac mae'n debyg y byddant yn eich gadael gyda rhestr wirio neu awgrymiadau ar gyfer gwelliannau yn y dyfodol.

Cryfderau a meysydd i'w gwella

Mae'n bwysig wrth ddadansoddi perfformiad nad ydych yn canolbwyntio'n llwyr ar wendidau. Trwy arsylwi a thrafod, dylid tynnu sylw at eich cryfderau hefyd. Er mwyn cynorthwyo hyn ymhellach, mae'n ddefnyddiol ichi arsylwi swyddog profiadol neu elitaidd fel y gallwch nodi ei gryfderau a'i sgiliau.

Mae dau fath o asesiad:
▶ **asesiad ffurfiannol** – yn digwydd yn anffurfiol a dylai gefnogi datblygiad y swyddog
▶ **asesiad crynodol** – yn digwydd yn ffurfiol i asesu perfformiad swyddog – defnyddir y math hwn o asesiad yn aml i asesu anghenion hyfforddi parhaus swyddog.

Cynllun datblygu

Ar ôl i chi gynllunio, dyfarnu a chael adborth o gystadleuaeth, mae angen i chi fyfyrio ar eich perfformiad a chynhyrchu cynllun datblygu ar gyfer gwella. Bydd hyn yn cynnwys targedau rydych chi wedi'u gosod i chi'ch hun ac sy'n mynd i'r afael â'r meysydd a nodwyd i'w gwella. Bydd hyn yn cynyddu eich gallu i weinyddu'n effeithiol.

Myfyrdod personol

Gall hyn fod ar sawl ffurf: dyddiadur, llyfr log neu hyd yn oed dyddiadur sain neu fideo. Mae logiau myfyriol a chofnodion cynyddol ar-lein yn ffordd dda o gofnodi'ch teimladau. Yn aml mae'n syndod edrych yn ôl ar y perfformiadau hyn ar ôl cyfnod hir a nodi'r hyn yr oeddech chi'n meddwl oedd yn bwysig bryd hynny; byddwch yn gwneud dadansoddiad gwell trwy edrych yn ôl.

Effeithiau ar berfformiad cyfranogwyr

Mae hefyd yn bwysig ystyried yr effaith yr ydych wedi'i chael ar berfformiad y cyfranogwyr (ond mae'r un mor bwysig iddyn nhw fyfyrio ar eu gweithredoedd eu hunain).

Gall sgyrsiau am benderfyniadau critigol fod yn ddefnyddiol ond maent bob amser yn well ychydig ar ôl y penderfyniad.

Rheolau
- Gwybod y rheolau – gwiriwch y llyfr rheolau.
- Cymhwyso'r rheolau yn deg.

Rheoli gemau
- Cadwch reolaeth ar y chwaraewyr a'r hyfforddwyr.
- Rheoli gwylwyr os oes angen.

Sgorio
- Cadwch gofnod o'r sgôr neu gwnewch yn siŵr bod y rhai sy'n gyfrifol am gadw sgôr yn gwybod beth maen nhw'n ei wneud.

Iechyd a diogelwch
- Sicrhewch fod y cwrt, y cae neu'r man chwarae yn ddiogel.
- Rhaid lleihau'r risg o anafiadau a monitro offer.

Cyfathrebu
- Arddangos perthnasoedd effeithiol ag eraill, gan gynnwys hyfforddwyr, perfformwyr, gwylwyr a swyddogion eraill.

Gwrthdaro
- Datrys gwrthdaro yn y ffordd sydd orau ar gyfer y senario ac sy'n gweddu i'ch steil chi.

▶ **Ffigur 25.3:** Gofynion dyfarnu allweddol

 **MUNUD I FEDDWL**

Nodwch bedair ffordd y gallai swyddog gael mynediad at ddatblygiad proffesiynol parhaus ar gyfer eu camp.

Awgrym   Ble ydych chi'n mynd i wella?

Ymestyn   Dyfeisiwch gyflwyniad siart llif ar gyfer camp o'ch dewis, gan roi manylion am lwybr swyddog dychmygol at ddyfarnu rhagorol sy'n cynnwys disgwyliadau hyfforddi a mentora, ac sy'n sefydlu cynllun tair blynedd clir.

Ymarfer asesu 25.3

Ar gyfer y rhan hon o'ch asesiad, byddwch yn cadw llyfr log o dystiolaeth o ddyfarnu ar eich pen eich hun mewn twrnamaint yn eich ysgol neu goleg. Bydd angen i chi ddyfarnu mewn dwy gamp wahanol. Lluniwch a chwblhewch lyfr log sy'n cynnwys:

- esboniad pam eich bod wedi dewis y chwaraeon hyn, crynodeb byr o reolau allweddol y chwaraeon a manylion y gemau y byddwch yn eu dyfarnu
- manylion am sut y gwnaethoch chi baratoi a'r hyn rydych chi'n ei ystyried yn gryfderau a'r meysydd sydd angen eu gwella cyn y twrnamaint
- manylion y lleoliad, fideo o'ch perfformiad a rhestr wirio arsylwi y gellir ei chwblhau
- myfyrio ar a gwerthuso eich perfformiad, a allai gynnwys nodiadau, dadansoddiad SWOT, ac ati.
- lle bo hynny'n bosibl, sylwadau myfyriol gan eich cyfoedion a'r cystadleuwyr.

Dyluniwch gynllun gweithredu yn manylu ar ba agweddau ar eich perfformiad rydych chi'n bwriadu eu gwella a pham fod yr elfennau penodol hynny mor bwysig.

Cynllunio
- Pa mor hyderus ydw i yn fy ngalluoedd fy hun i gyflawni'r dasg hon?
- Yn fy marn i, pa agweddau ar y dasg fydd yn cymryd y mwyaf o amser/y lleiaf o amser? Sut y byddaf yn cydbwyso'r rhain?

Gwneud
- Rwy'n cofnodi unrhyw broblemau rwy'n eu cael ac yn edrych am ffyrdd/atebion i egluro ymholiadau.
- Ydw i'n defnyddio'r holl gefnogaeth sydd ar gael i mi?

Adolygu
- Gallaf ddefnyddio'r profiad hwn mewn tasgau/profiadau dysgu yn y dyfodol i wella fy nghynllunio/dull gweithredu ac i fonitro fy nghynnydd fy hun.
- Rwy'n sylweddoli bod gen i fylchau dysgu/gwybodaeth o hyd ac rwy'n gwybod sut i'w datrys.

Deunydd darllen ac adnoddau pellach

Ager, D. (2015) *Soccer Referees Manual,* 4ydd argraffiad, Llundain: Bloomsbury Sport.

Trevillion, P. a Holder, J. (2009) *You Are The Umpire: An Illustrated Guide to the Laws of Cricket,* Llundain: Guardian Books.

Rhaglen Addysg Chwaraeon America (2011) *Successful Sports Officiating*, 2il argraffiad, Champaign, Illinois: Human Kinetics.

Gwefannau

www.sportsofficialsuk.com – yn cael ei gydnabod fel y sefydliad sy'n gyfrifol am gynrychioli a chefnogi swyddogion ar draws pob camp yn y DU

www.naso.org – fersiwn UDA o'r uchod gyda rhai dolenni ymchwil ac erthyglau diddorol

www.sportsofficialsworldwide.com/supporting-organisations – sefydliad sy'n ceisio datblygu swyddogion ledled y byd

playonref.co.uk/what-we-do – adnodd gwych wedi'i anelu at ysgolion sydd yn annog dyfarnwyr newydd i gymryd y cam cyntaf i ddod yn swyddog

BETH AM ▶▶ Y DYFODOL?

Tim Dickson

Dysgwr a dyfarnwr pêl-fasged

Rydw i wedi bod yn ddyfarnwr pêl-fasged ers ychydig flynyddoedd bellach, yn ei wneud ochr yn ochr â fy astudiaethau yn y brifysgol, ac wedi bod yn frwdfrydig iawn am bob agwedd. Rydw i wedi astudio seicoleg rôl swyddogion ac yn ogystal â dyfarnu fy hun rwyf wedi gwylio cannoedd o gemau a bob amser yn astudio'r ffordd y mae fy nghydweithwyr yn ymddwyn wrth iddynt wasanaethu fel swyddogion. Mae gen i ddiddordeb arbennig yn y modd y mae dyfarnwyr yn gweithio dan bwysau.

Yn fy marn i, mae'n ddyletswydd ar swyddog i baratoi'n feddyliol yn yr un ffordd ag y byddech chi'n pwysleisio paratoi corfforol. Yn gorfforol, mae pêl-fasged yn gamp anodd ei dyfarnu ond byddwn yn dadlau ei bod yr un mor anodd yn feddyliol. Mae'r pwysau rydyn ni i gyd yn rhoi ar ein hunain yn ddewis mewn gwirionedd, ac rydyn ni'n gyfrifol am gadw'n dawel, rheoli ein hemosiynau, cadw'n hyderus ac effro, ac aros yn bositif.

Mae yna lawer o ffyrdd y gallwch chi hyfforddi'r ffactorau hyn a gwella pob un ohonyn nhw. Rydw i bob amser yn dweud wrth ddyfarnwyr newydd i fyfyrio nid yn unig ar elfennau ymarferol eu dyfarnu ond hefyd ar ffactorau seicolegol. Yr awgrymiadau y bydda i'n eu rhoi iddyn nhw i baratoi'n feddyliol ar gyfer gemau yw:

- paratoi ar gyfer pob senario posibl
- rhoi cynnig ar ychydig o ymarfer meddyliol cyn y gêm a'i wneud yn arferiad rheolaidd
- cofio eich bod chi lle rydych chi oherwydd eich bod chi'n haeddu bod yno
- edrych ymlaen at y wefr
- rhagweld y byddwch chi'n mwynhau'r gêm; chi fydd yn rheoli a gallwch chi ymdopi â phob sefyllfa.

Canolbwyntio eich sgiliau

Beth sy'n gysylltiedig?

- Cymerwch gip ar sut y gallwch chi gymryd rhan yn y gamp o'ch dewis chi, efallai gwirfoddoli mewn clwb lleol mewn cystadleuaeth neu ymarfer lefel isel.
- Ym mhob rôl dyfarnu, cyfathrebu yw'r allwedd. Mae rhai dyfarnwyr yn ymarfer signalau yn y drych, tra bod eraill yn dychmygu sefyllfaoedd dan bwysau i ymarfer yn feddyliol sut y bydden nhw'n delio â nhw.
- Ceisiwch fod yn gyfeillgar ac yn hawdd mynd atoch oherwydd mae chwaraewyr yn ymateb yn well i bobl na phenderfyniadau.

Beth sy'n gwneud swyddog da?

- Bod yn bendant a chadarn ond byth yn ymosodol. Peidio ag ystyried heriau i'ch penderfyniadau fel ymosodiadau personol.
- Peidiwch byth â cheisio cydbwyso cyfiawnder – gwnewch y penderfyniadau iawn a gadewch i gyfiawnder ofalu amdano'i hun.
- Os gwnewch gamgymeriad, cyfaddefwch: bydd pobl yn eich parchu am hynny.

Paratoi ar gyfer asesiad

Mae Ian yn gweithio tuag at BTEC Cenedlaethol mewn Datblygu Chwaraeon, Hyfforddi a Ffitrwydd, ac mae'n chwaraewr rygbi brwd y nodwyd bod ganddo rywfaint o dalent. Wrth gynorthwyo ei glwb lleol, sylwodd Ian ei fod wir wedi mwynhau dyfarnu mewn rhai twrnameintiau chwaraewyr ifanc a phenderfynodd ddilyn cwrs dyfarnwyr rygbi ochr yn ochr ag astudio'r uned hon. Mae'n egluro sut yr aeth ati i baratoi ar gyfer yr uned hon.

Sut y dechreuais i

Yn gyntaf, casglais fy holl nodiadau ar y pwnc hwn a'u rhoi mewn ffolder. Penderfynais rannu'r gwaith yn dair rhan: hanes dyfarnu rygbi, mesur perfformiad dyfarnu rygbi, ac yn olaf, yr adolygiadau o fy mherfformiadau dyfarnu.

Mewn gwirionedd roedd yn ymwneud â dilyn y broses yn unig. Unwaith roedd y clwb rygbi yn gwybod beth roeddwn i'n ei wneud, roeddwn i'n gallu gwirfoddoli fel dyfarnwr er mwyn cael digon o brofiad ac ymarfer. Yn gyntaf, lluniais y cynllun gweithredu yn rhestru fy holl sgiliau a rhinweddau dyfarnu, gan gynnwys fy angerdd am rygbi, ac yna trefnais gyda'r clwb i gael rhywfaint o brofiad dyfarnu mewn twrnameintiau undydd. Yna cyflwynais fy nghynllun gweithredu i'm tiwtor.

Sut y des i â'r cyfan at ei gilydd

Y dasg gyntaf oedd adeiladu set o nodiadau y byddwn yn eu defnyddio ar gyfer fy mhoster yn ymwneud â hanes a datblygiad dyfarnu rygbi. Roeddwn yn ddigon ffodus i gymryd peth amser allan ar drip ysgol i Twickenham i ofyn i'n tywysydd taith am hanes swyddogion. Fe roddodd rai syniadau i mi a ychwanegodd at fy ymchwil. Roeddwn yn gallu dylunio poster diddorol a manwl yn hawdd.

Ar gyfer yr ail ran, cyflwyniad amlgyfrwng ar berfformiad swyddog, gofynnais i ddyfarnwr tîm hŷn lleol yn ein clwb a allwn ddadansoddi ei berfformiad. Roedd yn falch i gael helpu ac roedd ganddo ddiddordeb mawr yn y canlyniadau.

Yn olaf, lluniais lyfr log manwl gydag amrywiaeth o wahanol ddarnau o wybodaeth, y cyfan yn darparu gwerthusiad o fy mherfformiadau. Rhoddodd yr hyfforddwyr mewn un twrnamaint adborth da i mi a helpodd fy ngwaith yn fawr.

Beth wnes i ei ddysgu o'r profiad

Rwy'n hapus i ddweud bod y clwb yn caniatáu imi barhau fel gwirfoddolwr ar ddiwrnodau gêm lle rwy'n cyflawni ystod o swyddogaethau ond yn bennaf fel swyddog y gallaf ei wneud heb iddo ymyrryd â'm hamser chwarae.

Rydw i wedi sylweddoli nad yw gyrfaoedd amser llawn ym maes dyfarnu yn gyffredin iawn ond mae'r profiad wedi fy arwain i edrych ar hyfforddi, datblygu chwaraewyr a rheoli digwyddiadau, y gallwn eu gwneud ochr yn ochr â dyfarnu. Ar hyn o bryd rydw i'n methu penderfynu rhwng bod eisiau ymwneud â rheoli digwyddiadau chwaraeon a bod yn ddadansoddwr perfformiad.

Mae fy adolygiad wedi caniatáu imi fyfyrio ar yr hyn rydw i wedi'i wneud yn y clwb a sut y gallai lunio fy newis gyrfa yn y dyfodol.

Pwyntiau i'w hystyried

▶ Cynlluniwch eich gwaith yn ofalus. Meddyliwch am y tasgau gwahanol y mae'n rhaid i chi eu cwblhau, yna ychwanegwch ddyddiadau cwblhau ar eu cyfer fel y gallwch fod yn sicr y byddwch chi'n gorffen popeth erbyn y dyddiad cau.

▶ Sicrhewch eich bod yn defnyddio'ch llyfr log yn ddyddiol gan ei fod yn hawdd iawn ei adael ac anghofio'r hyn rydych wedi'i wneud ar ddiwrnod penodol.

▶ Gwnewch yn siŵr eich bod yn gwirio am sillafu a gramadeg ym mhob maes, bod eraill yn adolygu eich gwaith cyn i chi ei gyflwyno, a'ch bod yn gofyn iddyn nhw am unrhyw awgrymiadau.

Geirfa

A

Achosiaeth – y berthynas rhwng achos ac effaith.

Adfywio – trawsnewid cymdeithasol, economaidd, corfforol ac amgylcheddol tymor hir a chynaliadwy mewn ardal lle bu dirywiad yn y gorffennol.

Adnoddau cyfalaf – adnoddau a allai golli gwerth gydag amser ond sydd â rhywfaint o werth, fel peiriant rhwyfo neu raciau cyrcydu (*squat racks*).

Agenda – eitemau y mae angen eu trafod yn ystod cyfarfod.

AIDA – Ymwybyddiaeth (*awareness*), Diddordeb (*interest*), Awydd (*desire*) a Gweithredu (*action*): model a ddefnyddir i ddisgrifio'r camau dan sylw pan fydd cwsmer yn ymgysylltu â busnes neu sefydliad newydd.

Amrywiaeth – cydnabod a pharchu bod pawb yn wahanol.

Anaf eilaidd – anaf i ran arall o'r corff o ganlyniad i'r anaf cychwynnol, er enghraifft trwy wneud iawn am yr anaf cyntaf.

Arbenigol (*niche*) – digwyddiad neu gynnyrch sydd â chynulleidfa fach neu nifer fach o ddefnyddwyr arbenigol.

Arfer myfyriol – myfyrio ar weithred mewn proses o ddysgu parhaus. Myfyrio ar yr hyn rydych chi'n ei wneud fel rhan o'r profiad dysgu.

Arfer sy'n seiliedig ar dystiolaeth – sicrhau bod tystiolaeth y daethoch o hyd iddi yn eich gwaith ymchwil yn cael ei chynnwys yn eich arferion gwaith bob dydd er budd eich cleientiaid.

Arloesol – cyflwyno syniadau newydd a meddwl yn greadigol.

Asedau – eiddo neu offer sy'n eiddo i fusnes neu sefydliad sydd â gwerth penodol.

Atebolrwydd cyfyngedig – os bydd cwmni'n mynd i ddyled mae cyfranddaliwr unigol yn gyfrifol am swm y ddyled sy'n cyfateb i'w fuddsoddiad yn unig. Er enghraifft, pe bai cyfranddaliwr yn prynu £10,000 o gyfranddaliadau pan ffurfiwyd y cwmni, dim ond £10,000 o ddyledion y cwmni hwnnw y byddai'n rhaid iddo ei dalu.

Atebolrwydd llawn – lle nad oes gan berson (unig fasnachwr fel arfer) unrhyw derfyn ar faint y ddyled y mae'n gyfrifol amdani. Os bydd rhywun sy'n gweithio fel unig fasnachwr yn gwneud colled reolaidd ac yn mynd i ddyled, maen nhw'n bersonol gyfrifol am ad-dalu'r holl ddyled honno.

Atgyfeirio – pan fyddwch chi'n cydnabod nad ydych yn gymwys i weithio gyda chleient penodol neu gynnal ymchwil mewn maes penodol gyda'r sgiliau sydd gennych, fe allech gysylltu â gweithiwr proffesiynol arall sy'n gymwys fel y gall ef neu hi wneud y gwaith hwnnw.

B

Buddsoddwr cymdeithasol – rhywun sy'n buddsoddi cyllid mewn prosiectau cymdeithasol gyda'r bwriad o weld buddion cymdeithasol ac ariannol.

C

Cadeirydd – y person sydd â'r dasg o gadw ffocws cyfarfodydd a sicrhau bod holl eitemau'r agenda yn cael eu trafod.

CAMPUS – cyraeddadwy, wedi'i amseru, mesuradwy, penodol, uchelgeisiol ond synhwyrol.

Canfyddiad – proses feddyliol lle mae'r ymennydd yn rhoi ystyr i'r wybodaeth y mae'n ei chael drwy'r synhwyrau.

Canolog – pan fydd y cyhyr yn cyfangu ac yn byrhau.

Capasiti – yr allbwn neu'r perfformiad y gall busnes ei ddarparu o fewn amserlen benodol.

Cefn gwastad – dim digon o grymedd yn yr asgwrn cefn i ddosbarthu grymoedd.

Cerddediad – hyd y camau neu'r stepiau.

Cinesthetig – mae'r dysgu'n digwydd trwy gyflawni'r gweithgaredd, fel hyfforddwr ymarfer corff yn helpu cyfranogwr i symud trwy'r dechneg gywir.

Ciwio – defnyddio signalau gweledol, geiriol a/neu ginesthetig i helpu i wella cyfathrebu rhwng yr hyfforddwr a chyfranogwr.

Clybiau aelodau yn unig – clybiau preifat neu glybiau sy'n codi ffi sy'n cynnig cyfleusterau hamdden neu chwaraeon at ddefnydd aelodau yn unig.

Cof cyhyrau – pan ddaw cyhyrau'n gyfarwydd â symudiadau penodol dros amser.

Cofnodion – cofnodion cyfarfod.

Colagen – deunydd adeiladu wedi'i seilio ar brotein a ddefnyddir i atgyweirio meinweoedd.

Coreograffu – cyfansoddi cyfres o gamau a symudiadau sy'n llifo gyda'i gilydd.

Cromlin aerobig – cynyddu lefel y dwysedd yn ystod ymarfer corff aerobig i gyrraedd targed o ran cyfradd curiad y galon.

Cronig – problem iechyd sydd wedi para am fwy na thri mis.

Cryfder craidd – gallu'r holl gyhyrau yn y torso i ddarparu sefydlogrwydd a chydbwysedd.

Cryfder cyhyrol – gallu cyhyr neu grŵp o gyhyrau i oresgyn rhyw fath o wrthwynebiad.

Cwestiynau caëedig – cwestiynau sydd wedi'u geirio i annog ateb un gair, fel 'ie' neu 'na'.

Cwestiynau hybu – cwestiynau a ddefnyddir i archwilio pwnc ymhellach pan fydd yn digwydd fel rhan o gyfweliad. Mae enghreifftiau o gwestiynau hybu yn cynnwys ymhelaethu, egluro ac annog i barhau.

Cydraddoldeb – trin pobl yn gyfartal, ond nid yr un peth o reidrwydd.

Cyflafareddwr – person sy'n setlo anghydfod rhwng dwy blaid – yn yr achos hwn chwaraewyr neu dimau ar y cae chwarae.

Cyfleusterau aml-ddefnydd – canolfannau hamdden sy'n ymgorffori cyfleusterau ychwanegol, fel caeau awyr agored a phyllau nofio.

Cyflymder uchder brig (PHV) – y cyfnod pan fydd y gyfradd twf ar ei chyflymaf neu'r cynnydd twf.

Cyfraddau cyfnewid tramor – y gyfradd y mae un arian cyfred yn cael ei gyfnewid am arian arall, fel Punt Prydain (£) i Ddoleri UDA ($).

Cyfraddau llog – swm benthyciad a godir ar fenthyciwr.

Cyfraddau trosi – cymhareb y bobl sy'n prynu nwyddau neu wasanaethau ar ôl ymweld â gwefan neu siop.

Cyffosis – cyflwr yn y cefn lle mae crymedd allanol yn yr asgwrn cefn.

Cylchred oes cynnyrch – y camau y mae cynnyrch yn mynd drwyddynt o'r syniad cychwynnol, trwy ei ddefnyddio, hyd nes y caiff ei dynnu o'r farchnad.

Cymhwysedd – cael gwybodaeth, sgiliau a phrofiad o fewn maes penodol a chydnabod eich cyfyngiadau cysylltiedig.

Cynaliadwy – rhywbeth y gellir ei gynnal ar lefel ofynnol dros gyfnod estynedig o amser.

Cynenedigol – yn ystod beichiogrwydd (o adeg y beichiogi hyd at adeg yr enedigaeth).

Cynhyrchiant – mesur economaidd o allbwn posib busnes.

Cynllun busnes – dogfen sy'n amlinellu'r amcanion a'r nodau ar gyfer busnes, yn egluro sut y cânt eu cyflawni, ac yn rhagweld perfformiad busnes.

Cynnil – gwahaniaeth bach iawn, nad yw'n amlwg, mewn dull neu ystyr.

Cynwysoldeb – sicrhau bod pawb sy'n mynychu yn gallu cymryd rhan yn yr ymarfer a gynlluniwyd neu y gellir addasu ymarferion i gynnwys pawb

Cyrff cyhoeddus – sefydliadau a ariennir gan y llywodraeth sy'n cyflawni ar sail ddielw.

Cywirdeb – pa mor agos y mae eich mesuriad i'r 'safon aur'.

Ch

Chwyddiant – y gyfradd y mae cost nwyddau a gwasanaethau yn codi.

D

Dangosyddion perfformiad allweddol (DPA) – dull o fesur perfformiad a ddefnyddir i werthuso llwyddiant sefyllfa, sefydliad neu weithgaredd penodol.

Dalgylch – yr ardal y daw eich cleientiaid ohoni.

Damcaniaeth – y berthynas ragweladwy, brofadwy rhwng dau newidyn neu ragor, er enghraifft bydd hyfforddiant delweddu yn gwella perfformiad wrth chwarae pêl-fasged.

Datblygiad proffesiynol parhaus (DPP) – hyfforddi a datblygu sgiliau a thechnegau ymhellach y tu hwnt i hyfforddiant cychwynnol. Fel arfer ymgymerir â chyrsiau hyfforddi neu brofiad ychwanegol.

Datblygiad rhag-gymdeithasol – datblygu ymddygiadau cadarnhaol, defnyddiol sydd o fudd i wahanol agweddau ar gymdeithas.

Dibynadwyedd – pa mor gyson yw mesur neu pa mor aml mae'n ailadrodd.

Dichonadwy – pan fydd cynllun, syniad neu ddull yn bosibl ac yn debygol o weithio.

Diffyg fertebrobasilar (VBI) – llai o gyflenwad gwaed i'r ôl-ymennydd.

Dilysrwydd (o ran casglu data) – pa un a ydych chi'n mesur yr hyn yr oeddech chi'n bwriadu ei fesur.

Dilysrwydd (o ran dadansoddi data) – pa mor gadarn yw'r dehongliad o ganlyniadau'r profion.

Disgrifiad swydd – esboniad o ddyletswyddau swydd benodol (a elwir weithiau'n 'fanyleb swydd').

Disgyblaeth – yr unigolyn sy'n gyfrifol am sicrhau chwarae teg a rhoi sancsiynau disgyblu, fel cardiau coch a chic gosb dechnegol.

Dosbarthiad Economaidd-gymdeithasol yr Ystadegau Gwladol – graddfa a ddefnyddir i ddosbarthu statws economaidd-gymdeithasol pobl yn y DU.

Dygnwch aerobig – gallu'r system gardiofasgwlaidd ac anadlol i fodloni gofynion ymarfer corff estynedig heb flino.

Dygnwch cyhyrol – gallu cyhyr neu grŵp o gyhyrau i symud y corff neu wrthrych dro ar ôl tro heb flino.

Dynameg pŵer – y ffyrdd y mae pobl yn defnyddio pŵer i ddylanwadu ar berthnasoedd a sut mae'r broses hon yn newid mewn gwahanol amgylchiadau.

Dysgwr cinesthetig – person sy'n dysgu orau drwy drin deunyddiau a gwrthrychau.

Dysgwr clywedol – person sy'n dysgu orau trwy wrando a siarad.

Dysgwr gweledol – person sy'n dysgu orau drwy ddarllen neu arsylwi.

E

Economaidd-gymdeithasol – yn ymwneud â chefndir cymdeithasol ac economaidd unigolyn. Mae ffactorau cymdeithasol yn cynnwys eu cefndir diwylliannol a ble maen nhw'n byw, tra bod ffactorau economaidd yn cynnwys faint o incwm sydd ganddyn nhw.

Ecsentrig – pan fydd y cyhyr yn cyfangu ac yn ymestyn.

Empathi – deall sefyllfa rhywun arall o'u safbwynt nhw.

F

Fasogyfyngiad – gostyngiad yn niamedr y pibellau gwaed.

Fasoymlediad – cynnydd yn niamedr y pibellau gwaed.

Ff

Ffactorau anghynhenid – ffactorau y tu allan i'r corff sy'n cynyddu'r risg o anaf.

Ffactorau cynhenid – y ffactorau yn y corff sy'n cynyddu'r risg o anaf.

G

Galluoedd canfyddiadol – galluoedd y mae perfformiwr yn ddibynnol iawn arnynt i adnabod amgylchedd sy'n newid ac addasu ei sgiliau echddygol yn unol â hynny.

Galluoedd modur gros – galluoedd sy'n gofyn am gydgysylltu llawer o grwpiau cyhyrau ar yr un pryd.

Galluoedd seicomodur – galluoedd sy'n cyfuno gweithgaredd meddyliol a symudiadau cyhyrol.

Globaleiddio – pan fydd busnesau a sefydliadau yn datblygu gweithrediadau a dylanwad rhyngwladol.

Goddrychol – yn seiliedig ar deimladau, credoau neu farn bersonol neu'n cael ei ddylanwadu gan y rhain.

Gorlwytho – gweithio'r systemau'r corff y tu hwnt i'r lefel y maen nhw'n arfer gweithio arni, sy'n hanfodol ar gyfer cael buddion o'r hyfforddiant.

Graddiant – gogwydd llethr.

Grŵp rheoli – grŵp o gyfranogwyr sy'n rheoli arbrawf neu astudiaeth, er enghraifft pobl nad ydyn nhw'n cael triniaeth na 'thriniaeth ffug' (pan maen nhw'n credu eu bod yn cael triniaeth).

Grŵp triniaeth – grŵp o gyfranogwyr sy'n cael triniaeth mewn ymchwiliad.

Gwaddol – effaith barhaol digwyddiad chwaraeon ar lefelau lleol, rhanbarthol a chenedlaethol.

Gwahaniaethu – pan fo rhywun yn cael ei drin yn annheg/yn wahanol oherwydd y nodwedd neu'r nodweddion sydd ganddyn nhw. Mae'r Ddeddf Cydraddoldeb (2010) yn ei gwneud hi'n anghyfreithlon gwahaniaethu yn erbyn unrhyw un oherwydd nodweddion fel oedran, rhyw, hil, rhywioldeb ac anabledd.

Gwallau mawr – newidiadau mawr ym mherfformiad perfformiwr.

Gwasanaeth Iechyd Gwladol (GIG) – y term cyfunol am wasanaethau iechyd Cymru, Lloegr a'r Alban.

Gwastraff – gwasanaeth neu stoc nad ydyn nhw'n cael eu defnyddio i'w llawn botensial gan arwain at golled ariannol i'r busnes.

Gweithgaredd eisteddog – gweithgaredd sy'n isel mewn dwysedd, er enghraifft gorwedd neu eistedd.

Gweithredu dynamig – unrhyw weithredu sy'n cynnwys symud, fel cyrliad cyhyryn deuben.

Gwiriadau Gwasanaeth Datgelu a Gwahardd (DBS) – gwiriadau a wneir gan asiantaeth o'r llywodraeth i sicrhau nad oes gan rywun hanes a allai achosi risg i bobl ifanc neu oedolion agored i niwed.

Gwrtharwydd – cyflwr neu ffactor corfforol neu feddyliol sy'n cynyddu'r risg o gymryd rhan mewn gweithgaredd.

H

Hawlfraint – yr hawl gyfreithiol unigryw ac aseiniadwy, a roddwyd i'r cychwynnwr am nifer sefydlog o flynyddoedd, i argraffu, cyhoeddi, perfformio, ffilmio, neu recordio deunydd llenyddol, artistig neu gerddorol.

Hyperthermia – cyflwr meddygol lle mae tymheredd y corff yn cael ei gynyddu uwchlaw'r ystod arferol.

Hypocsia – cyflwr meddygol lle nad oes gan y corff ddigon o ocsigen a lle mae crynodiad yr ocsigen yn y gwaed yn mynd yn rhy isel.

I

ISO 14000 – cyfres o safonau sy'n darparu fframwaith ar gyfer busnesau a sefydliadau i wella eu rheolaeth amgylcheddol a'u cymwysterau gwyrdd.

Isocinetig – pan fydd y cyhyr yn cyfangu gyda chyflymder a gwrthiant cyson.

Isometrig – pan fydd y cyhyr yn cyfangu heb newid hyd.

Isotonig – pan fydd y cyhyr yn cyfangu gyda chyfnod codi a gostwng.

L

Lifer – mecanwaith syml sy'n caniatáu i rym gael ei gymhwyso. Yn y sgerbwd dynol, mae esgyrn yn lifers, gan ddarparu mecanwaith i alluogi'r corff i godi grymoedd trymach.

Logisteg – cydgysylltu, symud a storio cynhyrchion neu wasanaethau.

Lordosis – cyflwr yn rhan isaf y cefn lle mae adran y meingefn yn crymu gormod tuag i mewn.

Ll

Lleithder – faint o anwedd dŵr a geir yn yr awyr.

Llif arian – swm yr arian sy'n llifo i mewn ac allan o fusnes neu sefydliad.

Llythyr eglurhaol – llythyr byr wedi'i anfon gyda CV neu ffurflen gais.

M

Maint y cyfwng – yr ystod o werthoedd y mae pob grŵp yn cynnwys.

Mantoli'r cyfrifon – lle mae incwm cwmni yn cyfateb i'w wariant.

Manyleb person – disgrifiad o'r person delfrydol ar gyfer y swydd mewn disgrifiad swydd.

Marchnad arbenigol – marchnad fach arbenigol ar gyfer cynnyrch neu wasanaeth penodol.

Masnacheiddio – proses gyffredinol lle mae cynnyrch neu wasanaeth yn cael ei werthuso am ei botensial i gael effaith economaidd neu werth ariannol.

Mecanodderbynyddion – nerfau sy'n synhwyro symudiad.

Meddyg Teulu – meddyg sy'n trin ystod o afiechydon ac yn darparu gofal ataliol i gleifion mewn meddygfa ddynodedig.

Meithrin – dylanwad profiadau bywyd a'r amgylchedd ar ddatblygiad.

Mesurau rheoli – camau a gymerir i leihau lefel y risg sy'n gysylltiedig â pherygl.

Modelau prosesu gwybodaeth – fframwaith a ddefnyddir i ddisgrifio sut mae pobl yn gwneud penderfyniadau ar sail eu hymatebion i bethau o'u cwmpas.

N

Natur – rhinweddau cynhenid a etifeddwyd gan rieni.

Newidyn allanol – newidyn y tu allan i gwmpas astudiaeth a allai effeithio'n andwyol ar y canlyniadau, gan leihau dilysrwydd a dibynadwyedd y canfyddiadau.

Newidyn annibynnol – newidyn nad yw ei amrywiad yn dibynnu ar amrywiad un arall.

Newidyn dibynnol – newidyn y mae ei amrywiad yn dibynnu ar amrywiad un arall.

Nociganfyddwyr – canfyddwyr synhwyro poen.

Nwyddau traul – adnoddau nad oes disgwyl iddyn nhw bara'n hir, fel beiros a phapur neu gynhyrchion glanhau.

O

Oedolyn bregus – person sy'n dioddef o rai nodweddion sy'n ei atal rhag cymryd gofal digonol neu ddarparu amddiffyniad digonol iddo'i hun.

Ôl-enedigol – y cyfnod o amser ar ôl geni babi.

Osteoporosis – cyflwr sy'n gwanhau esgyrn oherwydd colli calsiwm wedi'i storio, sy'n gwneud esgyrn yn fregus, yn frau ac yn fwy tebygol o dorri.

P

Para-iaith – cyfathrebu di-eiriau sy'n pwysleisio iaith y corff a naws lleisiol.

Pensiwn – dull treth-effeithlon o gynilo yn ystod bywyd gwaith i ddarparu incwm ar ôl ymddeol.

Plyometrig – cyfangiad ffrwydrol gyda phontio cyflym rhwng cyfnodau ecsentrig a chonsentrig.

Podiatrydd – ymarferydd sy'n gofalu am draed pobl ac yn trin afiechydon traed.

Poen oediog yn y cyhyrau – poen neu anghysur sy'n aml yn cychwyn 24–72 awr ar ôl ymarfer.

Prif Weithredwr – y swyddog gweithredol uchaf ei safle mewn cwmni a benodir i arwain y cwmni o ddydd i ddydd.

Prisbwynt – pris manwerthu cynnyrch neu wasanaeth, a ddewiswyd i gystadlu â phrisiau cynhyrchion tebyg eraill. Gall y prisbwynt newid yn dibynnu ar y galw cyfredol a'r gystadleuaeth.

Pronadiad – cerdded neu redeg gyda'r rhan fwyaf o'r pwysau ar du mewn y traed.

Propriodderbyniaeth – y gallu i synhwyro lle mae'r corff mewn gofod.

Pwrpasol – wedi'i ysgrifennu neu ei addasu ar gyfer cyfranogwr neu bwrpas penodol.

Pwyllgor moeseg – panel sy'n edrych ar gynigion ymchwil ac yn penderfynu a ydyn nhw'n ddiogel ac yn foesegol.

Pwynt gwerthu unigryw (USP) – rhywbeth sy'n gwneud busnes neu ei gynnyrch yn wahanol i unrhyw beth arall. Gellir ei ddefnyddio fel rheswm dros annog darpar gleientiaid i brynu cynnyrch neu wasanaeth penodol yn hytrach na rhai cystadleuydd.

Pwysedd gwaed – y pwysedd a roddir ar waliau'r pibellau gwaed pan fydd y galon yn contractio ac yn ymlacio. Gallai pwysedd gwaed uchel gynyddu'r risg y bydd rhywun yn cael trawiad ar y galon.

Rh

Rhanddeiliad – rhywun sydd â diddordeb mewn busnes.

Rheol ar gyfer y cynnwys – datganiad a ddefnyddir i ddiffinio pa ddata sydd wedi'u cynnwys mewn categori.

Rhesymeg – rheswm dros benderfyniad.

Rhwymol mewn cyfraith – rhwymedigaeth, yn ôl y gyfraith, i bartïon gyflawni eu hochr hwy o gytundeb a rhoi amddiffyniad i bob parti.

S

Sbarduno – cyflwr parodrwydd y corff i weithredu.

Scoliosis – gogwydd annormal ochrol neu grymedd yn yr asgwrn cefn.

Sector cyhoeddus – sefydliadau sydd fel arfer yn gweithio ar sail ddielw ac yn ailfuddsoddi unrhyw arian y maen nhw'n ei wneud i ddatblygu eu camp neu eu cyfleusterau. Yn aml, ariennir y sefydliadau hyn gan arian trethdalwyr, megis cynghorau lleol ac asiantaethau'r llywodraeth.

Sector preifat – cwmnïau sy'n gwneud elw i berchnogion y cwmni. Weithiau maen nhw'n rhedeg gwasanaeth, fel canolfan hamdden, ar ran y sector cyhoeddus.

Seilwaith – strwythurau a chyfleusterau ffisegol a sefydliadol sydd eu hangen i gynnal digwyddiad, fel adeiladau, ffyrdd, cyflenwad pŵer, rhwydweithiau cyfathrebu.

Sgema – rheolau sydd wedi'u caffael drwy ymarfer neu brofiad sy'n pennu ymatebion modur mewn sefyllfa benodol.

Sgiliau agored – sgiliau wedi'u haddasu'n barhaus yn ôl y sefyllfa.

Sgiliau arwahanol – sgiliau yn cynnwys un gweithgaredd gyda dechrau a diwedd.

Sgiliau caëedig – sgiliau a gyflawnir mewn patrwm ni waeth beth yw'r amgylchedd y maent yn cael ei wneud ynddo.

Sgiliau cain – sgiliau sy'n gofyn am reoli cyhyrau yn fanwl gywir mewn rhannau penodol o'r corff.

Sgiliau cyfresol – sgiliau sy'n cynnwys nifer o gydrannau sydd, o'u cyfuno, yn cynhyrchu un symudiad.

Sgiliau gros – sgiliau sy'n cynnwys gweithredoedd grwpiau cyhyrau a symudiad y corff cyfan.

Sgiliau parhaus – sgiliau nad oes iddynt ddechrau na diwedd penodol.

SPORTI – Acronym Saesneg ar gyfer cofio egwyddorion hyfforddiant: Penodol, Dilyniant, Gorlwytho, Gwrthdroi/Adfer, Diflastod, Gwahaniaethau unigol (*Specificity, Progression, Overload, Reversibility/Recover, Tedium, Individual differences*)

Straenachosydd – gweithgaredd, digwyddiad neu ysgogiad arall sy'n achosi straen.

Strategaeth – sut mae cynllun busnes yn cael ei weithredu.

SWOT – Cryfderau, Gwendidau, Cyfleoedd, Bygythiadau (*Strengths, Weaknessess, Opportunities, Threats*).

T

Tabl o werthoedd critigol – tabl sy'n cymharu canlyniadau profion ystadegol i ddarganfod a ydyn nhw'n arwyddocaol ar lefel benodol.

Trachywirdeb – pa mor fach yw'r gwahaniaeth y gall dyfais fesur ei ganfod.

Treth gorfforaeth – y dreth a godir ar incwm ac elw cwmnïau.

Trosoledd – pan fyddwch chi'n gallu cynnig rhywbeth i'ch galluogi i annog cyflenwr i roi pris gwell. Gallech chi fod yn prynu mewn swmp neu'n rhoi sylw amlwg i'r brand.

Th

Thermoreoleiddio – ymdrechion y corff i gynnal tymheredd mewnol o 37°C trwy amrywiol ddulliau, er enghraifft trwy wthio gwaed i wyneb y croen i ostwng tymheredd y corff a chrynu i gynhyrchu gwres.

Thrombosis gwythiennau dwfn (DVT) – tolchen yn ffurfio mewn gwythïen ddofn, a all wedyn ddatgysylltu.

Y

Ymadrodd – dilyniant sy'n cynnwys pedwar neu wyth curiad o gerddoriaeth.

Ymateb diamod – ymateb gwreiddiol neu gynhenid.

Ymateb llidiol – y newidiadau yn y celloedd a'r newidiadau fasgwlaidd y mae'r corff yn eu gwneud wrth wynebu ysgogiadau niweidiol.

Ymateb wedi'i gyflyru – ymateb a sefydlir trwy hyfforddiant neu ddysgu.

Ymlyniad – parhau i gyflawni ymddygiad, fel cwblhau cynllun adfer.

Ysgogiad – digwyddiad sy'n newid ymddygiad neu weithred perfformiwr.

Yswiriant Gwladol – cyfraniad o incwm person tuag at fudd-daliadau a ddosberthir yn wladol, a allai gynnwys pensiwn y wladwriaeth, lwfans mamolaeth a budd-daliadau profedigaeth.

Mynegai